SEELSORGEART

Ernst-Friedrich Heider

SeelsorgeART

Raumerweiterungen in die Materialität der bildenden Kunst

EVANGELISCHE VERLAGSANSTALT
Leipzig

Ernst-Friedrich Heider, Dr. theol., Jahrgang 1951, ist Pastor der Evangelisch-lutherischen Landeskirche Hannovers, Analytischer Kunsttherapeut und Künstler. Er studierte Philosophie und Theologie in Bethel und Göttingen und wurde mit der vorliegenden Arbeit an der Augustana Hochschule in Neuendettelsau promoviert. Nach pastoraler Arbeit im Psychiatrischen Landeskrankenhaus und in Dorf- und Stadtgemeinden sammelte er langjährig Erfahrungen in der Kinderkrankenhaus-Seelsorge in Hannover, als Therapeut in einer Beratungsstelle und führte schließlich im Stadtkirchenverband Hannover eigenverantwortlich das Projekt »SeelsorgeART« durch. Derzeit verantwortet er neben einem Gemeindeauftrag die HIV- und AIDS-Seelsorge seiner Kirche.

Die Deutsche Bibliothek verzeichnet diese Publikation in der Deutschen Nationalbibliographie; detaillierte bibliographische Daten sind im Internet über ‹http://dnb.ddb.de› abrufbar.

Printed in Germany · H 7409

Das Buch wurde auf alterungsbeständigem Papier gedruckt.

Cover: Zacharias Bähring, Leipzig
Satz: Steffi Glauche, Leipzig
Druck und Binden: Hubert & Co., Göttingen

ISBN 978-3-374-02866-5
www.eva-leipzig.de

He's a real nowhere man, / Sitting in his Nowhere Land, / Making all his nowhere plans / for nobody.
Doesn't have a point of view, / Knows not where he's going to, / Isn't he a bit like you and me?
Nowhere Man please listen, / You don't know what you're missing, / Nowhere Man, the world is at your command!
He's as blind as he can be, / Just sees what he wants to see, / Nowhere Man can you see me at all?
Nowhere Man, don't worry, / Take your time, don't hurry, / Leave it all till somebody else lends you a hand!
Doesn't have a point of view, / Knows not where he's going to, / Isn't he a bit like you and me?
Nowhere Man please listen, / you don't know what you're missing / Nowhere Man, the world is at your command!
He's a real Nowhere Man, / Sitting in his Nowhere Land, / Making all his nowhere plans for nobody.

John Lennon/Paul Mc Cartney

… so würde ich heute …

Mohammed und Martin Luther zugeschrieben

Denn in jedem Menschen lebt, mehr oder weniger bewusst, die Sehnsucht nach Verwandlung. Wir alle tragen die Möglichkeiten zu allen Leidenschaften, zu allen Schicksalen, zu allen Lebensformen in uns. »Nichts Menschliches ist uns fremd.« Wäre das nicht so, wir könnten andere Menschen nicht verstehen, weder im Leben noch in der Kunst. Aber Vererbung, Erziehung, individuelle Erlebnisse befruchten und entwickeln nur wenige von den tausend Keimen in uns. Die anderen verkümmern allmählich und sterben ab. Das bürgerliche Leben ist eng begrenzt und arm an Gefühlsinhalten. Es hat aus seiner Armut lauter Tugenden gemacht, zwischen denen es sich schlecht und recht durchzwängt. Der normale Mensch empfindet gewöhnlich einmal im Leben die ganze Seligkeit der Liebe, einmal den Jubel der Freiheit, er hasst einmal gründlich, er begräbt einmal mit tiefem Schmerz ein geliebtes Wesen und stirbt am Ende einmal selbst. Das ist zu wenig für die uns eingeborenen Fähigkeiten, zu lieben, zu hassen, zu jubeln, zu leiden. Wir turnen täglich, um unsere Muskeln, unsere Glieder zu stärken, damit sie nicht einschrumpfen. Aber unsere seelischen Organe, die doch für eine lebenslängliche Arbeit geschaffen sind, bleiben ungebraucht, untrainiert und verlieren daher mit der Zeit ihre Leistungsfähigkeit. Und doch hängt unsere seelische, geistige, ja sogar unsere körperliche Gesundheit auch von der unverminderten Funktion dieser Organe ab. Wir spüren unverkennbar, wie ein herzliches Gelächter uns befreien, ein tiefes Schluchzen uns erleichtern, ein Zornausbruch uns erlösen kann. Ja, wir suchen oft mit unbewusster Begierde solche Ausbrüche.

Max Reinhardt

Immer hatte ich probleme / mit dem packen meines rucksacks / zu schwer / zu leicht in sorge / etwas zu vergessen / Beides gleich blöd / zu leicht fürs überleben / zu schwer fürs vorwärts kommen. / Das erste mal stand ich zweifelnd / in der großen lagerhalle der Air-base / zwischen konservendosen / trockenfrüchten / trockenmilch und puddingpulver / Am wichtigsten aber reis und speck / wiegt nicht aber füllt den magen. / Mein rucksack verzweifelt seit / den problemen der ersten expedition / sogar beim packen für kleine ausflüge / ja, schon beim anblick.

Per Kirkeby

gewidmet

Eva-Marie, Caren Rebecca, Jascha Shalom

Vorwort

Die vorliegende Arbeit, eine künstlerisch-seelsorgliche Praxistheorie, betritt Neuland im weiten Feld der Seelsorge! Sie konzeptioniert eine bisher zumeist verbal fokussierte Seelsorge neu durch die Einbeziehung der Materialität der Kunst. In dieser erfährt Seelsorge eine grundgebende Raumerweiterung in die vielfältigen Sprachen der Kunst, hier der bildenden Kunst, hinein, deren Möglichkeiten gerade in den Grenzerfahrungen menschlichen Lebens greifbar werden. Diesen Weg in die Kunst, durch ihre Erfahrungswelt und mit ihr in seelsorglichen Weggemeinschaften dokumentiert und reflektiert der Verfasser an seiner eigenen Biografie, führt diese zusammen mit seiner eigenen langjährigen seelsorglichen, kunsttherapeutischen und künstlerischen Ausbildung und Praxis und formuliert konkrete Chancen für eine die autonome Materialität der bildenden Kunst wertschätzende Seelsorge. An den Lebenswerken von Joseph Beuys, K. R. H. Sonderborg, Ulrich Rückriem, seinen eigenen künstlerischen Ausdrucksformen und seinem Praxisprojekt SeelsorgeART weist er auf: Kunst ist Seelsorge! Die Hineinnahme des dritten lebendigen Kraftfeldes – Bild, Stein, Installation – zu den Subjekten des seelsorglich-dialogischen Geschehens ermöglicht ein schöpferisches Erkanntwerden, das die ästhetischen Räume der Kunst je in ihrer subjektiven Diskursivität, Brüchigkeit und Kontingenz, Verfremdung und Klärung zumutet und einbezieht. Dieser Frei-Zweck-Raum der Ästhetik offener Begegnungen im Raum der Kunst wird verdeutlicht als der Menschwerdung der Partner in der Seelsorge dienlich und wird als Methode entfaltet. Die Arbeit leitet aus den beschriebenen Reflektionen Konsequenzen ab für Seelsorgetheorie und Praxis der Seelsorge.

Anmerkung:
Die in dieser Arbeit verwendeten Personen- und Berufsbezeichnungen schließen jeweils alle Geschlechter ein. Die männliche Form wird der einfachheithalber stellvertretend genutzt.

Inhalt

I Einleitung – Worin ich lebe

Seelsorge in allen Facetten ihrer Ausrichtung auf Menschen wurde im deutschsprachigen Raum von ihren Anfängen an verstanden als vornehmlich verbales dialogisches Geschehen der Begleitung von Menschen in deren verschiedenen Lebensbezügen, Biografiehavarien, Weggabelungen, Verletzungen und Kränkungen. Als Beistand, in dem Worte ausdrücken, was Menschen erleben oder erlebt haben, was sich im Hier und Jetzt ereignet, was ihre Not ist und was ihnen Trost sein könnte. Diese verbale Kommunikation wird allenfalls ergänzt durch Gesten und Rituale.[1]

Als Seelsorger, analytischer Kunsttherapeut und Kunstschaffender erlebe ich dies besonders, wenn Sprache an ihre natürliche Grenze kommt, in Extremsituationen zum Beispiel, dort wo es Menschen »die Sprache verschlägt«, als wesentliche Engführung und unnötige Einschränkung, als erhebliches Defizit an Möglichkeiten. Denn jedem Menschen stehen sämtliche ihm geschenkten Sinne der Lösung von Fragestellungen und Herausforderungen zur Verfügung, wenn er zu diesen einen Zugang hat oder ihn neu findet. Dies ist auch in der Seelsorge eine Frage der persönlichen Entscheidung dessen, was und wie ich wahrnehmen will und kann.

In der vorliegenden Arbeit gehe ich von meinem eigenen Lebensweg und von Begegnungen mit künstlerischen Ausdrucksformen aus und beschreibe vor diesem Hintergrund persönliche Erfahrungen aus dem Zusammenwirken verschiedener Sinne zum Begreifen der Welt und ihrer Herausforderungen. Persönlich wie im Alltag und in der Praxis meiner Seelsorge haben mich Möglichkeiten gefunden, in denen die umfassenderen Sinneserfahrungen der Kunst über das Verbale hinaus den Raum für Menschen, mit denen ich als Seelsorger unterwegs war, und meinen eigenen geweitet haben. Darin ging

1 Vgl. Christoph Morgenthaler, Seelsorge, Gütersloh 2009, S. 61–69.

und geht es um die aktive Entdeckung und Gestaltung eigener Ressourcen wie um die aktive Rezeption fremder Lösungsansätze in der Suche nach Raumerweiterungen des kommunikativen und ästhetischen Geschehens der Seelsorge durch die Materialität und Formenvielfalt der bildnerischen Ausdrucksformen der Kunst. Als Chance für den Seelsorger selbst und als Chance für den Menschen, der diese Seelsorge anfragt. Letztlich aus der Not heraus, sich selbst und anderen wie anderem standhalten zu müssen und zu wollen.

Diesem Projekt gingen langjährige Erfahrungen in der Seelsorge im (Kinder-) Krankenhaus, in kunsttherapeutischer Praxis und eigenes künstlerisches Schaffen voraus, dessen Anfang bis in die Kindheit zurückreicht und weitergeht. Diesen Weg, diese Not, diese biografischen, therapeutischen, theologischen und künstlerischen Zusammenhänge und das Hineinwachsen in diese »Art der Seelsorge« dokumentiere ich. Die Arbeit greift zurück auf Fallbeispiele und Notate eigener Praxiserfahrungen aus der Arbeit des Autors und wertet diese auf eine persönliche Praxistheorie hin aus.[2] Sie zeichnet in der Reflexion spezifische eigene Praxiserfahrungen nach und entwickelt darüber eine persönliche Praxistheorie, die sich als transparent für eine die Materialität der bildenden Kunst achtende und wertschätzende Seelsorge erweist.

SeelsorgeART ist keine neue Theorie, sondern eine Praxis, die mehr Sinne anspricht als herkömmliche Seelsorgeformen dies tun. Eine Praxis, die reflektiert sein und eine eigene Theorie fortschreiben, aber nicht festschreiben sollte. Der von mir gewählte Titel dieser Arbeit zielt auf eine namentliche und inhaltliche Verbindung von klassischer *Seelsorge* und Ansätzen der *ART*-

2 Vgl. zur Vorgehensweise die Paderborner Dissertation der bildenden Künstlerin und Religionspädagogin Benita Joswig, Altäre. Theologie und Kunst im urbanen Raum – ein Tischprojekt, Gütersloh 2003; ebenso die Zusammenführung kirchengemeindlicher und künstlerischer Erfahrungen in der Dissertation von Hans-Jürgen Kutzner, Liturgie als Performance? Überlegungen zu einer künstlerischen Annäherung, Berlin 2007. S. auch die Habilitationsschrift von Andrea Fröchtling, »Und dann habe ich auch noch den Kopf verloren …!«. Menschen mit Demenz in Theologie, Seelsorge und Gottesdienst wahrnehmen, Leipzig 2008. Die Autorin greift auf langjährig erhobene Notizen in der Begleitung von Menschen mit Demenz und deren Angehörigen zurück. Dies stellt eine zunächst ungewöhnliche, für die praktische Theologie aber mittlerweile signifikante Methode des Vorgehens einer persönlichen Praxistheorie dar. S. a. Frank Hiddemann, Site-specific Art im Kirchenraum. Eine Praxistheorie, Berlin 2007. – Klaus Raschzok geht in seiner Habilitationsschrift »Christuserfahrung und künstlerische Existenz: praktisch-theologische Studien zum christomorphen Künstlerselbstbildnis«, Frankfurt 1999, den umgekehrten Weg von den Künstlerbiografien aus.

Seelsorge und ARTtherapie im angelsächsischen Raum.[3] Es bedeutet für mich eine Weitung des Raumes für Menschen durch die Kunst in einer Praxis, die miteinander errungen werden will und kann und die darin nach Psalm 31 tröstlich (so Luthers spätere Übersetzung dieser Stelle) wirkt: darum RAUMerWEITErungen. Dies habe ich und dies haben Menschen mit mir zusammen erfahren. Deshalb halte ich SeelsorgeART für einen Ort, den es geben sollte, weil sie die Menschwerdung fördert![4]

Seelsorge im deutschsprachigen Raum fragte nach den verschiedenen Lebensbezügen der Menschen, verstand sich als Beistand, in dem Worte ausdrücken, was Menschen erleben oder erlebt haben, was sich im Hier und Jetzt ereignet, was ihre Not ist und was ihnen Trost sein könnte. Am Leben und Werk der Künstler Joseph Beuys, K. R. H. Sonderborg und Ulrich Rückriem zeige ich Weiterungen der Kommunikation in die Materialität der Kunst auf. Ich benenne ästhetische Voraussetzungen dieser Erweiterung des Seelsorgebegriffs, beschreibe den Raum der Kunst und ihre Methoden und stelle mein eigenes Projekt SeelsorgeART vor. Mein Fazit: Raumerweiterungen der Seelsorge sind möglich, angesichts der Herausforderungen in der Kommunikation mit Menschen nötig und im Einwirken der Materialität der Kunst sinnvoll.[5]

---

3 S. über die internationalen klassischen Seelsorgebewegungen – vgl. Morgenthaler, S. 66–67 – hinaus Veröffentlichungen der American arttherapy Association: White, Kinnard/Allen, Richard, Art Counseling in Educational Setting; Allen, John / Clark, Mary, Directed Art Counseling, North Carolina University, 1969; s. American Association for Counseling and Development, Counseling as an Art: The Creative Arts in Counseling, 3. Auflage 2005; s. Rollo May, The Art of Counseling, 1965. – Weitere Literatur zur Kunsttherapie findet sich bei Petzold, Hilarion / Orth, Ilse (Hg.) Die neuen Kreativitätstherapien. Handbuch der Kunsttherapie, Band I und II, Paderborn 1990 (Sonderausgabe für Kunsttherapeuten der DGKT). Kunsttherapeutische Arbeit, so individuell ausgeprägt sie stets ist, unterscheidet sich von Seelsorge grundlegend durch die handwerkliche Konzentration und Engführung ihres Angebotes: Sie geht mit, aber nicht nach! Sie rechnet mit ihren Möglichkeiten, aber vertraut sich nicht der Kraft des Gebetes, des Segens, der Gnade Gottes an! Sie ist am Problem des Klienten orientiert, eben am Bild, nicht an dessen Ebenbildlichkeit Gottes! – Diese Arbeit aber fragt über die gegenwärtige Weite »klassischer« (Wort-) Seelsorge hinaus.

4 Vgl. das Zitat von Jörg Immendorff in Kapitel 6.5: »… Kunst bedeutet Menschwerdung …!«

5 Als bedauerlich empfinde ich, dass in der weitgehend verwörternden Dokumentation einer Dissertation eher wenig Bildhaftes aus der beschriebenen praktischen Arbeit eingebracht werden kann. Schon gar nicht als gute Reproduktion geschweige in Originalqualität oder gar, wie es wünschenswert wäre, am Original. Ein Manko, das ich in dieser

Darin darf Seelsorge der Gottesbeziehung mehr zutrauen als sie das bisher tut![6]

1.1 Annäherung an eigenes Erleben

Im Sommer 2008 streiche ich ein Scheunentor in einem 1762 erbauten uthlandfriesischen Marschenhaus in einem nordfriesischen Koog drei Deiche hinter dem Seedeich und höre den Zimmermeister, der einen neuen Stützbalken einsetzen muss, dem Auszubildenden erklären, dass dieser Balken »wie gewachsen« zu stehen kommen soll: »Du lebst ja auch nicht auf dem Kopf stehend! Und dieser Balken muss auch standhalten!« – Laut einer Studie des IFM-GEOMAR[7] wird bis 2050 mit einem Anstieg des Meeresspiegels von mindestens sechzig Zentimetern gerechnet, was diesen Koog wieder zu einem Seegrundstück machen würde.

Ich setze mich auseinander mit Materialkenntnis und -kundigkeit, den spirituellen und persönlichen Hintergründen der Geistigkeit und von Verhaltensweisen des Joseph Beuys, seiner Abgrenzung von Lehrern (Mataré) und Akademietraditionen, seiner Standhaftigkeit und Selbstwertschätzung, seiner Selbstaussetzung in den gesellschaftlichen Kontexten zur Sozialisierung seines Kunstbegriffs »Soziale Plastik«, seiner Einbindung in Familie und Freundschaft und seiner Isolation, seiner Sicht auf Möglichkeiten von, zu und in der Kunst, seinem Verständnis von »Wärme- und Kältepol« – und frage mich, wie seine Positionen scheinbar »bewältigt« werden konnten angesichts der noch immer ähnlichen Herausforderungen bis heute. Steht die Entdeckung des Verstehens des »Jeder Mensch ist ein Künstler!« noch aus? Wird

Arbeit selbst für die Praxis von SeelsorgeART beklage und hier nun selbst nicht ändern kann. Einerseits liegt dies an Rechten der Künstler und dem für mich sehr wichtigen Schutz der Intimsphäre der Klienten, andererseits auch an der äußeren Form einer Dissertation. Dennoch hoffe ich SeelsorgeART dokumentieren, ihre Chancen aufweisen und für seelsorgliche Arbeit in der Sinnenvielfalt wider einlinige »Wortwahl« werben zu können.

6 Mit Klaus Raschzok: »Es handelt sich um eine kontinuierliche Neuschöpfung und Grenzüberschreitung hin auf Vollendung, ohne diese schon endgültig zu erreichen.« (in: Herbst, Michael (Hg.), Spirituelle Aufbrüche. Perspektiven evangelischer Glaubenspraxis. Festschrift für Manfred Seitz zum 75. Geburtstag, Göttingen 2003, S. 210).

7 Wanderausstellung im Foyer des IFM-Geomar Kiel »Sturmflut – wat geit mi dat an?« zit. nach Nordfriesland Tageblatt vom 16.01.2009.

nicht immer noch zu wenig »mit dem Knie gedacht«, zu wenig »Honig gegeben«, sich zuviel am »Kältepol« orientiert – in Kirche und Gesellschaft? Werden zu wenig »Eichen« gepflanzt und »Denk-Steine« gesetzt?

Der gerade verstorbene Altbauer vom »Drei-Seit-Hof«[8] im Koog nebenan hatte seine Erlebnisse mit Wind und Wetter, Sturm und Gezeiten, Saat und Ernte, Arbeit und Älterwerden nach getaner Arbeit in Ölbildern festgehalten – und sich über das stets gleiche Licht dieser seiner Bilder gewundert. Bis er bemerkte: »Sicher kam ich nur im Winter zu so was. Und da war die Sonne nun mal ganz fahl!«

Im Frankfurter Museum für Moderne Kunst erlebe ich Besucher, die sich der Beuysschen Skulptur »Blitzschlag mit Lichtschein auf Hirsch« ambulant verweigern und dieses Werk laut – den Künstler diskreditierend – kommentieren. Und ich erlebe dort eine Gruppe amerikanischer Kunststudentinnen, die sich mit ihrem Professor einen ganzen Tag schweigend in und um das Werk aufhalten und sich diesem aussetzen – was Museumsangestellte wiederum zu ätzenden Kommentaren reizt: »Also, da hätt' ich ja wirklich Besseres zu tun, heut!«.

Ich übe das Lied »Wir winden Dir den Jungfernkranz«[9] zu einem von mir für sie neu geschriebenen Text anlässlich der Goldenen Hochzeit der Großeltern eines achtjährigen sprach- und lernbehinderten Zwillingspaares vom Bauernhof nebenan mit diesen ein. Text, Gesang und Schreittanz mit Schellenstab und Blumengebinde an »veilchenblauer« Seide – alles dies ist ihnen völlig fremd. Aber es ergreift sie und sie wollen »Oma und Opa freuen«. Beim Üben im leeren Kuhstall seien sie »irgendwie ganz anders, stolz, selbstbewusster, beinahe andächtig« – erzählt mir ihre Mutter.

Eine Tanz-Aufführung des schottischen Choreographen Royston Maldoom in Hamburg mit Hauptschülern. Seine »schwierige Kindheit«, in der ihn seine Großmutter großzog, habe ihn geprägt, berichtet er auf seiner Internetseite. Er wollte ursprünglich in der Landwirtschaft arbeiten. Bis er einen Film über das Royal Ballett mit Margot Fonteyn und Rudolf Nurejew sah: »And I came out and the light went on and I thought: That's the passion. That's it! I was completely changed. Forty-eight hours later I had finished in the farm and I was enrolled in a little ballet school. I was twenty two years old.«, schreibt er auf seiner Website unter rhythmisit.de. Und: »My argument was

---

8 Wohnteil, Stall und Scheune sind in U-Form um einen Innenhof erreichtet. Der Vierseit-Hof schließt sich um ein Atrium.

9 Volkslied nach dem Chor der Brautjungfern aus der Oper »Der Freischütz« von Carl Maria von Weber (1987–1926).

that the arts are about people, the arts are communication and that such a widening of access can only benefit the arts. Because out there, in the wider community are many creative people with many different experiences.« Sein offener Sinn für die Möglichkeit jedes Menschen zu Bewegung und Lebensentfaltung, zu Selbststärkung aus Selbsterkenntnis eigener ungeahnter Möglichkeiten bringt ihn in Tanzprojekte mit Straßenkindern in Äthiopien, Kroatien, Bosnien, in Südamerika, Afrika. »Ich gehe an Orte, wo es Probleme gibt, und tanze.« – »Tanz lehrt, aufrecht zu stehen und andere zu stützen. Daraus wächst Respekt für sich und für andere.«[10] Und: »Es geht mir darum, sie mit sich selbst in Kontakt zu bringen, zu verbünden – und untereinander. ... Du kannst, was immer du möchtest, hier zum Ausdruck bringen, auch was schmerzt oder dich belastet, aber niemand von uns muss wissen, wo es herkommt, es bleibt vertraulich.« Als Schlüsselwörter für seine Arbeit nennt er Potenzial, Respekt, Gemeinschaft, Leidenschaft, Vertrauen, Herausforderung, Glaube und Liebe.[11] »Fühlen sie aber nur einen Augenblick, dass man nicht an ihr Potenzial glaubt und so Teil derjenigen Welt wird, der sie so häufig ausgesetzt sind und sie nicht anerkennt, sie nicht respektiert, kein Vertrauen in ihre Potenziale setzt, fallen sie sofort zurück auf ihre gewohnte Meinung von sich, die ... viele unter uns von sich haben, nach der man ein Versager ist, jemand, dem nichts gelingt.« – »Wenn man ›Kunst‹ kommunizieren will, muss man damit gearbeitet haben. Man muss dieses ›Künstlerleben‹ einige Zeit durchlebt haben – man muss es wirklich kennen.«[12]

Mit einer Gruppe Konfirmanden erfahre ich, dass diese nicht in der Lage sind, allein, geschweige miteinander in den Kirchenraum einzuziehen, also miteinander zu gehen: Bewusstes Auftreten, Schritte setzen, aufeinander achten, Takt, Rhythmus, Tempoabgleich sind ihnen fremd – im Kirchraum wie schon im Alltag. Ich sehe konkret ein: Mit Haushaltsschwämmen (»Akkopads«) in mehrere Nummern zu großen Sportschuhen *kann* man nicht gehen!

Im Film »Rhythm is it!« (mit Sir Simon Rattle und den Berliner Symphonikern und Royston Maldoom) sitze ich in einem Kino gemeinsam mit Lehrerinnen: Deren Kommentare und Bewertungen gehen beim Hinausgehen weit auseinander: Von Begeisterung über das Vorgestellte bis hin zu Kritik,

---

10 DIE ZEIT, 12.04.2006, Nr. 16

11 Zit. aus: Psychologie Heute compact, 2007, Heft 16: Schule verändern!: »Ich gebe ihnen den Glauben an ihren Wert!«.

12 Zit. nach Kongressprotokoll: McKinsey bildet. Frühkindliche Bildung, Berlin, Oktober 2006: Royston Maldoom: Bildung durch Bewegung.

Selbstkritik und Kritik am System Schule: »Tja, was denen möglich ist! Sogar mit Hauptschülerinnen!«

Am Krankenbett der Sechsjährigen, die ihre Eltern nach einem Unfall gerade noch aus dem brennenden Auto herausreißen konnten – ihren neben ihr angeschnallten kleinen Bruder aber nicht mehr –, sitze ich, als die Familie den Jungen zu Grabe trägt. Sie ist »so doll traurig«! Und sie beginnt dann, wohl wissend, was in dieser Stunde geschieht und zunehmend laut erklärend und kreativ arbeitend, die Grabstätte für ihren Bruder auf einem Malblock zu skizzieren: »Viele bunte Blumen, dahin. Und auf dem Stein ein kleines Kreuz und einen grinsenden Dino. Die mochte er so gern!« – Monate später haben die Eltern der Kinder diesen Entwurf exakt in die Tat umgesetzt, wie ich sehe, als ich zum siebten Geburtstag des Mädchens eingeladen bin.

Im andalusischen Sevilla und Granada erlebe ich die Semana Santa, das Volksfest der Büßer. Die Pasos, tonnenschwere Gestelle mit dem Cristo del Consuelo, dem »Zigeunerchristus« und anderen Kreuzwegsszenen in teils sehr alten Figurenensembles werden von dutzenden Costaleros, jungen Männern mit breiten Schultern, stundenlang durch die Straßen getragen, nachdem sie tagelang in den verschiedenen Kirchen mit Hingabe und frischen Blumen geschmückt wurden. Begleitet werden sie auf der Straße von Reitern und »ehrenwerten Bürgerinnen und Bürgern« mit Rosenkränzen, von Hunderten verschiedenfarbigen Kapuzengestalten in teils alten, teils gerade gegründeten Bruderschaften (Nazarenos etc.). Viele Ältere gehen barfuß über das Pflaster, die Penitentes tragen als äußeres Zeichen der Buße schwere Kreuze. Blaskapellen mit schrillen Solotrompeten, lange Kerzen und die Luft voller Weihrauch. Die dicht gedrängten Zuschauer – kein Durchkommen, wenn die Prozession herannaht – bekreuzigen sich, berühren die Gestelle. Kinder werden hochgehalten. Man ist ernst und ergriffen. Eine Stadt in Andacht »begreift« auf ihre Weise die Passion, bis spät in die Nacht, jeden Tag der Karwoche: »Predigt durch Bilder«!

Mit einer Männergruppe begreife ich, nachdem diese einen 15 kg schweren Eisblock mit bloßen Händen einige Stunden durch die Sommerhitze von einem Berg herunter getragen hat, eine Steinskulptur von Ulrich Rückriem. Wörtlich. Schweigend. Die Männer begreifen den Eisblock, den Stein und dessen deutliche Arbeitsspuren. Sie schauen auf den Stein und auf ihre Hände, werden ganz still. Schauen sie in sich hinein?

Innerhalb eines Kreativseminars für erwachsene Spina-bifida-Erkrankte blicke ich in deren Gesichter, als sie aus ihren Rollstühlen gehoben und auf rohe Leinwände und Papierflächen gesetzt werden, sehe ihr tastendes und immer heftiger werdendes Begreifen und Spiel mit den Farben, zu denen ich sie eingeladen habe, ihr tastendes und immer strahlender werdendes Lächeln – bis zum Losweinen. Wobei: Zuerst weine ich vor soviel »ausgelassener Freude«.

Die Tränen des promovierten Juristen und verwaisten Vaters, die in der Trauergruppe auf sein am Boden liegendes selbst gemaltes Bild eines Vulkans fallen, nehme ich wahr. Er erkennt gerade, dass die Fingerfarben im Kratersee langsam antrocknen und dadurch verblassen. Und er hat große Angst, dass seine Erinnerung an den gerade verlorenen Sohn ebenfalls verblassen könne.

Ich sehe in einer Gruppe von Männern auf ein Foto, in dem sich Ulrich Rückriem zwischen Steinplatten »einschließen« ließ: »I work inside of the volume!« – Ein Orthopäde neben mir raunt: »Wenn ich (!) da bloß rauskäme!«. Aus seinen Blöcken?

In einer Vernissage der Ausstellung »Spor/Spuren«, 1998, stehe ich neben K. R. H. Sonderborg, schaue auf seine bewegten-bewegenden Bilder, entstanden im »Herumleben« zwischen den Metropolen der Welt und in konzentrierter Aktion zuweilen in wenigen Minuten und mit wenigen Handstreichen, Bilder voller Elan, Dynamik und Lebendigkeit. Als ich ihm sehr vorsichtig Respekt zollen will für seine Dynamik, sagt er leise zu mir: »Glauben Sie mir, junger Mann, Alter ist grausam!«. Das war zehn Jahre vor seinem Tod.

Ein Seminar über »Lebenskr(e)ise« im Projekt SeelsorgeART*:* Zen-Kalligraphien, Reproduktionen von Bridgit Riley, Günther Uecker, Kasimir Malewitsch etc. – Eine alte Bäuerin stöhnt in einer Runde um das Foto der Günther Uecker-Skulptur »Lehmkreis« in der Neuen Nationalgalerie Berlin auf angesichts der sichtbaren Kreisfurche, die Uecker mit einem Steinblock gezogen hat: »Und das soll dann alles gewesen sein!?«

Ich sehe eine Fernseh-Dokumentation[13] über das Projekt *»El Sisterna«* in Venezuela, einem landesweiten Netzwerk von Jugend- und Kinderorchestern, das seit 1975 junge Venezolaner aus der Armut der Barrios zur Musik führen soll. Den Geiger und Dirigenten Gustavo Dudamel, eine Ikone des Netzwerks, hat es bereits hervorgebracht – und 265 000 Kinder in über 180 Schulen gefördert. Begründet wurde es von José Antonio Abreu, dem einstigen Justiz- und Ölminister des Landes, der selbst Musiker ist.

All diese Beispiele sind Begegnungen. Begegnungen mit Menschen. Begegnungen mit Menschen und Ausdrucksformen sehr unterschiedlicher Ar-

---

13 PHOENIX, 23.12.2007, 21.00 Uhr: Das Musikwunder von Caracas. Vom Armenviertel in den Konzertsaal; vgl. auch Frankfurter Allgemeine Sonntagszeitung (FAS) vom 22.08.2007.

ten zeitgenössischer Kunst. Begegnungen, in denen ich dabei war, als Kunst auf sehr verschiedene Art für Menschen etwas erreichte, anregte, wirkte, öffnete. In denen »etwas« geschah, das andere oder ich womöglich mit in Szene setzten, das aber geschah außerhalb dieses Tuns. Niemand musste deuten, bewerten oder in Worte fassen, sondern allenfalls Menschen und Kunst in Räumen zusammenbringen und den entstehenden Prozess in Gang kommen lassen. Es macht mich immer neu staunen, dass sich und wenn sich für Menschen etwas bewegt, was Worte vorher zuweilen über lange Zeit nicht aus der Starre haben lösen können, was Worten nicht fassbar war.[14]

In meiner Arbeit als Seelsorger im Kinderkrankenhaus – in der Neonatologie, mit hautverbrannten Kindern, auf der interdisziplinären Intensivstation, mit erwachsenen an Spina-bifida und/oder Hydrocephalus Erkrankten, mit verwaisten Eltern und speziell verwaisten Vätern –, im Projekt SeelsorgeART[15], in der HIV- und AIDS-Seelsorge, als freier Mitarbeiter in der Beratungsstelle für Ehe-, Jugend- und Lebensberatung habe ich diese Erfahrungen beobachtet und begleitet: An mir selbst und an Menschen, mit denen ich als Seelsorger unterwegs war. Zumeist geschah dies in krisenhaften Situationen und, durch meinen speziellen Dienstauftrag begründet, eher mit Menschen, die als kirchenkritisch, randständig oder kirchenfern bezeichnet werden. Dazu traf ich sie oft in Extremsituationen ihres Lebens, in denen es immer um plötzlich auftretende Krisen ging, um verunfallte Kinder, um Frühgeburten, um Sterben und Tod oder Behinderung, um verwaiste Eltern und Geschwister, um ans Ende gekommene medizinische Hilfen. Die Seelsorgelehre, die ich erlernt habe, führte an diesen Stellen oft nicht weiter, weil Worte und die Hörmöglichkeit der Menschen versickerten. Von den Kindern lernend, mein eigenes Kindsein erinnernd und mich auf diese Spur einlassend, was in Theologenkreisen manchmal beschwerlich ist wegen des nötigen Herunterbeugens auf deren »Augenhöhe«, fragte ich nach (Aus-)Wegen und fand sie in meinen eigenen und fremden Impulsen aus Bildern, Formen, spielerischer Ernstnahme.

---

[14] Dies meint ausdrücklich nicht meine kunsttherapeutische Arbeit, sondern die Form der Seelsorge, in die ich Kunst und deren Materialität mit einbezogen habe. Ich bezeichne sie im Folgenden als SeelsorgeART.

[15] Im Projekt SeelsorgeART hatte ich von 2003 bis 2006 im Stadtkirchenverband Hannover die Möglichkeit, meinen durch biografische Prägung, (Kinder-) Krankenhausseelsorge-Ausbildung, kunsttherapeutische Weiterbildung und eigene künstlerische Arbeit gewonnenen Seelsorgeansatz in die Praxis umzusetzen. Die vorliegende Arbeit reflektiert und dokumentiert in Teilen diesen Prozess und diese Art der Arbeit.

Ich entdeckte an diesen Beispielen das »befreiende Geschehen zwischen Mensch und Bild« und wusste mich somit auf der richtigen Spur, weil die Anerkennung und Wertschätzung der Materialität wirklich eigenständiger autonomer Kunst in dieser Praxis greifbar zu einer Weitung der Sinneswahrnehmungen für Menschen führt und diese nutzt, um sich auch als Seelsorger selbst und mit anderen Menschen ganzheitlicher begegnen und erleben zu können.

Diese seelsorglichen Wirkungen der Kunst und ihrer Materialität überprüfe ich in der vorliegenden Arbeit an ausgewählten Beispielen aus dem Leben und Werk der drei Künstler Joseph Beuys, K. R. H. Sonderborg und Ulrich Rückriem. In deren besonderer Verknüpfung ihres Lebenswegs, ihres Weges in die Kunst, ihrer künstlerischen Materialität und der Umsetzung ihrer Visionen frage ich nach Impulsen daraus für die Seelsorge. Nicht im Sinne des Jahrhunderte lang praktizierten »Nutzens der Kunst für kirchliche Zwecke«, also nicht um das »Material der Kunst als Mittel zum Zweck der Kirche« – hier der Seelsorge – zu vereinnahmen, sondern um die Wahrnehmung und Ernstnahme der seelsorglichen Wirkung autonomer Kunst als »freiem Zweck« für den ihr begegnenden Menschen zu entdecken und ihn zugänglich werden zu lassen.

Dies führt mich weiter zur Frage der Ästhetik solchen kommunikativen Geschehens als offener Begegnung im Raum der Kunst und zu deren Art der Förderung und Vermittlung solcher Prozesse: Was geschieht Menschen, wenn sie durch das Gewahrwerden innerer und äußerer Bilder und durch die umfassendere »Sprache der Kunst« eine Vielfalt von Wegen zur Lösung entstandener Blockaden gewinnen? An Beispielen kreativer Umsetzung dieser ästhetischen Vermittlung von Möglichkeiten entlang führt mich dies zur Notwendigkeit der Grundlegung einer dies vermittelnden Praxis, die ich SeelsorgeART nenne. Mit diesem Ansatz, vor dem Hintergrund seelsorglicher Verantwortung und meiner Überzeugung von der Wirksamkeit der Materialität der Kunst entwickelt, erwiesen und weitergeführt, arbeitete ich drei Jahre in einem Praxisprojekt.

1.2 Fragen zu einer Erweiterung des Seelsorgekonzepts

Die Erfahrungen bis dahin und weiter im Projekt selbst führten mich in Fragen, wie es eine umfassendere Gestalt und Inhaltlichkeit der Seelsorge geben könne, die auch Formen und Farben, im weitesten Sinn Wege der Kunst als autonomes Gegenüber in den Prozess der Wegbegleitung mit Menschen in krisenhaften Situationen integrieren könne, ohne diese Kunst zu vereinnahmen[16] und ohne die seelsorgliche Verantwortung aufzugeben.

Können und wenn ja, was können Farbe, Form, Assemblage, Plastik, Skulptur, also in der Hand der Künstler gewirkte und durcharbeitete Materie, seelsorglich wirken? Ohne dass diese Wirkweisen kirchlich definiert oder kategorisiert oder gewichtet und gedeutet würden.

Wie kann die Ergebnisoffenheit dieses Prozesses gewährleistet werden, um nicht Menschen zu den (eigenen kirchlichen) Zielen des Seelsorgers zu führen, sondern sie ihren je eigenen Lebensweg auch in der Auseinandersetzung mit Kunst beschreiten zu lassen? Gemäß der Emmaus-Geschichte (Lk 24, 13–35), in der »es geschah« (Vers 15), dass sich Weggemeinschaft ereignete: Ohne dass Vorgaben gemacht oder Forderungen gestellt wurden, sich einzig Menschen auf einen Weg mit und in den inneren Bildern einließen.

Was hat diese Art der Seelsorge zu tun mit der Intensität und Ausstrahlung originaler Kunst und der Qualität dieser Kunst? Ist sie Gegenüber, Konkurrenz, seltene Engführung, Impuls des Augenblicks, eine Glaubensfrage?

---

16 Der nicht unproblematische Weg von Kunst und Kirche, Kirche mit Kunst, Kirche und autonomer Kunst war mir bekannt. Er ist in dieser Arbeit nur am Rand thematisiert. Dokumentiert ist er u. a. im Werk von Horst Schwebel: Autonome Kunst im Raum der Kirche. Hamburg 1968; in: Öflinger Thesen zur Verteidigung der autonomen Kunst in der Kirche, in: Unbequeme Kunst – Unbequeme Autonomie. Erster Bericht zum »Modell Öfflingen«, (Hg. Paul Gräb), Wehr-Öflingen, 1984, S. 7–16; in: Die Kunst und das Christentum. Geschichte eines Konflikts. München 2002; (mit Gerlinde Schwebel) Jeder Mensch ein Künstler? Streit um die Erweiterung des Kunstbegriffs, in: Kunst und Kirche 2/1985, S. 94–97; Die Kunstausstellung im Kontext Kirche, in: Kunst und Kirche 1/1987, S. 36–38; (mit Andreas Mertin (Hg.)) Bilder und ihre Macht. Zum Verhältnis von Kunst und christlicher Religion, Frankfurt 1988, S. 135–145. – Weiter in: Rainer Beck, Rainer Volp, Gisela Schmirber (Hg.): Die Kunst und die Kirchen. Der Streit um die Bilder heute, München 1984; Rainer Volp: Kunst als Sprache der Religion. Bemerkungen zu einem belasteten Verhältnis, in: Kunst und Kirche 4/1988, S. 233–237. – Weiterhin in den Veröffentlichungen von Friedhelm Mennekes: Neue Kunst in alten Kirchen. Über Konzeption und Erfahrungen in der Kunst-Station Sankt Peter Köln, in: Ders., Künstlerisches Sehen und Spiritualität. Zürich/Düsseldorf 1995, S. 188–215; Zwischen Zweifel und Entzücken: Kirche und Kunst heute. Zur Präsentation des Geistigen in der Kunst des Zwanzigsten Jahrhunderts. In: Doppelstein, J. (Hg.), Lost Paradise Lost. Kunst und sakraler Raum. Kat. der Ausstellung in Hannover (14.07.-12.11.2000), S. 294–309. – S. a. Andreas Mertin: Der Heidelberger Fensterstreit. Ein bürgerliches Trauerspiel in fünf Akten, in: Ders./Schwebel (Hg.), Kirche und moderne Kunst. Eine aktuelle Dokumentation, Frankfurt 1988.

Was hat dieser Dialog zu tun mit den Menschen hinter bzw. in dieser Kunst, den Künstlerinnen und Künstlern selbst also, ihrer Geschichte, ihrer Art des Zugehens auf die Herausforderungen ihres Lebens, ihrer besonderen »Art der Kunst«?

Welche Errungenschaften ihrer Arbeit können den sich den Seelsorgern anvertrauenden Menschen wie angeboten werden und welche Perspektiven können sie öffnen? Was ist mittelbar, vermittelbar, was kann wie angeboten oder übersetzt werden?

Wie kann und muss darin die Autonomie aller (mindestens) vier Partnerinnen – Klient, Künstler, Werk, Seelsorger[17] – gewahrt und gesichert bleiben? Als ästhetische Pflicht vom Evangelium und der Freiheit der Christenmenschen und der Kunst her. Damit sowohl die Eigenständigkeit des Werkes und des künstlerischen Weges respektiert bleiben als auch diejenige dessen, der diese Positionierung als Impuls annimmt. Damit der Seelsorger frei bleibt und das Kunstwerk nicht vereinnahmt wird.

Gibt es eine seelsorgliche Aufmerksamkeit für die Handreichung durch Künstler in ihrem Werk, der einladenden Geste durch deren Arbeiten zu und in Fragen der Zeit und in zeitlosen, aber Raum bestimmenden und diesen ergreifenden autonomen Ansagen? Gibt es sie auch in die Zukunft hinein, ohne dass diese vorab theologisch-eschatologisch-transzendierend bestimmt verstellt würden?

Gibt es bewusst oder unbewusst sich findende Verbindungen im Ergriffensein, im *fascinosum* zwischen Kunst, Künstler und sich einlassendem Menschen, die einander erreichen und bereichern in heutigen Herausforderungen? Gibt es einen inneren Dialog im »Spielraum der Kunst«, in inneren Bildern als Ausdruck der Begegnung mit den äußeren Bildern, die beide »Raum geben«, trösten – ohne »den Trost der Kirche« zu evozieren – was immer dieser sei?

---

17 Wobei der Künstler lediglich in seinem Werk präsent ist, also nicht aktiv und bewusst seelsorglich agieren muss. Somit geschieht die Wirkung seines Werkes ohne sein Zutun, aber nur durch sein Tun! Weiter aber auch in einem bestimmten Raum, zu einem bestimmten Zeitpunkt, an einem bestimmten Ort, einer Prägung, einem Ambiente, einer Stimmung, einer Weltzeit, in Bedingungen etc.

1.3 Ähnliche Fragestellungen und Erfahrungen

Bestärkt wurde ich in diesem Fragen durch Erlebnisse anderer Menschen in diesem Kontext.[18] Einige nenne ich:

Der russische Wissenschaftler und Ökonom Nikolai Kondratieff (1892–1938) ist Schöpfer der Theorie der langen Wellen. Diese Theorie besagt, dass alle vierzig bis sechzig Jahre eine Basisinnovation eine Gesellschaft grundlegend verändert, sowohl in der Struktur als auch im Denken. Folgt man den Kondratieff-Zyklen seit 1800, so stehen wir heute im 5. Kondratieff, dessen Basisinnovation ab 1975 die Informationstechnik ist. Gegen 2015 dürfte der 6. Kondratieff beginnen, der geprägt ist durch die zentralen Bereiche Information / Umwelt / Biotechnologie / optische Technologien / Gesundheit. – Ist dies auch ein Zeitrahmen für eine sich allen Sinnen öffnende Seelsorge?

»Meine These, dass die Kunst immer wichtiger wird, meint nicht, dass immer mehr Kunstwerke unseren Horizont verbauen müssen/sollen. Sie meint, dass die Erforschung von Kreativitätsprozessen allgemein und durch die Künstler im Besonderen ein zentrales Anliegen sein wird.«[19] Der ehemalige Leiter des Frankfurter Museums für moderne Kunst, Jean-Christophe Ammann[20] mahnt seit Jahren kämpferisch und unermüdlich das Denken in Bildern an, das Lesen von Bildern, und das Gedächtnis der Bilder noch wieder zu lernen: »Das Denken in Bildern ist etwas anderes als das Denken über Bilder. Das Denken über Bilder ist ein Diskurs, der Wissen transportiert,

---

18 Das meint nicht die stets protokollierten Arbeiten von Kunsttherapeutinnen, die in diesem Feld arbeiten. Ich übe große Zurückhaltung die in meiner kunsttherapeutischen Arbeit entstehenden und entstandenen Ergebnisse außerhalb deren geschützten Raumes öffentlich zu zeigen. Sie gehören zur Intimsphäre des Klienten. – Das »Zeig doch mal!« gerade auch von interessierten Pastorenkolleginnen hatte oft positiv neugierige, allerdings auch voyeuristische Attitüden und erweckte bei mir den Eindruck, lediglich »Mittel zum eigenen Zweck« sein zu sollen für eine »etwas buntere Seelsorge«. So ist diese nicht zu haben, wie diese Arbeit aufzeigen wird. Mindestens ebenso wie das gesprochene Wort in der Seelsorge bedarf das Bild in der Seelsorge des geschützten Rahmens und des geeigneten und ausreichenden Raums. Vor aller Definition von kirchlicher, gar konfessioneller Seelsorge und vor allem kirchlichen, gar konfessionellen »Bilderstreit« über das »schwierige« Verhältnis von »autonomer Kunst« und Kirche.

19 J.-Chr. Ammann während eines Symposiums über interkontextuelle künstlerische Kompetenz zu »Der 6. Kondratieff und die Kunst«.

20 J.-Chr. Ammann, Textauszug aus: Die Zukunft der Bildung, hg. von Nelson Killius, Jürgen Kluge, Linda Reisch, Frankfurt 2002; vgl. a. Ammann, »Bewegung im Kopf – Vom Umgang mit der Kunst«, Regensburg 1993.

vom Bibeltext bis über die Zeit, in der das Bild mitsamt seinen Einflüssen entstanden ist. Das Denken in Bildern gleicht einer Verflüssigung des Wissens, gleicht dem Versuch, dem Künstler über die Schulter zu schauen, … Das Denken in Bildern ist deshalb so wichtig, weil Bilder Inhalte transportieren, die anderweitig nicht transportierbar sind. Wenn ich lerne, Bilder zu lesen, erfahre ich Inhalte, die mir in anderen Medien verborgen bleiben. Und ich lerne überhaupt das Lesen.«[21]

Ich ergänze: Wenn ich lerne, meine eigenen inneren Bilder besser zu lesen, erfahre ich Inhalte, die mir in anderen Medien verborgen bleiben. Ich lerne mich überhaupt. Vielleicht erlerne ich mich sogar neu. Dann schaut mich Betrachter die auf Leinwand oder Papier porträtierte Person oder Situation direkt an, wie sie irgendwann den Maler angeschaut hat, der dies Werk schuf. Dann geht mir dieser Blick oder Impuls unter meine Haut, in mein Herz, an die Nieren, greift nach mir, zärtlich, vertraut oder eisig und hart, lässt mich eigene Inhalte, Erfahrungen entdecken. Wir sehen nur das, was wir kennen. Wir sind so in der Lage, uns auch frühen Irritationen in unserer Biografie noch wieder zu stellen und unser aktuelles Tun oder Lassen selbst zu begreifen.[22]

»Es sollte den beiden Welten, von denen hier die Rede war [Kunst und Wirtschaft], gelingen, den Menschen in dieser neuen Dimension des Freiseins wieder heimisch zu machen in der unbegrenzten Vielfalt an Phantasie, an Erlebnis, an Leben, das in der Kunst auf ihn wartet. Durch nichts sollten wir uns entmutigen lassen, wenn es darum geht, in der Begegnung von Wirtschaft und Kunst den Menschen an die wohl wichtigste Erfahrung seiner Existenz heranzuführen: nämlich an das Erlebnis, dass das Leben unter den Menschen letzten Endes doch eine gute, eine sehr gute Sache sein kann.« (Jürgen Ponto)[23] Die Konsequenz dieses Ansatzes ist begehbar seit dem 1. April 2004 im »raum für kultur« im Hochhaus »Gallileo« an der Gallusanlage in Frank-

---

21 Ebenda.

22 Vgl. Eva Schürmann, Sehen als Praxis. Ethisch-ästhetische Studien zum Verhältnis von Sicht und Einsicht, Frankfurt 2008. S. a. Herbert Huber, Ethik als ästhetisches Phänomen, Vortrag beim Symposion »Ethik und Ästhetik – Eine Herausforderung für Schule und Bildung« an der Ludwig-Maximilians-Universität, München, am 30.05.2008.

23 Jürgen Ponto führt dies aus in seinem Vortrag »Begegnung von Kunst und Wirtschaft in unserer Zeit« auf der Jahrestagung des Kulturkreises im Bundesverband der Deutschen Industrie e. V. am 14. Oktober 1973 in Hannover.

furt am Main. Es handelt sich um einen Ort der Begegnung. Ein multifunktionaler Raum, für den Studierende im Rahmen eines Seminars der Hochschule für Gestaltung unter Leitung von Prof. Peter Eckart ein Raumkonzept entwickelten. Der »raum für kultur« bietet einerseits Arbeitsplätze für die Mitarbeiterinnen der Jürgen-Ponto-Stiftung, der Kulturstiftung Dresden, der Kunstsammlung der Dresdner Bank und dem Team Frauenkirche der Dresdner Bank. Andererseits steht der Raum darüber hinaus allen Interessierten offen, die sich über die gemeinnützigen Aktivitäten der Bank in diesem Rahmen oder über andere Fragen der Kulturförderung informieren, die Bibliothek nutzen oder die Kunstsammlung besuchen möchten. Außerdem lädt die Dresdner Bank im »raum für kultur« Mitarbeiter und Kulturinteressierte zur Begegnung mit Künstlern und Kulturschaffenden ein. In Kooperation mit der Frankfurter Gesellschaft für Neue Musik stellt der »raum für kultur« an einem Mittwoch im Monat junge Frankfurter Komponisten vor. Ebenfalls einmal im Monat werden Theaterinteressierte eingeladen, um gemeinsam Stücke mit verteilten Rollen zu lesen. Vortrags- und Diskussionsangebote zu philosophischen Themen leitet ein Bankmitarbeiter, der auch Vorstandsmitglied der Schopenhauer-Gesellschaft vor Ort ist. Auf der Glasfassade des »raum für kultur« direkt am breit laufenden Trottoir wird im Rahmen eines Kooperationsprojektes mit dem Museum der Weltkulturen in Frankfurt durch wechselnde Texte, die dem Motto »fremd gehen – anders sehen« folgen, die Vielfalt des »Tauschens« immaterieller wie materieller Werte als Basis zwischenmenschlicher Beziehungen thematisiert. Die Mitarbeiterinnen arbeiten von außen einsehbar und begegnen Eintretenden direkt.

Matthias Kroeger[24] geht für das Jahr 2004 von bereits 90 bis 95 Prozent der Kirchenmitglieder als Distanzierten aus. Dazu kämen dann noch die Menschen, die nicht mehr Kirchenmitglieder sind. Er hält die Entwicklung eines »religiös offenen Modells«[25] pastoraler und seelsorglicher Orientierung für dringlich. Wie kann das aussehen?

Nach Lukas 14 »... ist immer noch Platz da!« Und der Herr sagte zum Diener: »Geh auf die Feldwege und an die Hecken und Zäune und dränge (im Sinne von: »sei so einladend und überzeugend«?) die Leute zu kommen, damit mein Haus voll wird!«

---

24 S. Matthias Kroeger, Im religiösen Umbruch der Welt. Der fällige Ruck in den Köpfen der Kirche. Über Grundriss und Bausteine des religiösen Wandels im Herzen der Kirche, Kohlhammer 2004.

25 Ebenda, S. 291 ff.

Der leitende Pädagoge der Bad Oldesloer Integrierten Gesamtschule Klaus Mangold äußert in einem Interview mit der Zeitung der Gewerkschaft Erziehung und Wissenschaft: »Musisch-ästhetische Bildung zielt von ihrem Grundverständnis auf alle Lebensbereiche ab, daher ist es für eine zukunftsorientierte Gesellschaft unabdingbar, dass sie zum festen Bestandteil aller Bildungsinstitutionen wird.«[26] Diesen Anspruch setzt er in seiner Schule seit 1990 aktiv um. Er tut dies, weil er davon ausgeht, nur so zukunftsorientiert zu arbeiten. Weil er davon ausgeht, dass Bildung ästhetische Praxis – im planmäßig gesicherten Umgang mit Musik und Kunst und Bewegung – dringend braucht. Damit Chancen erhalten bleiben, die der Verdorrung entgegenwirken, die durch mangelnde Sinnesausbildung, durch fehlende Schulung der Wahrnehmung, durch mangelnde Anregung und Ausbildung der Sinne unaufhaltsam entsteht.[27]

Die Hannoversche Landesbischöfin Margot Käßmann spricht im Gespräch mit Williges Jäger[28] von »Gott, der Beziehung sucht.« – Es ist der Gott, der uns »Augen, Ohren, Vernunft und *alle* Sinne gegeben hat und noch erhält«!

Pascal Mercier: »Ich möchte nicht in einer Welt ohne Kathedralen leben. Ich brauche ihre Schönheit und Erhabenheit. Ich brauche sie gegen die Gewöhnlichkeit der Welt. Ich will zu leuchtenden Kirchenfenstern hinaufsehen und mich blenden lassen von den unirdischen Farben. Ich brauche ihren Glanz. Ich brauchte ihn gegen die schmutzige Einheitsfarbe der Uniformen. Ich will mich einhüllen lassen von der herben Kühle der Kirchen. Ich brauche ihr gebieterisches Schweigen. Ich brauche es gegen das geistlose Gebrüll des Kasernenhofs und das geistreiche Geschwätz der Mitläufer. Ich will den rauschenden Klang der Orgel hören, diese Überschwemmung von überirdischen Tönen. Ich brauche ihn gegen die schrille Lächerlichkeit der Marschmusik. Ich liebe betende Menschen. Ich brauche ihren Anblick. Ich brauche ihn gegen das tückische Gift des Oberflächlichen und Gedankenlosen. Ich will die mächtigen Worte der Bibel lesen. Ich brauche sie gegen die Verwahrlosung der Sprache und die Diktatur der Parolen. Eine Welt ohne diese Dinge, wäre eine Welt, in der ich nicht leben möchte.« – »Ich möchte nicht in einer

---

26 Klaus Mangold in: GEW-Zeitschriften, Ästhetische Bildung 12/2004.

27 Vgl. Klaus Mangold, Görge Schüchler: Musisch-ästhetische Bildung als Motor der Schulentwicklung?, in: »Wider das Vergehen von Hören und Sehen«. Konzepte gegen einen eingeengten Lernbegriff, Dokumentation der 61. Pädagogischen Woche (07.–11.11.2005) – Cuxhaven-Duhnen, GEW Bezirksverband Lüneburg.

28 Evangelisches Magazin *chrismon*, 04/2006 – Begegnungen: Landesbischöfin Dr. M. Käßmann – Williges Jäger, Benediktinermönch und Zenmeister.

Welt ohne Kathedralen leben. Ich brauche den Glanz ihrer Fenster, ihre kühle Stille, ihr gebieterisches Schweigen. Ich brauche die Fluten der Orgel und die heilige Andacht betender Menschen. Ich brauche die Heiligkeit von Worten, die Erhabenheit großer Poesie. All das brauche ich. Doch nicht weniger brauche ich die Freiheit und die Feindschaft gegen alles Grausame. Denn das eine ist nichts ohne das andere. Und niemand möge mich zwingen zu wählen.«[29]

Friedrich Schiller schreibt: »Denn die Kunst ist eine Tochter der Freiheit«,[30] »… weil der Weg zu dem Kopf durch das Herz muss geöffnet werden.«[31] Dieses »Gründungsdokument einer Theorie der Moderne« (Rüdiger Safranski)[32] wider das am Ende des 18. Jahrhunderts heraufziehende »Diktat der Nützlichkeit«[33] scheint beinahe schon auf das aktuelle Phänomen der Globalisierung zu weisen: »Jetzt aber herrscht das Bedürfniß, und beugt die gesunkene Menschheit unter sein tyrannisches Joch. Der Nutzen ist das große Idol der Zeit, dem alle Kräfte frohnen und alle Talente huldigen sollen. Auf dieser groben Waage hat das geistige Verdienst der Kunst kein Gewicht, und aller Aufmunterung beraubt, verschwindet sie von dem lermenden Markt des Jahrhunderts.«[34] Er kennzeichnet die Tendenzen in der Gesellschaft seiner Zeit als »ein geschlossenes System der Zweckrationalität und der instrumentellen Vernunft.«[35] Schiller beschäftigt sich in diesen Briefen mit der Frage »nach einer utopischen Funktion der Kunst in der modernen Gesellschaft.«[36] Es wird darin »nicht nur Erholung für den ›zerrütteten‹ Menschen verlangt, sondern tatsächlich eine Revolution der Lebensverhältnisse mithilfe der Kunst, die die Individualität jedes Menschen fördern und den Weg zu einer umfassenden Entfaltung seiner Anlagen bereiten soll.«[37] Kunst bedeutet für ihn offensichtlich ein kritisches Verhältnis zur Gegenwart und ein Mittel, das beschränkte Jetzt zu überwinden: »Was in der Wirklichkeit als

---

29 Paul Mercier, Nachtzug nach Lissabon, München 2004; hier zit. nach: EKD-Texte, Predigt Landesbischöfin M. Käßmann, 18.02.2007.

30 Friedrich Schiller, Über die ästhetische Erziehung des Menschen in einer Reihe von Briefen, S. 9.

31 Ebenda.

32 Rüdiger Safranski, Schiller oder Die Erfindung des Deutschen Idealismus. Bonn 2004, S. 409.

33 Ebenda, S. 413.

34 Schiller, a. a. O., S. 9–10.

35 Safranski, a. a. O., S. 413.

36 So Klaus L. Berghahn im Nachwort. In: F. Schiller, a. a. O, S. 255.

37 Wolfgang Ullrich, Überschätzt, unterfordert. Mit der Kunst zur Revolution? In: Ders., Tiefer hängen. Über den Umgang mit der Kunst. Berlin 2003, S. 33–48 (S. 39).

Mögliches noch verborgen liegt, lässt sich durch Kunst am besten ins Bewusstsein heben.«[38] Wider den außengeleiteten Menschen, der gesellschaftlich-, kirchen-politische Verhältnisse nicht mehr in Frage stellt, sondern diese als evolutionäre Notwendigkeit akzeptiert, der es sich zu unterwerfen oder geschickt anzupassen gilt. Ziel der Erziehung wäre hier also das Rädchen, das sich bedingungslos in einer großen Maschinerie[39] einspannen lässt, ohne nach dem »Cui bono« des Ganzen zu fragen? – Im Kontext stellt sich dann z. B. auch die Frage nach Erziehungszielen eines Schulsystems, in dem »Nebenfächer« wie z. B. Kunst (und Religion) gern gestrichen werden, weil »man die später eher nicht braucht.«

Heutige Schülerinnen und Schüler tun sich schwer damit, zu hören, zu sehen, wahrzunehmen, zu stehen, zu gehen – das sind Erfahrungen des Orthopäden Prof. Grönemeyer über das Schülerinnen-Alter hinaus aus dem Blickwinkel des Arztes, die er in einer Fernsehsendung äußert.[40] Er beklagt unseren menschlichen Mangel, nicht mehr hinlänglich in Kontakt zu sein mit unserer Verkrampfung, die letztlich bis zum Prolaps führen könne.[41]

1.4 Ein persönliches Zwischenfazit

Wer nicht stehen kann, kann nicht zu sich stehen!
Wer nicht gehen kann, kommt nicht von der Stelle!
Wer keinen Schritt macht, kommt nicht voran!
Wer nicht hören kann, wird nicht verstehen!
Wer nicht fühlt, ahnt nicht, woher der Wind weht!
Wer nicht Farbe anfasst, wird nicht Buntes schaffen!
Wer seiner Nase nicht mehr trauen kann, weiß nicht, wo es und was ihm stinkt!
Wer einzig Zweidimensionalität lebt, kann sich nicht dreidimensional orientieren!

---

38 Berghahn, ebenda, S. 263.

39 Vgl. F. Schiller, Über die ästhetische Erziehung des Menschen in einer Reihe von Briefen, S. 22 f.

40 NDR-Talkshow »III nach 9« ohne Datumsangabe. Zit. aus dem Gedächtnis des fernsehenden Verfassers.

41 Und was ist mit der Verkrampfung des Sehens, des Riechens, des Schmeckens, des Hörens, des Fühlens, des Malens, Gestaltens und Staunens? (vgl. Wilhelm Willms, Die Nähe eines Menschen, zit. nach: Loccumer Brevier, 1990, S. 158–161).

Und: »Was Hänschen nicht lernt, lernt Hans nimmermehr?«
Oder doch?

Dieses Benennen der Wirkungsfähigkeit, -weise und -mächtigkeit der Kunst ist nicht das, als das es oft und gern »abgewimmelt« wird, gerade in des Geistes Kreisen, die vorgeben, dem Wort gewaltig zuzusprechen: Aperçu allenfalls in einer »Kirche des Wortes«. Dies ist, weil Kunst auf den Grund fragt, die radikale Aussetzung der Kunst in Situationen radikaler Aussetzung der ihr begegnenden Menschen.[42] Eigentlich wissen gerade diese Kirchenkreise dies genau, wurde doch »das Wort Fleisch«.[43] Und dies Wort blieb nie »Wörter«, sondern ließ sich als ganzer Mensch ein auf die Menschen, die mit ihm auf dem Weg waren und sind – zum ewigen Leben, einer Qualität von Leben doch.

Dieser Weg kann nur geschehen in einem »gesunden Klima«, das Raum gibt und Raum lässt, das Menschsein weitet und frei sein lässt. Dem objektiv vorhandenen und subjektiv nachempfundenen Klima der Wertschätzung, der interessierten gegenseitigen Zuwendung und Unterstützung und des außerordentlichen Respekts vor dem einzelnen Menschen, vor seinem Zweifel und vor der Chance des Fehlers und in dem Hoffen gegen den langerlernten Augenschein, der als Realität schließlich internalisiert wurde: »Du bist bloß Hauptschülerin!« (Hartz IV-Empfängerin / Junkie o. ä.), »Du schaffst das doch nicht!«, »Du hast hier nichts verloren!« Hierbei soll die Wertschätzung zunächst die eigene Person ergreifen, also die der engagierten Seelsorgerin und des gefragten Seelsorgers – »Ergriffensein von dem, dass es mich angeht!« –, dann die Person des anderen in den Blick fassen, der sich durch die eigene Selbstwertschätzung auf den anderen hin schon verändert hat.[44] Dann das Fremde in ihm als Übertragung eigenen Urwissens in mir selbst als ver-

---

42 Vgl. hierzu die stets Aufsehen erregenden, weil brisante Alltagsthemen behandelnden Werke des österreichischen Steinbildhauers, Zeichners und Graphikers Alfred Hrdlicka, der Abgründe und Extreme menschlicher Existenz übertreibend, überdehnend, drastisch, verzerrend vor Augen stellt. Einziges Thema seiner Kunst ist die menschliche Figur. Nicht als harmonische Persönlichkeit, sondern als zwiespältiges Wesen, dem das Hässliche, das Gewalttätige und Obszöne nicht fremd ist.

43 »Alle Macht in der Religion geht vom Fleische aus!«. s. A. Hrdlicka / Carmen S. Weber (Hg.), Alfred Hrdlicka – Bildhauer, Maler, Zeichner, Kat. zur Ausstellung in der Kunsthalle Würth Schwäbisch Hall, Künzelsau 2008, S. 121. S. a. ders., »Hrdlicka über sich selbst.« In: Kat. Kestner-Gesellschaft zur Ausstellung vom 15.03. bis 05.05.1974. Hannover 1974.

44 Wenn der sich selbst wertgeschätzt weiß und selbst wertschätzt, dann kann er als Wertgeschätzter auf mich wertschätzend zukommen! Anders: Als Gesegneter kann er den Segen weitergeben!

trauten Gast willkommen heißen.[45] Nun dann das permanent nötige »try and error« eben nicht wegdrängen, sondern willkommen heißen, hier wie dort, als Lern- und Erfahrungsort, als Verortung des Selbst. Als Raum, der dem Leben dienlich ist. Nicht als »kalter Raum« im Sinne einer »kalten Pracht«, sondern als den ganzen Menschen wärmender Raum.

Diese menschlichen Positionen begegnen mir geschützt in der direkten Begegnung und in meiner Möglichkeit zur Auseinandersetzung mit Positionen der Kultur. Bezüge wie Toleranz, Empathie, Verantwortung, Kompromissfähigkeit, Haltung zu sich selbst, Wertschätzung für andere Menschen, fremde Positionen und Werte, geschenkte Zweifel eingestehen, bestehen, durchstehen können, Diskursfähigkeit, Streitkultur, Zivilcourage.[46] Denn neben dem Körpergedächtnis bestehen auch ein Bild- und Traumgedächtnis. Alles Chancen, auf die sich Seelsorger und Klient im gemeinsamen Weg beziehen können.

1.5 Parallele Erfahrungen

Der Dirigent der Berliner Philharmoniker Sir Simon Rattle und der Choreograph Royston Maldoom zeigen den möglichen Einzug der Ästhetik in den Alltag des Lebens von 250 Kindern und jungen Erwachsenen aus Berliner Problemfamilien und -schulen in ihrem Berliner Education-Tanzprojekt »Rhythm is it!«.[47] Jugendliche, die vorab nie mit großer Kunst, klassischer und klassisch-moderner Musik in Kontakt waren, werden durch die Leidenschaft und verkörpernde Klugheit und Selbstgewissheit (der Choreograph!) der Vermittler herangeführt und lassen sich anstecken von der Ernsthaftigkeit und der eingeforderten Kontinuität künstlerischer Arbeit, vom Selbst-ernst-ge-

---

45 Als Wertgeschätzter kann ich auch zu mir fremden, »hässlichen« Anteilen meiner selbst stehen!

46 Die »taz« schreibt am 01.07.2009 (Katrin Bettina Müller: »So viele Küsse, so viele Seufzer«, S. 16) zum Tod der Choreographin Pina Bausch: »… Rutschende, Übermütige, Fliegende, Stürzende, Aufgefangene: So kehrt die Erinnerung an ihre Stücke zurück. Es waren viele Bilder des Trostes dabei, von kleinen Hilfeleistungen, von hochgereckten Händen, die andere Körper tragen und durch Träume wandern lassen. Bilder, an denen man sich festhalten möchte, angesichts der erschreckenden Nachricht von ihrem Tod. Pina Bausch starb am Dienstag mit 68 Jahren an Krebs, nur fünf Tage nachdem die Krankheit erkannt worden war.«

47 Der Spielfilm »Rhythm is it!« von 2004, Regie: Thomas Grube, lief in bundesdeutschen Kinos.

nommen-Werden, von der dafür notwendigen Disziplin und erwachsenden Präzision, vom Gefordertwerden und aufkeimenden Sich-fordern-Mögen, schließlich von der tiefen Erfahrung, selbst etwas leisten zu können, was andere ihnen und vor allem sie sich selbst nicht zugetraut hätten. Hierfür müssen sie die eigenen Sinne neu entdecken. Sie müssen sich und diese frei entwickeln können und dürfen. Sie bedürfen darin der Unterstützung und Förderung und gedeihlicher, behutsamer Ausbildung, damit Augen, Ohren, Herz und alle Sinne – wie Neugierde, Fantasie, Traum – die neue Welt, die die alte, aber verkannte bzw. nicht mehr erkannte ist, noch wieder erobern können. Damit Lust entsteht und bleibt. Damit die Entdeckung, dass ein Mangel ist, hier nicht im Bejammern verharren muss, sondern die Offenheit schenkt zur Möglichkeit. Zum Dürfen des nun Gewollten, zum Umsetzen des Begriffenen. Zum Mehrwert des Lebens und in ihm. Hier kann der Mut zur möglichen Veränderung greifen, zum Angehen des neu entdeckten Lebensauftrags, zu sich selbst.

Wolf Singer, seinerzeit Direktor des Frankfurter Max-Planck-Instituts für Hirnforschung, formuliert 1984 in einem Aufsatz über »Neurobiologische Anmerkungen zum Wesen und zur Notwendigkeit von Kunst«: »Mir scheint, dass eine Bewältigung anstehender Überlebensprobleme nur dann gelingen kann, wenn neben der rationalen Durchdringung de Systeme, in denen wir existieren, Kommunikationsverfahren gepflegt werden, die in der Lage sind, komplizierte Sachverhalte erfahrbar zu machen. Nur dann kann Wissen auch wirklich Handeln lenken. Es könnte also sein, dass wir ein Entwicklungsstadium erreicht haben, in welchem eine Fähigkeit, die zunächst als Epiphänomen bestimmter adaptiver Funktionen entstanden ist, plötzlich eine wichtige, möglicherweise arterhaltende Funktion bekommen hat. Wenn das so ist, dann werden jene Gesellschaftssysteme überleben, die die künstlerische Begabung ihrer Mitglieder ausschöpfen und die Sprache der Kunst verstehen.«[48]

Und mir fallen sogleich viele weitere Namen ein, die »Brückenbauer«[49] sind zu solchen Wahrnehmungsbereicherungen, ja, die völlig neue Sichten möglich gemacht haben und machen. Ich nenne ungeordnet wenige, mir gerade auch wegen ihr einladenden »Einfachheit« und »Grundgebung« nahestehende: Bernd und Hilla Becher und all ihre Schüler, Gerhard Richter[50],

---

48 Zit. nach Wolf Singer, Der Beobachter im Hirn, Frankfurt 2002, S. 211ff.

49 Der Titel »Pontifex« wird in der Kirche gewöhnlich anderen Berufsgruppen zugeeignet.

50 Der bereits 1974 mit Farbfeldern (Gelb-Rot-Blau, Rot-Blau-Gelb, Gelb-Blau-Rot, Rot-Gelb-Blau; s. Gerhard Storck, artist's proof, Köln 1998, S. 106–107) experimentiert und nun

Christo, Donald Judd[51] und Carl Andre, Richard Serra, Tony Cragg[52], Jean Tinguely und Niki de Saint Phalle[53], On Kawara und Hanne Darboven, Bruce Nauman, die russische Avantgarde, Nam June Paik bis Jonathan Meese, Richard Long, Rebecca Horn und Eva Hesse, Dan Flavin und Sol LeWitt, Gotthard Graubner, Raimund Girke[54], Katharina Fritsch, Julian Schnabel, Günther Förg in Foto und Plastik, die nordischen Künstler Kain Tapper[55], Asger Jorn, Per Kirkeby[56], Ken Denning, Merete Barker u. a. m. – Schließlich K. R. H. Sonderborg, Ulrich Rückriem und Joseph Beuys.

Anders: Welcher Künstler ist *kein* Brückenbauer, wenn ich mich denn auf seine/ihre/meine Mikro- oder Makrosicht der Welt, deren Einsicht, Eigensicht, Fremdsicht, Impulse, Emotion, Fragen, Formung einlasse! Wenn ich mich ansprechen lasse, aussetze, auf den Weg begebe – autonom deren autonomen Ansätzen begegne und mich dem Diskurs um Autonomie stelle und darin meiner eigenen Sehnsucht (oder Furcht davor) begegne. Kunst ist stets und per se eine (Re-) Aktion der kreativen Auseinandersetzung eines Menschen auf eine subjektiv erlebte Realität.[57] Meine Frage ist:

Was kann in der Seelsorge – zur Frage nach dem, was mich und den Klienten hält, trägt, führt, leitet, bestimmt, erreicht – die Kunst beitragen, einer oder mehrere ihrer Aspekte? In Krisen eines Lebensweges, wenn Worte ihre Beschränktheit erfahren, wenn jede Geste kritisch beäugt wird ob ihrer Echtheit, gar obsolet wird.

---

sein manchen aufregendes, andere anregendes Domfenster der mancherlei Farben in der Westseite des Kölner Dom installierte.

51 Vgl. zu Donald Judds »real space«: Ders., »Farbe«, Bonn 2000 (Katalog der Ausstellung im selben Jahr im Sprengelmuseum Hannover).

52 Im September 2008 eröffnete Tony Cragg (Nachfolger von Markus Lüpertz als Direktor der Düsseldorfer Kunstakademie) an der Hirschstr. 12 in Wuppertal auf 15 Hektar Land um die 1947–49 in anthroposophischer Bauweise errichtete Villa Waldfrieden des damaligen Lackfabrikanten Kurt Herberts seinen Skulpturenpark.

53 Siehe ihr dem Sprengel-Museum Hannover übergebenes Gesamtwerk.

54 Vgl. Kat. Raimund Girke, Malerei, Dietmar Elger (Hg.), Bonn 1995 (Kat. zu Ausstellungen in Hannover, Saarbrücken, Wuppertal, Nürnberg).

55 Neben den Skizzen und holzplastischen Arbeiten in der Dauerausstellung im Sonderjyllands Kunstmuseum Tondern/DK vgl. Kat. Kain Tapper, Tango, Porto Brandao, 1998; Kat. Kain Tapper, Flensburger Kunstverein / Sonderjyllands Kunstmuseum 2003/2004.

56 S. Per Kirkeby, Skulpturen, Göppingen 1995. S. a. seine Dichtungen zu Zeichnungen im Verlag Kleinheinrich, Münster.

57 Die Auseinandersetzung um die im Kunstmarkt zuweilen Höchstpreise erzielenden Bilder von Affen sei lediglich erwähnt.

Wie kann vom Künstler durcharbeitetes Leben, das sich als Kunst im Werk äußert und darstellt, meinem Sehen zur Verfügung stellt, Aufmerksamkeit finden und eigene Lösungsintentionen bestärken oder ihnen Impulse geben?

Wie kann diese Chance für die Seelsorge – richtiger: diese Chance für die Menschen, die seelsorgliche Begleitung brauchen und suchen, auch auf bislang »ungegangenen Wegen« in ihnen bislang unerschlossenen Bereichen ihres Lebens – sinnvoll eingesetzt werden?

Diesen Fragen stelle ich mich in der vorliegenden Arbeit. Ich gehe aus von meiner eigenen Erfahrung der seelsorglichen Kraft aktiv gestalteter und rezeptiv wahrgenommener Kunstwerke. An ausgewählten Beispielen aus den Lebenswerken von Joseph Beuys, K. R. H. Sonderborg und Ulrich Rückriem – als sehr verschiedene anerkannte Künstler – befrage ich diese auf ihre seelsorglichen Wirkungen und Impulse. Aus der Intention, diese Impulse für die Arbeit der Seelsorge nutzbar zu machen, ohne diese zu benutzen.

1.6 Zum Verhältnis von Kunst und Kirche

In Zeiten permanenter Überflutung mit Bildern, die mit den unbegrenzt scheinenden Möglichkeiten der hoch technisierten Daten- und Wahrnehmungsmanipulation dieser Sinneswahrnehmungen einhergeht, aber die wirkliche Nähe zu wahrhafter Kunst selten wagt, ist neben dem »Analphabetismus gegenüber der Kunst« (Ammann) gewiss das Nicht-Lesen-Wollen von Bildern auch in der Seelsorge der Kirche zumindest ebenso schädlich für Menschen: Bilder wirken in tiefere Schichten unserer Sinne hinein, begleiten und bestimmen uns lebenslang: »Ich werde dies Bild nicht mehr los!«, sagen wir dann. Was die alte Kirche mit Hilfe von Bildern als Auftragskunst wusste und lebte[58], es sollte zu Zeiten der autonomen Kunst nicht vergessen sein, gab es doch einst ein tiefes Wissen in der Kirche um diese Wirkungen der Kunst. Dass dieses Wissen die Kunst nicht in die Autonomie entließ, richtet sich heute als Frage an die Kirche: Was fürchtet Kirche? Kunst, auch Kunst in der Kirche, ist nie ohne Wirkung. Leider ist die Begegnung mit zeitgenössischer Kunst in der Seelsorge – und allein hierum geht es in dieser Arbeit[59] – bislang ausgeblieben. Es bleibt bei einem Seelsorgeverständnis,

58 S. bis heute in Prozessionen wie z. B. in der Semana Santa in Andalusien, in AIDS-Prozessionen des AIDS-Pastorals der Diözese Rottenburg-Stuttgart.

59 Dies ist kein Ignorieren der Arbeit des Burckhardt-Haus in Gelnhausen (z. B. Lang-

das vorrangig Lebensfragen verwörtert, protokolliert und deutet.[60] Dies ist in der Seelsorge eine Engführung, die es im Seelsorgeverständnis und in deren Praxis zu weiten gilt.

Andere Bereiche kommunikativen Handelns sind kirchlicher Seelsorge darin voraus. Die Wirksamkeit der Kunst, also ihre Vermittlung von »Merken – Wahrnehmen – Schauen« in einer verfremdeten Ebene von Nähe zur eigenen Realität, führt in anderen global tätigen und funktionierenden Unternehmen direkt in die Erkenntnis, dass Schlüsselqualifikationen am Arbeitsplatz wie Flexibilität, Kreativität und Fähigkeit zur Kommunikation geradezu Inbegriffe der Kompetenzförderung sind.[61] Auch darum existieren hochdotierte und professionelle Kunstsammlungen und Kunstbeauftragte in Banken und Industrieunternehmen, weil die Kommunikation der Kunst (durch sie, über sie, mit ihr) hier das gesamte Spektrum menschlicher Sinnes-Möglichkeiten erfasst, die wahrgenommen, gelernt, geübt, erfrischend gelebt werden wollen. Die Ästhetisierung des Alltags, die Poetisierung des Lebens, die Zusammenschau und die gegenseitige Befruchtung von Kunst, Musik, Spiel, Arbeit und Leben sind hier längst erkannt als viel mehr, viel existenzieller und viel aktueller, als es das philosophische Programm der Frühromantiker (siehe oben!) uns Heutige wähnen lässt. Dort ist es »geldwerter« Vorteil; in der Seelsorge könnte es für Menschen »goldwert« sein, wenn es denn wahrgenommen und in die Praxis Eingang fände.

Diese Befruchtungen sind viel näher in aktuelle Lebensbezüge und in innere Erreichbarkeit der Menschen zu integrieren (oder eben nicht!) als dies der Diskurs kirchlicher Verlautbarungen zu Kunst und Kirche[62] über die frühere (Auftrags-) Beziehung und Entwicklung von Kirche und Kunst und das

---

zeitprogramm Kunst und Religion), das sich um einen praxisorientierten Dialog zwischen Kunst, Theologie und Kirche bemüht.

[60] S. hierzu in der aktuellen Seelsorgeliteratur: Jürgen Ziemer, Seelsorgelehre. Eine Einführung für Studium und Praxis, Göttingen 2000; Pohl-Patalong, Uta, Von der Ortskirche zu den kirchlichen Orten. Ein Zukunftsmodell, Göttingen 2004; Inken Mädler, Transfigurationen. Materielle Kultur in praktisch-theologischer Perspektive, Gütersloh 2006; Wilhelm Gräb / Weyel, Birgit (Hg.), Handbuch Praktische Seelsorge, Gütersloh 2007; M. Klessmann, Seelsorge. Begleitung, Begegnung, Lebensdeutung im Horizont des christlichen Glaubens. Ein Lehrbuch. Neukirchen 2008; Christoph Morgenthaler, Seelsorge, Gütersloh 2009.

[61] S. Charles Margerison / Dick McCann, Team-Management-System: Verbinden der Funktionen Entdecker, Organisator, Berater, Controller. www.tms.de.

[62] Z. B. in EKD-Texte Nr. 64, 1999: Gestaltung und Kritik zum Verhältnis von Protestantismus und Kultur im neuen Jahrhundert, besonders 3. Kunst.

Aufleben der Autonomie der Kunst geriert und Glauben machen will. Es ist eine Not im Thema Kunst und Kirche![63] Und dies ist eine Not, die u. a. auch die Menschen betrifft, die nach Seelsorge fragen. Dies wurde im Projekt SeelsorgeART deutlich. Konnte hier doch auch im »Raum der Kirche« der »Raum der Sinne« umfassender genutzt werden – dem Seelsorger und den Menschen zugute – und sich und die Seelsorge Suchenden nicht beschränkt werden auf »das Wort«. Sonst wird Kunst selten der Raum gegeben, selbst aktiv zu sein: Solange sie hängt oder steht, besprochen oder gedeutet, geschätzt oder gewertet wird, ist sie eher (zumindest gewollt) passives Gegenüber. Sie sieht aus, gilt als schön oder hässlich, schmückt, dient zu etwas. Kunst will aber wirken!

In Zeiten flacher, zweidimensionaler Bildschirm- und Schreibtischwahrheiten gehen das räumliche Verständnis, der eigene emotionale und spielerisch-erfahrbare Resonanzraum und das Gespür für die Dreidimensionalität, die vielfältig angesprochenen Sinne verloren. Die Flachheit der Wahrnehmung hat aber fatale Konsequenzen, denn flache Probleme werden als real interpretiert, und sind so endlos »ausdruckbar«. Aber nicht der, der sich mit einer »runtergeladenen« Bilderflut umspült, begreift die Farbe, sondern einzig der, der die Kreide und den Pinsel, den Spachtel oder den Ton selbst in die Hand nimmt und ihre Farbe und Kraft, ihren Widerstand und ihre Ausdrucksstärke in seinem Inneren erfühlt und ihr und sich darin Ausdruck gibt. Der mag sich unter Umständen bekleckern, aber erhält selbst darin noch die Möglichkeit, die Konsistenz der Farbe durch eigenes Aufwischen zu sehen, zu begreifen und zu verstehen und sein Selbstbewusstsein im Beseitigen des Schadens zu stärken. Und darin sich selbst. Der kann das Eisen »schmieden, solange es heiß ist«, es also glühend-heiß werden lassen – auch um sich womöglich einmal die Finger zu verbrennen an seinem Ungeschick, also zu merken. Kein Zufall also, dass die Behebung selbst erarbeiteter (gemachter) Fehler durch den Verursacher selbst die Psychoanalyse als ein so wichtiges Merkmal des Ich-Wachstums darstellt. Es geht nicht um das schnellstmögliche »Abhaken« von Fehlern und das verbale Darüber-Hinweggehen, sondern in der Kunst eventuell um das Hineinwagen in die Farben und in die Klangfarben, in den Riechgarten und in den »Wind of change« (Scorpions), in das Fühlen des »The times they are achanging« (Bob Dylan) und in den erfri-

[63] Vgl. KUNSTZEITUNG 154, Juni 2009: Soll der Vatikan 2011 an der Biennale teilnehmen? Ein Streit zwischen den Redakteuren Jörg Restorff (Pro) und Karlheinz Schmid (Contra), S. 27.

schenden Gegenwind, der die eigenen Sinne neu erfrischt und dadurch neu bekerken lässt.

Es geht also nicht um das bloße Hängen von Bildern und Stellen von Skulpturen und Anschauen z. B. in kirchlichen Räumen.[64] So »einfach« ist auch in der Kirche Kunst nicht zu haben, auch wenn dies noch immer ein gern gepflegtes Urteil zu sein scheint: Kunst, Erleben der Kunst, Leben mit Kunst, Impulse, Lebensansagen bleiben im schlichten Zeigen, Vorführen von Exponaten der Kunst in kirchlichen Räumen auf der Strecke. Wird doch Ästhetik nicht »automatisch« mitgeliefert. Eventuell wird sie durch die bloße Hängung von Bildern sogar festgenagelt. Denn Ästhetik ist auch eine Forderung nach eigener Beweglichkeit darin und nach lebendiger Wirkweise der Kunst auch bis in die Rahmenbedingungen derselben.[65] Die eigene Auseinandersetzung mit Farbe und Form, mit Punkt und Linie, mit Fläche und Raum, mit Perspektive und Vision, mit perspektivischer Verkürzung, mit Ausgesetztheit zu sich und in sich selbst, mit fremdem und eigenem Mangel, mit Sehnsucht, mit brennendem Durst, mit der Wahrnehmung von »weitem Raum« und Wüstenzeiten – alles mit allen Sinnen, ist jenseits künstlerischer Hobby-Tätigkeit nicht jedermanns Sache in der Kirche des Wortes. Es braucht im weitesten Sinn Raum dafür, z. B. in der Seelsorge die Kunst konkret mit in den Sinneswandel einzubeziehen![66] Seelsorge in einem derart umfassenden Sinn steht angesichts zunehmend großräumiger gemeindlicher und funktionaler »Seelsorge-Einheiten« immer mehr in »Luxus-Verdacht«, weil sie sich zu stark vom die Seelsorge einschränkenden Mainstream der Gemeinderealität unterscheidet. Dass Seelsorge im Interesse der Menschen niemals »Luxus« sein kann, ist meine tiefste Überzeugung, die in der Dokumentation meines Praxisprojekts SeelsorgeART belegt wird.

---

[64] Die hinreichende Diskussion dieses gesamten Themas sprengte den Rahmen dieser Arbeit.

[65] Schmid a. a. O.: »Ein Drama ist's, wie dort (i. e. im Musei Vaticani, d. V.) vor einigen Monaten beispielsweise eine Zeichnung von Henri Matisse unter einer Falten schlagenden Plastikhülle präsentiert wurde; Kunst im Kondom gewissermaßen. Unverantwortlich auch die Platzierung einer niedrigen Skulptur von Marino Marini, direkt – also Material an Material – neben einer goldenen Stehlampe; quai Installationskunst à la Vatikan.«

[66] Bleibend in Erinnerung ist mir als jungem Theologiestudenten die Äußerung des Göttinger Professors für Praktische Theologie, Götz Harbsmeier, im Seminar über liturgische Gesten, der uns aufforderte, erst einmal eine Stunde in gleißender Wüstensonne mit ausgebreiteten Armen und dem Gesicht nach oben auszuharren, bevor wir meinten, am Altar »Herr, erbarme dich!« singen zu können! Harbsmeier machte es »greifbar«! Vgl. zum Kontext »Liturgie als Performance!« von H.-J. Kutzner.

Wenn sich Seelsorge selbst verkürzt (zu Wortgeschehen) und gekürzt wird (durch Sparmaßnahmen), dann schreibt sich ein System der Seelsorge lediglich fort und orientiert sich nicht an den aktuellen Erfordernissen und Chancen der Zeit, sondern einzig an der eigenen Tradition. Es bleibt ein System, das dem Wort viel Raum gibt, wortmächtig ist und diese Wörter protokolliert. Wogegen nichts einzuwenden wäre, bedeutete dies nicht den gleichzeitigen Ausschluss bzw. den allzu dilettantischen Umgang mit anderen Sinnesgaben[67]: Kirche des Wortes als Kirche der Verwörterungen ist darum eine Engführung, die gottgeschenkte Sinnesgaben (wissentlich?) exkludiert und Auseinandersetzung z. B. mit künstlerischen Positionen, die nicht seitens der Theologen besprochen, gedeutet[68], verwörtert[69] werden können, sondern den Raum der Freiheit auf ihre eigene Weise auf dessen Nachhaltigkeit und Wahrhaftigkeit und Echtheit befragen, vermeidet.[70] Dies ist eine erhebliche

---

67 Der Seelsorger und der Klienten!

68 Morgenthaler definiert (a. a. O. S. 22) sehr eng kirchlich: »Seelsorge geschieht dort, wo eine ausgebildete Seelsorgerin auf eigene Initiative hin ein Gemeindeglied aufsucht, mit ihm ein Gespräch führt und seine Not (Wessen Not? d. V.) auch in christlicher Perspektive deutet.« Weiter beschreibt er »mehrere Dimensionen der Seelsorge«, kommt aber (S. 31) zu dem Ergebnis, dass sie »symbolische Deutung«, »tätige Interpreatation« sei. Dass Morgenthaler später (S. 211 f.) »Die Jungianerin Jolanda Jacobi« zitiert und ein »Gottes-Bild« eines neurotischen Patienten abgedruckt (Weshalb? d. V.), »verstanden« und gedeutet wird (»... niemals frei, um unbeschwert seine täglichen Pflichten erfüllen zu können«, a. a. O.), passt in diese »Dimension der Seelsorge«, von der sich diese Arbeit absetzt! Ein Ansatzpunkt für einen Diskurs, aber wohl kaum einer Weitung wären M.s »Eckpunkte einer zukunftsorientiertenSeelsorge« (S. 68: »status artis«) mit dem Unterpunkt u. a.: »sensibel für ... Kultur ...«. – Pohl-Patalong überblickt Seelsorgekonzeptionen (In: Gräb/Weyel, Handbuch Praktische Seelsorge, 2007, S. 675 ff.), definiert Seelsorge offener als »christliche Unterstützung der Lebensgestaltung« (a. a. O., S. 676), merkt an, dass obwohl »Der Gesprächsbegriff ... dabei nicht selten als prägend für das Verständnis von Seelsorge herangezogen« wird (a. a. O. S. 676), sich das Handlungsfeld komplexer gestaltet habe. Die Belege für über diese genannte Prägung hinausgehende Ansätze finden sich dann nicht! Andernorts fragt sie (»Von der Ortskirche ...«, 2004) von den Orten der Seelsorge her!

69 »domestiziert«?

70 Sicher nicht umfassend, doch der KUNSTZEITUNG fallen auf katholischer Seite »einige wenige kompetente Kunstsachverständige« ein (Wieland Schmied, Friedhelm Mennekes). Um die evangelische Seite ging es in diesem Artikel der Zeitung nicht. – In diesem Kontext höre ich sehr aufmerksam das in Predigten immer wieder und gern benutzte Kierkegaard-Bild von den Hausgänsen im Hof, die sehnsüchtig auf ihre Schwestern beim Zug gen Süden schauen, aber selbst das Fliegen verlernt haben. Das Abheben des Predigers wie der Hörer lässt auf sich warten. Ich kenne dieses Bild des Sehnens von beiden Seiten.

Herausforderung für die Kirche, speziell für die Seelsorge der Kirche, eine Frage der Theodizee angesichts von Johannes 1: »Das Wort ward Fleisch«! Dieser Frage hat sich eine Seelsorge und Seelsorger kürzende Kirche zu stellen im Ringen um den »eigentlichen Auftrag«! Soll es doch in der Seelsorge möglichst umfassend um den ganzen Menschen gehen in seinem realen Raum, um die Realität dieses Raumes in seiner Gesamtheit. Soll es doch gehen um das Begreifen, das Wahr-Nehmen dieses Raumes, um das Messen, Durchmessen und Beschreiten, eventuell Überschreiten dieses Raumes. Des Raumes, der jeder Mensch selbst ist, in dem er er selbst ist, mit dem er selbst ist, für den er selbst einsteht, dem er selbst entgegenwirkt, in den er selbst eingeht. Muss es gehen um Einbrüche in diesem Raum, Befürchtungen um den Tod mitten im Leben. Es geht um das Von-und-vor-Gott-Raum-Haben und die Sehnsucht nach dem Wollen des Gedurften: Leben.

Es geht um die Begegnung autonomer Räume an freien und befreienden Orten. Es geht um die Begegnung mit mir selbst im Raum, um das Antreffen meiner selbst im Raum. Es geht um den Raum an sich, den es so nicht mehr gibt, just dann nicht mehr, wenn ich ihn betrete. Es geht um das »Dazwischen«, den Raum zwischen dem Umraum und mir. Den Raum des anderen Menschen und zum anderen Menschen auch, um Freiraum und definierten bzw. neu zu definierenden Raum, um den intermediären Raum. Es geht um den gefühlten und gefüllten Raum zwischen mir und den meiner Lebensenergie antwortenden Elementen. Und es geht um das permanent prozessuale Geschehen des Ganzen. Dieses Dritte ist hier verfügbar, es kann zum Freiraum werden, in dem Neues Raum findet. – Ist es zu schwierig, »gefüllten Raum als Freiraum« zu begreifen, dieses Undenkbare mental aufzulösen? Für die Seelsorge einer die Freiheit des Evangeliums bzw. das Evangelium der Freiheit kommunizierenden Kirche kann dies nur ein überdeutlicher Hinweis sein auf die Ausrichtung und notwendige Modifizierung des eigenen Seelsorgebegriffs und des eigenen seelsorglichen Handelns, der Weitung der Aus- und Weiterbildung über die »Einsinnigkeit« hinaus, die Qualitätssicherung der Ressourcen der eigenen Mitarbeitenden. Nur solange definiert wird, dass ein Pastor alles kann, kann jeder Pastor jede Stelle versehen. Wird auf seine Gaben und Ressourcen geachtet, ändert sich dies!

Erfahrbar sind diese Chancen der Seelsorge, indem Menschen ihnen begegnen, indem sie »an den Mann« und »an die Frau« gebracht werden. Erlernbar ist diese Weitung der Seelsorgekompetenz in der Praxis der ästhetischen Bildung, im Vollzug des Zugehens auf ein Kunstwerk und der Auseinandersetzung mit diesem. Im Diskurs wie im angeleiteten Achten auf ausgelöste innere Bilder und Reaktionen, im Prozess des Nachgehens und sich Besinnens, gegebenenfalls im Beschreiben, Nachzeichnen, Nachstellen der antwortenden Reaktion. Um hernach adäquat auf das größte aller Kunstwerke zugehen zu können: auf sich selbst und die Kreatur mit uns. Aufatmend.[71] Allein: Es muss gewagt werden! Auch ein Kirchenvolk ohne Vision wird kein neues Land betreten. Dies braucht hinlänglich Raum und geeignete Räume, hinlänglich Zeit und einfühlende Anleitung, Geduld und Professionalität. Jede Kunst war zur Zeit ihres Entstehens erklärungsbedürftig, das ist heute nicht anders. Und dieser Bedarf kann durch Vermittlung kompensiert werden. Die Museen und Sammlungen sind hierauf hervorragend professionell eingestellt[72] und gehen darauf zu. Das Jammern in Kirchenkreisen über die »heutigen Tempel der Kunst« und »neue bürgerliche Heiligtümer« ignoriert die Einsicht, dass alte Kirchen zunehmend als museale (!) Zeuginnen der Vergangenheit besucht werden, was für heilige Räume lebendigen Glaubens verheerend wäre. Dass Galerien und Kunsthallen neuzeitige Pilgerströme anlocken und als Orte der Andacht angenommen werden, die in Architektur, Arrangement, Aura, menschlichem Stil (post-)modernen Mehrwert vermitteln, wird Gründe haben. Denn hier sind Orte entstanden, die in einer durch Rationalität und »Sinnelosigkeit-Sinneverlorenheit« auch der Kirchen dem Wunsch nach Wiederverzauberung und Ästhetisierung des Lebens im Alltag und für den Alltag entgegenkommen, und leicht zugänglich sind durch das Zahlen einmaligen Eintritts.[73] »Anstelle der Kirchen präsentieren sie sich als Orte gesteigerter und verdichteter Realität.«[74] Diese Sehnsucht nach Ästhetik und Sinn wird in den Kirchen nicht hinlänglich konsequent ernst ge-

---

71 In einem indischen Dialekt soll das Wort »atman« neben der Bezeichnung für Atem auch den Weltgeist, das Allumfassende, Ich und Alles und mehr bedeuten.

72 Kinder und Erwachsene sind in Workshops zur Praxis eingeladen, einem Werk von André Butzer nachzuspüren (Kunsthalle Nürnberg) oder mit Farbflächen Fruhtrunks zu experimentieren (Museum für Moderne Kunst, Niebüll), die Kestnergesellschaft Hannover stellt Kinder vor dem Werk der Gebrüder Chapman ausgebildete Kunstpädagoginnen und eine ausgewiesene Künstlerin zur Seite, organisiert Kindermalkurse und die Ausstellung dieser Werke.

73 S. die lebendige Skulptur des jungen Mannes von Michael Elmgreen und Ingar Dragset in »Made in Germany«, Sprengelmuseum Hannover, 2007, der an Besucher schweigend Karten verteilt mit dem Aufdruck: »Have you come here for forgiveness?« und darin besonders sonntägliche Museumsbesucher hinterfragt.

74 So die Erkenntnis o. g. EKD-Textes!

nommen. Sie ist nicht den Kunstsinnigen und den Kunstdiensten zu überlassen, sondern beginnt »wo zwei oder drei versammelt sind in Gottes Namen!«

Es ist andernorts längst erwiesen: Wer immer über einem Problem brütet und nicht weiter kommt, sollte sich Bilder in einer Ausstellung, ein Theaterstück, einen Film ansehen oder ein Konzert anhören. Plötzlich wird er die Lösung für sein Problem haben, weil er emotionale Erkenntnisse aus dem Erlebten extrapolieren kann. Künste sind eine Chance. Und es ist klug, sie als operative Einheit in eine Lebens- oder Firmenphilosophie zu integrieren. Berührungsängste sind kontraproduktiv. Kulturelle Bildung ist also kein Luxusgut. Ästhetik ist es nicht. Gewiss auch nicht in der Kirche.

Nicht für eine Kirche, die ursprünglich herkommt von dem Wissen, dass in Bildern und Geschichten, in Gleichnissen und Deuteworten gesucht wird, das Unaussprechliche, das »Schöne-Wahre-Gute« schlechthin, das Unfassliche, Gott zu erfassen. Die ihre Wurzeln der Beschreibung des Unbeschreiblichen hat in den blumig-blüten-farbenreichen Phrasierungen abendlich morgenländischer Lagerfeuer und die ein Buch voller wunderbarer Bilder und Bilder voller Wunder ihren Grund nennt und darum »eigentlich« weiß. Diese Kirche wuchs aus und mit und an diesen Bildern. Sie lebt von ihren Bildern. Sie ist in bestimmter Weise selbst ein Bild. Bilder sind ihr Schatz, ihr Reichtum durch die Zeit, Inhalt ihrer Geschichte und Geschichten.

Wo geht es hin mit dieser Kirche, wenn der großartige Inhalt beworben und weitergesagt werden soll, die Räume aber – bis hin zum wortwörtlichen Sinn – enger werden oder gar wirklich einladende Räume ganz fehlen, wenn Räume nicht mehr Freiräume sind, sondern Menschen Vorleistungen erbringen müssen, um dabei sein zu dürfen? Wenn »Kirche« meint, sich als exkludierender Kreis darstellen zu dürfen. Wenn nach volkskirchlichem Anspruch eine (mehr als) Dreiviertelmehrheit nicht mehr erreicht wird, dies konstatiert und beschrieben wird und dennoch auf den gleichen Vermittlungswegen fortgefahren wird?[75] Wenn die bunten und schönen und paradiesischen Farben woanders andocken, weil dort mehr offenere Einladung für sie und durch sie ankommt oder zu sein scheint. »Die Kunst als Kirche« (Bazon Brock)?[76] Wenn die Sehnsucht nach ästhetischen Räumen und ästheti-

---

75 Z. B. in der Seelsorge, ihrer Ausbildung, Begleitung, Entwicklung.

76 S. Bazon Brock, Gesammelte Schriften III, 3.1.5: Der Künstler als gnadenloser Konkurrent Gottes. Wie Kunst wirksam wird (und doch nicht angebetet werden muss). Am Ende schreibt Brock, nach mancherlei Hohn: »Nun gilt es abzuwarten, bis die neue Kirche kommt …«.

schen Konzepten, die u. a. deutlich wird in einem ganz neuen »Bildersturm«, der lange Warteschlangen zeitigt,[77] von Weitem beobachtet, als Zeitansage für die eigene Sache aber ignoriert, womöglich gar abschätzig-distanziert kommentiert wird.[78] Da werden Chancen verpasst. Wenn Gebäudekomplexe, deren Plan einmal für ein Konzept (ein Bild) zumindest des Architekten stand, in Teilen oder ganz verkauft oder vermietet werden (an Arztpraxen, Computerfirmen, Kleinkunstbühnen etc.), so dass das gewachsene Eigene zerstört, das ursprüngliche Konzept desavouiert und die Lust und Freude, die Leidenschaft der noch Mitarbeitenden zumindest geschmälert wird. Wenn so »home made« der »Geist des Ortes« geschmäht wird. Wenn Museumsmacher über Hängung und Korrespondenz von Kunstwerken zueinander, zu den vorhandenen Räumen etc. lange und behutsam und von Professionellen in diesen Fachgebieten unterstützt reflektieren, wenn Licht, Temperatur und Luft, Besucherandrang, Führungen und Hygrostatik, Foyerformen, Architektur, Akustik, Beiprogramm und Bewirtung, Begleitung, Pädagogik, Tontechnik, Merchandising und Fundraising, sinnvolle »Szenenwechsel« (Ammann) und Ausstellungsfolgen, Kooperationen etc. professionell beachtet und gewichtet werden, wenn Kirche immer noch meint, all dies nicht nötig zu haben:

Seelsorge mit allen Sinnen traut sich zu, Professionalität, Kompetenz, visionäre Kraft und Führungsfreude, Frische und Leicht-Sinn gegen Schwermut in ausgefahrenen Bahnen zu setzen. Sie wagt künstlerische Fantasie und frei schwebende Aufmerksamkeit, Kommunikations- und Konfliktfähigkeit, Schönheit, Anmut und erotische Ausstrahlung als Kriterien der Lebendigkeit im ästhetischen Prozess ernst zu nehmen und auch Schwäche, Armut des Materials, Sehnsucht und Zweifel zu thematisieren.

Die Einladung der Ästhetisierung des Alltaglebens unserer Kirche, hier für die Seelsorge, knüpft daran an, dass Menschen sich selbst nicht (mehr) als Künstler begreifen können, weil ihnen das Geschenk dieser Freude und diesen Eifers, diese »Kunstfertigkeit« abhanden gekommen zu sein scheint. Weil sie nicht einen Schulleiter wie jenen in Bad Oldesloe hatten/haben und stattdessen erfahren, dass Kunst und Musik etwas Er- bzw. Entsetzliches

---

77 Ausstellungen von Cezanne in Essen, des MOMA in Berlin, von Marc, Macke und Delaunay in Hannover etc.

78 Ganz abgesehen von manchen »Kunst-Gottesdiensten« in Museen, die sich einem Trend oder einer Ausstellung anhängen, und mehr den Lesestoff des betreffenden Pfarrers darstellen und seine Kontakte in die Museumsszene als ein »Hineingehen ins Bild« fördern, den freien Dialog vor dem Bild mit allen Sinnen und die angemessene Wertschätzung des Kunstwerkes als Kunstwerk, nicht als vom Prediger Auserwähltes und Gedeutetes.

seien, für Ästhetik kein Sinn und erst recht kein Verstehen und Geld da ist, sie obendrein »ja sowieso nicht malen« könnten.[79] Weil sie des Applauses, der Wertschätzung, des Lohnes, der Anerkennung seit langem entbehren für ihre Kunst und stattdessen erleben, dass nicht in erster Linie die Gaben und Künste des Einzelnen gesehen, gefördert und im Interesse der guten Sache ausgenutzt werden, sondern angeblich einer Not gehorcht wird. Welche Not wird da nicht wahrgenommen? Wer hat Angst davor, dass es nur ja nicht zu bunt wird? Nirgends steht geschrieben, dass der Alltag »intensiv steingrau« (Loriot) zu sein hat. Auch nicht der kirchliche, der doch sogar »eigentlich« am wenigsten. Hier wird deutlich, dass das Erleben des Eigenen und die Form der Seelsorge eng miteinander verwoben sind: Allein der all seiner Sinne gewisse Seelsorger kann sich mit diesen der Seelsorge mit allen Sinnen stellen. Es kann nur das Ziel sein, sowohl der Seelsorger als auch der leitenden Kirchengremien, dass die Seelsorge sich in der Gewissheit ihrer Chancen in aller Breite und Tiefe und Umfänglichkeit den umfänglichen Anforderungen und Herausforderungen der sie anfragenden Menschen stellen kann. Mit Zeit und mit Raum.

Dann also schön und bunt, erotisch und von Licht durchflutet, wohlklingend und lebensvoll, einladend und nach Schwerpunkten Menschen ernst nehmend, verzeihend und begeistert, leidenschaftlich suchend, streitend und finden wollend und darin begeisternd, mehr hörend denn zu allem und jedem Allgemeinplätze absondernd, schweigend und betend gewiss, und aufmerksam für Eigenes und darum auch für Fremdes – urtextgemäß –, ästhetisch im Alltag mit aller Subjektivität und mit hohem Anspruch an Qualität, Individualität, Diskurstauglichkeit, Zweifel. Darin der Botschaft des Evangeliums gemäß. Raum, Weite, Kraft sind »eigentlich« im Übermaß vorhanden. Es ist wie mit dem »zur Ruhe kommen«: Sie ist in uns vorhanden, wir müssen sie bloß entdecken und zu ihr kommen. Uns wieder neu entdecken als ihrer bedürftig. Die »herrliche Freiheit der Kinder Gottes«, es gibt sie nicht »eigentlich«, sondern nur. Und verheißungsgemäß gerade dort, wo sie am Nötigsten ist.[80]

---

[79] Der in meinen Workshops am häufigsten geäußerte erste Satz, wenn es ums Malen geht. Zumeist gebunden an das bewahrte Votum eines Kunstlehrers in der Grundschule!

[80] Wo Seelsorge sich selbst mit erheblichem Zeitaufwand im Fundraising um ihre eigene finanzielle Sicherung kümmern soll oder ihre Freiheit als »fremder Gast« (z. B. durch die (Mit-) Finanzierung durch die Häuser, für die sie arbeitet) verliert, büßt sie an Freiheit ein, an Raum, an Weite. Und an Fähigkeit.

Mir scheint dies die einzige Möglichkeit zum Ausbruch und Aufbruch, sich selbst wiederzufinden, das eigene Selbstbewusstsein, die eigene Schönheit und Stärke, auch die Glaubensstärke, den eigenen weiten Lebensraum, den eigenen Körperraum wieder als schön und begehrenswert zu erfassen, sich selbst zu begreifen – und dazu dann auch andere herzlich einzuladen. Wieder Bewusstsein dafür zu entdecken, dass wir glaubend die Ebenbildlichkeit des lebendigen Gottes verkörpern und uns daran zu freuen, allein selbst und mit anderen. Nicht nur in Wörtern die ästhetische Würde der Begegnung zu feiern. Die Kirche als »Leib Jesu Christi« ist als das Ästhetische schlechthin zu glauben, zu leben, zu lieben, zu hoffen. Und mit dieser ansteckenden Gesundheit, dieser Attraktion können wir hinaustreten ins Freie, miteinander und mit anderen Professionen die guten Bilder und die mitreißenden Formen entdecken, mit denen wir und wir mit Menschen gehen können. Der uns allen verheißene Trost ist der »weite Raum«. Und der liegt noch vor uns. Dieser Raum ist ein gewiss ästhetischer Raum, so dass uns darin Hören und Sehen, Träumen, Riechen und Schmecken, Fühlen und Hoffen nicht vergehen, sondern übergehen werden.

Die ästhetische Frage ist eine Glaubensfrage. Diese Glaubensfrage stellt sich in der vorliegenden Arbeit vor dem Hintergrund meines eigenen Lebensweges in und mit dieser Kirche, meiner seelsorglichen, therapeutischen und künstlerischen Professionalität und meinem daraus entwickelten Seelsorgeverständnis der Weggemeinschaft mit Menschen in krisenhaften Situationen. Diese Wege führen nicht nur an Worten entlang, sondern sie führen auch ungeahnte Wege, in denen mir angst und bange war, weil die Gottesbeziehung auf dem Spiel stand und ich meinem Kleinglauben begegnete. Auf diesen Wegen stets auf die Gottesnähe zu bauen ist nicht selbstverständlich. Und die gestellte Glaubensfrage ist schon immer eine ästhetische der Wahrnehmung. Seit den Zeiten des 23. Psalms spätestens (»Du bereitest vor mir einen Tisch«) und des Advents (»Bereitet doch fein tüchtig, den Weg dem großen Gast!«).

Bereit ! Bereit ?
Bereitet ! Bereitet ?
Doch !
Fein ! Tüchtig fein !
Weg, bloß weg, mit kurzem e?
Weg ! Der große Gast ist im Kommen !
Und er will mit uns hineingehen !
Sehen Sie !

Sehen Sie ? Sehe ich ?
Erwarten wir noch etwas ?
Erwarte ich noch etwas ?
Für uns. Von uns. Mit uns. Durch uns.
Feines !
Für mich ? Durch mich ?
An und für sich ![81]

Schöne Aussichten – bildlich gesprochen – um an konkreten Orten der Kunst konkret nach der sich dieser den Sinnen öffnenden Seelsorge fragen zu können, die es gibt, weil sich Künstler in unterschiedlicher Weise ihrer Leere, dem leeren Blatt, der leeren Leinwand, dem Stein, dem Material, den Fragen und Forderungen ihres Lebens auf ihre Weise aussetzen und konstruktiv stellen und darin der Fülle bzw. der Leere des Lebens aussetzen. Schöne Aussichten, wenn es Seelsorge gibt, die sich dem öffnet. Genauer, wenn es Seelsorgerinnen und Seelsorger gibt, die sich existenziell dem Ruf der Freiheit stellen, der widerstreitenden Gefühle von Leere, Angst, dem »leeren Blatt«, dem »Nicht-weiter-Wissen«, dem freien Raum und dem Material, das begegnet, der ganzen Leere und der ganzen Fülle.

[81] Text E.-F. Heider.

Diesen existenziellen, also das ganze Leben umfassenden und einbeziehenden Weg beschreibe ich in der folgenden Arbeit am Zusammenhang und Zusammenwirken von Leben und Werk der Künstler Joseph Beuys, K. R. H. Sonderborg und Ulrich Rückriem (Kapitel 2). Dies jeweils im Blick auf deren unterschiedliche Lebenswege und deren Abbild in ihrem Werk und deren verschiedene Konsequenz auf Herausforderungen ihres Alltags. Anhand ausgewählter Beispiele ihrer Kunst frage ich nach Impulsen daraus für eine Seelsorge mit allen Sinnen. – Danach reflektiere ich in Kapitel 3 vor diesem Hintergrund die Fragen nach einer Ästhetik, des Raumes der Kunst und ihrer Materialität bis hin zur Frage der Methode der Kunst für eine Seelsorge als Methode der Freiheit in der Kirche der Freiheit. – Im 4. Kapitel dokumentiere ich das Projekt SeelsorgeART als Praxis meines eigenen Seelsorgeansatzes. Da dieser in engem Zusammenhang steht mit meiner eigenen, auch künstlerischen Sozialisation, meiner Art des Zugehens auf Menschen und Material, zu meiner Gottesbeziehung, beschreibe ich dies im 5. Kapitel. – Ermutigt vom Zuspruch der Kunst im handgemalten Schild an der Atelier-Tür von ANATOL – Karl-Heinz Herzfeld –, dem ehemaligen Verkehrspolizisten, auf der Insel Hombroich, der später seinen Lehrer Beuys nach dessen Entlassung aus der Düsseldorfer Akademie und gewonnenem Rechtsstreit dagegen im selbstgebauten Einbaum über den Rhein »heimholte«, formuliere ich in Kapitel 6 schließlich zusammenfassend mögliche Konsequenzen hieraus für die Seelsorge.

Atelier von ANATOL, Insel Hombroich.

2 Leben und Werk dreier Künstler. Impulse für die Seelsorge

2.1 Joseph Beuys

Ein Leben als Künstler und Magier, Lehrer und Politiker, Zeichner und Skulpteur, Schamane und Asket, Täter und Opfer, Redner und (Ver-)Schweiger, Getriebener und Sender, Therapeut und Visionär, Mensch und Geliebter, Pianist und Vokalist, aus der Wunde der Widersprüche in die Utopie: Jeder Mensch ein Künstler!

2.1.1 Annäherung an Leben und Werk

»Vielfach kann man die Dinge ja nur ahnen, die gemeint sind. Das ist mir recht, dass man sie nicht rational, rationalistisch oder analytisch erklären kann, ja daran bin ich nicht interessiert, sondern dass man in der Sache selbst sich befindet, in der Substanz sich befindet. Wenn man wirklich eine Beziehung dazu hat, dann kann man sie eigentlich nur haben, nicht aufgrund des rational-analytischen Verständnisses, sondern eben aufgrund dessen, dass man etwas empfunden hat von der richtigen Richtung, in der die Vehikel stehen, einfach irgendwo stehen.«[82]

Diese auf seine Multiples bezogene Bemerkung kann für Beuys' gesamtes Werk und Handeln gelten. Und für sein »veröffentlichtes Leben«. Erst recht, wenn er über sich selbst sagt: »Mich muss man nicht verstehen ...«[83]. Dies umfasst einen Grad außerordentlicher und erheblicher Fähigkeit zu

---

82 Joseph Beuys, Die Multiples. Werkverzeichnis der Auflagenobjekte und Druckgraphik 1965–1986, bearbeitet und herausgegeben von Jörg Schellmann, 7. Auflage München / New York 1992, S. 12.

83 Zit. nach Uwe M. Schneede, Joseph Beuys. Die Aktionen. Kommentiertes Werkverzeichnis mit fotografischen Dokumentationen, Stuttgart 1994, S. 129.

eigener Selbstwahrnehmung und Demut, zu Selbstinszenierung und »Deutungshoheit« angesichts eines Lebens, das gekennzeichnet ist durch tiefe Brüche in seinen Grundlagen von Kindheit und Jugend an: im Wechsel des Studienziels, durch radikale Kriegserfahrungen und -wirkungen und durch »mancherlei Multivalenzen« seiner Selbstdarstellung in der Öffentlichkeit. Die aufgebrachten Beschimpfungen »Scharlatan, Spinner, Querulant« kommen zu den oben aufgeführten Titulierungen ja noch hinzu. Bemerkenswert, dass ausgerechnet der koreanische Medienkünstler und Beuys-Gefährte »im Geist« Nam June Paik ihn als »Künstler aus Flandern am Niederrhein, nahe der niederländischen Grenze« apostrophiert und ihn dort in die Nähe der »Maler wie Jan van Stehen ... Rembrandt, Rubens, Bosch, Breughel, van Gogh, Ensor, Mondrian« rückt und zu dem Schluss gelangt, dass »dieses Bauernvolk verrückt« sei und sich einige typische Charaktereigenschaften in der Person Joseph Beuys versammeln: »knorriges Lachen«, »hingebungsvolle Resignation«, »erdverbunden«, »abergläubisch, geheimnisvoll, unheimlich«. Paiks Fazit: Wenn »man an Beuys' Regionalismus denkt, wird man unerwartet mit dem Tod konfrontiert; und aus diesem ›Grübeln über den Tod‹ erwachsen Beuys' Universalität und eine Quelle seiner Ausstrahlung, die die Menschen in aller Welt so ungeheuer begeistert.«[84]

Dieser »Künstler vom Niederrhein« wirkt in einer Zeit in und nach einem verheerenden Weltkrieg, der Menschen im Anschluss daran sehr verschieden auf die Zukunft hin ausgerichtet hat. Wurden doch nicht nur Mauern und Räume, Städte und Leben zerstört, sondern auch Ressourcen von Glaube, Liebe und Hoffnungen vieler auf ein »1000-jähriges Reich« – welch metaphysischer Größenwahn. Hoffen auf die Vorherrschaft einer »Herrenrasse« gegenüber »Untermenschen«, auf Sicherheit und Ordnung in diesem Sinn in einem großen Reich[85] brach zusammen. Mut zu Wagnissen und Zutrauen auf Perspektiven – »Was hat denn dann noch Bestand?« – standen auf dem Prüfstand.

Soviel lag nach dem Krieg zerstört am Boden! Und absurd mussten da einer Nation »am Boden« und geschult in einer bestimmten Denkweise Gedanken eines Künstlers über eine »Inkarnierung des Hasen in die Erde«, »Denken mit dem Knie«, »Hirschkuh und Hut« vorkommen. »Wovon redet die-

---

84 Name June Paik im Kat. für Ausstellung im Seibu Museum of Art, Tokio, in: Adriani/Konnertz/Thomas, Joseph Beuys, Köln 1994, S. 195.

85 Und wenn »9/11« – also Ereignisse weniger Stunden – die USA traumatisiert haben, wie dann erst »Heraufziehen des Faschismus, Niederlage, Kapitulation, Befreiung, Verachtung und Schuld« nach Jahren des Krieges die Deutschen!

ser Mann mit Hut und Fischerweste da überhaupt? Der spinnt doch!« Menschen dachten an ganz anderes, an Neubeginn und »Wiederaufbau«. Ohne zunächst zu fragen: Was können wir eigentlich wieder aufbauen und womit? Welche Verbindungsmaterialien müssen wir wovon abklopfen wie Kalk von gebrannten Ziegeln, um zu schauen, welche Mauersteine wirklich einen Neuaufbau gewährleisten und nicht lediglich dem Wiederaufrichten des Alten dienen: »Trümmerfrauen« klaubten auf und zusammen, was sie für brauchbar hielten, als die Männer noch als Kriegsfolge in Gefangenschaft waren. Aber was wollte man denn »aus Ruinen auferstehen lassen«[86], wenn es nicht substanziell dieselbe »Qualität« eines faschistoiden Kultes haben sollte? »Gefangenschaft« ging nach Jahren zu Ende – was mochte sie geschafft haben? Was hatte sie bewirkt an Verletzung, Schmach und Kränkung, an Kenntnis und Verständnis des vormaligen Feindes und seiner Errungenschaften für die eigenen Überzeugungen? Was brachte man mit – außer Blessuren: Demokratie, Gleichberechtigung von Rasse und Religion etc. einerseits und Vaterlandstreue (»Der große Vaterländische Krieg«) im Osten andererseits? Was war inkarniert an Bildern aus einer fremden Welt? »Schuld und Trauer« gab es, die Nürnberger Prozesse über die Anführer, Verurteilungen. Aber die »einfachen Menschen«? Die Diskussion um »Schuld«, die »Judenfrage« (Welche Frage denn da eigentlich? Man wusste »das alles doch gar nicht!«) – groß die »Unfähigkeit zu trauern«, was A. und M. Mitscherlich[87] dokumentierten. Aber diese Unfähigkeit wurde in der Nachkriegszeit nicht oder kaum wahrgenommen, geschweige denn gelebt und sie zeitigte, was Ralph Giordano später »Die Zweite Schuld« nannte:[88] Verdrängung. Es konnte nicht frei gesprochen werden, »ausgesprochen, was man zu verbergen hatte / zu verbergen suchte« (vor anderen, vor sich). Und schon in dieser Frage steckt der unauflösbare Widerspruch: Aussprechen und Verbergen – gleichzeitig unmöglich. Also verdrängen, soweit weg wie es geht. Man war »noch einmal mit dem Leben davongekommen«, »die Kriegsjahre haben die Menschen geprägt« – das Wort »Traumatisierungen« kam erst nach dem Jahrzehnte späteren Jugos-

[86] S. die Dokumentierung dieser einen Seite Deutschlands in Bildern der Ausstellung »Kunst und Kalter Krieg« im Germanischen Nationalmuseum in Nürnberg, 2009, wie: Menschen versammelt um das »Neue Deutschland«, Wiederaufbau der Stalinallee etc. Auf der westlichen Seite dagegen der Weg in die Abstraktion.

[87] M. und A. Mitscherlich, Die Unfähigkeit zu trauern. Grundlagen kollektiven Verhaltens, München 1977.

[88] Die Zweite Schuld oder Von der Last Deutscher zu sein, Hamburg 1987; s. a. ders.: Wenn Hitler den Krieg gewonnen hätte, Hamburg 1989.

lawien-Krieg »in Mode«[89]. Die Psychoanalyse war ursprünglich geprägt von jüdischem Geist, die besten Kräfte (z. B. in der Kunsttherapie Edith Kramer u. a.) waren früh ausgewandert in die USA. Und »eine Nation auf der Couch« – da wird es schnell eng (auch hinter dem Kopfende). Und Therapie von »denen« wäre damals auch schwer anzunehmen gewesen. Waren »die« nicht auch »Deserteure«?[90]

Das Fehlschlagen des Diskurses mit der nachfolgenden Generation[91], wenn er denn je stattfand, deutete sich früh an. Die notwendige Voraussetzung fehlte: die Fähigkeit und Bereitschaft hinzuschauen auf den eigenen Weg in dieser Zeit.[92]

Also knüpfte man an »Alt*bewährtes*« (?) an: Richter wurden nach dem Zusammenbruch / der Befreiung / der Niederlage / der Kapitulation[93] übernommen – und erst Jahrzehnte später, mittlerweile Ministerpräsidenten im »Musterländle«, als »furchtbare Juristen« öffentlich entlarvt. Und doch wählten sie noch Jahrzehnte danach demokratische Verfassungsorgane mit. – Politiker, die in der Nazi-Ideologie menschenverachtende Politik betrieben hatten, kamen in Staatsämter der Adenauer-Administration. – Ideale des »Deutschtums«, im Sport noch Ende des Jahrtausends als »deutsche Tugenden« gefeiert, blieben en vogue: Pünktlichkeit und Ordnung, Sauberkeit und Treue, Glaube und Hoffnung, die »Blutgrätsche« des Fußball-Verteidigers wurde ein »geflügeltes Wort«. Achtsamkeit für Sprache war nicht allerorten vorhanden in Volkesstimme: Noch immer arbeitete man »bis zur Vergasung«, legte »Sümpfe trocken«. Ein dunkelhäutiger deutscher Fußballnationalspieler – Patrick Ovomoyela – muss 2009 vor Gericht gegen ein Plakat einer Neo-Nazi-Gruppierung (»Deutschland spielt in Weiß!«) kämpfen und in einem Fußballstadion in Cottbus heißt es 2008 nach dem Foul eines gegnerischen Spielers: »Vergast den Juden!«.

---

89 »... dann gibt es nur eins: Sag: Nein!« (Wolfgang Borchert): Wie bewusst ist *mir* in 2009, dass sich Deutschland derzeit im Krieg befindet, dass deutsche Soldaten in Afghanistan »fallen«? Wo stehe ich auf und sage: »Nein«?

90 Und die wurden erst 2009 »begnadigt«.

91 Ich denke an das Wort von der »Gnade der späten Geburt« des Historikers Dr. H. Kohl bei einem offiziellen Besuch als Bundeskanzler 1984 (!) in Israel; inkl. Widerlegung desselben durch ein Video, in dem er von seinem Flakhelfer-Sein erzählt; an das »Hin und her« um die Vergangenheit in jener Zeit von G. Grass, W. Jens, M. Walser, D. Hildebrandt, D. Wellershoff etc.

92 Auf das Fehlschlagen der »eigenen Kunst«.

93 Bereits dieser Strauß der deutenden Bezeichnungen nennt die Sichtweisen und Folgen bis in die Jetztzeit neubrauner Dumpfheit.

Und ich schaue auf Joseph Beuys direkt nach dem 2. Weltkrieg, aus dem auch er tiefgreifend verändert heimkam. Welche Anmaßung wäre damals ein Frager gewesen (bzw. wäre er bis heute), der die »deutschen Tugenden« historisch ernst genommen hätte:

Pünktlich haben wir zurückgeschossen! *Ordnung* hieß »Im Gleichschritt. Marsch!«, »Führer befiehl. Wir folgen!«, »... und morgen die ganze Welt!« *Sauberkeit*, das war die »Endlösung« der Juden-, Schwulen-, Sinti- und Roma-, Dissidentenfrage und die akribische Buchführung der Henker über das Funktionieren der Vernichtungsmaschinerie in den KZs.[94] *Treue* als blindes »Weiter so!«. Fotos von weinenden Soldaten mit leeren Augen auf dem Rückzug und in der Gefangenschaft. *Glaube* an den »Gott mit uns!«, den, »der Eisen wachsen ließ«. In Kirchen, deren Führern erst Jahrzehnte später ihr Mitläufertum nachgewiesen werden musste, oft posthum. Nur wenige von ihnen waren zum Schuldbekenntnis bereit, »nicht mutiger geglaubt, geliebt, gehofft zu haben.« Von manchen Mitchristen wurden diese Bekenner dann noch als Verräter »an der deutschen Sache« empfunden. Getreu der eben noch nicht vergangenen Zeit. Die *Hoffnung* – worauf sollte sie sich gründen? Auf Einsicht, Klärungen und Vergebung? Auf schonungslose Selbstsicht und Einsicht in vergangene Entscheidungen, Wege und Ziele. In Irrtümer und falsche Gewissheiten.

Einer wie Beuys, der auf seine Weise (wie denn sonst!) nach all dem laut und beharrlich fragt, musste da »stören«. Gerade weil er selbst ein Betroffener ist, ein Kundiger, der am eigenen Leib und an der Seele erfahren hat, was er »im Kopf nicht aushält«. Wo man sich nicht einmal sicher sein kann, ob dieser Mann das überhaupt ernst meint, was er tut und sagt. Er ist »nur« ein Clown, ein Spinner, bestenfalls ein Fantast. Oder gar ein Radikaler. Ohne dass man weiß, dass das bedeutet, dass ein solcher »an die Wurzeln geht«, dieser an die Wurzeln seiner selbst zuallererst. Was Beuys, anders als viele beschriebene Zeitgenossen, ja tut. Er konnte nicht verstanden werden, gar gemocht, geachtet, respektiert, gar geliebt. Seine Materialien konnten nicht akzeptiert werden, ähneln sie doch in Konsistenz, Farbe und Form dem, was da vornehmlich Frauen gerade zusammengeklaubt hatten – an von Männern

---

94 In den »Rosebusch-Verlassenschaften« im ehemaligen Umspannwerk der Preussen Elektra in Hannover-Ahlem sammelt das Hannoversche Künstlerpaar Almut und Hans-Jürgen Breuste seit Jahren die Materialien dieser Zeit zu einem monumentalen, beeindruckenden Zeitzeugnis. (s. Breuste, Almut und Hans-Jürgen, Kat. Rosebuschverlassenschaften). Für Breustes ist dies neben ihrer sonstigen künstlerischen Arbeit ihr Weg »wider das Vergessen«.

andernorts Erlebtem: irden, erdig, blutig, metallen, hautartig und haarig, fettig, klebrig. Braun, beschmutzt, am Boden. Er ist darin rückwärtsgewandt statt modern. Muss man jetzt nicht »nach vorn« schauen, bis hin zu – etwas später – »Clementine«: »Nicht sauber, sondern rein!«? Wie sollten seine »unordentlichen« Aktionen Akzeptanz finden, seine später lauten Proteste mit der Fluxus- und Studentenbewegung, auf den *documentas,* gegen seine Entlassung aus der Universität, sein unangepasstes Auftreten in den Ordnungen des Staates, sein Weg durch die Askese in einem Gemeinwesen, das auf Wachstum gepolt war, auf Wirtschaftswunder statt auf aktive Scham? Was hätte es gebraucht, sich seiner Kunst und seinen Zielen zu stellen? Es hätte des Schauens über den Tellerrand des gerade von »Frau Antje aus Holland« kreierten »Hawaii-Toasts« bedurft. Offensichtlich war dies mehr, als vorhanden sein konnte oder zumindest war. – Mehr auch, als bis heute vorhanden ist.

Beuys hat seine Lebenskrise durch die Wirren des Krieges durchlebt. Sie hat ihn an den Rand der physischen und psychischen Existenz gebracht, sie hat ihn darin aber auch zu seinem Grund geführt, von dem er ausgehen musste. Er ist – beinahe – zugrunde gegangen. Zu Boden also. »Nichts ging mehr« bei ihm Anfang der 1950er Jahre: Er stand vor sich, sah sich an – wie sollte er sich mögen? Nein, reden konnte er auch nicht darüber –, was bemerkenswert ist für ihn, wenn man ihn später erlebt hat. Nein, er hat sich nicht deutlich zu seiner persönlichen Vergangenheit gestellt – verbal jedenfalls nicht! Das kann man ihm vorhalten. Das war ihm nicht möglich. Es blieb einzig der Weg durch die Depression.[95] Ohne dass Beuys zu diesem Zeitpunkt wissen konnte, wie er diese Phase durchstehen würde. Er musste daraus und daraufhin eine Neujustierung seines Lebens vornehmen und er hat das getan. Erneuerung seines Lebensentwurfes, neue Gründung seines Selbstkonzepts, seines Lebenslauf-Werklaufs: Kunststudium statt Studium der Medizin; seiner geistigen Ausrichtung – Anthroposophie statt rheinischem Katholizismus[96]; seiner gesamten Lebenshaltung – Konsequenz statt »Geliebt werden von allen und Ankommen am (Kunst-) Markt«. »Er könnte Millionär

---

95 Dass Depression keine Schuld und kein Versagen, sondern eine Reaktion des Menschen auf Herausforderungen ist, verstärkt ein erst seit wenigen Jahren engagiertes »Bündnis gegen Depression« der in diesem Arbeitsfeld Tätigen; Gründung in Hannover 2009!

96 Wobei er nie Anthroposoph war, wohl aber die Steinerschen Lehren in die Kunst und ins Leben zog und ihren Spielraum in seiner Kunst nutzte.

sein, wenn er nur wollte!«, äußert Alfred Schmela früh[97], aber Beuys wollte nicht, sondern hatte lebenslang ein zwiespältiges Verhältnis zu Galeristen. Vermarkten konnte er sich dann dennoch wieder ganz anders: »Auch wenn ich meinen Namen schreibe, zeichne ich!« Und er signierte Objekte für seinen Geschäftspartner Klaus Staeck, viele Objekte.[98]

Um diesen Lebensentwurf tatsächlich zu bestehen, bedurfte es für den Menschen und Künstler Beuys mehr als ein »Statement zu meiner Vergangenheit«. Selbst mit einem solchen verbalen Akt damals hätte er womöglich nicht leben können. Es bedurfte für ihn eine Hineinnahme in alle Konsequenz seines Lebens- und Selbstentwurfs, also auch des für sich wahrgenommenen Falschen, Schuldhaften, Unverzeihlichen. Mir nötigt diese Konsequenz seines Weges, die ich als Wahrhaftigkeit verstehe, Respekt ab. Auch vor der Kraft, dazu lebenslang zu stehen, was neben erheblicher eigener Kraftanstrengung gewiss erheblicher Rückendeckung – in aller innerer und äußerer – Anfeindung bedurfte: durch seine Frau Eva Beuys und seine Familie ebenso wie die zahlreicher guter und starker Freundinnen und Freunde später.

Beuys sucht in seinen Arbeiten Wege. Wege zu sich selbst. Wege, die ausgehen von dem, was ist, wer er ist. Vom Menschen, der atmet und friert, schwitzt und steht, schreit und röchelt, liegt und schweigt, eingeengt ist und das Weite sucht, in der Sackgasse seines Lebens gelandet ist – und doch leben will. Verantwortlich. ... Er gibt sich öffentlich ganz in diese Arbeit hinein. Er setzt sich aus. Und er sucht in seinen Arbeiten Wege zu gehen mit Menschen, besser: Menschen diese ihre Wege finden zu lassen. Besser: diese für sich selbst zu entdecken, ihre eigene qua Geschöpf vorhandene »revolutionäre Kraft in positive Energie zu verwandeln.«[99], wenn sie diese zu ahnen, zu wähnen, diese zu denken bereit und fähig sind. Er sieht »den Menschen als Vollender der Schöpfung«[100]: »Kunst = Mensch = Kreativität = Freiheit = Volksvermögen = Kapital.«[101] Und dieser Mensch ist er selbst zuerst. Dass die-

---

97 Zit. nach: P. Sager, Beuys. Die heilige Kuh vom Niederrhein. In: ZEITmagazin, 14.04.1978.

98 S. Die Sammlung Staeck. Joseph Beuys. Mit dummen Fragen fängt die Revolution an. Kunstverein Heidelberg, 1996, S. 14.

99 Michel Houellebecq, Die Möglichkeit einer Insel, übers. von Uli Wittmann, Reinbek/Hamburg 2005, S. 125.

100 S. Harlan, Rappmann, Schala, Soziale Plastik. Materialien zu Joseph Beuys, Achberg 1984³, S. 17.

101 Ebenda, S. 59f.

ser Weg dann weitergeht z. B. in die »Organisation für direkte Demokratie durch Volksabstimmung« [102] ist der nächste Schritt.[103]

Wie unsinnig müssen derlei Parolen und Denkstrukturen erscheinen so kurz nach den (Un-)Geistern und Sinnen, die noch wenige Jahre zuvor auf den Fahnen standen. Ja auch den Fahnen, denen Beuys nachgegangen war.[104] Seine Intention ist es, »im Bilde einer älteren Kultur das Zukünftige auszudrücken« und er bezeichnet sich darin später als »wiedergeborener Höhlenzeichner.«[105] Weil das gerade Durchlebt-Durchlittene für ihn nicht mehr akzeptabel war/ist, mehr, ihn aus seiner Existenz zu drücken drohte, greift er zurück auf Archaisches.[106] Die (Selbst-)Erkenntnis und die Scham darüber sind zu groß, um sie selbst »nur in Worte zu fassen«. Ihm ist das Erleiden zu mächtig, als dass Worte allein es erfassen, ja ohnehin nicht ungeschehen machen könnten. Es bleibt ihm nur sein Weg. Er knüpft nicht an am gerade Durchlebten, dem noch so frischen, dass die Wunde schmerzt, weil sie nicht verheilt sein kann.[107] Er (ver-?)birgt sich dafür bei archaischen Grundbedingungen des Menschen. Er birgt sich »hasengleich« dort ein, lehnt sich an, aber

---

[102] In Düsseldorf; für 100 Tage vom 30.06.–08.10.1972 mit einem Informationsbüro auf der documenta 5.

[103] Dass der gerade wiedergewählte Bundespräsident Horst Köhler direkt nach seiner Wiederwahl 2009 eine Direktwahl durch Volksabstimmung thematisiert, ist hier sicher bloß Randnotiz – und keine Hommage an Beuys!

[104] Eine interessante Spur – auch auf Beuys hin? – ist das vom 1922 geborenen hannoverschen Sozialpsychologen Peter Brückner formulierte »Das Abseits als sicherer Ort«. Kindheit zwischen 1933 und 1945. Berlin 1980, in dem er sich der Suche nach herrschaftsfreien Zonen in seiner Kindheit und Jugend erinnert: »Es gibt immer Orte zu finden, die leer von Macht sind. Die institutionelle Umklammerung des Lebens ist zu Anteilen Schein.« (S. 16f). Eine Spur, die womöglich auch für Beuys' weiteres Lebenswerk von Bedeutung sein könnte!

[105] In: Werner Krüger / Wolfgang Pehnt, Documenta-Dokumente. Künstler im Gespräch, Köln 1984, S. 43.

[106] Hier sehe ich ähnliche Suchbewegungen wie in Fritz Winters 46 Blättern »Triebkräfte der Erde« aus 1944, Willi Baumeisters Fragen nach dem Unbekannten.

[107] Wenn Barack Obama 2009 bei seinem Besuch in der Gedenkstätte des ehemaligen KZ Buchenwald davon spricht, dass das dortige furchtbare Geschehen nicht in Vergessenheit geraten darf und die deutsche Bundeskanzlerin in ihrer Rede an gleicher Stelle die Frage nach dem »Warum?« aufwirft – 2009! –, dann gibt dies dem Beuysschen Ansatz bis heute Recht! Vielleicht wäre die Geste einer Schweigezeit nicht weit entfernt vor Rebecca Horns Installation zum Thema, die in Teilen abgebaut, aber in wesentlichen Teilen im ehemaligen Busdepot der Stadt Weimar weitgehend öffentlichkeitsfern erhalten ist, nutzbringender gewesen.

alles andere als ein »Hasenfuß«. Er mag sich durch diese Verortung vor seiner zu nahen Erinnerung schützen. In jedem Fall erweist er sich darin als achtsam, behütend und liebevoll sich selbst und den Zeitgenossen gegenüber, die »noch Zeit brauchen«. Wie auch er sich selbst ein Leben lang Zeit nehmen wird für die Umsetzung seiner Hoffnung auf eine soziale Plastik, um zu sich kommen zu können, die Menschen zu ihrer Bestimmung kommen zu lassen. Er fordert nicht Unmögliches. Er stellt nicht bloß und beschämt niemanden. Er stellt sich – und das mit einer Atem raubenden und Atem gebenden Vehemenz. Und was die Sprache verschlägt und ins Schweigen führt, muss ja kein Desaster sein – für einen großen Künstler! Es kann vielmehr zu einer neuen Herangehensweise und zu neuen Perspektiven und zu neuem anderen Sprechen der Kunst führen, wenn Letzteres denn ein Ziel wäre. Die Kunst ist sein Weg, es ist seine Kunst! Er beginnt diesen Weg zu gehen. Es ist der für ihn offenbar einzig gangbare, aushaltbare, zum Ziel führende Weg, sich und Menschen (wieder) zu erwärmen für sich, füreinander, für das, was ein furchtbarer Ungeist zerstört hat (ja auch schon bereits vor 1939!) an Respekt vor der Erde und den Wesen, die sie bunt und schön, grau und hässlich machen. Sein Ziel ist es, zur »Wärmeplastik«, zur »Sozialen Skulptur« zu gelangen. Dazu dient ihm der »Erweiterte Kunstbegriff«, der hinausgreift über Beschränkungen und Vorschriften: tabula rasa, um einer Utopie guten Grund zu geben. Seine Skizzenmappen der frühen Zeichnungen sind voll mit »Skizzen für diesen neuen Text«, wundervoll sensible feine Wesen zeichnet er. Sein Mut wächst mit den Herausforderungen aus der und in der Öffentlichkeit. Er »ernährt (sich) durch Kraftvergeudung.«[108] Er ist ein Getriebener – von sich selbst, zu sich selbst, und in seiner Arbeit: bis zum Mai 1975 absolvierte er sieben Ausstellungen und Ausstellungsbeteiligungen in New York, Maastricht, Brüssel, Freiburg und München, jeweils mit einem Eröffnungs-Statement o. ä., eine Gastprofessur im Wintersemester 1974/75 in Hamburg kommt hinzu, der Prozess gegen das Land Nordrhein-Westfalen – und seine künstlerische Arbeit. Und er lässt Menschen ihre Chance zur Gegnerschaft, gar Feindschaft und Gewaltanwendung gegen ihn. Ihm ist allein wichtig, den

---

[108] 1985 (?) für eine Postkartenserie von Klaus Staeck auf der documenta 6 aufgeschrieben; s. »wer nicht denken will fliegt raus«. Joseph Beuys. Postkarten. Sammlung Neuhaus. Museum für Post und Kommunikation. Frankfurt a. M., 1998, S. 133. – Vgl. auch nach seinem Herzinfarkt 1975 den Satz von Georg Jappe, dem Freund und Redakteur der FAZ: »Nach meiner Überzeugung hat dieser jahrelange Papierkrieg ihn den ersten Herzinfarkt gekostet.« (Georg Jappe, Beuys packen. Dokumente 1968–1996. Regensburg 1996, S. 37)

sich Einlassenden die (Ein-)Sicht auf ihre eigene Intuition zu ermöglichen: dass auch ihnen und durch sie Wärme möglich ist und was sie erreichen könnte. Dass auch sie mittun könnten in Kreativität und »Gib mir Honig!«

»Der Arzt hat mir erklärt, ich hätte ein großes Loch im Herzen. Da hab' ich dem Arzt erklärt, ich lebe zur Not auch ohne Herz, und hab' ihm gleich eine Theorie entwickelt, wie ich das mache. ... Kranksein lehne ich ab.« [109]

Ein Weg also, den Beuys mit allem, was ihm zur Verfügung steht, geht. Ein Weg, den manche nach 1986 am Ende wähnen (so Schneede[110]). Es wird sich hoffentlich erweisen, wie erwachsen Menschen mittlerweile sind, um abzusehen vom »Sender« dieser Kunst und um bereit und fähig zu sein, sich den Inhalten seiner Kunst und der von ihm vorgelegten Möglichkeiten zu Miteinander, Gestaltung, Toleranz, offenem Diskurs und Therapie zu stellen – und sich ihm nicht nur museal zu widmen. Vielleicht gibt ja die Distanz zu diesem von ihm zu Ende gelebten Leben des Joseph Beuys neue Chancen zu neuen Einsichten, was Wärme und Kunst und Soziale Plastik heute bedeuten könnten. Am lebendigen warmen Leben orientiert, an dem Ziel der sozialen Plastik und nicht an musealer Hängung oder Ausbreitung dessen, was doch ins alltägliche Leben zielte und zielt.[111] Dazu sind die Positionen Beuysscher Kunst zu vergänglich und darin dem Menschen zu ähnlich und zugewandt, zu sehr ins Leben gesandt und darin in die Nähe des Menschen platziert: offen für sein Begreifen, seine Einsicht, seine Heilung, seine Perspektive. Jetzt.

Das lebensgroße Foto des schier aus dem Bild auf den Betrachtenden zuschreitenden Mannes mit Stiefeln, Tasche, Hut, Weste und klarem Blick hat er unterschrieben: »La rivoluzione siamo noi Joseph Beuys (1971)«. Die Revolution sind wir[112]. In der Ausstellung »Kunst und Kalter Krieg« in Nürnberg[113] kommt er stracks auf den Betrachtenden zu. Mit all dem, was ich von ihm und über ihn weiß, mit meinen inneren Bildern der Videos von seinen

---

[109] Peter Sager: Beuys. Die heilige Kuh vom Niederrhein. In: ZEITmagazin, 14.04.1978

[110] Uwe M. Schneede, Die Geschichte der Kunst im 20. Jahrhundert. Von den Avantgarden bis zur Gegenwart, München 2001, S. 245

[111] Wider die aufgeklebte »Ausgrenzungs-Bodenlinie gegen Besucher« (d. V.) u. a. um die Skulptur »Blitzschlag mit Lichtschein auf Hirsch« in der Ausstellung im Hamburger Bahnhof, die dem Werkcharakter der Arbeit entgegenstand!

[112] Wer mag sich dieses Satzes mit dem derart bedruckten Schal des Museumsshops erwärmen? Welcher Merchandising-Berater will da Beuys verstanden haben? Wohin wird Beuys degradiert!

[113] Germanisches Nationalmuseum, Deutsche Positionen 1945 bis 1989, 28.05.–06.09.09.

Aktionen und Diskussionen, meinem Erleben in seinen Arbeiten, dem Durchschreiten seiner Installationen, mit dem Klang seiner markanten Stimme im Ohr. An Aktualität hat er auch 23 Jahre nach seinem Tod eher gewonnen, denn eingebüßt.

Die Kunst von Joseph Beuys ist Seelsorge. Zu fragen ist in welcher Art, Form und Weise, in welcher Materialität. Nach den speziellen seelsorglichen Impulsen, die sie setzen kann.[114] Sie eröffnet Menschen in der Seelsorge weitere Bereiche ihrer selbst. Seine Kunst diente bereits seiner eigenen Seele und sie wirkt nach seinem Tod im Werk fort, ist nützlich für seelsorgliche Impulse in Menschen, die sie heute betrachten und sich ihr aussetzen. – Einige dieser seelsorglichen Impulse, die sie setzt, wenn sie orientiert ist am Menschen, dem sie sich zuwendet und ihm Raum lässt zu sich selbst: Sie lädt ein in die Wärme vom Christusimpuls her: »Werde Mensch! Sei, der Du bist! Besetze deinen Raum!« Sie fragt nach sich selbst, nach dem Woher und Wohin und Worin und durch ihre Konzentration auf diese grundlegenden Fragen stellt sie den Menschen, der sich auf sie einlässt, in »weiten Raum«. Und sei es in der Enge seiner Angst. (s. Aktion DER CHEF). Sie hat Worte und Gesten, die sie nicht aufdrängt, sondern die sie als Wahlmöglichkeit vorstellt. Sie oktroyiert nicht Eigenes auf, besitzt und besetzt es aber deutlich. Sie drängt nicht fertige Antworten oder Perspektiven auf, sondern lässt Leben selbst wahrnehmen. Sie wendet sich mit ihren teils archaischen Bildern an innere Bilder und Sehnsüchte, Ängste und Träume der Menschen. Und sie stellt Positionierungen vor, die in ihrer Verfremdung hinlänglich distanziert und offen für Menschen sind, sich diese zu eigen machen zu können bzw. mit ihnen zu arbeiten oder nicht. Sie tröstet. Sie verleiht dem Schmerz Ausdruck. Sie deckt auf, wo dies gewollt wird. Und sie lässt ruhen, was noch nicht gehoben werden kann. Sie lässt erschauern über Geahntes und Ungeahntes, wo dies erträglich scheint. Wenn sie ein Bild liefert. Wenn sie sich ganz und gar zur Verfügung stellt, aussetzt. In einer Offenheit und Schonungslosigkeit an sich selbst, die aber zum Glück andererseits nicht als Konsequenz von anderen eingefordert wird, sonst höchst achtsam und behutsam mit diesen umgeht. Menschenliebe und Interesse an sich und dieser Welt allerdings sind für die erstrebte soziale Plastik hochwillkommen. Wenn sie autonom ist und autonom lässt oder zur Autonomie einlädt.

Diese Ansätze, die für eine Weitung der Seelsorge hilfreich sein können, will ich beispielhaft am Lebenswerk von Joseph Beuys thematisieren, diskutieren und die Ergebnisse an Beispielen seiner Arbeiten dokumentieren.

---

114 N. B.: Nicht: »Was kann Kunst für eine kirchliche Seelsorge austragen!«

2.1.2 Zahlen und Daten

12. Mai 1921 geboren in Krefeld, aufgewachsen in Kleve. 1927 Besuch der katholischen Volksschule Kleve. Vater: Kaufmann, Inspektor, stirbt 1958; keine gute Eltern-Kind-Beziehung. Im Gymnasium: ein »unruhiger Geist«; blieb sitzen, brannte ein Jahr vor dem Abitur mit einem Wanderzirkus durch. Weitere Fluchtpunkte: Eigene botanische Sammlung und kleiner Haustierzoo. 1938 Entdeckung von Werken Carl von Linnés und Abbildungen von Skulpturen Wilhelm Lehmbrucks am Rande einer Bücherverbrennung der Nazis. 1941 Schulabschluss »mit Reifevermerk«; freiwillige Meldung zur Luftwaffe am 1. Mai (mit Ausbilder Heinz Sielmann Gasthörer in Zoologie, Botanik, Geografie an der Reichsuniversität Posen). 1942–1945 Kriegsteilnahme; Entlassung aus britischer Gefangenschaft am 5. August 1945. 1947 Studium an der Staatlichen Kunstakademie Düsseldorf (Bildhauerklasse Joseph Enseling) – 1947/48 Wechsel zu Mataré (1951 Meisterschüler). 1954 Atelier in Düsseldorf-Heerdt. 1954–1957 depressive Krise, Klinikaufenthalte, schwere Lebenskrise. 1956–1957 Beuys' »Feldarbeit« auf dem Hof van der Grinten; »1957–1960 Erholung von der Feldarbeit« (s. »Lebenslauf/Werklauf«[115]); Neuorientierung seiner Kunst. 1957 Hängung einer geteerten Holzkiste – »schwerer, leerer Raum« – im Atelier. 1958 Mataré verhindert seine Professur an der Akademie. 19.09.1959 Heirat mit der Kunsterzieherin Eva Wurmbach. 1961 Geburt des Sohnes Wenzel; Professur für »Monumentale Bildhauerei« an der Düsseldorfer Kunstakademie. Umzug von Kleve nach Düsseldorf-Oberkassel, Drakeplatz 4. 1963 erster öffentlicher Auftritt im Rahmen des von ihm mitorganisierten »Festum Fluxorum Fluxus«. 1964 Geburt der Tochter Jessyka. 1964: 20. Juli – Tumult während einer Fluxusveranstaltung in der Technischen Hochschule Aachen; Aktion »Der Chef. The Chief. Fluxus-Gesang« in Kopenhagen und Berlin; Beteiligung an der documenta 3 in Kassel. 1965 erste öffentliche kommerzielle Einzelausstellung bei Alfred Schmela in Düsseldorf: »... irgendein Strang ...«. 1966 Der Lehrer Beuys wird nicht verbeamtet. 1967 Gründung Deutsche Studentenpartei. 1968 Misstrauensvotum der Professorenkollegen an der Kunstakademie; im Mai: einwöchige Schließung der Akademie; internationale Anerkennung nimmt zu. 01.06.1971 Gründung der »Organisation für direkte Demokratie durch Volksabstimmung«. 1972 documenta 5, »Büro der Organisation für direkte Demokratie durch Volksabstimmung«. 10.10.1972 Besetzung der Akademie mit abge-

[115] Harlan, Rappmann, Schata, Soziale Plastik. Materialien zu Joseph Beuys, Achberg 1976, S. 149.

wiesenen Studienbewerbern; Kündigung durch den Wissenschaftsminister am selben Tag. 09.–19. 01. 1974 erster Amerika-Aufenthalt; 23.–25. Mai ausschließlich für »I like America and America likes me« (Dialog mit dem Kojoten). 1974 Freie Internationale Universität (FIU). 1975 Gastprofessur in Hamburg; Herzinfarkt. 1976 Ehrendoktor Nova Scotia College of Art and Design, Halifax; Biennale Venedig: »Straßenbahnhaltestelle«; Kunstforum München: »zeige deine Wunde«; Kandidatur für den Bundestag. 1977 documenta 6: FIU: »Honigpumpe am Arbeitsplatz«; Skulptur Münster 77: monumentale Wachstalgblöcke. 1978 Bundesarbeitsgerichtsurteil zugunsten von Beuys gegen das Land Nordrhein-Westfalen. 1979 Kaiserring der Stadt Goslar; Werkschau im Guggenheim-Museum New York. 1980 Teilnahme am Gründungsparteitag der »Grünen«; Biennale in Venedig: »Das Kapital Raum 1970–1977«. 1982 documenta 7: »7000 Eichen«; Zeitgeist-Ausstellung in Berlin, »Hirschdenkmäler 1948–1980«. 1983 Installation für Galerie Konrad Fischer: »Hinter dem Knochen wird gezählt. SCHMERZRAUM 1941–1983«. 1984 Beginn der Umgießung der »Hirschdenkmäler« in die Arbeit »Blitzschlag mit Lichtschein auf Hirschkuh«; erster Japan-Aufenthalt. 1985 Beuys macht Werbung für »Nikka«-Whisky; »Palazzo Regale«, Neapel. 1986: 12. 01. Verleihung des Wilhelm-Lehmbruck-Preises der Stadt Duisburg, Dankesrede mit einer fundamentalen Lebensrückschau. Am 23. 01. stirbt Beuys in seinem Atelier.

Beuys formuliert in einer Selbsteinschätzung:
»Ich habe mit der Malerei überhaupt nichts zu tun. Ich verstehe auch gar nichts davon. Ich zeichne gelegentlich, aber ich vertrete den Standpunkt der Skulptur«, denn er habe erkannt, dass »der Begriff der Skulptur das einzige ist, womit man den ganzen Scheißapparat aus den Angeln heben kann.«[116]

2.1.3 Ressourcen und Anreger

2.1.3.1 Wilhelm Lehmbruck

Ein wesentlicher Zufall für seinen Lebensweg und dessen Zielfindung in der Kunst, ja für seine spätere künstlerische Disziplin überhaupt und seinen Materialbegriff war für den 17-jährigen Joseph Beuys die Begegnung mit Abbildungen von Skulpturen des Bildhauers Wilhelm Lehmbruck. Er fand sie in einem Katalog am Rande einer Bücherverbrennung der Nazis im Hof des

---

[116] Ein Gespräch. Joseph Beuys, Jannis Kounellis, Anselm Kiefer, Enzo Cucchi, hg. von Jacqueline Burckhardt, Zürich 1994, S. 196.

heimischen Klever Gymnasiums.[117] Sofort greift in ihm ein tiefes Verstehen Raum für den Bildhauer Lehmbruck und für die Herausforderungen an die Skulptur:

»Seine Skulpturen sind eigentlich gar nicht visuell zu erfassen. Man kann sie nur erfassen mit einer Intuition,[118] wobei einem ganz andere Sinnesorgane ihr intuitives Tor offen machen, und das ist vor allem das Hörende – das Hörende, das Sinnende, das Wollende, das heißt, es sind Kategorien in seiner Skulptur vorhanden, die niemals vorher vorhanden waren.«[119]

Ein glücklicher Augenblick ist dies in aller Tragik des Geschehens für Lehmbruck und für Beuys.

Lehmbruck kommt in seinen frühen Arbeiten aus der klassischen Tradition, »Bergmann«, »Schlagende Wetter«, »Steinwälzer« sind die dafür passenden Titel. Später befreite er die Skulptur vom Sockel, machte sie bodenständig und darin autonom und in ihrer Eigenwertigkeit echt; wertvoll an sich. Er entwickelte kubistische Formen und nahm Volumen weg, reduzierte, um Wesentliches zu betonen. Und Beuys schien zu begreifen, dass ihn dieses Formerlebnis, dieser Ansatz zum Begreifen von Weltsicht des Bildhauers, dieses Wagnis zum Weglassen und zum aktiven Reduzieren auf Wesentliches in der eigenen Sichtweise lebenslang nicht loslassen würde.
Eine Begegnung wie ein Geschenk. Und noch ein zweites denkwürdiges Mal: Am 12. Januar 1986 – 11 Tage vor seinem Tod – erhält Beuys den Wilhelm-Lehmbruck-Preis der Stadt Duisburg und hält eine bewegende Dankesrede für seinen »Lehrer« Wilhelm Lehmbruck.

2.1.3.2 Rudolf Steiner

Lehmbruck ließ den angehenden Bildhauer Beuys sich entdecken. Die anthroposophischen Lehren Rudolf Steiners faszinierten den im rheinischen Katholizismus aufgewachsenen Beuys: Er habe »die Flamme gesehen, die dort weitergereicht werden sollte«, die Flamme der Bewegung. Beuys war entzündet, entflammt für die Idee zur Erneuerung des sozialen Ganzen, die Steiner in seinen Schriften formuliert. Hierin liegt für Beuys ein erster Schritt

---

[117] S. Heiner Stachelhaus, Joseph Beuys, Düsseldorf 1988, 12 ff.

[118] Siehe dazu auch sein späteres Gespräch über den Holzkasten »Intuition« auf der documenta 5, 1972.

[119] A. a. O., S. 16.

in Richtung der Idee von der Sozialen Plastik.[120] Steiners Kosmologie aus der Zeit direkt nach dem ersten Weltkrieg ist grundlegend auch für Beuys' Geschichts- und Weltbild.[121] Beuys traut Steiners Lehre und er lässt sich darauf ein.

»Beuys wurde 1941 von seinem Freund Fritz Rothenberg auf Steiner aufmerksam gemacht. Nach dem Krieg fand er in seinem Studienkollegen an der Kunstakademie, Rainer Lynen, einen kritischen Gesprächspartner, mit dem er Steiners Lehren stundenlang hitzig diskutiert; seit 1973 war er auch Mitglied der Anthroposophischen Gesellschaft.«[122] (Zumdick)

Wie Steiner glaubte auch Beuys, dass die Unterdrückung menschlicher Kreativität und Fähigkeiten letztlich einen derartigen Leidensdruck in diesem auslösen würde, ja müsste, dass der Mensch schließlich aus eigener Kraft einen Bewusstseinswandel anstreben und intendieren würde, um wieder an das Spirituelle anzuknüpfen.

»... der Mensch muß diesen Vorgang der Kreuzigung, der vollen Inkarnation in die Stoffeswelt durch den Materialismus hindurch, selbst auch erleiden. Er muß selbst sterben, er muß völlig verlassen sein von Gott, wie Christus damals vom Vater in diesem Mysterium verlassen war. Erst wenn nichts mehr ist, entdeckt der Mensch in der Ich-Erkenntnis die christliche Substanz und nimmt sie wahr. Das ist eine Erkenntnis. Die ist so exakt, und sie muß sich so exakt vollziehen wie ein Experiment im Labor.« [123]

Beuys folgt Steiner, wenn dieser das »Ich« als neuralgischen Punkt zur Selbsterlösung ausmacht und darin direkt an den Menschen und seine Möglichkeiten im »Christusimpuls« glaubt. Beuys ist dies »näher«, greifbarer als der Glaube an einen Gott im Himmel. Steiner regt einen Schulungsweg an, auf dem der Mensch sich heute im »Zeitalter der Bewusstseinsseele« seiner Willens-, Gefühls- und Denkkräfte über das Ich zu versichern habe. Damit kann

---

[120] S. Stachelhaus, S. 16.

[121] Vgl. Wolfgang Zumdick: Über das Denken bei Joseph Beuys und Rudolf Steiner, Basel 1995; s. a. ders.: Das Geheimnis des Tauchbads. Zur Geschichte der abendländischen Metaphysik von Platon bis Beuys, Stuttgart 1999.

[122] T. Bezzola: Rudolf Steiner, in: Kat. Harald Szeemann: Joseph Beuys. Kunsthaus Zürich. Zürich 1993, Beuysnobiscum, S. 284.

[123] Im Gespräch mit Mennekes, in: Franz Josef van der Grinten. F. Mennekes: Menschenbild-Christusbild. Auseinandersetzung mit einem Thema der Gegenwartskunst, Stuttgart 1984, S. 104–117.

Beuys konkret etwas beginnen. Aus den unbewussten Impulsen des physischen, seelischen und geistigen Lebens soll der Mensch aufsteigen ins Bewusste und so zu einem entwickelten, freieren Selbst- und Weltbewusstsein gelangen. Mit diesem Schulungsweg hat sich Beuys intensiv auseinandergesetzt. In dessen Folge sollen auch die Imaginations- und Intuitionskräfte ausgebildet werden, mit übersinnlichen Kräften (Engeln) oder Elementarwesen in Kontakt zu treten.[124]

2.1.3.3 Auf dem Weg

Beuys war durch seinen Lebensweg bis dahin durch die Enge der frühen Sozialisation im Elternhaus, die geistig-kirchliche und nationalsozialistische Prägung, durch die Zeitumstände – bei Kriegsausbruch war er 18, Reifeprüfung und Einberufung fielen quasi zusammen – sehr offen für dieses Denkgebäude, das ihm den Raum zu geben schien, den er zuvor nicht erlebt hatte. Eine Ahnung von Perspektive bekam Nahrung. Zwar konnte sich der »aufsässige, umtriebige, suchende Junge«, wie Zeitgenossen ihn beschreiben, in den Organisationen der Nazis austoben, aber »satt« wird er davon und darin offenbar nicht. Er geht freiwillig zur Luftwaffe, wird vielfach ausgezeichnet. In seinem Lebenslauf gerät diese Zeit eher verdeckt, wird Zeitgeschichte »umgemünzt« in eine Bewusstseinsgeschichte, in der Fakten zu Symbolen geraten.

Passend zur »Unfähigkeit zu trauern« (Mitscherlich) der Nachkriegszeit wird auch bei ihm verdrängt, werden Traumata in Mythisierungen aufgehoben, ist der Weg dieser Form von Erinnerungsarbeit eine Taktik der Vergangenheitsbewältigung: »Es wird verdrängt!« Schnell nach dem Bekanntwerden des Künstlers Beuys, erst recht nach der »wundersamen« Geschichte vom Absturz des Bomberfliegers Beuys, von der »Errettung durch Tataren und der Genesung durch Fett und Filz« und deren Bedeutungsschwere für das Werk, werden Stimmen gegen ihn vor allem in der US-amerikanischen Kunsthistorikerszene laut: Soll schon wieder »am deutschen Wesen die Welt genesen«? Entzieht sich da jemand seiner historischen Schuld?[125] Wirklich laut werden diese Stimmen erst nach Beuys' Tod aufbrechen.

Es darf oder soll offenbar nicht erkannt werden, dass es derart fürchterlich Durchlebtes im Leben eines Menschen gibt (wie offenbar in dem von

---

[124] Vgl. Rudolf Steiner: Wie erlangt man Erkenntnisse der höheren Welten? Dornach 1961.

[125] Siehe die ausgiebige Würdigung hierzu in Verena Kunis Dissertation: Der Künstler als »Magier« und »Alchemist«, Marburg 2004 / Elektronische Publikation 2006, S. 289.

Beuys!), dass es einer Distanz (bis hin zur Verleugnung, zur Abspaltung einer Realität) bedarf, um damit weiterleben zu können. Diese Einlassungen und Kritiken (besonders aus den Vereinigten Staaten) werfen auch ein Licht auf die Tiefe von deren eigener Verletzung durch »die Nazis«, durch »die Deutschen«. Wie beruhigend ist da, dass Beuys sich zeitlebens getraut hat, zu sich zu stehen – je nach dem Grad der eigenen Ich-Stärke. Allerdings fehlt in der Vita ein verbales Schuldbekenntnis.

Für mich ist das Beuyssche Akzeptieren der ihm vom dänischen Naturwissenschaftler und Künstlerfreund Per Kirkeby angedichteten Todesgeschichte[126] aus dem Jahr 1966 ein wichtiger und schlüssiger Hinweis zum Verständnis seiner »Absturzlegende« – und zwar ganz abgesehen von allen historischen Fakten: Ob er sich als Schamane versteht oder als Künstler – wesentlich ist diesen beiden die Ver-rücktheit und Selbstaufgabe und Selbstauslebung und Selbstauslegung in ihrer Art. »Outstanding« – das heißt auch: außerhalb jeglicher Realität. Für Beuys ist diese Legende heilend. Ja, sie ist seine Chance, mit dieser Lebenslüge leben zu können. Und es ist seine Last, mit ihr leben zu müssen. Und einen für ihn stimmigeren Tod als diesen vom Freund »designten«, »herausgefundenen« kann es gar nicht geben. Passend zu seiner »Geburtsgeschichte« aus Fett und Fellen der Tataren, die für ihn auch »passt«. Folglich akzeptiert Beuys nun auch diesen Tod als authentisch. Wie er auch erst sehr spät die Heilung durch Tataren als seine Wahrheit abschwächt.[127]

Die Krise im Zutrauen zum eigenen Lebensweg hatte ihren Höhepunkt 1956–1957, 1957–1960 und wird bezeichnenderweise im »Werklauf/Lebenslauf« mit »Arbeit auf dem Felde« und »Erholung von der Feldarbeit« bei den van der Grintens bezeichnet. »Am Boden«, »auf dem Boden«, »Boden unter den Füßen« und in der Seele. Beuys ist am Leben. Er ist wieder am Leben.

---

126 S. Stachelhaus, S. 95f.

127 »Ich habe ja nicht Filz, Fett und diese Materialien genommen, ... weil ich mit den Tataren war, sondern diese Sache hat sich aus einer Theorie der Plastik entwickelt und ist ganz originell sehr viel später in ganz anderen Zusammenhängen aufgetaucht.« (Keto von Waberer, Das Nomadische spielt eine Rolle von Anfang an. Interview mit Joseph Beuys, In: Katalog Eine Innere Mongolei, 1993, o. S. – Aber erst nach 1986 wird die Beuys-Legende korrigiert: Er kann nur wenige Stunden bei den Tataren verbracht haben. (s. vor allem: F. J. Verspohl, Stichwort: Beuys, in: Allgemeines Künstler Lexikon, Band 10, München 1995, S. 295).

2.1.4 Offene Fragen

Beuys aus der Sicht von 2008 auf diese Zeit der Schuld als »ewigen Hitlerjungen« reduzieren zu wollen, geht an der Ernstnahme dessen Versuchs vorbei, aus dieser Zeit hinlänglich heil herauszukommen und konsequent (besser: als Konsequenz!) einen »Heilsweg für die Gesellschaft« zu intendieren und mit aller ihm zur Verfügung stehenden Kraft und Wärme und Stringenz und Unnachgiebigkeit und Sturheit und Eloquenz mutig zu gehen.[128] Dass man ihm, dem Sprachgewaltigen, gewünscht hätte, dass er späterhin in seinem Leben mehr Mut zu klaren Aussagen zu dieser seiner Vergangenheit gefunden hätte, bleibt ein unerfüllter Wunsch von Spätgeborenen. Allein: Ich vermag diese Generation nicht zu verstehen.[129]

Die Einwände von Benjamin Buchloh (1987), Thomas McEvilley (1988), Franz Gieseke und Albert Markert (1996) und anderen gegen Beuys' »Bewältigungsform« seiner Vergangenheit haben ihre Berechtigung. Sicher hat er nicht »als einziger unter den Kunstbemühten der Nachkriegszeit die Nazizeit nicht verdrängt«,[130] kann man seine ästhetisierende Legendenbildung als »mythisch, symbolisch und eskapistisch«[131] bezeichnen. Gewiss kann man sie aber auch als seinen Weg des Überlebens und seiner Verantwortungsübernahme wahrnehmen und respektieren.[132]

In der Tat ist es so, dass sich Beuys der Frage nach der Begründung seiner Autorität und dem kritischen Diskurs über die Wurzeln seines Handelns und Wirkens zeitlebens nicht öffentlich stellt, so dass Fragen bleiben: Woher nimmt er die Berechtigung und die Autorität zum Aufruf zu Versöhnung und Wärme zwischen den Menschen dieser Welt? Reicht »aus sich selbst«, »aus dem Geschenk des Genie und der Wärme« als Grund aus? Wo stellt er sich einem kritischen Diskurs über seine Täter-Opfer-Ambivalenz in der wunderhaften Darstellung seines Absturzes 1943 als Bomberpilot? Derart schnell kann niemand aus der Rolle des Täters in die des Opfers schlüpfen, »im

---

128 S. Beat Wyss, Zeitschrift monopol 10/2008, S. 78 ff, der immerhin 20 Jahre nach den Thesen der zumeist amerikanischen Kunsthistoriker diese neu aufwärmt: Beuys Aktivismus sei »das kathartische reenactment eines Hitlerjungen« gewesen.

129 Und werde selbst einmal gefragt werden, was ich getan habe gegen den Jugoslawien-, Irak-, Afghanistan-Krieg. Warum ich nicht heftiger dagegen demonstriert habe.

130 Buchloh in: Laszlo Glozer: Zum Tode von Joseph Beuys, in: Wolkenkratzer Nr. 11, 3. Jg. 1, 1986, S. 30–33.

131 Thomas McEvilley: Was hat der Hase gesagt?, in: Süddeutsche Zeitung vom 20./21. 02. 1988, S. 147–149, S. 149.

132 Vgl. Donald Kuspit: Beuys: Fat, Felt and Alchemy, in: Art in America, Nr. XIII, 1980, S. 78–89, S. 84.

Schlafe quasi«, das steht zweifelsfrei fest. Ob Versöhnung im Feindesland derart schnell zu gestalten ist, ist ebenfalls zu bezweifeln. Gerade deshalb aber ist beides notwendig und wäre (auch für Beuys) als Konsequenz der Trauerarbeit als Ziel nötig gewesen: »Erinnern, Wiederholen, Durcharbeiten«[133], nicht in der Depression bleiben – und Schritte in Initiativen zum Leben wagen.[134] Täter/Bomberpilot wird zu Opfer/Pflegefall und erhält Absolution eines mystischen Volkes und wird von diesem ausgestattet mit den Grundstoffen / Filz und Fett zur Erreichung seines Lebensziels, das klingt märchenhaft und ist ein wunderbares Ziel, bereits in der Antizipation des ihm später Möglichen. Das lebenslange Engagement des von der Anthroposophie Inspirierten, andere, nämlich wärmende, liebevolle, bodenständige, geerdete Prozesse wider gewalttätige Bewusstseinsprozesse der Kälte in der Gesellschaft anzuregen, verdient Respekt. Ob hier nicht eine sehr (zu?) schnelle Selbstheilung geschieht, die an Selbstrechtfertigung grenzt, bleibt dennoch als Frage im Raum zurück. Wo wird der Widerspruch ausgetragen zwischen seiner Anregung offener Diskurse zu diversen Themen und seinem Rückzug auf die Autorität desjenigen, der auf alles eine Antwort hat und in auratischer Autorität auftritt? Der seine Verletzlichkeit in seinen Bildern und Aktionen zeigt, aber eher nicht im öffentlichen Diskurs: »Wer seine Wunde zeigt, wird geheilt!«[135] Beuys selbst traut dieser Maßnahme weniger. Oder lediglich »anders«.

---

[133] S. Freud, Erinnern, Wiederholen, Durcharbeiten, in: Gesammelte Werke 1914, Band X, S. 125–136.

[134] Als Nachkriegskind erinnere ich mich nach wie vor »hautnah« an die nächtlichen Träume meines Vaters, wenn er die inneren Bilder seiner Kriegserlebnisse auf der Krim und mit den Tataren, die auf deutscher Seite kämpften, stets wieder nächtlich aufrief bzw. sie ihn. Ich fürchtete dann um meinen Vater und ich fürchtete mich vor ihm. Auch aus Angst, dass ich etwas entdecken könnte, das mir meinen Vater (i. e. mein Vaterbild!) hätte nehmen können. Auch weil ich bei ihm keine Wege entdeckte, keine wunderbaren Geschichten hörte, aus dem für ihn Unaussprechlichen herauszukommen. Eine Angst, die erst in meiner späteren psychoanalytischen Auseinandersetzung für mich Raum fand, ausgesprochen und angesehen zu werden. Für meinen Vater gab es diese Möglichkeit nie.

[135] Dieses Zitat bezeichnet Christoph Schlingensief unter Nennung der Quelle Beuys im Interview (STERN Nr.15/2009 vom 31.03.2009) als Ermutigung, seine Krebserkrankung öffentlich zu machen. – »Zeige deine Wunde. Der chinesische Konzeptkünstler Ai Weiwei macht aus Prügeln Kunst« titelt Iris Radisch in DIE ZEIT Nr. 40 vom 24.09.2009, S. 53. Darin: »Der Mut dieses außergewöhnlichen politischen Konzeptkünstlers hat viele Väter. Einer ist Joseph Beuys, dem Ai Weiwei viel verdankt. Vor allem die radikale Ineinssetzung von Kunst, Schmerz, Politik und Leben, wie sie in deutschland auch der Beuys-Bewunderer Christoph Schlingensief an sich und seinem Publikum erprobt. Die Handyfotos, die den

Deshalb darf er für andere sprechen und meint sich seiner nötigen Legitimierung entziehen zu dürfen (wenn er es damit tut!). Doch stellt dieses Tun auch etwas dar vom Fascinoum »faschistischer Qualität« in der Gleichzeitigkeit von Aus*stellung* einer Autorität und deren Aus*treibung*, das – aus der Distanz – das Nachdenken lohnt (siehe unten die Aktion »DER CHEF«!). Er konnte sich seinerzeit noch so »geben«, wie es heute für kritische Kunst und Künstler und für deren Sicht nicht mehr möglich wäre. Und dies ist in erster Linie eine Frage an die damalige Gesellschaft, in der er lebte. Dies verortet sich in jener Zeit.
So steht Beuys mit seinem Leben und Werk letztlich vor der großen Lebensfrage an sich selbst, auf die er zeitlebens Antwort sucht. An der er zeitlebens arbeitet. Und er steht damit für eine Generation, der ich in der Krankenhausseelsorge bisweilen auf dem Sterbebett begegnet bin, wo »alte Männer« versuchten, die »Frage der Schuld« noch eben zu relativieren, noch zeitlebens vor Gott zu bringen oder sich vom Seelsorger vergeben zu lassen. Um Vergebung kann man nur bitten! Bei kollektiver Schuld ist das für den Einzelnen ein unmögliches Unterfangen. Beuys glaubte wohl wirklich seiner eigenen Utopie der befreiten Gesellschaft, in der »Milch und Honigschlecken« war. Es ging ihm wohl wirklich »nur« um die Erschaffung autonomer Kunst, nicht um den eigenen Starruhm.[136]

2.1.4.1 Auswirkungen auf ein Leben

Verdrängen, Harmonisieren oder Umdeuten eigener Lebensgeschichte erhöht dadurch den Druck auf das Handeln »auf neuen Wegen«, den Druck auf die »Wunde«. Das bedeutet ein unbewusst wesentlich stärkeres Fokussieren eben dieses Traumas und dadurch eine exaktere Wahrnehmung desselben und fortgeschriebenes Leiden an sich selbst. Es drängt sich die nicht verheilte, sondern allenfalls vernarbte Wunde hervor und wird auf der bewussten Ebene angegangen. Notwendig in einem desto obsessiveren Wirken zu nun noch »moralischerem, ästhetischerem, ethischerem« Wirken.

---

verletzten Ai Weiwei nach der Hirnoperation mit seinem Blutbeutel und seiner Kopfwunde zeigen, nennt der Künstler schlicht »reale Kunst«. Bei Beuys hieß das im pathetischen Nachkriegsdeutsch: Zeige deine Wunde. …«.

[136] Das direkte Nebeneinander von »Konsum« des »King of Kommerz« (Warhol) und nüchterner/ernüchternder »Kreativität« (Beuys) macht in der Berliner Ausstellung im Hamburger Bahnhof diesen Aspekt überdeutlich. Fokussiert in der Reminiszenz des »camouflierten Beuys« von Warhol bar jeden Glamours.

»Ich habe also nach einer Methode gefragt, wie man am intensivsten das wieder gut machen kann, was als Schuld, sowohl bei mir als Einzelwesen vorhanden ist, als das, was als Schuld auch, im Sinne der Kollektivschuld bei z. B. den Deutschen aber auch wahrscheinlich bei anderen Konstellationen in der Zeit, wo sich ja also nicht nur die Deutschen schuldig gemacht haben – aber ich will diese Schuld ja nicht verkleinern, doch ich will nur sagen, dass diese Schuld und dieses Schuldgefühl mich hat intensiv nachdenken lassen; darüber wie man eine Methode entwickeln kann, um den eigentlichen Ursachen solcher Katastrophen etwas entgegen zu gestalten, was solche tragischen Verkettungen in der Zukunft umwandelt in positive menschliche Zusammenarbeit.«[137]

Vor allem durch künstlerische Rituale versucht Beuys von den 1960er Jahren an die durch Rationalismus und Materialismus ausgegrenzten seelischen Triebkräfte des modernen Menschen, seiner Zeitgenossen, neu anzuregen, sie zu provozieren. Sein offenbares Erleiden dieser Faktizität leitet ihn an, eine Rationalität anzugehen, die auf die gerade zum Ende gekommene Zeit des Nationalsozialismus rekurriert, in der alle spirituellen Werte gleichgeschaltet wurden. Er war sich dabei der Tiefenwirkung der Kunst bewusst:

»Was in meiner politischen Arbeit geschieht, hat dadurch, dass ein solches Produkt vorliegt, bei den Menschen eine andere Wirkung, als wenn es nur mittels geschriebener Worte ankäme. Auch wenn die Produkte vielleicht überhaupt nicht geeignet erscheinen, politische Veränderung zu bewirken, geht davon, meine ich, mehr aus, als wenn die Ideen direkt ablesbar wären.«[138]

Bereits ab Mitte der 1950er Jahre griff er dabei gerade auf vom Christentum ausgegrenzte vorchristliche und magische Traditionen zurück, denen er noch »ursprüngliche Kräfte«[139], also »unverschlissene« spirituelle Triebkräfte[140] zutraut. Er agiert aus dem Kunstbereich heraus ausdrücklich in der Rolle des Therapeuten, der »ins kollektive Unbewusste« verdrängte Symbole, Mythen

137 Joseph Beuys in: Kat. Museum Boymans-van Beuningen. Rotterdam 1979/1980, S. 23.

138 Zit. nach Koepplin, in: Kat. Joseph Beuys. The secret block, Kunstmuseum Basel. Basel 1977, S. 29.

139 A. a. O., S. 19.

140 Dieser Impuls erinnert mich an ähnliche Sujets im Werk von Fritz Winter, der 1944 während eines Genesungsurlaubs von der Front, seine 46 Blätter »Triebkräfte der Erde« schafft. Zuflucht zu Mythen der Natur, wenn alles andere zerbricht? Vgl. auch Fritz Winter, Formwerdend. Malerei und Zeichnung, Richard-Haizmann-Museum Niebüll / Fritz-Winter-Haus Ahlen 2001.

und Vorstellungen benutzt, um diese ins Bewusstsein zu integrieren.[141] Es muss dabei eine Marter für ihn gewesen sein, sich in den Konkretionen der Kunst, seiner Kunst, seinen offenen Fragen an sein Unbewusstes auf diese Weise zu stellen und sie in seinem Werk in einer Weise öffentlich zu machen, die ihm gemäß und seiner Lebensbewältigung hilfreich, den Ansprüchen seiner Professionalität gerecht und seinem Wunsch nach Öffentlichkeitswirksamkeit angemessen war. Dass dies sein Weg war, steht außer Frage. Er hatte keinen anderen.[142]

»Gegenwärtig verlassen wir die Epoche des Fischs und betreten die des Wassermanns …: das Unbewusste wird bewusst auf eine Weise, die sich von der Psychoanalyse nicht unterscheidet. Die Psychoanalyse will das Unbewusste bewusst machen, und der Rest, die Kräfte, die den Menschen chaotisch machen und ihn versklaven, kann vom Menschen selbst beherrscht und bewusst gemacht werden. Meines Erachtens unterscheidet sich dieser Prozess nicht von demjenigen, dem wir folgen, um das Bewusstsein zu erweitern; sofern dies geschieht, wird das Unbewusste eliminiert, es wird bewusst. Von dem Standpunkt ergibt sich das Bedürfnis, die ganze Menschheitsgeschichte bewusst zu machen.«[143]

Beuys deutete die anthroposophische Dogmatik aus ihrem Gegenteil. Weil dies für ihn ein Ansatz war, aus dem erlebten Todespol und der Kälte des Eises zu entfliehen? Beuys sieht die Beschränktheit und Bedrohtheit des Menschen von dessen unbegrenzter Schöpferkraft und Kreativität aus, den Tod von der Chance zur Wiedergeburt, die Wunde von der Heilung aus. Die Auf-

---

[141] Vgl. Gespräch mit Oliva, in: A. Zweite (Hg.): Beuys zu Ehren. Kat. Städtische Galerie im Lenbachhaus. München 1986, 76; für mich geradezu absurd, wenn ihm seine Kritiker eben diesen künstlerischen Umgang mit Symbolen und Mythen als Verdrängung seiner Vergangenheit vorwerfen. Bedeutet das im Umkehrschluss, dass »entmythologisierte Sonntagsmaler« nichts verdrängen?

[142] Wäre der von Wyss, Buchloh, Markert, Gieseke, McEvilley u. a. verordnete bzw. erwartete Weg derjenige von Beuys, für Beuys gewesen? Oder hätte dieser darin seinen Weg wieder außenbestimmt eingeschlagen? Ist in dieser Art seines Gehens nicht gerade – auch »mythisch, symbolisch, eskapistisch« – seine sehr persönliche Verantwortungsübernahme gewährleistet? In einem Umfang, der uns noch überhaupt nicht in Gänze deutlich ist. Beispiele: Die soziale Plastik und Hartz IV, Kältepol und Migrationsfragen, »Zeige deine Wunde« und die deutsche/globale Situation von HIV- und an AIDS-Erkrankten, »Gib mir Honig!« und Truppen in Afghanistan etc. – Dies nicht wider die Fragenden, sondern in Konsequenz des von Beuys begonnenen Weges.

[143] A. a. O., S. 75.

forderung der Aktion »zeige deine wunde«[144] in München im Februar 1976 und 1980 erscheint unter diesem Gesichtspunkt in einem anderen Licht: Die auch vorher häufig gebrauchte Verdoppelung der Gegenstände, hier der Leichenbahren aus der Pathologie, weist hin auf die Doppelung des Menschen in den äußeren und den inneren Menschen in der materiellen und geistigen Realität. Griff ihm, Beuys, 1975 ein Infarkt ans Herz, so ist dies für mich ein Ansatz zur Antwort auf die Teilung des Beuysschen Bewusstseins und des Angehens beider Realitäten, die er in sich zu einigen sucht, die er lebt.

Beuys verbale (!) Aussagen z. B. zu Auschwitz[145] – auch spätere – sind und bleiben ebenso unerträglich wie alle entsprechenden Vergleiche dieses Tiefpunkts des Menschlichen mit anderen Grausamkeiten in der Menschengeschichte auch neueren Datums. Davor sind offensichtlich Bischöfe nicht gefeiter als Künstler. Die zeitliche Koinzidenz seiner Depression und der Vitrine Auschwitz-Demonstration (1956–1964) bestärken mich in der Wahrnehmung des Auslösers seiner Lebenskrise.[146] Adornos Satz über Kunstwerke gilt auch hier für Beuys: »Manche sehr hohen Ranges sind wahr als Ausdruck eines an sich falschen Bewusstseins.«[147] Aus dem auch Beuys nicht ganz entfliehen konnte.

2.1.4.2 Tiergestalten und der »Hasomane«

Tiere waren ein weiterer wesentlicher Impuls für das Wirken von Beuys. Er begegnete ihnen auf sehr unterschiedliche Weise. Als Kind hegte er einen kleinen Privatzoo im häuslichen Rahmen und zeichnete die Tiere früh nach der Natur. 1939, ein Jahr vor seinem Abitur, schloss sich der junge Beuys dann einem Wanderzirkus an, klebte Plakate und arbeitete als Tierpfleger.[148] Aus der Flucht aus dem Schulalltag fand er nur durch »verständnisvolle Lehrer« zurück zum Gymnasium.

Weiter zeichnete Beuys Tiere, Schafe, Kühe, auch Fliegen und Bienen, setzte sich ihnen gegenüber, setzte sich ihnen aus, schaute auf sie, um sie zu

---

[144] Siehe Joh 27,29; siehe Dürer-Federzeichnung »Der kranke Dürer«, 1509/1512; in München im Februar 1976 und 1980.

[145] Vgl. dazu Caroline Tisdall, Joseph Beuys, New York 1979.

[146] Die scheint mir nicht der 1954 an ihn zurückgesandte Verlobungsring ausgelöst zu haben.

[147] Theodor W. Adorno, Ästhetische Theorie, Frankfurt a. M., 1970, S. 384f.

[148] Vgl. Heiner Stachelhaus, Joseph Beuys, Düsseldorf 1987, S.11; ebenso Frank Gieseke / Albert Markert: Flieger, Filz und Vaterland. Eine erweiterte Beuys-Biographie, Berlin 1996, S. 29.

begreifen. Er nahm sie und sich wahr in der bildnerischen Auseinandersetzung mit ihnen. Es entstanden sehr ausdrucksvolle, sensible Skizzen, die sehr früh das zeichnerische Genie des Jungen aufscheinen lassen und letztlich bereits alles implizieren, was im späteren Werk ausgearbeitet wird. Blätter, die in großer Reduktion künstlerischer Mittel sein Wahrnehmen und seine Meisterschaft im Ausdrücken des ihm Wesentlichen aufstrahlen lassen. Alles spätere Wirken, Formen, Plastizität, Linien ist hier bereits angelegt![149]

Durch die ab 1941 verstärkten Studien der Evolutionstheorie der Anthroposophie erfährt er die Spezies Tier noch anders neu, als evolutionäre Zwischenstufe, deren Entstehung erst die geistige Voraussetzung dafür bildet, dass der Mensch sich auf der Erde inkarnieren konnte. Dies dürfte seinen Zugang zu Tieren nun auch auf einer noch existenzielleren Ebene befördert haben, wie ein Zitat ausweist: »Das Tier hat sich geopfert, damit überhaupt ein Mensch zustande kam. Das ist also die große, man könnte sagen – Liebesleistung der Tiere, dass sie vorauslaufen in der Evolution, dass es also Vorversuche sind für das Menschwerden …«[150]

Kreisen die Beuys-Zeichnungen 1948–1954 (–1964) in Hunderten von ätherisch-zarten Zeichnungen eher um ein großes, schmales Mädchen, Artistin (1950/51), Springerin[151](1953), Sportlerinnen[152], um Kriegerin, Amazone, Druidin, Seherin, Hüterin des Schlafes, so endet diese Phase 1955. Elch, Schaf, Eber, Fuchs, Pferd, Biene, Fisch, Schwan, Wal etc. tauchen nun auf und knüpfen zeichnerisch und inhaltlich an die Skizzen der 40er Jahre wieder an. Dazu kommen Fantasiewesen wie »Dreibeiniges frisst Gras« (1958), »Riesenhirsch« (1955), »Totenvogel« (1959), »Tierfrauen«, auch noch »Aktrice mit Fettwinkel« (1958), dann »Hirsch mit Menschenkopf«, »Frau/Tierschädel« (1956/57), Schwäne mit einzelnen menschlichen Körperteilen. »Man kann mit einem Tier als einem einzelnen Repräsentanten seiner Spezies

---

[149] Ob seine soldatische Ausbildung beim später als Tierfilmer berühmt gewordenen Heinz Sielmann und die Begegnung mit Konrad Lorenz sein Verständnis für Tiere befördert hat, sei dahingestellt.

[150] S. Wolfgang Zumdick: Über das Denken bei Joseph Beuys und Rudolf Steiner. Basel 1995, S. 78.

[151] Diese führt einen anatomisch nicht möglichen Sprung aus. In diesen frühen Arbeiten thematisiert Beuys Fruchtbarkeit, Empfängnisbereitschaft im konkreten (etwa in Zeichnungen menstruierender Frauen, in Experimenten mit Hasenblut) wie im übertragenen Sinn um die Spiritualität, die er eher dem Weiblichen zuordnet und die sich durch Luftigkeit, Leichtigkeit, Sphärenhaftigkeit ausdrücken, bis zu regelrecht akrobatischen Haltungen der Körper.

[152] Bemerkenswert: Männliche Sportler erscheinen nirgends im Werk!

sprechen, oder durch es in Kontakt mit der Gruppenseele seiner Spezies treten. Die Wahrnehmung der Gruppenseele offenbart die ganze Wirklichkeit an dieser Stelle. Die sogenannten niedrigen Lebensformen, Steine, Pflanzen, Tiere können den Zugang zu den sogenannten höheren Formen ermöglichen: warum arbeite ich mit Tieren, um unsichtbare Kräfte darzustellen. Man kann solche Kräfte aufzeigen, wenn man ein Reich betritt, das die Menschen vergessen haben, wo unermessliche Kräfte als große Persönlichkeiten wirken. Wenn ich versuche, mit dem Geist dieser Ganzheit von Tieren zu sprechen, erhebt sich die Frage, ob man nicht auch mit anderen höheren Wesen verkehren könnte ...«[153]

In »I like America and America likes Me« (21. Mai 1974) dehnt Beuys diese Teilhabe am Werk der Sozialen Plastik auch auf den Kojoten Little John aus. In einer sehr hermetischen, zumindest für das Tier künstlichen und inadäquaten Situation zwischen Mensch und Tier, deren Ziel sich mir eher nicht erschließt.[154] Einzig im Reißen des Tieres am Umhang des Menschen erfolgt mehr »echte« Kommunikation als Inszenierung.

Beuys Lieblingstiere – seine Totemtiere – sind (zunächst) Hirsch und (ab 1963) Hase. Ersterer als leidendes, gejagtes, sterbendes Tier: »Toter Hirsch mit Urschlitten« (1955), »Toter Hirsch mit Mond« (1960). Auch sein eigenes Umkehrerlebnis in der Krise beschreibt Beuys im Bild des Hirschen. In dieser Zeit entstehen »Mann und Hirschskelett«, »Hirsch im Gestein«, »Toter Mann und Hirsch« als Sinnbild für den in ihm erwachsenen inneren Christus. Nicht als Identifikation mit diesem, sondern als Hinweis auf das in jedem Menschen vorhandene spirituelle Potenzial, den Christusimpuls. Es entstehen unzählige Zeichnungen von teils ungeheurer Poesie und Leichtigkeit, die auf den ersten Blick mit den plastischen Arbeiten kaum harmonieren. Doch Beuys ist einer, das Werk hier und dort gehört zusammen!

Am 03.02.1963 taucht in der »Sibirischen Symphonie. 1. Satz« im Rahmen des Festum Fluxorum Fluxus erstmals in seinem Werk ein toter Hase auf. Beuys symbolisiert die verlorengegangene spirituelle Dimension des Menschen dadurch, dass er dem Hasen das Herz herausnimmt. In der Folgezeit wird der Hase zu seinem alter Ego. »Der Hase, das bin ich ...«, sagt er.[155] Sicher nicht zufällig, sind doch dessen innere Werte dem Menschen Beuys

---

[153] Zit. nach Kat. Caroline Tisdall: Joseph Beuys. Coyote. München 1976, S. 12.

[154] Gerade auch in der Inszenierung des Nicht-Betretens amerikanischen Bodens und in der Abgeschlossenheit der gesamten Aktion erschließt sie sich mir nicht.

[155] Zit. nach Kat. Joseph Beuys. Arbeiten aus Münchener Sammlungen, Lenbach. München 1981, S. 56.

nicht fremd: »ein Hasenherz haben«, »nahe der Erde wohnen«, Fluchttier, »Haken schlagen«, »als Einzelgänger leben«, »bedroht und schnell auf der Flucht sein müssen«, »überlebensfähig bleiben«, »auf Töne gut hören müssen«, »die Ohren im Wind haben« ..., das betrifft Beuys in seinem Lebensalltag auch. Beuys lässt sich von der Physis und den natürlichen Verhaltensweisen des Tieres inspirieren, das sich in die Erde eingräbt, und deutet den Hasen als Ausdruck für das »Inkarnationsprinzip«.[156] »Was der Hase uns ja allen sichtbar vormacht, wenn er sich seine Mulde macht. Er gräbt sich ein. Da kommt man wieder auf die Inkarnationsbewegung. Das macht der Hase; sich stark in diese Erde hineininkarnieren, was der Mensch nur mit seinem Denken radikal durchführt: sich damit an der Materie (Erde) reiben, stoßen, graben: schließlich eindringt (Kaninchen) in deren Gesetze, in dieser Arbeit sein Denken verschärft, dann umwandelt und zum Revolutionär wird.«[157] Die Wesentlichkeit gerade ihrer Art der Inkarnation der Hasenfigur in die Erde (an der Erde) erschließt sich mir in einer Bemerkung in den Aufzeichnungen des japanischen Mönchs Kamo no Chomei (1155–1216) in »Aufzeichnungen aus meiner Hütte«, der erschreckt fragt, wie es möglich sei, Seelenfrieden zu finden, wenn es nicht gelingt, die Hinfälligkeit der Welt zu begreifen. Alles Übel geht davon aus, dass die Menschen an den weltlichen Dingen hängen und sie nicht loslassen können. Er zieht in die Wälder von Ohara und dann in die Berge von Hino und baut sich dort eine Hütte: »Allein in einer Hütte wie dieser, gebaut für den Augenblick, kann man in Frieden, kann man ohne Furcht leben«, erkennt er.[158]

---

[156] Wobei tierbiologisch exakt hier gewiss stärker zu differenzieren wäre, was u. U. eine Überlebensfrage für das Tier werden könnte: der Hase baut sich eine »Sasse«, also allenfalls einen »Erdeinschub«, das Kaninchen ist es, das sich Erdhöhlen baut – was es, im Gegensatz zum Hasen, z. B. zum Todfeind aller Deichbauer macht, deren Werk zur Sicherung des Landes es untergräbt! Oder handelt es sich hier um eine niederrheinische Idiomatik?

[157] Joseph Beuys, zit. nach I. Burgbacher-Krupka: Prophete rechts, Prophete links. Joseph Beuys. Nürnberg 1977, S. 73.

[158] Vgl. Kamo no Chomei, Aufzeichnungen aus meiner Hütte, Frankfurt/Leipzig 1997, S. 39; auf S. 30 findet sich hier das Bauschema der damaligen »hojo«, der »Zehn Fuß großen Hütten«, deren Nachbau in der Wolfsburger Ausstellung »Japan und der Westen. Die gefüllte Leere«, 2008, in der auch Beuys mit Werken vertreten war, mich auf diese Spur verwandter Denkstrukturen im Taoismus geführt hat. – Vgl. zum Gedanken der Vorläufigkeit und der Entscheidung für »ausgesetzte Lebensräume« auch Henry David Thoreau: Walden oder Hüttenleben im Walde. Aus dem Englischen übers. von Fritz Güttinger. Zürich 1972: »ein Sich-Drücken vor dem wirklichen Geschäft des Lebens«; Gaston Bachelard: Poetik des Raumes. Aus dem Franz. übers. von Kurt Leonhard. Frankfurt 1987: »unsere

Bis 1966 begleitet ihn die Hasenfigur auch als Mitakteur in seinen Aktionen. Stets als totes Mitgeschöpf und oft in »Verlängerung des Menschen« an seinen Enden, oft auch in Verlängerung der hasischen Gliedmaßen. Der »goldene Hase« bzw. »Friedenshase«, den Beuys auf der documenta 7, 1982, bei einer Einschmelzaktion einer originalgetreuen Nachbildung der Zarenkrone Iwans des Schrecklichen neben einer Sonnenkugel herstellt, steht quasi am Ende dieses Weges mit seiner Identifikationsfigur. Auch hier ist sie metaphorischer Anreger und Beschwörer der Theorie der Sozialen Plastik: »Das ist im übrigen gar nicht eine Skulptur, die ich selber gemacht habe, ich habe das so nach einer anonymen Osterhasenform gegossen. Die Form hatte ich, ich bin ja Hasomane … Aber ich wollte gar keine von mir individuell gemachte, sondern eine richtige Volksform haben, ich würde sagen, Volkskunst.«[159]

2.1.5 ZWISCHENGEDANKEN

So exakt und umfassend die verschiedenen Forschungsrichtungen um Beuys sich der Exegese und Kritik seiner Kindheit, Psyche, Zeichen, Materialien und Schlüssel-Termini, seines »Vokabulars«, seiner Tierzeichen und Totemtiere, Lehrer und Dogmatiken gewidmet haben: Erfassen können und konnten sie ihn in seiner Person, in seinem Werk, in seiner Persönlichkeit und künstlerisch-menschlichen Ästhetik ganzheitlich stets nur ansatzweise. Er ist ein Einzelgänger. Er ist ein Gesamtkunstwerk.[160] Er entzog sich stets einer »Inbesitznahme für eine Richtung« – »Hase, der er war«[161] –, entzog sich dadurch, dass er seine Zeichen, Symbole und die Basis seiner Arbeiten herauslöste aus traditionellen und dem Zuschauer zur Verfügung stehenden Fixierungen. Dadurch dass er »seine Haken schlug«. Und dies nicht, um sich dem Zuschauer zu entziehen, sondern gerade, um ihn zu locken, anzuziehen, zu er-

---

Seele eine Wohnung«, »Im Provisorium zu leben ist besser als im Endgültigen«; Han Shan »150 Gedichte vom kalten Berg. Aus dem Chin. übers. v. Stephan Schumacher, Düsseldorf/Köln 1974: »Die Dinge kommen und gehen lassen / wie ein Boot ohne Leine«; Montaigne: »Ich habe alle meine Kräfte daran gesetzt, mein Leben zu gestalten. Das ist mein Beruf und mein Werk.« Und: »Unser großes und herrliches Meisterwerk ist: richtig leben.«

159 In: Gespräche mit Beuys. Wien Friedrichshof, hg. von Theo Altenberg u. Oswald Oberhuber, Wien 1983 und Klagenfurt 1988, S. 63, zit. nach Schneede, 1994, S. 385.

160 Auch wenn Timm Ulrichs als erster sich diesen Titel hat schützen lassen.

161 Zit. nach Kat. Joseph Beuys. Arbeiten aus Münchener Sammlungen, München 1981, S. 56.

wärmen für das Aufbrechen, für die Beuyssche Idee. Er schuf eigene neue, lebendige, übertragbare, vielerorts einsetzbare Signifikanten, die eher und anders Raum nahmen und Raum gaben als anderes. Er sprach einen Freiraum an, der in seiner Zeit manchem Zeitgenossen als zu frei, als anarchischer Raum erschien und heftig beängstigte. »Eingefahrene Spuren« mögen als noch so tief im Dreck erkannt sein, vertraut sind sie allemal. Und damit hoch geschätzt in Zeiten, die den Geist der Veränderung atmen,[162] der bangen Menschen Angst macht, den Menschen, die den Schritt ins Weite eher scheuen. Beuys hat sich den Freiraum genommen. Er stellt Raum vor. Zwar wieder in einer Enge[163], aber Raum mit anderen Determinanten. Raum, den er vorgab, definierte, bestimmte und ausfüllte.

»Ab einem bestimmten Zeitpunkt treten bei mir bestimmte tradierte Zeichen nicht mehr auf. Das Ganze hat sich aufgelöst in ein Gewebe.«[164] Ein Gewebe, ein Geflecht, ein Netz, das über alle einzelnen Focussierungen – vergängliche Materialien, Sterblichkeit, Wunde, Krankheit und Verletzlichkeit, Wahl der Objekte, verdrängte NS- und Wehrmachtszeit,[165] Hochschulpolitik, Auseinandersetzung mit dem Christentum und der Anthroposophie, einem engagierten Humanismus, dem Wirtschaftswunder, Parteipolitik, Tod von Benno Ohnesorg, Weltperspektive gen Kälte- oder Wärmepol – hinweist auf ein Überzeitliches, Transzendentes: den neuen Menschen in einer neuen Gesellschaft der Sozialen Plastik.[166] Den neuen Menschen für eine neue Welt will Joseph Beuys wecken, dessen Bewusstsein für seine Würde neuerlich inspirieren, seine Verantwortung anregen, ihn an seine Ebenbildlichkeit Gottes gemahnen (mit ihr versöhnen), ihn von seinen menschlichen Möglichkeiten begeistern. Beuys führt dies zum »Erweiterten Kunstbegriff«, für ihn führt dies durch den »Erweiterten Kunstbegriff«, in dem Eingrenzungen von künstlerischen Techniken und Sparten keine Geltung mehr haben dürfen: Raum,

---

162 Vgl. Bob Dylans »The times they are achanging«, 1964! Vom selben: »… the answer is blowing in the wind!«

163 Zuschauer standen dicht gedrängt bei den Aktionen, die Materialien waren »bodenständig« nah!

164 Im Gespräch mit Friedhelm Mennekes, 1984, in: Friedhelm Mennekes, Joseph Beuys. Christus denken / Thinking Christ, Stuttgart 1996, S. 67.

165 S. Benjamin H. D. Buchloh, Joseph Beuys. Die Götzendämmerung, 1980. In: Brennpunkt Düsseldorf 1962–1987, Ausst.-Kat. Kunstmuseum Düsseldorf, 1987.

166 Den ja in ganz anderen Kunst-Termini auch die Nazi-Ideologie aufrief. Wovon plastisch z. B. noch manche öffentlich ausgestellten Breuker-Plastiken oder fotografisch z. B. Riefenstahl »Nuba«-Bildbände künden. Schon merkenswert, dass diese ästhetischen Ideale in der Neo-Nazi-Bewegung nicht gerade auf die Straßen getragen werden!

Raumerweiterungen, darum geht es. Und für Wärme im weitesten Sinn gilt es einzutreten. Gegen den Kältepol.[167]

Der Tod, darin zumindest ist sich alle Beuys-Forschung einig, ist der zentrale Schlüsselbegriff für das Œuvre dieses Mannes. Der Tod aber nicht als Endpunkt und Scheitern des Lebens, sondern als Kriterium auf ein besseres Leben hin. Wie Nam June Paik es formuliert[168]: Das Blättern im Katalog mit Beuys-Arbeiten gleicht einem Betrachten von Werken mit »Verschiedenen Entwurfsvorschlägen zum Tod«. Was Beuys in Äußerungen bestätigt wie »durch den Tod vollzieht sich das eigentliche Leben«,[169] »der Tod ist ein Mittel, um Bewusstsein zu entwickeln, um zu einem höheren Leben vorzudringen: einem *höheren* Leben, das ist wichtig«[170] und »der Tod hält mich wach.[171] Sein Konzept eines neuen Menschen, der mit seiner »Ich-Kraft«[172] die Bereiche des Todes in der Gegenwart hinter sich zu lassen in der Lage ist, stützt sich auf Vokabeln wie Substanz, Wesen, Energie und Prinzip. Darin wird Gott zum »Großen Generator«[173], Christus wird zum »Christusimpuls«[174] oder – auf dem Bild so bezeichnet – zum »Erfinder der Dampfmaschine«[175], Auferstehung wird zum »Auferstehungsprinzip«[176]. Seine Utopie ist ein »Langzeitplan, kürzer oder länger, je nach Anstrengungen, die gemacht werden auf diesem Weg. Und am Ende ist dieses utopische Ziel erreicht.«[177] Diese Äußerungen erscheinen alles andere als vor dem Tod gebeugt und verzweifelt, sondern geradezu herausgefordert von der Macht, die zum Leben da-

---

[167] Schon hier will ich erwähnen, dass andere Sparten der Wissenschaft und der Industrie längst fächerübergreifend und Spartengrenzen überschauend arbeiten: Der katholische Ordensmann vor Bankmanagern, der Künstler vor Medizinern, der Fußballtrainer vor Gewerkschaftern etc.

[168] In: Beuys Weeds-Beuys Creeds, in: Joseph Beuys. An Exhibition Based on the Ulbricht Collection, The Seibu Museum of Art, Tokio 1984, S. 160.

[169] Gespräch mit Mennekes 1996, S.113.

[170] Lebt Beuys zwei Leben? (d. V.)

[171] Im Gespräch mit Achille Bonita Oliva, 1973, in: Beuys zu Ehren, hg. von Armin Zweite, S. 81.

[172] Gespräch mit Mennekes 1996, S. 57.

[173] Gespräch mit A.B.Oliva, a. a. O.

[174] Siehe: Harald Szeemann (Hg.), Beuysnobiscum, Amsterdam, Dresden 1997, S. 67.

[175] S. Szeemann, S. 65–66; s. a. Beuys. Die Revolution sind wir, Ausst.-Katalog hrsg. von Eugen Blume, Catherine Nichols, Göttingen 2008, S. 158f.

[176] Gespräch mit Mennekes 1996, S. 57.

[177] Ebenda, S. 45.

zugehört. Sie begrenzt das Leben, misst ihm aber auch seine Kostbarkeit zu. Das Blasse und Verblichene in den Materialien Beuysscher Kunst, das Schrundige und Provisorische, das Monochrome und experimentell Scheinende, das gängige Maßstäbe Verrückende, das Irre und Wirre, das scheinbar Scharlataneske – es ist keinesfalls ein Mangel an Farbigkeit und künstlerischer Potenz. Es ist im Gegenteil die Annahme der Herausforderung der Todesqualität, der Kälteplastik, des Todespols in dieser Welt. Es ist ein Einlassen auf die Ästhetik dieser Dimension, in der es um nicht weniger geht als den Menschen selbst, mit Haut und Haar, Atem und Körper und Seele, um das »Material Mensch«, nicht im abschätzigen, sondern im wertschätzenden Sinn. In Beuysschem Sütterlin: »Wer (sich selbst) nicht denken will fliegt raus« – neben der Romi-Margarine für die gute Küche.[178]

»Tod, wo ist dein Stachel?« – Beuys weicht dieser Forderung in seinem Leben in einem wichtigen Aspekt in der Weise aus, die Kritiker von ihm anders erwarten. Und er stellt sich dieser Herausforderung doch auf seine Weise, die die Weise seiner Kunst ist. Deshalb stellt er sich diesem Stachel in seinem Werk. Weil er auf diesem Weg daran arbeitet und nur darin arbeiten kann. Darum seine poröse Abgegrenztheit, seine Verwundbarkeit, die er immer wieder zulässt. Er zeigt seine Wunde[179] so augenfällig, weil er sich ihr nicht anders stellen kann, weil er sich ihr nur so stellen kann. Weil er sich ihr stellen will. Weil er sie braucht. Weil seine Wunde so ist. – Wer wollte es ihm vorwerfen (können), der nicht »in seinen Schuhen« durch diese Zeit seines Le-

---

[178] Die Entstehung dieser Postkarte ist interessant: Nach einer heftigen Diskussion in einem Seminar der FIU auf der documenta 7, 1977, klagte der erschöpfte Beuys, der Denken als selbstverständlichen Teil des wachsamen, bewussten Lebens betrachtete: »Soziale Plastik – da kann ich nur lachen! Wer nicht denken will, fliegt raus!«. Spontan reichte ihm Klaus Staeck eine gelbe Karteikarte, auf der er etwas später nur den zweiten Satz notierte. Die Aufschrift ergänzte er später mit (sich selbst). Noch im selben Jahr erschien die Karte. (vgl. Jörg Schellmann (Hg.), Joseph Beuys. Die Multiples. Werkverzeichnis der Auflagenobjekte und Druckgraphik, München, New York 1992, S. 214.)

[179] In verschiedenen fotografischen Selbstdarstellungen spielt Beuys auf seine programmatische humanistische Vorstellung der Gottesebenbildlichkeit des Menschen im Kontext des christomorphen Selbstbildnisses Dürers von 1500 an. (vgl. das Staeck-Foto von Beuys 1974 in New York: ohne Hut, mit Pelzkragen, s. Dürer). Mit diesem verbindet ihn auch das Sujet von der Christusdarstellung »Zeige deine Wunde« und die Fluxus-Aktion von Thomas Peiter auf der documenta 5 »Dürer, ich führe persönlich Baader+/+Meinhof durch die Dokumenta V J. Beuys«. (vgl. hierzu: I believe in Dürer, Nürnberg 2000, S. 26 und 38).

bens gegangen ist. Meines Wissens hat Beuys nicht andere sanktioniert, hat also nicht »im Glashaus mit Steinen geworfen«.

Die Art seiner Korrekturbesprechungen in seiner Klasse z. B. und die Art seines Lehrens erhalten hieraus ein neues Licht. Er gibt Nebenstehenden die Chance, sich zu verhalten, ihren je eigenen Weg zu finden, menschlich wie künstlerisch. Er ist verletzt und bleibt verletzlich. Er wird bedroht und setzt sich der Bedrohung doch weiter aus. Er zeichnet und gestaltet die Vergänglichkeit und macht sie zur Grundlage seines Werkes. Er arbeitet mit verfallenden Materialien und stellt dies öffentlich aus. Er stellt es als Teil seiner selbst in den öffentlichen Raum, als Wärme von sich für die Welt. Er hatte nach der Rückkehr aus dem Krieg und spätestens nach der existenziellen Krise 1957 und der Entscheidung danach/daraus für diesen Weg durch die Kunst keine andere Wahl mehr. War er doch längst ein Getriebener. Von was und von wem wird deutlich: Letztlich wohl von seiner eigenen tiefen Sehnsucht nach Leben in sozialer Verantwortung, in Harmonie. Und er geht seinen Weg mit obsessiver Konsequenz. Er belässt das Messer, das verletzt, in der Ausstellung! Und er verbindet dessen Schärfe, lässt die Verletzung offen, verdeckt und markiert sie.[180] Den Hut auf seinem verletzten Kopf trägt er als sein Markenzeichen, auch als seine Selbst-Markierung! Und er sucht akribisch und lebenslang und überall Mitarbeiterinnen und Mitarbeiter, die sich für einen Weg durch die Kunst erwärmen können: in der Düsseldorfer Akademie, im anthroposophischen Umfeld, im Tier- und Pflanzenreich, in der Freien Internationalen Hochschule[181], in der Deutschen Studentenpartei (1967), in der Partei für Tiere (1969), im »Büro für direkte Demokratie durch Volksabstimmung« (1971), in den Diskussionen und Aktionen, in den documentas[182]. Zunehmend beredt spricht er von seinen Ideen. Schuldig bleibt er womöglich seine innersten Beweggründe, die zu hören allerdings auch niemand ein einklagbares Recht hat. Zu hoffen ist, dass er sie sich nicht selbst schuldig blieb, was ich nicht glaube: »Ja, das Leiden selbst führt zur Verwandlung, sonst hätte Krankheit keinen Sinn«[183], sagt er. Seine Kunst hat und macht Sinn für ihn, um ihn am Leben zu halten. Und Sinn für die Kunstszene, die bis heute von seinen Impulsen zehrt und worin kein Ende absehbar ist.

---

180 Im Kinderkrankenhaus habe ich gelernt, wie wichtig es ist, dass Luft an die Wunde kommt, damit diese »von innen heraus« heilen kann!

181 FIU; Gründung am 27.04.1973 u. a. mit Heinrich Böll und Klaus Staeck.

182 Bis zur letzten documenta 7, 1982, dem sozialökologischen Projekt *7000 Eichen*.

183 Im Gespräch mit Horst Schwebel, in: Ders., Glaubwürdig. Fünf Gespräche über Kunst und Religion mit Joseph Beuys u. a., München 1979, S. 24.

Auch Sinn für die Auseinandersetzung um Kriterien für eine Soziale Plastik, von der wir bis heute entfernt sind. Beuys hat den Sinn seines Lebens, auch seiner Krankheit im Leben entdeckt und »geht offen damit um« in seiner Kunst im unablässigen Kontakt zu sich im Material und der Frage der Ästhetik des Miteinanders.

Geradezu spielerisch einladend spiegelt sich seine Intention im Dialog um seinen posteingangskorbartigen Holzkasten, in den er mit Bleistift »Intuition« eingetragen hat und darunter eine Zeichnung aus zwei Linien in einer Art Sender-Empfänger-Schema. Die obere Linie ist beidseitig mit vertikalen Strichen abgeschlossen, die untere ist eine auf der linken Seite auslaufende Linie. Die Beziehung der Linien zueinander und zum Wort »Intuition« erklärte Beuys in einer auf der documenta 5 in Kassel festgehaltenen Diskussion mit einem Besucher seines Informationsbüros für direkte Demokratie durch Volksabstimmung: »Wie verstehen Sie das da steht drin ›Intuition‹?« – JB: »Ja, es sind zwei Ebenen; da ist eine begrenzt und eine, die nach links hin offen ist. Steht nur ›Intuition‹« drüber. Also ein kleiner Raum – ein geschlossener Raum mit diesem Begriff.« – Heißt das, dass jetzt jeder da sich selber etwas hineindenkt?« – JB: »Ja, das heißt es.« – »Intuitiv?« – JB: »Ja. Dass einem was einfallen muss, nicht? Dass man mit dem Denken beginnen muss. Dass man etwas in Bewegung setzen muss. Das heißt es. Und es hat eigentlich viel mit dem zu tun, was wir hier vorstellen. Volksabstimmung. Volksabstimmung geht nur durch Selbstbestimmung. Selbstbestimmung geht nur durch einen kreativen Ausgangspunkt. Das heißt: Ich muss ja die Dinge bestimmen, von einem Schöpferischen her. Insofern hat es sehr viel damit zu tun … Intuitiv, das ist wie eine …« – »Ja, ich weiß, das muss ins Leere führen…« – JB: »Ja. Und das muss begrenzen. Das heißt, es gibt zweierlei Dinge. Es gibt einen materialistischen Wissenschaftsbegriff, der hat Scheuklappen. Und es gibt ein anderes Ding. Das geht in ein noch unbekanntes Gebiet. Das heißt: Das muss durch das erweitert werden.«[184]

Die offene Linie muss also durch die bewusste Einbeziehung unsichtbarer und unbewusster Kräfte erweitert werden, die ebenso real und existent sind wie naturwissenschaftlich nachweisbare Fakten. Die Holzkiste »Intuition« verdeutlicht einen Grundsatz in Beuys Denken: Intuition ist eine höhere Form von Ratio. »Der Kasten ist also nur für denjenigen leer, für den Intuition

---

[184] In: Jeder Mensch ist ein Künstler. Gespräche auf der documenta 5/1972; hg. von Clara Bodemann-Ritter, 4. Auflage Frankfurt 1992, S. 28f.

kein wert ist, der gerne Rezepte geliefert bekommt. Aber Beuys vermittelt keine Rezepte.«[185]

Weniger durch Verstand, viel eher durch Intuition, also unmittelbare Erkenntnis, ahnendes und tastendes, das Selbst vergewisserndes Erfassen, Imagination, also schöpferische Einbildung und Inspiration, also den schöpferischen Einfall sah Beuys den in seiner einseitigen Rationalität verstümmelten Menschen zu einer ganzheitlichen Erfahrung zurückkehren und seine verschüttete Kreativität entdecken.[186] In diesem Kontext ist der oft als dümmliche Pseudo-Kenntnis Beuysschen Wollens missverstandene Satz »Jeder Mensch ist ein Künstler!« anzusiedeln und wirklich zu verstehen. In der Chance für jeden Menschen zu seinem eigenen kreativen Auf-den-Weg-zu-sich-selbst-Kommen, zu selbstbestimmtem lebendigen Leben, zu Kreativität im Alltäglichen. Dies Begehren zu wecken, sich selbst so zu sehen und zu gestalten, wie man sich selbst sehen möchte und kann, ist für Beuys konkrete Utopie, sein Langzeitplan. Das bedeutet für ihn konkret: »Work only when you feel: your work starts revolution.«[187] Auf die Kunst bezogen impliziert dies: 1. Nur dann handelt es sich um Kunst! Und 2.: Dann handelt es sich immer um Kunst! Nur ist der Begriff Kunst hier nicht genannt, soll er doch erst dem Menschen zuwachsen, soll dieser sich doch erst als zum Kunstwerk Bestimmter begreifen, als Schlüsselwerk des »Großen Generators«. Dahinter ist Beuys nicht zu drängen.

Wobei: »MANIFEST. Der Fehler fängt schon an, wenn einer sich anschickt Keilrahmen und Leinwand zu kaufen. Joseph Beuys. 1. 11. 1985«[188] So geht Kunst eben nicht.

2.1.6 Der Lehrer

»Die wichtigste Entdeckung von Beuys, weswegen er all seine Aktionen, Depots und Vehikel hatte machen können und er überhaupt Lehrer geworden war, bestand in dem Energiegesetz »Plastik«, und insbesondere darin, dass sich dieses auf die Verteilung und Konditionierung von Stoffen ebenso bezieht, wie auf den Menschen unmittelbar. Daran ist zu ersehen, dass das Lehrersein von Beuys sowieso höherer Art war als die üblichen Lehrertätigkeiten von Künstlern, die letztlich dann doch nur ihre eigene Kunst vertreten.

---

[185] S. Stachelhaus, in: Joseph Beuys, Düsseldorf 1987, S. 186.

[186] S. Tobia Bezzola, in: Joseph Beuys. Ausstellung Kunsthaus Zürich 1993, S. 265.

[187] Aufschrift auf einer Zeichnung von Joseph Beuys, 1969, Kupferstichkabinett, Staatl. Museen Preußischer Kulturbesitz, Berlin.

[188] S. Schellmann, 1992, Nr. P66.

Beuys Lehrertätigkeit selbst war Kunst. Und Lehrersein als Kunst bezieht sich prinzipiell auf die Arbeit und Kunst von anderen, auf die der Schüler.« (Johannes Stüttgen)[189]

Beuys selbst sieht seine Bestimmung als Lehrer und einen wesentlichen Teil seiner künstlerischen Arbeit eben darin.[190] Allein die Unterschiedlichkeit des künstlerischen Coming-outs seiner Schülerinnen und Schüler seit seiner Ernennung 1961 zum Professor für Bildhauerei an der Staatlichen Kunstakademie Düsseldorf, spricht dafür, dass er eine individuelle künstlerische Entfaltung förderte. U. a. Katharina Sieverding, Lothar Baumgarten, Felix Droese, Jörg Immendorff, Imi Knoebel, Shelley Sacks, Blinky Palermo, Reiner Ruthenbeck gingen aus seiner Klasse hervor. Er setzte sich im Unterrichtsstil deutlich von seinen eigenen Lehrern Joseph Enseling (1886–1957) und Ewald Mataré (1887–1965) ab, indem er kein formalistisches Lernprogramm festlegte. Nicht er selbst setzte sich als »Maßstab für das Tun«[191], sondern erwartete die eigene Handlungs- und Leistungsmotivation der Schüler als Chance zur Setzung schöpferischer Impulse in künstlerischer Freiheit. »Ich habe keinen festen Lehrplan. Jeder soll auf seiner Intention aufbauen und die in Frage stellen, damit sich etwas klärt.«[192] Dies schloss offensichtlich eine Strenge und Exaktheit z. B. in den Korrekturbesprechungen nicht aus, die andererseits auch nach seiner Entlassung 1972 aus seiner Lehrtätigkeit in Düsseldorf von seinen Schülern noch hoch geschätzt und wahrgenommen wurde.[193] Eine Disziplin, die er selbst lebte und die er darum authentisch weitergeben konnte. Beim Durchsehen teilte Beuys die Arbeiten kommentarlos in meist drei Stapel auf: gut, verwertbar, nicht weiter verwendbar. Damit galt es für jeden zunächst, eigene Kriterien zu entwickeln. Bei anderen, so erzählt es Jörg Immendorff in einem Fernsehinterview[194] über diese Zeit von sich

---

189 In Kat. Hess. Landesmuseum Darmstadt, Imi Knoebel, 1992, S. 6.

190 »... my greatest work of art«; s. Willoughby Sharp, An Interview with Joseph Beuys, in Artforum (NY), Band 8, 4, 12/1969, S. 44.

191 Im Gespräch mit Jörg Immendorff und Michael Schürmann: Akademien sind Auffangbecken für die Krankheiten unserer Zeit, in: Spuren: Zeitschrift für Kunst und Gesellschaft, Hamburg, 05/1978, S. 41.

192 S. Georg Jappe, Nicht einige wenige sind berufen, sondern alle. Interview mit JOSEPH BEUYS über ästhetische Erziehung, in: Kunstnachrichten, Luzern, 9. Jahrgang, Heft 06/1972, keine Seitenangabe; vgl. hierzu die Äußerungen von Klaus Mangold, IGS Bad Oldesloe 33 Jahre später!

193 Ebenda.

194 Hier ohne Beleg aus der Erinnerung d. V. an eines der TV-Interviews anlässlich seines Todes.

selbst, bedeutete dies, dass die aussortierten Werke sofort selbst zerstört wurden. Beuys zwang in den Korrekturbesprechungen zu eigenem genauen Reflektieren der Arbeitstechniken, Arbeitsweisen, des Arbeitsverlaufs und der Prozesse im Bild und der fachlich-künstlerischen, kognitiven und emotionalen Einsichten. Auch hier lehrte er den Zusammenhang und die Synthese von Rationalität und eigener Emotionalität, den notwendigen Einklang von Geist und Psyche auf dem Weg zu autonomem Denken – und darin zu autonomer Kunst. Autonom auch vom Lehrenden. Darin auch zum Durchbrechen vorfindlicher Barrieren im künstlerischen Prozess, in gesellschaftlicher Konvention, in geistlich-spirituellen Bahnen des Ästhetikbegriffs[195] und in der eigenen Sozialisation.

»Amorph und kristallin«, »Chaos und Geformtes«, häufig aus Gegensatzpaaren aus naturwissenschaftlichen Polaritäten entwickelte Beuys seine Ästhetik des Prozesshaften. Und seine Materialauswahl diente nicht dem politisch Demonstrativen. Vielmehr war es das in seiner Zeit noch Ungewöhnliche für bisherige Seh- und Begreifensgewohnheiten, das Sperrige, Unaufgeräumte, Desolate. Auch forderte seine Aufladung der Dinge mit metaphorischer Bedeutung neben ihrer gesellschaftspolitischen Dimension ein demütiges Meditieren der eigenen Sichtweisen, des eigenen Lebensentwurfs, der eigenen Materialität. Dazu kam die schonungslose Einsetzung der eigenen Person, des eigenen Selbst als Material, als Substanz der Kunst. Als Hinweis und Vortrag, dass der Mensch verkörpert sei und sich zu verkörpern habe in die Wärmeplastik der zu erstrebenden Sozialen Skulptur. Dies tat Beuys nicht, indem er sich exhibitionistisch in den Vordergrund drängte, sondern um »in der Aktion meine Körperstrahlung direkt auf andere Leute zu übertragen; ... dass meine geistige Absicht etwas bewirkt«.[196] »... ich selbst bin in diesem Augenblick das Kunstwerk. Das heißt, es soll doch dahin kommen, dass der Mensch selbst das Kunstwerk wird. (...) Und dass an dieser Realisation, die Welt zu einem Kunstwerk zu machen (als Soziale Plastik), potentiell jeder Mensch teilhaben kann.«[197] – Dennoch setzte er sich öffentlich bis zum Leiden aus.

Mich berührt im Schauen auf die Filme von seinen Aktionen die große Demut und die Konzentration, die Zurückgenommenheit im Interesse seiner Sa-

---

[195] Siehe das Werk von Imi Knoebel oder des jung verstorbenen Blinky Palermo (1943–1977).

[196] Im Gespräch mit A. B. Oliva, 1973, in: Beuys zu Ehren, München 1966, S.74.

[197] Zit. nach: Dieter Koepplin, The secret block for a secret person in Ireland, in: Joseph Beuys, The secret block, hg. von Heiner Bastian, München 1988, S. 10.

che, die Selbstdisziplin dieses Mannes, der nahezu unmenschliche Kraftaufwand im Prozess. Nicht erst im Durchstehen konkreter körperlicher Attacken[198] blieb er in seiner Konzentration und ließ er sich nicht abbringen von seinem Leitfaden. Anders: Der Vorwurf »Scharlatan« sollte zumindest hohen Respekt vor dem Durchhalten der Lebensidee dieses Mannes implizieren! Zwar berichten Zeitgenossen von Beuys' Lachen, seiner Fähigkeit zu feiern, seinem Sinn für Luxus,[199] dem Betrachter seiner Aktionen stellt sich aber ein geradezu asketisch wirkender Mann vor. Uwe Schneede berichtet, dass Beuys vor seinen Aktionen gefastet habe und diverse Reinigungsrituale durchführte,[200] um sich vorzubereiten. In seiner Aktion »Celtic« im Baseler Museumsdepot, 1971, wäscht er mehreren Teilnehmern die Füße und spricht von einem Reinigungsritus, der für den gesamten sozialen Organismus notwendig wäre: »Es ist die Unreinheit, die gereinigt werden muß. Denn so wie die Welt ist, darf sie nicht sein.«[201] In diesem Zusammenhang sind auch zu erwähnen seine Aktion »Ausfegen« am 1. Mai auf dem Karl-Marx-Platz (West) und seine Abtrennungen eines »Magischen Zirkels«, um seinen Aktionen aus Fett, Fettecken, Filzbahnen, Filzwinkeln, Margarinewürfeln, Honigtöpfen in den Ecken, Reiherschädel, Hasenohren an der verkohlten Ateliertür einen Raum zu geben. Zeichnungen aus den 1950er Jahren wie »Frau mit großem Steinamulett«, »Abwehrende Frau« weisen darüber hinaus auf seine Kenntnis diverser Abwehrgesten hin, die er zum Schutz und zur Reinigung, zur Katharsis einsetzt. – Bei jenem Angriff beim Fluxusfestival am 20. Juli 1964 zeigt er sich vorbereitet und reagiert mit einer Abwehrgeste und zieht »spontan« aus einem Behälter ein Kruzifix und streckt es dem Angreifer demonstrativ entgegen: »Ich war immer vorbereitet auf diesen Schlag, denn sonst hätte ich nicht blitzartig dieses Gerät aus der Klamottenkiste gezogen. Und ich hätte ja auch nicht die vielen Tafeln Schokolade bei mir gehabt, um sie dann gleichzeitig hinterher ans Publikum zu verteilen. Also der Aggression von Seiten des Publikums, der bin ich begegnet mit einer positiven Gabe.« [202]

[198] Wie bei der Aktion »Kukei, Akopee-Nein!, BRAUNKREUZ – FETTECKEN – MODELLFETTECKEN«, Aachen am 20. Juli 1964.

[199] Vom »Kristallglas« bis zum (gebrauchten) »Bentley«.

[200] Vgl. Schneede, 1994, S. 23 und 89.

[201] Zit. n. Antje von Graevenitz. Erlösungskunst oder Befreiungspolitik, in: G. Förg: Unsere Wagner. Joseph Beuys. Frankfurt 1984, S. 30.

[202] Im Interview mit B. Lahann: »Ich bin ein ganz scharfer Hase«, in: Stern, Heft 19.30.04.1981.

Für die Umsetzung seiner Utopie schloss Beuys nichts aus, was diese befördern und er verantworten konnte. Im Spätwerk des *Thermisch-plastischen Urmeters* (1984) prononciert er dies noch einmal[203]: In einem sechs Meter tief ausgehobenen Schacht stand ein stets mit Wasser frisch zu füllender Kupferkessel auf einem Gaskocher. Ein Eisenrohr leitete den entstehenden Wasserdampf in ein Kellergewölbe des nebenliegenden Gebäudes, wo er als Wolke in den Raum schwebte. Für den, der merken wollte und konnte: Nichts bleibt! Nichts bleibt, wie es ist. Die Verwendung der Elemente Feuer, Wasser, Erde und Luft macht deutlich, dass alles Potenzial genutzt werden soll für ein kollektives »work in progress«: Menschen, Tiere, Pflanzen, Elemente im Einsatz für die Menschwerdung des Menschen. Die Soziale Skulptur ist erst verwirklicht, wenn auch »der letzte lebende Mensch auf dieser Erde zu einem Mitgestalter, einem Plastiker oder Architekten am sozialen Organismus geworden ist«. Allerdings auch: Was destilliert das Feuer in der Erde an Geist aus diesem Wasser im »Topf des Lebens«! Was dringt da empor – sichtbar oder unsichtbar! Wess' Geist fährt da auf!

2.1.7 Der Therapeut – die Seelsorge in Aktion(en)

2.1.7.1 DER CHEF THE CHIEF. Fluxus-Gesang

30. 08. 1964, Kopenhagen; 01. 12. 1964, Galerie René Block, Berlin

Fluxus war eine Bewegung, die Anfang der 1960er Jahre begann. Beuys schätzte in den durch öffentliche Aktionen geprägten Veranstaltungen die Einbeziehung klanglicher (musikalischer) Elemente, die genutzten Materialien und war anfangs selbst aktiver Teil dieser Bewegung. Das Verständnis der Plastizität der Klänge[204] beeinflusste in dieser Zeit maßgeblich die Entstehung seiner »Plastischen Theorie«: Wärme (nicht Ofenwärme, sondern Intuition) und Kälte (Rationalität) sind die Gegenpole seines Denkens für die Kunst, für die Bildung, für den Alltag. In dieser Theorie spielen Filz (= Wärmeträger, Kälteschutz) und Fett (= in fester Form Rationalität) zuerst in Aktionen eine wichtige Rolle. Energiezufuhr sollte das kalte Fett zugänglich

---

203 S. die ausführliche Beschreibung des Projekts: Th. Vischer, Joseph Beuys: Thermisch-plastisches Urmeter – ein Spätwerk, in: Joseph Beuys-Tagung Basel, 1.–4. Mai 1991, hg. von Volker Harlan, D. Koepplin und Rudolf Velhagen, Basel 1991, S. 214–220.

204 Vgl. hier das Werk des Fluxisten und Komponisten (s. u. a. das Orgelprojekt Halberstadt; dazu unter SeelsorgeART: »abende mit zeit und raum und muße«: »ach, du liebe zeit!«, Anhang) John Milton Cage jun., dessen malerisches Werk zu Unrecht weniger bekannt ist.

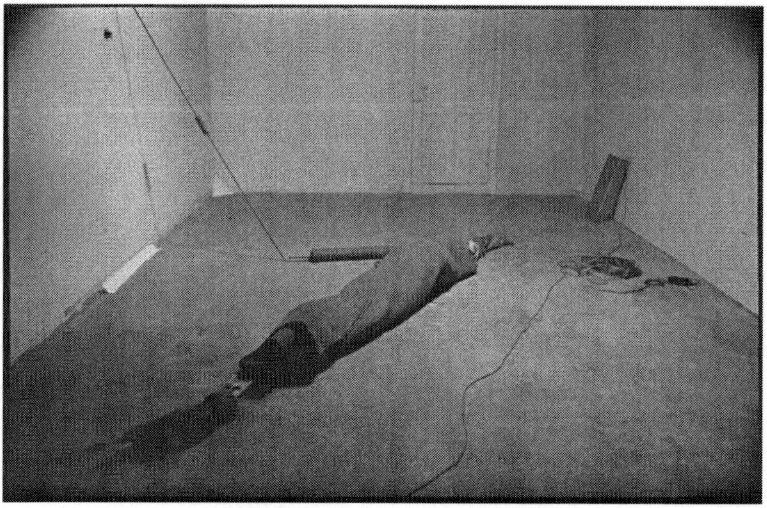

DER CHEF THE CHIEF, Joseph Beuys.

machen. Geprägt war die Fluxus-Bewegung vom in Deutschland stationierten US-Amerikaner George Maciunas und dem Koreaner Nam June Paik. Sie reichte zeitlich über John Cage bis hin zu Yoko Ono: »Light a match and watch till it goes out«. Es ging Fluxus um die Dekonstruktion des »Kunstwerks«. Es waren amüsante, kleine, bedeutungslose Ereignisse, die gestaltet wurden, flüchtig und rasch. Beuys ging es allerdings viel weitgehender um die Erweiterung des alten Kunstbegriffs als dies hier vorkam. Er vermisste zunehmend eine Stoßrichtung, Programmatisches und klare Ziele im Fluxus. Provokation um ihrer selbst willen war ihm zu wenig. Er lebte für eine größere Dimension und außerdem war er letztlich Einzelkämpfer, was zu Konflikten mit anderen Fluxisten führen musste. Bei ihm war immer Widerstand bzw. Sperrigkeit dabei und er hatte geradezu einen Instinkt für die Aufladung von Energiefeldern und gar deren Optimierung, was in jeder seiner Aktionen deutlich wird.

Sein erstes Fluxus-Solo startet Beuys im August 1964 vor einem kleinen Kreis Vertrauter in Kopenhagen im Schloss Charlottenburg. Am 1. 12. wiederholt er es in der Berliner Galerie von René Block. Ursprünglich ist »Der Chef, Fluxus-Gesang« für zwei Spieler gedacht. In einer Parallelaktion sollte sich in New York Robert Morris synchron in diesen Gesang einschalten. Darum »DER CHEF THE CHIEF«. Zu dieser Aktion ist es meines Wissens nie gekommen. Es gibt auch die Vermutung, dass die Ankündigung lediglich eine Provokation gegen den sich ähnlicher Materialien bedienenden Morris gewesen sein könnte. Es ist ein öffentliches Selbstexperiment, das den Körper samt gestischer und tonaler, geistiger und emotionaler Äußerungen in hoher Intensität beansprucht und die Ambivalenz der Person Joseph Beuys vor Augen stellt. Eine Aktion über die Ambivalenz von Nähe und Distanz: Dies bereits durch die avisierte Dauer der Aktion. Beuys hat den Raum intensiv mit Fettecken und Fettstreifen umgreifend vorbereitet, mit abgeschnittenen Fingernägeln und diversen Haarknäueln an den Wänden, mit dem Auslegen des Filzes am Boden, in der Absprache mit vertrauenswürdigen Assistenten (hier: Hans van der Grinten und Norbert Tadeusz). Mental und physisch ist er durch Meditation, durch Fasten gewappnet, so gut man es sein kann. Interessant ist in diesem Zusammenhang der Blick auf den Schamanismus, mit dem Beuys in Kontakt gebracht wird.

Lili Fischer, gewiss eine der wichtigen Beuys-Getreuen und eine der großen lebenden Aktionskünstlerinnen und Kunstgestalterinnen Deutschlands, Lebenspartnerin des verstorbenen kongenialen Beuys- (und Rückriem-)Gesprächspartners und Naturerfassers Georg Jappe[205], schreibt in ihrem akribisch recherchierten, wundervollen Buch »*künstler* Schamanen«[206] mit dem Beuysporträt bei der Aktion Kojote, NY, Mai 1974 auf der Titelseite unter »1) *Happening Aktion Performance«* (alle drei Wörter handgeschrieben und durchgestrichen): »SEANCE«: »Die Vorführung geht immer abends bei Anbruch der Dunkelheit vor sich und kann die ganze Nacht hindurch dauern. Wenn sie stattfinden soll, ruft der Schamane seine Gehilfen zu sich, die die Trommel hervorholen und sie langsam am Feuer wärmen, damit das Fell möglichst straff gespannt wird. … muss der Schamane sich vollständig gesund fühlen, denn wenn er krank ist, hat er keine Macht über die Geister. Ein zufälliges Übelbefinden kann ebenso gut das Ende der Sitzung herbeiführen wie die Anwesenheit eines Hundes oder das Vorhandensein von etwas anderem Unreinen. … der Schamane macht sich einen Platz im Hintergrunde, gerade der Tür gegenüber, zurecht, setzt sich auf eine besondere Renntierhaut (!), und die Zuschauer lagern sich im Kreis um ihn. … zeigt durch lautes Gähnen, dass er jetzt im Schlafe diese Welt verlassen wird. … liegt wie im Halbschlummer,

[205] Gern erinnere ich mich an eine Begegnung mit dem Künstlerpaar anlässlich der Ausstellung »Polare Gestade« (2004; s. Literaturverzeichnis). Fischer zeigte »Eisberge« – schwebende Arbeiten auf Papier, die sich im Wind bewegten – und Jappe Naturerfassungen – Schreibcollagen. Der Ort war die später aufgelöste »Galleri Den gyldne Love« von Heike Jacobsen in Abenraa direkt am Strand der Ostsee: »LandART« als Verbindungen von dokumentierter künstlerischer Antwort auf Naturerfahrung vor der Erfahrung von Natur.

[206] Erstes Wort handgeschrieben und durchgestrichen!

merkt nicht auf seine Umgebung und spricht mit einer ganz anderen Stimme. ... summt Melodien ohne eigentliche Worte, oder flicht auch Worte aus einer dem Zuhörer unverständlichen Sprache ein. Er flüstert, so dass es in der Trommel widertönt, pfeift, gähnt und stöhnt. .. Auf diese Weise ruft er alle seine Mithelfer zu sich, Geister und Tiere aus der Luft und aus der Unterwelt. ... die ganze Zeit steigt die Spannung der Anwesenden nicht nur wegen der Worte des Schamanen, sondern vielleicht ebenso sehr, weil sie selbst an dem Ganzen teilnehmen. Der Schamane beschreibt in diesem Teil der Beschwörung seine Wanderung zu den Wohnungen des Geistes; er schildert den beschwerlichen Weg, die Gefahren, die ihm in Gestalt von Einöden begegnen, von brennenden Wäldern, stürmischen Meeren, streitenden Kämpfern, von List und Verrat, vergifteten Wassern, Krankheitsteufeln usw. bis ins Unendliche. Wenn er all diesen tausend Gefahren getrotzt hat, kommt er schließlich zu dem Geist, den er besuchen will. ...«[207] Fischer beschreibt bildreich und detailgenau, wie wenig angepasst, exzentrisch und quasi bis ins Bild des Psychopathen hinein der Schamane lebt.[208] Und die handschriftlichen Einträge bezeichnen launig diesen Parallelprozess des Künstler/Schamanen auf Beuys' Umfeld hin: »Höhere Wesen, die Polke Befehle geben« (= »rechte Bildecke freilassen«), Steine bewegen (Richard Long), Cage, Rückriem, Mataré. Der Schamane wird jedoch erst zu diesem, wenn es ihm angesichts des Kranken in der Welt »gelungen ist, gesund zu bleiben.«[209] Dessen Fähigkeit, sich neben diesem Leben in der Nähe von Gift(-schlangen) etc. in fremde bis besessene Gemütszustände einzufühlen, grenzt ans Fabelhafte. Auch ist seine künstlerische Originalität und Kreativität hoch. »Der poetische Wortschatz eines jakutischen Schamanen umfasst 12000 Wörter, während seine Umgangssprache – eben jene, die auch die gewöhnlichen Stammesgenossen verstehen – bloß 4000 besitzt.«[210]

Von welcher Art mag ein Mensch sein, der dreimal so viele Wörter verwendet, um seine Träume und Gefühle und Visionen ausdrücken zu können, neben seiner künstlerischen Originalität und Kreativität, als über die Dinge

---

207 Weitere Erkenntnisse zu »Bewohnte Mythen – Joseph Beuys und der Aberglaube« trägt Nicole Fritz in ihrer Dissertation, Tübingen 2002, zusammen.

208 Bis zur Schilderung von dessen Bereitschaft, in Anwesenheit von Fremden, die gesamte Geistesbeschwörung als Gaukelei ohne ernsten Hintergrund erscheinen zu lassen und Leichtgläubige hinteres Licht zu führen. (S. 56).

209 Vgl. hierzu M. Eliade, Schamanismus und archaische Ekstasetechnik, Zürich 1957, S. 257.

210 A. a. O., S. 251.

des Alltags zu kommunizieren! Weiß er sich doch damit ausgerüstet, den Mythos des verlorenen Paradieses, die Einheit von Himmel und Erde, die aufgrund von Frevel oder urzeitlichen Unglücks zerbrochen ist, die Einheit des Menschen mit sich selbst wieder zu erneuern. Seine Techniken dienen diesem Ziel: Ekstase, besondere Tierlaute, die Trommel, die aus dem Zweig des kosmischen Baumes gefertigt ist, der Flug, das Aufsteigen etc. All diese Verhaltensweisen und Vorstellungen von der Erhebung der Seele sind Versinnbildlichungen dieses »Heimwehs nach dem Paradies«, von der ersehnten fühlbaren Wirklichkeit der unmittelbaren Wahrnehmung des Heiligen. – Beuys, der Schamane. Der CHEF.

Das Setting [211]

Um 16 Uhr wickelt sich Beuys in mehrere Bahnen am Boden liegenden Filzes zu einer Rolle ein. Ihm assistieren zwei Freunde. An beiden Enden liegt je ein toter Hase. Parallel zur Fußleiste ist ein Fettstreifen ausgelegt, darüber befinden sich die Haarbüschel, daneben Fingernägel. Fettecken in drei Ecken, ein Fettquadrat befindet sich in der vierten Ecke. Neben ihm liegt ein dick mit Filz eingerollter Kupferstab. Ein Mikrofon hat er mit in der Filzrolle, über das er über eine im Raum befindliche Verstärkeranlage Geräusche hörbar macht: Pfeifen, Zischen, Husten, Röcheln, tiefe Seufzer. Und die für ihn typischen »ö ö«-Laute. Über ein Tonband im Raum werden in unregelmäßigen Abständen Kompositionen von Henning Christiansen und Eric Andersen eingespielt.

Um Mitternacht, nach acht Stunden, steigt Beuys aus der Filzrolle, sehr erhitzt, aber lächelnd und erzählt den Zuschauern, die ausgeharrt haben, dass dies die Demonstration eines plastischen Prinzips gewesen sei. »Der Chef« sei eine Art Code für den, der zu sagen habe, der Kopf. Aber auch jeder einzelne, wenn er die Selbstbestimmung ernst nähme. Zum Schluss steht er mit den Assistenten an der Tür zum Raum. Der Filz liegt ausgebreitet am Boden.

Beuys beschreibt die Aktion wie folgt: »Für mich war DER CHEF vor allem ein wichtiges Klangstück. Der am häufigsten wiederkehrende Klang war tief in der Kehle und heiser wie der Ruf des Hirsches: »ö ö«. Dies ist ein Urklang, weit zurückreichend, und war später die Hauptäußerung einer Rede, welche ich 1967 als Professor für Monumentale Skulptur an der Düsseldorfer Kunstakademie hielt am Tage der Immatrikulation. ... Akustisch ist es so, dass die Trägerwelle genutzt wird als Energieleiter, ohne sie mit semantischer

---

211 Vgl. Filmmitschnitt des WDR in der Ausstellung, Beuys. Die Revolution, Berlin 2008; vgl. a. Stachelhaus 1988, S. 169.

Information zu befrachten. Die Welle trägt die Klangart, die sich gewöhnlicherweise im tierreich findet. ... Ich sehe das als einzigen weg, mit anderen Formen der Existenz in Kontakt zu kommen über die menschliche Existenz hinaus. ... Es bedarf eine Menge von Disziplin, um zu verhindern, dass Panik einen überfällt in solch einer Kondition, leer fließend und ohne Emotion und ohne spezifische Gefühle von Klaustrophobie oder Schmerz für neun Stunden in derselben Position. Solch eine Aktion und in der Tat jede Aktion, verändert mich radikal, in gewisser Weise ist es ein Tod, eine wirkliche Aktion und nicht eine Interpretation. Thema: wie wird man Revolutionär? Das ist die Frage.«[212]

Assoziationen zur Aktion

Verschiedene Assoziationen – neben dem vorab zitierten schamanischen Formenkreis – tauchen in mir auf: Da ist die eine zum zen-buddhistischen »Sitzen in Versenkung«. Wesentlich dafür ist – im Gegensatz zur Praxis der Meditation, in der der Geist »denkt«, die Gedanken auf ein bestimmtes Objekt richtet und beschränkt, dass hier der Geist gedankenleer ist. Die Trennung von Subjekt und Objekt, die erst durch die gedankliche Unterscheidung entsteht, ist hier aufgehoben.

»Die Quelle ist klar und glitzert wie ein Edelstein
Ich sehe tief in den Grund des Wahren-Selbst
Kein einziger Gedanke in meinem Sinn
Durch Myriaden Welten nicht zu bewegen
Da der Sinn nicht mehr unnötig aufgerührt
Bleibt er zahllose Kalpa[213] bestehen
Hast du erst dieses Wissen erlangt
Weißt du: Es gibt nicht Innen und Außen«[214]

Zum anderen entsteht in mir der Wunsch, den Beuysschen Termini in dieser Aktion aus Jahren des Abstands heute konkret nachzufragen. Also nach Disziplin, der Abwehr von Panik, der Abwehr von Klaustrophobie, dem Kampf gegen den Schmerz, dem Innehalten einer Position über Stunden (acht bzw. neun), der Veränderung durch den Prozess der Aktion, die Konfrontation mit Grabes- und Todesgedanken.

Beuys spricht selbst aus dem Abstand von elf Jahren von der Aktion zum Interview, das 1978 stattfand, als erstes von einem Klangstück –

---

212 Zit. nach Kat.: Die Revolution, Berlin 2008, S. 37.

213 »Kalpa« ist die Zeitdauer zwischen Entstehen und Vergehen eines Weltsystems.

214 Vgl. Han Shan, 150 Gedichte vom Kalten Berg – Han Shan Shin, 4. Aufl. Köln, 1984 Nr. 132, S. 155.

»Fluxus-Gesang« – und führt dann selbst die Assoziation zu seiner Rede 1967 ein.

Der unsinnige »ö ö«- Laut, der »Ruf des Hirschen«, was kündet er und an wen richtet er sich? Ist es der »Klein-Laut« des abziehenden Unterlegenen nach dem verlorenen Brunftkampf? Ist es der voluminöse Laut des Platzhirschen, der dem Rudel, ein Beuys nicht fremdes Bild, sein »Chef«-Sein oder -Bleiben verkündet? Der Chef, der damit die Chance hat, seinen Samen, seine DNA, seine Besonderheiten, seine »Sache«, »seine Kunst« in die Welt weiter auszubreiten. Was Beuys damit (1967 und) 1964 konkret ankündet, bleibt vage. Doch ist der Zeitpunkt der Aktion am Beginn der Adventszeit, ursprünglich kirchlich definiert als Zeit der Demut und des Fastens, der Vorbereitung im Dunkel von zunächst nur einer Kerze auf »den, der da kommt« sicher kein Zufall. Beuys positioniert sich in dieser Aktion in dieser Weise in dieser Zeit in diesem Raum als CHEF und stellt diesen CHEF den Zuschauenden und sich Einlassenden vor.

Die Diskrepanz zwischen der Anwesenheit der Raum füllenden Stimme des Künstlers und dem Verbergen der Quelle derselben bezweckt Beuys offenbar und gibt darin Verweise auf die Grundfrage in seinem Leben: »Was zeigst Du und was verbirgst Du und womit tust Du es warum?« Beuys zeigt und verbirgt sich den Umstehenden und macht sie schauen und nichtschauen. Er zeigt ein Autoritätsverständnis auf, wenn ein renommierter Künstler, ein »Medienstar« die eingeladenen Besucher zu einer solchen Aktion einlädt, sich für diese unsichtbar macht und die Besucher im Nebenraum allenfalls durch eine schmale Tür sehen (und nicht sehen) und hören (»ö ö« und Seufzen und Stöhnen«) lässt. Er lässt sie nahe kommen, er kommt ihnen nah. Er lässt sie außen vor. Besser: Er lässt sie bei sich, gibt ihnen die Chance, die er für sich selbst in Anspruch nimmt, bei sich selbst zu sein.

Welche Bedeutung hat das Erheben der Stimme über ein Mikrofon durch einen Professor der Kunst mit den Inhalten »ö ö«? Es ist eine Karikatur der Rede des Chefs (des Führers, des Lautsprechers), darin Botschaft an die Anwesenden (an die Deutschen). Es ist eine ähnliche Attitüde dessen, der in Aktion regrediert und sich dem Einengen, dem Todestrieb aussetzt, ohne die Beweggründe für sein Tun offenzulegen.

Welche Erwartung hat Beuys in dieser Aktion, in dieser Zeit unter diesem Titel, welche an die ursprünglich als Parallelaktion geplante Aktion? Wenn ich Beuys' eigene Worte aufnehme, dann geht es ihm um die Demonstration von Disziplin, die er sich verordnet, die er in sich bewahrt und die er den Zuschauern zeigt, vor deren Sinne führt, wenn auch selbst eingerollt. Und er stellt ihnen das Standhalten vor. Angesichts von panischen, klaustrophobischen, von Schmerz-Attacken, mit denen er unter Umständen rechnete, auf die er jedenfalls vorbereitet war, hält er durch.[215] Solcherlei Attacken können von innen wie außen kommen, das weiß er, und setzt sich doch aus. Er ist verletzlich und er will es sein: Acht Stunden sind ein ganzer Arbeitstag, ohne Pause. Und hier handelt es sich um einen Zeitraum in einer Situation, für den niemand garantieren kann, dass er ihn in dieser Konstellation höchster Wachheit und Konzentration und Ausgesetztheit und Isolation und Engung durchsteht. Allein schon physisch ist es ein an die Grenzen gehendes Unterfangen. Es ist ein Zeitraum, in dem physisch und psychisch viel an Einwirkungen passieren kann, was nicht vorhersehbar ist. Von der Voraussetzung der Bewegungslosigkeit und von den inneren Abläufen in der Einengung her – es ist ja mehr als »bloßes Alleinsein«. Schon von den geistigen Abläufen bzw. der erfahrenen Leere her, die mehr voraussetzt als die Meditation einer Sache, eines Dings. Hat hier doch Leere nicht einmal diesen einen Gegenstand der Meditation, an den sie sich halten könnte.

Beuys zeigt große Disziplin! Und er zeigt Autorität und professorale Abgehobenheit, indem er selbst das Setting so extrem bestimmt und die Aktion einseitig definiert. Natürlich. Wie alle seine Aktionen. Und er fordert durch die Gleichzeitigkeit von gewährter Nähe und erzwungener Distanz die Zuschauenden heraus, schenkt Erfüllung deren Nähewunsch und enttäuscht diesen gleichzeitig. Sicher ist dies auch der Komplexität des »Erweiterten Kunstbegriffs« geschuldet. Denn wenn Beuys erstmals überhaupt die Integration des Kunstbegriffs in die Kunst – mit allen Unterschieden, Abgrenzungen und Anknüpfungen – vornimmt, dann ist in diesem »Parallelprozess« das Moment der Isolation und der Abschirmung dringend notwendig. Nur hierdurch sind beide – Kunst wie Denken – geschützt. Warhols Camouflage-Beuys-Kopf verbildlicht dies vorzüglich; evtl. sogar in einer tiefen Einsicht: Wer ist Beuys?!

Beuys beweist – sicher hinreichend vorhandenen – Skeptikern mit dieser Aktion die Kraft seiner Plastischen Theorie durch sich selbst in der Praxis: Er wagt den Versuch. Er traut sich. Und er durchsteht die Aktion. Er erreicht sein Ziel. Vor Zeugen. Und er lenkt ab von der Tatsache, dass er sich dies »leisten« kann, was er sich leistet. Einer künstlerischen Diskussion stellt er sich nicht. Er zeigt Öffnung/Öffentlichkeit und Isolation/Ausgrenzung in ein und derselben Aktion und verblüfft damit, weil diese Gleichzeitigkeit »normalerweise« unmöglich ist, außer im »Parallelprozeß«. Beuys ist am Thema, ganz

[215] Sonst hätte er dies nicht erwähnt! Vgl. hierzu auch die Aktion Kukei, Akopee-Nein vom 20. Juli 1964 und seine dortige Vorbereitung auch auf solche möglichen Attacken!

bei seiner Sache. In der Aktion und durch sie. Bestärkt durch den von ihm gesetzten Rahmen und durch die Begleitmaterialien Filz, der ihn barg und über Stunden in der Wärme hielt, und Fett, das das Äußere außen vor hielt und dort bannte und das in Kontakt stand mit Fingernägeln und Haar, die – pars-pro-toto – magisch abwehrten, was dem Eingerollten fernbleiben sollte, damit er seine Botschaft senden konnte. Es ist möglich! Das Material seiner Kunst stimmt für ihn. Die Materialität seiner Kunst ist stimmig. Und er nähert sich in der erlangten inneren Leere seiner selbst der Gewissheit der Tragfähigkeit seiner Idee. Sie bestätigt sich ihm, sie erwärmt ihn, sie lässt ihn lächeln. Ohne dass dieses Lächeln als Arroganz oder »über die Zuschauer lächeln« missverstanden werden darf. Die Zuschauer können sowohl den Prozess als das Ergebnis einsehen, wahrnehmen und aus diesem Wärme ableiten für sich.

Die Art und Wirkung der Musik bleibt verborgen. Der vom Filz gewärmte Kupferstab bleibt liegen. Die beiden Hasen verlängern die Filzrolle und spielen die ihre: Als Tote stellen sie keine kritischen Fragen. Das tun die ausgesperrten eingeladenen Lebenden im Nebenraum auch nicht. Welche Antworten auf welche Fragen diese Aktion wem gibt, bleibt allgemein offen, zumindest in Gänze unausgesprochen.[216] Und doch spricht Beuys in der Aktion beredt. Er lebt in dieser Aktion den Kontakt zu sich in der Materie, erfährt die Tragfähigkeit seines Kunstbegriffs und antizipiert die Medien weiterer Aktionen. Er gibt – wie in allen Aktionen »abgeschirmt« und mit dem inneren Blick in die Weite seiner Perspektive – der Öffentlichkeit Anteil. Gibt Menschen also die Chance, in seiner Kunst wahrzunehmen, was sie direkt angeht. Sie dürfen einen Blick »werfen« (!) und Passant bleiben. Oder nicht. Wenn Beuys nicht einmal seine engsten Begleiter – seine Schülerinnen und Schüler – »zu sich zwingt«, wie sollte er es dann mit Besuchern seiner Aktionen tun (wollen). Den Zuschauenden eröffnet er in der Behutsamkeit des lediglich kleinen Einblicks durch die Tür[217], also konkret räumlich, die Chance, sich zu konfrontieren mit Beuysscher Intensität der Kunst, seines Erlebens, seiner Lebendigkeit und darin z. B. mit seinen Herausforderungen.

---

216 Die englische Beuys-Schülerin Shelley Sacks installiert im Juli 2009 in Hannover mit Mitarbeitenden einen gelben Teppich, auf dem Passantinnen und Passanten eingeladen werden, innezuhalten und ihre Gedanken zu formulieren: »Orte des Treffens« vor der Frage: »Was tue ich auf der Erde?«. Die Antworten werden aufgezeichnet und in Boxen andernorts Passanten zur Verfügung gestellt.

217 Den »ganzen Beuys« hätten sie womöglich nicht ertragen?

»Wärme und Enge«	Wie viel wärmende Nähe wage ich? Zu wem und was? Was wärmt? Mich, andere.
»Innewerden und -sein«	Was kenne ich? Was lebe ich? Wie atme ich? Was traue ich mich?
»Disziplin und Einsamkeit«	Was traue ich zu wagen?
»Verlassenheit und Geborgenheit«	Gibt es für mich »Hasen«?
»Materialität«	Was wärmt? Was schützt? Was tut gut? Was birgt?
»Reden und Schweigen«	Hast du Töne? Oder hast du etwas zu sagen?
»Macht und Ohnmacht«	Mikrofonbesitzer oder wirkliche Autorität?
»Erdverbundenheit und Erdenschwere«	Liege ich richtig? Auf was lege ich Gewicht?
»Raum«	Lebe ich in einem Lebensraum? Oder im (Keil-)Rahmen?
»Ästhetische Lehre«	Wie schön ist Leben? Wie real ist Leben? Wie real ist die Ästhetik in meinem Leben? Was sehe ich als Leben an?
»Installation«	Was ist echt? Was ist gemacht? Was bleibt nach?
»Parallelprozess«	Was ist zumutbar an konträren Strukturen?

Um nur einige Fragen zu nennen, in denen sich das Spektrum der Weite Beuysscher Impulse und Zurückgenommenheit, Nähe und Distanz, Obsessivität und Achtsamkeit, Vision und Bodenständigkeit »in Aktion« verdeutlicht. Er ist sich nah. Er ist dem Menschen nah. Er ist seinem Material nah. Er gestaltet eine Materialität, die darin den Anwesenden vermittelbar ist.

2.1.7.1 Dem toten Hasen die Kunst erklären

26.11.1965, Galerie Schmela, Düsseldorf

Beuys war nicht nur von den anthroposophischen Grundschriften Rudolf Steiners beeindruckt, sondern z. B. auch von dessen 1923 erschienenen Aufsatz »Über die Biene«. Ihn interessierte das Thema des »allgemeinen Wärmecharakters«. Woraus er die Idee der »Wärmeskulptur« entwickelte, die sich schließlich auch auf das ganze Sozialsystem ausdehnen ließe, somit als politischer Begriff einsetzbar wäre.

In der Rheinischen Bienenzeitung[218] führt Beuys aus: »Wie Fett ist auch Honig ein Energiepotential, das bei Erhitzen verflüssigt und aushärtet bei Erkalten: ›Skulptur‹ würde dem deutschen Wort Bildhauerei entsprechen, und Plastik würde dem organischen Bilden von Innen entsprechen. Alles, was sich in der menschlichen Physiologie später verhärtet, stammt ursprünglich aus dem Flüssigkeitsprozess, ist ja auch ganz klar … Embryologie. Und nach und nach wird das fest – aus einem flüssigen, allgemeinen Bewegungsprozess, aus einem evolutionären Grundprinzip, was Bewegung bedeutet.«

In seiner Aktion »wie man dem toten Hasen die Bilder erklärt« zur Eröffnung der Ausstellung »irgendein Strang«[219] führt er diesen Prozess eindringlich vor. So eindringlich, dass kaum jemals nach den Bildern der Ausstellung gefragt wird: Was hing und stand eigentlich in dieser Ausstellung »irgendein Strang«? »Zeichnungen und Objekte aus den Jahren 1951 bis 1965« liest man, mehr nicht. Es ist immerhin die erste öffentliche und kommerzielle Darstellung seiner Werke. Was wissen wir über den kommerziellen Erfolg dieser Ausstellung? Was war das »eigentliche« Kunstwerk, diese Beuyssche Vernissage-Performance oder die Bilder an den Wänden oder beides?[220]

Das Setting

Vor der recht kleinen Fensterscheibe der Galerie Schmela warten – im November draußen! – die Besucher. Die Tür zur Galerie ist verschlossen. Schmela zieht die Gardine zurück und folgendes Bild bietet sich den Wartenden: Beuys sitzt auf einem Hocker auf einem Planschrank. Im Arm trägt er einen toten Hasen, auf den seine Aufmerksamkeit gerichtet ist. Den Kopf

---

218 Jahrgang 1975, S. 373.

219 S. Uwe M. Schneede: Joseph Beuys – Die Aktionen, Bad Cannstatt 1994, S. 61.

220 Der Satz des Philosophen Arthur C. Danto greift hier, dass das Museum im 20. Jahrhundert seine Rolle als grundlegende ästhetische Institution eingebüßt hat, da sich wesentliche Kunst von ihm wegentwickelt hat: »Man kann durchaus davon ausgehen, dass die Zeit jener Kunst, welche das Museum definiert, vorüber ist …« (A. C. Danto, Das Fortleben der Kunst, München 2000, S. 241). Vgl. auch Museums-Alternativen wie das 2003 eröffnete Baseler »Schaulager«, das ein verselbstständigtes, aktiviertes Kunstdepot ungewöhnlichen Ausmaßes sein will mit der Sammlung gezielt »zukunftsgerichteter Kunst« – was immer das meint! Vgl. zu diesen Fragen die Dissertation von Tobias Wall, Das unmögliche Museum, Ludwigsburg 2003.

hatte ihm Eva Beuys (oder war er es selbst?) zunächst mit Honig bestrichen, dann mit Blattgold beschichtet.

»Echtes Gold. Für zweihundert Mark echtes Gold. Erst ganz dick Honig und dann Blattgold ... ganz viele Schichten.«[221]

Unter seine Schuhe sind eine Filz- und eine Eisensohle gebunden, letztere überragt die Schuhgröße. Er sieht nicht durch die Scheibe hinaus, sondern ist in sich gekehrt. Dann erhebt er sich und geht mit dem Hasen durch die Ausstellung seiner Bilder, sprechend, scheinbar dem Hasen die Exponate erklärend. Zuweilen kniet er sich vor Werken am Boden hin, hält die Ohren des Hasen mit den Zähnen, und geht auf Knien mit diesem voran. Akustisch dringt nichts nach außen. Nach einer Stunde setzt er sich wieder auf den Hocker, den Hasen auf dem Arm. Die Galerie wird erst jetzt für die Besuchenden geöffnet. Beuys verharrt auf seinem Platz, setzt ab und zu die Eisensohle fest auf. Verbal findet zwischen ihm und den Menschen, die nun mit ihm im Raum sind, keine Kommunikation statt. Beuys hat alles gesagt und schweigt beredt. Kein Verkaufsgespräch. Keine Erklärung.

Zur Aktion

Beuys misst selbst dem toten Hasen noch höhere Fähigkeit zu, seine Kunst zu erfassen, als den Menschen. Wie in diversen anderen Religionen ist der Hase auch im Christentum von Bedeutung, da er für Auferstehung steht. Ebenso wie die Substanz Honig. Das Anliegen von Beuys ist es, mit Hase, Honig und Gold »ein Zeichen (zu) setzen für die notwendige Transformation ..., und mit den traditionell-inhaltlichen Bezügen sowohl des Honigs als auch des Goldes stellte er diesen Transformationsgedanken in den größeren zyklischen Zusammenhang von Geburt und Tod, Tod und Auferstehung.«[222]

»Ein Hase versteht mehr als viele menschliche Wesen mit ihrem sturen Rationalismus. Ich sagte ihm, dass er die Bilder nur gerade ansehen müsse, um zu verstehen, was wirklich wichtig an ihnen ist. Der Hase weiß vermutlich besser als der Mensch, dass Richtungen wichtig sind.«[223]

»Die Idee, einem Tier etwas zu erklären, fördert den Sinn für das Geheimnis der Welt und der Existenz, der die Imagination anspricht. Wie gesagt, noch ein totes Tier bewahrt stärkere Kräfte der Intuition als manche menschlichen Wesen mit ihrem unerbittlichen Rationalismus.«[224]

---

221 S. Schneede, S. 102.

222 S. Schneede, S. 104.

223 A. a. O. , S. 103.

224 Joseph Beuys im Gespräch mit Caroline Tisdall, zit. nach: Schneede 1994, S. 103.

»Mit Honig auf dem Kopf tue ich natürlich etwas, was mit Denken zu tun hat. Die menschliche Fähigkeit ist nicht, Honig abzusondern, sondern zu denken, Ideen abzugeben. Das wird jetzt parallel gesetzt. Dadurch wird der Todescharakter des Geschehens wieder lebendig gemacht. Denn Honig ist zweifellos eine lebendige Substanz. Der menschliche Gedanke kann auch lebendig sein. Er kann auch intellektualisierend tödlich sein, auch tot bleiben, sich todbringend äußern. Aber Gold symbolisiert das zur Transzendenz fähige Denken.«[225]

Die Postkarten von Beuys »Gib mir Honig« und »Honey is flowing in all directions« weisen auf das Nehmen und Senden von Gedanken und Energien durch Honig hin. »Honig, der in alle Richtungen fließt« formuliert den Idealzustand der Welt, in der Gedanken und Ideen von kreativen Menschen konstruktiv ausgetauscht werden. Dort ist die Postkarte das Vehikel für den plastisch gewordenen Gedanken, der in die Welt hinausgesendet wird.[226] Will er mit diesem vorgestellten Energieschub, den er den Zuschauern im Wortsinn vor Augen und Herzen stellt, ein Gegenbild erzeugen zu allen intellektuellen, geschichtlichen Erkenntnissen über (!) Kunst und in der real existierenden Weltwirklichkeit, in der sich diese Zuschauenden bewegen? Er lässt sie »nur« schauen. Er lässt sie das »Außen vor« spüren. Und er lockt sie doch gleichzeitig in eine von ihnen noch unerkannte, nicht für sich möglich gehaltene Nähe. Eine Nähe zunächst zu sich selbst, zu ihren Gefühlen sich selbst gegenüber, zur Mitkreatur, den »Triebkräften der Schöpfung«[227] offen gegenüber. Sie könnten merken.

Dem Hasen wendet er sich mit Blickkontakt zu, scheint sehr behutsam auf ihn einzusprechen, trägt ihn mit großer Zärtlichkeit und Behutsamkeit und Konzentration und stellt ihn vor seine Kunst, ihm seine Kunst vor. Stellt ihn, den Toten, aber in anthroposophischer Diktion »Vorgänger des Humanen« denen vor, die das Humane einst kreativ verkörpern sollen, den Menschen, die ihr Menschsein noch vor sich haben. Die jetzt noch vor dem Schaufenster stehen – draußen vor dem Beuysschen Impuls, draußen vor sich selbst, draußen »in der Kälte«. Als Hinweis auf ihre verborgenen geistigen und seelischen Kräfte, die jedenfalls (noch) nicht in der derzeitigen Sozialen Plastik der Gesellschaft hinlänglich in der Weise vorzufinden sind, dass Pflanzen und Tiere respektvoll und achtsam und Menschen

---

225 In Kat. Beuys, Sammlung Lutz Schirmer, Kunstmuseum St. Gallen, Köln 1971, S. 9.

226 Vgl. die mittelalterliche Vorstellung, dass die vier Paradiesflüsse die heilsgeschichtliche Botschaft der Evangelisten zu den vier Kontinenten transportieren.

227 Nicht zufällig die Assoziation zu Fritz Winters »Triebkräfte der Erde«.

in allen Nuancen gleichberechtigt, liebevoll, zärtlich und »als Gekrönte der Schöpfung« und Ebenbilder Gottes behandelt und wertgeschätzt werden. Die Aktion, wie behutsam und verantwortlich für das verstorbene Lebewesen er vorgeht, ist die von ihm intendierte Energie, aus der er sich das Handeln der Menschen wünscht: Selbst-Bewusstsein und Weiterbildung desselben, letztlich zum eigenen Künstlerbewusstsein in der Sozialen Wärmeplastik. Somit sind dieses pädagogische und therapeutische Ziele, die er in dieser Aktion verfolgt, die der Befreiung des Individuums gelten. Diese Verdichtung und Zuspitzung hätte kein Wort, kein Vortrag, keine Mahnrede leisten können. Gerade aus der heutigen Distanz auf den Film von dieser Aktion blickend[228], erschließt sich noch viel stärker als im Augenblick des Geschehens die Szene selbst, dass und wie hier viele Impulse zur gleichen Zeit parallel auf den Betrachtenden gerichtet sind. All dies zusammen erschließt sich diesem unmittelbar und auf einmal, oder nicht. Der Vorhang geht auf und … Noch dazu, weil 1965 den Besuchenden »das Phänomen Beuys« noch weniger bekannt war als manchen Heutigen. Es war seine erste öffentliche Aktion.

Ein Kunstwerk von Beuys ist somit niemals ganz zu erschließen durch wissenschaftliche, kunsthistorische, gesellschaftspolitische, exegetische Kommentare. Auch ist es niemals mit Worten zu erzählen. Ebenso wenig zu erklären oder zu deuten, weil es einzig in Auge, Seele und Herz der Betrachtenden vorhanden und bewegend ist.[229] Und darin stets einzig Reflex dessen, was diese zu erkennen, erahnen, aufzunehmen willens und in der Lage sind. Qua Lebenswirklichkeit, qua vorhandenen inneren Bildern, qua Bereitschaft, sich der Situation ganzheitlich zu stellen. Somit begegnen sich vor einer Position der Kunst immer zumindest zwei autonome Positionen, das Werk und die Betrachtende. Was aus dieser Begegnung zweier Freier gedeiht, bleibt offen.

Beuys: »Es gibt eine sichtbare und es gibt eine unsichtbare Welt. Zur unsichtbaren Welt gehören die nicht wahrnehmbaren Kraftzusammenhänge, Formzusammenhänge und Energieabläufe. Diese unsichtbaren Formen sind nur solange unsichtbar, solange ich kein Auge habe, kein Organ habe, das bildhaft wahrzunehmen fähig ist. Für denjenigen also, der sich

---

228 S. Beuys. Die Revolution sind wir, Hamburger Bahnhof Berlin 2008.

229 Somit ist eigentlich der Versuch dieser Arbeit, »über Beuys« zu schreiben, wie alle anderen auch zum Scheitern verurteilt. Angemessen wäre es, sich seinem Werk ganz auszusetzen und mit diesem in Kommunikation zu treten! Dennoch will ich meine Assoziationen erzählen.

ein Wahrnehmungsorgan schafft, für den sind diese Formen wahrnehmbar.«[230]

»Es gibt nichts anderes, als sein Denken in die richtige Einstellung zu bringen, sein Handeln in einen richtigen logischen Zusammenhang zu seinem Denken zu bringen und nicht schizophren etwas anderes zu tun als das, was man denkt.«[231]

Dass Beuys hier mit Recht eine psychiatrische Kategorie verwendet, macht auf den in der Tat pathologischen Kontext aufmerksam, in dem der/die steckt, der/die etwas anderes denkt als er/sie tut und tut als er/sie denkt – und darunter leidet. Beuys weist dem »Künstler und der Kunst eine hohe Verantwortlichkeit und die Aufgabe zu, gestaltend in die gesellschaftlichen Verhältnisse einzugreifen, sie richtiggehend zu formen ... Zum anderen verstand er den Menschen seinem Wesen nach als schöpferisch, als fähig aus seiner Freiheit heraus (besser: »in seine Freiheit hinein«, d.V.), selbstbestimmt die Verhältnisse zu gestalten ...«[232]

In Erinnerung der Filmsequenz über die Szene stellen sich mir weitere Aspekte und Fragen vor, die für die Aktion Bedeutung haben: Da ist die sich schon dem Filmbetrachter erschließende Enge der Galerie und der gedrängt stehenden Menschen vor der Scheibe, noch dazu in der Zeit geschuldeten wärmenden, dicken und sperrigen Oberbekleidung; sowohl beim Galeristen – eh nicht von schlanker Statur – als auch bei den Zuschauenden. Da ist der aufschreckende »Innen-Außen-Effekt« der Szene, der den späteren Augenblick der Besuchenden vor dem ausgestellten Bild in der Galerie antizipiert. Da zeichnet der Augenblick Unsicherheit auf die Gesichter der Schauenden: Was geschieht hier? Wovon sind wir Teil? Sie haben womöglich anderes erwartet, als sie dorthin kamen. Was erwarten sie nun, nachdem die Gardine geöffnet ist? Was wollen sie dort vor der Scheibe, was drinnen? Sind sie potenzielle Käuferinnen der Werke? Sind sie »nur« neugierig? Woran sind sie interessiert? Sind sie allein gekommen oder als Clique? Was geschieht an Kommunikation vor der Scheibe? Kennen sie den Künstler? Wenn ja, woher? Welche inneren Bilder bringen sie mit? Frieren sie oder wird ihnen »heiß«

230 Theodora Vischer: Zum Kunstbegriff von Joseph Beuys, in: Beuys und die Romantik, Köln 1983, S. 43.

231 Zit in: Volker Harlan u. a.: Soziale Plastik, Materialien zu Beuys, Achberg 1984, S. 19.

232 Silvia Gauss, Joseph Beuys, Gesamtkunstwerk Freie- und Hansestadt Hamburg, 1983/84, Wangen 1995, S. 43; im Gegensatz zu den damals nicht zustande gekommenen Projekten siehe die heutige Vielzahl von gelingenden Projekten der Landschaftskunst und -architektur, der kreativen Renaturierung z. B. von Zechen oder Tagebauten etc.

durch das Geschehen? Wie stellen sie sich den Galerierundgang vor, welche Einwirkungen erwarten sie vom Künstler? Wird er sie schauen lassen oder einwirken? Was hören die Menschen – vom Geschehen drinnen, voneinander? Was wird geäußert – an Kommentaren, an Perspektiven, an Introjektionen?

All diese Fragen – und mehr – stellt Beuys wortlos und beredt und bildreich und eindringlich den Menschen vor, ohne sie ihnen aufzudrängen. Er stellt sie ihnen vor Augen und lässt ihnen die Möglichkeit, sie an sich heran, in sich hinein und dort wirken zu lassen und sich auszuwirken.

Was erfährt und was weiß der tote Hase auf dem Arm des Künstlers von der Kunst, von dessen Kunst? Von dessen Kraft in Hand und Arm und Seele, seiner Zärtlichkeit im Umgang mit Lebewesen? Spricht der Mann in seinen Worten von sich und schweigt er von der Kunst? Spricht er von der Kunst und schweigt er von sich? Was weiß die liebende Eva Beuys in der Vorbereitung der Aktion durch den Auftrag von Honig und Gold auf das Gesicht des Mannes[233] von dessen Prozess des inneren Wachsens und Werdens durch dies Material und durch den es befreienden Geist? Was denkt sie darüber? Was empfindet sie vor und in der Aktion in ihrem Nahesein zu ihrem Mann? Wäre ihre Eifersucht möglich – auf wen? Wo befindet sie sich während der Aktion? Wird sie Honig und Gold hernach wieder abnehmen und mit ihrem Mann über die Aktion sprechen – von Frau zu Mann? Was wird mit dem Material Honig und Gold geschehen? Was empfindet Beuys unter seiner Maske – an Materie, an Wärme, an Klebrigkeit? Was hört er? Was sieht er? Was schmeckt er? Mag er Honig? Woher kommt dieser? Schaut er auch auf seine eigenen Bilder im Raum? Welche Bilder steigen in ihm vor den Bildern auf über einem Jahrzehnt der Arbeit und des Lebens? Was ist der Preis, den die Interessierten zahlen? Und was bekommen sie? Wem öffnet sich in dieser Aktion was? Beuys. Eva Beuys. Schmela. Käufern. Passanten.

Dies alles thematisiert Beuys in dieser Aktion für den Hasen, für seine Bilder, für seinen Galeristen, für die Interessierten und die Passanten, für den Raum Galerie, für seine Familie, für sein Werk, für sich selbst. Er stellt es vor unter dem Einsatz seines gesamten Körpers, seines Ansehens, seiner Ausdrucksfähigkeit im künstlerischen, gestischen und menschlichen Bereich. Er hofft auf seine künstlerische Ausdrucksfähigkeit. Er wird Befürchtungen haben. Welche Ausgänge, Fluchtwege er sich gelassen hat, ist nicht bekannt. Auf was mag er gefasst gewesen sein?

Was ruht in den Fächern des Planschranks, auf dem Beuys sitzt? Worauf sitzt er? Was bedeutet ihm die Aktion mit dem Hasen im materiellen Zu-

[233] Wenn sie es denn war.

sammenhang zur kommerziellen Ausstellung seiner Werke? Gibt es für ihn Differenzierungen von Material (Hase, Bild)? Welches Bild sieht Beuys in und von dieser Aktion? Mit wem tauscht er sich darüber aus? Wo lässt Beuys seine Erfahrungen mit dem Hasen, den Zuschauern vor der Scheibe, den Zuschauern im Innern der Galerie? Gibt er seine inneren Bilder in äußere Bilder?

Welche Gedanken-Gänge haben Menschen vor der Scheibe, in der Aktion, in der Galerie, beim Rausgehen, auf dem Heimweg und wie kommunizieren diese mit denen des Künstlers? Wann ist die Aktion »dem toten Hasen die Kunst erklären« beendet? Dort in Düsseldorf? In der Aufnahme der Aktion durch Marina Abramovic im November 2005 im New Yorker Guggenheim-Museum?[234] Wenn Menschen die Kunst von Beuys ergreifen und selbst umsetzen? Wenn Menschen mehr von Beuysscher Kunst begreifen als der Hase? Jede Therapie/Seelsorge braucht Supervision. Wer supervidiert den Künstler Beuys nach dieser Aktion?

Wie mag die Erdung und innere Differenzierung für Beuys selbst vonstatten gegangen sein im Augenblick des Endes der Aktion (?) und des Einlassens der Besuchenden in die Galerie (in der Galerie)? War er noch »Aktionist« oder schon »Ausstellender Künstler«, »Verkäufer«, war er noch distanziert, »Erklärer, Darsteller, Inszenierer« seiner Kunst oder schon distanziert? Worauf gerichtet war seine Aufmerksamkeit in der Situation der Eröffnung: auf den zu schützenden Hasen, auf sich und sein Werk im Raum der Galerie, auf die Besucher? »*Gib mir Honig*« – Wer gibt in dieser Aktion – materialiter – eigentlich wem Honig? Wenn es Eva Beuys ist, die den Honig implementiert, wo ist ihre Positionierung in dieser Aktion? Wenn es Beuys selbst ist: Kann ein Mensch sich selbst Honig geben?

Alle diese Gedanken und Impulse nehme ich mit als Hinterfragung und neue Perspektive meines eigenen Tuns und Lassens. Kann doch die Auseinandersetzung mit Leben und Werk von Beuys – wie mit aller Kunst – niemals zwecklos bzw. allein synthetischer Selbstzweck sein. Im Sinne von Beuys: Die Kunst beginnt, wo die Kunst an ihr Ende kommt. Was sie nie tut, wenn sie in Liebe und obsessiv und offen in ihren Grundlagen geschieht: zum Material, zur Welt, zu den Kreaturen, zu sich selbst. Somit kann »Jeder Mensch ein Künstler!« nicht enden mit dem Tod des Künstlers Beuys oder dem Vergehen

---

[234] Mit Markus Raetz' Hasenspiegel, 1988, aus Eisendraht, Spiegel und bemaltem Holz, in dem sich ein Drahthase im Spiegel als Beuys spiegelt? (s. Museum für Gegenwartskunst, Siegen, 23.11.2008–10.05.2009. In Ottmar Hörls, Beuys for the World, 2008, in dem dieser Beuys-Köpfe mit Hut fertigt? (vgl. KUNSTFORUM 196, 04/05–09, S. 383).

des Materials seines Werks. Denn die Welt ist doch noch nicht Kunst! Und es sind doch noch zu viele verschwiegene Fragen ohne Antwort, letzte und vorletzte.

In Anschluss daran und parallel frage ich, in welchem Umfang der Raum und die Weite der Seelsorge bestimmt sind. Zeitlich, in ihrer Intensität, in ihrem Raum, in ihrer Verantwortlichkeit den Umfang des Auftrags betreffend. Den Menschen gegenüber, dem Seelsorger sich selbst gegenüber. Allein in dieser Aktion gibt Beuys durch die in den Raum gestellten Fragen und Bereiche des Erlebens eine überbordend über die verbale Kommunikation hinaus weisende Weite einer Seelsorge mit allen Sinnen vor, die praktisch-theologische Lehrbücher zur Seelsorge aus welchen Gründen auch immer vermeiden.

2.1.7.1 Blitzschlag mit Lichtschein auf Hirsch

1958–1985, Museum für Moderne Kunst, Frankfurt am Main

Im Museum für Moderne Kunst in Frankfurt wurde 1987 eines der letzten großen Environments von Joseph Beuys angekauft und in einem architekto-

Blitzschlag mit Lichtschein auf Hirsch, Joseph Beuys

nisch extra hierfür ausgerichteten Raum des Max-Hollein-Baus aufgestellt. Der Raum gibt durch die Tageslichtdecke und die weißen Wände ein gleichmäßiges Licht und durch einen Emporenrundgang verschiedene Einsichtmöglichkeiten in das Ensemble, dessen nuancierte Farbigkeit und Differenziertheit der Oberflächen hierdurch besonders zum Tragen kommen. Die Arbeit geht zurück auf die »Zeitgeist«-Ausstellung im Herbst 1982, die im Martin-Gropius-Bau in Berlin stattfand. Beuys hatte im dortigen zentralen Lichthof eine Art Werkstatt mit dem Titel »Hirschdenkmäler« aufgebaut, dessen Kernstück ein kegelförmig aufgehäufter brauner Lehmberg war. Ihn umstanden zahlreiche Werkbänke, Geräte und Einzelskulpturen. Die Ausstellung war zeitlich begrenzt und existiert heute als Ganze nicht mehr. Noch bei ihrem Abbau entschied sich Beuys für eine Konzentration und Reduzierung des Werks und für den Abguss weniger Teile in Bronze und Aluminium. Er überwachte selbst sehr akribisch den Bronzeguss und die entstehende Oberfläche, da diese anschließend nicht nachgearbeitet werden sollte.

Als Blitzschlag entstand so eine über sechs Meter hohe hängende, den Boden gerade punktuell berührende Keilform mit der Breite zum Boden hin. Es ist der Teilabguss des damaligen Lehmbergs von dessen Spitze bis zur Sohle. Das weiche Material ist zur harten Metallplastik geworden. Das Volumen dieses Lehms entsprach exakt dem von Beuys' Düsseldorfer Atelier. Wie seinerzeit ist auch jetzt in Frankfurt diese Keilform gehängt an einem diagonal durch den Raum laufenden H-Eisenträger, der das gesamte Gewicht trägt. Die Oberfläche lässt an Giacometti-Plastiken oder gehärtete Lavaströme denken, die Form der Haut des Lehmbergs an eine Landkarte. Dieser Keil prägt den Raum allein schon durch seine Maße – je nachdem, wie man sich zu ihm postiert: von darunter auf dem Holzboden liegend bis von der Empore von oben schauend, davor stehend oder ihn umkreisend. Schon das Erfassen wird zum Prozess.

Die Tiergestalt Hirsch scheint aus sich heraus zu leuchten, strahlt sie doch durch den silbrigen Aluminium-Guss aus den übrigen dunkleren Bronze-Figuren hervor. Die abstrakte Form besteht aus den Abgüssen eines Ebenholzstammes, den »Rücken« bildet ein gebrauchtes Bügelbrett, die Form hat etwas einem Schlitten ähnliches.

Bronzeabgüsse von Lehm-Modeln mit jeweils einem alltäglichen Metallwerkzeug im Inneren bilden die 35 bronzenen Lehmlinge, amorphe Gestalten von Urtieren. Sie liegen um den Hirschen.

Eine Ziege verkörpert eine Eisenlore auf drei Rädern, auf die ein Bronzeabguss einer Spitzhacke aufgesetzt ist. Letztere bildet Kopf und Rückenlinie des Tieres.

Auf der Halbinsel Boothia Felix an der Nordküste Amerikas lag bei ihrer Entdeckung im 19. Jahrhundert der magnetische Nordpol. Ein kleiner Kompass auf diesem wie ein von den Umkleidungen befreiter quadratischer Blumenkübel wirkender und auf einem dreibeinigen Bildhauer-Modellierfuß ruhender kastenförmiger Abguss dieses Namens, eine Schichtaufnahme des Erdinnern, ein quadratischer Ausstich, zeigt mit der blauen Nadel auf den Kältepol nach Norden.

Ein ausliegender Flyer gibt Basisinformationen an die Besuchenden.

Beuys hat die Installation nicht mehr erlebt. Maße und Anordnung des Ensembles sind, da vom Künstler nicht vorgegeben, somit variabel. Dies führt zu irritierenden Verschiebungen der Sichtweisen in Umstellungen (siehe die Anordnung in der Berliner Ausstellung im Hamburger Bahnhof 2008, die den Zuschauer aus dem Ensemble ausgrenzte; siehe die Anordnung in Bilbao, die Ziege und Hirsch völlig anders zum Blitzschlag positioniert als die Frankfurter Anordnung; siehe die Londoner Aufstellung), weil damit die eigene Dynamik des Einlassens auf das Werk völlig neue Voraussetzungen bekommt, auf die zunächst zu reagieren ist. Einerseits potenziert dies die Möglichkeiten der Wirkweise der Arbeit, andererseits engt es diese ein, wenn man mit dem einen Ensemble (noch) nicht hinlänglich weit gekommen ist an und in konkreten Herausforderungen!

Besonders auch der Lichteinfall – in Bilbao eher von der Seite – wirft »ein ganz anderes Licht« auf die Werkgruppe. Mir scheint der Tageslichteinfall von oben – Titel! – ein wesentlicher Werkbestandteil zu sein.[235]

Mein persönlicher Weg in diese Skulptur

Das Sein in diesem Raum erlebe ich stets als sehr intensiv und alle Sinne weitend. Es macht mich nach wenigen Minuten ruhiger! Der Werkstattcharakter ist in den Materialien weiter sichtbar und durch meinen recht häufigen Aufenthalt in dieser Werkgruppe ist sie mir einerseits vertraut, andererseits auch äußerst eigenständig und ein Gegenüber. Eines, das mich trotz der Ausmaße nicht klein fühlen, sondern mich geradezu an ihnen aufrichten lässt. Da ist etwas geschehen und es geschieht etwas weiter. Es ist wie eine Erkenntnis, ein Wissen, dessen ich mich immer wieder neu versichere. Etwas, das real ist, deutlich, spürbar, kommunikabel – und doch nicht jedermanns Sache. Weil ich selten kürzer als mindestens eine Stunde dort bin? Nur so erlebe ich, dass die Teile eine Beziehung zueinander haben bzw. neu aufnehmen und ich

[235] Immerhin wurde um seinetwillen die Architektur des MMK in Frankfurt durch Max Hollein sen., den Architekten, extra verändert!

in diesem Ensemble »innen« bin, nicht nur Passant. Dass es etwas mit mir zu tun hat und bekommt. Dass ich wahrnehme, was ich noch längst nicht alles wahrgenommen habe: Das Schauen und Einlassen auf die Oberfläche des Blitzschlags wird jedes Mal zu einem neuen Staunen: Welche Vielfalt der Form und Farbe! Welche festgehaltene, im Augenblick gebannte Kraft, die im Material fortbesteht! Mal ist die Frontseite anziehender, mal die Rückseite. Dann wieder begeistert mich das Erhabene und in sich Ruhende, das Vergewissernde und diese ungeheure Präsenz des Materials und der Durcharbeitung des Themas im Raum. Oft ist es die Leichtigkeit, mit der diese Form im Raum zu »schweben« scheint: von oben her mit dem Licht des Tages sich in den Raum hinunter ausbreitend, hineinweitend. Ohne Massigkeit und doch Basis gebend schon im Auseinanderfließen in die breite Form auf der Ebene, genauer: auf die Ebene hin, sie nur punktuell berührend, auf der ich stehe, gehe, lebe. »Basisnähe«, »Erdenschwere« werden hier verkörpert und kommen mir nah.

Und doch beherrscht diese Form nicht das Ganze, dominiert nicht, sondern ist Teil. »Demokratische Form und Positionierung«. Wie auch diese herausgehobene Figur des Hirschen, die den imaginären Lichtschein abbekommt. Das Gegenteil des deutschen Sofa-Bild-Tieres scheint es hier. Farbig exaltiert und doch Teil des Rudels. Allerdings hier der Lehmlinge, jener Mischwesen aus menschlichem Handwerkszeug und Erde, wovon sie genommen sind. Das Amorphe dieser »Vielen« – ich habe sie nie gezählt! – macht sie zu unruhigen, unsteten, heiteren Figuren. Niemand wollte sich diesen Hirschen als Bild übers heimische Sofa hängen. Vielleicht wäre dies bereits ein formulierter Wunsch auf kulturelle Vielfalt in deutschen Wohnzimmern.

Die Ziege wirkt bislang auf mich immer wesentlich schwerer und gearbeiteter als sogar der Keil/Lichtschein. Liegt es an den »Maloche«-Materialien, an der Assoziation Ziege = »Kuh des Bergmanns«, an der Lore, die wie angegossen dasteht? Diese Ziege hat es in meiner Sicht schwer und macht es sich auch nicht leicht, breit und dreibeinig wie sie dasteht. Ich habe Respekt vor ihr und nehme zu ihr den größten Abstand im Ensemble. In ihrer Nähe bin ich nicht gern. Wozu sie gewiss das Wenigste kann. Sie wirkt auf mich, regt eigenes Inneres an.[236]

---

[236] Ist dies die frühkindliche Erinnerung an die Ziege, der ich als 3-Jähriger mit Respekt zu begegnen hatte, wenn ich im Stall meiner Großmutter die Lämmer bestaunen und aus dem Melkeimerchen trinken durfte?

Boothia Felix wirkt auf mich stets wie der Standort des Künstlers. Ich ertappe mich beim Wunsch, mich auf diesen Erdausschnitt aufzulehnen. D. h. auch, dass ich oft von hierher in das Ensemble schaue und hineinspüre! Hier stehe ich sicher. Hier ist ein Ort! Obwohl ich mich zum Blitzschlag viel stärker hingezogen fühle und viel länger um ihn bin, strömt er doch ungeheuer viel Energie, ruhende Kraft aus: Starre Form gewordenes Urlicht. Dessen ich gewahr werde am Arbeitsplatz für die Kunst, an dem ich stehe: Hier ist die Richtung gegeben – Norden. Meine Richtung, meine Beheimatung. Dort ist die Richtung des Woher gezeigt: Anfang. Hier ist die Basis offen gelegt – Erde. Hier ist der Ort des Handwerks und des Materials – Dreibein: Hier ist die Wirkungsgeschichte der Erde eindeutig und deutlich: Tonscherben, Wurzeln und Erdboden auf dem Dreibein. In sich fest gefügt – gegossen – und doch auf dem Arbeitsplatz des Künstlers ihm vorgestellt. Der Ort der Kunst des Zusammengehens von natürlicher und geformter Materie. Natur und Kultur. Aufragend vertikal im Raum im Blitzschlag und im Erdstück. Bodennaher in den Tieren.

Und mich ins Ensemble einladend mit meinen Assoziationen und Bildern.

Und es ist immer Raum in diesem Ensemble. Ich kann immer dort verweilen, stehen bleiben und mich neu positionieren, kann Blickachsen probieren und ändern, kann bei mir bleiben oder mich auf einzelne Teile einlassen, gar konzentrieren. Die sogleich ihr Gewicht, ihre Wesenhaftigkeit, ihre Position im Ensemble verändern. Und ich kann Teile als Platzhalter für mich oder mich für sie sein lassen, für kürzer oder länger. Zur Probe. Auf Probe. Ich kann nahe herangehen und zurücktreten, sogar kurz den Raum verlassen – und wiederkommen.

Schön ist es, wenn ich allein dort sein kann. Schön ist es, wenn ich nicht allein dort bin, sondern mit Menschen, die sich einlassen und in Beziehung setzen. Plötzlich kommt dann manchmal eine heftige Dynamik in diesen Raum – obwohl sich vielleicht nur einige Menschen in einer Werkgruppe aufhalten. Es wird lebendig und aufregend. Positionen geraten in Bewegung.

Zu bedauern bleibt eines: Joseph Beuys hat dies Ensemble so nie aufgebaut und gesehen.

Manchmal frage ich mich beim Hinaustreten aus dem Raum, ob ich es anders stellen würde, wie dasjenige in London oder Massachusetts oder Bilbao zum Beispiel. Und dann muss ich lächeln, weil dann ja wieder alles von vorne anfinge – mit dem Blitzschlag und dem Lichtschein und dem Hirsch und der Ziege und den Urtieren und Boothia Felix. Aber da bliebe zumindest der Kompass auf Norden ausgerichtet, wohin ich immer wieder fahre. Von Frankfurt. An die Arbeitsstelle zum Leben.

2.1.8 SEELSORGLICHE VERGEWISSERUNGEN

Die beschriebenen und nachgezeichneten Werke von Joseph Beuys haben eines gemeinsam, außer ihrer Herkunft vom selben Künstler: Sie sind energetisch und künstlerisch und material-ästhetisch und in den Settings der Aktionen menschlich-subjektorientiert hochgradig aufgeladene Auswirkungen eines Prozesses, hinter dem jeweils das ganze (Künstler-)Leben steht! Das ist ein wesentlicher Hinweis zur Nachhaltigkeit von Leben und Werk, Leben und Arbeit auch für den Seelsorgenden. Er bringt sein Leben ein. Für Beuys hätte es an einigen Stellen beinahe der Schreck über fürchterliche und zu fürchtende Ereignisse zum Erstarren kommen lassen. Aus diesen Gefährdungen musste und konnte sich Beuys lösen, gleichsam wieder »hineinleben«, »flüssigen«. Er musste es, um noch wieder in das Geschenk des eigenen Lebensflusses eintreten und von dessen Fruchtbarkeit etwas weiterleiten zu können. Die Arbeit dieser selbstdisziplinierenden und befreienden Selbst-Aktion stellt Beuys in seinem Werk vor und dar. Jedenfalls dem, der wahrzunehmen bereit ist: Erstarrung kann gelöst werden! Und Gelöstes kann erstarren! Schuld, Bronze, Ausweglosigkeit, Aluminium, Material. Für Beuys ist das mehr als seine Kunsttheorie.

Die Positionierung dieser Prozesse ist von wesentlich längerer Dauer und Intensität (Tiefe) als es ihre Aktionszeit bzw. ihr Entstehungsprozess jeweils bezeichnen. Dazu gehören das Wahrnehmen einer gegebenen oder angenommenen Struktur, die Bereitschaft, sich ihr zu stellen, der Weg zum Fähigwerden dazu, Initialfunken, die Planung mit antizipierten Alternativen, Verwerfung des Entwurfs, Fertigung und Aufstellung, Gestellung des Selbstschutzes und Fremdschutzes, die Durchführung, das Bedenken und Abfangen der Nach- und Auswirkungen, Korrekturen im Verlauf, die eingeflossenen kreativen und die abgeprallten uninspirierten Kommentare, die Intensität des Schauens der Besucher und Betrachterinnen, das Staunen und das Nachsinnen (eigenes und fremdes), Nach- und Vorzeichnungen, Skizzen, die Auswirkungen auf andere lebenswirkliche und künstlerische Positionen – um nur einige zu nennen.

Diese Wahrnehmungen sind im Prozess bei Beuys permanent in Bewegung und Fortschreibung ihrer selbst, solange sie nicht – wie in Katalogen, z. B. kunsthistorischen oder -theoretischen oder sie deutend fixierenden Betrachtungen – festgeschrieben werden. Dort wird ihnen die Luft entzogen, die sie zum Leben brauchen, zum Atmen, zum Lebendigbleiben. Was kein Urteil über Kataloge oder Betrachtungen sein kann, sondern im Gegenteil lediglich den Nutzen, die Erkenntnis, die Kraft und das Standhalten der Werke für die Seelsorge beschreibt. Denn die angeführten Kennzeichen seiner Arbeit sind der Definition eines Seelsorgers ein sehr kritisches Gegenüber. Was sie als autonome Kunstwerke selbstverständlich keinesfalls intendieren und nicht einmal im Blick haben. Vielmehr stellt sich Beuys und sein Werk – so lautstark er zuweilen auftritt – sehr leise und achtsam den Menschen vor, an die Seite und träumt seine Utopie …

Interdisziplinär darf dennoch die Seelsorge als Lernende im Interesse der sich ihr anvertrauenden Menschen Erfahrungen in dieser Kunst und ihrem Werkgedanken machen und eigene Klienten ins Gegenüber zu diesen Positionen in deren Raum und Weite einführen. Konkret ans Werk und in die Qualität und Materialität des Umgehens mit einem Lebensthema.

In den Beuysschen Arbeiten sticht die Material-Ästhetik des gegebenen, gefundenen oder sich ihm aufdrängenden Materials hervor und die große Wertschätzung desselben wie auch des Prozesses, der Kommunikation des künstlerischen Gegenübers von Thema, Setting, Zuschauer, Mitakteuren etc., der kulturellen und professionellen Kompetenz, in der und mit der das jeweilige Gegenüber gesehen, respektiert und geachtet wird. Auch soweit, dass ihm Veränderungen und Impulse zugetraut und zugemutet werden. Dieses Gegenüber kann auch der Besucher, Zuschauer, Klient sein, der eingeladen ist, sich den künstlerischen Impulsen zu stellen. Ohne dieses Einlassen auf die offene Kommunikation auf allen Seiten geschieht gar nichts. Was Beschreibungen sind, die exakt auch zutreffen auf die Weggemeinschaft in einer krisenhaften Situation, in der und in die hinein ein seelsorgliches Gegenüber mitgeht. Voraussetzung ist hier wie dort die Bereitschaft und die Offenheit und die Fähigkeit, sich diesem jeweiligen Gegenüber, der Situation und dem Menschen darin zu stellen und sich einzulassen. Jetzt und ganz und mit allen Sinnen. Sich auszusetzen den Forderungen nach Freiheit, die aus dem Gegenüber sprechen. Ohne dass eine Seite das Setting einschränkt und damit Kommunikationswege kappt: Sehe ich mir ein Bild unvoreingenommen an, finde ich es »schön«, gehe ich weiter oder kaufe es, hänge ich es mir auf, inventarisiere es, schaue es manchmal an, lasse seinen Wert regelmäßig taxieren, finde ich es immer noch schön? Oder findet mich ein Kunstwerk, zieht es mich an, beginnt es mit mir zu kommunizieren, wird es selbst und wird es in mir lebendig, so dass ich mich einlasse, ich mich aussetze, tritt es als »fremder vielsagender, aber womöglich stiller (verstummter) Gast« in mein Leben, brauche ich es, weil es mich zu mir zuvor ungekannten und ungeahnten Einsichten führt, die in mir waren, die ich aber noch nicht wahrgenommen hatte? Zeigt es sich mir? Zeigt sich etwas in mir? Brauche ich es zum Leben? Wirft mich ein Bildimpuls aus meiner bisherigen Lebensbahn?

Das Bild – der Mensch – das Ereignis der Begegnung. In dieser offenen

Begegnung kann ein gemeinsames Wegstück stattfinden, das mich zu neuen Einsichten führt. Eventuell durch Krisen hindurch. Eventuell in Aufbrüche hinein.

Dieses »Brauchen« eines Bildes habe ich selbst erlebt in eben dieser Konstellation in der Geschichte einer Frau mit einem Bild in ihrer besonderen Lebenssituation. Nichts war darin geplant. Vielmehr ereignete es sich: Diese Frau nimmt gerade an einem Selbsterfahrungskurs in einer ihr fremden Stadt teil, ist also in besonderer Weise in Kontakt mit sich selbst. Sie lebt in Trennung und ist entschieden, in naher Zukunft in einen anderen Kontinent auszuwandern. Sie sitzt quasi »auf gepackten Koffern«. Bei einer Vernissage, die sie besucht, sieht sie in einem Bild die Darstellung ihrer aktuellen Partnerschafts- und Lebenssituation, deren Ambivalenz von Sicherheit-Balance-Vertrauen und Unterwerfung-Brüchigkeit-Bangen, und ahnt im Blatt einen für sie gangbaren Weg, der sich ihr zunächst nur als Ahnung erschließt. Sie ist »elektrisiert, weil da etwas zu fließen scheint«, weil das Blatt zu ihr zu sprechen beginnt. Sie spürt ihre Angst, weil sie sich sicher ist, dass sie die Nähe zu dem Bild noch länger braucht. Sie beginnt um das Bild zu kämpfen. Sie hat begonnen für sich zu kämpfen! Bis kurz vor dem Ende der Ausstellung besucht sie »ihr Bild« regelmäßig und geht mit ihm innere Wege. Als der Kurs beendet ist, hat sie das Bild mit einer kleinen Anzahlung und vereinbarten Raten gekauft und erreicht, dass sie es bei ihrer Ausreise aus der Ausstellung mitnehmen darf. – Über mehrere Jahre bezahlt sie regelmäßig. Mit der letzten Rate schreibt sie mir den Satz: »It was my guiding angel!« Dazu kommt per Post eine Visitenkarte mit der Anschrift ihrer eigenen Naturheilpraxis in Kanada.

Das Material und die intensive Sprache von Beuys und das Umfassende seines Kunstbegriffs sind geradezu prädestiniert, um Menschen zu erreichen, die in Krisen *stehen* oder mit sich noch (nicht) unterwegs sind, weil sie stecken geblieben sind. Und ich bin im Gegensatz zu anderen (allerdings mit Beuys; siehe Darmstädter Block!) nicht der Meinung, dass diese Begegnungen mit in äußerster Weise lebensvoll aufgeladener Kunst Anwege oder Einleitungen oder Vorstellungen durch andere brauchen, die auch stets Engführungen wären: Die Partner sollen einander finden in größtmöglicher Offenheit voreinander! Und sie werden dies schaffen. Auch in zunächst räumlicher Undeterminiertheit und Verwirrung: Auch dies birgt in sich die Chance, dass einander ganz neue »Enden eines gelösten Knäuels« finden. Denn auch der Raum, so diffus oder fremd, so geprägt und durchwirkt er sich darstellt und wahrgenommen werden kann, bestimmt die Fähigkeit zur Wahrnehmung des Gegenübers.

Wenn dann jemand in hinlänglicher Nähe (bzw. Distanz; in »Rufweite« für fragende Gesten) ist, der dann eventuell zuhört (also nicht »seine richtige Sicht« draufsetzt oder »die Kunst deutet« oder »zum besseren Verständnis erklärt« (*Er* redet dann, lässt die Kunst verstummen)), auch dem beredten Schweigen, der also im Beuysschen Sinn, nicht »seine Kunst an den Mann oder die Frau bringen will«, dann kann es gelingen, dass die Seelsorge der Kunst Menschen erreicht. Menschen, die für die Sprache der Seelsorge in ihrer Wort-Art der Kirche zu dieser Zeit nicht (mehr) zugänglich waren. Die Sprache der Seelsorge der Kunst ist Kunst! Nicht Sprache! In dieser Situation, weil ein Mensch sich ihren Fragen in seinen Fragen existenziell ausgesetzt hat. Für sich. Im Werk. Durch das Werk für sie. Auch außerhalb Beuysscher Kunst. Dieser hat das Wort »Christusimpuls« gefunden. »Dem Menschen ein Mensch« also. Das ist viel. Es ist dies in der Prozesshaftigkeit in der Struktur des Mitgehens in der tiefen Selbstliebe und Menschenliebe ein zutiefst seelsorgliches Bild. Eines allerdings, das im Seelsorge-Alltag selten konkret wird, weil dafür in gleich mehrfacher Sicht die Energie fehlt, also den Menschen schuldig geblieben wird: Zeit, Kraft, Intensität, Wissen, Professionalität.

In seinem Werk zeigt sich Beuys als großer und intensiver Sammler von Energien – in seinen Materialien, in seinen Aktionen, in seiner Ansprache von Menschen, in seinen Multiples etc. –, die er im menschlichen Augenblick zur Entladung, Entfaltung, Aufladung des Lebens kommen lassen kann, wie er dies in seinen Aktionen zeigt. Nach meinem Empfinden gelingt ihm das je besser und wesentlicher, desto näher er am Material seiner Kunst ist und in dieser Materialität »aufgeht«. Und graduell weniger in seinen öffentlichen Reden im Diskurs.[237] Ein gutes Schlusswort zum Beginn der Befassung mit Beuys findet Wieland Schmid: »Wir sollten Beuys und das, was er gemacht hat, sehr ernst nehmen. Zwar sagte er »Demokratie ist lustig«, lachte gern und war immer wieder zu einem Scherz aufgelegt. Aber das ist nur die Kehrseite eines Menschen, der sehr komplexe Gedanken gedacht und für sie nach einem künstlerischen Äquivalent gesucht hat. In seiner Arbeit war Beuys kein Spaßmacher. … Kein Werk entzieht sich einem analysierenden Verständnis so sehr wie das seine. … Im Ganzen erscheint (seine Theorie, d. V.), wenn wir uns nur die Zeit nehmen, uns lange genug mit ihr zu beschäftigen, sinnvoll und einleuchtend. … Erst wenn wir uns in die Welt der Beuys'schen Gedanken versenkt haben, beginnen seine Werke zu sprechen und sagen uns

---

[237] Mag auch sein, dies Material ist mir über die Jahrhunderte verdächtig geworden als »nur« Wort!

das, was Beuys uns sagen wollte.«[238] Meine Behauptung: Sagen *will*! Und: Zeit nehmen, die wir ja haben.[239] Zeit und Raum, sich mit dem Weg und der Konsequenz des Joseph Beuys und seiner Hoffnung auf die Erreichung eines Lebenszieles trotz mannigfacher Behinderungen aus der Vergangenheit zu konfrontieren. Zu merken, dass Sprache sich Bahn findet, die das Wahrhabenwollen einer »Kirche des Wortes« übersteigt. Nicht als Forderung, nun alle Seelsorge ins Museum zu verlegen (einem Ort, mit dem es schon Beuys' Werk schwer hat), vor die Kunst, wohl aber als Postulat, Seelsorge aus der überholten Festschreibung auf bestimmte Methoden, Erkenntnistheorien und Settings festzulegen und ihr stattdessen Raum und Weite und eine Tiefe des Einlassens zu ermöglichen auf das begegnende Material und es zu materialisieren. Heutige Seelsorge »nordet« nicht mehr ein. Aber sie ist dem Respekt vor der Ganzheitlichkeit entfremdet zugunsten von Methoden, die sie einengen. Dies aber schadet der offenen Begegnung: Engendes kann nicht befreien! Dagegen mag die Beuys'sche Hoffnungsbereitschaft angesichts seiner Lebenskonstellation nach dem Zusammenbruch des Zweiten Weltkrieges auf eine soziale Wärmeplastik, wahrlich eine ferne Utopie damals, für die Seelsorge ein ermunternder Impuls werden. Angesichts eigener Zwänge und Klüfte, hausgemachter und aufgezwungener.

Einen anderen Impuls für einen gangbaren Weg eines Menschen in Auseinandersetzung und Einlassung auf dessen Herausforderungen setzt das Leben und Werk von K. R. H. Sonderborg. Es ist sicher kein Zufall, dass es in dieser Arbeit und den vorgestellten Künstlerprofilen verbindend um Wege geht zwischen weit auseinander driftenden Polen, um die Überbrückung, Versöhnung oder Überwindung von Widerständigem. Und dies nicht in verbal korrekt geordneten und strukturierten Bahnen, sondern in (künstlerischen) Anordnungen und kreativen Reaktionen, die selbst als Prozess für die Lebendigkeit von und Sehnsucht nach getröstetem Leben stehen. Dies, so zeigt es nicht zuletzt das Werk von Sonderborg, ist nicht »auf Rezept« von Wissenden zu beziehen, sondern bedarf des je eigenen Er-lebens. Des findenwollenden Menschen wie des Seelsorgers, der sich ihm an

---

238 KUNSTZEITUNG 149/Januar 2009, S. 22.

239 S. John Cage-Zitat: »wenn etwas nach zwei Minuten langweilig ist …«, s. SeelsorgeART, »ach, du liebe zeit!«, Anhang.

die Seite stellt. Nicht dass Sonderborg diesen Seelsorger eingefordert hätte. Er hat sich die Impulse zum Weiterleben-Können erarbeitet bzw. schenken lassen. Er war für sie aufmerksam. Hinweis für beide, Seelsorger und Suchende!

2.2 K. R. H. Sonderborg

Ein exzessives Leben zwischen »großer Ruhe und hoher Geschwindigkeit«, zwischen Zen und Überschall, zwischen »Herumleben« und Präzision, zwischen Welten und Orten.

»Bei all dem Tempo und aller Dynamik aber: welch eine sublime, welch eine kraftvoll-zarte Kunst!« (Werner Schmalenbach)[240]

2.2.1 Leben und Werk

Am 5. April 1923 wird Kurt Rudolf Hoffmann als Kind deutscher Eltern im dänischen Sonderborg, Insel Als, geboren und wächst nach dem Umzug der Eltern in Hamburg auf. Im Hafen malt er, angeleitet von seinem Vater, einem Jazz-Posaunisten, der nebenher malt, seine ersten Bilder. Er erfährt somit eine frühe Prägung durch Musik und Malerei. Und diese frühe Prägung wird wesentlich bleiben für die Entwicklung von Lebenskonstanten in seinem umtriebigen Leben, für die spätere künstlerische Aufstellung und Entwicklung. Ist dies doch ein frühes Einwirken auf seine inneren Bilder und die Matrix von Sichtweisen und die Wahrnehmung von Dimensionen in seine die menschlichen Grundlagen bestimmende Richtung: Wasser, Meer, Weite und Größe, Gezeiten und Kräne, Docks und Werftanlagen. Und Rhythmus, Dynamik, Kraft. Und es sind die Stimmungen des Jazz, die auf ihn wirken – hier zunächst in der klassischen Variante »Swing« in Orchesterversionen z. B. eines Teddy Stauffer, Tommy Dorsey oder Benny Goodman – in ihrem Reagieren der Songlines aufeinander, der freien Improvisation freier Partner im Orchesterkontext, der Weite des klanglichen Diskurses, des orchestralen Zusammenklingens.

Im »Tante Lo« an der Alster treffen sich in den späten 30er und frühen 40er Jahren die »Swing Boys«, denen sich der junge Hoffmann angeschlossen hat. »Swing Heil« ist ihr alternativer Gruß, alternativ zu alledem sonst, was

[240] Kat. K. R. H. Sonderborg, K. O. Götz Werner, Kestnergesellschaft Hannover, Werner Schmalenbach (Hg.), Hannover 1956, S. 6.

in dieser Zeit an Ideologie des Nationalsozialismus Straßen, Medien und Köpfe dominiert. Auf einem Foto dieser Zeit (1940/41) sieht man Hoffmann mit schwarzem Hemd, breitkrempigem Hut schräg in der Stirn, Regenschirm am Arm, in Glenscheck und mit Fliege und »undeutsch« längerem Haar; »Stars and Stripes« am Reverse. Die demonstrativ zur Schau getragene Anglophilie wird noch unterstrichen durch die aus dem amerikanischen Konsulat »organisierte« *Washington Post*. Eine ungeheure Provokation in dieser Zeit brauner Uniformiertheit und des Datums der deutschen Kriegserklärung auch an die USA, 11. 12. 1941!

»Zwei Dinge«, so erinnert sich der langjährige und gleichaltrige Freund Sonderborgs, der Maler und Kunstpublizist Hans Platschek, »hatten Jugendliche wie Kurt Rudolf Hoffmann zu diesem damals staatsfeindlichen Verhalten gebracht. Einmal waren ihnen die Aufmärsche, der Gleichschritt, der Hitlerjunge Quex, die zackige Redeweise der Wochenschausprecher ebenso zuwider wie überhaupt Uniformen und die Wehr- oder die Arbeitspflicht. Zum anderen übte der Jazz, zumal die Hot-Musik, einen derart nachhaltigen Einfluß aus, daß die Sicherheitsbehörden von einem ›Bild sittlich-charakterlicher Verwahrlosung‹ sprachen. Die Jugendlichen nannten sich ›Swings‹ … Man begrüßte sich mit ›Swing-Heil‹; das ideale Leben war das ›Lotterleben‹, aus dem sich das Verbum ›lottern‹ ableitete … Er schien für dieses Leben schon deshalb prädestiniert, weil sein Vater, Kurt Hoffmann, Jazzmusiker war, Posaunist, unter anderem im Orchester Heinz Wehner.«[241] »… das Schlimmste in Deutschland damals war ja eigentlich diese entsetzliche Langeweile – darüber ist noch nie geschrieben worden, diese Fettärsche da mit ihren brauen Uniformen … und diese Wichtigtuerei, in allem, was da war, und diese Humorlosigkeit und dagegen konnten wir eben nur mit diesen angelsächsischen Geschichten angehen und Spaß haben.«[242] Ihn selbst schützt in dieser Zeit sicherlich seine Konstitution, seine »Wehruntauglichkeit«. Von Geburt an lebt er mit nur einer Hand, der Linken. Sein Körper ist eher klein. »Es hat Komponisten gegeben, die ertaubten, es gab Maler, die erblindeten. K. R. H. Sonderborg lebt von Geburt an mit nur einer Hand, der Linken, die außerdem noch überlang und schwer am Körper hängt, so dass der Oberkörper in permanente Schieflage gerät, während der handlose rechte Arm zu kurz ist. War die Entscheidung, Maler zu werden, noch dazu einer, der die Far-

---

241 Hans Platschek, K. R. H. Sonderborg: Eine Vorgeschichte, in: Kat. K. R. H. Sonderborg, XPO Galerie, Hamburg 1985, S. 6ff.

242 Sonderborg in: Moderne Galerie des Saarlandmuseums, Saarbrücken 1983, S. 30.

ben wie Dynamit, den Pinsel wie die Lunte behandelt, eine trotzige Reaktion auf die Behinderung?«[243]

Dennoch wird er am 14.11.1941 am Arbeitsplatz – kaufmännische Lehre – von der Gestapo in Gestalt des leitenden Kriminalrats Reinhardt festgenommen. Grund des Haftbefehls: Anglophilie, staatsabträgliches und zersetzendes Verhalten mit dem Ziel, Unruhe unter der Bevölkerung zu stiften. – Bei der Entlassung aus dem KZ Fuhlsbüttel – »Kola-Fu« – gibt man ihm auf den Weg, er möge zukünftig mehr Begeisterung für die Volksgemeinschaft aufbringen. Das Wort »lottern« wird später vom erwachsenen Hoffmann durchaus positiv Verwendung finden! Jetzt aber taucht er beim Afrika-Exportunternehmer G. L. Gaiser in Russland unter und durchsteht dort die Zeit des Krieges, »Spaziergänger« nannte man das wohl.

1945 zurück in Hamburg beginnt er wieder zu malen, hat beim anthroposophisch ausgerichteten und formaler Strenge frönenden Maler Ewald Becker-Carus Privatunterricht (»der sehr merkwürdige abstrakte Bilder malte, die sich zwischen anthroposophischem Schwarm und strenger Stil-Ästhetik hielten«)[244] und richtet sich mit anderen Künstlern das verfallene Kurhaus in Blankenese als gemeinsamen Atelier- und Wohnraum ein.

Hoffmann will Künstler werden!

»... nach dieser Gefängnishaft war ich ein anderer Mensch. Ich funktionierte vorher im Büro eigentlich ganz gut, machte alles mit und so. Aber nach dieser Gefängnishaft ... konnte man einfach nicht mehr ruhig auf dem Stuhl sitzen ... ich musste mich bewegen oder irgendwas tun.«[245] Er malt vor allem in der Landschaft, in Ruinen, draußen. Immer wieder Hafen und Docks und Schiffe und Pontons. »Ich habe auch in der damaligen Zeit dann draußen gemalt, aber dann habe ich auch im Atelier gemalt, Herr Gott, dann sah das immer aus wie Picasso oder sah wieder aus wie Max Ernst ...«[246] Nach einmaliger Ablehnung studiert er 1947–1950 – wobei Studienbuch und eigene Angaben hier etwas variieren – in der Hamburger Landeskunstschule vor allem bei Willem Grimm (geb. 1904), »... der fast nie was gesagt hat, aber immer im Hintergrund war und beschützend da war, dass man machen konnte, was man machen wollte. Es kam mir vor, als wenn er behutsam Bälle in den Raum warf, die aber selten aufgefangen

---

243 Ingeborg Ruthe, Tatort Bildfläche, in: Berliner Zeitung, 05.04.2003.

244 Zit. nach Werner Haftmann, K. R. H. Sonderborg, in: Katalog Ulmer Museen, Ulm 1977, S. 10.

245 Sonderborg in: Moderne Galerie des Saarlandmuseums, Saarbrücken 1983, S. 32.

246 A. a. O., S. 33.

wurden.«[247] Grimm muss es gewesen sein, der Hoffmanns Mut zur Linie und ihrer freien Ausdruckswerte, ihrer Ausziehung in den Raum gefördert hat. Dieser Mut hat ihn lebenslang nicht mehr verlassen. Vorbild und Gegenstand der künstlerischen Auseinandersetzung waren damals in der Landeskunstschule der gegenständliche Expressionismus von z. B. Munch und Nolde. Ebenso diskutierte man Braque, Picasso und natürlich Cézanne. Hoffmann schert hier aus: »… ich fing damals eigentlich an, auf das Zeitungspapier einfach nur Linien zu machen … mit Kohle oder so. Linien, für mich war da was drin, da fing sich was … – das spirituelle Bedürfnis, das ich hatte, war da irgendwo so drin.«[248]

Dies ist die Grundlage der kleinen, handgroßen, dünnen Kartons, die Werner Haftmann 1951 bei seinem Besuch im Atelier des jungen Malers findet und die ihn faszinieren: » … schnell hingeschriebene abstrakte Tuschezeichnungen … Jede dieser Signaturen war Spur und Abdruck einer zwingenden inneren Bewegung. Sie bildeten eine ganze Schrift aus bildnerischen Ideogrammen, eine Grammatik, ein Wörterbuch, das das Begriffliche und Verbale, mit deren vorgeformten Klischees wir unsere Wirklichkeit und die Erlebnisse in ihr beschreiben, beiseite schob und für innere Bewegung und wahrgenommene Sensationen eigene prägnante Zeichen erfand … Bewegung und Geschwindigkeit waren die Grundsensationen.«[249] Ein »Vokabelheft« voller Preziosen: die Grundlagen des künstlerischen Ausdrucks für Präzision, Dynamik und Rhythmus. Stets ergänzt und dokumentiert durch die Skizzen seiner Eindrücke auf den Streifzügen durch den Hafen, durch Trümmer und den Aufbau einer ihn beeindruckenden technischen Welt. Auch dieses »erinnernde Dokumentieren auf Streifzügen« wird ein Stilelement seines Künstlerlebens bleiben! Wie die nicht verblassende Erinnerung an den Kriminalrat Reinhardt: »Wer weiß wer klopft« (zu »South Archer Monster«) – es empfiehlt sich, hinter verschlossenen Türen schnell zu malen! – bis ins hohe Alter.

Mit dem Fahrrad fährt er 1950 nach Oberitalien, Rom, wird in Neapel hingewiesen auf die Faszination der Vulkaninsel Stromboli und lebt dort einige Monate. »… und die haben mir erzählt, Mensch, das ist wie auf dem Mond da. Ich sag, das ist gerade richtig, das ist ja toll, das finde ich, das interessiert

---

247 A. a. O., S. 59; im Vergleich zur später eigenen Maxime des Lehrens als Professor in Stuttgart finden sich hier erstaunliche Nähen!

248 A. a. O., S. 53.

249 Werner Haftmann, in: Ausst.-Kat. K. R. H. Sonderborg, Kölnischer Kunstverein, Köln 1965, o. S.

mich, da möchte ich hin.« [250] Und später von dort zurück: »... da irgendwo fing ich auf einmal an, ich eben entspannt ... und da habe ich meine ersten, so was man sagen kann, Sonderborgs gemacht. Die ersten Bilder ... einfach, ich weiß nicht, auf einmal war es da, es ging einfach.«[251]

Er ist nun Sonderborg![252] Als dieser kehrt er zurück zu Hafen, Elbe und Meer. Und kommt zu Bildern voller abstrakter Konfiguration, aus der die Farbe nahezu ganz verschwindet; außer vereinzelten Spuren von Kadmiumrot. Eitempera bringt er auf starkem Fotokarton auf, nutzt sehr gleitfähige Malmittel auf schnellem Malgrund, die seinen Malgestus fördern (und schnell trocknen): »... um mich herum der Hamburger Hafen ... diese riesige technische Struktur ... es war eine Reaktion auf die Umwelt, wie ich zu meinen Sachen gekommen bin.«[253] Im Hafen und in der Elbe werden zu dieser Zeit mit Pontons die gesunkenen und versenkten U-Boote abgeschleppt: diese Linien und deren Dynamik der Ritzungen und Wellen in die Wasseroberfläche, die gleich wieder verwischen, verschwimmen, skizziert Sonderborg schnell. Die Kraft der Kriegsmaschine, die sich reduziert auf Linie und Fläche.

Nach einer Wattwanderung zum Leuchtturm Neuwerk entsteht 1952 »Nautisch«[254], ein wichtiges, weil richtungweisendes Werk. Es ist ein erstes die Fläche durchbrechendes und in den Raum vorstoßendes Bild. Auf dem Hintergrund breit fließender dünnflüssiger schwärzlicher Pinselbahnen steht ein klares schwarzes Gebilde, ein starker technisch anmutender Körper, der sich wie mit Stangen nach verschiedenen Seiten hin fortsetzt. Harte, schwarze Balken durchmessen das Blatt, pointieren ein assoziatives, den Ausschnitt betonendes und wichtig nehmendes Sehen, entwickeln dezentrale Figurationen und sind doch stets subjektiv ausgewogen – wie das ganze Bild. Jegliche Deutung der Form oder des Inhalts durch den Künstler unterbleibt. Er setzt und präzisiert und pointiert seine Sicht auf die Welt, ohne Kommentar. Und das Bild »stimmt«!

In Sonderborgs Arbeiten tritt das Naturvorbild nun zunehmend zurück. Die Grenze zwischen Gegenständlichem und Abstraktem wird fließend, wird aber nie ganz endgültig gezogen! Mit dem Konzept »Geschwindigkeit und Automatismus«, das ursprünglich André Masson mit seinen surrealistischen Ar-

---

250 Saarbrücken 1983, S. 33.

251 A. a. O., S. 34.

252 Mit den Initialen seines Namens voran: K. R. H.

253 A. a. O., S. 60.

254 Hamburg, 17.08.1952, heute: Wallraf-Richartz-Museum, Köln.

Nautisch, 1952, K. R. H. Sonderborg

beiten in die Kunst eingebracht hat [255], versucht er sich neu: Die Schritte der Menschen auf der Straße, die Masse, die sich vorwärtsschiebend an der Ecke um diese verschwindet, ohne das selbst Schuhabdrücke blieben; wieder die sich weit erstreckenden Docks, der Lärm, die Lichtreflexe. Und Gesten und Haltungen der Menschen: die Frau, die einem Wagen entsteigt, einander grüßende Männer, Gebärden von Schirmen oder der Fingerfertigkeit der Kassierer … (siehe HH 20.09.1951 ; HH 03.10.1951 ; Trift, HH 1952; Plus vite que le son, HH 25.IX.53; HH 5.VIII.1953 etc.). Um dies auf die Leinwand bringen zu können, braucht Sonderborg »eine Technik, die das Wirbeln bannt, die die Abwesenheit und das Verschmelzen der Masse als dynamisches ganzes festhält. Anfangs malt er ganz direkt, gebärdenreich: eine schwarze, sich verknüpfende Bewegung, einen explodierenden Wirbel, der in sich zurückfällt. Seit 1952 ritzte, kratzte er mit dem Pinselstrich, um der Leinwand das Bersten, die Ausbrüche und die Lichter seiner Wirbel einzuprägen, um zu zeigen, wie die Wiederholung und die multiple Gegenwart in eine einzige Bewegung hineingerissen werden … er wollte eine Spur hinterlassen, eine Bahn einzeichnen, einprägen. Er bedurfte einer Technik, die fähig war, die in eine

[255] S. auch das Werk von Frank Kline und William de Kooning! Auch Kline, der sich 1950 der abstrakten Malerei zuwandte, hat Wurzeln in Hamburg: Sein Vater stammt aus Hamburg, so dass derselbe Hafen zwei dem Dynamismus verbundene Künstler inspiriert haben könnte; vgl. hier auch Jackson Pollocks Dripping-Zeichnungen, die hier stilbildend waren.

gerade Linie und synkopischen, abflauenden Lärm sich verwandelnde Masse eines Autos festzuhalten. Er wollte etwas malen wie Autoreifen, die die weiche Straßenschmutzschicht zerstören, wie Schritte einer Menschenmasse auf feuchtem Straßenpflaster, wie Schuhsohlen, die Erde mit sich schleppen und wieder fallen lassen. So kam ihm der Gedanke, den Malakt umzukehren: anstatt ein Bild durch Auftragen von Farbe auf die Leinwand zu schaffen, verlegte er sich darauf, die Farbe wieder zu entfernen; er zerstörte die gemalte Fläche, attackierte sie, riss sie in Streifen, wälzte sie, schliff sie ab ...«[256] Seine gesamte Kunst stellt sich auf diese Technik ein. Er sammelt zwar japanische Malutensilien, doch seine Werkzeuge bekommt er andernorts: Kellen und Kratzeisen der Maurer, Rasierklingen, Messer, Spachtel, Autoscheibenwischer, Rakel. Damit die Farbe nicht verlaufen kann, breitet er die fotografischen Papiere und Kartons auf dem Boden aus, oft mehrere Flächen, die er parallel bemalt. Akribisch ausgerichtet ist alles und die Malutensilien sind bereitgelegt.

Rein intuitiv, impulsiv, konzentriert und eruptiv setzt sich Sonderborg fortan mit seiner Umwelt, ihren ästhetischen Reizen wie ihrer bedrohlichen Verselbstständigung in seinen Bildern auseinander. Die Wahrnehmung von Zeit, Dynamik, Energie, ihm wesentlichen Details fasziniert ihn, nicht die Illustration deren Funktionierens. Ausdruck und das Ausgedrückte werden eins, Kunst und Methode, Schaffensakt und Geschaffenes. Alles geschieht in der Bildfläche! Reale Formen werden zu gleichwertig zugeordneter Objektivität im Bild, visuelle Eindrücke werden umgesetzt zu subjektiven Partituren von Musik, Jazz – zunehmend in freien Improvisationen, später dann zum Free Jazz und zur Rockszene ... Rhythmus. Bewegung. Dynamik. Durch die Beschleunigung von Punkt zu Strich zu Linie wird diese zur Kurve, fängt sich in einem Wirbel und führt zur Entdeckung der Spirale: plötzlich befreite Energie, die sich selbst neu organisiert, die Dynamik und Spannung freilässt und einfängt in sich, sie weiterführt in ihrer Kraft, ohne Nachlassen ihren Aufbau fortschreibt und neu formalisiert, gruppiert, statuiert hin zum gleichen Punkt der Dynamik, allerdings weiter, tiefer in einer neuen Ebene, bei sich und anderswo bereits ... welche Dynamik!

Ab 1953 hat er seine eigene Methode gefunden, ist ihrer und seiner sicher. Obwohl er zeitlebens ein vorsichtiger, banger Mann bleiben wird. Er gibt die transparente Tuschgrundierung auf und belässt es beim Weiß des Malgrunds als Basis. Und er beschränkt sich auf die Angabe von Ort, Datum und

---

[256] S. Kunst heute 3, Otto Hahn, Sonderborg, Stuttgart 1964: Kunst und Methode, S. 6.

Zeitspanne der Herstellung des Bildes, Titel entfallen. Er betreibt reine »Spurensicherung«, sichert die Daten – und geht weiter. Realität und Imagination fließen in ihm zu einer Einheit zusammen, er verkörpert sie, wenn er sich mit beiden hinlänglich ausgiebig vollgesogen hat. Und dann brechen sie urplötzlich in Momenten eines kontrollierten Automatismus aus seiner Fantasie hervor, lassen ihn sich scheinbar spontan Erinnerungen und Erwartungen, Impulsen und einer Dynamik überlassen, die zu herausragenden Ergebnissen führen, ohne dass er den kritischen Abstand zu dem, was entsteht, verliert. So holt er seine Visionen in die Fläche. Seine Fragmentfotografien, die er unermüdlich sammelt, sind sein Skizzenbuch. »Oft sind es Zeichen, die nichts sind als Spur von Bewegung – Spur.«[257]

Der Boden für die Entwicklung seiner Kunst ist geebnet! Im selben Jahr stellt er als jüngstes Mitglied in der Gruppe »ZEN 49« aus – mit Ernst Wilhelm Nay, Fritz Winter und Willi Baumeister, der formuliert[258]: »Der Künstler ist nicht nur angenabelt an den Weltstoff. Seine »Mitte« ist selbst »Weltstoff« übrigens damit auch Weltgewissen und Verantwortung.« Baumeisters »Mitte« beschreibt darüber hinaus einen Zustand, der auf die »Leere« fernöstlicher Weisheit hinzielt, einer angestrebten, nicht mehr vorhandenen Unterschiedenheit, die es aufzufüllen gilt, die die westlichen Künstler dazu drängt. Es war die Suche nach einer neuen Spiritualität, der sich Sonderborg 1953 nach der Aufforderung von Baumeister angeschlossen hatte und die sich auch in seiner Arbeit niederschlagen sollte in geradezu meditativen Bildern, die an Kalligraphien eines Ya Ichi erinnern.

Andererseits blieb er jedoch von einer Außenwelt vorangetrieben, die dem Dynamismus der Aufbruchzeit in den fünfziger Jahren huldigte und sich in entsprechenden Charakterisierungen wie »Überschall«geschwindigkeit äußerte. Überhaupt hat es in allen seinen Schaffensphasen parallel zueinander stillere, nach innen gerichtete, und scheinbar ruhelose Zeichnungen und Bilder gegeben. Beides war in ihm, beides setzte er künstlerisch frei und stimmig um.

Sonderborgs Bemühen ist es stets, sich auf ein vorgefundenes oder vorgegebenes oder festgehaltenes Motiv so lange einzulassen, bis dessen Spannung

---

[257] Sonderborg in: Ausst.-Kat. aktiv – abstrakt. Neue Malerei in Deutschland, Städtische Galerie München Lenbachpalais, München 1957.

[258] Zit. nach: Verteidigung der modernen Kunst gegen Sedlmayr und Hausenstein, in: Künstler-Kritisches Lexikon der Gegenwartskunst, Ausgabe 1, München 1988, S. 14.

und Dynamik zu einem Teil seiner selbst geworden ist und damit Voraussetzung für die Erfahrung von etwas Neuem. Darin ist dies dem Kunstverstehen des Zen direkt verwandt, dem es darum geht, dass eine »Identifikation den Maler in die Lage (versetzt), den Pulsschlag des einen und selben Lebens zu spüren, das ihn wie auch den Gegenstand beseelt. Das ist gemeint, wenn man davon spricht, dass das Subjekt sich im Objekt verliert und dass dann, wenn das werk in Angriff genommen wird, nicht der Maler, sondern der Gegenstand am Werk ist; der Pinsel und ebenso der Arm und die Finger des Malers werden in diesem Augenblick zu gehorsamen Dienern des Gegenstands-Geistes. Der Gegenstand schafft sein eigenes Bild. Dieser Geist sieht sich in sich selbst widergespiegelt.«[259] (Munsterberg).

Für Sonderborg ist eine weitere Bedeutung des Zen wichtig:

»Nach der Grundidee des Zen sollen wir mit den innersten Kräften unseres Wesens in Fühlung kommen, und zwar auf dem kürzestmöglichen Wege, ohne Rückgriff auf irgendetwas Äußeres oder Zusätzliches. Daher verwirft der Zen alles, was auch nur eine entfernte Ähnlichkeit mit einer äußeren Autorität aufweist. Zen hegt ein unbedingtes Zutrauen zum innersten Wesen des Menschen. Alle Autorität im Zen kommt von innen.«[260] (Suzuki) Nach 1945 muss dies für ihn in seinem Denken und Handeln eine Befreiung gewesen sein.[261]

Seit 1958 lebt und arbeitet Sonderborg auch in Paris. Hier entstehen eher ruhige Bilder, vor allem mehr Zeichnungen, und er arbeitet in ganzen Serien. »In Paris habe ich gespürt, dass ich mich den Dingen näherte. Und heute bestätigt sich diese Tendenz für mich immer mehr. Ich werde gewahr, dass ich im Grunde immer durch die Realität inspiriert worden bin.«[262]

Die Bilder – vermehrt auch Tuschezeichnungen auf Papier – weisen nun verstärkt stark rhythmisierte Reihungen von Punkten und parallele Strichfolgen auf, gleichen Notationen der Zwölftonmusik. Große Freiheit im Blatt und doch strenge bildimmanente Ordnung in diesem gliedern die Arbeiten. Er hat begriffen, dass das von ihm Gemachte, Herausgerissene aus der Zeit, sich in eben dieser abspielt. Er entreißt seine Details dem Fluss der Zeit, un-

259 Siehe Hugo Munsterberg, Zen-Kunst, Köln 1978, 34f.

260 Daisetz T. Suzuki, Die große Befreiung. Einführung in den Zen-Buddhismus, München/Wien 14. Auflage 1990, S. 58.

261 Vgl. seine spätere Positionierung zu staatlicher Gewalt in Stuttgart-Stammheim (zur RAF, zu Al Capone), zur Todesstrafe (Elektrischer Stuhl), zu Waffen etc., die durchaus politisch Position bezieht – im Bild!

262 Sonderborg in: André S. Labarthe, Paris 1974, S. 61f; übers. von Werner Meyer.

terbricht dieses angeblich ununterbrochen Fließende, Taktende und bezeichnet diesen isolierten Abschnitt. »6. 5. 59. Paris 17.59–18.12h«. Er stellt den Augenblick und den Ort dar, den Fokus eines Augenblicks, der bereits im Entstehen vergangen ist. Nicht – wie bei späteren Künstlern – ist die Zeitangabe allein schon das Bild. Er stellt die Zeit dar, entreißt der Zeit ein Detail. Markiert es. Von den musealen Kunstwerken ist er gelangweilt und flieht vor ihnen in die wirkliche Wirklichkeit. Dem entspricht seine, der viele Jahre in Paris lebte, keineswegs kokett gemeinte Aussage, den Louvre kenne er nur vom Vorbeidonnern mit seinem Porsche. Draußen auf den Straßen sprach ihn das Leben an! Und er setzt sich *in der Zeit* dem Risiko und der Angst aus, dass es nicht reicht zu einem Abbild, dass das Detail ihn in der Zeit nicht findet, er dessen nicht habhaft werden könne.

Neben Paris lebt Sonderborg ab 1960 auch in New York, im berühmten Chelsea-Hotel, in dem zu diesem Zeitpunkt viele Künstler und Literaten leben. Kommt er aus Paris wieder dort an, wird er »Welcome home, Mr. Sonderborg« begrüßt, was er als durchaus »gruselig« empfindet. Für seine Arbeit ist die-

o. T., 1960, K. R. H. Sonderborg

ses Hotel aber bestens geeignet. »Ich habe sonst, wenn ich in New York war, eigentlich auch im Chelsea-Hotel gemalt, dort eine Wohnung dann gemietet, und einen großen Raum dann leergemacht, und starke Lampen hineingedreht und Leinwände reingesetzt, und ich brauchte dann nicht auf Atelier-Suche gehen.« [263]

In New York entstehen Arbeiten mit hoher kalligraphischer Qualität, das Malerische überwiegt eher in seinen Arbeiten in Europa. »Und ich bin also wochenlang erst mal in New York spazieren gegangen und habe da gelebt und rumgelebt, denn ich wollte ja nicht genau dieselben Bilder malen, die ich vorher in Europa gemalt habe.« [264]

»Herumleben« wird zu einem Jargonausdruck Sonderborgs, angelehnt an das »Lottern« der jugendlichen »Swings«. Und »er ist begeistert von dieser Stadt mit ihren Wolkenkratzern, dem spezifischen Lebensrhythmus (»A city that never sleeps«, Frank Sinatra, d. V.), dem akustischen Ambiente bis hin zur Jazzmusik in den Kellerkneipen.[265] Nun trifft er hier leibhaftig auf Legenden des Jazz wie Charles Mingus, Theolonius Monk und John Coltrane, die ihrerseits im Jazz kräftig dabei waren, den festgefahrenen Bebop und Cool Jazz der 50er Jahre zu revolutionieren und neue »Klangflächen / Sheets of Sounds« – J. Coltrane; in diesem Kontext ein interessantes »Bild« – aufzuschlagen. Nicht nur persönlich entstehen Kontakte zwischen Kunst und Jazz, sondern auch inhaltlich: Autonomie und Disziplin, Zufall und Konzentration basieren in der Improvisation auf der Grundlage von Harmonien, die der Rhythmus treibt, die den Rhythmus treiben. Im vermeintlich Chaotischen entwickelt sich ein Zusammenklingen der autonomen Stränge.

Die Eindrücke der neuen Lebenssituationen der Zeit sammeln sich – hier wie dort – zu neuer Energie, die treibende Kraft für Musik und Bilder bleibt. Sonderborgs Zeichnungen suchen hier nun immer mehr die Nähe zu den erinnerten Gegenständen in der Stadt: Wasserbehälter auf den Dächern, das Raster der Straßen und Fensterfronten, Leitungen. Er malt seine Bilder da, wo er gerade ist, im Hotel, in kurzfristig angemieteten Wohnungen oder Ateliers. So verbringt er die 60er Jahre – die Winter meist in New York, die Sommer in Paris. Doch ob seine Bilder hier oder dort entstanden sind, ist letztlich

---

263 S. Sonderborg in: Informel, Symposion Informel, 08.–12.10.1982. Die Malerei der Informellen heute, Moderne Kunst des Saarland-Museums, Saarbrücken 1983, S. 75.

264 A. a. O., S. 78.

265 Vgl. Sonderborg in: Deutsches Informel, Symposion Informel, moderiert und hg. von Georg-W. Költzsch, Berlin 2. Aufl. 1986, S. 73–77.

zweitrangig, lebt doch jedes seiner Bilder unabhängig hiervon aus seiner Intensität und der autonomen Kraft seiner abstrakten Bildsprache und seiner malerischen Qualität, »ecriture automatique«.

Die Modellierung der Farbmasse auf dem glatten Malgrund erlaubt es ihm, die Form so lange zu ändern und zu variieren, bis die gewünschte Struktur, Dichte und Mischung der Intensität von Farbe erreicht sind. Differenziert kann er hier seine Malinstrumente und Gesten einsetzen. Dagegen sind seine Pinsel-, Bambus-, Gänsekiel- und Stahlfeder-Zeichnungen in schwarzer Tusche auf Bütten, die er parallel anfertigt, nicht zu verändernde Setzungen, absolut. Seine Malereien seien »heißer«, äußert er einmal, weil viel mehr Dramatik vorhanden sei, wenn er begänne – und nicht wüsste, wohin er gehe.[266]

o. T., 1962, K. R. H. Sonderborg

[266] Vgl. Sonderborg in: André S. Labarthe, S. 84.

3. 5. 1963, 21.02–21.21 h, K. R. H. Sonderborg

Das grafische Vokabular speist sich aus einem vorbewussten, auf ein bildhaftes Ergebnis gerichteten Automatismus, den er über die Jahre erarbeitet und entwickelt hat. Andererseits scheint es geradezu analytisch auf Umweltimpulse zu reagieren.

Einschub: Ruhe und Geschwindigkeit im Werk Sonderborgs
»Ich glaube, dass der Ort der Malerei nicht unwichtig ist. Der große Strom, das Meer, der Hafen mit seinen technischen Strukturen, die Schiffe, die man hier sehr groß fast lautlos vorüberziehen und als Punkte zwischen den spiegelnden Flächen des Wassers und Himmels erscheinen und verschwinden sieht, sind meine täglichen Eindrücke, die wohl immer wieder in meinen Bildern auftauchen. Außerdem interessiert mich alles, was den Raum erobert. Vom Schiff über Luftschiff zu den Düsenflugzeugen und Raketen ist es nur ein kleiner Schritt – große Geschwindigkeiten und dann Stille. Ich verbringe jeden

Tag mehrere Stunden im Auto. Zum Malen aber brauche ich immer wieder sehr viel Zeit.

Ich arbeite sehr langsam, obwohl der Malakt manchmal nicht länger als 45 Minuten dauert. Während des Malens wird mein Höchstmaß an Wahrheit und Konzentration erreicht, das mich andererseits nicht an einer gleichzeitig bestehenden, kontemplativen Ruhe und Übersicht hindert.

Große Ruhe und hohe Geschwindigkeit sind die Pole, zwischen welche mein Leben gespannt ist: scharfe Aktion und passible Bereitschaft für das Nochzuentdeckende, Bewegung und Ruhe verschmelzen im Verzuge der Malerei zu einem Instinkt. Es liegt mir daran, dass sichtbar ist: die Schönheit und Rhythmik unserer technischen Umwelt und der schlag des menschlichen Herzens.

Ich glaube, eine mehr und mehr zunehmende Verdinglichung meiner Malerei beobachten zu können.«[267]

Nichts gerät im Malprozess außer Kontrolle, wenngleich er sich darin finden lässt von dem, was auf ihn wirkt. Es dauert oft Stunden, die Utensilien vorzubereiten, zu ordnen. Er legt um, korrigiert, damit nachher im Bewegungsablauf alles nur ja zur Hand ist, der Malprozess keine Unterbrechung erfährt. Er sitzt einfach da auf dem Feldbett nebendran und schaut und horcht in sich hinein. – Bis es ihn geradezu hineinzerrt ins leere Blatt, er plötzlich Farbe auf das Papier, die Leinwand schlägt. Schläge von Schwarz und Breit, vertikal und diagonal, großflächig getupftes Rot, dann wieder weiche Linien. Durchrissen von Kratzern und Lappen, die auf den Malgrund zurückführen, die Farbe aufreißen.

Dazwischen nimmt er sich immer wieder lange Pausen, zum Zurücktreten, zum Schauen, zum In-Kontakt-Bleiben mit sich im Prozess. Breitbeinig steht er dann da, prüft, sucht einen Schwerpunkt, Stellen, an denen zu arbeiten ist. Teile des Blattes werden neu grundiert. Mit Farbe stößt er in diese Bereiche neu hinein. Bis das Bild fertig ist: 3. 5. 1963, 21.02–21.21h. Mehr nicht. So viel! Erinnerung für ihn an wann, wo und zu welcher Zeit er das Bild gemacht hat! Weitere Interpretationen und Angaben lehnt er ab.

1965 wird er an die Staatliche Akademie der bildenden Künste Stuttgart als Professor für Malerei berufen.

Seinen Zeichen bleibt er treu: Annäherungen an Findungsprozesse in der Außenwelt, die bisweilen Gegenständlichkeit evozieren. Da sind reflexhaft zu-

[267] Sonderborg in: aktiv-abstrakt, München 1957, o. S.

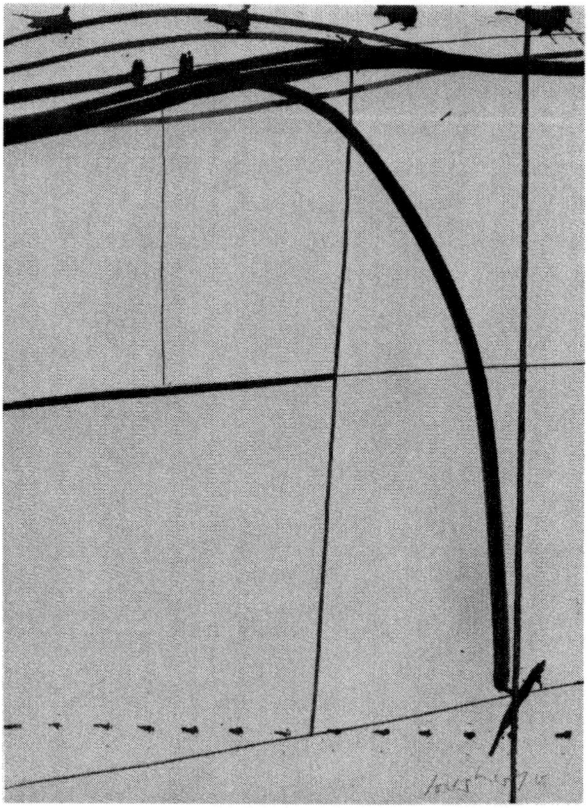

o. T., 1965, K. R. H. Sonderborg

sammengefasste, mit schnellen Strichen wiedergegebene Ausblicke in das Großstadtgetriebe oder die Abschottung gegen den Außenraum, die Konzentration auf die unmittelbare Umgebung wie bei »Fenster«.

Manches vermittelt den Eindruck fotografischer Exaktheit, ähnelt Geländern oder Leitungen.

Anderes atmet statische Ruhe und tachistisch definierte Geschwindigkeit. Blätter, die wie Partituren zu Musik anmuten, was ja dem Sonderborg'schen Denken durchaus implizit ist:

1969 ermöglicht eine Gastprofessur am Minneapolis College of Art and Design einen weiteren Ort künstlerischer Produktion und Erweiterung seiner Entdeckungen: Autospuren im Schnee in einem Zeitungsfoto, in dem es eigentlich um einen Flugzeugabsturz geht, faszinieren ihn. Trafos, immer wieder Kräne und Türme, Stromleitungen und Kabel in ihren Parallelen und Überschneidungen, wieder Tanks und technische Konstruktionen. Ein gegen den Himmel gesehenes Gerüst mit Stromleitungen, das Sonderborg in

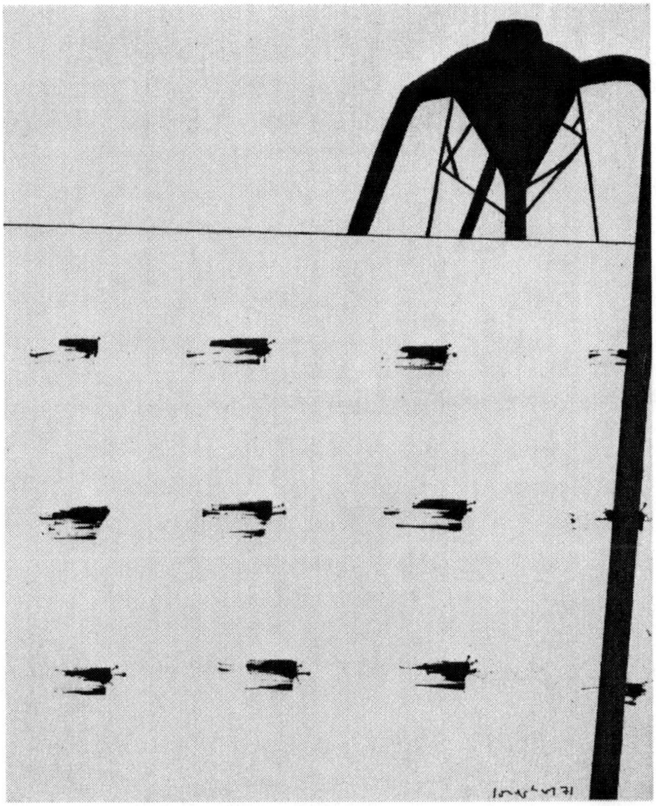

o. T., 1971, K. R. H. Sonderborg

Minneapolis (1969/70) aufnahm und dann in Paris als Gemälde umsetzte, hätte ebenso die elektrischen Oberleitungen der Baseler Trambahnen oder Kopenhagener Trolli-Bussen oder Stuttgarter Straßenbahnen zitieren können. Es geht ihm um die in meisterhafter Präzision und Nuancierung durchgeführte Übersetzung seiner Vorlagen in bildhaft grafische bzw. malerische Strukturen eigenständiger Präsenz und Intensität, seine typische Strichführung.

Seit Ende der 50er Jahre bereits fotografiert Sonderborg und sammelt Zeitungsfotos von charakteristischen Strukturen und Formen. »Man hat mir einmal gesagt: Was du da tust ist nicht Malerei, du kopierst die Photographie. Das ist schnell gesagt. Ich habe immer gewusst, dass die Malerei genauer ist als die Photographie, da man im detail die Dinge immer trennen kann. Man muss nur ein Photo vergrößern, damit einem das ins Auge springt. Über eine bestimmte Schwelle hinaus wird alles weich, flau. Das ist das große Problem der grenzen der Photographie: die Kontraste zwischen Schwarz und

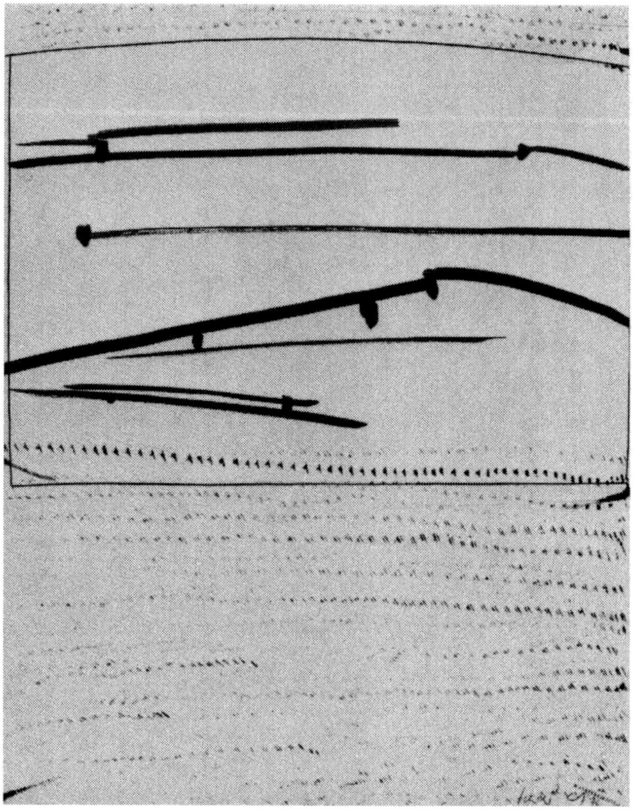

o. T., 1974, K. R. H. Sonderborg

Weiß sind begrenzt … Dagegen hat man in der Malerei viel mehr Möglichkeiten der Trennung und der Dramatisierung der Dinge.«[268]

Darum geht es ihm! Die Realität, die er darstellt, gibt es nirgends als in seinen Bildern. Es ist seine Wahrnehmung und sein Frischhalten seiner Eindrücke dieser Weltsicht. Er arbeitet wie in einem ambulanten Labor, in dem Leben probiert wird, als Test und zum Training der Sensibilität, zur Hervorrufung und Anregung des ganzen Menschen. In diesem »Labor« bekommen einige Formen derartige Wichtigkeit für ihn, dass er sie im Pathos der Endgültigkeit der Form auf überdimensionale Leinwände oder gar Museumswände projiziert, isolierte und veränderte Proportion, angepasst in ein völlig anderes Format.

Zunehmend nutzt er Papierbahnen, die er bei Bedarf flexibel entrollen kann und mit denen er sich auf sich ergebende Formate einstellen kann.

268 S. in: André S. Labarthe, Paris 1974, S. 32f.

Und er macht gemeinsame Sessions mit Jazzmusikern, zu deren Improvisationen er seine »Soli« auf den Malgrund bringt.

»Schornsteine, elektrische Oberleitungen habe ich auch viel gemacht ... zeitweise sahen Zeichnungen, die ich gemacht habe, einfach so aus wie Oberleitungen, das war eine reine so Rhythmik der Zeit, die ich gebraucht habe; aber dann später bin ich auch rumgelaufen und plötzlich dann habe ich welche gesehen, die waren so phantastisch ..., dass ich einfach sagte ..., diese Zusammenstellung, diese Konstellation von Dingen, die kann, die konnte ich nicht erfinden, die muss ich einfach haben, muss ich mitbringen.«[269]

Innerhalb der Arbeiten, in denen er sich auf Ausrisse aus Zeitungen stützt, fällt eine Gruppe von Arbeiten auf, in denen er sich politisch positioniert: eine Abbildung eines Elektrischen Stuhls im *Time Magazine* trägt er jahrelang bei sich und sie veranlasst ihn – verbunden mit der Geschichte des zum Tode Verurteilten Caryl Chessman – zu insgesamt drei Gemälden hierzu, die ein Tötungsinstrument staatlicher Gewalt vor Augen stellen. Die Darstellung eines Maschinengewehrs betitelt er »peacemaker« und verweist darauf, dass es ja hier keines sei, sondern Malerei.

»Ein Maschinengewehr haben ja die Mächtigen. Dies ist Malerei.« [270] Zusammen mit einem zufällig im Pariser Flughafen gekauften Katalog von Waffen und einer erlebten Geschichte im Stuttgarter Flughafen mit dem Einsatz eines MG wider eine Weihnachtslieder singende Frau[271] und seiner eigenen Geschichte mit Gewalt in der Zeit des NS-Regimes formuliert er hier durchaus die Problematik staatlicher Gewalt und fragt sie an: künstlerisch deutlich. Noch pointierter geschieht dies in der Umsetzung einer Innenaufnahme aus der Zelle des RAF-Terroristen Andreas Baader im Magazin »Der Spiegel« (06. 02. 1978 und 1983[272]) anlässlich der Untersuchungen der Stammheimer Todesfälle.

Ein nebensächliches Detail in diesem Foto – die Decke auf dem Bett Baaders, auf der die bei der Durchsuchung herausgerissene Bodenleiste liegt –, monumentalisiert er geradezu zeichenhaft und abstrakt verdichtet und laut

---

269 Sonderborg in: Moderne Galerie des Saarlandmuseums, Saarbrücken 1983, S. 125.

270 In Sonderborg, Arbeiten auf Papier, schwarz/weiß, Ausst.-Kat. Graphische Sammlung, Staatsgalerie Stuttgart 1985, S. 193).

271 A. a. O., S. 193.

272 In beiden Artikeln geht es um die Frage nach Mord oder Selbstmord in Bezug auf den Tod der seinerzeit in Stuttgart-Stammheim inhaftierten RAF-Terroristen Gudrun Ensslin, Jan-Carl Raspe und Andreas Baader. Es ging von staatlicher Seite um den Nachweis, dass ihr Tod Selbstmord und der Staat somit für diesen nicht verantwortlich zu machen war.

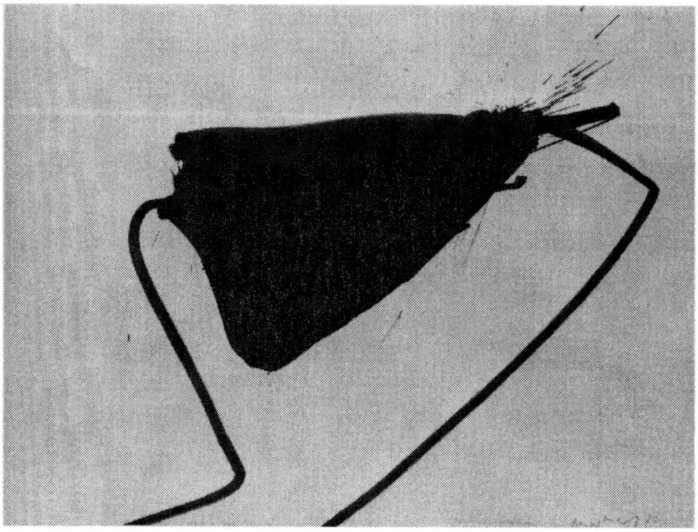

Pulver an der Wand, Blut an der Hand, 1983, K. R. H. Sonderborg

über die Jahre in mehreren Fassungen in die damals aufgewühlte Öffentlichkeit.[273] 1980 zusätzlich mit den ergänzenden Inschriften »Pulver an der Hand« und »Blut an der Wand«, die direkt auf mysteriös bei den Behörden verschwundene Blut- und Gewebespuren (»Spur Nr. 6«) verweisen. Er thematisiert auf seine Weise die Legitimation staatlicher Gerichtsbarkeit. Er stellt es ans Licht der Öffentlichkeit. Erst recht, weil »Spur« ein zentraler Begriff zur Charakterisierung seines eigenen Tuns ist.[274]

Zuletzt seien hierzu die *Geschwärzten Grundbucheintragungen*[275] genannt, die aufgeschlagenen Seiten eines Grundbuches aus dem zentralen Grundbucharchiv der früheren DDR. – Unauffällige Details verdichtet Sonderborg zu Metaphern großer Aussageintensität ohne illustratives Element auf Papier[276] und auch – vergrößert – über ganze Wandflächen. Zwischen Fundzeit und Umsetzung des Impulses können oft Jahre liegen.

---

273 In der mancher, allein wegen derselben damals auch von der RAF bevorzugten Automarke, bis zu drei Mal zwischen Wohnort und 30 Kilometer entferntem Predigerseminar polizeilich kontrolliert wurde, mit Waffen im Anschlag.

274 Dass Baader wie Sonderborg Linkshänder war, sei hier nur angemerkt! Vgl. zum gesamten Kontext: Stefan Aust, Der Baader-Meinhof-Komplex, Hamburg 1985.

275 »Der Spiegel« 41, 30.11.1990: »Geschwärzte Grundbucheintragung: Viele Akten vernichtet«.

276 Tusche auf Papier, 100 × 70 cm, Abb. In: Kat. Sonderborg, Galerie Nothelfer, 1991, S. 15.

Reisen bringen ihn nun häufig in den Norden, den er besonders schätzt – auch durch die Meeresnähe, die er immer wieder sucht. Cornwall, Schottland, die Hebriden, Orkneys, Shetlands und regelmäßig Dänemarks verstreute Inselwelt, der *Maelstrom* bei den Lofoten reizt ihn, er hält seine Wahrnehmungen filmisch fest (1972). »Malstrom, Bilderstrudel«, das passt zu vielen seiner Zeichnungen. – Er lebt in Ascona/Schweiz, Kalifornien, Lappland, Irland. Dazwischen immer wieder in New York, Paris, Stuttgart. Zusammen und aufeinander aufbauend ist dies ein nicht nur optisches Eindrucksgewitter, dem er sich ständig aussetzt und stellt. Nicht selten – so berichtet einer der damaligen Studenten an der Stuttgarter Akademie – geradezu auf die Spitze getrieben dank Überschall-Flugtechnik und Zeitverschiebung: »Eben mal« nach New York zu einem Konzert der »Sex Pistols« – und wieder zurück zur Vorlesung nach Stuttgart. Er kannte mittlerweile viele und vieles und war weiter auf der Suche nach Inspirierendem. Und viele kannten ihn. – Dennoch war sein Werk in den großen Ausstellungshallen selten.

Es liegt wohl daran, dass seine Bildsprache strotzt vor Offenheit und brutaler Unmittelbarkeit gestischer Pinsel- und Werkzeughiebe und Wirbel. Er fordert sich und die Betrachtenden! Doch stets sind seine »Hiebe« auch Streicheleinheiten – für eine Form, für ein Detail, das er fokussiert, wertschätzt und umsetzt, für etwas ihm Wesentliches. Es sind Liebkosungen einer Form, einer Art von Leben und Malen und Kunst. Künstlerisch ist er längst unverwechselbar. Er kommt überall mit fertigem künstlerischen Handwerkszeug an, ist längst angekommen in Paris, in New York, in Chicago … Und er arbeitet nach wie vor in Schüben, oft mit großen Abständen – und »Lottern« zwischendrin, höchst aufmerksamem Lottern allerdings! »Ich kann das nicht ertragen: aufzustehen, ins Atelier zu gehen, zu arbeiten, und am nächsten Tag dasselbe wieder von vorne zu beginnen. Ich finde das lächerlich. Ich bin kein Handwerker. Ich bin Arbeiter. Ich bin ein Maler ohne Atelier, immer in einem Provisorium. Und das lebe ich! Für mich ist die Malerei fast eine kriminelle Handlung. Ich bin wie jemand, der in den Keller hinabsteigt, um meine Ratte zu töten.«[277] Wichtig ist allein die interessante und überraschende Figuration, die ihn zur künstlerischen Antwort herausfordert.

»… man malt einfach sein Bild, man reagiert in einer Stunde auf seine Umwelt, und man macht eine spontane, spontane Aktion eben.«[278]

---

277 Sonderborg in: André S. Labarthe, S. 81; »… eine Ratte zu töten« ist eine franz. Redensart für: »etwas Geheimes tun, das niemand etwas angeht«.

278 Sonderborg in: Moderne Galerie des Saarlandmuseums, Saarbrücken 1983, S. 77.

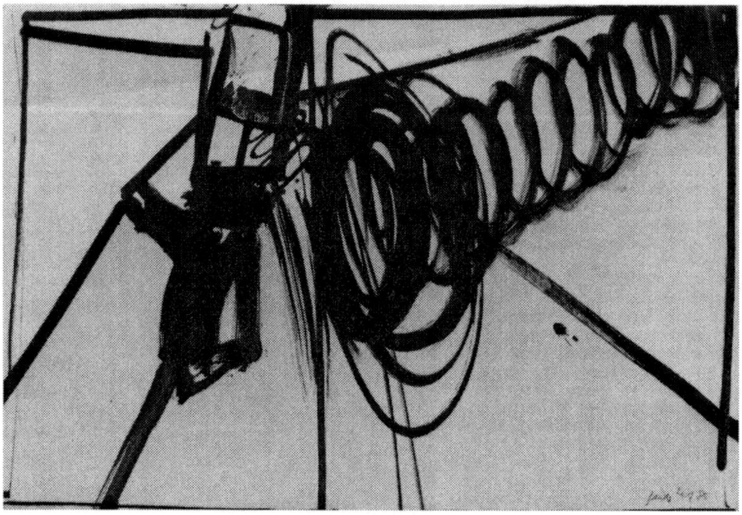

o. T., 1985, K. R. H. Sonderborg

1986 wird Sonderborg, nach Minneapolis und Stuttgart seine dritte Professur, Gastprofessor am Art Institute in Chicago. Diese Stadt ist geprägt durch die wegweisende Modernität ihrer Architektur, die geprägt ist von den Architektengenerationen von Louis Sullivan bis Helmut Jahn. Seine Arbeiten benennt Sonderborg hier nach den Adressen der Arbeitsräume, in denen sie entstehen: *218 South Wabash (Avenue)* und *2723 South Archer Street*. Liegt es an den nicht ganz friedvollen Gegenden der städtischen Randbezirke, in denen er sich ansiedelte – in seiner Abwesenheit wird ihm ins Atelier geschossen –, dass ihn in dieser Zeit Al Capone derart fasziniert? Dessen Tatbesessenheit fesselt ihn, der wie er die Form zerstört und die Norm. Es gibt Fotos, die Sonderborg im Gestus von Al Capone zeigen – im dunklen Taxi mit dunklem Hut und ebensolcher Brille: »I am Al Capone« bedeutet: Wie war das mit dem? Und wie kam er dazu? Wo hoben sich die Gegensätze auf, wo wurde Gutes böse, Schönes hässlich? Wie wurde Maß zu Chaos? Der Freiraum von geltenden Normen als verbindendes Element des Künstlers mit dem Gesetzlosen, den das Gesetz nicht schützt. – Steckte dahinter die Frage an sich selbst: Wie büßt der Künstler für sein Außenstehen?

Seinem Arbeitsprinzip bleibt er treu: Seine Bilder sind Ausdruck seines Lebens, sind konzentrierte Entladung von erlebter, aufgeladener Spannung und Erinnerung, sind Zeichen permanenter Unruhe, Hektik und – in weiten Teilen – Melancholie, sind Wahrnahme und Ernstnahme seines Lebensstils, sind Antwort auf Erlebtes, sind inspiriert durch das Lebensgefühl, das er zuvor auf den Straßen aufgesogen hat. Er nennt sich selbst »Straßenhund«. Zu Recht ist er als ein »Flaneur der optischen Welt« in der Wirklichkeit moderner Großstädte bezeichnet worden.[279]

1987 bezieht er Ateliers in Chicago und Berlin.

Er bleibt autonomer Akteur in seinen freien Ausdrucksmöglichkeiten, der sich weder dem Kunstmarkt noch anderem beugen muss und will.

»Wir haben das Glück, dass wir also heute noch genauso leben können, wie wir vor 30 Jahren gelebt haben, dass wir dieselben Sachen machen können, dass wir dieselben Sachen des Lebens betreiben können wie sonst ... Man hat eben sein ganz privates Leben, das find ich, das ist das Allerwichtigste, und das wollen wir uns doch auch erhalten, nicht.«[280]

So kann es aber auch vorkommen, dass die ambulante Existenzform des Künstlers, Voraussetzung seiner künstlerischen Entäußerung, lange bevor der Nomadismus zum Lieblingswort der Postmoderne geriet, im Zusammenhang mit Ausstellungsvorbereitungen zur Fahndung ausgeschrieben wird und die letztlich erfolgreiche »Spurensuche« nach ihm in Katalogen Erwähnung findet.[281] Diese Kunst war Zeit seines Lebens Widerstand gegen eine Kultur von »Gartenzaun-Idylle«, Wiederaufbau und Verdrängung, von Nierentisch und Wiederbewaffnung in Deutschland wie im »Ländle«: »... die ganzen Zustände hier im Land, die fand ich so entsetzlich, damals dieser Wiederaufbau, was da war, die ganze falsche Perspektive, die damals schon eingeleitet wurde. Und da konnte man nur noch dagegen etwas machen, was wirklich einem gefiel ... Da hat man sich eben rausgehalten.«[282]

In den Zeiten der Intellektualisierung und des analytischen politischen Engagements der Künstler in den 70er Jahren steht ein Sonderborg eher nicht im Rampenlicht. Er hatte auch – bis zum Lebensende – ängstlich-melancholische Züge. In den großen Ausstellungen deutscher Kunst nach dem 2. Weltkrieg und den Jubiläen der Befreiung im Ausland und Inland fehlt er.[283] Dabei verkörpert (!) er wie kaum ein anderer die künstlerische Erneu-

---

279 Werner Meyer, K. R. H. Sonderborg. Der Weg – der Ort, in: Kat. K. R. H. Sonderborg, Arbeiten auf Papier, schwarz/weiß, Staatsgalerie Stuttgart, Stuttgart 1986, S. 24.

280 Sonderborg in: Moderne Galerie des Saarlandmuseums, Saarbrücken 1983, S. 244.

281 Vgl. Georg Nothelfer, Spurensuche, in: K. R. H. Sonderborg, hg. v. Manfred de la Motte, Galerie Georg Nothelfer, Berlin 1991, S. 7: ein Mythos vom unerreichbaren Künstler (der stets der Moderne verbunden war und ist, sie anfragte und vorantrieb).

282 Sonderborg in: Saarbrücken 1983, S. 216.

283 Wie andere: z. B. Schultze, Höhme, Götz, letzterer immerhin in der Nürnberger Ausstellung!

erung in der Zeit nach diesem Weltkrieg. Er steht für ein reflexives ebenso wie aktives, das heißt künstlerisch-kritisches Tun, Auseinandersetzung mit Außen- und Innenwahrnehmung. Und er hat dem westlichen Teil Deutschlands mit zu erneuter internationaler Reputation verholfen; durch seine Grenzen übergreifende Lebensart - von Geburt an -, durch sein beobachtendes Leben und den Dynamismus dessen künstlerischer Umsetzung. Aufbruch nach dem Krieg - geradezu Synonym dieses Lebenswerkes. Aufbruch in die Moderne - sein Werk ein unvollendetes Projekt derselben!

Als Einladung der letzten großen Zusammenschau und Einzelausstellung seiner Werke anlässlich seines 80. Geburtstages 2003 in Emden darf aber wohl festgehalten werden: Wertschätzung für »eine Persönlichkeit, deren Leben und Schaffen in besonderer Weise miteinander verknüpft sind«[284], der sich und uns einen Spielraum voller weiter utopischer Halluzinationen und Visionen von Möglichkeiten menschlichen Sein- und (Sich-)Lassen-Könnens vorstellt: Weite und Freiheit, Überbrückung der Räume, Kraftlinien und dynamische Bewegung, die Bewusstsein erweitern.

Oder mit der Laudatio aus Anlass der Verleihung der Max-Lütze-Medaille am 5. August 1978:

> Ansatz
> von
> fernstem
> Formwerden
> als
> Einsatz
> von
> greifbarstem
> Wahrhaben
> durch
> Ausrasten
> frei
> wirkender
> Spannungen
> zwischen
> Triebkraft
> und

[284] Siehe Ausstellungs-Flyer, Emden.

Grenzwert
im
Welt
als
Beute
zerreißenden
Spiel

Lebendiger kann ein Leben wohl nicht gelebt werden von einem, »der außer seinem Namen nichts geklaut hat«,[285] der zu Hause ist, wo er sich gerade über ein Papier beugt, und dessen Bilder allein für sich stehen, »eigenbedeutsam« sind. Sie überbringen nichts anderes als sich selbst, sind frei von Zweck, sind nichts als Bilder, sind räumlich. Das fasziniert manchen und das lässt andere zurückweichen. Aber frischere Kunst als diese kann es kaum geben.

In der genannten Vernissage 1998 entgegnete Sonderborg dem Verfasser mit jungenhaften Augen auf dessen respektvolle Äußerung zur Vitalität seines Werks: »Glauben sie mir, junger Mann, Altern ist grausam! Das Alter ist grausam!« – »Weiß man denn, wer klopft?« (Sonderborg zu South Archer Monster 1991).

K. R. H. Sonderborg starb am 18. Februar 2008 in Hamburg. Wo sonst!

2.2.2 Impulse für die Seelsorge

Leben und Werk Sonderborgs bergen in mehrfacher Hinsicht Antrieb für seelsorgliche Herausforderungen und Impulse. Ob diese ihm jeweils bewusst oder gar recht gewesen wären, bleibt dahingestellt. Zumindest hat er seine Weltsicht in die Öffentlichkeit gestellt, um zu wirken! Wichtig ist mir, dass weder er als Person noch seine Arbeiten für irgendeine Richtung oder Ideologie oder Deutung in der Seelsorge bzw. für eine bestimmte Seelsorge vereinnahmt werden[286]. Dies kann in einer offenen Begegnung von Anfragendem/Suchendem und Kunst(werk) ja aber nie geschehen.

Diese erste Frage bezeichnet bereits eine Wirkung der Positionierung Sonderborgs am Rande seiner Kunst bzw. auf seinem Weg zu ihr: Seine Kompromisslosigkeit (manche würden sagen: Sturheit, Frechheit, Beharrlichkeit)

---

[285] Sonderborg in der Vernissage zu »Spuren. Werke aus vier Jahrzehnten«, Richard-Haizmann-Museum für Moderne Kunst, Niebüll, 3. April 1998.

[286] Wie diese Vereinnahmung auch immer wieder in eine Kunstrichtung erfolgen sollte: Informel, Zen etc.

im Umgang mit der Obrigkeit hat ihm früh Nachteile eingebracht, die er geschultert hat. Diese haben ihn aber nicht gebrochen, sondern vielmehr konsequent seinen Weg ins Freie der Kunst gehen lassen. Und diese Beschwernisse haben ihn den darin erlangten Wert ein Leben lang wertschätzen lassen, so dass er nie in Gefahr geriet, seine »Faulheit«, sein »Lottern«, sein »Herumleben« von anderen als für die Kunst nicht hilfreich werten zu lassen: Er lebte sein Leben. Er hat es sich hart erkämpft. Er hat es zu seinem gemacht!

Und er erfuhr an sich selbst den direkten Reflex seiner kompromisslosen Haltung, indem er selbst darin eine Stärkung erlebte: Dass seine Überzeugung nicht zu brechen war, dass sie sich durchsetzte; dass es sich zu kämpfen lohnte; dass er in der Lage war, letztlich standzuhalten; dass scheinbar inadäquate Mittel wie Bilder, seine Bilder, ein Gewaltsystem überdauern.

Dies führt zu einem zweiten Impuls, den ich in der Arbeit mit Schwerstbehinderten anhand der Kunst Sonderborgs besonders deutlich erfahren habe, der aber sicherlich nicht nur in diesem Seelsorgebereich bedeutsam ist: Seine Einarmigkeit hat vor dem Hintergrund der schier ungezügelten Dynamik seiner Arbeiten auf Menschen, die mit ihrer Behinderung leben, einen starken Ermutigungs- und Aufforderungscharakter. So werde ich nie vergessen, dass ein schwer behinderter junger Erwachsener, der im Rahmen einer Kreativwoche aus seinem Rollstuhl auf eine große Papierbahn gehoben worden war (s. SeelsorgeART!) und erstmals in seinem Leben zu einem Thema mit Fingerfarben gemalt hatte – nur mit der ihm dafür zur Verfügung stehenden linken Hand übrigens –, bei der späteren Besprechung und Vorstellung eines Sonderborg-Blattes und dessen Vita zu strahlen begann – und dass ihm die Tränen herunterliefen. Als dieser Mann mich Jahre später zu seiner ersten Vernissage mit eigenen Bildern in die Wuppertaler »Alte Färberei« einlud, erinnerte er sich an diesen Augenblick. Die Reproduktion Sonderborg'scher Malweise und dessen Lebenswille und dessen gesamte Vita (und die anschließende eigene Erschließung von dessen Originalen) hatten diesen Mann u. a. zu seinen eigenen Farben und Formen gebracht. Die Dynamik Sonderborgs im Leben und in der Kunst hatten sich ausgewirkt.

In der Sonderborg'schen Kunst sehe ich weitere Impulse für die seelsorgliche Arbeit, die ich im Folgenden verallgemeinert benenne. Denn auch hier ist jeweils die unten zu beleuchtende Differenzierung von SeelsorgeART wichtig, der Kontext und das Setting dieser Arbeit, die spezielle Situation des Klienten und mit dem Klienten:

- Geschieht die Arbeit in einer Galerie oder in einem Museum vor Originalen? Oder geht es um Reproduktionen (welcher Qualität)?

- Handelt es sich um einen gesetzten Impuls des Seelsorgers durch eine künstlerische Position, hier: Sonderborg? Oder erschließt sich die Klientin das Werk selbst (wählt es aus)?
- Ergibt sich die Begegnung mit dieser Position aus einer Wahl des Klienten aus verschiedenen Bildern verschiedener Künstler oder um eine Engführung?
- Folgt die Begegnung mit Sonderborg der eigenen künstlerischen Arbeit des Klienten, setzt es diese voraus oder in welcher Form findet der Austausch statt?
- Handelt es sich um einen Workshop speziell zu Fragestellungen aus Sonderborg'scher Kunst, zu dem eingeladen wurde (gezielt oder offen)?

Gerade für die Materialität seiner Bilder, die eher Raumbilder sind denn zweidimensional, deren durcharbeitete Flächen so wesentlich sind für ein Begreifen, ist die Arbeit am Original besonders wünschenswert. Dafür sollen folgende Hinweise beachtet sein.

Sonderborgs Arbeiten strahlen sehr oft eine große Frische und Dynamik, eine im Jetzt gegründete Kraft und Präsenz aus, der zu begegnen abschreckend, weil aufdeckend oder einladend, weil Impuls gebend beim Betrachter ankommen kann. Ihre Präsenz ist ein starkes und stärkendes wie auch sehr forderndes Gegenüber.

Seine »pure Malerei«, seine Strukturen, seine im Bild wahrnehmbare Aktion und Reaktion auf Material- oder Zeitimpulse stellen die Frage nach der eigenen Struktur, nach eigener Aktion und Reaktion auf Impulse, die sich ereignen. Hier kann die Information des seelsorglichen Begleiters, dass dies nicht die Umsetzung einer geplanten Komposition ist, sondern eine aktuelle Reaktion im Bild auf die dortigen Ereignisse, hilfreich sein und weitere Impulse geben.

Sonderborgs auch allein in der Fläche deutlich werdende Neugier auf Form macht seine Bilder anziehend, sich auf ihre Linienführung und Struktur, auf das Ensemble einzulassen. Wege und Schienen, Bahnen und Schranken, Verbindungen und Abbrüche, Spiralen und Wirbel, Knoten und Knäuel, stotternde Linien und Punktstaccatos, Parallelen und Doppelungen, dünner und massiver Materialauftrag, Risse, Aufwallungen, Punkte – es sind auf sich ziehende Reinguckbilder, in die man einsteigen kann und sich darin bewegen. Auch auf den Freiflächen und in der Nähe des Farbmaterials.

Wenn dieses Einlassen erfolgt, bietet das Bild eine Vielzahl von Erlebnisorten für die Sinne: zum Aufmerken und Innehalten, zum Horchen in die Fläche und Geborgenheit finden, zur Suche nach Straßen – hin und weg. Wer sehen will, kann hier sehen! Wer nicht sehen kann, mag die Sonderborg'schen Sichtachsen und Verstecke nachgehen und zu ahnen suchen. Sich Impulse holen für das eigene derzeit Verdeckte.

»Dass der sich das traut!« – Die Äußerung einer Klientin zu einem nahezu leeren großen Blatt mit nur wenig Farbauftrag, einer japanischen Kalligraphie ähnlich. Was traut er sich? Was mag dahinter stecken? Woran erkennen sie das Trauen? Sonderborgs anarchischer Geist tritt aus dem Bild hervor, erreicht den Betrachtenden, regt dessen eigene Initiative an – oder nicht. Muss man sich denn trauen?

»... wie eine Höhle aus Raum!«, äußerte eine andere Klientin vor einem anderen Bild Sonderborgs. Wenn es »Seelenlandschaften« gibt, Sonderborg stellt sie uns vor Augen. Landschaften, in denen sich spazieren gehen lässt, innehalten und verweilen, aus denen man auch gut wieder herausfindet. In denen man sich verlieren und festsetzen kann. In denen man die Umrisse und Wände, Tore und Durchlässe berühren möchte, anfassen – und sie in freier Sicht vor sich hat. – Wahrlich meist nicht gegenständlich fangen sie dennoch die Charakteristika einer Lokation treffgenau ein.

Direkt vor dem Blatt reicht ein Ausharren und Schauen, Kontaktaufnehmen zum Bild, vom Bild aus, seinen Formen, Farben, seiner Melodie. Sich Zeit zu nehmen zum Anklingenlassen einer Melodie, die daraus klingt; einer quietschenden Tram, einer Bewegung, einem typischen Aperçu. Raum haben, um mit dem Raum im Bild den eigenen Raum zu erweitern, diesem Impulse zu verschaffen. Oder der Enge nachspüren – wie Sonderborg »da raus kommt«. Sonderborgs »Kräfte-und-Impulse-Sammeln« aufnehmen, sich seine Konsequenz kurzzeitig ausleihen, die ihn zu seinen Wegen inspiriert und empowert hat. Ausleihen vielleicht, um eigene Recherche zu beginnen. Dies Erleben mal mit dem eigenen sonstigen Erleben in Beziehung setzen. Still. Oder laut. Oder rausschreien – wenn der Museumsraum mal leer ist, morgens oder bei hellem Sonnenschein.

Die Verletzungen des Verletzten und diejenigen im Bild sind ein eigenes Thema für Begegnungen. Mich verwundert zuweilen, wie offen manche Bilder in Ausstellungen hängen: Nicht aus Angst, sie könnten beschädigt werden, sondern aus dem Blick in ihre Verletztheit, die sich derart offen zeigt. Und mich wundert manchmal nicht, weshalb Menschen so zügig gerade dort vorbeigehen: Aus Betroffenheit »auf den ersten Blick«, der man »lieber nicht« nachsinnt? So ist es wichtig, welches Bild ich »bekomme« für welchen Klienten, in welchem Raum und für welche Zeit – und welches Bild ihm (und mir) bekommt.

Eventuell führen Fragen in den Kontakt, die ich als »Brückenbauer« hier anbringen kann, ohne die Brücke in Breite und Tragfähigkeit voreilig selbst zu bestimmen und zu definieren. Es muss ja nicht gleich ein ganzer »Zug viele Waggons voller unausgepackter Lebenslastencontainer« auf die Brücke rollen, vielleicht will ja erst einmal vorsichtig ein Fuß gesetzt werden, eine Fußspitze – auf einen neuen Boden. Ein Punkt ist keine Linie ist keine Kurve ist keine Fläche ist kein Raum – und kann es doch werden.

Solche vorsichtigen Setzungen von Impulsen – eher der Not gehorchend, die alles aussprechen muss, innerlich dem Beuys'schen beredten Schweigen viel mehr trauend – könnten in der seelsorglichen Situation, in der Begleitung, im definierten miteinander »Herumleben« sein: (eine Auswahl aus Praxissituationen)

»Was sehen sie? Was spricht sie an? Was mögen sie nicht?«
»Mögen sie das Bild ansehen?«
»Sagt das Bild ihnen etwas? Was klingt in ihnen an?«
»Was will das, soll das wohl?«
»Wo mögen sie sich dort jetzt gern aufhalten? Wo gar nicht?«
»Wie mag sich Rot dort fühlen, so umringt von Schwarz?«
»Wie mag es sich in dieser Kurve anfühlen zu liegen?«
»Fällt ihnen zu diesem ›Wirbel machen‹ etwas aus ihrem Alltag ein?«
»Welchen Abstand brauchen sie von diesem Bild?«
»Welche Temperatur hat für sie die Situation auf dem Blatt?«
»Möchten sie da rein? Was weist sie zurück? Was fehlt ihnen dazu?«
»Wie mag es wohl dem Künstler im Augenblick des Bildes gegangen sein?«
»Wo sehen sie die Mitte des Bildes? Wo ist es beendet worden?«
»Was sehen sie in den Verletzungen der Oberfläche?«
»Mögen sie hier vor diesem Bild sein?«
»Würden sie sich dieses Bild aufhängen? Wenn ja: Wohin?«
»Wie wirkte es sich aus im Wohnbereich? In der Garage? Im Fenster?«
»Dieses Bild hat ein einarmiger Künstler gemacht! Hat das Bedeutung für sie?«
»Dieses Bild ist in kaum 45 Minuten entstanden! Ist das schnell?« …

Es geht um Impulse zum Dialog, um Anregungen. Um solche, die im Bild vorhanden sind und die sich senden, und solche, die auftreffen auf Empfangsantennen im Rezipienten, die gerichtet oder ungerichtet sind. Impulse, die ganz anders verdichtet sind und mit ganz anderer Frequenz als in der Sprache senden, auf das Merkenwollen des Betrachters treffen und etwas berühren, einen Prozess, eine Abwehr, ein Gefühl, eine Sehnsucht, etwas verschüttet Geglaubtes – ein inneres Bild. Etwas, das eventuell überhaupt noch nicht benannt werden kann oder darf oder soll oder muss, das sich aber schon ahnt oder weiß. Womöglich hat sogar ohne das derzeitige Merkenkönnen des Betrachters im Bild etwas zu sein begonnen, als Ahnen eines Spürens von Wärme oder Leichtigkeit oder Gelassenheit. Wenn dabei, darin, daneben ein Seelsorger schlicht standhält, eine Situation der stattfindenden Begegnung zwischen Mensch und Bild mit aushält, unter Umständen auch lange stehen muss, dann kann sich viel gewinnen. Seelsorge kann in diese Situationen (ein-)führen, mitgehen, auch einmal auf Ideen bringen lassen. Auch sich selbst. Sie ist selbst Teil eines offenen Prozesses. Sie weiß nicht schon, was »uns das Bild sagt«.

»Ein Bild kann mich doch nicht erleichtern!« – »Nicht?« Oder es geht darum, die Schwere in sich erst einmal zuzulassen, zu spüren und dranzubleiben. Im Bild dort. Das etwas mit dem Betrachtenden zu machen beginnt. Wo spürt dieser das? Wodurch merkt es der Seelsorger? (Auch hier gilt es die Fragen nach »Übertragung« und »Gegenübertragung« nicht auszublenden!) Oder das Flüchtenwollen merken, gar Flüchtenmüssen, selbst oder mit flüchten, um standzuhalten. Für morgen eventuell. »Du sollst nicht merken!« (Maxie Wander), aber du darfst. – »Du darfst standhalten!«, wenn du mit meiner Nähe kannst.

Eine Farbe oder das Detail hat den Menschen erreicht, hat sich eingenistet und wirkt fort. Tief drinnen. Unter der bewussten Ebene. Längst nicht auf der Sprachebene, die es vielleicht nie erreicht. Aber das innere Wissen ist da. Warum sollte es dem Betrachter anders ergehen als dem Künstler selbst, der ein Leben lang unterwegs war, um Spuren zu sichern. Letztlich Spuren wahrzunehmen in der Welt, die er als solche erkannte, weil sie in ihm angelegt waren, und der stets hoffte, Überraschendes zu entdecken, das von draußen Inneres erreichte, erkannte an den Spuren, an sich. Durch die Spuren an sich. In dieser Welt »zwischen Zen und Überschall«, dort wo Sonderborg auch immer gerade lebte. Mit sich.

Mich spricht dieser Lebensversuch Sonderborgs an. Dessen Dokumentation und Eröffnung in der Kunst dieses Mannes lebendig vorgestellt ist und Menschen erreichen kann – als *ein* Versuch, in diesem Leben mit schwierigsten Voraussetzungen auf sehr bestimmenden Fundamenten zu bestehen. Als Impuls, als Weg-Weis. Nicht, um das Gleiche zu tun, sondern um auf diese fremden Bilder die eigenen Bilder reagieren zu lassen. In Freiheit.

»Freiheit vom Zweck, Zweck zu sein oder Zwecke erfüllen zu müssen. – In einer Zeit, in der wir täglich mit laufenden Bildern überfüttert werden, in der wir kaum noch etwas selbst entdecken müssen, in der die Anästhetisierung, also die zunehmende Ausschaltung von Wahrnehmung, Fortschritte macht – sind es Sonderborgs Bilder, die uns wieder auf die Sprünge helfen. Die die Neugier kitzeln, der Phantasie nachhelfen, Lust machen auf neue Seherlebnisse, die Sinne durchlüften … Und das allein ist schon ein besonderes Geschenk.«[287]

Ein Geschenk, das sich niemandem aufdrängt, das Seelsorge niemandem aufdrängen soll. Ein Geschenk aber, das Menschen überraschen kann, die sich ihrem Lebensthema »Unterwegs sein zu sich – Festsitzen in sich« stellen mögen. Ambulanter als bei Beuys geht es Sonderborg um »Freiheit vom Zweck, Zweck zu sein oder Zwecke erfüllen zu müssen«, um Engholms Sicht auf Sonderborgs Werk zu benutzen. Wenn dies den Sinnen der Seelsorge und den ihr sich Anvertrauenden neue verantwortliche Impulse geben kann, lüftet es beide.

Geradezu gegenständig zu Beuys und Sonderborg, jünger, geerdeter bzw. »versteinert«, findet sich die Sicht auf die künstlerische Positionierung in Leben und Werk Ulrich Rückriems. Raum und Weite findet er zwischen und aus Steinen, in ihnen, um sie. Und er stellt sie uns vor in einem menschlich schroffen und künstlerisch humanen Maß, nicht monumental, wenn auch durchaus groß, sondern auf Menschen bezogen. Er sollte Priester werden. Womöglich wäre ihm dies schwer geworden, wenn ich heute auf seine Sprache rekurriere. Und doch habe ich in der Nähe seiner Steine stets die Gewissheit, dass er an seinen Steinen ein Seelsorger ist. Und in seinen Werken etwas herausbildet, das dem Seelsorger erzählt von der Seele des Gegenübers, von den Brüchen, in denen Dinge und Menschen gefunden werden und sich finden. Rückriem lässt den Wert des Materials nicht nur bestehen, sonst hebt diesen hervor. Durch sein künstlerisches Handeln, aber er belässt es beim Material des Gegenübers und fügt nichts hinzu. Außer seiner Liebe zum Material, seinem Kenntnisreichtum, seiner Sachtheit, der Zurücknahme seiner selbst. Er arbeitet in der Mitte des Materials, im Zentrum. Und er kann dies nur aus seiner eigenen Mitte heraus, unter Einsatz seiner Erfahrungen, seiner Entscheidungen im Leben, seiner Professionalität. Er geht sogar so weit, dass er seine Steine beheimatet, sich also verantwortlich weiß für deren Verortung und Lebensumgebung. Dies kann ihm nur wichtig sein, wenn er selbst

---

[287] Björn Engholm im Galerieverein Leonberg über Sonderborg, 1999. (Ein schriftliches Redemanuskript wurde in Leonberg vergeblich gesucht!)

um diese Wichtigkeit weiß und sie ihm selbst wichtig ist. Er stellt seine Werke in den Raum, traut sie diesem, diesem seine Werke zu. Bisweilen baut er ihnen selbst ein Zuhause. Er sorgt!

Ich beschreibe Leben und Werk Rückriems und mute dem Lesenden die These zu, dass diese Bildhauerei abbildbar sein mag für die Sorge um die Seele auch von Menschen. Gerade weil es nicht die Sprache ist, die in diesem Werk dominant ist. Sondern weil dieses Werk dem Menschen ein Maß gegenüberstellt, an dem er sich finden kann. Diese Kunst ist Seelsorge. Eine Behauptung, die sich erst direkt am Stein erweist. Die ich erlebt habe und zu beschreiben versuche, was vermutlich ohne den Kontakt zum Stein scheitern muss.

2.3 Ulrich Rückriem

Steinmetz, Bildhauer, Steinwerker, Skulpteur, Anleiter, Professor, »harter Trinker«, Gesprächspartner und Monologisierer, Mensch im Raum zwischen Größe, Volumen, Material und umgebendem Raum.

2.3.1 Was ist Bildhauerei?

> »Color is a substance.«
> »Sculpture has a non verbal language.«
> »Sculpture is banging into the space!«
> »Space is not one thing. It's always imaginary!« (Anish Kapoor)[288]

Zunächst arbeitet, denkt, plant, fühlt Bildhauerei immer in der dritten Dimension. Und dies selbst in der Zeichnung. Bildhauer-Zeichnungen unterscheiden sich daher von der Malerei, sind eher den Architekturzeichnungen verwandt[289]. Letztere allerdings sparen den für die Bildhauerei so entscheidenden Bereich des Körperlichen aus, dem Bereich, dem diese zutiefst verbunden ist und bleibt, selbst in den Abstraktionen und Verfremdungen ihrer Arbeiten. Diese Zeichnungen wie die plastischen Arbeiten selbst sind immer ausgerichtet auf und vorbereitet auf die Begegnung mit allen Sinnen der Betrachter, die mit Augen, Hand und Körper, ja, mit allen Sinnen auf sie zu-

[288] Anish Kapoor im Interview zur Eröffnung von »memory« in der Deutschen Guggenheim in Berlin, November 2008.

[289] Vgl. dazu Zeichnungen z. B. von Franz Bernhard, Alfred Hrdlicka, Peter Zumthor, Ulrich Rückriem.

kommen. Bildhauerei setzt sich wie keine andere Kunstrichtung mit der Darstellung und Definition, mit der Charakterisierung des körperlichen Menschen, seiner Beweglichkeit und Dynamik, seinen Bewegungen innen wie außen auseinander. Sie fragt in den Körper hinein und spürt nach, was aus ihm herauswirkt – an physischen, psychischen, seelischen Parametern.

Die exakte Wahrnehmung des so verstandenen menschlichen Körpers in allen ihm innewohnenden und ihn umgebenden Einflüssen ist somit die Voraussetzung für den Schritt, dies als Bildhauer selbst zu spüren, nachzufühlen, zu umkreisen mit den eigenen Lichtwerfern, gerade auch die Ecken und Winkel und Dunkelheiten auszuleuchten, die die Realität der dritten Dimension ausmachen. Den ganzen Körper zunächst visuell und innerlich herauszuholen aus seinem Umgebenden, darum geht es! Die folgende Zeichnung soll nun dieses Körperliche in der Fläche ins Körperliche, in die Plastizität hinausmodellieren. Diesen aus der Zweidimensionalität in den Raum zu befreien. Zunächst zeichnerisch als greifbare Idee, antizipierte Vision des Bildhauens.

Der Raum, aus dem befreit wird bedeutet zweierlei: Da ist die Aura dieses Körperlichen, das sich ereignet aus dem Fleisch und Blut, Haut und Haar, Seele und allem, das zum Selbst dieses Körpers wird. Und da ist der Raum, in dem er sich befindet mit dem Betrachter, mit all den anderen Körperlichkeiten und (Ver-)Körperungen in den Räumen dieser Welt. Sie kommen sich nahe, sie bleiben sich fremd, tasten sich mit den verschiedenen und verschieden entwickelten, unterschiedlich wertgeschätzten und gereiften Sinnen durch Zeit und Raum. Sind stets Teil des Ganzen – wie die Bildhauer und ihre Werke selbst – und wirken ein und wirken sich aus!

Bildhauerei zeichnet dieses Umherleben also nach, zeichnet ab auf die Matrix des eigenen Wahrnehmens und Denkens und Strukturierens und Hauens eines Bildes in die Dreidimensionalität, ist also bestimmt von den Realitäten der umgebenden Welt UND bringt sich als Impuls in diese neu ein. In welcher räumlichen Dimension auch immer – hebt auf den Sockel (Brancusis »Vogel«), stellt auf die Plinthe (Bernhard), exkludiert das Werk, stellt es auf bestimmter Ebene in Beziehung zu anderen auf gleicher oder anderer Ebene (Hede Bühl), erdet, vertieft, senkt ab, versenkt: Götzenbilder hoch erhaben, Plastik runter vom Sockel auf die Ebene mit den Menschen – bis zu Timm Ulrichs, der die Fußsohlen des Körpers an der Erdoberfläche zeigt, den er in eben dieser versenkt: Es ist die Nachbildung seines eigenen: »Denk stets daran mich zu vergessen!« (Ulrichs).

Bildhauerei gründet sich – wie genannt – und differenziert sich sogleich räumlich in eben ihrem Stand, Standbein, Haltepunkt wie dem Spielbein, das sich dem Raum ganz anders annähert und sich diesen nimmt. In der Freiheit der Bewegung, des Gestaltens, des Tanzes – im Spiel. Da ist sie ganz schwer und ganz leicht, da hebt sich ein bronzener schwerer Christustorso von Alfred Hrdlicka[290] leicht empor als habe er keine Schwere in sich. Greifbar unfasslich. Gesehen, wahrgenommen, durcharbeitet – und freigesetzt. Hinein in das freie Spiel der Kräfte – wo sie denn (noch, wieder) frei sind (sich zu sein trauen, das Wagnis der Freiheit, dieser Errungenschaft, die sich stets neu zu erringen hat, auf sich nehmen – als Verantwortung für eben diese. Bildhauerei stellt sich diesem nicht leichten Thema. Sie muss es als ihr Ureigenstes.

Der Naturwissenschaftler und universelle Bildhauer und Maler, Dichter, Künstler Per Kirkeby[291] spricht von der provozierenden Spannung zwischen vollendetem Kunstwerk und fragmentarischem Charakter, der Wahrnehmung des Torsos. »Assoziationen sind auch unsichtbar und vielleicht der wichtigste Teil der Skulptur.«[292] Die Unmöglichkeit, eine Form zu bestimmten Bildern (z. B. der Geschichte, der Architektur) zu ergänzen, begründet für ihn in der Bedeutung der rein architektonischen Form das Maß der Abstraktion jeder Skulptur, die Andeutung des Vorstellungsbildes des Unbekannten (s. Baumeister!), der Anonymität: »Anonymität ist eine paradoxe Größe eines jeden überlegenen Kunstwerks. Alle Maler erreichen in ihren Werken oftmals eine schreckerregende Anonymität, eine unter Mühen erworbene »Leere«. Skulpturen besitzen in weitaus höherem Maß eine eingeborenen Anonymität … Es ist eben auch diese Qualität des Anonymen, die uns beim Verständnis des historischen Klassizismus die größten Schwierigkeiten bereitet, die jedoch nicht mehr zu verlieren ist, wenn sie erst erkannt wurde.«[293] Hierin sieht er den »Spielraum für das, was man konzeptionelle Vorstellung genannt hat«,[294] in seinem Denken der Kern der Erinnerung, der Assoziation. Er setzt sich hier in der Nähe zu Rodin mit diesem auseinander: »Größeres zu denken durch ›Fragmente‹. Rodins Radikalismus des Torsos. Daß ein Bein eine ganze und volle Figur sein kann, bedeutet einen Umgang mit ihr, den wir noch kaum be-

---

290 Siehe Museum am Dom, Würzburg.

291 Vgl. KUNSTZEITUNG 158/Oktober 2009, S. 018: Dorothee Baer-Bogenschütz zur Ausstellung von Kirkeby im museum kunst palast: »Irritierend vielseitig«.

292 Per Kirkeby, Die Ausstellung, in: Kunstmuseum Luzern: 5 Dänische Künstler, Luzern 1976, S. 43.

293 Per Kirkeby, Ziegelsteinskulpturen, in: »von hier aus« (Ausst.-Kat.), Düsseldorf 1984, S. 182.

294 Ebenda, S. 181.

griffen haben. Ein seltsam unvollendetes, ja eigentlich nur angedeutetes Kapitel. Das jedoch schon vor langer Zeit angelegt wurde: Michelangelos halbfertige Figuren. Doch es deutet das große Zusammendenken der unentrinnlichen Stofflichkeit der Figur mit der ebenso unausweichlichen menschlichen Interpretation an.«[295]

Kirkeby löst architektonische Erinnerungen aus ihren gewohnten Zusammenhängen – er spricht in Anlehnung an Malewitsch von »Architektonika«[296], das Visionäre, die räumliche Projektion tektonischer Strukturen –, weist damit ihre Eigenständigkeit und Künstlichkeit auf und setzt sie als formale Elemente frei, die er nach seinem Ermessen zu einem künstlerischen Ausdrucksmittel formt.[297] Dies bewirke beim Betrachter die Spannung zwischen erinnerndem Erkennen und gleichzeitig einem Sperren der Skulptur gegen eine unmittelbare Vereinnahmung (Verstehen), eine rätselvolle Distanz und »eine Art ›höherer‹ räumlicher Sicherheit und letztlich – Geborgenheit ...«[298]. Damit ist das Grundprinzip wahrnehmender Erkenntnis und Bildfindung, Verdichtung und geistiger Konzentration für Kirkebys bildnerisches Arbeiten gefunden: »Das Motiv ist der Anlaß: der Anlaß für die radikale Sprengung des Motivs und für die totale Neubildung, die sich letztlich als gegenwärtige ›wirkliche‹ Version des Motivs erweist.«[299] Das Werk wird ganz in der Einbildungskraft des zugleich Fragmentarischen: es bleibt in der Schwebe. Der reale Raum und seine Durchdringung mit der Skulptur ist dann auch Metapher für den geistigen Raum, gerade weil eine unmittelbar direkte Einvernahme in die »Architektonika« des realen Raumes nie ganz möglich ist. Die Anonymität kennzeichnet auch stets die Distanz. Es gilt für den Betrachtenden von Kirkebys Arbeiten, die Wahrnehmung und Assoziationen auf das »Architektonika« zu richten statt auf die vermeintliche Architektur der Arbeiten. Darin besteht die Chance zu einer Annäherung an die Skulptur oder Plastik und seine/ihre bildhafte Vision. Dies ist das Auratische in Kirkebys plastischen Arbeiten, seine Vision und Utopie.

---

[295] Per Kirkeby, Rodin, Bern/Berlin 1985, S. 16.

[296] Vgl. Per Kirkeby, Im Umkreis von der Grundtvigs-Kirche, in: Städtisches Museum Abteiberg Mönchengladbach: Per Kirkeby, Skulpturen und Druckgraphik, Mönchengladbach 1986, S. 47–61.

[297] Vgl. Hannelore Kersting, Zwischen Subjektivismus und Anonymität, in: Städtisches Museum Abteiberg Mönchengladbach 1986, S. 73.

[298] Siegfried Gohr, Nach innen ist auch nach außen – Die Bildvorstellung im Werk von Per Kirkeby, in: Museum Ludwig Köln 1987, S. 13.

[299] Vgl. Kirkeby, Im Umkreis, S. 61.

Schließlich verweise ich auf eine Äußerung von Franz Bernhard aus dem Jahre 1969 über seine Arbeit: »Meine Plastik leitet sich vom Menschen ab. Man kann ein ›Aktmodell‹ aufbauen wie ein architektonisches Gebilde. Ich mache aus Körpern Platten, Bögen, Balken. Ich mache aus Armen Gestänge. Ich mache aus dünn dick. Ich lasse ein Bein weg, wenn es stört. Ich mache aus kurz lang. Ich mache aus lang kurz. Ich beschäftige mich mit Abläufen von Formen, mit Abläufen verschieden schwerer Massen, mit Proportionen, mit Winkeln, mit Rhythmen. Ich gestalte Übergänge. Ich mache Dinge. Meine Dinge greifen in den Raum. Ich gestalte Räume.«[300] Im Gegensatz zu seinem Lehrer Wilhelm Loth (1920–1993), der in diversen Gusstechniken arbeitete, geht Bernhard in den verwendeten Materialien her – Balken, Bretter, Fundstücke, Eisen – von einem konstruktiven Aufbau aus: »Meine Arbeiten sehen nicht wie eine Frau aus. Aber sie könnten soviel wie Frau bedeuten.«[301] Wie bei Rückriem im Stein, so sind auch in Bernhards Arbeiten Spuren deutlich: »Keineswegs sind die Oberflächenstrukturen ästhetisch kalkuliert. Sie ergeben sich von selbst während des Arbeitsprozesses. So, wie die Sache gemacht ist, sieht sie aus und so sieht man sie, und das, was an der Sache gemacht ist, ist ebenfalls ablesbar.«[302]

Bernhards Plastiken lösen – »Das Bild lebt aus sich selbst. Das Abbild beruft sich auf seine Ähnlichkeit mit dem Vorbild. Das Bild ist – dinghaft – autonom.«[303] – im Betrachtenden eine selbstreflektorische Sicht auf die eigene Existenz aus, wollen diese aber nicht aus sich illustrieren.[304]

---

300 Zit. nach Christoph Brockhaus, Der Zeichner Franz Bernhard, Edition Rothe Heidelberg 1985, S. 5.

301 Zit. nach Christiane Vielhaber, Die Kraft der Einfachheit. Über Franz Bernhard. In: Künstler. Kritisches Lexikon der Gegenwartskunst, München 1990, S. 7.

302 Zit. nach Manfred Schneckenberger, Franz Bernhard. Skulpturen und Zeichnungen, Stuttgart 1985, S. 9.

303 Bernhard zit. nach Peter Anselm Riedl, Franz Bernhard. Die öffentlichen Arbeiten, Stuttgart 1996, S. 8.

304 So vermittelt z. B. der 1984 entstandene »Geschützte Kopf« eine starke plastische Verdichtung des Raumes / im Raum, ein durch die geschmiedete Hülle gestaltetes Sich-Verschließen vor dem Umraum, Distanz. Ich habe es erlebt, dass dieser plastische Ausdruck sich derart in einem nicht kleinen Ausstellungsraum auswirkte, dass ein »nicht schwacher« Kopf von Hede Bühl in diesem keinen Ort mehr fand. – Dies im Gegensatz z. B. zu den unten beschriebenen zwei Skulpturen Rückriems in Würzburg, die einen eigenen Raum schaffen, aber nicht diese Außenwirkung zeigen. Dies mag am Prozess des Zerlegens und Zusammenfügens bei Rückriem liegen (im Gegensatz zum Aufbauen bei Bernhard; siehe Architektonika bei Kirkeby und Malewitsch), der deutlicher »inside the volume« seinen Ort hat.

Ein guter Übergang in der »Sprache der Plastiker« von Bernhard zu Rückriem scheint mir die Beschreibung durch Ersteren: »Plastik ist verbal nicht formulierbar, so wenig Verbales in Plastik übersetzbar ist. Das räumliche Erlebnis durch seine Arbeit zu ermöglichen bleibt eine zentrale Aufgabe des Bildhauers.«[305]

Bereits hier eine These, die ich unten in SeelsorgeART als Forderung an die Seelsorge sehe: Dieses »in die Sinne zu nehmen« der unterschiedlich im Volumen Arbeitenden, was allein verbal nicht übersetzbar noch greifbar ist, ist meines Erachtens die zentrale Aufgabe des Seelsorgers, der eine alle Sinne umfassende Seelsorge anstrebt!

2.3.2 Der Bildhauer Rückriem – der schwierige Versuch einer Annäherung

»Jetzt mache ich einen Raum, wo die Menschen selbst durchgehen und dann sozusagen auf sich selbst zurückgeworfen sind; sie werden dann sich selbst überlassen, was sie nicht als angenehm empfinden. Sie müssten eigentlich sagen: ich bin jetzt jemand, und ich suche nicht nach etwas Besonderem, frage nicht, was stellt das dar, sondern ich fühle, dass ich in dem Raum anwesend bin und betrachte die Dinge, die dort stehen und versuche diese zu mir in Beziehung zu setzen.«(Ulrich Rückriem)[306]

»Um sich in der Welt erhalten und seine Aufgaben erfüllen zu können, braucht der Mensch einen Raum der Geborgenheit und des Friedens, in den er sich zurückziehen, in dem er sich entspannen und wieder zu sich selber kommen kann, wenn er sich im Kampf mit der Außenwelt aufgerieben hat... Nur als ein Wohnender, nur im Besitz eines Hauses, nur in der Verfügung über einen solchen von der Öffentlichkeit abgesonderten und ›privaten‹ Bereich kann der Mensch sein Wesen erfüllen und in vollem Umfang Mensch sein. Der Mensch braucht, um überhaupt leben zu können, einen solchen Bereich der Geborgenheit.« (Gaston Bachelard)[307]

»Bei Stein ist mir am gemütlichsten!« (Ulrich Rückriem)[308]

---

305 Zit. nach Vielhaber, a. a. O., S. 15. Ulrich Rückriem in: Paul Hefting, Themen und Variationen. Ein Interview mit Ulrich Rückriem, 1977; zit. nach Texte über UR, 1964–1987, Düsseldorf/Mönchengladbach 1987, S. 129.

306 Ulrich Rückriem in: Paul Hefting, Themen und Variationen. Ein Interview mit Ulrich Rückriem, 1977; zit. nach Texte über Ulrich Rückriem, 1964–1987, Düsseldorf/Mönchengladbach 1987, S. 129.

307 Gaston Bachelard, Poetik des Raumes, Frankfurt am Main 1987, S. 136.

308 Rückriem im Interview mit Georg Jappe, zit. nach Texte über Ulrich Rückriem, 1987, S. 14.

»Wissenschaft kann den Tod für die Kunst bedeuten. … Ich glaube wohl, dass die Wissenschaft, die uns so weit in das Rationale getrieben hat, uns da auch wieder rausholen kann, wenn das Irrationale dabei einbezogen wird. Verstehst du, ich bin für das Rationale, aber ich unt erschätze das Irrationale nicht.Wir kommen dann zu unserem alten Beuys, der leider Jahre lang unterschätzt worden ist. Vielleicht weiß Beuys selbst nicht, wie wertvoll er ist …« (Ulrich Rückriem)[309]

2.3.3 LEBENSWEG

Ulrich Rückriem wird am 30.09.1938 als Jüngstes von fünf Kindern eines katholischen Volksschullehrers in Düsseldorf geboren. Nach dem Willen der Eltern soll er Priester werden: er besucht das Klosterinternat Knechtsteden. Nach einem schweren Sportunfall liegt er fast ein Jahr im Krankenhaus, besucht dann das Gymnasium in Düren. Sein Kunstlehrer bestärkt sein künstlerisches Interesse und empfiehlt ihm, Steinmetz zu werden, wenn er einmal Bildhauer werden wolle. Sein weiterer Weg: 1957–1959 Steinmetzlehre, Geselle in der Kölner Dombauhütte; nach Ablehnung seiner Bewerbung an der Düsseldorfer Kunstakademie zwei Semester Studium an den Kölner Werkkunstschulen; künstlerischer Autodidakt. Lebensunterhalt durch Anfertigen von Grabsteinen und Porträtköpfen. 1962–1963 ausgedehnte Reise »rund ums Mittelmeer« (Marokko, Tunesien, Südeuropa); Entscheidung Künstler zu werden; arbeitet im Schloss Nörvenich bei Düren freischaffend. Arbeiten in Holz und Eisen (Eisenguss-Zerschlagungen, Armiereisen (1969), Bandeisen, Eisenplatten, Erdkreise etc.), Heirat, zwei Töchter. Viele Künstler beziehen im Schloss kurzzeitig Quartier. 1968 »Künstlerisches Erleuchtungs- und Bekehrungserlebnis«[310]; Umgang mit Steinblöcken im Anröchter Steinbruch. 1968 Erste New York-Reise. »Der Weg der Teilungen«. 1968 Außenform streng geometrisch, Bruchstelle unregelmäßig. 1969 Außenform unregelmäßig, Schnitte streng linear. 1970 unverwischte Meißelspuren. 1972 Gegenüberstellung Regelmaß und Unregelmäßigkeit. 1969–1970 Ausstellung in der Galerie Fischer (Lueg), Düsseldorf. 1970 in Gerry Schums »Fernsehgalerie«; weitere Video-Arbeiten[311]. 1971 Umzug nach Mönchengladbach, Ateliergemeinschaft mit Blinky Palermo. 1971 in der Galerie Maenz erstmals eine Ausstellung auf die Gegebenheiten des Raumes hin. 1972–1992 Teilnahme an den docu-

---

309 Zit. in: Hefting, Texte, 1977, S. 135.

310 S. Jappe-Interview, 1978, in Texte 1987, S. 32–41.

311 Abgebrochen durch den frühen Tod Schums.

mentas 5, 7, 8, 9. 1973 DuMont-Monografie. Ab 1974 Professuren in Hamburg, Düsseldorf (1984) und Frankfurt/Main (1988). 1976 Steine an der Petrikirche, Münster; Kampagne gegen diese, Meschede-Dissertation. 1978 Biennale. 1977–1978 Tesafilm-Graphit-Zeichnungen. 1977, 1987, 1997, 2007 Teilnahme am Skulpturen-Projekt Münster. 1982 Heine-Denkmal, Bonner Stadtgarten. 1983–1984 Städel-Garten-Stelen und Bodenreliefs (Schiefer, Granit), Frankfurt. 1988/1990 Dürener Stelen (»Skulpturen, die auch Denkmäler sind, wenn Menschen sie wahrnehmen.«[312]). 1989 Ausstellungshalle in Clonegal, Irland (»The Barn«). (Die Fotografien seiner Arbeiten von Thomas Struth erkannte R. als eigenständige Kunstwerke an! Er wünscht sich eine strikte Trennung von Bild und Wort und Objekt); Rommerskirchen-Sinsteden. 1998 erste große Einzelausstellung in der Neuen Nationalgalerie Berlin (40x120x120 in Korrespondenz zur Mies-van-der-Rohe-Architektur; auch 2002 und 2009). 2002 »10 Variationen eines Blocks«, (s. das »Damenproblem« im Schachspiel), Schloss Dyck. 2006 »Schatten der Steine«. Lebt und arbeitet »in Steinbrüchen« und in Clonegal, Irland.

Im Folgenden werde ich mich ausschließlich den Steinskulpturen[313] im Werk Rückriems widmen. Dem Material, in dem er bildhauerisch ausschließlich in den letzten vierzig Jahren arbeitet. Die Ausbreitung seiner Werke ist weit, das Grundthema seiner Arbeit wird breit variiert. Darum beziehe ich mich auf einige Skulpturen, um an ihnen Leben und Werk und Wirkung von beidem zu skizzieren.

»Es gibt so Zeichnungen, die sind Mini-Skulpturen, wo ich Graffit transportiert hab mit Tesa-Film, von einem Ort zum anderen. Oder sogenannte Radierungen, wo ich Graffit wegradiert hab. Und es sind im Grunde genommen vollkommen selbständige Zeichnungen. Sie sind also keine Pläne für Skulpturen, dass ich sie nicht vergesse …«[314]

312 Ulrich Rückriem zit. nach Katrin Kaptain: Ulrich Rückriem. Frühe Werke und das zentrale Mahnmal in Düren, Düren 2002.

313 Zu den autonomen Graphitzeichnungen von Ulrich Rückriem verweise ich auf Friedrich Meschede in: Ulrich Rückriem. Skulpturen und Zeichnungen, Katalog Westfälisches Landesmuseum für Kunst und Kulturgeschichte. Münster 1985, S. 32–91.

314 Jappe, in: Texte 1987, S. 157.

2.3.4 RÜCKRIEMS SKULPTURBEGRIFF – BILDHAUERISCHE GRÜNDUNG

In »Kunst und Pangeometrie«[315] definiert Lissitzky den konstruktivistischen Raum als eine neue vierte Art des Raumes, als eine »imaginäre Konstruktion«. Darin geht es vor allem um die »Vernichtung des alten Kunstbegriffs der Monumentalität ... Noch bis jetzt herrscht die Meinung, dass Kunst das ist, was für die Ewigkeit geschaffen wird, was darum unzerstörbar, schwer, massiv, in Granit gehauen und in Erz gegossen sein muss. Cheopspyramide. Der Eiffelturm ist nicht monumental, denn nicht für die Ewigkeit gebaut – als eine Attraktion für einen Weltjahrmarkt, keine geschlossene Masse, eine durchbrochene Spitzensäule. Und wir stellen jetzt ein Werk auf, das in seiner vollen Wirkung überhaupt nicht handgreiflich ist. Denn monumental ist für uns nicht das werk, das ein Jahr oder ein Jahrhundert oder ein Jahrtausend dasteht, sondern die immer stehende menschliche Leistungsexpansion.«[316] Die traditionellen Vorstellungen von skulpturalem Volumen und Raum wandeln sich. Skulptur/Plastik besteht auf der selbst-reflexiven Erforschung ihrer ureigensten Eigenschaften, der Materialien und der Produktionsweisen. Mit diesem Wegfall der Darstellungsfunktionen von Skulptur, der Einführung der Dimension der Öffentlichkeit, also der Vision von kollektiv möglicher Erfahrung und Erinnerung und Perspektive, dem Aufbrechen des geschlossenen Volumens und der Dezentralisierung der Raumordnung der Zentralperspektive waren die Grundlagen für die neue Skulptur gegeben. Dazu kam die Differenzierung von Prozess der Konstruktion und Material der Konstruktion.

Diese Theorien und Produkte der sowjetischen Avantgarde[317] finden erst in den frühen 1960er Jahren Konsequenzen in der amerikanischen und europäischen Neo-Avantgarde. Carl Andres Stücke, Richard Serras Skulpturen und die Arbeiten von Robert Morris gehen aus von einer Ästhetik des Materials und den ausschließlich auf sich selbst weisenden Elementen. Rückriem hat Carl Andres Arbeiten in der Galerie Fischer und in Den Haag Ende der 60er Jahre gesehen, ihn kennengelernt und später in Amerika wiedergetroffen. »Die Pillen Andre, Judd und Serra habe ich schon geschluckt und verdaut. Die Erinnerung an ihre Wirkung ist gut.« »Material, Verhältnis von Größen und Volumen, Flächen und Farbe, Aufstellungsort und natürlich auch

[315] In El Lissitzky, Maler, Architekt, Typograph, Fotograf. Erinnerungen, Briefe, Schriften. Übergeben von Sophie Lissitzky-Küppers, Dresden 1976, S. 358.

[316] Ebenda.

[317] Siehe Tatlins Monument für die 3. Internationale von 1919, Malewitschs Raumkonstruktionen suprematistischer Kunst, die Arbeiten Rodchenkos etc.

die Arbeitsprozesse sind heute wie in der Vergangenheit der Inhalt meiner Skulpturen, das Was und Wie stehen da wie die beiden Türme des Kölner Doms.«[318]

Aber er sieht seinen Weg nicht in einem Programm der Material-Addition, die stets auch noch weitergeführt werden könnte (Andre), sondern führt in jeder Arbeit nur eine Handlung am Material aus. Diese zielt – selbst bei seinen Reliefs oder Bodenplatten – weitaus stärker in den Raum bzw. aus diesem zurück ins Innere des Volumens seiner Skulptur als bei Andre: »Jede Skulptur ist mit einer Geste verbunden, mit einer Handlung. Um das Material zu strecken, oder es zu komprimieren, oder um die Art wie es normalerweise liegt, zu verändern, seine Beziehung zum Boden … Ja, mein persönlicher Traum ist es, alle die Dinge, die ich als Steinmetz mit dem ursprünglichen Stein machte, voneinander zu trennen, sie einzeln zu nehmen und sie auf verschiedenen Stücke anzuwenden. Ich musste einen Stein spalten, ihn schneiden, meisseln Die Leute sehen nie, wie ein Steinmetz wirklich arbeitet, wie ein Stein auf verschiedene Art der Bearbeitung reagiert. Und ich dachte, es wäre interessant, das einmal zu zeigen. …« [319]

Er sieht sich in seinem Denken und Arbeiten ganz der Gegenwart verpflichtet: gut gemachte handwerkliche Arbeit, Klarheit und Offenheit des Aufbaus, deutliche formale Konzeption, Materialtreue, darum geht es ihm. Seine spezifische Authentizität und Wichtigkeit für »die Skulptur in Deutschland« liegt in der quasi Abwesenheit einer wesentlichen Skulpturproduktion und Rezeption der Moderne in diesem Land und seinem gleichzeitigen Engagement für die avanciertesten Praktiken der skulpturalen Neo-Avantgarde. Dies hat ihm – ebenso wie dem von Rückriem sehr geschätzten, 15 Jahre älteren Joseph Beuys – nicht nur den Beifall der Rezipienten eingebracht. Je nachdem, inwieweit diese bereit waren, sich einem Wandel ästhetischer Paradigma zu stellen, ob diese den Umbruch geradezu fordern oder eher einer Vergewisserung im historischen Prozess bedürfen. Der Gegenwind bis hin zur grundsätzlichen Infragestellung seines Künstlerseins (siehe z. B. Münster!) überhaupt traf dabei zum großen Glück auf einen höchst sensiblen und bangen, andererseits auch zunehmend selbstbewussten und knorrigen Mann: »Ich fahr also unheimlich schnell aus der Haut und bin auch ungerecht oft und emotional geladen – und lad mich dann auch ab! Und so Arbeiten, die strahlen so hoff ich denn auch 'ne Ruhe aus. Auch auf mich selbst. Also ich bin ja der ausgeglichenste Typ im Steinbruch. Dann kann ich überhaupt

[318] Beide Zitate: Ulrich Rückriem in Blistène, Texte 1987, 1983, S. 281.

[319] In Willoughby Sharp, Texte 1987, S. 58f.

nicht schimpfen. Dat Gefühl, wat ich im Steinbruch hab, dat kann ich verbal überhaupt nich ausdrücken, bin auf jeden Fall, so: hab das Jefühl, immer ruhiger. Kann mich nirjens besser erholen als wie im Steinbruch.«[320]

»Ich habe«, versichert Rückriem, »überhaupt keinen Besitz.« Die Möblierung seiner Hamburger Wohnung besteht aus einem Bett, einem Tisch und ein paar Stühlen. – Wirklich zu Hause ist Ulrich Rückriem im Steinbruch, und »wenn mich jemand fragt, wozu machst du das alles, dann kann ich nur sagen: Es hält mich in Gang.«[321]

»Ulrich Rückriem ist berühmt für seine schwer fassbare Vielfältigkeit, für seine bombastische Art, sein hartes Trinken, seine Verwundbarkeit, seine Unsicherheit, seine Standhaftigkeit und für das, was ich die Klarheit seiner Konfusion nennen möchte. Er gilt besonders vor seinen Ausstellungseröffnungen als völlig unberechenbar. Niemand kann ihn finden, und er findet nichts. Das ist von ihm keineswegs als Scherz gemeint oder individuelle Eigenart. Es ist tatsächlich ein Ritual, so wie Ulrichs ganzes Leben.«[322]

2.3.5 Einschwenken auf den eigenen Weg

Rückriems Arbeiten haben stets viel mit dem Menschen zu tun, der ihnen als Maß gegenübersteht, mit seiner Proportion, seiner Fähigkeit zur Übersicht. Sie zeugen von und bezeugen einen künstlerischen Umgang mit der Natur, der aus dieser nicht das Ebenbild des Menschen herausarbeitet, hervorzwingt, sondern den Stein freigibt zu der auf ihn der Natur nach eigenen Sicht: In den Gesteinsskulpturen Rückriems bleibt die Natur in der Kunst präsent, gibt er ihr einen neuen Stellenwert. Er respektiert und fördert die Struktur des Steins, er betont dessen Autonomie und fördert sie zu Tage. Dies wird bei Außenskulpturen befördert durch die Reaktion des Steins in der Farbe und Oberfläche auf Luftfeuchtigkeit, Lichteinstrahlung etc. Darin ist er ganz nah bei meiner Forderung an die Seelsorge, dass diese Raum und Zeit und Muße aufbringen möge und in den Kontakt einbringen soll für die Vielfältigkeit der Farben, Oberflächen, Risse, für die Luftfeuchtigkeit und die Licht- und Schatteneinfälle, die Ecken und Kanten und die Schnittstellen im Leben des begegnenden Menschen. Welche Schnitte fördern und welche schaden ihm? Welche Angrenzungen stärken und welche schwächen ihn? Was stärkt die Präsenz?

---

320 Jappe, 1978, Texte 1987, S. 153.

321 Zit. bei Welti, 1983, Texte 1987, S. 311.

322 Zit. nach Ted Castle, 1980, Texte 1987, S. 219.

In seinen geometrischen Formen berührt Rückriem die Grundlagen der Architektur, in seiner Textur des Steines als Bild ist er ganz in der Malerei, hier setzt er optische und taktile Pointen, lässt die Vielfalt und Vieldeutigkeit des Steins zu ästhetischer Präsenz kommen. Naturgestein und Skulptur ähneln einander beinahe zum Verwechseln. »... was das für starke Blöcke sind. Diese Kraft wollte ich nicht schwächen, sondern verstärken. Die ersten Prozesse, die im Steinbruch mit dem Stein passieren, wie Spalten und Schneiden – das ist praktisch der Anfang von den Arbeiten, die ich seither mache.«[323]

Rückriem ist ein sehr produktiver Künstler, andererseits aber nicht sehr erfindungsreich. Anders: Er ist ein in seinem Minimalismus äußerst erfindungsreicher Künstler. Schritt für Schritt, seinem Naturell sehr gemäß, verfolgt er seine Ideen. Alles ist sehr vernünftig und logisch angelegt und – wenn man sich auf ihn einlässt – für Menschen begreifbar. Dabei kann es auch sein, dass er in einer späteren Arbeitsphase noch einmal etwas »nacharbeitet«, mit dem er eigentlich bereits abgeschlossen hatte: Alte Ideen sind nicht unbedingt im Interesse einer künstlerischen Entwicklung »abgehakt«. Trotz der umfassenden Produktion, auch ermöglicht durch eingespielte Mitarbeiter-Teams in den verschiedenen Steinbrüchen, die Rückriems Zeichnungen verstehen und umzusetzen in der Lage sind, sind seine Arbeiten nie bloßes Volumen, sondern strahlen aus: Da ist die Potenz des Materials »aus der Natur« durch die Wertschätzung und »Hervorhebung zu Kunst« durch den Künstler (vgl. hierzu den Kunstbegriff von Danto!) deutlich, die handwerkliche und künstlerische Durchdringung – im Wortsinn – und der geistige Zugang. Als und aus der Grundidee und zur Voraussetzung des Werkes und seiner handwerklichen Umsetzung. Da ist die Wesentlichkeit und Bedeutung der den Umraum bestimmenden bzw. auf diesen einwirkenden Skulptur für den in diesem Raum befindlichen Betrachtenden, die einladende Geste zur Kommunikation. Wobei es manchem nicht leicht fällt, mit einem Stein zu kommunizieren. Nur ist ein Rückriem-Stein eben Stein, allerdings einer, der vom Künstler im Steinbruch gefunden, ausgewählt, nach dessen Vorgabe geteilt und neu zusammengesetzt, an eben diesem Ort platziert und belassen wurde. Und mir kommt es vor, als müsse dieser sich zuweilen so schroff wirkende und sich gebende Mann zwar Kraft und Stärke einwirken lassen auf den Stein, aber nie Gewalt.

Über diese Chance der Beziehung gerät Rückriem ins Schwärmen: »Die Beziehungen zwischen Mensch und Stein, die sind so uralt und so eng, es

---

323 Rückriem in: Alfred Welti, Texte 1987 S. 307.

gibt so herrliche Mythen und Sagen, in denen sich Steine in Menschen verwandeln oder Wunder wirken.«[324] Und dann – um eine Konkretisierung gebeten –, spricht Rückriem vorsichtig von der Jakobsgeschichte (Genesis 28,10 ff.):

> [10]Jakob zog aus Beerscheba weg und ging nach Haran. [11]Er kam an einen bestimmten Ort, wo er übernachtete, denn die Sonne war untergegangen. Er nahm einen von den Steinen dieses Ortes, legte ihn unter seinen Kopf und schlief dort ein. [12]Da hatte er einen Traum: Er sah eine Treppe, die auf der Erde stand und bis zum Himmel reichte. Auf ihr stiegen Engel Gottes auf und nieder.

Dass er darauf kommt! Es geht um einen Menschen und um die Gedanken und Träume einer Nacht. Hat der Erzvater nur deshalb so himmlisch geträumt, weil er sein Haupt auf einen Stein bettete? Eher untypisch ist diese Einlassung des Künstlers auf den »mythischen« Hintergrund schon, spricht er doch sonst eher von Maßen und Farben und Brüchen des Steins. Aber eben auch von »Rissen, die aus der Richtung laufen«. Dass Rückriem hier an die Beziehung von Erde und Himmel, an die Bezogenheit von Mensch und Gott anknüpft, an die Brücke von Stein und Licht, von göttlichem Urlicht und Stein gewordener Realität, ist kein Zufall. Es ist für mich ein Hinweis auf den Ort des Künstlers, des Menschen Ulrich Rückriem. Der wertgeschätzte Raum zwischen Erde und Himmel.

2.3.5.1 Sichtbare Spuren

Die Signatur des Künstlers wird an jedem der von ihm gearbeiteten Steine sichtbar. Rückriems künstlerischer Gedanke erschließt sich den Betrachtenden jeweils am Stein. »... – das ist quasi auch Architektur, was ich mach, vom Gefühl her. Durch das stehen auch der archaische Aspekt, also ich will das nicht. Wenn andere das da reindenken – das sollen sie auch tun, die Gedanken sind verdammt frei! (lacht) So musst du es sehen und anders darfst et nich sehn – da würd ich ja als Diktator dastehn. Also eins möchte ich ganz gerne: wenn man meine Steine sieht, dass das nichts Artifizielles ist, also so, dass einer sagt, Mensch wie hat er das gemacht, das ist ja so kompliziert, also dat möchte ich nich, dat dat Gefühl rauskommt, oder wat für 'ne Mühe, wie lang hat er daran gearbeitet. ... Und dann kam die erste Teilung. Und die ist so entstanden im Grunde genommen. Da hab ich Steine bestellt, und da kam ein Stein an. Ich hatte fünf Teile bestellt, und diese fünf Teile, das war ökonomisch auf einem Lastwagen so aufgebaut, dass es am wenigsten Platz ein-

324 Zit. nach Welti, Texte 1987, S. 303.

nahm. Ja? Und dann war 'n die aus einem Block, die fünf Teile. Die waren gespalten und wieder zusammengebaut. Übereinander, ja? Und dann seh ich dat oben auf dem Wagen stehn und seh: ich wird verrückt. Ich sach: bist du denn wahnsinnig? Dat ist doch das, was du suchst. Das ist die Sache überhaupt.« – »... am Anfang gar nicht so wichtig, welche Größe zum Beispiel, Verhältnis zu mir oder zum Raum, das war die Teilung, der Prozess, ja, und das Stück selbst war nicht so wichtig. Aber das wird jetzt in letzter Zeit immer wichtiger.«[325]

In der Frage der Monumentalität unterscheidet er sich erheblich – und ausdrücklich – z. B. von Serras Arbeiten. Seine Welt ist für bodenständige Menschen überschaubarer. Wenn denn auch manches Maß (siehe z. B. der Stein im Kirchenzentrum auf dem Kronsberg, Hannover) die menschliche Erfassbarkeit an Grenzen führt.

Oder ist dies genau die Wirkung, die aus diesem Stein vom Künstler für diesen genannten Ort und dessen Umgebung und Rahmen intendiert war – in aller »Einfachheit« und »ästhetisch-philosophischen Tiefe« eben seiner Sprache: dem einst geplanten »Ökumenischen Kirchenzentrum« und der EXPO 2000 zu Füßen des Berges? Die Vermutung liegt sehr nahe, auch wenn sie vor Ort eher weniger wahrgenommen werden mag.

2.3.5.2 Was tut Rückriem eigentlich?

Rückriem zerbricht, zerteilt Materialien und setzt diese wieder zusammen: Gusseisenringe, die er um Bäume wieder zusammenlegt; Erdoberfläche, die er mit der Hacke in geometrischen Formen markiert; Eisenplatten, die er mit Kreidestrichen versieht oder mit schwerem Hammer mit Kreisen markiert; Graphitformen, die er ab- und neu aufträgt; zuletzt nur noch Steine. An sie trägt er durch Schnitte geometrische Formen heran, wodurch er sie zu Ensembles formt. Sie sägt und spaltet er und fügt sie neu zusammen. Er betrachtet dies als Eindringen in das Zentrum dieser Masse, als Durchdringung, als Arbeit »innerhalb des Volumens« (1971).[326]

Buchstäblich tat er dies 1984 vor der Ruine der Hamburger Nikolaikirche als dort eine für diesen Platz bestimmte Arbeit aus normannischem Granit aufgebaut wurde. Er stieg in den Hohlraum, der innerhalb des mächtigen Quaders ausgespart war, und ließ vom Kran die tonnenschwere Deckplatte aufsetzen. Nicht als demonstrative Aktion, sondern um eine Ahnung für dieses Gefühl bekommen zu wollen (vgl. hierzu Beuys' Aktion in der Filzrolle in DER

---

[325] Zit. nach Jappe, Texte 1987, S. 150.

[326] S. Welti, Texte, S. 308.

CHEF!). Es soll ihn geängstigt und ihm weiteren Respekt vor »seinem Stein« eingebracht haben, berichten Dabeigewesene.

Rückriem dringt als Bildhauer auf verschiedene Weisen in den Stein ein. Seiner Ansicht nach muss eine Teilung grundsätzlich horizontal oder vertikal verlaufen und in einem rechtwinkligen Bezug zur Bodenfläche stehen, weil dies der Natur des Steins entspricht, der nach dieser Form gewachsen ist. Mit den Teilungen werden Proportionen festgelegt und dem Stein wird ein Formwille des Künstlers aufgezwungen. Am leichtesten sichtbar sind dabei die glatten vertikalen Schnitte von der elektrischen Steinsäge, in deren Folge jeweils Material vom Stein verloren geht. Für horizontale Spaltungen werden entlang der zu öffnenden Linie Löcher gebohrt, in die in jedes Loch Stahlkeile eingeführt werden, die mit der Hand einer nach dem anderen eingehämmert werden. »Nach einer gewissen Zeit, gewöhnlich nach etwa zehn bis zwanzig Minuten erstirbt der Klang des Hammerns, der im Stein widerhallt, und plötzlich springt das Stück Stein ab.«[327] Diese Technik benutzt Rückriem für Granit, Sandstein und Blaustein. Die hierdurch entstehenden Risse sind dann vom Stein mitbestimmt, da die Teilungen im Stein nicht planbar sind. Diese Teile passen anschließend beinahe nahtlos aufeinander, es geht keine Substanz verloren. Wenn Rückriem sie an dieser Teilung wieder zusammenfügt.

Die vertikalen Schnitte betrachtet Rückriem als verletzende, den Stein schwächende Eingriffe; die horizontalen folgen der Struktur des Materials und werden von ihm als den Stein verdichtend, stärkend, basisgebend betrachtet.[328]

Die anschließenden Zusammenfügungen erfolgen entweder aus Blöcken eines Steins oder aus verschiedenen Steinen. Stets sieht der Betrachter dann auf einen Stein, dessen Massivität und Kraft (Mächtigkeit) durch die Risse und Fugen noch unterstützt wird. Durch die visuell sichtbaren Teilungen wird der Steinquader als Einheit und zusammengehöriges Ganzes noch bewusster und in seinem Volumen präsenter.
Rückriem arbeitet nach seinen 1973 aufgestellten Prinzipien:

»1. Das Material, die Form, seine Eigenschaften und Ausmaße beeinflussen und begrenzen meine bildnerische Tätigkeit.
2. Arbeitsprozesse müssen ablesbar sein und dürfen nicht von nachfolgenden verwischt werden.

---

[327] Mark Batten: Direct Carving in Stone. London / New York 1966, S. 112, zit. nach Ted Castle, 1980, Texte, S. 228.

[328] Vgl. W. Sharp, Texte 1987, S. 48.

3. Die von mir am Material vorgenommenen Bearbeitungen bestimmen das Objekt selbst und dessen Beziehung zum neuen Standort.«[329]

Hier sei darauf hingewiesen, dass das Zeichnen von Skizzen für diese Arbeiten für Rückriems Auseinandersetzung mit der Vorstellung einer Idee, den strukturellen Folgen und der Gliederung der Proportion für eine Skulptur von großer Bedeutung ist. Allerdings entwickelt er andererseits auch bildnerische Ideen spontan an Steinen, die er im Steinbruch findet. Die Arbeit im Steinbruch, das Einander-Finden von Künstler und Material, ist ein wesentlicher Bestandteil seiner Arbeit, eigentlich deren Basis.

Da Rückriem eine ob der Gewichtigkeit des Materials erstaunliche Vielzahl von Werken geschaffen hat, die sich zuweilen sehr ähnlich sehen, ist es schwierig, sich auf einzelne zu beziehen – außer den herausragenden Werken.

Unterscheiden lassen sich im Werk drei Grundthemen:

a Ein Steinvolumen wird geteilt und zu seiner ursprünglichen Form zusammengefügt.
b An Rohsteinblöcken wird durch unterschiedliche Arbeitsprozesse die darin enthaltene geometrische Grundform herausgearbeitet.
c Mehrteilige Steinvolumen werden durch unterschiedliche Arbeitsprozesse zusammengeschlossen.

Trotz dieser scheinbaren Beschränkung auf einen begrenzten Kanon künstlerischen Schaffens ergibt sich hieraus für Rückriem gerade aufgrund der anschaulichen Einfachheit einer minimalistischen Beschränkung ein breites Variationsspektrum. Teils belässt er die wieder zusammengesetzten Steine unbehandelt, teils werden Seiten oder Flächen poliert, teils bearbeitet er die Kanten. Er setzt Einzelsteine, dezentrale Gruppen, Ensembles und Kleingruppen, arbeitet in die Fläche und in die Höhe. Aber Rückriem geht es künstlerisch nicht (mehr) darum, die Oberfläche zu bearbeiten oder aus dem Material etwas hervorzuholen, also lediglich wegzunehmen, was für die dem Stein bereits innewohnende Skulptur überflüssig ist, sondern ihm geht es um das Innere des Volumens. Die Arbeit sowohl am Inneren des Steinvolumens als auch dem (öffentlichen) Raumvolumen, in dem die Steine dann platziert sind, machen einige Beispiele deutlich, in denen ich mich Steinen nach Rückriem'scher Bearbeitung ausgesetzt habe.

---

[329] Zit. nach Kaptain, S. 15.

Begegnung: Im Kunstspeicher Würzburg liegen zwei kleinere Granit-Skulpturen Rückriems in sehr ähnlicher Bearbeitungsweise nebeneinander. Lediglich die Besonderheiten des jeweiligen Steins und die daraus resultierende Verschiedenheit der Schnitt- und Spaltauswirkungen unterscheiden sie. Ebenso noch die natürlich verschieden laufenden Risse der Spaltungen. In der Ecke eines mit diversen anderen Skulpturen anderer Künstler gefüllten weiten Ausstellungsraumes liegen sie am Boden. Ich nähere mich ihnen: Die Wirkung dieser Steine beim Hinzutreten erreicht mich unmittelbar und nach dem Zugehen auf andere Werke durchaus überraschend. Aus dem Fremden, der Distanziertheit des Betrachters der anderen Werke nähere ich mich der Nähe dieser beiden Steine. Und ich erlebe den Raum zwischen den Steinskulpturen anders als außerhalb ihres Ensembles. Was schafft diese Nähe? Sind die beiden Steine vertrauter, einander näher, weil von derselben Hand bearbeitet? Trete ich gleichsam in ein Kraftfeld innerhalb der beiden ein, oder bilde ich es mir ein? Was bilde ich mir ein, ein Gefühl? Die Anziehungskraft des »klaffenden Zwischenraums« ist spürbar. Als ich mich einmal für längere Zeit zwischen den Steinen auf den Boden setzte, empfand ich mich sowohl links als auch rechts in einem »guten Schulterschluss«. »Aber es ist doch nur Stein!«, musste ich mir sagen. Ja, allerdings bearbeiteter Stein. Stein, der sich hat finden lassen in einer besonderen Situation in der Zeit von einem besonderen Mann, der mit ihm kommuniziert und ihn besonders bearbeitet hat, gesägt, gespalten, ihn gelassen und zusammengesetzt, geerdet. Und dieser Künstler hat einen zweiten dem ersten an die Seite gesetzt. Das macht etwas – dem einen und dem anderen und mir! Ich habe eine Freundin gebeten, sich jeweils in verschiedenen Positionen – abgewandt, zugewandt, neben und zwischen die Steine etc. – zu den Steinen zu verhalten. Nach längerer Zeit sagte sie: »Ich habe die Gewissheit, mich gerade in einem Dialog zu befinden, einem Trialog genauer!« Dabei war es ganz still im Raum.[330]

Begegnung: Die Installationen »40 × 120 × 120« der Jahre 1998, 2002 und 2009 in der Neuen Nationalgalerie Berlin in der Ludwig-Mies-van-der-Rohe-Architektur.

Van der Rohe war Architekt und Steinmetz, wie Rückriem. Die Installationen Rückriems erschließen in der lichten Transparenz dieses Ausstellungsraumes (50 × 50 m), der von allen Einbauten befreit wurde, diesen als Kraftraum, der innerhalb und nach außen hin wirkt, als Museumsort und Landschaftsraum. Was zunächst erstaunlich erscheint ob der niedrigen Steine, die exakt im Maß der Bodenplatten des Raumes platziert sind. Darin

[330] Vgl. hierzu das beredte Schweigen von Beuys in DER CHEF.

40 × 120 × 120, Neue Nationalgalerie Berlin, Ulrich Rückriem

allerdings gehen sie bereits auf diesen ein, indem sie seine Dimensionalität nutzen, für sich nutzen. Sie nehmen den Sinn des Ortes und die Gedanken des Architekten auf, obwohl Rückriem auch gegen diesen Ausstellungsbau polemisiert als »kunstfeindliche« Architektur[331]. Die Frage steht nun im Raum, was dieser Raum, was der hineintretende Mensch, was der Umraum, was Berlin, was die Welt damit anfangen soll: Dass da in verschiedenen Jahren ver-

[331] Zit. nach KUNSTFORUM 143, 01–02/1999, S. 353.

schiedene Konstellationen von verschiedenen Steinen in derselben Räumlichkeit auf dieselben oder verschiedenen Menschen in verschiedenen Konstellationen ihres Lebens in verschiedenen Situationen der Weltgeschichte in verschiedener Umgebung aufeinander treffen. Dass da Volumen aus dem Boden wachsen, dass da Stein ein »gleichwertiger Gegenspieler«[332] bleibt, der anschließend wieder im Steinbruch recycelt wird. Eine Assoziation: Erstmals ist in der Nähe dieses Ortes das Mahnmal für die ermordeten Juden und dasjenige für die ermordeten Homosexuellen des deutschen Faschismus erreichbar. Zumindest das erste eine Konstellation von – gemachten – Steinstelen, anders dimensioniert, mit anderem Ziel, mit anderer Atmosphäre zwischen den Schluchten und monochrom glänzenden Stelen. Dort kann man sich verstecken, hier nicht. Dort ist es eng, hier nicht. Hier ist es behauener Stein, dort industriell gefertigt. Haben die Felder einander etwas zu sagen? Hat Rückriems Spielfeld eine Einwirkung oder Auswirkung auf mich, in den vorigen Jahren und heute? An was erinnere ich mich von damals für heute, von heute für damals? Sind es Denk-Steine, Mahn-Steine, Spiel-Steine, Hoffnungs-Steine – liegen sie wie jene Kiesel auf jüdischen Grabmälern: »Nicht vergessen!« Oder rührt diese Assoziation allein von der Nähe zum Stelenfeld? Wenn ich den Blick hebe, sehe ich auf den nächsten Stein, der so ähnlich, so verschieden ist wie ich und die Menschen mit mir im Raum. Und die Scheiben der Galerie lassen den Blick hinaus.[333]

Für eine durch mich bestimmte Zeit bin ich Teil dieses Raumes, des Ensembles, bin drinnen im Raum und drinnen in der Skulptur und draußen, weil ihrer ansichtig. Und für diese Dauer hat meine Präsenz und die Präsenz der Steine Auswirkung auf die Intensität meines Empfindens, auf meine Wahrnehmung des Kunstwerks, mein »Drinnsein«, auf das Kunstwerk – »Ich schaue inside the volume!«. Schon aus der Leerung des Museumsraumes von Stellwänden und Einbauten und dem freien Gegenüber von Stein und Architektur entsteht eine Aussage der Installation, eine Verlebendigung des kommunikativen Geschehens des Ortes, eine Aussage, eine Zeitansage. Und dies durch die Materialität des gearbeiteten Steins in erheblicher Nachhaltigkeit und Wirkung: Rückriems Werk hat »Gewicht«!

Begegnung: Auf ganz andere Weise tragen die Spiele mit Bearbeitungen der Oberfläche am Heinrich-Heine-Denkmal, Bonn 1982, zur wahrnehmbaren Präsenz dieser Formen innerhalb des Volumens bei.

---

332 A. a. O., S. 354.

333 Die Änderung der Sicht von dieser Schau zur die Scheiben zumalenden Gesamtskulptur der Folgeausstellung von Imi Knoebel fällt mir ein.

Die polierte innere Oberfläche fördert in Absetzung von der angrenzenden unpolierten Fläche einen Spiegeleffekt und schafft eine Stärkung der sinnlichen Kraft der Teilung, die durch den inneren Riss noch eine symbolische Bedeutung gewinnt. Der hier wieder zusammengefügte Stein wurde in sechs Teile zerlegt: zwei Spaltungen ergaben ein fast quadratisches Mittelstück und zwei balkenförmige Volumina. Das Mittelstück wurde dann längs geschnitten, dann mit zwei weiteren Schnitten gegliedert. Die lagernde Form des Fundaments ist mit einem kleinen Sockel in die Erde eingelassen, eine Stufe zur freibleibenden Nische. Neben dem Spalten und Schneiden nutzt Rückriem hier eine weitere Steinbehandlung: das Polieren. Diese weckt sogleich die Assoziation des Gedenksteins aus der Welt der Friedhöfe. Das Dach liegt als Volumen über dieser zurückgesetzten Fläche. Es handelt sich hier nicht um ein autonomes, allein aus sich selbst wirkendes Gefüge, sondern um ein Denkmal mit Inschrift. Diese wurde allerdings nicht in den Stein hin eingemeißelt, sondern mit Sandgebläse aus der Spiegelfläche hervorgeholt. Bei Regen verschwindet die Schrift. Die Skulptur, ein hohes kantiges Rechteck, bildet in der umliegenden Parklandschaft an der Adenauerallee einen Fremdkörper, der Aufmerksamkeit fordert.

Begegnung: »Die Schatten der Steine – die erste von 576 Varianten«.

Zum Konzept dieser Arbeit schreibt der Künstler 2006: »Die ›Schatten der Steine‹. Projektionen in Graphit auf Boden und Wänden. Vier Quader werden mit Hilfe eines Graphitauftrags so in einem Raum projiziert, dass sich ihre Seitenflächen bzw. Grundflächen im Verhältnis 1:1 auf den Wänden bzw. den Boden abbilden. Die vier Quader haben ihren Raum in der Halle Sinsteden. Sie sind aus Anröchter Dolomit zugeschnitten: Kubus: 90 × 90 × 90 cm. Stehle: 180 × 60 × 60 cm. Stehende Scheibe: 180 × 40 × 120 cm. Liegende Scheibe: 30 × 120 × 180 cm.

Sie werden auf ein ihrem Grundflächenmaß angepasstes Raster der Maße 450 × 310 cm oder 270 × 290 cm gesetzt und stehen sowohl auf der vertikalen wie horizontalen Achse frei. Insgesamt gibt es 576 (4 × 3 × 2 × 1 × 4 × 3 × 2 × 1) mögliche Formationen.

In allen Varianten stünden die Quader lückenlos nebeneinander, würde man sie auf einer Linie zusammenziehen. D.h. Licht einer unendlich entfernten, senkrecht gerichteten Quelle kann diese Formation nicht durchdringen.«[334]

---

334 Zit. nach Einladung (Pressetext) der Galerie Sfeir-Semler, Hamburg zur Ausstellung vom 12.11.05–15.01.06.

Ein Spielfeld für Perspektiven, auf dem ich außen oder innen bleiben muss und kann. In dem mir Lesarten und Assoziationen zur Kommunikation von Größe, Nähe, Dimension und die Wahrnehmung übersteigernde Erkenntnis direkt vor die Sinne gestellt werden, die sich allenfalls graduell, aber immerhin ändern durch meine Bewegung in der Fläche. Eine Einladung ist dies zur Schärfung meiner Sinneswahrnehmung dessen, was hoch und breit, schmal und ausgeglichen erscheint. Es erscheint mir so! Und das hat mit meiner Wahrnehmung zu tun: der Steine, der Schatten, der Blickachsen – und meiner Selbst, meiner Größe, meines Standpunktes, meiner Spielfähigkeit und meiner Spielbereitschaft, meiner Beweglichkeit und meiner Bereitschaft, meinen Standpunkt zu ändern. Beides wird hier kaum anders sein als anderswo an Spielfeldern meines Lebens. Nur kann ich es hier sehen, spüren, nachvollziehen, nachgehen, spielerisch verändern, simulieren um der Erkenntnis meiner Wahrheit willen. Ich kann es messen und berechnen, mich einlassen und erschrecken, staunen und in mich hineinhorchen auf den Anklang, den es bei mir findet. Ich habe ein Gegenüber, das sich mir stellt, wenn ich mich ihm stelle. Das nicht wankt noch wackelt. Das gewachsen ist wie ich und Spuren trägt, die es zeigt.

Begegnung: »10 Variationen eines Blocks« in den »Neuen Gärten« von Wasserschloss Dyck, 2002: Eine begehbare Skulptur aus zehn in Stücke gebrochenen Granitblöcken, die zu exakten Quadern zusammengesetzt sind. Die Position der zehn Figuren geht zurück auf das vom Mathematiker C. F. Gauß ersonnene »Damenproblem« im Schachspiel: Wie lassen sich auf einem Schachbrett zehn Damen so positionieren, dass keine von einer anderen geschlagen werden kann?

Rückriem hat die Lösung in Stein gehauen: Zehn »Figuren«, die einander ähneln und doch jede für sich einzigartig sind, die dicht beieinander stehen, ohne sich gefährlich werden zu können. Und die im dortigen Park für die sich Einlassenden ein ungeheures Kraftfeld erzeugen.

»Wie weit begebe ich mich in die Nähe dieses Spielfeldes?«, wird die erste Frage zu sein haben, der ich mich am Ort stelle. Denn davon wird die Intensität der Erkenntnisse abhängen, die mir diese Skulptur einträgt oder nicht. Ob ich »mal einen Rückriem sehen«, also ambulant-unverbindlich passieren oder zulassen will, dass etwas passiert. Letzteres werde ich kaum vermeiden können, wenn ich mich auf diesem Spielfeld zwischen den Figuren des Spiels bewege und mich einlasse auf das, was sie mir vermitteln. In diesem Augenblick des Annäherns (siehe Würzburg, siehe Berlin) höre ich auf, Beobachter des Spiels zu sein und werde stattdessen zum Mitspieler. Die Dimension der Steinfiguren, der zu bewältigende Raum beim Umgehen und sich Positionie-

10 Variationen eines Blocks, Ulrich Rückriem

ren, die toten Winkel und die Überschneidungen der Blickachsen, die Kanten und Linien, die Distanzen und Engen, die Zwischenräume wirken direkt auf die menschlichen Mitspieler, ohne dass äußerlich irgendetwas geschieht. Es ist doch nur Stein! Das Material, die Bearbeitung desselben, die eingebrachte Idee, dass sich ausdehnendes Volumen in die Fläche wirkt. Die Materialität der Kunst erfasst den Menschen. Der Stein und die Steine strahlen aus. Dass sie da sind. Wie sie gewachsen sind. Wie sie gesetzt wurden. Die Bearbeitung und Darstellung durch den Künstler. Sie strahlen aus, dass sie nicht verrückbar sind, dass sie Realität beanspruchen, Raum. In welche Beziehung gehe ich als beweglicher (nicht Unverrückbarkeit ausstrahlender?) Mensch zu ihnen? Auf meiner Position im vom Künstler inszenierten Spiel. Sie strahlen Wahrheit aus, denn ich bin auf meinem Feld stehend fehl am Platz in den Bedingungen dieses Spiels. Das macht mich die Logik der Inszenierung, das Wissen um das Thema spüren. Oder macht mir das schon allein der Stein dringlich? Weshalb erreicht mich diese Wirkung des Steins, woher kenne ich eine solche Situation, was daran ist mir vertraut? Dieses Gefühl begegnet Menschen hier nicht einmalig und oft nicht zum ersten Mal. Kann ich daran etwas ändern, wenn ich es will? Woran kann ich etwas ändern? Die Steine zu schieben wird schwer. So vermittelt mir der Stein Einsichten zu mir selbst. So ändert sich zwischen den Steinen dieser Einsicht mein Temperaturempfinden, so hat das umgebende Wetter eine Wirkung. Auf die Steine, auf ihre Farbigkeit, ihre Schwere und Präsenz, auf meine Psyche. So beginnt eine Reflexion der Steine, in den Steinen, in mir.

2.3.6 Wirkungen auf Steine, Menschen und seelsorgliche Begleitung

Rückriems Arbeit mit dem Stein, am Stein, aus sich heraus in den Stein will ich bezogen wissen auf die Konzeptionierung der Seelsorge. Wieder meine These: Kunst ist Seelsorge! Rückriems Konzept einer raumbezogenen Gestaltung geht aus von der Anerkennung des »realen Raums« als einem Erfahrungsraum: der Raum des Steins, der Raum des Steinbruchs, der Raum für die künftige Skulptur, der politische Umraum, der Raum der Idee. Im Mittelpunkt als Subjekt wie als Gegenüber der künstlerischen Einlassung steht der Mensch. Alle vorfindlichen Strukturen und Beziehungen und Voraussetzungen müssen in eine formale Relation zur zu installierenden und erst recht zur installierten Skulptur gesetzt werden. Und das Akzeptieren eines Innenraums des Volumens ist ein Raumproblem, das von der Skulptur bewältigt werden muss. Es geht darin u. a. um anthropozentrische Proportionalität, um geometrische Formstruktur, die in den bildnerischen Prozess einbezogen sein müssen. Also um wesentlich anderes als »einen Stein irgendwohin zu transportieren«. Oder um exakt dies: einen Stein genau dorthin zu transportieren: Äußerlich, innerlich, wesentlich. »Also, es war ein Fortschritt herauszufinden, dass ein bestimmter Ort einem Werk etwas geben kann. Es erweiterte das Stück. Bei meinen früheren Arbeiten habe ich so nie über den Standort nachgedacht. Es war eine neue Erfahrung.«[335]

Natürlich geht es auch Rückriem darum, die alte Präsenz des bildhauerischen Werkes wiederzufinden. D. h. dessen Macht, einen Ort im Raum auszugrenzen bzw. zu determinieren, und den Betrachter am Dialog zwischen dem Ganzen und seinen Teilen, dem Block und seiner Umgebung und dem Betrachter zu beteiligen. Das zumindest zieht er aus der Minimal Art: die Fähigkeit zur Ordnung des Raumes mit Hilfe von Form, die als Ganzes auf eine extreme, bei Rückriem für viele herausfordernde Einfachheit reduziert erscheint. Im Gegensatz zum fast axiomatischen Postulat eines Donald Judd verlangen die minimalisierten Formen Rückriems eben nicht, im neutralen, weißen Museumsraum oder in der dafür vorbereiteten Galerie installiert zu werden. Für Rückriems Skulpturen sind die Architektur-Landschaften der Städte, Garten- und Naturpark-Anlagen, zu renaturierende Zechengelände, öffentliche Plätze oder Orte mit einer historischen Prägung ein ebenso annehmbarer, herausfordernder Raum, Ort, ohne dass sie dort traditionell wirkten. Gerade in ihrer einfachen Präsenz gewinnen sie ihre Ausdrucksstärke.

---

335 Rückriem nach Willoughby Sharp, Texte 1987, S. 47.

Videoaufzeichnungen dokumentieren, dass der Prozess der Gestaltung ihm wichtiger sei als das Ergebnis. Das fertige Werk möge wie das Ergebnis eines Prozesses betrachtet werden, den der Betrachter rekonstruieren kann. Es ist der Weg, der zu gehen ist und der nachvollziehbar sein soll, um begreifbar zu sein. Geradezu akribisch hinterlässt Rückriem Spuren, nichts kommt weg, damit nur ja der Prozess nicht verschwindet. Ebenso wichtig wie der Standort.

Seine Verärgerung über die Museumsleitung des Sprengelmuseums in Hannover zeigt er unverhohlen: »Die haben mich behandelt wie einen Schuljungen«: Eine Ausstellung Anfang des Jahres »war ein totaler Reinfall«. »Drei Räume haben sie mir versprochen, und was haben sie mir gegeben? Das Grab da unten.« (die sog. Museumsstraße im Untergeschoss; d. V.) – »Hannover? Die ganze Stadt ist doch vollgekleistert mit Scheißkunst. Man sollte mich eigentlich dafür bezahlen, dass ich keine Arbeiten für die Stadt mache.« Angesprochen darauf, dass in der ehemaligen Galerie Ernst aus den 60er Jahren noch Stücke eines Werkes liegen: »Das kann da ruhig liegen bleiben. Ich bin Künstler, kein Buchhaltertyp. Es ist doch albern, hinter jedem Fitzelchen herzurennen. Das ist Müll, Abfall. Es ist mir völlig egal, was damit passiert.«[336] Seine Steine senkt er nicht »ins Grab«. Seine Steine hebt er hervor. Positioniert sie im Raum. Lässt sie sein.

Für mich liegt die große Bedeutung des sehr persönlichen, sich preisgebenden Werkes von Ulrich Rückriem in seinem sanften und einfühlsamen Hindeuten innerhalb des auf den schnellen Blick »groben« Materials. Er selbst wie sein Werk forciert nichts und niemanden zu irgendwas und ist doch deutlich da. Laut und derb zuweilen und ganz ruhig (still wie ein Stein, aber eben nicht stumm!) setzt er sich aus. Der Mensch. Der Stein. Nicht Opfer, wenn er übersehen wird, ist er doch weiter präsent. Nicht Täter, wenn sich Menschen an ihm reiben oder stoßen, weiß er doch um die Zeit des Werdens von Stein und dessen Vergehen.[337] Manchmal besorgt und fürsorglich, wenn ein hochpolierter Granit mit zarten Kanten ihm, dem Künstler, bedroht erscheint. Es ist nicht »nur Stein«. Es ist Gegenüber. Es ist Verantwortung. Es ist Werk und Verortung.

---

336 Zit. aus Hannoversche Allgemeine Zeitung, 30.11.2007, S. 8.

337 Als einmal ein Paar auf einer seiner Skulpturen Picknick machte, war Rückriems einziger Einwand, dass sie doch nächstes Mal eine Pappe unterlegen möchten, weil sie es sonst an den Nieren bekommen könnten. – Andererseits geriet er schier aus der Fassung, als er einen »aussagekräftigen« Stein für eine Heeresdienststelle in Hannover schaffen sollte.

Die Steine laden ein zum Beschauen und Bedenken, Begreifen und Hinfühlen, zum Immer-mal-wieder-neu-darauf-Achten, zur neuen Sicht, zum Diskurs um Stärke und Schwäche, um Brüche und Risse und Zusammenfügungen, um Schwere und Leichtigkeit, um logischen Aufbau und Demut vor dem Zufall, um Ehrfurcht vor dem Material und dem Volumen, ohne darin stecken zu bleiben, sondern aus dieser Konsequenzen zu entwickeln für Respekt und Logik und Maß und Gegenüber. Ein wesentlicher Impuls, den die Seelsorge der Kirche hieraus ziehen mag: Respekt und Wertschätzung vor dem Material der Schöpfung und dem Umgang mit ihrer Materialität. Ein Stein ist nicht nur ein Stein! Ein Stein ist Teil des Lebensraumes, ist Gegenüber, ist Hinweis auf Weite und Dauer. Wie der Mensch.

Ganz nüchtern, aber hart und deutlich. Und verletzt. Und als verletzt und geteilt, neu, stark und ganz und voller Ausdruck. Und voller Ausdauer und Zeit und Raum. Das Gegenüber des Künstlers Ulrich Rückriem ist eine eigene Größe, deren Kraft mit der Kraft der Gestaltungsidee der eigenen Größe Rückriem in einen Auseinandersetzungsprozess gerät. Die gelungene Skulptur hat hernach in ihrer schier unzeitgemäßen, gnadenlosen bzw. gnadenvollen Freizügigkeit den Charakter einer Enthüllung, einer Freisetzung, eines ungeheuren Wertes. Jede Einwirkung bleibt sichtbar. Jedes Maß ist vor Augen. Jede Einteilung zeigt sich deutlich. Er ist schonungslos wertschätzend und respektvoll. Beide Gegenüber und dazu dasjenige des sich diesen Aussetzenden, des »nicht nur betrachtenden Passanten«, werden nicht nur ernst genommen als je und je gegebene Stofflichkeit, als Schöpfung mit klar bestimmbaren Qualitäten, sondern auch im Hinblick auf den Raum, in dem sie sind, sich vorfinden, dem sie sich aussetzen, den sie sich aussetzen, den sie miteinander teilen, ordnen und bestimmen. Ein kreativer Prozess, dessen Beginn und Ausgang offen ist. Wobei der Künstler ständig versucht, alles Subjektivistische, Literarische, Deutende, Mystifizierende von seinem Werk abzuwehren: Er bleibt konsequent auf dem Weg zur Wesenheit von Stofflichkeit und Raum. Der Habitus des Steins ist ihm Ausgangs- und paradoxer- wie logischerweise Zielpunkt. Nichts mehr! Der Prozess der Bearbeitung, das Handwerkliche, die Kunst dominieren nie das Material, sondern stellen es vor Augen. Der Respekt vor den Regeln und den Gesetzen der Natur bleibt unangetastet.

In dieser nüchternen Verlässlichkeit und ernsthaften Heiterkeit liegt eine geradezu ungeheure Herausforderung an den Menschen, der heute mit dieser Natur »umgeht«, mit dem menschlichen Gegenüber, mit den Räumen, mit sich selbst. Diese minimalistischen Steine sind in ihrer Position richtunggebend im Sinne von: Wahrnehmen einer Position, die einen Platz einnimmt.

Was auch Menschen sein können, Angehörige, Therapeuten, Psychologen, Seelsorger. Nur setzt hier der Künstler weder Prioritäten noch Hierarchien, weder Ansprüche noch Forderungen, weder Termine noch Daten, sondern lediglich einen Stein in eine mögliche stoffliche Nachbarschaft zum Menschen. Dieser kann die Setzung wahrnehmen, ernstnehmen, sich einlassen. Oder nicht.

Die Form dieser Nachbarschaft ist sehr deutlich und bleibt doch unsichtbar. Sie ist in der mineralischen Masse objektiviert – rosa Granit, Schiefer, … – und präsent und als Form innerhalb des Volumens da. Die Skulptur gewinnt in der Nachbarschaft den seltsamen Status der sinnlich wahrnehmbaren Veranschaulichung einer verborgenen Form. Wenn es eine Verheißung ist, dass »noch nicht erschienen ist, was wir sein werden«, dann haben solche »paradoxen« Werke, Nachbarschaften die Fähigkeit, wunderbare Auswirkungen auf den Raum mit sich zu bringen, der sie umgibt. Teilungen, Strukturierungen, Maße, Proportionen, Zuordnung – als würde sich die innewohnende Kraft über den Steinblock hinaus nach außen fortsetzen und dadurch spürbar werden. Dabei hebt sich die Einfachheit der Eingriffe in den Stein scharf gegen die Vielfalt und die psychologische wie philosophische Komplexität der Ergebnisse oder Deutungen ab, die die Arbeiten Rückriems – ja auch ansatzweise in diesen Zeilen – erfahren. Es schert den Stein nicht! Und doch weicht er nicht. Diese Arbeit kümmert ihn nicht und doch setzt er sich aus und antwortet in der Begegnung. Darin liegt aus meiner Sicht eine Stärke: Es bleibt unzulässig, Rückriem mythologische oder symbolische oder andere Interpretationen anzuheften – und ihn und sein Werk damit zu beschränken. Es verlöre die Weite und den Freiraum, auf Menschen eine Wirkung zu haben, mit der nicht gerechnet werden kann. Sie kann einzig erlebt werden, begriffen. Damit ist nachhaltig zu rechnen.

Der innere Dialog der sich Begegnenden bleibt offen für sämtliche möglichen Ausgänge und Wege. Was die Begegnung mit den Steinen nicht einfach macht, sondern gefährlich, weil lohnend. Sie sind gelassen, geprägt, gebrochen, zerteilt, zusammengefügt, Einheit und Vielfalt, bleiben, harren – und wer begegnet ihnen? Wer wagt es? Wer wagt sich? Als schon oder noch nicht »Gelassener« (Wofür und wovon?), Geprägter (Durch was und wen?), Gebrochener (Worum weiß ich?), Zerteilter (Was darf ich mich wissen lassen?), Zusammengefügter (Im Wissen um welche »Bruchstellen« und Havarien?), kann ich in die Verheißung der logischen Form Quadrat, Rechteck, Kreis, die Ordnung und Geklärtheit versprechen, einstimmen – oder sie mir vorstellen »in Stein«. Immerhin habe ich damit einen Ort, den ich wieder aufsuchen könnte – ein Denk-Mal, Mahn-Mal. Eine Verlässlichkeit, dass dieses Material der Bearbeitung durch den Bildhauer bereits standgehalten hat.

»Was ich mache, ist das Minimalste, das Einfachste, und ich glaube, dass das wichtig ist, dass es die Menschen dazu bringt, genauer hinzugucken, wenn es wenig zu sehen gibt. Judd hat einmal gesagt, dass die Künstler oft etwas aus einem Gefühl des Unbehagens heraus machen. Oft ärgerst du dich über das, was du siehst oder kennst, und dann suchst du nach einer Wahrheit, nach einer Klarheit der Handlung, nach einer Objektivität. Ich glaube, das ist wichtig. Aber du musst dann sagen: bis hierhin ist es objektiv, und dann ist da noch etwas, was nicht objektiv ist. Ich weiß auch oft nicht, warum ich dieses oder jenes aussuche.«[338] Und trüge Rückriem einzig zu dieser Verortung dieser Fragen von Menschen bei – die Arbeit in den »Brüchen« hätte sich allemal gelohnt und gäbe genügend seelsorgliche Impulse. Für Menschen in ihrem Leben, in ihren Brüchen. Auch darin und damit etwas Kreatives und Nachdenkliches, Konstruktives und Bleibendes zu schaffen. Standzuhalten. Position zu halten. Und sei es nur, sich daran abzuarbeiten, was geht. Sich auch als Material der Schöpfung wert zu schätzen und auf dem Respekt der Mit-Menschen zu bestehen, sich und ihnen standzuhalten. Nicht wie ein Block – auch Rückriems Steine sind keine Blöcke, sondern stehen als Positionen, für eine Position, – sondern als Geschöpf, als Mensch, als Gewachsener, als »mit Spuren«, als Wert.

Der Stein ist Rückriem Ausgangs- und Zielpunkt. Der Mensch ist es für den Seelsorger. So hart meißelnd Rückriems Sprache manchmal ist, so einfühlsam verfährt er mit seinem Material. Womit er für mich belegt und vorstellt, dass Wort bis ins Gegenteil dessen sein kann, was Kunst schafft: Wertschätzung für das anbefohlene Material. Bis zur Wertsteigerung in der Vergewisserung, dass das Material den Eigenwert soweit kennt, dass es ihn darstellen kann. Stein. Mensch.

Eine These, die erlebbar sein soll vor den Steinen Rückriems. Dazu kann ich nur einladen!

---

338 Hefting, Texte S. 133.

Nach der Beschreibung der Praxis von drei Künstlern in ihrem Begründen der Achtung vor der Weite und dem Raum, in dem sie sich mit Menschen, dem Material ihrer Kunst, ihrem eigenen Leben befinden, reflektiere ich im folgenden Kapitel die mich faszinierende Ästhetik solcher offenen Begegnungen, den von der Kunst definierten Raum, der diese sich entfalten lässt und freigibt und die Methode der Kunst auf ihre Brauchbarkeit für die Weite und den Raum der Seelsorge. Nach der in verschiedener Praxis erwiesenen Evidenz der Einbeziehung vieler Sinneskräfte in die Lösung von Herausforderungen diskutiere ich theoretische Ansätze hierfür.

3 Reflexion. Ästhetik offener Begegnungen im Raum der Kunst als Methode

3.1 Ästhetik offener Begegnung im Raum wider starre »Kunst-Positionen«

3.1.1 Was ist Ästhetik und wo lässt sie sich wie finden?

3.1.1.1 Autonome Ästhetik in Zeit und Raum

Martin Heidegger formuliert 1951 in »Bauen Wohnen Denken«[339] unter anderem folgende Sätze:

> »Erde sagen, heißt Himmel, Göttliche und Sterbliche unbedacht mitdenken,
> Die Göttlichen sind nicht die Gottheit selber, sondern ihre winkenden Boten,
> Als schonend Wohnende lassen wir die Erde in ihr Wesen frei, d. h. retten wir sie,
> Sterblich wohnen heißt weder auf das Ende starren noch das Nichts zum Ziel setzen,
> Die Brücke ist ein Ding des Übergangs, »leicht und kräftig«,
> Die Brücke versammelt auf ihre Weise Erde und Himmel, die Göttlichen und die Sterblichen bei sich,
> Die Brücke steht weniger an einem Ort als dass durch die Brücke ein Ort entsteht,
> Räume empfangen ihr begrenztes Wesen nicht aus »dem« Raum, sondern aus Orten, letztlich Dingen,

---

339 Martin Heidegger, Vorträge und Aufsätze, Teil II, Neske 1954, S. 19–36.

> Der mathematische Raum ist abstrakt, ortlos – konkret ist der örtliche Zwischenraum,
> Griechisch gedacht – als techné – ist das Hervorbringen ein Erscheinenlassen,
> Nur wenn wir das Wohnen vermögen, können wir bauen,
> Die Sterblichen sind in das Wohnen gerufen; insofern herrscht jederzeit »Wohnungsnot«.

Heidegger denkt 1951 (!) in diesem Vortrag vor Architekten im Geist der damaligen Nachkriegs- und Wiederaufbauzeit nach über das Handeln von Menschen und ihre Seinsbestimmung zu einem ihrer selbst würdigen Aufenthalt in einer freien Gemeinschaft in Raum und Zeit. Es geht ihm geprägt durch den Zeitpunkt der Rede um Menschenliebe. Um ein ästhetisches Verständnis von Raum und Landschaft, um einen ästhetischen Standort-, Material- und Klimabezug, Planungsqualität, Nutzersicherheit und Nutzungsvariabilität, um das Aufzeigen von Grundbestimmungen menschlichen Seins, dem im existenzialen Wohnen Raum gegeben werden soll: Das Retten der Erde geschieht durch einen schonenden Umgang mit Standort und Material, das Annehmen des Himmels geschieht durch Achten der klimatischen Bedingungen und Erfordernisse, das Warten ist ein Offensein für noch nicht Verfügbares, das Entwurf und Ausführung Zeit lässt, die Offenheit für solidarisches Miteinander lässt nicht »über Leichen gehen«, sondern reduziert aktiv Gefährdungen.

Sein Denkweg zielt auf das, was fragwürdig ist und denkwürdig bleiben muss, darauf dass Raum stets auch den Zwischen-Raum bedeutet, und nicht Mauern aufgerichtet sind, an denen Menschen oder in denen Menschen zugrunde gehen. Hier sieht er die Kunst als »winkende Botin«, die durch dieses Denken auf den Weg gebracht wird und dieses in sich reflektiert, interpretativ vermittelt und Möglichkeiten eröffnet. Als z. B. Architektur und über sie hinaus. Die Kunst könne darin das »subversive Element« sein, das gewohnte Strukturen gegen den Strich bürstet, auf Alternativen abklopft und den Alltag sich neu erzählen lässt. In allen ihr zur Verfügung stehenden Sprachen.

Andernorts verwendet Heidegger den Begriff der (Wald-) Lichtung, um zu bezeichnen, dass ein Bereich von Unterholz und Buschwerk freigerodet sein muss, damit etwas ins Freie erscheinen kann, und dass der Mensch offen sein muss für diesen Freiraum. Diese Offenheit ist nicht »ein-für-allemal«, sondern ist als ein Erkämpftes eine stets neu zu erbringende Leistung. »Die Wahrheit ist der Urstreit, in dem je in einer Weise das Offene erstritten wird, in das alles hereinsteht und aus dem alles sich zurückhält, was als Seiendes sich zeigt und entzieht. Wann und wie immer dieser Streit ausbricht und geschieht, durch ihn treten die Streitenden, Lichtung und Verbergung, auseinander. So wird das Offene des Streitraumes erstritten.«[340] Erscheinen kämpft mit Vergessen, das Offene mit dem Verbergen, der Künstler mit dem Werk etc. Allerdings ist dieser Urstreit nicht abgehoben ein Streit zwischen »Erde und Welt«, sondern ein alltägliches Abarbeiten zwischen widerstreitenden Interessen.

Die Entstehung von »Raum« und der Wert desselben an sich wurde mir in der kunsttherapeutischen Ausbildung eindrücklich im Schnee verdeutlicht: Wir Studierende schritten hintereinander im Kreis durch diesen Schnee um einen kahlen Baum herum und traten so eine Linie aus. Gut kafkaesk: »Wege entstehen indem man sie geht!« Durch unsere Spuren entstand visuell eine Trennung zwischen innen und außen, zwischen Baumkreis und Umraum. Und diese Sichtweise wirkte in uns: Wir konnten nach innen treten oder uns außerhalb des Kreises stellen. Unser Sein »innen« und »außen« unterschied sich, wie wir entdeckten: Innen standen wir näher zusammen, was sich sogar in der dort »gefühlten Temperatur« erwies. Innen fühlten wir uns drinnen. Außerhalb dieser Linie waren wir nicht nur entfernter vom Baum (Mittelpunkt), sondern auch gleich im ungeschützten, undefinierten Außenraum. Wir hatten uns sowohl den Innenraum als auch den Außenraum erarbeitet. Das Hinspüren auf der Grenzlinie mit dem Blick nach innen gerichtet (auf den Baum), nach außen gerichtet in den Umraum, machte deutlich: Hier sind durch dieses Umkreisen Räume entstanden, die auf uns wirken, die wirksam sind. Was Architektur aus diesen ersten Umschreitungen dann gestalten kann, das wurde uns ansatzweise begreiflich. – Bis hin zur Frage an die Ethik »im Raum«: Was hindert uns daran, den Baum zu fällen und daraus ein Feuer zu entfachen? Die Angst vor dem sichtbaren Verlust der Mitte wurde geäußert. Die sinnlose Abholzung angesichts der Tatsache unserer vorhandenen Winterkleidung wurde erwähnt. Schließlich die Sorge um den Verlust der »durch unsere Bewegung erarbeiteten und dimensionierten Linie« um den Baum durch die vermutete, erhoffte und gefürchtete Wärmeentwicklung des Feuers.

2009 (–2011) steht die 3. Ruhrtriennale[341] vom 15.08. bis 11.10.2009 unter dem Motto »Aufbruch. Suche nach dem Wort« mit den Unterschritten:

---

340 M. Heidegger, Der Ursprung des Kunstwerkes, Stuttgart 1978, S. 67.

341 S. www.ruhrtriennale.de; s. Katalog Aufbruch, Suche nach dem Wort, 15.08.–11.10.2009, Kultur Ruhr GmbH (Hg.). Gelsenkirchen 2009.

»Aufbruch – Wanderung – Ankunft«. Noch immer oder immer wieder scheint das von Heidegger Aufgegriffene aktuell. Und wir scheinen wenig vorangekommen zu sein von 1951 bis 2009 mit dem Aufbruch in eine ästhetischere Welt z. B. nach den Kriterien Heideggers. Die Brücken für die Rettung der Schöpfung, für das Erstreben des Himmels auf Erden, für eine Offenheit im solidarischen Miteinander sind wenig belastbar, wenn es um sehr menschliche Interessen geht. Kirchen sind von ihrem Gründungsanspruch auf dem Weg zu einer ästhetisches Leben verkörpernden und vermittelnden Gemeinschaft weiter. Dennoch fehlt auch in ihnen die umfassende »techné« zum Erscheinenlassen einer Gemeinschaft der Freien, die möglichst alle »Kirchen der Angst« integriert in ihren Raum der Freiheit um die wärmende christologische Mitte. Dass nun sogar »von außen« sich eine Ruhrtriennale auf die Suche nach dem Wort begibt, empfinde ich als einladenden Impuls für die Kirche des Wortes: »Logozentrismus« aus dem »Off« der Kunst ist eine Herausforderung für die Seelsorge der Kirche.

Ebenfalls 2009 bietet Bazon Brock, Professor für Kunst und Ästhetik an der Universität Wuppertal[342], eigens für die Ausstellung SECHZIG JAHRE. SECHZIG WERKE anlässlich der Feier des Grundgesetzes der Bundesrepublik Deutschland in Berlin, täglich eine »Besucherschule« an, weil er diese für nötig hält.

Der Text der Ausschreibung:

»Wir bilden Künstler aus in ehrenwerten Akademien und Hochschulen. Sie lernen, studieren und arbeiten jahrelang, bevor sie an die Öffentlichkeit treten. James Joyce schrieb zehn Jahre lang an seinem Roman »Ulysses«, Michelangelo quälte sich Jahrzehnte mit dem Auftrag zur Grabgestaltung für Papst Julius II. ab, Richard Wagner realisierte sein staunenswertes Werkkonzept systematisch und nach Plan zwischen 1849 und 1882 – 33 Jahre konsequente Anstrengung!

Gegen manchen Anschein arbeiten auch die Künstler der Moderne mit den ausgeklügelsten Verfahren und nach raffinierten Konzepten jahrelang an ihren, wie man sagt, höchst anspruchsvollen Werken.

Wieso glaubt man in wenigen Minuten Blickkontakt, in einer einzigen Theateraufführung und beim bemühtesten, aber nur stundenweisen Lesen vielschichtigster Texte den Anforderungen der Werke gewachsen sein zu können? Wo lernen wir als Publikum, dem Komponistenwerk, der Skulptur oder Malerei, dem Epos gerecht zu werden?

---

342 Seinerzeit »kopfstehend« an der Seite von Vostell, Beuys und anderen in Fluxus-Aktionen.

Längst ist es an der Zeit, das Publikum genauso zu professionalisieren, wie wir das bisher an den Kunsthochschulen aller Sparten den Künstlern abverlangten!

Wo Künstler Lehrjahre, Diplome und Staatsexamen ablegen, haben die Zuschauer, die Zuhörer, die Betrachter ihrer Werke wohl ähnliche Fähigkeiten auszubilden. Wo lernt man Diplom-Rezipient zu werden?

Bis auf weiteres leider nur ansatzweise in Besucherschulen, wie sie Bazon Brock in den 60er Jahren entwickelte und für diverse Institutionen, darunter die documenta 4, 5, 6, 7, 8 und 9, anbot. Eine solche Besucherschule eröffnet er jetzt auch in der Ausstellung zur künstlerischen Arbeit unter dem Schutzschirm der Grundgesetzgarantie der Freiheit von Kunst und Wissenschaft. Er widerspricht ausdrücklich der frivolen, leider heute weit verbreiteten Auffassung, Elend, Rechtlosigkeit, Chaos, Radikalismus beförderten die Kreativität, die existentielle Tiefendimension und die Gestaltungskraft aus Widerstand.« [343]

Und bereits 1977 formuliert Brock aus seiner Sicht die wesentliche Aufgabe der Ästhetik[344]: Ihr kommt es zu und obliegt es, Wahrnehmung zu Wahrnehmungsfähigkeit zu entwickeln. Also die Kategorie der Qualität in die Wahrnehmungsprozesse einzuführen, die Herausbildung von Kriterien zu entwickeln und Bildung aller Sinne zu fördern. Dazu gehört es, Sensibilität zu wecken für Bedingtheiten der Wahrnehmung in einem Weltbild der Überwindung der Angst vor Fremden und Fremdem, um Neues nicht als bedrohlich abzuwehren. Seit den »Kopf stehenden Zeiten bei Fluxus« ist Brock ein Praktiker dieses ästhetischen Postulats, der die Erprobung dessen, was heilsam und genießbar und was »Brunnen vergiftend« sein mag, gern betreibt. Indem er beredt und engagiert und überzeugt-überzeugend (s)eine Erkenntnis und Bereitschaft zu lustvollem Tun und Lassen propagiert, abfragt, anregt und – bis ins Wörtliche – Schritte wagt. Selbst-Konfrontation mit »dem Außen« und Konfrontation des Außen mit (sich) selbst-bewusstem Stolz auf Errungenes notiert er nicht als Ausschließendes, vielmehr betrachtet er die Freude am Neuen als Impulsgeber eigener diskursiver Weiterentwicklung, Internalisierung und Externalisierung dieses Diskursiven als Chance zur Bereicherung und Entwicklung des Menschen.

»Ästhetik als Vermittlung« also! Hin zur Wahrnehmungsoffenheit, Sensibilisierung für Zusammenhänge gegenwärtiger Angstäußerungen, Zuge-

---

343 S. die Ausschreibung dazu unter www.bazon.brock.de.

344 Siehe Bazon Brock, Ästhetik als Vermittlung 1. Der Künstler als erschöpfter Schöpfer; 1.3 Ästhetik als Vermittlung.; www.bazon.brock.de.

hen auf Lustfreundlichkeit und Stolz, diskursive neue Wege. Auch offen für ethische Herausforderungen in der Wahrnehmung von Ästhetik. Ich sehe nicht, wer in Kirche, Religion und Theologie für diese Auseinandersetzung mit Ästhetik steht und wo diese stattfindet oder einen Ort hätte. Und ich halte dies für einen Schaden. Es gäbe sie vor den Bildern, aber diese Verortung scheitert aus meiner Sicht an der Materialisierung dieser und an der mangelnden Einlassung auf diese »auf Augenhöhe« nicht der Kunst, sondern der ihr in der Seelsorge Begegnenden. – Dieses Material, aus dem die Träume einer befreiten Ästhetik zur Selbst- und Fremdes-Wahrnehmung sich speisen, ist in Theologie und Kirche und gewiss in ihrer Seelsorge *weitgehend* (Dies als Referenz z. B. an die Arbeit von Friedhelm Mennekes in der Kunst-Station Sankt Peter Köln; vgl. dazu z. B. Nicolas T. Weiser, Offenes Zueinander, Regensburg 2002) fremd. Sicher fremd für eine Begegnung auf Augenhöhe von »Material«, »Seelsorge« und »Kunst«. »Lichtung«, »Frei-Raum«, »Vermittlung« sind als »open space« in der Seelsorge allenfalls (wieder) Räume zum Reden. Aber nicht Erfahrungsorte für »Heraustreten«, »Aufrichten«, »Hohen Himmel«[345], Zugang zu ungeahnter Höhe, Weite, Licht etc. Diese sind eben nicht begreifbar, selbst wenn die »gestaltete Mitte« noch so blütenreich und farbenfroh ist, wenn der »open space« nur meint, dass die Rede offen sein dürfe, der Raum aber anders nicht erfahrbar ist.

Dies ist zunächst wahrzunehmen, um es – ganz im Sinne Brocks – selbstbewusst einer Bereitschaft zu lustvollem Tun und Lassen zuzuführen. Was ein hohes Maß an Demut und Frustrationstoleranz erfordert, weil die erfahrbare Widerständigkeit des Bestehenden ordentlich stark ist. Obwohl doch »Vertraut den neuen Wegen« Eingang fand ins Kirchengesangbuch, scheint dies wenig Wirkung zu zeitigen. Es ist nicht leicht von der Engführung, der sicheren Behaustheit abzusehen und aufzuschauen in Gottes bunte Welt!

Dazu eine Erkenntnis aus Bali: »Das angemessene Bild einer kulturellen Organisation kann, sofern überhaupt eines nötig ist, weder das eines Spinnennetzes noch das eines Sandhaufens sein. Vielleicht könnte man sie mit einem Polypen vergleichen, dessen Arme weitgehend eigenständig funktionieren, untereinander und mit dem, was beim Polypen als Gehirn gilt, nervenmäßig nur wenig verbunden sind, und der es dennoch zuwege bringt, als lebensfähiges, wenn auch recht ungeschicktes Wesen zurechtzukommen und sich – zumindest für eine Weile – zu erhal-

345 Emil Nolde soll einmal geäußert haben, dass er sein Atelier im nordfriesischen Seebüll habe, weil in der dortigen Landschaft »der Himmel so hoch« sei.

ten.«[346] »Lichtungen«, »Frei-Räume« scheinen nach der Einlassung auf die Künstlerwerke dieser Arbeit nicht zu schwierig greifbar zu sein. Liegt das Nicht-Ergreifen-Sollen an der Sorge um zuviel Eigenständigkeit der Arme? Fehlt es an einer hinlänglichen Exegese von »Ein Leib-viele Glieder«? Fehlt es an Glauben oder an Fantasie?

3.1.1.2 Ästhetik und Kunst in der Kirche des Wortes?

Die »Polypenarme« des weiten Feldes von kultureller Aufstellung im vorfindlichen gesellschaftlichen Diskurs, in dem sich unter vielen anderen auch »Religion« und »Kunst« vorfinden, ist derart unterschiedlich, dass sich echte Verbindungen kaum noch wahrnehmen lassen, wenn es sie in einem wesenhaft offenen Gegenüber jemals gegeben hat. Soweit die Autonomie jedes dieser Arme in vollem Umfang ihres »Greifens und Findens« realisiert und geachtet wird.

Kunst wird seitens der Theologie nicht erst seit Karl Barths Ethikvorlesung[347] verbal als autonom akzeptiert. Allerdings bedeutet »Eigenwert haben« nicht bereits auch autonom zu sein. Solange den Eigenwert des Fremdwertes der Kunst dann letztlich doch die Theologinnen bestimmen. Die Versuche seitens der Theologie, der Religion und ihrer verfassten Organe nicht nur in gemeindlicher Basisnähe sind bis heute verbreitet, das, »was man unter Kunst versteht«, zu vereinnahmen für die eigenen (höheren?) Zwecke: Die Kirche braucht die Kunst, um »mit den heute möglichen Mitteln dem Glauben unserer Zeit Gestalt und Ausdruck zu verleihen.«[348] Welche Wahrheit wird gesucht: die der Kunst oder die theologischer Ansätze mit Hilfe der Kunst? »Was will uns das Bild sagen?« – so leicht entlarven Theologen in ihrer Sprache und Gestik sich selbst als die Wissenden und Begreifenden, die sich der Kunst geneigt zeigen. Aber wer sich neigen muss, wähnt sich zuweilen höher positioniert! So wählen sie aus, was in ihren Raum passt, in den Raum der Kirche, den Raum ihrer Predigt, den Raum ihrer Gemeindeveranstaltung, den Raum ihrer Theologie. Aber wo sind sie selbst die Staunenden, Ergriffenen vor einem zeitgenössischen Kunstwerk. Wo stehen sie still davor außer im privaten Bereich? Wo gönnen sie sich die Begegnung mit einer Kunst, die sie herausfordert? Und zwar in ihrer Theologie, in ihren Sichten auf Leben, in ihren

---

346 Clifford Geertz, »Person, Zeit und Umgangsformen auf Bali«; in: Ders., Dichte Beschreibung. Beiträge zum Verstehen kultureller Systeme, S. 133–201, hier S. 196f.

347 Wintersemester 1928/29, Münster.

348 Vgl. A. Stock, Theologische Museumsgedanken, in: J. Rauschenberger / A. Kölbl (Hg.), Entgegen. ReligionGedächtnisKörper in Gegenwartskunst, Ostfildern-Ruit 1997, S. 27–29.

Ängsten und Träumen, in ihrem Menschsein, in ihrer Existenz. Wo sind die Theologen, Kirchenfrauen und -männer die Schauenden und die Schauernden, die ihre eigenen inneren Bilder wahrnehmen, die Kunst etwas mit sich tun lassen, die ihre Seele beugen und z. B. an einem Bild aufrichten (lassen)?[349] Denen etwas geschieht vor einem Bild. Mein Eindruck: »Im Dienst« verstummen sie nicht vor der Größe und dem Reichtum, der sie in einem Bild, in einer Skulptur, in einer Installation gefunden hat. Und selten halten sie die Stille und das Sprechen der Kunst aus. Selbst »mit im Spiel«, mit im Raum, mit in der Auseinandersetzung im Material um die Materialität, dafür fehlt die Zeit, der Raum und wohl auch die Bereitschaft zu Wahrnehmung dieser Möglichkeit als Chance. Im Diskurs bleibt man theologisch unter sich, mit eigener Diktion, eigenen Kriterien, eigenen Fraktionen, eigenen Bildern. Und letztere bleiben im Rahmen!

Diese Haltung und Ausrichtung, Hilfswissenschaften und -medien zu rekrutieren, ist für Menschen, die es gewohnt sind, die es an der Universität gelernt haben, die darin geprüft und bestätigt wurden, dass sie in einer »Kirche des Wortes« Dienst tun, eine wohl gemäße Haltung. Vielleicht sogar die einzig gemäße. Allein, das »Ergriffensein von dem, was uns unbedingt angeht«, ereignet sich auch auf Wegen, in Räumen und Orten, die uns Theologen und Menschen der Kirche alles »aus dem Logozentrismus« nehmen und stattdessen »in die Hand« geben, was wir als Werkzeug zum Bau unseres Lebensgerüstes tauglich zu sein wähnten. Ergriffensein ereignet sich, wo es will – oder nicht! Ergriffensein hat zu tun bekommen mit dem Greifen dessen, das nach mir greift, und dessen, nach dem ich greife. Mag sein, dass diejenigen, die meinen, dies in ihrer Sprachform und in ihrer Bildhaftigkeit (es sind dann *ihre* Bilder, nicht die, die ihnen gegenüberstehen!) in Worte fassen zu sollen, nur selbst und ganz allein dastehen. Und dass die Menschen, die an ihrer Seite stehen oder vor ihnen sitzen auf ganz andere Impulse und Richtwerte reagieren als auf ihre Worte. »Bildworte« wäre hier dann eine geradezu zynische Formulierung!

So warte ich noch heute auf die Buntheit und Prallheit und Heiterkeit und das Glänzen jenes Balles, den mir ein Prediger vor vielen Jahren in einer Predigt zuwerfen wollte: Ich steckte in einer Lebenskrise, war genau dieses Impulses bedürftig, sehnte mich, reckte innerlich die Arme gen Kanzel, als er seine Ankündigung machte – und er redete sich raus. Er behielt den Ball für sich. Was ich ihm heute gönnen könnte, wenn er ihn denn genutzt hätte für

[349] Die geradezu abgedroschen »baumeln lassenden Seelen« so vieler sommerlicher Gemeindebriefartikel haben auch einen exekutierenden Beigeschmack.

seine »spielerischen Zwecke«. Wenn, und da liegt mein Zweifel, wenn er ihn denn überhaupt hatte: Er sprach davon. Und als ich merkte, dass er mir etwas versprach, was er nicht hielt, überkam mich Traurigkeit. Und Wut darüber, was er mir antat! In der seelsorglichen Arbeit mit kranken Kindern habe ich später von diesen gelernt, dass Versprechen – »Ich besuche dich morgen! Bevor es Mittagessen gibt.« – eingehalten werden müssen. Dann kann ich keinesfalls am Nachmittag kommen, sonst richte ich Schaden in Seelen an. Es war wohl das Kind in mir, das sich damals als Erwachsener nach dem Zuwerfen des Balles gesehnt hat, nach der Aufmerksamkeit für mich, nach der Richtung auf mich zu, nach dem Blickkontakt, nach der Nutzung des »Übergangsobjektes« für Wertschätzung, nach dem Ball in allen seinen Facetten. Aber es kam nicht zustande, es ging nicht. Vermutlich weil es zu kindlich gewesen wäre, weil »zu den Kindern gehen« nicht hinreichend Zweck ist.

Dass im Jahre 2007 die Frage aufgeworfen werden kann (und muss), ob Kunst und Kirche einander brauchen,[350] erscheint mir ein deutliches Zeichen dafür zu sein, ein Signal, dass der Geist der Freiheit, den spätestens die »Postmoderne« atmen können wollte, nicht allenorts als Akt der Freiheit angekommen ist: »Kirche und Gegenwartskunst als verbundenes Getrenntsein« (Bischof Lehmann),[351] »Kunst müsse eine religiöse Fundamentierung haben« (George Steiner) umschleichen die gegenseitige Freiheit, aber feiern sie nicht wirklich. Schon gar nicht miteinander.

Meine Vermutung, weshalb die »Methode aus Freiheit« (Lehnerer) oft sehr weiträumig umrundet wird, ist, dass solche Freiheit in solch hoher »spielerischen Qualität« Angst macht. Angst vor einer Lebendigkeit, die mit den bewährten Mitteln nicht zu bewältigen ist. Aber Lebendigkeit soll sich in die Weite verströmen können, ausufern, überborden – ohne gleich mit dem Warnhinweis »Sektiererei« versehen werden zu müssen. Liegt es an der eben doch (zunehmend?) als konkurrierend wahrgenommenen »Erweiterung des Kunstbegriffs« auch in Bereiche von Religion, Theologie und Kirche hinein, die bislang noch allein diesen allein zustanden, dass Berührungen »im Rahmen« bleiben? Oder liegt es an der Sorge um die Wirkungen des »Gesamtkunstwerks« in die gesamte Wirklichkeit – also auch die »eigene« hinein – als »Ersatzreligion«? Zeigen die Besucherzahlen in den »Museen = Kunsttempeln« auch an sonntäglichen Vormittagen Wirkung?[352] Welche?

---

350 S. Thomas Erne in: Kunst und Kirche 1/2007.

351 Nach: R. Hoeps (Hg.), Religion aus Malerei? Kunst der Gegenwart als theologische Aufgabe, Paderborn 2005, S. 24; zit. nach Erne, ebenda.

352 In: Inken Möller, Anstöße – Theologie im Schnittpunkt von Kunst, Kultur und Kom-

Kunst-Gottesdienste sind keine Antwort, weil sie weder dem Gottesdienst noch dem Kunstwerk noch den Besuchenden gerecht werden. Zeugen sie doch eher von der Kunstsinnigkeit und Bildung des gestaltenden Pfarrers und dessen Verbindungen in die örtliche Museumsszene. Das Selbstbewusstsein der Kunst, die sich nicht mehr leicht vereinnahmen lässt, ist in den letzten Jahrzehnten gewachsen. Und mein Eindruck ist der, dass gerade durch vielerlei Bemühungen um Kunst und Kirche / Kunst + Kirche, Religion und Kirche, durch »Bildpredigt zu …«, »Religiöse Themen und Kunst«, »Gottesdienst mit Kunst« überdeutlich wird, was Paul Gräb formuliert:

»Wer sich nicht ernsthaft müht, ein Kunstwerk zu verstehen, wird kaum einen Zugang finden.«[353]

Das aber setzt in der Kirche eine Auseinandersetzung mit dem Material der Kunst – n.b. nicht der Kunst als Material – voraus, die von nur wenigen geführt wird, um echte Freude an der Kunst aufkommen zu lassen. Im – polemischen – Bild: Da ist anderes vom Kopf auf die Beine zu stellen als ein Baselitz-Christus! Desto bewundernswerter erlebe ich die geduldige Arbeit der Kunstdienste und Kunst-Beauftragten und Kunstkirchen.[354] Auch wenn sie zur Begegnung und Befruchtung von Kunst und Seelsorge nicht beitragen konnten.

Dass längst autonome Kunst sich religiöse Themen aneignet, sie ihrerseits verwandelt in rein ästhetische Objekte ihrer subjektiven »Wahr-nehmung« ist längst geschehen seit jenem Tetschener Altarbild des C. D. Friedrich »Das Kreuz im Gebirge« (»Trotzdem« wurde es lange Jahre als Bild auf Konfirmationsurkunden gern abgebildet!), in dem dieser den Spielraum seiner Subjektivität und ästhetischen Autonomie ausschöpft. In Arbeiten von Maurizio Cattelan (Der gefällte Papst), im »Christus mit der Gasmaske« des Georges Grosz[355], in Fröschen und Frauen am Kreuz, bei Jonathan Meeses »Sammlungen« und Installationen – das wird weiter geschehen.

---

munikation, Darmstadt 1991, S. 28f.: Kunst und Kirche: Das Verhältnis einer Konkurrenz?

353 Paul Gräb, Kunst und Kirche: Das Verhältnis einer Konkurrenz?, in: Anstöße, I. Möller, 1991, S. 28–29 (29).

354 Als Einführung in Personen und Problemstellungen im Arbeitsfeld Kirche und Kunst: (eher ev. Bereich) Anstöße – Theologie im Schnittpunkt von Kunst, Kultur und Kommunikation, zum 60. Geburtstag von Rainer Volp, Darmstadt 1991; (eher kath. Bereich) Nicolas T. Weiser, Offenes Zueinander, Regensburg 2001.

355 S. August Heuser, Die Kirche, Die Kunst und die Kirchenkunst. Erfahrungen und Reflexionen zum Verhältnis von Kirche und zeitgenössischer Kunst, in: Walter Lesch (Hg.) Theologie und ästhetische Erfahrung. Beiträge zur Begegnung von Religion und Kunst, Darmstadt 1994, S. 218ff.

Dass Künstler diese Themenstellungen aus Religion, Theologie und Kirchengeschichte damit lösen aus ihrem »eigentlichen« Kontext und sie »an sich« und autonom des bisherigen Deutungsrahmens darstellen – das wird weiter geschehen!

Dass sich dann das Urinoir von Duchamp und der Creglinger-Marien-Altar von Riemenschneider, die Installation von Beuys oder die Granitstele von Rückriem, die Jonathan-Meese-Installation und die Schreiter-Fenster in der Dinkelsbühler Franziskanerkirche in ästhetischer Perspektive nicht unterscheiden, sondern nebeneinander stehen – das wird geschehen!

Dass ein Gerhard-Richter-Fenster im Kölner Dom aus sich selbst eine ästhetische und religiöse und autonome Wirkung erzielt, mag einem Kardinal dort nicht gefallen (und ist aus der Vita des Künstlers ja auch bemerkenswert!), aber es geschieht. Dass mir Ordensschwestern im Gespräch in Köln von der »Weite der Farbenfreude dieses Fensters im oft doch schummrigen Dom« erzählten, verstehe ich als Offenheit dieser Frauen.

Wenn es um die ästhetische Herausforderung geht, der man sich stellen will, kann es keine anderen Prinzipien geben, keine andere offene Wahrnehmung, kein anderes Herauskommen hier oder dort. Das »Christusbild« ist entweder Kunstwerk, dann verlangt es meine ästhetische Respektierung und den entsprechenden Diskurs – oder ich akzeptiere es nicht als Kunstwerk, sondern ordne es in mein System ein, ordne es unter, nutze es als kirchliches Sinnobjekt.[356] Kommt es aber zu einer »Theologischen Ästhetik« im Sinne einer definierten, damit eingeschränkten, kirchlich dogmatisierten Ästhetik, dann ist nicht nur der offene ästhetische Diskurs verschlossen, sondern dann ist die Kirche weit entfernt von der Methode der Kunst als Methode der Freiheit. Kunstwerk ist dies qua Kunstwerk – oder nicht. Ästhetik ist qua ästhetischer Freiheit – oder nicht. Kunst ist – noch wieder! – autonome Kunst – oder (im weitesten Sinn) wieder Auftragskunst.[357]

Die Werke der Kunst bieten in aller Freiheit der öffentlichen Zugänglichkeit und des Sich-Ausstellens Chancen zur Begegnung, zum inneren wie äußeren Dialog um Herausforderungen des Menschseins. Sie zu nutzen empfinde ich als Form der Wertschätzung einer sich vermittelnden Ästhetik. Einige dieser Werte, die sich dem an der eigenen und fremden Ästhetik erschließen, nenne ich. Sie sind an sich, bedürfen keiner »helfenden Fürsprache«: Die Bedeutsamkeit von Arnulf Rainers Bildern liegen im Bild. Zum Bei-

[356] »Sinnobjekte« ohne einen kirchlichen Bezug gibt es darüber hinaus weit verbreitet. Und nicht erst, seit das Kreuz als Design-Herausforderung wahrgenommen wurde.

[357] Vgl. Wilhelm Gräb, Ästhetik. In: Ders./Weyel, Handbuch, 2007, S. 737–747.

spiel in der Übermalung eben des und so Übermalten. Die Bedeutung von Andy Warhols Brillo-Schachteln liegen in den Schachteln, ihrer Materialisierung, ihrer Stapelung, ihrer Irritation. Das Bedeutende von Rückriems Steinen liegt im Stein und in dessen Verortung und in meiner Begegnung mit Form und Inhalt und »meinem inneren Volumen«. Das Deutende von Beuys' Werk auf seine Perspektive für Menschen liegt in eben dieser und meinen Schritten darauf zu. Das Licht durchleuchtet die Schreiter-Fenster nun in Mannheim und die Westfront des Kölner Doms und fördert zu Tage und zu Sinnen, was jetzt ist. Das Mysteriöse in Max Neumanns Bildern liegt in seinen Figurationen, die meinem Nichtverstehen Impulse verleihen. Die Worttropfen in »Bit.fall« von Julius Popp[358], Leipzig, lassen ihren Bedeutungsgehalt in ihrem Sich-Vertropfen, Verrinnen vor meinem inneren Auge aufscheinen und verschwinden, zerfließen und dadurch nachhaltig bleiben in ihrer gewesenen Realität und in ihrer realen Gewesenheit.

Diesem innerkirchlichen Diskurs um Kunst und Kirche will ich mich im Rahmen dieser Arbeit nicht widmen. Es geht mir vielmehr um den spezifisch seelsorglichen Aspekt der Kunst, also deren »weiteren Scheinwerfer in ein dunkles Gewölbe« von Klienten, denen ich als Seelsorger begegne. Einen Scheinwerfer – und damit zeigt dieses Bild seine Untauglichkeit –, den ich allerdings nicht in Händen habe, führe, sondern der selbst strahlt – oder nicht. Der beleuchtet, was ihm beleuchtenswert ist. Oder was zufällig geschieht. Zu dem ich womöglich als Seelsorger hinführe oder mitgehe, dessen unmittelbare Wirkung ich aber kaum, allenfalls indirekt erlebe. Dessen Wirkweise ich selbst ausgesetzt bin, aber die ich beim Klienten in ihrer dortigen Wirkung nicht einmal selbst wahrnehmen muss, dessen »Erhellen« oder »Ausleuchten« in einer seelsorglichen Situation aufscheint – oder nicht. Um diese Einwirkung von Kunst im Spielraum seelsorglichen Handelns und aktiven Nichthandelns vor Bildern und Objekten auf Klienten und Seelsorger durch deren Materialität geht es mir in dieser Arbeit. Diese Wirkung kann es nur geben, wenn das Werk »als fremder Gast« ins Gegenüber tritt, zwecklos daherkommt und wieder geht, aber zwischendrin im »Frei-Zweck« (Lehnerer) Einsicht, Wahrnehmung, Kommunikation angerührt hat.

Vor ein Werk hinzugehen und wahrzunehmen, was es mir in die Sinne bringt (absichtlich vermeide ich hier das Wort: »sagt«!), und dem standzuhalten, was es dem Klienten neben mir in dessen Sinnen auslöst, danach fragt und darin arbeitete SeelsorgeART (s. u.).

[358] S. unter Youtube.de.

3.1.2 Ästhetik und Seelsorge

Worum muss es einer Ästhetik gehen? Worum geht es dieser in der Seelsorge? Worum geht es der Seelsorge? Zunächst, dass Menschen sie sich leisten können, sie also demokratisch ausgerichtet ist, was bereits eine ästhetische Herausforderung darstellt. Dass ich mich dann mit allen meinen Sinnen und Kräften, Haut und Haar und aller Liebe, Unvermögen und Staunen, Zagen und Zaudern, Angst vor dem Fremden, das das Fremde in mir entdeckt, Schweigen und größtmöglicher Offenheit[359] im je und je besonderen Augenblick meines Lebens dem Bild, den Schachteln, dem Stein, dem »zu verbindenden Messer«, der Installation etc. aussetzen kann – als Wahrnehmender. Dass ich die Chance hatte zu lernen, dass es »einen Tisch und einen Tisch« gibt, ein »Urinoir und ein Urinoir«[360], »Musik und Musik«, »Tanz und Tanz«. Es muss eine Ästhetik nicht nur »jenseits von Auschwitz«, jenseits der Mülldeponien Bombays,[361] jenseits kirchlicher und weltlicher Trennungslinien und Abgrenzungen geben. Eine Ästhetik nach 09/11, nach dem Tod Gottes und vor bzw. in der Klimakatastrophe, eine Ästhetik, die ich mir wünsche, dass sie sei – gerade in meiner Kirche. Eine Ästhetik, die nicht den plastischen Chirurgen, den Designern und den Laufstegen[362] überlassen wird, sondern dem ganzen Menschen verpflichtet ist. Als lebbare und lebende herrliche Freiheit der Kinder Gottes, die in mancher Zeit auch eine erschreckende, ernüchternde und entlarvende sein mag.

Dass ich mich der Ästhetik des Augenblicks aussetze(n kann) und ihre Wirkung zulassen darf, ist zunächst eine Frage des Zugangs, der Möglichkeit, der Gerechtigkeit. Und es kann nicht *eine* Ästhetik geben, keine Ästhetik-Diktatur, wie es nicht *eine* Wertschätzung für eine Richtung der (»schönen«) Künste gibt, der Architektur, der Musik. Wo ich mich an die Grenzen meines Lebensraumes begebe, d. h. wahrnehme, wo immer sie sich befinden, mich dort »für eine Zeit« aufhalte – hinstelle, setze, lege, lagere –, schaue und merke, was sich tut – dort und in mir – und es geschehen lasse, da setze ich mich dem ästhetischen Diskurs in mir und um mich aus. Dem Menschen neben mir, und immer mir selbst auch. Ich kann nicht »auf Distanz« bleiben in

---

359 Nach Winnicott: »good enough mother«!

360 Inwieweit die häufige Auswahl gerade dieses Porzellanartikels, zugegeben in der Geschichte der Kunst wichtigen Objekts, ästhetische Auswirkungen im Gender-Dialog hat, bleibt aus meiner Sicht dahingestellt.

361 Die nicht mit einem »Slumdog-Millionär«-Kinofilm abgegolten sein kann!

362 Es ist aufregend, was sich auf den ersten Positionen zur Eingabe »Ästhetik« googeln lässt. Andererseits: Wer Ästhetik »googelt« …

dieser seelsorglichen Situation. Und ich muss es doch aus professioneller Verantwortung tun. Wenn ich dies geschehen lasse, wird mich das Bild, die Schachtel, der Stein, das verbundene Messer, die Müllhalde finden, mehr: erreichen. Und mein Aufenthaltsort im derzeitigen Leben wird Impulse erhalten, sich angesichts dieser Einwirkungen bewähren oder zu verändern haben, lebendig reagieren können (oder nicht!).

Aus dieser auf mich einwirkenden Erfahrung heraus kann ich mich für die Vorgehensweise von SeelsorgeART öffnen. Es kann dann zu einer Re-Vision dessen kommen, was ich bis dato für wahr und wesentlich und mein Leben bestimmend hielt (»gut und schön« oder »unerträglich«), was dessen Vergangenheit und Zukunft, besonders aber dessen Gegenwart betrifft: Kunst wirkt jetzt. Und Kunst wirkt nachhaltig. Es kann sogar die Entscheidung geben, dass ich mich nicht in die dort im Bild vorgestellte Freiheit hinauswage, aus je und je guten Gründen. Dass mich die *äisthesis* abschreckt, überfordert, kleiner macht als größer, dass ich bewusst in die An-Ästhetik drifte (die natürlich auch eine Ästhetik ist). Oder dass ich den Schritt als Klient in der Seelsorge dennoch will – und mir zur Erreichung »Bei-Stand« des Seelsorgers hole, der bereit ist, sich mit mir auf den Weg in die Offenheit zu begeben, die ich träume: Hin zum ästhetischen Diskurs meiner Selbst mit den umgebenden Dingen des Lebens. Einer Ästhetik, die dem Kriterium der Freiheit ebenso zu genügen hat, also nicht »ihre Freiheit / die vom Seelsorger definierte Freiheit« an den Mann / an die Frau bringen will, nicht ein weiterer Tropfen im Mainstream der veröffentlichten ästhetischen Meinung ist. In diesem Zusammenhang spielt die Bereitschaft der Verortung von Seelsorge eine erhebliche Rolle, in der deutlich wird, inwieweit sich der Seelsorger hinausbegibt aus seinem Rahmen und sich der Weite bzw. Enge des Suchenden stellt.

Ein Seelsorger in der »Kirche der Freiheit« wird stets auch am Fuß von deren »Leuchttürmen« die Schatten ernst nehmen, in die sich Menschen flüchten, die am Leuchtturm Halt suchen. Diese Schatten sind da und sie sind voller Menschen. Und es ist schrecklich, dass sie da sind und es ist ein Segen. Und diesen Schatten ins Gesicht zu schauen, in diesen Gesichtern den Menschen zu erkennen – beim Namen gerufen, wertgeschätzt und darin von Gott gesehen, das ist seelsorgliche Pflicht der Kirche Jesu Christi, vielleicht ihre heiligste Pflicht. Diese darf sie erfüllen mit der Weite ihrer Kürfähigkeit und Fantasie, die ihr mit den »mancherlei Gaben« in Herz und Hand gelegt worden ist. Diese Kirche kann nicht nur den Mainstream ausleuchten, denn dann verlöre sie den Kontakt zu ihrem Zentrum, ihre Basis und ihre ihr selbst Raum gebende Ästhetik: das »Ärgernis am Kreuz«, das Zeichen des Lebens, der Auferstehung in dieser in vielen Bereichen am Boden liegenden Welt. Mehr »Licht für Menschen im Dunkel«, mehr Gottesnähe kann es nach meiner Glaubensüberzeugung nicht geben. Welche Wirkung sinnliche Wahrnehmungen in der Seelsorge in dieser Konsequenz zeitigen, muss sich jeweils in der Situation zeigen. Eine starre Lehre von dieser Seelsorge kann es nicht geben, allenfalls klare Spielregeln, die aber im Miteinander an Lebensverhältnisse angepasst werden können. – Das kann sie von der Bildhauerei her lernen: Nur durch einfallendes Licht ins Innere erlangt ihr Bild Tiefe. Und nur so bekommt es »Perspektive«.[363]

Vom Zentrum Jesus Christus her kann Seelsorge die »Kirche(n) der Angst« (Schlingensief) – »In der Welt habt ihr Angst!« (Joh. 16, 33) –[364] wahrnehmen wollen, die vor Ort real sind und für das menschliche Sein bleiben werden, solange diese Welt noch nicht erlöst ist. Sie hat den Auftrag, nicht nur im Licht ihrer Feiern ästhetisch zu sein, sondern auch in der dunklen Realität für hinreichend Licht zu sorgen, dass Menschen gehen können, ohne im Dunkel zu stolpern oder verletzt zu werden: In die »Gemeinschaft der Heiligen« oder aus dieser heraus. Sie hat die dreifache ästhetische Erfahrung vor sich, die Jauß formuliert: die produktive Seite der Erfahrung – *poiesis*, die rezeptive Seite – *aisthesis*, die kommunikative Seite – *katharsis*.[365] Dass diese Seiten nicht jeweils »rein und geordnet und zugemessen« auftreten, davon gehe ich aus![366]

Mit Paulus: »Die Zeit ist kurz. Fortan sollen auch die, die Frauen haben, sein, als hätten sie keine; und die weinen, als weinten sie nicht; und die sich freuen, als freuten sie sich nicht; und die kaufen, als behielten sie es nicht;

---

363 Darin weicht meine seelsorgliche Arbeit z. B. von der öffentlichkeitsorientierteren von Mennekes ab. Es geht mir wie ihm um die Wahrnehmung der Bestimmung eines Raumes durch Kunst, um die Wahrnehmung und Ernstnahme der fließenden Impulse. Mir dann aber um die individuelle Begegnung im Raum vor dem Bild bzw. der Installation in der seelsorglichen Situation, einem eher zu schützenden Augenblick.

364 Bemerkenswert: Das Titelbild des menschenleeren Säulengangs auf dem Cover des gleichnamigen Buches von M. Käßmann (Hg.), Hannover 2004: Licht zwischen den eckigen Säulen fällt von links hinten auf den Boden. Die gegenüberliegende Wand bleibt im Dunkel! Was bedeutet diese Perspektive für den, der Seelsorge sucht? Wo ist hier der Ort der Angst, der Ort der Befreiung? Was weist das Bild dem Seelsorger auf?

365 S. H. R. Jauß, Ästhetische Erfahrung und literarische Hermeneutik, Frankfurt am Main 1982, S. 103–191.

366 Vgl. dazu auch R. Volp, Bildende Kunst und religiöse Erfahrung, in: P. Bloth u. a. (Hg.), Handbuch der Praktischen Theologie, Bd. 2, Gütersloh 1981, S. 80–92: Wahrnehmen (87), produktive Umwandlung in Symbole (87), Spielraum eigener Entscheidung (88).

und die, die diese Welt gebrauchen, als brauchten sie sie nicht. Denn das Wesen dieser Welt vergeht. Ich möchte aber, dass ihr ohne Sorge seid.« (1. Kor. 7, 29–32)

Joseph Beuys fand ein angezündetes Heft mit Bildern von Lehmbruck-Skulpturen, besser: es fand ihn. Es fand ihn in einer Situation, in der er offen war zu schauen, inne zu halten, in sich hinein zu horchen, Bestehendes wahrzunehmen und antwortend zu reagieren. Ähnliches passierte ihm nach dem verheerenden Weltkrieg, als er Boden unter den Füßen brauchte, um seinem Lebensentwurf – trotz Bomberpilot, »potentieller Mörder« – in der ihm geschenkten neuen Gegenwart standhalten zu können. Ein Zeitpunkt der Angst vor dem eigenen Ergangenen, vor dem »LOSS_OF_CONTROL«[367] (Hoet) der eigenen Lebensfähigkeit in der Gegenwart nach der Vergangenheit vor der Zukunft. Beuys ließ sich finden, »nahm sein Bett« (Mk. 2,11) – also alles, was er unter sich und hinter sich gelassen hatte – und konnte gehen! Das ist kein Modell oder Rezept für die Seelsorge. Aber es ist ein Modell für die Fähigkeit dieses Menschen, mit Mitteln und Materialien der Kunst das, was er begriffen hat, einer Öffentlichkeit vorzustellen als Versuch von verantwortlich gelebtem Leben. Nicht als Fingerzeig: »Da geht es lang!«. Sondern als einladende Geste: Nehmt wahr und denkt mit und zieht eure eigenen »künstlerischen« Konsequenzen.

Allerdings: »Beuys treibt die Entgrenzung bis in ein utopisches, die gesamte Gesellschaft einschließendes Beziehungsnetz, das er ›soziale Plastik‹ nennt.«[368]

Ulrich Rückriem wurde nicht Priester, wie dies sein Umfeld von ihm erwartet hatte, sondern wurde krank. Und er wurde dann erreicht von einem Hinweis (»Wink der Freiheit«?) seines Kunstlehrers und – trotz seiner Steinmetzlehre, aber später dann auch MIT dieser – nach einer Reise in den Süden – in die Wärme, ins Reich ganz anderer Formgebung – von einer »Wagenladung Stein« zu seiner Lebensperspektive befreit. »Das ist es, was ich will!« Der Stein war ihm genug, um seinen Denk- und Lebensimpuls an die Öffentlichkeit zu stellen!

K. R. H. Sonderborg fand sich im »Herumleben« und aus diesem in der meditativen Ruhe vor dem leeren Blatt ein, dem er seine inneren Bilder eruptiv anvertrauen konnte: Zeit seines Lebens. Er durchwanderte die Welt, durchflog und durchzog sie auf der Suche nach einem, seinem Rhythmus, fand einen

---

367 Titel der Abschiedsausstellung von Jan Hoet als Leiter des MARTA-Museums in Herford 2009.

368 W. Hofmann, Grundlagen der modernen Kunst, Stuttgart 1978, S. 505 f.

Ort – ein Hotelzimmer, eine Halle, ein Atelier –, konzentrierte sich, ruhte auf seinem Feldbett (!) und explodierte, bildete seine Formen und Farben und Dimensionen auf dem Malgrund aus. Was ihn nicht selten an den Rand äußerster innerer und äußerer Erschöpfung führte. Und was ihn in der Gegenwart befreite, aus seiner Vergangenheit heraustreten ließ in eine lebensvolle Zukunft.

Ein dritter Weg. Neben dem es viele weitere andere gibt!

Deutlich wird: Es sind andere Inhalte der Bilder und Formen, andere Denk- und Empfindungslinien!

Die Wahrnehmung von Menschen in der Kirche, in der in Vergangenheit erobert und bekehrt wurde, in der Menschen geführt und geleitet wurden, in der »das Wort« den Menschen zugesagt wurde von Menschen, die sich auf dem richtigen Weg wussten in eine Zukunft, deren »Reichsgrenzen« sie zu kennen schienen. Deren Wahrnehmung der Gegenwart und ihrer ästhetischen Herausforderungen aber eher wenig Bedeutung hatte. Die »typische Handbewegung« dieser Menschen, die dies verkörpern, ist die des »Schauen auf«, des Deutens und des »Deutens auf«, der »Alliteration des Leibes« und die »Assimilation des Äußeren«.[369]

Und die Wahrnehmung der Künstler, die vor einem leeren Blatt, vor einem Stück Land, vor ihrem Material, vor einer Zeitspanne standen und sich gefordert wussten, ist, welche Frage, Herausforderung, Aufgabe daraus für sie jetzt erwächst. Nicht als direkte Problemlösung auf etwas Jetziges, doch als Ansage, die aus diesem Jetzt etwas Weiterführendes bezeugt, das noch nicht greifbar ist. Die angegriffen wurden von einer persönlichen Herausforderung, einem Gefühl, einem Ansinnen, das nach Veranschaulichung und Ausweis des Besonderen rief oder schrie. Die existenziell rangen mit dieser Frage an sie. – Dass dann Jahrzehnte nach der Fertigung von Picassos »Guernica« die Darstellung dieses Werkes als Wandteppich, darin dessen Anlass und Botschaft eingewebt, im Gebäude der UN in New York abgenommen werden musste, weil Menschen dort die Rede des damaligen US-Außenministers Powell mit dessen Begründung für den 2. Irak-Krieg nicht aushielten, bezeichnet die ästhetische Qualität des Gemäldes und seine Wirkmächtigkeit sogar als Wandbild als Erinnerung an die Kraft eines »Bildes«, die Nachhaltigkeit der Kunst.

---

369 Dies zeigt u. a. ein Blick in jeden Konfirmandensaal jeder »normalen Gemeinde«, hinter viele Altäre vieler Gemeinden (deren Abstellflächen in den Kirchen äußerst gering bemessen scheinen) und endet nicht vor der Körperwahrnehmung, Fitness, Ästhetik etlicher Mitarbeitenden.

Die anderen Inhalte verdeutlicht das andere Material, in dem Menschen arbeiten im direkten Kontakt und Gegenüber, in permanenter Begegnung zweier Subjekte – Stein und Bildhauer, Material und Skulpteur –, in der Aussetzung auch zum Scheitern, dem Zerbersten des anderen (beider!), dem Begreifen und Reiben und Einwirken und Auswirken – und in jenem, in dem Menschen auch mit dem Gegenüber eines Textes kämpfen und über das Ergebnis dieses Kampfes reden.

Wo in der Seelsorge dieses Gegenüber da ist, bleibt es bei einem eingleisigen Austausch im Hören auf das Wort und in der Zusage der Weggemeinschaft auf Zeit. Selbst dem Mann, der sein Haupt auf einem Stein bettete und schlief, weil er nicht weiter konnte, gibt die Bibel die wunderbaren Bilder des Traums vor: Engel auf der Himmelsleiter von und zum göttlichen Urlicht. Schade. Denn die Frage, was diese Engel transportieren, bleibt offen. An Leichtem und Belastendem, an »Himmel« und »Hölle«, an Befreiendem und Aufständischem. Was alles sich ereignet hat, dass es dies Haupt so auf den Stein niederdrückte, das fehlt. Ebenso das »Material, aus dem die Träume sind«. Manchem verzweifelten Schläfer mag an der Stelle wahrlich anderes einfallen als die Schilderung der architektonischen Vorgaben für einen Tempel. Darin liegt im Ansatz das Grundmissverständnis über das, was Menschen träumen, an »Gutem, Wahrem, Schönem«, nämlich die Ausgrenzung – weil Undenkbarkeit und Un-Bildhaftigkeit und Verweigerung – des Gegenteiligen, des Fremden, des »ganz anderen«, und damit dessen, was Gott mir auch in den Weg stellt. Gott aber braucht keine Schonung, weder in biblischen Zeiten noch im Hier und Jetzt in der Ausgesetztheit einer permanent sich verschiebenden Gegenwart. Deren Freiheit beides impliziert: Erfüllung einer Sehnsucht nach ihr – und Entsetzen vor ihren weiten Räumen, in denen ich unterwegs bin. Männer und Frauen brauchen darum bis heute diese Nächte, die durchwachten oder durchzagten, durchlittenen oder durchbeteten, ohne Ausweg scheinenden, in denen sie nicht weiter können. Weil uns dieses »ins Leben Geworfensein« mittlerweile in diesen Nächten – an- und abstellbar, sogar via Fernbedienung (Ich muss nicht einmal dort nah dran!) – hinlänglich fern sehbar gemacht wird. Weil hinlänglich viele Beamtenstellen besetzt sind mit Menschen, die Vorgaben zur Verfügung stellen, fertige »Architekturzeichnungen« für Lebenswerke. Der Kontakt zum Stein droht uns verloren zu gehen: zum Stein als Ort für den ruhenden Kopf, zum Eckstein, der Auseinanderstrebendes aus- und zusammenhält, zum Material, das ich zu spüren bekomme, nicht beschrieben oder von Ferne gezeigt: Material ist es, wenn ich es mit allen Sinnen erfasse, nicht wenn ich es auf einem Bildschirm »begreifen« soll.

Es gibt mir zu denken, dass die Sichtweisen verrückenden aktuellen Architekturentwürfe (F. Gehry, P. Zumthor, Team Sanaa, Zara (Zaha) Hadid[370] etc.) so gefragt sind von global Suchenden. Entwürfe, die eine bekannte Materialität ad absurdum führen, umkehren, Leichtes schwer und Schweres leicht erscheinen lassen. Bisheriger Logik und Perspektive wird im verwendeten Material widersprochen, um Menschen aufmerksam zu machen, sie Neues wahrnehmen zu lassen, wenn sie wieder genau hinschauen und neu erkennen.

Im Widerstreit des gesellschaftlichen Diskurses hat sich – unter vielen anderen Disziplinen, die sich Lebensfragen aktuell stellen – die Kunst nicht mehr damit abgefunden, nur als autonom bezeichnet zu sein. Darin weiß sie sich eh gewiss und bedarf der Zusage dazu von niemandem mehr, schon gar nicht derjenigen einer Kirche, die sie Jahrhunderte lang in ihrem Sinn und Geist »gefördert« hat, von der sie sich letztlich befreien musste und konnte.

Dies geschah durch die selbstbewusste Durchlebung ihrer Inhalte und die Bereitschaft zum sich offen Aussetzen. Dadurch und darin haben Künstler die Befähigung und das (Selbst-) Vertrauen erlangt, dass sie durch die künstlerischen Umsetzungen ihrer Prozesse der Reaktion und Vision von Leben zu Türöffnern auch von solchen Inhalten werden, die bislang bei Religion, Theologie und Kirche »aufgehoben« schienen, nun aber an ein anderes Licht des Tages kommen. Was niemandem schaden kann außer denen, die die Machtfrage oder die der »eigentlichen Wahrheit« als für sich entschieden zu haben meinen! Es ergab sich darin für die Kunst lediglich die Herausforderung, eine gemäße ästhetische Qualität zu erringen. Diese hat sie sich erarbeitet. Und dies gewiss vor der Beantwortung einer Frage nach einer »Ästhetik in der Theologie« – außer in gottesdienstlichen Formen; einer »Ästhetik der Herausforderung: Theologie«; einer Ästhetik in der Theologie, geschweige einer Ästhetisierung des alltäglichen Lebens in den Kirchen.

Die Ästhetik der Kunst kann sich bereits dem diskursiven Ernstnehmen ihrer selbst stellen.

---

[370] Die bei der Durchführung ihrer Ideen nicht einmal die Schwerkraft zu akzeptieren scheint.

3.1.3 Ästhetik der Kunst

Kunst rückt das Leben selbst bzw. die Kunst des Lebens ins Zentrum ihres Interesses. Dies ist ein wesentliches Postulat des Tagebuchs des 1994 an AIDS gestorbenen Kunstkritikers Wolfgang Max Faust.[371] Es kann als Frage nach dem Beitrag der Künste zum Projekt Menschwerdung gelesen werden – angesichts von Alltag und AIDS, bis heute. Immer wieder kreist Faust um jenen Satz, den Novalis 1798[372] in sein philosophisches Arbeitsbuch geschrieben hat: Mensch werden ist eine Kunst. Als Vorbemerkung seines Buches[373] formuliert Faust: »Dies ist kein Buch ›über Kunst‹, sondern ein Buch ›mit Kunst‹. Dokument einer Erfahrung, die Kunst und Leben miteinander verbindet. Ich habe es geschrieben, weil ich immer noch eine Untersuchung zur Gegenwartskunst verfassen wollte. Dazu wird es nicht mehr kommen. Das Leben will es anders.«

Mit John Cage (gestorben 1992) fordert er: »Wir müssen die Kunst so gebrauchen, dass sie unser Leben ändert – unserem Leben nützt.«[374] Dies sieht Faust im Leben und Werk von Cage erreicht und von ihm für andere Bereiche propagiert: die Befreiung – des Einzelnen, der Gesellschaft, der Natur, dem Klang, den Sinnen – von Subjektivismus, Formalismus, Erstarrung.

Kunst, so schließt sich Faust 1993 an, zeige sich zunehmend gebunden an das ungelebte Leben.[375] Folgenlos bleibe ihr ästhetisches Vordrängen.[376] Nichts da von einer gesellschaftlichen Antithese zur Gesellschaft. Die historische Investition Kunst, die sich die Menschheit leistet, sei zu einem Abschreibungsprojekt verkommen, sie sei in weiten Teilen nur noch Kunst und kein Leben mehr. Sein Vorbehalt gegenüber der Kunst im Zeitalter von AIDS lautet: »Kunst wird genau durch das, was sie zur Kunst macht – das Ästhetische –, in der Gegenwart fragwürdig. Sie kann das Ästhetische kaum noch überzeugend legitimieren. So entdecken wir überall eine Art Offenlegung der ›Banalität des Ästhetischen‹. Sie haftet der Gegenwartskunst als notwendiges Problem, als konstitutiver Bestandteil an.«[377]

---

371 Wolfgang Max Faust, Dies alles gibt es also: Alltag, Kunst, Aids, Stuttgart 1993.

372 A. a. O., S. 43.

373 Später im Buch auch stets wieder ironisiert »Hildegard Knef der Kunstgeschichte« (S. 145).

374 A. a. O., S. 65.

375 A. a. O., S. 21.

376 A. a. O., S. 23.

377 A. a. O., S. 133.

Faust sieht und beklagt den Verlust des gesellschaftlichen Moments der Kunst: »Die Kunst als utopisches Moment ist immer auch Lebenshilfe. Vor dem Hintergrund des Verschwindens der Kunst besitzt dies heute Züge einer Selbsttäuschung. Je deutlicher sich die Kunst verabschiedet, desto illusionärer wird das, was man auf sie projiziert.«[378] Man müsse im Interesse des Lebens Teile des rein ästhetischen Denkens der Moderne revozieren: »Kunst lässt sich nur als ein kontextuelles Phänomen begreifen. Sie ist nicht das ganz andere. Jede ihrer Differenzen ist eine Maske. Wir schrecken davor zurück, die Kunst mit dem Alltag zusammenzudenken.«

Auch autonome Kunst war nie getrennt von der Wirklichkeit: »Die großen puristischen Entwürfe dieses Jahrhunderts – Kandinsky, Mondrian, Malewitsch – sind ›Visionen der Reinheit‹. Ihr Traum: dass sich ihr Erleben in Leben verwandelt … Doch ihre Reinheit provoziert eine Selbstinfragestellung. Dass Mondrians Ästhetik zur Designvorlage für die L'Oreal-Haarkosmetikserie[379] werden konnte, ist nicht nur ein gesellschaftlicher Missbrauch. Selbst radikale Reinheit lässt sich entfremden, weil sie offensichtlich auch Momente der Entfremdung enthält.«[380]

Bemerkenswert ist die Dokumentation eines Telefonats mit Jean-Christophe Amman hierzu, in dem Faust diesem seine Auffassung erläutert:[381] »Solange etwas ›Kunst‹ bleiben möchte, solange sich deren Produzenten ›Künstler‹ nennen, ist das Ende der Avantgarden nicht erreicht. ›Menschwerden wird eine Kunst!‹ – Jean-Christophe erwidert: ›Kunst und Leben werden immer getrennt bleiben. Es wird immer Menschen geben, die ›Artefakte‹ herstellen. Es hat sie immer gegeben.‹ – Ich erinnere ihn daran, dass dies der Blick der Moderne ist, zurückprojiziert in die Vergangenheit. ›Die Kunst der griechischen Antike oder des Mittelalters verstehen wir überhaupt nicht, weil wir ihre Einbindung ins Religiöse oder Magische nicht mehr leben.‹ – ›Das stimmt‹, sagt Jean-Christophe. ›Es gibt die Kirche nicht mehr. Und wir wollen keine neue. Was die Zukunft der Kunst sein wird, können wir nur erahnen.‹«[382]

---

378 A. a. O., S. 177.

379 Und für Brötchentüten der Nordfriesischen Bäckerinnung 2009.

380 A. a. O., S. 221.

381 A. a. O., S. 223f.

382 Später (S. 328) bekräftigt Ammann den aus seiner Sicht generations- und lebenssituationsspezifischen Ansatz von Fausts »Verschwinden der Kunst« und seinen eigenen Glauben an die »Kraft der Künstler«.

3.1.4 FAZIT

Kirche der Freiheit. Kirche als Freiraum. Kirche der Angst? Das Moment des »Spiels« wurde oft beschrieben, aus diversen Richtungen mit »Leitlinien« versehen, der »Homo Ludens«[383] als tief in der Ästhetik verankert gesehen und aufs Feld gewünscht. Dies war längst verhaltenswissenschaftlich wohl geordnet[384], philosophisch[385], entwicklungspsychologisch[386], kulturtheoretisch[387], anthropologisch[388] wie theologisch[389] mit theoretischen Regeln versehen – schon Schiller wusste, es sei der Mensch »nur da ganz Mensch, wo er spielt.«[390] Dennoch wird der Spielraum, speziell derjenige der Kunst in der Seelsorge, selten genutzt, um die Zerrissenheit wie Ausgelassenheit, Entspanntheit und Anspannung des Menschen aufs Spiel, aufs Blatt, ins Sandfeld, in den Lehm, ins Bachbett ... zu setzen. Damit begibt sich Seelsorge der Verantwortung für das, was sie anstrebt: Begleitung zu sein für Menschen. Weil sie dessen Menschsein vorab kategorisiert und beschränkt auf mögliche und unmögliche Themen, Orte, Schwerpunkte. Weil sie zwar von der Weite spricht und dem Raum, dieses Versprechen aber weder selbst ernst nimmt noch einlöst. Seelsorge der Kirche geschieht – z. B. im Krankenhaus, z. B. in Gemeinden – in Bahnen. Diese sind seit Jahrhunderten dieselben, sind bewährt. Sie bewahren aber allein das Eigen(tlich)e der Kirche, gehen nicht den Menschen nach zu Orten und an Hecken und an Zäune und zu den Herausforderungen dort. Somit geschieht eine widersinnige Beweislast für die des Evangeliums von der Freiheit Bedürftigen. Sie dürfen in eine Gemeinschaft kommen, werden aber nicht in die Bewegung der Freien eingesehen und als

---

383 Johann Huizinga, Vom Ursprung der Kultur im Spiel, Hamburg 1956.

384 Vgl. Gustav Bally, Vom Spielraum der Freiheit. Die Bedeutung des Spiels bei Tier und Mensch, Stuttgart/Basel 1966.

385 S. Eugen Fink, Spiel als Weltsymbol. Stuttgart 1960; Ingeborg Heidemann, Der Begriff des Spiels und das ästhetische Weltbild in der Philosophie der Gegenwart. Berlin 1968.

386 Stefan Schmidtchen / Anneliese Erb, Analyse des Kinderspiels. Ein Überblick über neuere psychologische Untersuchungen. Köln 1976.

387 Dietmar Kerbs, Das Ritual und das Spiel – Bemerkungen über die politische Relevanz des Ästhetischen. In: Ders. (Hg): Die hedonistische Linke. Beiträge zur Subkultur-Debatte. Neuwied/Berlin 1970.

388 S. dazu: Wolfhart Pannenberg, Anthropologie in theologischer Perspektive. Göttingen 1983, S. 312–328.

389 Bereits ganz früh dazu: Helmut Thielicke, Theologische Ethik. Band III/3. Ethik der Gesellschaft, des Rechtes, der Sexualität und der Kunst. Tübingen 1964, S. 825–833.

390 F. Schiller, Werke. Vier Bände, Frankfurt 1966, Bd. 4. S. 232–234: 14. Brief »Über die ästhetische Erziehung des Menschen«.

wie alle anderen Geladenen wertgeachtet. Anders: Der Seelsorge selbst fehlt die Weite, von der sie spricht. Nur spricht. Alle weiteren Verkörperungen sind allenfalls rudimentär verkümmert vorhanden.

Geschrieben ist genug: Papst Paul VI formulierte 1975: »Der Bruch zwischen Evangelium und Kultur ist ohne Zweifel das Drama der Zeitepoche.«[391]Allerdings leitet er daraus Gedanken für den Stellenwert der Kultur in der Evangelisation ab. Ebenso wie 1988 Kardinal Ratzinger einen Zusammenhang zwischen dem Kulturverlust des deutschen Katholizismus und einer fehlenden Dynamik des Glaubens in Deutschland herstellt.[392] Einen neuen Aspekt bringt stattdessen ein Schreiben der Kunst- und Konservatorenkommission des Papstes ein, die mit Hochachtung von der (alten) Kunst spricht, durch die sich das Heil mitgeteilt hat und heute noch mitteilt.[393] In einem Papier der katholischen Deutschen Bischofskonferenz aus 1993[394] bedauert diese »ein prekäres Grundverhältnis von Kirche und Theologie zur Kultur und zu den Künsten« und empfiehlt »die Künste sollten integrierte Bestandteile des Theologiestudiums darstellen«. Was immer dies dann meint. Ich befürchte, dass es sich nicht um die Einladung zu längeren Praktika bei Künstlern in Steinbrüchen und anderswo handeln wird.

Auf Paul Tillichs Rede »Über die Idee einer Theologie der Kultur«, 1919, weise ich hin [395], in der dieser seinerzeit die Aktualität des Religiösen »in allen Provinzen des Geistigen« fordert.[396] Er will der Kunst eine religiöse Sinnhaftigkeit nachweisen und setzt seinen Religionsbegriff als Norm. Die antwortende Theologie (sic!) »antwortet auf Fragen, die die Situation stellt, und sie antwortet in der Macht der ewigen Botschaft und mit den begrifflichen Mitteln, die die Situation liefert, um deren Fragen es sich handelt.«[397] – Auch

---

391 Apostolisches Schreiben Papst Pauls VI., Evangelii nuntiandi, 1975, Absatz 20.

392 S. Kardinal J. Ratzinger, Uns Deutschen fehlt es an Dynamik des Glaubens, in: Die Welt, 30.05.1988, S. 9.

393 S. Pontivicia Commissio De Patrimonio Artis er Historicae Conservando, Schreiben vom 15.10.1992.

394 Dt. Bischofskonferenz, Kunst und Kultur in der theologischen Aus- und Fortbildung, Bonn 1993 (Arbeitshilfen 115 vom 05.10.1993).

395 In: P. Tillich, Die religiöse Substanz der Kultur. Schriften zur Theologie der Kultur (Gesammelte Werke, Band 9) Stuttgart 1967, 13–31; s. dazu: J. Moltmann, Was ist heute Theologie? Zwei Beiträge zu ihrer Vergegenwärtigung, Freiburg i. Br./Basel/Wien 1988, S. 85–94.

396 A. a. O., S. 17.

397 P. Tillich, Systematische Theologie, Bd. 1. Stuttgart 1955, S. 9.

dies ist kein Weg ins Freie für Seelsorge und Kunst, sondern befestigt alte Pfade mit neuem Belag.

»Dass visuelle Formen nicht diskursiv sind«, »sie … ihre Bestandteile nicht nacheinander, sondern gleichzeitig dar (bieten), weshalb die Beziehungen, die eine visuelle Struktur bestimmen, in einem Akt des Sehens erfasst werden«,[398] dass dadurch ein »verdichteter«[399] Sinn entstehen kann etc., all das ist lange bekannt und in manchen Disziplinen längst genutzt. Diese Chance zu nutzen steht der Seelsorge der Kirche noch bevor; sie wird allenfalls von wenigen erahnt. Es ist die Chance, die Praxis des Evangeliums zu erleben: den brennenden Dornbusch zu riechen und seine Hitze auf dem Gesicht zu fühlen, eine Stunde nach einem Arbeitstag »am Band« oder »im Büro« in der Nacht zu wachen, mit ausgebreiteten Armen um Erbarmen zu bitten und zu fühlen, wie schwer dies wird. Anders: Die berühmtesten Schuhe der Kunstwissenschaft, das Lieblingsobjekt philosophischer Ästhetik, van Goghs »Ein Paar Schuhe«, deutet Heidegger in seinem Aufsatz »Der Ursprung des Kunstwerks« von 1960 als »Unverborgenheit« der Routinen des Alltags und des Gebrauchs der Dinge im »Inwendigen des Schuhzeugs« einer Bäuerin. In der aktuellen Ausstellung (bis 10. 01. 2010) im Kölner Wallraff-Richartz-Museum wird entlarvt, wie dieses Bild verlockt, eigene philosophische Beweggründe in dieses Bild zu projizieren, es damit zu vereinnahmen, zu deuten, zu missdeuten, ihm das Recht als Kunstwerk zu rauben. So wird übersehen, dass es sich um zwei linke Schuhe handelt, um Schuhe eines Städters, um unterschiedliche Schnürungen. Dass es sich eventuell nicht einmal um ein Paar Schuhe handelt.

Seelsorge darf es sich nicht leisten, die Verdichtung der Sichtweise auf Menschen »über nur einen Leisten« zu schlagen, die eigene Materialität der Vorgehensweise als Wahrheit zu setzen, und Menschen derart einzupassen in die eigene Formalität. Sie weiß eben nicht, was das für Schuhe sind, in denen sie nicht gegangen ist! Seelsorge nimmt so den Raum ein für sich selbst. Seelsorge tröstet so nicht. Seelsorge ist Kunst – Kunst ist Seelsorge: Den Blick zu heben von der Heidegger'schen Selbstgewissheit, dass es sich um das Schuhzeug einer Bäuerin handeln muss, lässt die Hoffnung zu und diese gelten, Anteil zu bekommen an der Vielschichtigkeit, Vieldeutigkeit, der Unklarheit und dem Widersinn, dem Zweifel und den Perspektiven, am Raum für das Kunstwerk: »Ein Paar Schuhe«. Selbst wenn es keines ist. Jeder

398 So Susanne K. Langer, Philosophie auf neuem Wege. Das Symbol in Denken, im Ritus und in der Kunst, Frankfurt a. M., 1965, S. 99.

399 A. a. O., S. 191.

Mensch soll sein gottgegebenes Recht haben, ein Kunstwerk zu sein in seiner Vielschichtigkeit, Vieldeutigkeit, der Unklarheit und dem Widersinn … als Gegenüber dessen, der Raum gibt und Freiheit.[400]

»Kirche des Wortes« oder »Das Wort ward Fleisch« (Joh 1) – »eigentlich« doch (k)eine Alternative. Und eine Chance – nicht eine Konkurrenz – sich darin von autonomer Kunst bewegen, voranbringen, inspirieren, faszinieren und desillusionieren zu lassen. Ästhetik zu lernen. Beispielsweise von der Kunst. Seelsorge, die mit Menschen unterwegs ist und sein will, muss dies tun, um am Leben zu bleiben! Sie hat Ästhetik zu lernen und zu verkörpern. Dies ist kein »Extra«, das in einem Aufbauseminar erworben wird, sondern muss zum Grundprinzip werden. Es ist kein »Luxus«, sondern rührt an den Kern der Begegnung zweier Menschen Gottes. Ästhetik ist eine Glaubensfrage für die Seelsorge. Und eine (Über-) Lebensfrage.

Was diese Begegnung mit dem bis dato Unerhörten, Unbekannten erbringen kann, wie die Auseinandersetzung damit zu führen ist, verdeutliche ich an den Thesen Willi Baumeisters, die er über »Das Unbekannte in der Kunst« und die Begegnung mit diesem 1945 formuliert hat. Das Datum und der Zeitgeist bestimmen den Tonfall dieser Worte. Dennoch wird aus ihnen klar, dass es um nüchterne Beziehungsarbeit mit dem Unbekannten geht, wenn Menschen sich diesem stellen wollen. Die Künstler haben dafür ihre Wege und Mittel. Seelsorge kann von diesem Prozess lernen, der eine handlungsorientiertere Zugehensweise beschreibt als beispielsweise die der Psychoanalyse. In den Zitaten Baumeisters ist es spannend, an Stellen »Kunst« und »Seelsorge«, »Künstler« und »Seelsorger« miteinander auszutauschen. Wieder: »Kunst ist Seelsorge!« Mit Beuys: »Es gibt sie noch nicht!« Die Kunst. Und die Seelsorge!

3.2 Der Raum der Kunst – ein Angebot der Freiheit

3.2.1 Was ist Kunst? Und für wen?

A. Kunst ist das, was ein Künstler Kunst nennt
B. Kunst ist das, was ein Kritiker Kunst nennt
C. Kunst ist das, was ein Künstler macht

[400] Und erst umgekehrt – so wissen es die Schuhmacher – wird ein Schuh draus!

D. Kunst ist das, was dem Künstler Geld einbringt
E. Kunst ist nichts von dem, etwas von dem, alles von dem. (Carl André)[401]

»Kunst kennt keine Erfahrung und ist keine Ableitung. Sie setzt sich mit dem Unbekannten in Beziehung.« (Willi Baumeister)[402]

Die unten zitierten Thesen Willi Baumeisters, die dieser bereits 1943/45 aufschreibt, die 1947 in der Stuttgarter Curt E. Schwab Verlagsgesellschaft als Dokumentation seines Denkens erscheinen[403], offenbaren eine aus dessen damaliger persönlicher und der Weltsituation erstaunliche Weitsicht für die Kunst und beschreiben sie aus meiner Sicht so umfassend, das sie bis ins Heute beachtlich sind.[404] Bis heute – trotz der Sprache seiner Zeit. Er beschreibt thesenhaft die ahnende Weite des »Unbekannten in der Kunst«, aus der sich wichtige Impulse für die Seelsorge ableiten lassen. »Der Kern des Künstlerischen ist keine Ableitung, sondern die autonome Urkraft des Bildens. Künstlerische Beflissenheit steuert nicht zweckdienliche Naturkräfte durch Herausbildung zur absoluten Form (Werkzeug), sondern das künstlerische Werk ist ein unmittelbarer Teil der Naturkraft selbst. Der Kernwert des Kunstwerks ist zwecklos und ohne bekanntes Ziel entstanden.«[405] Der entdeckende Mensch brauche für seine Tätigkeit eine »vorangestellte Absicht, eine Idee oder Vision. Da aber das Unbekannte, seine spätere Entdeckung, nicht als Ziel vorangestellt werden kann, klammert er sich an seine Idee oder Vision als Ziel. Es stellt sich nach der Entdeckung heraus, dass eine Verwirklichung der vorangestellten Idee gar nicht das Wesentliche war. Das vorangestellte Ziel fungierte nachträglich erwiesen nur als Reiz, der durch Anreicherung und Kompression zur Antriebskraft wurde.«[406] Wenn »eine Verwirklichung der vorangestellten Idee gar nicht das Wesentliche … nur

[401] Zit. in Laszlo Glozer, Westkunst, Ausst.-Kat. Köln 1981, S. 279; daraus d. V.: »Macht« der Künstler die Kunst oder die Macht der Galerie oder der Kunstmarkt oder ein Sammler oder der Name einer Stadt oder die Zugehörigkeit zu einer gesellschaftlichen Gruppe oder entsteht diese im Betrachtenden oder ein Trend?

[402] Willi Baumeister, Das Unbekannte in der Kunst, Köln 1960, S. 35.

[403] Hier zit. nach: Kat. Willi Baumeister, 1945–1955, Württembergischer Kunstverein Stuttgart 1979, S. 10f.

[404] Vgl. hierzu aus 1994 (!) die Äußerungen Thomas Lehnerers in »Methode der Kunst« z. B. zum »Freizweck« (Lehnerer S. 101) oder zur »Versuchsanordnung« (S. 149f.), die teils wörtliche Übereinstimmungen zeigen; vgl. auch den »Erweiterten Kunstbegriff« von Beuys.

[405] Baumeister, a. a. O. S. 60.

[406] Willi Baumeister, Das Unbekannte in der Kunst, Köln 1960, S. 161.

als Reiz … Antriebskraft« sei, so beschreibt Baumeister darin den Wert offener Einlassung und den Mut, der unabdingbar zum Kunstschaffen dazugehört. Den Mut zur Begegnung mit der leeren Leinwand, dem rohen Stein, dem glühenden Eisen, dem einmaligen Menschen in der Offenheit zu verschiedenen Wegen zeit seines Lebens. Auch den Mut zur Begegnung mit sich selbst als Künstler – wie z. B. als Seelsorger in den eigenen Bezügen.

Der Akt des Kunstschaffens sei »ein einfacher Vorgang vom Standpunkt des originalen Künstlers aus. Alle gegebenen Kräfte, die Kräfte des Künstlers, des Scheinziels, die der malerischen Mittel, werden lebendig durch die umfassende Magie, die das Unbekannte als zentrale, magnetische Kraft ausstrahlt. Nichts kann ohne den Magnet des Unbekannten wahrhaft entstehen. Das Unbekannte gibt die Werte des Originalen und Neuen. Nur dasjenige, was einst unbekannt war, wird und bleibt lebensfähig. Es enthält die metamorphosen Naturkräfte, die der Künstler nicht kennt oder übersieht, um so mehr aber in sich führt. Das Wesentliche jeder bedeutsamen Kunsterscheinung liegt in dem Ausbrechen immer neuer Formungen, aus denen die Welt des Sichtbaren unsichtbar präexistent besteht. Dieser unsichtbare Bestand ist die Masse des Unbekannten. Der originale Künstler schaltet unwillkürlich das Bekannte aus und produziert naturhaft.«[407] Dies verlange »vom einzelnen Künstler eine Aufsaugung aller Kräfte … Der künstlerische Mensch ist der letzte Mensch, der Mensch überhaupt. Er öffnet sich allen Kräften, hat Teil an ihnen, ist Teil davon … Dadurch, dass sich das Unbekanntgewesene am reinsten im Formhaften manifestiert, gibt es seine Geheimniskraft auch als Bekanntgewordenes nicht preis.«[408] Mit dem suchenden Menschen als Seelsorger dieses »Unbekanntgewesene« mit »allen Kräften« zu entdecken, diesen Menschen dies selbst entdecken zu lassen, das ist die »Erschaffung« des ihm bislang noch nicht Bekannten, das in ihm vorhanden ist, ohne dass eine für ihn zugängliche Ahnung davon greifbar wäre. Oder in Baumeisters Diktion: »Das Unbekannte ist ein Exponent, der die Menschheit dauernd führt, begleitet, überlagert und der als Neugeburt in Umwandlung zum Neu-Existentiellen fortwährend neue Verhältnisse bildet. Den Durchgang des Lebens zum nachhaltigen Erlebnis werden zu lassen, ist der Kunst vorbehalten durch das Unbekannte in der Kunst, das sich allerdings von den unbekannten künftigen Ereignissen unterscheidet. Was der Künstler aus der Masse herausschöpft, bewegt durch sein Bekanntwerden … die Welt. Es ist unerwarteter als alle zukünftigen Geschehnisse, denn es ist Erschaffung. Es ist Bestand für diejeni-

---

[407] A. a. O., S. 168.

[408] A. a. O., S.174/175.

gen, die Zeit und Bewegung in der Ruhe der Formen empfinden können … Große Werke sind immer einfach, selbstverständlich, ohne Pose. Sie sehen nicht aus, wie wenn sie von jemand gemacht, sondern als wenn sie von selbst entstanden wären. Natur hat sich geäußert.«[409] Jeder Mensch qua Gottes Geschöpf ein großes Werk. Und darin ist schon antizipiert Beuys' »Jeder Mensch ein Künstler«. Oder sogar noch mehr: »Jeder Mensch als Gottesgeschöpf ein Kunstwerk, das erschaffen wurde und sich weiter qua Künstler erschafft!«?

Baumeister reflektiert die Abhängigkeit der Kunst und des Künstlers: »Die Kunst hat den Weg von der Abhängigkeit zur Unabhängigkeit durchschritten, vom Auftrag zur Selbstverantwortung. Der souverän freischaffende Künstler erhält seinen Auftrag durch sich selbst, ›durch seine Mitte‹, in der immer wieder ›alles möglich‹ ist.«[410] Eindeutig ist das Resultat des Werkes als Projektion des einheitlichen Zustandes des Künstlers. Er ist nicht nur angenabelt an den Weltstoff. Seine ›Mitte‹ ist selbst Weltstoff, übrigens damit auch Weltgewissen und Verantwortung. Es ist damit gesagt, dass ›Zustand‹ kaum so sehr wechselnder Tageszustand oder gar Laune ist, sondern – das neutrale Alles.[411] »Diese höchste Neutralität, seine ›Mitte‹, vereint somit Passivität oder Aktivität mit dem Gehalt alles Lebens. Nicht der Künstler als Person, sondern die Urkräfte des Weltlebens sprechen durch ihn.«[412] Nach Baumeister finden sich in der absoluten Freiheit »die superioren Gesetze« wieder und in seiner Individualkunst unternimmt es der einzelne Künstler »auf eigene Verantwortung, die Urkräfte sichtbar zu machen«.[413] Ein hohes Maß an Geworfensein und Sich-fallenlassen-Dürfen.

Zu dieser Sichtbarmachung und Sichtbarkeit merkt Baumeister an, dass »Es … fraglich (ist), ob die Natur überhaupt ›aussieht‹. Es ist fraglich, ob die Welt einen feststehenden Aspekt bietet. Es könnte sein, dass die Augen ein Netzwerk ins Dunkel auswerfen, das eine dem Menschen fassbare Welt durch den Menschen selbst entstehen lässt. Die objektive Substanz der Welt ist für den Menschen sinnengemäß nicht fassbar. Malerei ist Kanon der Sicht.«[414] Und die Formendiversifität in der bildenden Kunst schließe »die Weltbetrachtung durch das Bildhafte in sich.«[415]

---

409 Willi Baumeister, Das Unbekannte in der Kunst, Köln 1960, S. 170/171.

410 A. a. O., S. 90.

411 A. a. O., S. 102/103.

412 A. a. O., S. 55.

413 A. a. O., S. 83.

414 A. a. O., S. 18.

415 A. a. O., S. 52.

»Der Künstler folgt seiner Vision, – er glaubt ihr zu folgen, aber sein unter diesem Zielstern begonnenes Werk entwickelt, während es entsteht, eigenständige Kräfte immer wachsender Intensität, je weiter das Werk fortschreitet. Innerhalb des Vorganges der künstlerischen Handlung gibt es demnach einen Kreuzungspunkt, in dem die Wirklichkeitslinie der Vision mit den Kräften der Formbildung sich derartig schneidet, dass eine sich entwickelnde Umkehrung der zwei Intensitäten merkbar wird. Proportional mindert sich die Wirkung der Vision zu der nun in Gang gebrachten, anschwellenden Wirkung der Formkräfte … Die Formkräfte bewegen die materiellen Stoffe bis zur Konkretisierung, das heißt, sie bringen sie von ihrem gleichsam chaotischen Vor-Zustand in den Zustand der künstlerischen Ordnung.«[416]

Eine den Theologen schier umschmeichelnde Ausdrucksweise für den Weg des Menschen vom Ort des »Zielsterns« über den ins Dunkel geschobenen »Hirten dieser Welt«, deren »Formbildung« bis zur Konkretisierung ihres »von Gott in die Weite des Lebens Gestellt-Seins« ihnen und uns noch bevorsteht. Als Ahnung des Göttlichen, als Vision aber längst vorhanden, der neue Mensch »nur noch« herauszuschlagen aus den Versteinerungen, zu bilden aus dem Ton, zu umreißen auf der Leinwand, zu entschlüsseln aus dem Schweigen, zu erwärmen im Filz. Es muss nur noch entdeckt werden, wer wir sein sollen. Es ist nicht machbar, sondern liegt bereits vor. Nicht meint dies einen Hinweis auf die Schwäche des Menschen, sondern im Gegenteil ist es die Vision seines Menschseins.

»Es liegt durchaus in der Natur der Sache, dass das geniale Finden auf einem Grundzug beruht, der von allem Suchen abweichen muß, von allem zielstrebigen und damit von allem bewussten Wollen.«[417] Und: »Der originale Künstler landet nicht mit dem Resultat seines Schaffens in seiner vorangestellten Vision. Das noch Stärkere, das Stärkste, das Unbekannte zieht die Stärksten an.«[418]

Eine Disposition, die das Unbekannte in einer von vornherein festgelegten Rechnung, einem Plan, einem Ziel durch Anwendung von Erfahrungen, Techniken und Konzepten ausschließt, liege außerhalb des künstlerischen Zugriffs. »Es ist sicher, dass die eigentlichen künstlerischen Werte überwiegend unwillkürlich, also ohne Absicht, Eingang fanden. Das Schöpferische entsteht absichtslos … es gibt eine dem Bewusstsein völlig entrückte Methode der künstlerischen Produktion, die naturhafter Art ist, und in

416 A. a. O., S. 159.

417 A. a. O., S. 163.

418 A. a. O., S. 164.

der der Künstler nur ein Funktionsträger ist.«[419] Selbst wenn der Künstler, »bewegt von einem unfassbaren Urwillen, in hohem Bewusstsein seiner Handlung seine Sache sagt, meißelt oder malt, läßt er sich überraschen von dem, was unter seinen Händen entsteht«. Dadurch, dass »er keinem greifbaren Vorbild nachstrebt, dass er auch zugleich an die Präexistenz seiner Werke glaubt, gelingt das Originale, das Einmalige, der künstlerische Wert überhaupt.«[420]

Der Künstler, der Mensch ist aus der und mit der Materialität der Freiheitssubstanz ins Leben gesandt, als Gegenüber, als Partner, als Weggefährte, als »Engel«, als Mitmensch, als Beziehungswesen in der Schöpfung: »Er entscheidet sich nie, sondern seine ›Mitte‹ führt eine Reife herbei, bei der es keine Entscheidung mehr gibt. Nichts ist ihm dissonant. Er kann warten, bis die Dissonanz von heute zur Harmonie von morgen wird. Dabei spürt und vermerkt er die Widerstände, die bewirken, dass seine Konsequenz noch dichter wird. Er ist das Organ eines Weltganzen, dem er verantwortlich bleibt anhand seiner Selbstverantwortung. In der künstlerischen Zone vereinigen sich das allgemein gesetzmäßige, natürliche Entstehen und der Freiheitsbegriff. Die Freiheitssubstanz entwickelt sich immer neu an den Widerständen.«[421]

Diese Freiheit führt den Künstler stets in die Beziehung: »Bei Betrachtung des Organischen ist jedoch der Wertbegriff des ›Totalen‹ nicht zu übersehen. Beim Kunstwerk ist es besonders noch das Beziehungschaffen, welches nötig ist, um zur Synthese des Organischen zu gelangen. Die Beziehungen stellen eine unteilbare Einheit im Kunstwerk her.«[422] »Der Künstler als Membran einer hohen Allgemeinheit äußert sich im Kunstwerk in totaler Art, indem er seine Vision eine kongeniale Fassung in der unteilbaren Einheit des Kunstwerkes zu geben versucht. Seine Werke steigen zu jener Höhe der Verdichtung auf, die in ihrer Geschlossenheit alle Vielfältigkeit ihres Aufbaues verloren haben. Sie erscheinen gleich einer äußersten Synthese als ein monumentales Symbolzeichen, ähnlich einem rätselhaften Ideogramm, das nicht mehr teilbar ist und in seinem Kerngehalt undeutbar bleibt.«[423] »Die stärksten dieser Symbolzeichen sind rein abstrakte Formungen. In ihnen ist die Konzentration und Synthese des Unteilbar-Gültigen zu finden … die

419 A. a. O., S. 114.
420 A. a. O., S. 156.
421 A. a. O., S. 156/157.
422 A. a. O., S. 63.
423 A. a. O., S. 157.

abstrakten Formen können wirkliche Kräfte enthalten, bewahren und aufnehmen. Sie sind Formkräfte, sie sind Kräfte. Ungegenständliche Ausprägungen des menschlichen Geistes sind dem Transzendenten geöffnet ... das Abstrakte ist geistiger als das Konkrete.«[424] »Die abstrakten Bilder können auch als Gleichnisse zur sichtbaren Natur aufgefasst werden.«[425]

Mit diesen Thesen steht Baumeister mit allem Recht für eine Epoche der deutschen Kunst, der Popularisierung der »abstrakten Kunst«, als Vorkämpfer für die Wiederanerkennung der deutschen Moderne im In- und Ausland, was deutlich wird, nachdem er im August 1955 an seiner Staffelei gestorben und mit ihm eine Ära zu Grabe getragen war, aber seine Gedanken fortwirken (siehe »Gruppe Zero«: Wirkung natürlicher Prozesse wie Regen, Feuer; den Schriftgesten Hans Hartungs; den Psychogrammen eines Wols etc.): Eine 1958 erschienene Dokumentation trägt den Titel »Deutsche Kunst nach Baumeister«.[426] Und sein in Stuttgart seit 2005 im Kunstmuseum ausgestellter Nachlass zeigt sein umfassendes Œvre.

Was er als Raum der Kunst exakt beschreibt seitens des »Produzenten« »Hellhörigkeit« und »Reaktion« auf innere und äußere Impulse jeglicher Art und jeden Umfangs und aller Herkunft und die künstlerische Umsetzung und Wiedergabe dieser wahr- und ernst genommenen Impulse aus der je eigenen Lebensart des Künstlers und die Bereitschaft und Fähigkeit, sich auf die Prozesshaftigkeit eines »Weges ohne klar definiertes Ziel« und ohne »gebuchte Sicherheit« am absehbaren Ende dieser Reise einzulassen, das soll der Seelsorge ein Hinweis sein für deren eigene Praxis. Nicht als Festschreibung, als »So und nicht anders«, sondern als Bandbreite der Möglichkeiten. Im Raum der Kunst sind die Farben hierfür divers: Rainer Fetting reflektiert den von ihm wahrgenommenen Ausschnitt seiner Realität als schwuler Künstler anders als Jonathan Meese die seine mit »Mutterwitz!«. Imi Knoebel hätte von einem anderen als Beuys eine andere Auskunft nach seinem Erscheinen in Düsseldorf bekommen als die Einladung in »Raum 19!«. Und was wäre geworden, wenn jener Mann jenem Beuys in Aachen nicht eine blutige Nase geschlagen und dies Foto diesen Knoebel nicht erreicht hätte und dieser sich nicht ins Umfeld von Beuys aufgemacht hätte! Er hätte 2009 die Neue Nationalgalerie in Berlin nicht nach Rückriem bespielt. Die jeweilige Beeinflussung

---

424 W. Baumeister, Darmstädter Gespräch. Das Menschenbild in unserer Zeit, Darmstadt 1950, S. 151/152.

425 A. a. O., S. 154.

426 Junger Westen, Eine Anthologie in Bildern, eingeleitet von Albert Schultze Vellinghausen, kommentiert von Anneliese Schröder, Recklinghausen 1958.

des Ortes auf dem Globus, der (gesundheits-, sicherheits-, bevölkerungsstatistisch-) politischen Situation desselben unterscheidet die Künstler in »Africa Remix«[427] und den gesellschaftlich und »am Markt angesagten« Damien Hirst, der in Leipzig seine Bronze aus 2006, »Saint Bartholomew, Exquisite Pain«, teuer verkauft. Die Familienkonstellation – Immendorff als Maoist wider Staecks und Vostells Arbeiten, mit junger Frau und Tochter auf dem Schoß, von der Krankheit gezeichnet, das exzessiv erarbeitete Nachtod-Werk von Oda Jaune in Paris – wirkt ins Werk ebenso ein wie die jeweilige Sicht des Künstlers auf die Gesellschaft und seine Einbindung in diese: Willi Sitte und Hermann Glöckner, Arno Breker und Leni Riefenstahl.

Diese wenigen Beispiele verdeutlichen: Immer ist Kunst die kreative Reaktion auf reales Noch-Unsichtbares. Dies liegt in der Luft und gelangt durch die Wahrnehmung als Gestaltungsimpuls durch die Künstler ins reale Sichtbare. Dieses als sichtbare Wirklichkeit dargestellte ist der irgendwie geartete Versuch einer konstruktiven Auseinandersetzung mit ihr. Und eben dies fordert die Kunst vom auf sie antwortenden Rezipienten ein, der sie damit vollendet: Kunst wird sichtbar im Auge, in der Seele, im Herzen des Künstlers und des Betrachters! Das Herangehen und das Zurücktreten, Nähe und Distanz; Gegenüber zu einer Situation, einem Augenblick, etwas sinnlich Wahrgenommenen; Kunst ist Abbild und eigenständig, ist Kommunikation von Emotion und Gefühlen, entsteht aus »reinem Zufall« – weil ein Stück Asche der Zigarre auf der Leinwand schnell weggewischt »Spuren« hinterlässt; weil die Tochter »aus Versehen« eine Bewegung von Farbe in die Fläche ausgelöst hat; weil ein Rakel in einer Bewegung stockt und eine Punktierung hinterlässt; weil … –, kann Medium zur Veränderung sein für Künstler wie für Rezipienten. Kunst kann als Auftragskunst politischen und konnte darin kirchlichen Zwecken dienen, sie dient im Prozess ihres Entstehens psychologischen Zwecken, die eher nicht auf das entstehende Endprodukt zielen (Kunsttherapie), sie kann subversiv und anarchisch auftreten.[428] Sie kann der Propaganda und der Parteipolitik (»Sozialistischer Realismus« und »Staeck und die SPD«) dienen, dem Kommerz verfallen (»Leipziger Schule«, die Preis-

---

[427] Museum Kunst palast, Düsseldorf, 24.07.–07.11.2004.

[428] Siehe Russische Avantgarde; siehe zu seiner Zeit: Duchamps; siehe zu anderer Zeit: »Das Schweigen Duchamps wird überschätzt« (Beuys); zu wieder anderer Zeit wird die künstlerische Gestaltung und Einrichtung eines Cafés einer Biennale preisgekrönt (Tobias Rehberger, 2009; dazu merkt Markku Koivisto, Pressedirektor der Biennale, in einer Pressemitteilung an, dass (N. B.!) der Tarnanstrich der Kriegsschiffe des 1. Weltkriegs den Künstler inspiriert habe.).

entwicklung für Kunst am Beispiel der Saatchi-Sammlung und des Wechsels ihrer Schwerpunkte) und in Kunst-Versteigerungen als Geldanlage in Finanzkrisenzeiten dienen! Kunst kann durch eine Eingebung entstehen, ein Gottesgeschenk sein. Sind Musen Engel, sind Engel Musen?

Mit André: Kunst ist nichts von dem, etwas von dem, alles von dem.

Joseph Beuys geht deutlich weiter: »... Kunst ist ja Therapie. ... alles menschliche Wissen stammt aus der Kunst. Jede Fähigkeit stammt aus der Kunstfähigkeit des Menschen, das heißt: kreativ tätig zu sein. Woher soll es anders stammen können? Der Wissenschaftsbegriff ist erst eine Abgabelung von dem allgemeinen Kreativen. Aus diesem Grunde muss man auch eine künstlerische Erziehung für den Menschen fordern, nicht?«[429]

Was aber ist eben diese? Für den Menschen, für den Seelsorger?

Auguste Rodin äußert zur selben Frage über den Künstler: »Sein Herz steht bisweilen Folterqualen aus, aber weit stärker als die Qualen empfindet er die herbe Freude zu verstehen und zu gestalten. In allem, was er sieht, begreift er klar den Willen des Schicksals. Auf seine eigenen Nöte, auf die schlimmsten Kränkungen, richtet er den begeisterten Blick eines Menschen, der die Ratschlüsse der höheren Mächte geahnt hat. Von einem geliebten Wesen getäuscht, wankt er zunächst, wie unter einem Schlage, dann jedoch, wenn er sich erholt hat, betrachtet er den Treulosen als ein schönes Beispiel der Niedertracht, und er begrüßt die Undankbarkeit als eine Erfahrung. Seine Ekstase kann bisweilen furchtbar sein, aber das ist ein Glück, weil darin die unentwegte Verehrung der Wahrheit liegt.

Wie er sieht, wie alles einander bekämpft und vernichtet, wie jede Jugend verblüht, jede Kraft verschwindet, jegliches Genie erlischt, wenn er dem Willen ins Auge sieht, der so viele unverständliche Gesetze erlässt, so freut er sich mehr denn je, ein Wissender zu sein, und fühlt sich, mit Wahrheit gesättigt, unendlich glücklich.«[430]

Als habe der Künstler Rodin die Künstler Beuys oder Sonderborg oder Rückriem vor Augen gehabt: Die Ekstase, die Ausschließlichkeit, die Leidenschaft (in des Wortes tiefster Bedeutung), die aus zutiefst empfundener Herausforderung gespeiste Suche der Sehnsucht nach Kategorien der Wahrheit bzw. einer Form der Wahrheit auf Fragen, die sich ihm in den Weg legen. Sich finden und binden lassen, sich betreffen und fordern lassen! Auf Wegen, die nicht unbedingt denen der herrschenden Diagnostik dieser Probleme ent-

429 Joseph Beuys, Jeder Mensch ist ein Künstler, Gespräche auf der Documenta 1972, aufgezeichnet von C. Bodemann-Ritter, Frankfurt am Main 1988, 68f.

430 Auguste Rodin, Die Kunst, Diogenes, Zürich 1979, S. 49f.

sprechen. In der »frei flottierenden Aufmerksamkeit«, die Freud als Forderung an den Analytiker richtet, aber ohne die dogmatische Kategorisierung der Wissenschaft der Psychologie. Mit den Kräften der eigenen inneren Wahrnehmung, mit den Fantasien und den Bildern aus der Welt in der Welt über die Welt, die mit der Materialität und den inneren Bildern und der eigenen Lebenssituation in all ihren Facetten ins Werk, auf Antwort, ans Offene drängt. Stets ohne eine frühe oder gar vorzeitige Gewissheit, dass die eigene Wahrnehmung eine »wahre«, mehr »die« wahre sein werde: Ob die Welt bereit ist, sich ihrer Kälte oder ihrer Chance zur Wärme zu stellen. Hier liegt die Weggabelung zwischen Enge und Weite, zwischen Gefangennahme und visionärem Schritt, zwischen »Malen nach Zahlen« und »freiem Impuls aus dem Material«. In den Formen und Räumen der Kunst ist dies ansehbarer, auch absehbarer, zu begreifen. Die Arten des Umgangs mit dem Verlust einer Vision, einem roten Faden, einer Idee, einem Thema und deren eigener Kraft und Dynamik und Herausforderung stehen eher vor den Sinnen.

An Beispielen darum aus der Kunst: Menschen – und nun wird die Grenze zum »Rezipienten« von Kunst überschritten – dürfen sich trauen, die Zeit zu nehmen, »as slow as possible« (Cage) zu denken, die Wirkung zu antizipieren, sich dem Werk (partiell z. B. in einem Halberstädter Tastenwechsel!) auszusetzen, die Wirkung zu erleben (als Kunstwerk), eine mögliche »tiefere Erkenntnis daraus« zu leben für ihre Existenz.

»Die Welt« ist in der Lage, Steinkreise an diversen Orten als Markierungen eben dieser Erde zu erdulden und zu erfahren (Richard Long). Sie soll ihren Sinn hinterfragen, Zusammenhänge und Bedingtheiten aufnehmen.

Ob Menschen »mit dem Knie denken«[431] (Beuys) wollen (und sich zu können trauen) und bereit wären, dazu zu »stehen«, mögen diese in Leipzig bedenken vor der Mattheuer-Bronze »Der Jahrhundertschritt« zur deutschen Vereinigung und diesen Beuys-Gedanken nicht abschätzig belächeln. Menschen sind plötzlich nach der Veröffentlichung von Kerkelings »Ich bin dann mal weg!«-Jakobsweg-Tagebuch viel eher in der Lage, auch das Herumvagabundieren eines mehrfachen »Ordentlichen Professors für Kunst« (Sonderborg) als Fleiß, Suche, Fahndung nach dem Sujet zu deuten.[432] Hoffentlich

[431] Gern würde ich hierzu einem Workshop mit einem Orthopäden, einem Osteopathen, einem Balletttänzer, einem Gewichtheber, einem Masseur, einem Chirurgen, Künstlern und Seelsorgern beiwohnen.

[432] Menschen, die im trauten Heim Ulla Meineckes CD »Im Augenblick. Best of …« mit dem Titel »Schlendern ist Luxus!« auflegen: »Ich wähl den Weg, der mir gefällt …« oder aber formulieren: »Die Zeit des Flanierens ist vorüber.« (Albrecht Grözinger, Flaneur und

irgendwann auch einen behauenen Granit als Denk-Mal zu dulden auf einem Platz, in einer Gemeinde; sogar wenn Menschen den Preis des Werkes erfahren (Rückriem in Münster).

Wenn Menschen sich der Schwärze eines Quadrats auf einer Leinwand, in Eisen oder Altöl im Gegenüber aussetzen[433], dem Duktus von Quadrat I von Beckett oder in einer stillen Wasserfläche vor dem Christuspavillon in Volkenroda den Himmel erschauen, so sind dies Weitungen zu sich selbst. Wenn sie in einem abstrakten Bild nach einer Minute nichts für sich erkennen, zwei Minuten, dann vier, dann acht schauen mögen[434] und können, dann realisiert sich ein Zugang zu unbekannten Räumen. Und Kunst zeigt auch an, wie viel Zeit Menschen »für so was« übrig haben[435] können und wollen. In dieser Welt, in der »Zeit haben« quasi ein Synonym ist für »nicht wichtig genug sein«, für »keine Zeit haben«, gar für »keine Arbeit haben«, ist darum die folgende These nicht ohne Wagnis. Sie könnte als Lebensumstände ignorierend verstanden werden: Kunst braucht Zeit! – Zeit beider Menschen vor der Leinwand, die des Künstlers und die des Rezipienten: Zeit der Ausbildung von Techniken, der Selbstfindung, des Findens einer »Handschrift« (die sich ändern kann), für die Befreiung des Kopfes und des Körpers und der Seele im Alltag zur Kunst, von ihm, für ihn; Zeit zum Werk und zum Abstand von ihm, Zurücktreten von der Leinwand. Auch zum »Broterwerb« daraus. Zeit zum Diskurs mit sich selbst, mit dem Bild, mit Kolleginnen und Kollegen, mit sei-

---

Theologie, in: Inken Möller (Hg.) Anstöße, S. 120; angesichts von z. B. Sonderborgs LebensART eine These, der deutlich zu widersprechen ist; auch im ganz anderen Kontext angesichts der polnischen Autorin, Nomadologin und Weltreisenden Olga Tokarczuk, die in ihrem Buch »Unrast«, Übers. v. Esther Kinsky, Frankfurt 2009 formuliert: »Die einzige mögliche Bewegung scheint mir die Bewegung in die Tiefe zu sein«. Es gäbe Spuren, die zu einer spirituellen Naturauffassung führen, die Innen- und Außenwelt, Makro- und Mikrokosmos, Anatomie und Geografie in ein lebendig kommunizierendes Verwandtschaftssystem stellen. (zit. nach DIE ZEIT Nr. 25, 10.06.2009, S. 47).

433 Siehe: Das Schwarze Quadrat. Hommage an Malewitsch, 23.02.–10.06.2007, Hamburger Kunsthalle, – von André über Malewitsch, Knoebel u. a. bis F. E. Walther.

434 Anweisung von John Cage in freier Übersetzung einer der 90 Geschichten in »Indeterminacy«: »Wenn etwas dir langweilig ist nach zwei Minuten, dann versuche es vier. Wenn es dann noch immer langweilig ist, versuche es acht Minuten, sechzehn, zweiunddreißig, und so weiter. Eventuell erfährt man/frau dadurch, dass es dann in keiner Weise langweilig ist, sondern vielmehr sehr interessant.«

435 Mir ist aufgefallen, wie sich die mitnehmbaren Hocker in Museen verbreitet haben; noch vor Jahren suchte man länger nach einer Bank in Museumshallen! Ein gutes Zeichen – oder ein Zeichen für den ansteigenden Altersdurchschnitt der Besucher?

nem Publikum und Kaufinteressenten. Zeit des »Wartens auf ein Bild«. Zeit zur Ausbildung einer Theorie über die Kunst, um sich dieser nicht auszuliefern, oder einen Abzweig in die Kunsthandwerklichkeit zu übersehen.

Nichts von dem, etwas von dem, alles von dem ist Antwort auf die Frage nach der Kunst.

Und selbst »die eigene Zunft« der Kunstschaffenden ist zuweilen verwirrt, wie Kandinsky in seiner Schilderung der Erstsicht auf Monets »Heuhaufen« in Moskau zeigt: »Dass das ein Heuhaufen war, belehrte mich der Katalog. Dieses Nichterkennen war mir peinlich. Ich fand auch, dass der Maler kein Recht habe, so undeutlich zu malen. Ich empfand dumpf, dass der Gegenstand in diesem Bild fehlt. Und merkte mit Erstaunen und Verwirrung, dass das Bild nicht nur packt, sondern sich unverwischbar in das Gedächtnis einprägt und immer ganz unerwartet bis zur letzten Einzelheit vor den Augen schwebt. Das alles war mir unklar, und ich konnte die einfachen Konsequenzen dieses Erlebnisses nicht ziehen. Was mir aber vollkommen klar war – das war die ungeahnte, früher mir verborgene Kraft der Palette, die über meine Träume hinausging. Die Malerei bekam eine märchenhafte Kraft und Pracht. Unbewusst war aber auch der Gegenstand als unvermeidliches Element des Bildes diskreditiert.«[436]

Bezeichnend, dass Kandinsky in seiner Verwirrung dennoch wie ein Künstler reagiert: Offen. Er lässt sich auf das äußere Bild gerade *in* seiner Verwirrung ein, geht den Weg über das Material, die Stofflichkeit, in diesem Fall der Palette – und stellt sich seiner inneren Diskrepanz. Stellt sich dem inneren Widerstreit, dass Bild und Abbild und inneres Bild in ihm selbst nicht zueinander finden, dass da ein Bild einzig sich selbst zeigt. Dass ein Bild sich dem Künstler schenkt, oder wie es C. G. Jung geäußert haben soll, dass »nicht Goethe den Faust erschuf, sondern der Faust den Goethe erschuf«. – In dieser Reaktion des schauenden Kandinsky ereignet sich für ihn eine ihm ungeheure Erweiterung seiner Fähigkeit zu Erschauen und eine Weitung seiner Fantasie, geradezu ein Verlocken derselben wider ihre Einengung. Das kann Kunst schaffen, das zeichnet sie aus. Wenn der Künstler es schafft, sich auszuliefern, dem kreativen Prozess zu übergeben, der unter günstigen Sternen Glück verheißt, die Ahnung, einen Zipfel einer Wahrheit auf dem Weg eigener Wahrhaftigkeit erhascht zu haben. Wie immer dies angegangen wird, sei »künstlerische Freiheit«: Mir sind Künstler bekannt, die morgens um 8.00 Uhr – jeden Morgen! – ins Atelier gehen und dies – mit einer kurzen

[436] Kandinsky, Über das Geistige in der Kunst, Bern 1952, S. 9.

Mittagspause – um 17.00 Uhr wieder verlassen. Aus Sorge, einen Musenkuss zu verpassen. Und die so Kunst arbeiten – mit beeindruckendem »Erfolg« (siehe Carl André). Und ich kenne solche, die die Muse an jedem anderen Ort küsst, nur nicht ein zweites Mal am selben – was keinesfalls als eine ironische Floskel verstanden werden will!

Vom Künstler her: »Dass Kunst etymologisch mit Können, Geschicklichkeit und Sachkenntnis zusammenhängt, ist im allgemeinen bekannter als dass Kunst auf das Wissen im Können zielt – das Wort Kunst deckt lateinisch ars und scientia ab, weshalb es im deutschen Wortschatz ab 1270 nach Chr. das bis dahin verwendete Wort ›List‹ ablöste. Die Wissenschaft ist insofern Dienerin der Kunst.«[437]

Das englische »creative art« kommt als »schöpferisches Handeln« dem deutschen Begriff »Kunst« am ehesten nahe. In diesem Sinn kann sich »Kunst« auch jenseits aller klassischen künstlerischen Methoden und akademischen Grade ereignen, indem sie sich auf »alle Substanzen der Schöpfung« ausdehnt und diese in die Auseinandersetzung mit deren Fragen einbezieht. Sie ist zugleich Handwerk, Fähigkeit, Methode und Wissenschaft, Prinzip, Theorie sowie tiefe Liebe, Achtung, Respekt vor der Schönheit der Schöpfung (worin auch ihre abgründigen Schrecken einbezogen sind!) und Bereitschaft, sich dieser Realität auszusetzen mit aller Kraft des Kunstschaffenden bis zur Neige.

Aus meiner Sicht ist Kunst nur, wenn sie sich im Raum der Freiheit ihren eigenen Raum finden kann und wenn sie sich der Demokratie befreundet zeigt: Wider das Prinzip der »Kunst für wenige« glückliche Betrachtende und sie bestimmende Herrschaftsstrukturen! Ihre notwendige ästhetische Qualität dient zunächst ihrem ureigensten Eigeninteresse. Der Chance, ihr Wollen, das Erreichen ihres inneren und äußeren Ziels, gelingen lassen zu können. Wobei dieses Werk einerseits seine eigene Aussage, das Geschenk seiner Eingebung gestaltet und in die Öffentlichkeit bringt (»Es« produziert!), andererseits auch seine individuelle Aussage transzendiert. So dass beide wirken werden auf die Auseinandersetzung der Betrachter mit dem Künstler, mit dem Werk, mit ihrem eigenen Unbewussten und Bewussten (rezipiert). Dieser gesamte Prozess von Kunstschaffen und Kunstbetrachten und Kunstereignis, dessen Komplexität nicht weit genug zu fassen ist – im Kosmos wirkend – surreal im allerweitesten Sinn als »bar jeder einengenden Reali-

---

[437] So ganz auch im Beuys'schen Sinn der em. Hannoversche Psychotherapie-Professor Peter Petersen in: Musiktherapeutische Umschau 5/1, 1984, S. 7.

tät«! –, bedarf eines Höchstmaßes an Offenheit der Beteiligten, an Zugang zu dieser Offenheit und an freier Ungerichtetheit – beides – der Schaffens- und der Rezeptionsprozesse, die notwendig im Zustandekommen des Werkes einwirken und nicht kalkulierbar in der Reaktion des Werkes ins Offene ablaufen.

Und – nicht dagegen: Kunst kann strukturieren und öffnen, muss Ordnungssysteme gestalten, kreativ zerstören und ebenso neu erfinden (siehe z. B. Hanne Darboven), heilen und Einsichten befördern, sichtbar machen und sie wird zur Camouflage missbraucht werden – und sie kann Gefühle, sogar Angst, anschaubar werden lassen, wenn diese ins Werk gegeben und im Werk betrachtet werden können! Damit gibt sie »Dingen« Gestalt, die Menschen bislang womöglich unzugänglich waren. Sie ist in den Formen ihrer Materialität nie am Ende. [438]

Kunst ist mindestens zweifach Not-wendig (siehe Carl André) für den Künstler und erst recht für den Betrachtenden!

So können nur in der Kunst – wie im Spiel – Lebensfragen antizipatorisch wahrgenommen und dort (!) vorab behandelt werden, die in der Realität noch undenkbar scheinen. Der Weg aus dem Bild ins eigene Erleben und Probehandeln wäre dann ein weiterer Schritt! Einen weiteren für mich wesentlichen Aspekt formuliert Winnicott, der Kunst einen Aufruf zu kreativem Leben zubilligt: »Mehr als alles andere ist es die kreative Wahrnehmung, die dem einzelnen das Gefühl gibt, dass sein Leben lebenswert ist.«[439] Mit Beuys: »Je höher die Kreativität der Menschen ist, um so höher ist das Volksvermögen, um so höher ist die Fähigkeit, die Dinge so zu regeln, dass sie in höchstmöglichem Maß produktiv und effektiv werden im Sinne aller.«[440] Kreativität = Volksvermögen = Kapital also (siehe Anmerkung 236!).

Nicht »Kunst wie …«, »Kunst als …«, sondern Kunst als zu Schaffendes: »Kunst muss erst entstehen, denn es gibt sie nicht!«. Kunst ist also ein »Richtwert« (Beuys). So wie der Mensch für ihn nicht da ist, sondern erst entstehen muss. Dies ist eine unübersehbare Vorlage für Professionen, die sich der Begleitung von Menschen in Lebensfragen professionell gewidmet haben.

---

[438] Darum allein schon sollte sie für seelsorgliche Belange unverzichtbar sein!

[439] W. Winnicott, Vom Spiel zur Kreativität, Klett-Cotta, 1971, S. 78.

[440] Joseph Beuys: »Kunst im Wirtschaftsbereich« (Tagungsthema: Gesellschaft im Umbruch), Vortrag am 08. 02. 1974 in Hannover, Manuskriptdruck S. 41, zit. nach Harlan, Soziale Plastik, S. 59.

3.2.2 Was braucht ein Künstler?

Dafür, dass dieses »Kapital« entsteht, fasst Max J. Kobbart in seiner Kunstpsychologie[441] acht Kriterien zusammen, die er für den Künstler als wesentlich bezeichnet.[442] Ich gehe davon aus, dass auch für die Professionalität des Seelsorgers alle diese Kriterien anwendbar sein sollten:

1. Sensibilität. Also Empfindsamkeit, Einfühlungsvermögen in Menschen und Dinge. Also auch Wissen um Stärken und Schwächen, eigene und fremde.
2. Professioneller Umgang mit dem Material (und dem Menschen) inklusive der ersichtlichen und geahnten Ressourcen. Auch hier gilt: Intuition ist Wissen durch Identität!
3. Flexibilität. Sich also – bei Bedarf und erkannter Notwendigkeit – auch außerhalb eines eigenen Konzepts auf spontane Reaktionen und neue, »fremde« Themen einlassen zu können und diese nicht als Bedrohung zu empfinden oder dazu werden zu lassen.
4. Originalität. Künstler wenden nicht eben Angelerntes stereotyp an, sondern antworten »originell« mit ihrem Leben!
5. Umdefinieren können. Diese Antwort geschieht auf der Ebene des Künstlers; die Vermittlung des Wirkprozesses ist die Arbeit des Betrachters!
6. Analyse. Einzig im Bewusstsein und in der Positionierung zu einer Herausforderung, die als solche erkannt und eingeschätzt ist, in der Durcharbeitung der Fragestellung also, findet sich die Basis zu einer adäquaten, dem Text genügenden Antwort (s. Offenheit, Freiheit, Bewusstheit, eigene Positionierung etc.).
7. Synthese. Im Werk führt der Künstler all diese Punkte zusammen und arbeitet sie hervor: als Provokation, als Vertiefung, als Konfrontation, als Beschreibung, als Thematisierung etc.
8. Organisationen komponieren. Das Werk ist ein Bild, ein Film, ein Orchesterwerk: die Partitur schreibt der Künstler, er dirigiert, er gibt der Kesselpauke und der ersten Violine den Einsatz, der gleichermaßen wichtig ist, er führt durch dissonantische und spannungsarme Passagen.

---

[441] M. J. Kobbart, Kunstwerk, Künstler und Betrachter, Darmstadt, 1986, S. 42; darin aufschlussreich u. a. seine Erhebungen zur »Vermessung des Ästhetischen«, S. 10 ff.

[442] Diese Kriterien fand ich interessanterweise u. a. wieder in Ausschreibungs-Flyern von »Workshops für Führungspersonal« großer Fahrzeughersteller in Norddeutschland zu »Persönlichkeitsentwicklung«!

Diese Kriterien will ich in der Begegnung beispielhaft verifizieren am Darmstädter »Beuys-Block«.[443] Dort erwartet mich als Betrachtendem, der ich zu Anfang sein werde – wie stets bei der Konfrontation mit dem Werk von Beuys – keine Ausstellung, keine aufbereitete, arrangierte Werkschau oder Installation, sondern eine Herausforderung an mich, eine Herausforderung zu mir selbst: Begebe ich mich in diesen Zwischen-Raum des Erfahrenwollens und -könnens zu diesen Positionen? Gehe ich auf das Werk zu? Ohne vorgegebene Lesart, ohne Aufsplitterung in Einzelelemente, ohne Deutungsgefüge, ohne Werkbereiche. Skulptur, Fundstücke, Objekte, Requisiten, Skizzen. Von denen ich gelesen, über die ich Kenntnis und Urteile mitbringe.

Doch nun stehe ich als Raum in diesen Räumen, erkenne das eine und andere (wieder, neu), weiß um Materialien und Hintergründe, Zeitpunkte der Entstehung etc. oder nehme irritiert, zweifelnd nun anders wahr. Es ereignet sich etwas, zu dem ich bereit sein muss, um dort standhalten zu können: Ich gerate ins Hier und Jetzt der Begegnung mit den Beuys'schen Arbeiten, die mir vorgestellt sind! Ich lese nicht über sie, höre keine Einleitung in sie: Ich reagiere auf sie, jetzt. Mein Vorwissen verblasst zusehends angesichts der Identifikationslosigkeit und Unbeschriftetheit der Arbeiten, die sich mir stellen. Denen ich mich stelle? Ich gerate in den Zwischen-Raum der Freiheit, mich dem eigenen Wahrnehmen und Erleben just in diesem Augenblick (neu, wieder) zu stellen, mich abstoßen oder anregen, attrahieren oder wegwenden zu lassen. Mich gar selbst zu wenden, zu regen, zu richten. Mich zum Schweigen zu bringen, um von diesem Schweigen (Innewerden, Stille) auszugehen: Ein Weg der Meditation!

Ein Wirken der Inszenierung und eine Wirkung weit über diese hinaus. Denn was in diesem Moment geschieht im Kontakt von Raum Mensch zu Raum Werk-Beuys im Raum Beuys-Block im Raum Museum Darmstadt im Raum Gegenwart im Raum Deutschland ... das geht über alle wortreiche Deutung Beuys'scher Inszenierung zu Lebzeiten hinaus. Das geht über die didaktischen und inszenatorischen Bindungen an den Künstler hinaus. Das geht das Kraftfeld an zwischen den Objekten und mir, das dringt ein in das Kraftfeld meines Lebens! Der Kontakt wird zum offenen Prozess, in dem

443 Im Gegensatz zur Kunsthistorikerin Maria Lind, Stockholm, halte ich das Museum nicht für den letzten »ästhetisch verbürgten Kontext«, den letzten »öffentlichen Raum der Zukunft«, sondern auch diesen für einen legitimen »Raum des Zweifelns«, also auch der »anderen Möglichkeit«. Und darin auch hier den ästhetischen Raum konfrontiert mit der ethischen Frage, der »ethischen Dimension der Ästhetik« (Henning Luther), die immer miteinander zu sehen sind.

selbst vorgefasste Positionen im besten Fall noch wieder neu angeschaut werden, bestätigt, bezweifelt, hinterfragt, neu geordnet werden können. Auf ihre Bedeutung hin in meinem Lebensvollzug, auf die Originalität meiner Lebensentwürfe, auf dessen Lebendigkeit und Konsequenz.

Bis hin zur Frage nach dem erweiterten Kunstbegriff in meinem Leben, in dessen Alltag und an seinen Feiertagen. Zur Frage nach dem gelebten und ungelebten Leben.[444] In diesem offenen Prozess, zu dem sich der Kontext weitet, hat sich Seelsorge zu positionieren und standzuhalten, um der Weite der an sie herangetragenen Lebensentwürfe begegnen zu können. Und nicht nur Ansprechpartner zu sein für »bestimmte Kreise«!

3.2.3 Die Bedeutung der Materialität der Kunst

Das Material der Kunst sind alle Verdinglichungen – in der heideggerschen Bezeichnung »Zeug« – dessen Sein durch die grundlegende Bestimmung der Dienlichkeit exakt beschrieben und determiniert scheint. Kein Material ist der Kunst fremd. Es macht die Materialität der Kunst aus, dass sie nach allem greift, das nach ihr verlangt.

In meiner eigenen Arbeit mit schwerkranken Kindern habe ich dabei erfahren, dass Zeug selbst unter erschwerten Bedingungen (Beweglichkeitseinschränkung, Kraftlosigkeit) dennoch auf die diversesten Weisen zu nutzen geeignet ist: Aquarellfarben können mit Pinseln auf den Malgrund aufgebracht werden – und sich auch als Block in Wassergläsern langsam auflösen, wundersame Formen ergeben und dabei als Kunstwerk bestaunt werden; aus Desinfektionsmittelflaschen kann gesprüht werden – und sie können als »Teil der Schöpfung« in einem Kindergottesdienst eine Erdkugel zieren; »Bilder« können ein ganzes Leben wiedergeben – und an meinen Kategorien, an meiner Unaufmerksamkeit (sprich: Lieblosigkeit) oder an meiner noch nicht vorhandenen Sehfähigkeit für neue Aspekte der Kunst scheitern; »Kunst« kann zum Symbol werden – und in meinen Augen leer bleiben, wenn ich die Sprache dieses Symbols nicht erkenne.

Mit Arthur C. Danto: Ein Ding ist kein Kunstwerk. Das Ding wird zur Kunst durch die Möglichkeit seiner Interpretation. Auch noch mit ihm, dass die Einschätzung eines Kunstwerkes wesentlich die Beachtung des Wann und Wo und »In welcher Situation« und »In welchem historischen Kontext« braucht. Strikt aber gegen A. C. Danto: »Etwas überhaupt als Kunst zu sehen, verlangt nicht weniger als das: eine Atmosphäre der Kunsttheorie, eine

444 Schild an einem Lieferwagen: »Das Einzige, was mich an der Arbeit hält, ist die Erdanziehungskraft!«

Kenntnis der Kunstgeschichte. Kunst ist eine Sache, deren Existenz von Theorien abhängig ist.«[445]

Abhängig sicher nicht! Die Aussagefähigkeit eines Kunstwerkes bestimmt in einer zum Glück zunehmend demokratischen, nicht allein von musealen Vorgaben geprägten Kunstlandschaft der Betrachtende. Dieser sollte – auch jenseits allgegenwärtig angebotener Audioguides in der Nähe jeglicher als solcher ausgewiesener Kunst – seine eigenen Sinne und inneren Stimmen nicht einschläfern und manipulieren lassen von Wortführern der »Hochkunst«. Das subjektive Verstehen der Kunst ist noch immer das direkteste Begegnen und daher kostbar. Was die innere Differenz eines tatsächlichen Angstschreis und dessen bildnerischer Darstellung ist, kann nicht die Beschreibung eines Kunsthistorikers klären, der überhaupt nicht wissen kann, woher der Künstler sein Sujet nahm und wessen Angst in welcher Darstellung adäquater bzw. aushaltbarer für den Betrachtenden vermittelt ist.[446]

Wobei es mir um die aushaltbare Nähe von Menschen zur Materialität des Kunstwerks geht und nicht um die Platzierung von Kunstwerken »am Markt«. Dies kann die kunsttheoretische Beurteilung gewiss noch differenzieren.

Für mich liegt die große Verantwortung dessen, der mit Kunst aktiv umgeht (in künstlerischen, therapeutischen wie in seelsorglichen Prozessen) darin, dass er sich selbst dem Material der Kunst aussetzt und das Material der Kunst nicht nur im Blick hat oder im wissenschaftlichen und/oder kunsthistorischen Diskurs wahrnimmt oder darin partizipiert. Dass er vielmehr – viel mehr! – begreift im Sinne von »anfassen«. So ist er mit der größten Wahrscheinlichkeit dem Zeug und dem Raum und der Materialität nah, die diese in der Welt der Kunst brauchen, einnehmen und prägen. Und darin sich selbst nah als Teil dieses Raumes, in dem der Mensch in der Nähe der Kunst niemals außen vor ist. Denn einzig darin und dadurch kann er sich dann mit Menschen auf »die Materialität der Kunst«, auf die »weite Ebene« der Kunst, auf deren Schluchten und Untiefen, Abgründe und Perspektiven, dunkle Täler und lichte Höhen, Farbenpracht und graue Kargheit, Widersprüche und Eingebungen einlassen – und, je auf seine Weise, ein Stück weit mitgehen. Sich selbst seiner eigenen Materialität erinnern, bis zur Zeit, als er noch über »Bauklötze staunen« konnte, gar bis zur Zeit, in der ihm einst der Lebensodem eingehaucht wurde: Welch herrliches Bild voller Ästhetik, Leichtigkeit, Freiheit, Materialität, Kreativität und Hoffnung!

---

445 A. C. Danto, Die Verklärung des Gewöhnlichen, Frankfurt am Main, 1984, S. 207.

446 Vgl. Danto, a. a. O., S. 264.

3.3 »Methode der Kunst« – Methode der Freiheit in der Kirche der Freiheit?

Thomas Lehnerer *erzählt* – und das macht diesen Kunsttheoretiker, Theologen und Künstler gerade in der lebenszeitlichen Bedrängtheit seines 39-jährigen Lebensweges zutiefst menschlich und echt/wahrhaftig – in seinem 1994 erschienenen Buch »Methode der Kunst« immer wieder von seinen eigenen Erfahrungen in seiner künstlerischen Arbeit. Situationen, die jedem Kunstschaffenden aus dem Herzen sprechen: Zagen, Probieren, »Zufall«, Misslingen – bis zum Aufbewahren eines »guten Stücks« zur Beschwichtigung aufkeimender Selbstzweifel in Phasen, in denen das »Blatt nicht zurückstrahlt« (Neo Rauch).

Wenn er von der notwendigen Hermeneutik der im Kunstwerk konkret gewordenen Künstlertheorie spricht, dann tut er dies also aus dem eigenen Erleben einer notwendigen Selbstrechtfertigung des Machers und des Gemachten: »Methododizee«[447] als praktiziertes Versprechen der Offenheit. Und er gelangt in seinem Bestreben nach einem »Grundbuch« für eine spezifisch künstlerische Forschung und eine genuine »Wissenschaft der Kunst« zum Schluss dahin:

»Die einzigen im Bereich der Gesellschaft wirklich anwendungsfähigen ›künstlerischen Methodologien‹ sind die Kunstwerke selbst. Jedes einzelne Werk ist das sichtbare Exempel der ›Methode der Freiheit‹. Die Weise, wie in einem Kunstwerk formale, inhaltliche, materiale, gesellschaftliche, politische, emotionale, biologische, religiöse, kulturelle Bezüge verbunden sind, ist – sofern es sich wirklich um Kunst handelt – jeweils original, ursprünglich neu und als solches nur am einzelnen Werk sichtbar.«[448]

Damit stellt er sich selbst und jedem Künstler einen hohen Anspruch vor. Allerdings lediglich einen Anspruch, dem sich jedes Kunstwerk zu stellen hat – oder eben keines ist. Unter dem auch jeder Kunstschaffende steht, wenn denn auch in seinem je eigenen Bezugsort und nicht unter dem Anspruch (wie Lehnerer durch seine persönliche wissenschaftliche und künstlerische Ausrichtung) der wissenschaftlichen Diskursfähigkeit. Vor der Arbeit, im Prozess des Schaffens, in der Werkreflexion, im Schritt zur Veröffentlichung desselben wie im öffentlichen Diskurs steht der Künstler vor und zu dieser Herausforderung, seinen Selbstaussagen, seiner Durcharbei-

---

447 Thomas Lehnerer, Methode der Kunst, Würzburg 1994, S. 8.

448 A. a. O., S. 152.

tung eines Themas. Er steht immer wieder neu in diesem Kampf, diesem Erringen des Gegenstands (oder Nicht-Gegenstands) vor dem leeren Blatt oder dem Kloß Ton, muss sich klar werden über den Raum von Austausch- und Abhängigkeitsbeziehungen zum familiären Rahmen, zu Mitarbeitern und Sammlern, zu Galeristen und zur Zeitgeschichte, zur Beziehung zu sich selbst und der eigenen Arbeit, zum Material und zur Erfahrnis der Freiheit und des Raumes für das Werk, über die physische, psychische und räumliche Machbarkeit und Situation des Arbeitsprozesses. Dies alles hat Auswirkungen und stellt sich dar – im Stein, in der Fläche, im Lehm. Ob er will oder nicht. Es gilt zu wissen, zu lernen, zu können und zu wollen, »dass Kunst sich schafft«. Dass der Künstler noch so sehr wollen und noch so viel können kann: dass Kunst sich ereignet – und manchmal auch nicht.

Lehnerer ermutigt (sich selbst und andere):

»Erweitere alle deine theoretischen und praktischen Fähigkeiten. Denn je mehr du als Künstler weißt und je mehr du kannst …, desto mehr Möglichkeiten bringst du ins Spiel, desto interessanter, wichtiger und reichhaltiger wird deine Kunst. Aber was du bei all deinem Wissen und Können tun sollst, um ›Kunst‹ hervorzubringen, ist nichts, als all dies wieder loszulassen und in ein freies kommunikatives Spiel zu bringen … Ob die Momente des Spiels dann wirklich miteinander spielen, ob das Kunstwerk gelingt, ist weder eine Frage deines Wissens noch deines Könnens noch deines Seins oder Habens, sondern des Glücks, auf das du – nun begründet – hoffen darfst.«[449]

Das Spiel der Kunst. Mit stets wechselnden, neuen, aufregenden Teilnehmenden, mit Niederlagen und kleinen Triumphen. Dass die Bandbreite der Künstlertheorien vom Errichten eines Gesamtkonzeptes für eine wärmere, sozialere Welt der kreativen Menschen = Künstler (Beuys) über das Annehmen des in die Wanderschaft Geworfenen (Sonderborg) bis zum Schwärmen über die Auseinandersetzung mit einem bestimmten Material (»Mir reicht der Stein!«, Rückriem) und weiter reichen kann, wurde unten aufgewiesen: Heroen der Kunst sind viele! Deren Weite ist darin nur beispielhaft an diesen drei Künstlern aufgewiesen.

All diese Theorie und Praxis der Kunst geschieht im Lebensraum, der vielgestaltig und komplex, in permanenter Bewegung und darin Veränderung und mit beschränktem Haltbarkeitsdatum ausgestattet ist, im Prozess. Räume sind wie Menschen Lebewesen, die genährt, gepflegt, gepäppelt und aufgezogen werden müssen, die wachsen und groß werden, auch zu groß. Die

449 A. a. O., S. 146 f.

auch in sich zusammenfallen können, ängstigen! Sie sind beständig und flüchtig, können sich »ellenlang« dehnen und erstrecken. »Teppiche, unter welche Dinge gekehrt werden, können unter der Decke liegen« und dieselbe kann auf den Kopf fallen. Räume sind bestimmt von Maßen und Gegenständen – und durch alles andere auch, wodurch ein Mensch Zeit seines Lebens geht. Erkennen der aktuellen Raum-Situation – meiner eigenen wie der der anderen – kann nur erreicht werden, wenn ich mitgehe und mein Leben nicht erstarrt, sondern wenn ich in meiner Bewegung bleibe, ich zu meinem Tempo finde, das mich zu meiner Zeit an Orte bringt, an denen ich sein mag! Dies allerdings ist nicht unbedingt ein linearer Prozess, der einzig und allein vorwärts läuft, sondern er geschieht in aller Gleichzeitigkeit des Ungleichzeitigen, das mich einholt, wenn ich es am wenigsten gebrauchen kann. Das mich fordert, wo ich noch nicht in der Lage bin zu reagieren, mich vereinsamt, wenn ich es überhaupt nicht aushalte, und abheben lässt, wo das doch zu dieser Zeit von meinem Lebensplan gar nicht vorgesehen war. So sind Lebensräume Erfahrungsräume – von innen und von außen –, »es ist anthropologisch gesehen ein Unterschied, ob man angesichts eines lächelnden Buddhas oder unter einem gefolterten Menschen aufwächst«,[450] in welchem Winkel der Welt ich unter welchen Umständen Raum finde: Wetter, Wohnort und Wohnart, Staatsform, Krieg oder Frieden, Nahrung, Kleidung, Mode, Figur, Nationalsport, Freizeitgestaltung etc. Alles hat Bedeutung, wird durch das »Leben im globalen Dorf«, durch Verschnellerung oder (seltener!) Verlangsamung von Zeit (bzw. der Vorgaukelung dessen!) beeinflusst: Der Mensch ist selbst räumlich, korreliert im Raum mit allem und jedem (»nie nicht!«), ist Raum im Raum im Raum ... Richtung: Go now! Live your life! Stay fresh!

In diesem Lebensraum kann es zum Spiel kommen, in dessen Verlauf Kunst entsteht! *Nur* in diesem Lebensraum kann es zum Spiel kommen, in dessen Verlauf Kunst entsteht! Es ist keine andere Realität der »Rahmenbedingungen« vorhanden. Für die Kunst nicht, für die Seelsorge nicht. Für beide hat dies eklatante Bedeutung! Barnett Newman zollt dem Respekt, indem er Bilder und Skulpturen bezeichnet mit »Here I, Here II, Here III«. Es geht ihm um »Now«, »Nicht dort, hier« und nicht um eine Sehnsucht, die sich wegwünscht aus dem Augenblick – weil sie diesem nicht »Verweile doch, du bist so schön!« zurufen kann.

»Das Now von Newman ist dem Bewusstsein unbekannt und kann nicht von ihm konstituiert werden. Es ist eher das, was das Bewusstsein außer Fassung bringt.« Es lässt mich nicht in die Interpretation von Bildern und in

---

450 J.-Chr. Ammann, Kunstforum International, Bd. 131/1995, S. 77/78.

meine Fantasie flüchten, sondern setzt mich meinem jetzt Geworfensein in eine Situation aus. Ich darf staunen und meine Blöße erkennen (die mir gegeben wird!) und »dieser Blöße vermag man sich nur in der Entäußerung zu nähern.«[451]

Dass der Raum des Denkmals für die ermordeten Juden in Berlin vielen Menschen als zu groß erscheint, hat damit zu tun, dass wir als Staatsbürger nicht mehr die mentale Stärke aufweisen, uns »in den weiten Raum« zu begeben. Die Damenmode zeigte dies über Jahre durch ihre verordnete Uniformität in Form und Farbe – und in der Bauchfreiheit, die eben *das* fokussierte, was am wenigsten »inhaltlich« öffentlich war am öffentlichsten im Focus (siehe Geburtenrückgang, siehe entpersonalisierte Sexualität).

Für den Zugang zum Raum und die Freiheit in diesem sind es oft wesentliche Erlebnisse, die eine Wendung bestimmen. In den Biografien von Beuys, Rückriem und Sonderborg habe ich dies angesprochen. Bekannt ist auch das Schlüsselerlebnis des Antonio Tabucchi, dessen Schriftstellerdasein als 20-jähriger durch das Bild der lasziv-badenden barocken Anita Ekberg im nicht weniger barocken Trevi-Brunnen seinen Impuls bekam: Wenn »La dolce vita« auch Italien ist, dann mag das Interesse an einer universitären Karriere nachstehen. Die Zeitfenster, die in der Geschichte für bestimmte Räume freistehen, sind eng: »Nichts ist so alt wie eine Zeitung von gestern!« ist längst überholt, wenn online der Live-Ticker mir vorgaukelt, dabei zu sein, wenn Barcelona in der 93. Minute durch ein Tor von Inieta gegen Chelsea doch noch ins Finale der Champions-League einzieht. – Und ein Politiker zeigt, wie sehr er auf der Höhe der Zeit ist, wenn er in einer sonntäglichen Talkshow die Entstehung des einzigen Tores in einem Fußballspiel schildert, das erst vor einer Stunde beendet wurde: »Trochowski stand für den Kopfball eben am richtigen Ort!«

»Ich kann mich beim Malen, Zeichnen und Modellieren noch so gerichtet verhalten, ich kann alle möglichen Techniken und Regeln beachten, ich kann üben, arbeiten, kontrollieren, planen, ob das Bild glückt oder missglückt, habe ich nicht in meiner Hand. Es gelingt oder es gelingt nicht, ob ich es will oder nicht will. Die Aporie einer Methodologie des Schönen ist daher eine ganz hautnahe, tägliche, praktische künstlerische Erfahrung: Ich ›soll‹ und ›will‹, ›kann‹ aber nicht, jedenfalls nicht, wie ich will.«[452]

---

[451] J.-F. Lyotard, Das Erhabene und die Avantgarde, in: Ders., Das Inhumane, Wien 1989, S. 161.

[452] Thomas Lehnerer, Methode der Kunst, Würzburg 1994, S. 81.

Er spricht von notwendigen »Rahmenbedingungen«[453], künstlerischen Handelns[454], der »Unvordenklichkeit«[455] der Kunst und ihrem »Freizweck«[456], entwickelt eine Ästhetik und Kunsttheorie – und beschreibt in der »Versuchsanordnung«[457] wie »es« anfängt und »wie plötzlich etwas entsteht«.[458]

Der amerikanische Maler Frank Stella schildert den Zwischenraum von Malfläche und Künstler und dessen Bedeutung für das Sehen: »Der unbestimmte Raum zwischen dem Bild und mir wird durch den Akt des Sehens eingenommen. Wenn die Verbindung zwischen dem Betrachter und dem Kunstwerk überbrückt ist, kann man beginnen, in dem einst unbestimmten, realen Raum zu leben.«[459] Dieser Zwischenraum, Raum der Freiheit in Rahmenbedingungen, der Angewiesenheit auf das Sich-Ereignen von Kunst im Hier und Jetzt, das Glück, das Geschenk der Intuition, steht am Anfang einer Begegnung von Künstler und Material, Künstler und Kunst, Künstler und Rezipient seiner Kunst. Und er kann das Ergebnis dieser Begegnung sein. Er ist ein wesentlicher Raum, kein neutraler; er kann großen Abstand »verkörpern« und er kann »prickeln« vor Beziehungswunsch. Martin Buber, der schon im Feld der Sprache die »Zwischentöne« als so wichtig erachtete für die Begegnung von Menschen[460], hält dieses Ereignis der »Sphäre des Zwischen« für die Keimzelle menschlicher Begegnung.[461] Und dieser Moment soll übertragbar sein auf andere hohe, erhabene Augenblicke, in denen der Geist der Freiheit auf Menschen zuweht. Wie z. B. dem Moment der seelsorglichen Begegnung im Frei-Raum zwischen Rahmenbedingungen des eigenen Lebensraumes mit den Rahmenbedingungen der Kunst!

Raum im Raum im Raum im Raum ... unser Lebensraum besteht aus einer lebendigen Vielfalt sich permanent verschiebender, sich verengender und weitender Räume und Zeit-Räume. Der Mensch lebt im Jetzt. Jetzt kann er erreicht werden von einem Lichtstrahl, einer Erkenntnis, einer Einsicht, einer Szene, einem Bild. Jetzt kann er sich verlieben – »1000 mal ist nix passiert ...« – und jetzt hat es »Zoom« gemacht (Song: Klaus Lage). Der Mensch

---

[453] A. a. O., S. 102, 148 etc.

[454] »... Spiel ... eine Freiheit in Grenzen«, a. a. O., S. 126.

[455] A. a. O., S. 144.

[456] A. a. O., S. 101.

[457] A. a. O., S. 149 ff.

[458] Bis ins Wörtliche eine Alliteration an die Emmaus-Geschichte, als Jesus sich naht und »es geschieht«, dass sich Nähe ereignet!

[459] Zit. aus Süddeutsche Zeitung, Magazin, 09.02.1996.

[460] Vgl. Martin Buber, Ich und Du, Heidelberg 1979.

[461] S. Martin Buber, Das Problem des Menschen, Heidelberg 1982, S. 165.

kann seine Fassung verlieren, was ihn zum Solitär werden lässt, der in allen Facetten strahlt, für die er keine intellektuellen Verhaltensmuster bereithält. Er kann der »Gegenwart als Mysterium« (Botho Strauß) auch begegnen in einer unüberblickbaren Totalen, in der er im Meer der Fassungslosigkeit unterzugehen droht, weil: »Nur die Vergangenheit lässt sich in Bahnen verfolgen, Flüssen.«[462] Gegenwart ist »Blöße« und »Entäußerung« (Lyotard), bedeutet ein Offensein auf ein Gegenüber hin, eine Zuwendung mit unserer ganzen Existenz auf etwas, das uns völlig in Anspruch nimmt. Solange diese Nähe im Raum ist mit einem Menschen z. B., ist Liebe Gegenwart. Wenn diese Gegenwart vergeht, wird aus der Zuneigung Vergangenheit.

Einen weiteren Raumaspekt in der Begegnung mit der Kunst benennt der Zen-Kundige Daisetz Suzuki.[463] Er fand heraus, dass die christlich geprägte westliche Kultur eine Kultur des Aufgerichtetseins ist:

»In seiner Aktivität hat das Christentum etwas, das aufreizt, erregt und beunruhigt. In seiner Streitbarkeit und Ausschließlichkeit neigt es dazu, eine selbstherrliche und manchmal herrische Gewalt über andere auszuüben – trotz des erklärten Zieles der Christenheit von Demokratie und allgemeiner Verbrüderung. … In dieser Hinsicht erweist der Buddhismus sich als das gerade Gegenteil des Christentums. Die horizontale Lage des Nirvana-Buddha mag manchmal den Eindruck von Indolenz, Indifferenz und Tatenlosigkeit erwecken, obwohl der Buddhismus in Wirklichkeit die Religion der Tapferkeit und einer unendlichen Geduld ist. … Er weigert sich, streitbar und exklusiv, ausschließlich sein zu wollen. Er tritt im Gegenteil ein für Weitherzigkeit, allumfassende Toleranz und Sichfernhalten von weltlichen Streitigkeiten.«[464]

Er sieht in dieser »aufrechten christlichen Haltung« eine Position permanenter Gegnerschaft, der Alarmbereitschaft, »Hab-acht-Stellung«. Wem und was aber gegenüber? Wenn man erkennt bzw. sich zu erkennen wagt, dass der Gegner überhaupt nicht real vorhanden ist, sondern auf die christliche Strukturiertheit rückführbar ist, könnte man es sich doch erlauben, locker zu lassen, »sich niederlegen und sich mit allen Dingen zu identifizieren«, zu versöhnen.[465] In diesem Sich-fallen-Lassen läge doch dann der Ursprung für das Wahrnehmen meiner Seele, dass im Raum noch andere Wesenheiten

---

462 Botho Strauß, Beginnlosigkeit, München/Wien 1992, S. 79.

463 Zen-Lehrer des John Cage.

464 D. T. Suzuki, Der westliche und der östliche Weg, Frankfurt/M. 1986, S. 128; vgl. a. Ausstellungstitel: Japan und der Westen – Die gefüllte Leere (Kunstmuseum Wolfsburg, 22.09.2007–27.01.2008).

465 Ebenda Suzuki.

vorhanden sind und sein dürfen, für die ich in meiner vorigen Verfasstheit gar keine Offenheit haben konnte.

Mit Rilke, der jahrelang einen passenden Ort suchte, um seine Duineser Elegien zusammenschreiben zu können, bis er sein Schloss im Schweizer Wallis fand: »Denn das Schöne ist nichts als des Schrecklichen Anfang.« (Erste Elegie). Er fand seinen Ort, wie Hape Kerkeling den seinen auf dem Jakobsweg (»Ich bin dann mal weg!«), wie ausgebrannte Manager in Klöstern, Sonderborg in der Welt, in der er exzessiv herumlebte, Rückriem, Beuys ... Und nirgends steht geschrieben, dass »*meine* Neuendettelsauer Elegie« falsch wäre: »Denn das Schreckliche ist nichts als des Schönen Anfang!«.

Ich er-lebe meinen Lebensraum. In und mit der Methode der Freiheit oder determiniert von Positionen und Festschreibungen über das, was sein darf oder muss. Autonome Menschen und autonome Kunst dürfen sich aufrichten und dem Himmel entgegenstrecken. Sie dürfen sich sogar aneinander aufrichten und sich den Himmel zwischeneinander erleben lassen. Dies kann im Raum der Kirche geschehen, wenn dieser Raum hinlänglich offen ist für die Freiheit der Begegnung von Freien. Nichts ist so verhängnisvoll wie wenn diese Freiheit »großzügig gewährt«, gegeben, zugestanden wird. Denn hierin wird der Herrschaftsakt deutlich. Und besagte autonome Menschen dürfen sich sogar auf dem Boden wälzen in Farben nach ihrem Wollen oder diese aufs Material schleudern oder mit feiner Feder aufs Pergament bringen oder in den Stein hineingehen oder den Lehm formen – und sei es mit der letzten Lebenskraft der Finger.[466] Oder nicht. Einladend ist eine Seelsorge, attraktiv, wenn sie nicht »sitzt und wartet, ob jemand kommt« und ihr Angebot »auf dem Weg« ausrichtet an dem, was den Freisinn anspricht, ihren eigenen und den der suchenden Klienten. Krankenhausseelsorge hat dies längst erkannt und sich auf den Weg gemacht ans Krankenbett. Seelsorge im Kinderkrankenhaus hat sich auf den Weg zu den Kleinen gemacht, »zu den Kindern (zu) gehen« (Otto Stange) ist ihr umfassendes Konzept.[467]

Seelsorge mit allen Sinnen hat andere Wege zu beschreiten, andere Räume und andere Menschen in den Blick zu nehmen. Und sie kann das

---

466 So schuf Herbert Kitzel wenige Wochen vor seinem Tod 1978 in für ihn weich geknetetem Ton wunderbare starke Models (»Kleine Lava«, »Große Lavafrau«, »Sich Befreiende«; WV 208–210) die – erst nach seinem Tod in Bronze gegossen – seine Meisterschaft formulieren und seine Vitalität im Lebensraum dokumentieren. (s. H. Kitzel, Keramik. Werkverzeichnis, Irmela Franzen (Hg.), Berlin 1988).

467 Also kindgerechte Sprache, Bücher, Materialien, Sitzgelegenheiten, Zeiten, Augenhöhe, Raumgestaltung.

nachweisbar. Die Zielgruppe ist hier kaum durch bisherige kirchliche Angebote erreicht worden bzw. durch manche dieser »Angebote« erst dorthin gekommen, wo sie sich befindet: Mit religiösen Fragen nach dem Woher und Wohin, Warum und Wozu, Weshalb und »Wie kann ich dieser Herausforderung meines Lebens standhalten?« weiter auf der Suche. Nach Raum, der Weite nicht nur verspricht, sondern ihn in einer ihnen zugänglichen Bildhaftigkeit vermittelt. Auf der Suche nach glaubwürdigen Impulsen, nach Echtheit und authentischer Autonomie, auf allen Seiten. Auf der Suche auch nach einer Gegenkraft wider alle Beschränkungen der Lebenskräfte, die mit herrschenden (!) Moral- und Lebensvorstellungen nicht unbedingt konform gehen und/oder in der vorfindlichen Kirche bzw. der real existierenden Gemeinde keinen hinlänglichen Ort finden. Weil sie manche Denk- und Glaubensformen übersteigen, die aber dennoch in Menschen vorhanden sind. »Was ist, darf sein!« (Freud), allerdings über dessen Verdächtigung der Kunst als Sublimation hinausgehend. Gerade hier kann Kunst, die sich z. B. in erotischer Kunst auch diesen Lebensräumen widmet, als Stimulans und Ermutigung dienen, sich auch diesem zu stellen, gehören sie doch – zumindest in der Kunst – nicht in die dunklen Ecken, in die wir sie womöglich selbst drängen, um uns ihnen nicht stellen zu müssen. Die Angst vor »den« Fremden ist in Wahrheit zunächst eine Angst vor »dem« Fremden, eine Angst in mir.[468]

---

[468] Wie es z. B. in Jan Hoets Abschiedsausstellung im Museum MARTA, Herford (2008/09), »LOSS_OF_CONTROL – Grenzgänge zur Kunst von Felicien Rops bis heute ...«, sichtbar wurde. Bestimmte Bildwände waren mit Vorhängen verhängt, hinter denen man die dortigen ebenso ästhetischen und offen pornographischen wie kirchenfeindlichen Zeichnungen von Rops betrachten musste und konnte. Dies brachte eine merkwürdige Dynamik mit sich und ein Schauen derer, die geschaut hatten auf die, die den Vorhang bewegten. – Oder mit Paul Klee: »Wir sehen nur, was wir kennen!« Oder: Darf ich das kennen? Ganz im Sinne des Diabolikers Rops gewiss und des ebenfalls belgischen zeitgenössischen Künstlers Jacques Charlier die Menschen mit dem Umgang mit »Fremdem« konfrontieren. Und Jan Hoet »seine Herforder« damit auch.

Oder das trunkene Lied von Nietzsche (F. Nietzsche, Götzen-Dämmerung, Nr. 8: Zur Psychologie des Künstlers) – durch Gustav Mahler und Alexandr Skrjabin (von Beuys hoch geschätzt) als »Le poème de l'extase« vertont – lässt die Tiefe und Grandiosität dieses Denkens anklingen, und die Vermutung ahnen, dass solcherlei Themen in der Seelsorge der Kirche nicht verhandelbar seien:

»O Mensch! Gib acht! / Was spricht die tiefe Mitternacht? / Ich schlief, ich schlief –, / Aus tiefem Traum bin ich erwacht: / Die Welt ist tief, / Und tiefer als der Tag gedacht. / Tief ist ihr Weh –, / Lust – tiefer noch als Herzeleid: / Weh spricht: Vergeh! / Doch alle Lust will Ewigkeit –, / will tiefe, tiefe Ewigkeit!«

Ein Weg wäre dahinter zu schauen, in Kontakt zu gehen – nah ran! – mit den eigenen Reaktionen auf das vorgefundene, zunächst fremde Material, Erfahrungen wahrzunehmen von dem, was mich erreicht und was dies »mit mir macht«, kämpfen mit »den Geistern, die ich rief«, zu bestehen versuchen, sich und seinem Gott zu trauen.

Kunst und Material, Kunst und Mensch, Mensch und Material – ein Arbeitsprozess von Freien in Raum und Zeit. Ein Prozess, der in der Seelsorge dort stattfinden kann, wo Menschen einander begegnen und sich auf einen Weg miteinander einlassen, der sie mit allen Sinnen auch in die Materie der Kunst führt. Und in dessen Verlauf beide daraus Impulse erfahren können für überraschende Elemente auf diesem Weg: Einsichten und Herausforderungen, die miteinander bearbeitet werden müssen – und können. Keiner der Partner auf dem Weg hat sie überhaupt oder gar ein für alle Mal bereits bewältigt, niemand befindet sich auf der »sicheren Seite«. Es ist vielmehr ein

---

Wohin mag das führen? In die Kraftsteigerung zur und in die Fülle des Lebens, das in mir ist und das zu entdecken ist. Die Vorhänge des klugen Jan Hoet dienten nicht nur dem Jugendschutz, denn nirgendwo war ausgewiesen, was sich »hinterm Vorhang« befand. Sie waren die Anfrage aus der Kunst an die Menschen, ob diese bereit seien, sich dem eigenen »Loss of Control« zu stellen, mit dem diese Kunst auch Kirche, auch Seelsorge konfrontiert. Mit dem sich Seelsorge zu konfrontieren hat, wenn sie Menschen nicht auf bestimmten Wegstrecken allein lassen will. Sie hat zu fragen, was hinter einem Leben und Werk steckt, das zu diesen »diabolischen Provokationen« in dieser Kunst geführt hat. Welcher Weg, welcher innere Kampf, welche Auseinandersetzung zu diesem Werk geführt hat. Wen oder was dieses Werk herausfordert und wozu.

Kirche kennt den Ausruf »Es ist kein Gott!« als die letzte Provokation zu »Zeig Dich doch endlich!«. Kirche kennt das Flehen, dass »dieser Kelch« nicht getrunken werden müsse. Wer kennt schon Felicien Rops! Solange er hinter dem Vorhang bleibt, nur derjenige, der dahinterzuschauen bereit und in der Lage ist. Der sich traut und dem provozierten Gott zutraut, dass dieser diese Provokation aushalten wird. Die »Vorhänge des Jan Hoet« weisen auf Verdecktes hin. Die merkwürdige Scheu der Kirche, sich an manchen Stellen zu öffnen für sinnvolle kreative Öffnungen, ist ein Jammer. Anders: Beim Holzbildhauer-Symposion der Flensburger Hochschule im Hof Döttgebüll / Niebüll ereignete sich vor einigen Sommern Folgendes: Ein Bildhauer arbeitete vierzehn Tage aus einem über 200-jährigen Eichenstamm überlebensgroß die Figur eines Menschen heraus, der die Arme flehend zum Himmel erhebt. Als er nahezu fertig ist und letzte Feinheiten am Kopf bearbeitet, bricht ihm die vordere Hälfte des Kopfes weg. Ein Hohlraum im Holz, der von außen nicht sichtbar war, gibt eine schrundige Fläche frei. Für den Künstler in diesem Augenblick ein Schock und eine große Frustration, scheint sein Werk doch misslungen. Andererseits aber die Entstehung, das Geschenk einer neuen Einsicht, der es sich zu stellen galt.

offener Prozess, in dem nicht die Seelsorgetheorie das Maß vorgibt, sondern die Wirkung der subjektiven Empfindungen. Empfindungen aller Sinne, mit der in der seelsorglichen Situation aus den Perspektiven der Wahrnehmung aufeinander zugegangen und miteinander fortgeschritten werden kann. Dieses sinnliche Empfinden kann nur im uneingeschränkten Raum stattfinden, der einen hinlänglich weiten Rahmen braucht, wenn es – als Lust oder Last – die Lebenssituation ins Spiel bringen und aufs Spiel setzen will – als Chance. Dieser Rahmen ist zu garantieren als Schutzraum, in dem die Spielregeln der Offenheit gelten. Und dieser ist vom Seelsorger und der ihn freistellenden Kirche zu gewährleisten.

Ob der Prozess in diesem Spielraum gelingt, ob die Kunst als Kunst und darin als Gegenüber tauglich ist, wahrgenommen werden kann und wirkt – auch dies ist nicht vorhersehbar, gar planbar. Es ist möglich, dass das Gelingen an einem bestimmten Augenblick hängt – und kurz davor noch nicht möglich gewesen wäre. Es kann auch schal und leer bleiben. Auch darin zeigt sich der Freiraum, der nicht – man verzeihe mir den Zynismus – per Audioguide vom Seelsorger zum Ziel geführt wird. Seelsorge kann stets auch scheitern – das liegt geradezu im Interesse der Begegnung von Freien. Sie kann aber gelingen, wenn die Chancen weit und offen stehen – im Jargon wieder einmal eines Kirchenliedes, das ich ernst nehmen will.

Ob das geschieht, wird sich zeigen. Im Augenblick einer Einsicht in einen neuen gangbaren Weg direkt. Im Schweigen des Nachsinnens auf einen Impuls, der noch nicht seine Wirkungen offen gezeitigt hat. Im Abstand nach einer Zeit des Reifens, in der eine Ahnung langsam ans Licht des Bewusstseins dringt. Dann ist ganz klar: Es war dieser Augenblick, dieses Foto von Corbijn, dieses Außen-vor-Fühlen vor der CHEF-Aktion von Beuys und das Nachsinnen über dessen Selbstauslieferung im dortigen Prozess. Vielleicht ist manch Postkarten-Kauf in Museumsshops genau diesem Wunsch verbunden, dass die Wirkung eben jenes eben noch original wahrgenommenen Werkes eine Wirkung zeitigen möge, der das Merchandising-Produkt als Helfer im passageren Ritus dienen möge.

Jedenfalls haben mir in SeelsorgeART häufiger Menschen vorgestellt, dass ein Bild, eine Farbe von irgendetwas, eine Konstellation, ein Augenblick auf Kunst und dessen ästhetische Wirkung lange nachwirkt und fortschreitet. Dass sogar die näheren Umstände des Erlebens – Personen im Raum, Umstehende, Kleidung, Temperatur, Parfums etc. – »hautnah« erinnert wurden. Anders: Sinne sind wach! Und das soll in SeelsorgeART genutzt werden. Dass der darin »frei schwebenden Aufmerksamkeit« etwas zugetraut werden darf: rezeptiv wie produzierend. Dass sie in diesem freien Spiel der Freien bzw. zu Befreienden bzw. der Menschen auf dem inneren und äußeren Weg in die Freiheit bzw. der Menschen vor dem Ahnen, dass etwas nicht so bleiben muss wie es derzeit schmerzhaft erlebt wird. Dass der Mensch wahrzunehmen in der Lage ist, was »schön« ist, was trägt. Das kann eine naturschöne veilchenblaue Blüte sein, die der Seelsorger an einer Stelle des Weges imaginiert, um den in dieser Situation empfundenen Halt zu »sichern«, und die er »verschenkt«, weil er die Sehnsucht im anderen ahnt oder sie selbst verspürt, etwas in die Hand zu geben für die Seele. Das können drei Buntstifte in den Grundfarben sein, die einer mitnehmen will, wider das Grau seiner Lebensgrundlage. Das kann ein schrecklich empfundenes altes Ölgemälde eines alten Meisters sein, das – einem Kindergottesdienst-Bildchen aus der Kindheit gleich – einen als ängstigend empfundenen Raum markiert und nun endlich ansehbar ist. Es kann die abstrakte Farbkombination einer Blinky Palermo-Leinwand sein, die urplötzlich eine Weite eröffnet, die es vorher nicht einmal zu träumen gab. Oder einige Engel-Abbilder in einer adventlichen Kirche, in der offenbar etwas »im Kommen« war. Ein Sonnenstrahl auf eine Wachsfläche in einem lediglich auf den ersten Blick »schwarzen« Bild von Hannelore Pichlbauer, der entbirgt: Darunter liegen grün-violette Rechtecke, die erst der zweite Blick entbirgt.[469]

Um diesen offenen Prozess der Begegnungen mit den um die Welt fliegenden Impulsen für die Seelsorge der Kunst in der Freiheit offener Begegnung zu finden, den umfassend ästhetischen Raum zu entdecken, ist etwas von der Bereitschaft eines Joseph Beuys hilfreich, sich mit allen Sinnen auszusetzen – vom Ausfegen eines 1. Mai auf der Straße über die Einlassung auf die Seele eines toten wissenden Tieres bis zur Annahme einer Klaustrophobie in Wärme und Einsamkeit. Das kann der, der sich einlässt auf sein umfassend ästhetisches Menschsein, seine Künstlerschaft, der bereit und fähig ist, dem aus eigenem Erleben heraus erwachsenen nomadischen Prozess zu folgen, der keine Kompromisse mehr akzeptiert z. B. im Definieren professoraler Orte der Kunst und der »adäquaten professoralen Habitus« grundsätzlich befragt (wie Sonderborg!). Mit der Fähigkeit zur Selbstaussetzung in die Welt »harter Brocken«, die womöglich auch materialiter »abfärbt« auf die persönliche Umgänglichkeit mit Mensch und Material – wie bei Rückriem zu er-

[469] Dieser eine zufallende Sonnenstrahl hat einer Frau in einer Trauergruppe befreiende Tränen eingetragen, weil er ihr »Alles ist nur noch schwarz und untröstlich!« vor ihren Augen und in ihrem Herzen hinterleuchtete. Dies war ihr tröstlicher als zuvor viele »tröstliche Worte«. Hier begriff sie, konnte nachschauen und wieder und wieder äußerlich und innerlich verifizieren.

o. T., Hannelore Pichlbauer

kennen. Mit der Bereitschaft und Fähigkeit, die in jedem Menschen vorhanden ist, sich der eigenen Sinnlichkeit zu stellen: bange oder beherzt, auf eigene Faust oder unter zärtlichen Streicheln, achtsam zögernd oder losstürmend aus einem Getriebensein heraus, konkret oder abstrakt. So oder ganz anders, nur echt!

»Schön« ist dann, was sich als Reichtum verschenkt und finden lässt. Feinde des Schönen sind Wissende, besser: Besserwissende. Rechtsanwälte ihres eigenen »guten Geschmacks«, der sich sicherheitshalber des Marken-Bewusstseins bedient, und Advokaten der Zensur des »Marktes Mainstream«, graue Eminenzen der »Objektivität der Mehrheit«, die nicht das Diskursive der Freiheit der Begegnung von Kunst und Material, Kunst und Mensch, Mensch und Material freudig willkommen heißen, sondern eine der Wahrheiten bezeugend darstellen, die sie so grau gemacht haben. Die »grauen Herren«, die ihre Philosophie oder Theologie oder Seelsorge-Lehre in anvertrauten Menschen fortschreiben statt sich an der Sinnenkraft dieser Menschen zu orientieren. Übrigens auch der selbstzerstörerischen Sinneskräfte, mit denen Künstler und Kunsttherapeuten in psychiatrischen Einrichtungen erfolgreich, weil nah an den Gefühlen der Menschen, arbeiten.

In diesem Sinne erscheint mir das Richter'sche West-Fenster im Kölner Dom allein ob seiner vielfältigen und wirksamen Buntheit erfüllt von einer tiefen Vision für den Ort, dem es seine Farben schenkt. Und die schmale Bleistiftlinie des HIV-positiven alten Mannes mit einem scheinbar so leichten Schwung auf einem leeren Blatt, der ihn seine ganze Kraft kostete. Es zauberte ihm ein Lächeln ins Gesicht und die Frage an mich – völlig ohne jeglichen Gesprächszusammenhang: »Ja, meinen sie denn auch?«. Ich nickte! Ja, ich meinte auch, was er sah: Eine gelungene Kalligraphie des Augenblicks lag zwischen uns, ein Kunstwerk. Die Übung war ihm gelungen und sein Lohn war die »Kraft im Jetzt«, die sich in seiner Erschöpfung und in seinem Lächeln Raum nahm. Es war die Linie, die ihm die Seele stärkte!

Es ist alles im Spiel im Lebensraum – in der Kunst wie in der Seelsorge in der Kirche der Freiheit, die die Impulse der Kunst wahrnimmt und wertschätzt. »Methode der Freiheit« als Methode der Kunst und als Methode der Seelsorge – einzig darin liegt die Chance zur umfassenden Begegnung von Freien. Ob »freier Christenmensch« oder suchender interessierter »Randständiger« an den so aufregenden Rändern der Bilder Rothkos: Wo Spuren sichtbar sind, der Zugang zum Zentrum sich verlangsamt – dadurch intensiviert –, aber ergebnisoffen wahrgenommen werden kann und daraus die Chance bekommt, nachhaltig zu wirken, da ist ästhetischer Raum. Es steht alles auf dem Spiel für Menschen im Raum der Freiheit vor der Kunst in diesem Lebensraum. Es ist alles zu verlieren und alles zu gewinnen in der Begegnung aller Räume mit allen Sinnen. Es ist einzig zu ergreifen, was zufliegt: Freiheit, die ich meine …! »Weites Feld!« (Effi Briest), das tröstet (Luther). Feld, das bestellt werden kann.

Selbst im Raum der Kirche, der manchem Zeitgenossen als nicht mehr hinlänglich offen erscheint und zugänglich, um die »Heiligkeit des Raumes«[470] zu erfahren und dort Gottesdienst mitzufeiern. »Die Kirchen-Gemeinde« hat sich von manchen Menschen, die in der Seelsorge in Krankenhäusern und in Spezialaufgaben Aufmerksamkeit bekommen und in SeelsorgeART bekamen, entfernt (dass dies zuweilen einhergeht mit einer Isolierung der Seelsorgerinnen und Seelsorger für diese Bereiche in der Kirche ist ein weiteres Thema): Verwaiste Eltern, Schwerbehinderte, Menschen, denen der Zugang zur Gemeinde nicht mehr möglich ist, die ihren Glauben verloren haben oder zweifeln oder in Biografie-Havarien stecken, Junkies und Substituierte, HIV-Positive und AIDS-Kranke, »Outcasts«[471]. Es

---

470 Vgl. Klaus Raschzok, »… an keine Stätte noch Zeit aus Not gebunden« (Martin Luther). Zur Frage des heiligen Raumes nach lutherischem Verständnis, in: Sigrid Glockzien-Bever, Horst Schwebel (Hg.), Kirchen-Raum-Pädagogik, Münster 2002, S. 99f.

471 Dies bedarf im wörtlichen Sinn: Menschen, die »out« sind und Menschen, die sie »outCASTEN«; beides braucht Umstände, die dies ermöglichen und auf Dauer stellen!

geht mir nicht um »Gottesdienste im ›Schweinestall‹ (Luther im ›Sermon von den guten Werken‹, 1520) oder Kirchraum«,[472] sondern um den heiligen Raum um Menschen auf Intensivstationen oder in der »Unterkunft« oder im »Lighthouse« oder an »Hecken und Zäunen« oder wo immer sie »zu anders« oder »zu bunt« oder »zu zweifelnd« sind. Diese Orte gleichen zuweilen allerdings dem von Luther beschriebenen Ort, was aber eher an unserem Umgehen mit den Menschen dort liegt, nicht an ihnen selbst. Zuweilen sind diese Orte auch das genaue Gegenteil von diesen, nämlich prächtige Villen. – Es ist eine Frage an den Raum des Gottes, der »auch im Dunkel wohnet« und dem die Glorifizierung eines Augenblicks möglich ist, in dessen Auftrag wir seinen Segen weitertragen.

Seelsorge als Methode der Freiheit in der Kirche der Freiheit, als die ich sie sehe, hat sich stets weiter an Orte zu begeben, die im Mainstream gesamtkirchlichen Denkens nicht mehr die klassischen sind, also außerhalb der »Kerngemeinde« liegen, in denen aber trotz Einsparungsnotwendigkeiten und Stellenabbaus weiter Menschen eher kräftiger nach dem Evangelium fragen und die Übersetzung des »… und du sollst auch leben!« in ihrem Lebensalltag suchen. Dies erfuhr ich in SeelsorgeART, wo ich mich mit Menschen auf Wege und in Räume begab, die diese im »Frei-Zweck-Raum« der Kunst erfuhren, aktiv gestaltend oder aktiv rezeptiv wahrnahmen und sich darin begegneten. Dies habe ich als Kraft und als Würde der Methode erlebt, mit Menschen ihren Weg zu gehen in der Gewissheit: »Ihr sollt in Freuden ausziehen. Und mit Frieden zieht ihr euren Weg!« (Jesaja 55, 12a). Weil die Orientierung an den Menschen die Voraussetzung blieb.

---

472 A. a. O, S. 100.

Im Folgenden beschreibe ich und werte ich ein dreijähriges Praxisprojekt innerhalb des Stadtkirchenverbandes Hannover aus, in dem ich zwischen 2003 und 2006 die Möglichkeit hatte, eigenständig und durch regelmäßige Controlling-Gespräche mit einem Superintendenten verbunden, Seelsorge = seelsorgliche und ART = Kunst und kunsttherapeutische Ansätze als Pastor miteinander in praktischer Arbeit zu verbinden. Dieses Projekt war zeitlich befristet und begann nach Jahren der Beauftragung mit der Seelsorge an kranken und sterbenden Kindern, ihren Angehörigen und den Krankenhausmitarbeitenden, der Weiterbildung zum Analytischen Kunsttherapeuten und freier Mitarbeit in einer Beratungsstelle für Ehe-, Jugend- und Lebensberatung. Die Ortlosigkeit bewirkte das Findenmüssen von Orten der Begegnung und stellte sich innerhalb des Projekts zunehmend als Chance heraus, Verortung aktiv zu gestalten und selbstbestimmt zu inszenieren. Das Fehlen eines Etats bewirkte eine Befruchtung alter und neuer Verbindungen zu Menschen im Umfeld von Kunst. Das Projekt war preiswert.

4 Das Praxisprojekt: SeelsorgeART

4.1 Einleitung

Das Praxisprojekt SeelsorgeART schloss für mich inhaltlich, zeitlich und logisch an meine Beauftragung zur Seelsorge im Kinderkrankenhaus auf der Bult in Hannover (1988–2002) an. Meinem Seelsorgeverständnis[473] gemäß und mit der mir angeeigneten Expertise konnte ich darin die seelsorgliche Arbeit mit Menschen in besonderen Strukturen und Herausforderungen fortsetzen. Wobei es mir wichtig war, jenen Bereich der Arbeit zu verlassen, in dem ich konkret und schwerpunktmäßig mit dem Sterben und Tod von Kindern und der akuten Begleitung von Angehörigen darin betraut war. Die Anzahl der »Kurzfilme mit den Namen verstorbener Kinder« in meiner Seele war für mich mehr als genug.

Im Kinderkrankenhaus war ich vor allem Krankenschwestern, Ärztinnen und Ärzten, Personal, Eltern, Angehörigen und kranken Kindern begegnet, die qua Altersstruktur, Sozialfaktoren etc. größtenteils nicht (mehr) einer Kirche angehörten, die das Angebot der Kirchen nicht in Anspruch nahmen und dieser Institution kritisch gegenüberstanden. Menschen, die eher irritiert und anfangs skeptisch reagierten auf 1. den Mann (Was in diesem Bereich der

[473] Seelsorge ist für mich (vgl. Anm. 42; Morgenthaler), dem biblischen Auftrag des »Gehet hin in alle Welt und überzeugt die Menschen von meiner Sache!« (Matthäus 28,19) gemäß, das Angebot zur Weggemeinschaft in krisenhaften Sitautionen. In hinlänglicher Nähe und mit notwendiger Distanz zum Menschen mit dem Ziel, ihn aus angstmachenden, einengenden Bezügen in mehr Freiheit zu begleiten, damit er wieder neu und mehr Zutrauen in seine Lebensperspektive gewinnt. Wesentlich dabei ist für mich: Es ist nicht mein Weg, sondern ich gehe einen Weg mit, solange ich dies kann, soweit ich den Segen dazu spüre. Und dies mit den Möglichkeiten und Sinnen, die ich derzeit zur Verfügung und frei habe.

Seelsorge noch immer etwas »besonderes« ist!) und 2. den Vertreter der Institution Kirche in diesem Bereich des Krankenhauses, der sich ihnen in der Situation von bedrohtem Leben ihrer bzw. der ihnen anvertrauten Kinder, deren schwerer Erkrankung, infauster Diagnose nach Unfällen oder perinatal vor- und zur Seite stellte.

Die Frage »Und warum lässt Gott das zu?«, gerade unter diesen Voraussetzungen, war hier ebenso unverständlich (Wieso kommt hier Gott »dann doch« in den Sinn?) wie gut nachvollziehbar (»Gott, zeig dich doch, wenn es dich gibt!« – »Gott ist nicht!« als Schrei nach Gott!). Ich habe hier sehen gelernt, dass »Menschen an Hecken und Zäunen«, die vorher wenig nach Grundlagen ihres Lebens und Glaubens fragten, an existenziellen (Zusammen-)Bruchstellen sehr wohl religiöse Fragen haben, denen die Krankenhausseelsorge der Kirchen vor Ort zu begegnen hat und dies tut. Und dass mir dennoch in dieser Arbeit immer wieder Situationen begegnet sind, in denen »das Wort« dem Begegnen mit schier überwältigender Betroffenheit, übermächtigen Gefühlen und grundnehmenden Verlustängsten nicht förderlich bis sogar hinderlich war. Das Wort allein war dieser Herausforderung nicht gewachsen, nicht als gesprochenes Menschenwort. »Da fehlen einem die Worte!«, »Was soll man da sagen!« sind durchaus realitätsnahe Einschätzungen wie »Ich habe da keine Worte. Darum schweige ich!« Auch das tatsächliche Weglaufen vor dennoch gesprochenen Worten durch »Betroffene«, vor »falschen Worten zur falschen Zeit« bis hin zum flehentlichen Anschreien, dass Menschen doch aufhören möchten zu reden, habe ich erlebt. Beide – »mit ihren Worten Gutmeinende« wie von diesen »Getroffene« – blieben trostlos zurück. Da ging es der Krankenschwester und ihrem Gegenüber wesentlich besser, die mir erzählte: »Wissen sie, als ich die Mutter aus dem Zimmer kommen sah, wo ihr Kind gerade gestorben war, konnte ich ihr überhaupt nichts sagen. Wir haben uns bloß in den Arm genommen!«. »Bloß!«

Die Umarmung einer Mutter entsinne ich bis heute: Bei ihrer Tochter hatten die Ärzte nach bislang stets erfolgreichen Versuchen die aufbrechenden inneren Blutungen zu stillen, dies nun plötzlich nicht mehr geschafft. Ihr Mann, der tage- und nächtelang an ihrer Seite gewesen war, hatte kurz nach Hause fahren müssen, als der Tod eintrat. Die Umarmungen und die leisen Worte dieser Frau an meiner Schulter galten nicht mir. Ich war nur da – und sie brauchte »eine Schulter«, die ihr standhielt! Dass die katholische Beerdigung dieser Tochter Tage später an der Seite eines katholischen Ordenspriesters in einer katholischen Ruhrgebietskirche meine erste war, in der ich in der Totenmesse in beiderlei Gestalt kommunizierte, die Predigt hielt und anschließend die Bestattung vornahm, der katholische Pfarrer mich fuhr und begleitete, erwähne ich am Rande. Kollegialer Respekt kann sich unterschiedlich äußern; den meinen hatte dieser Kollege allemal!

Mit Kindern war mir oft der Weg »über das Malen« gangbarer, um anzuknüpfen an eine Realität, die bedroht oder gar verloren war. Ich habe auch das Schweigen mit Kindern erfahren, aber dies Schweigen drängte[474] mit ihnen bald an seine Grenzen, wollte aufgelöst, gelöst werden. Bei diesem »Lösen« konnte ich mit Hilfe kreativer Medien behilflich sein. Den besonderen Aspekt der Sprachgrenzen erlebte ich in der Zeit der »Wiedervereinigung« der beiden deutschen Staaten, als ich auf Patientinnen und deren Angehörige traf, die »eigentlich« die gleiche Sprache sprachen wie ich, deren Wörter oft aber eine ganz andere Bedeutung in ihrem anderen Bildhintergrund und in ihrem Bedeutungsgehalt besaßen als dieselben Wörter bei mir. Hier war »Deutsch« vordergründig ein verbindendes Element, doch vor Fragen um Leben und Tod oft das Gegenteil.

Die Brücke für mich aus dieser Arbeit zu SeelsorgeART will ich an deren Anfang und Zielpunkt durch zwei Beispiele dokumentieren. Ein Zufall, dass beide Male ein »Tim«[475] dafür steht.

> So werde ich nie die Begleitung von Tim (15) vergessen, der als einer der ersten Patienten im seinerzeit gerade eröffneten ersten Kinderhospiz in Olpe an einem gutartigen Tumor starb. Er kam mit seiner Mutter aus den jungen Bundesländern, ich lernte ihn im Krankenhaus kennen, als er noch sprechen konnte. Mit »Pastor« konnte er gar nichts anfangen, suchte aber gerade einen Pokerpartner gegen sein Langeweile auf der Station. Seine alleinerziehende Mutter war »überhaupt nicht gläubig«, ließ aber meinen Kontakt zu ihrem Sohn zu. Sie hatte sich vorab bei der Stationsschwester ausgiebig nach mir erkundigt und war wohl froh, nicht allein für den Zeitvertreib ihres Sohnes sorgen zu müssen. Ich besuchte Tim regelmäßig, er bestimmte »die Karten«. Wir fanden zueinander »und gingen los«. Er erzählte von seinem großen Traum, Pilot zu werden, wenn er wieder gesund war und »dieser blöde Tumor« verschwunden sei. Selbst würde er später in sein Traumland Alaska fliegen, vorher aber seine Mutter noch in die Karibik bringen: Ihr wäre »Alaska zu kalt«, hätte sie geäußert. Über die Pilotenausbildung war er bestens informiert, schulisch hatte er sich darauf eingestellt. – Als sich sein Gesundheitszustand zunehmend ver-

---

474 Außer in pathologisch definierten Situationen, die dann eher die Kolleginnen in der Psychiatrie betreuten.

475 Diesen wie alle weiteren Namen habe ich verändert.

schlechterte, suchte auch seine Mutter das Gespräch mit mir: Die »Atheistin« begegnete der Seelsorge, die einander in der Sprache des/der anderen zu alphabetisieren begannen. Was auf dem Weg in Grenzbereiche des Lebens, Wahrhaben-Wollens und -Könnens immer schwieriger und nötiger wurde. Mutter und Sohn erfuhren nichts aus meinen jeweiligen Gesprächen mit dem anderen. – Wenige Wochen später konnte Tim nur noch einzelne Worte sprechen und sein Bewegungsspielraum beschränkte sich auf das Bett, in dem er nahezu festlag. Bei einem Besuch zeigte er auf meinen Zeichenblock und Stifte, die ich dabei hatte. Er malte dann mit großer Anstrengung ein Haus. Ohne Dach, ohne Tür, ohne Schornstein. Ein sandfarbenes leeres Feld, das eine Rinne, ein »Bach« (wie er dazuschrieb!), durchzog, ohne Wasser. Über allem eine grellgelbe, gleißende Sonne ohne Strahlen, in die ein Flugzeug steuerte. Mühsam sagte er mir dazu: »Für Mama. Später. Gib ihr das. Bitte.« – Es war sein »Testament«. Und wir wussten es beide. – Mit der Mutter besuchte ich vorab das Kinderhospiz, in das Tim verlegt werden sollte, weil im Krankenhaus nichts mehr für ihn getan werden konnte, die leitenden Ärzte aber von den Errungenschaften des Hospizes zu überzeugen waren. Vor dem Hospiz hatte die Mutter zunächst große Angst, sollte es doch der Ort für die letzte Wegstrecke ihres Sohnes sein, er dort Raum finden, zu sterben. Ein irrer Gedanke, schien ihr. Als sie dann das Hospiz kennenlernte, weinte sie vor Freude, dass ihr Sohn dorthin dürfe. – Tim kam nach Olpe. Er lebte dort »herrliche Tage« (so seine Mutter) und starb im dortigen »Snoezelen«-Raum in einem Moment, als seine Mutter auf einem Spaziergang mit einer anderen Mutter war, nachdem sie mit Tim noch im warmen Wasser gebadet hatte. Mein erster Gedanke: So sehr liebte er sie wohl, dass er ihr sein Sterben nicht antun wollte. – Natürlich sollte ich ihn beerdigen, weil ich »ihm doch täglich zur Seite gestanden hatte im Krankenhaus. Und mir auch!«. Die Mutter wünschte sich auf mein Befragen als »Text für diese Rede« Reinhard Mays Lied »Über den Wolken«. Aber bitte »ohne Gott und sowas«. So predigte ich eine Assemblage aus »... muss die Freiheit wohl grenzenlos sein« und »Ein Bild von Tim«, das ich inzwischen in einen Rahmen getan hatte. Der katholische Diakon aus Olpe spielte wunderschön auf seiner Gitarre Reinhard May – und niemand sang, weil uns allen die Zunge am Gaumen klebte. Wir standen lange vor dem Bild, vor dem Sarg mit Tim – den wir dann in die Erde legten.

Mich hat das Erstellen dieser Predigt wie die Wegbegleitung von Mutter und Sohn »in einer ganz anderen Sprache« angestrengt und fasziniert: Ohne Gott von Gott zu reden und sich in seiner Nähe wissen, das ist geschichtlich nicht neu. Für mich war es ein Segen.

> Tim ist auch der Name eines Juristen, der mit seiner damaligen Partnerin perinatal seinen Sohn verlor. Gemeinsam hatten sie bereits einen 7-jährigen Sohn. Die Beziehung des Paares war bereits brüchig und fiel durch den Verlust dieses Kindes gänzlich auseinander. Da beide sehr impulsiv waren, erlebte ich in den Gesprächen vor der Beerdigung grauenhafte und laute Szenen, in denen sie sich verbal tief und treffsicher verletzten: Jurist und Therapeutin. Zuweilen brauchte es längere Zeit, bis beide sich dann wieder »am Gesprächstisch« zurückfanden. Nach der Feier, in der beide sehr liebevoll miteinander und ihrem gemeinsamen Sohn umgingen, brach unser Kontakt zunächst ab. Als ich innerhalb von SeelsorgeART die Einladung zu einer »Trauergruppe für verwaiste Väter« aus dem vergangenen Jahr verschickte, meldete Tim sich umgehend »verbindlich« an.
>
> Bei einem Treffen der Trauergruppe für verwaiste Väter im Gruppenraum einer Beratungsstelle hatte Tim mit Fingerfarben auf großem Karton auf dem Boden eine Landschaft mit mehreren Vulkanen gemalt. Er weinte, als ich mich neben ihn setzte. Seine Tränen fielen in den Krater eines Vulkans. Fingerfarben haben die Eigenschaft, dass sie beim Auftragen glänzen, aber sehr schnell beim Trocknen stumpf werden, »verblassen«. – »Wissen Sie, weshalb ich zu Ihnen komme?« fragte mich Tim. »Weil ich über alles reden kann!«

Im Bedenken verstand ich: Als Jurist hatte er natürlich die Fähigkeit, »alles« in Worte zu fassen, zu verwörtern. Das kann er. Durch die Tränen, die in den Vulkankrater fielen und ihn feucht hielten, glänzend, frisch, hatte er merken dürfen, was ihm im Malen deutlich geworden war, wovor er Angst hatte: Dass die Erinnerung an seinen gestorbenen Sohn verblassen könne.

4.2 Angebote von SeelsorgeART

Die Angebote von SeelsorgeART veröffentlichte ich über Flyer, die ich in Kirchen, in Arztpraxen, in Apotheken, in Kindergärten, in Freizeitheimen, Geschäften etc. auslegte, durch Plakate und Handzettel, die gezielt für »Abende mit Zeit und Raum und Muße und zeitgenössischer Kunst« zu speziellen Themen in der Kapelle des Annastiftes in Hannover-Kleefeld warben oder zu Workshops in Räumen einer Kirchengemeinde einluden, auf die Fotoausstellung und Workshops zu »Trotz' dem Augenblick« hinwiesen. Auch sprach ich gezielt Menschen auf die Angebote an, so z. B. Männer aus verschiedenen Bereichen meiner Arbeit für eine Männergruppe, verwaiste Väter für eine kreative Trauergruppe, verwaiste Eltern für eine Trauergruppe.

Im laufenden Projekt selbst wurde ich u. a. angefragt für Workshops in Kindertagesstätten für Erzieherinnen, für die inhaltliche Gestaltung von »Frauen-Übernachtungen«, »Burn-out«-Seminare für Leitungsteams, »Kreativ-Nächte« zu bestimmten Themen, Taufgespräche für Erwachsene.

Innerhalb des Projektes führte ich weiter »Kreativ-Seminare« mit an Spina-bifida und/oder Hydrocephalus erkrankten Erwachsenen durch und »Kreativ-Wochen« mit Zivildienstleistenden auf Spiekeroog in Zusammenarbeit mit dem Beauftragten der Landeskirche.

4.2.1 Der Flyer

Für den Flyer von SeelsorgeART wählte ich als abstraktes Logo auf der Frontseite die Verbindung der Messpunkte der unregelmäßigen Spiralbahn (»Chandler-Zyklus«) der Bewegung des Nordpols, also das messbare »Ausschlagen der Erdachse«, das »Unrunde« eben dieser. Idee: »Wenn die Welt ins Schlingern gerät …« – im Großen oder im Kleinen. Weil ich in der Begleitung von Eltern im Kinderkrankenhaus eben dies erlebt hatte, dass Eltern nach dem Tod ihres Kindes äußerten: »Eigentlich müsste die Welt aufhören sich zu drehen. Und das Erschreckende ist: Sie tut es nicht!«[476]

Für die Buchstaben ART in SeelsorgeART wählte ich die Grundfarben von je Blau, Gelb und Rot, auf die sich alle Farben rückführen lassen.[477] Darunter stand: Wege mit Menschen in Krisen und kreative RAUMerWEITErungen. Damit machte ich deutlich, dass Weite und Raum in diesem Projekt »großgeschrieben« würden und auf kreative Weise errungen werden sollten und könnten, Zusage und Anspruch zugleich.

Der Text innen: »SeelsorgeART ist das Angebot seelsorglicher Weggemeinschaft für Menschen in Krisen, das kreative Zugänge nutzt, um die RÄUME des Lebens neu zu weiten und die WEITE des Lebens wieder zu entdecken.

---

[476] So formulierte es der amerikanische Kinderkrankenhaus-Seelsorger und Trauerforscher Prof. Tom Attig in der Supervision für uns Kolleginnen und Kollegen im nortddeutschen Raum: »To relearn the world!« sei die Aufgabe der Verwaisten und »loving in separation, in absence« die schwierigste Liebe, die es gäbe.

[477] Farbstifte in diesen Farben hielt ich stets vor, weil ich in dieser Zeit oft von Menschen danach gefragt wurde, die weiter damit arbeiten wollten.

SeelsorgeART arbeitet mit Einzelnen, Paaren und Gruppen, in Workshops, Seminaren und Kreativ-Abenden zu thematischen Schwerpunkten.

SeelsorgeART fragt nach RAUM und WEITE bei Brüchen in der Lebensgestaltung und Havarien in der Biographie, bei Verlusten von Lebenszielen und Menschen, bei der Sinnsuche, beim Hoffen auf Wege durch die Angst und beim Finden von neuen Glaubensperspektiven etc.

SeelsorgeART tut dies im angeleiteten Zugehen auf Werke zeitgenössischer Kunst, im Gespräch, im Einlassen auf entstehende innere Bilder und im kreativen Gestalten.

SeelsorgeART wird von einem Pastoren angeboten, der seit 1988 in der Seelsorge im Kinderkrankenhaus Kinder, deren Familien sowie Mitarbeiterinnen und Mitarbeiter begleitet hat, und zugleich Kunsttherapeut ist, der mit Einzelnen, Paaren und Gruppen in und an existentiellen Krisen arbeitet, und der für sich selbst Kreativität und die Begegnung mit Werken zeitgenössischer Kunst als Chance erlebt.

SeelsorgeART ist eine befristete Beauftragung und ein Angebot des Ev.-luth. Stadtkirchenverbandes Hannover an Menschen, die dies für sich nutzen.

SeelsorgeART arbeitet an verschiedenen Orten, in Kirchen und Kapellen ebenso wie in Museen und Galerien, in Gemeinde- und in Privaträumen, draußen.

… und was kostet SeelsorgeART? Einen Anruf, ein Fax, eine E-Mail, eine Fahrkarte.«

Angegeben waren dann: Name und Anschrift, Erreichbarkeitsdaten.

Die Rückseite: »Kunst macht sichtbar. (Paul Klee) Besonders in Zeiten, in denen wir über fast alles reden können!«

4.2.2 Einzelgespräche

Da für dieses Projekt kein kirchlicher Raum zur Verfügung gestellt werden konnte, fanden die Einzelgespräche im Dienstzimmer meiner Pfarrdienstwohnung statt, das hierfür umgestaltet wurde. So gewährleistete das Setting einen separaten Zugang, schallgeschützte Türen und Störungsfreiheit, Extra-Zugang zu sanitären Anlagen der Dienstwohnung.

Auf einem transparenten Tisch (Eiermann-Schreibtisch) lagen verschiedene Malblöcke und Stifte, an den Wänden und in Regalen standen diverse Objekte, Skulpturen, Assemblagen, Bilder, Materialsammlungen (Erden, Pollen, Wolle, Hölzer, Steine, Samen).

Anmeldungen erfolgten sehr schnell nach dem Auslegen des Flyers. Der Bedarf schien groß zu sein. Das Angebot wurde gut angenommen.

Für Einzelgespräche gab ich den Zeitraum von einer Zeitstunde vor.

Erstaunlich war für mich, dass sich die Menschen im Erstkontakt nach der Anmeldung allenfalls durch die Vielzahl von Bildern und Skulpturen in meinem Arbeitszimmer ansprechen ließen, es aber wenig beachtenswert und überraschend fanden, dass es SeelsorgeART gab und dies im Bereich von thematisierter Kunst und seelsorglichem Gespräch stattfand. Als wäre es ganz selbstverständlich. Dies bestärkte mich in meinem Angebot für diese Menschen im Unterwegssein mit ihnen zu und mit Form und Farbe.

Wenn gemalt wurde, entschieden die Klienten über die Materialauswahl und ob ich bei diesem sehr intimen Prozess zusehen durfte oder mich abseits setzen sollte. Wollten sie sich auf Dinge im Raum beziehen, so konnten sie dies frei tun. In späteren Sitzungen setzte ich dann auch selbst künstlerische Impulse, indem ich bestimmte Bilder oder Objekte in die Kommunikation einbrachte. Entstandene Bilder blieben bis zum Ende des gemeinsamen Weges bei mir unter Verschluss und wurden bei der Verabschiedung den Klienten als ihr Eigentum ausgehändigt.[478]

Nach meiner kurzen Vorstellung äußerte ich den standardisierten Satz: »Ich habe jetzt heute eine Stunde Zeit für Sie. – Mögen Sie sagen, weshalb Sie hier sind?« Die Bandbreite der darauf folgenden Antworten war weit. Manche Klienten fingen mit Berichten an über ihre jeweilige Lebenssituation. Ich erinnere mich an mehrere Situationen, in denen Menschen in diesem Moment »einfach« anfingen zu weinen. Eine Frau wiederholte meine Worte leise: »Zeit – für – Sie! Dass mir das einmal so wichtig sein würde … das habe ich so lange nicht gehört. Zeit für mich.« Dann lächelte sie, schien in Gedanken weit weg und ganz nah und kam gerade an – bei sich. Eine andere Frau sah mich lange unverwandt an, senkte dann den Blick und sagte: »Danke für diesen Augenblick – dass das möglich ist!«

»Dass es das hier gibt!«, war eine häufige Äußerung in den Anfangssituationen. Ich wurde gefragt, ob sie »einfach malen« dürften. Manche Klienten griffen auch einfach zu den ausliegenden Materialien. Im Malen gab es dann zuweilen die dies unterbrechende Erinnerung an die Äußerungen des ehemaligen Kunstlehrers: Dass man ja eigentlich nicht malen könne … Und dennoch trugen Menschen ihre Farben und Formen weiter auf eckige, runde, ausgerissene Blätter, Kartons, Platten, Kugeln, was es eben gab. Ein mich stets tief berührender Augenblick: Menschen, die sich einfach malerisch ausdrücken, und ich darf dabei sein. Das angebotene Material wurde angenommen, angefasst, begutachtet, getestet, genutzt, um anzukommen. Übergangsobjekte, die eine große Nähe schufen zu den eigenen zurückliegenden inneren

[478] Hier übernahm ich das Setting aus der Kunsttherapie.

Bildern, die es auszuhalten galt, und dem Jetzt. Zumal sich die Bedeutung der Zeichen und Inszenierungen den Klienten und mir oft erst im Prozess erschloss. Das Thema drang nach außen, war aber noch nicht sichtbar, obwohl es vor Augen stand. Das Thema war aber dokumentiert und konnte später wieder angeschaut werden.

Wie konnte ich mir sicher sein, dass ich den Weg dieser Menschen mitgehen konnte? Erfolgte doch keine Anamnese vor Beginn des Weges: Ich wusste nur eine Telefonnummer (für eventuelle Absagen) und hatte nur den Menschen vor mir. Vermutlich war es letztlich die Stärke des Materials, die Kraft der Kunstwerke, die ich in meiner Nähe weiß, das Vertrauen in den Weg mit diesen und den Klienten, darin nicht allein ausgesetzt zu sein, sondern Kräfte zur Seite zu haben, die wirksam sind, die mich ermutigen. Und die Gewissheit, dass über diesem Weg die Zusage der Verheißung des lebendigen Gottes steht, auf die ich mich verlassen kann. Beides, die Nähe zum Material der Kunst und die Gottesbeziehung.

Es war auffällig im Vergleich zu meiner seelsorglichen Arbeit z. B. im Krankenhaus, dass und wie die Menschen hier selbstverständlich auf ihr eigenes kreatives Gestalten zugingen und dieses Medium nutzten. In der Krankenhausseelsorge hatte ich dies bei Kindern erlebt in ihrer Unbefangenheit, die sich in der Fläche manifestierte. Mir schien auch bei den Erwachsenen das Material, die Erinnerung an einst spielerisch zur Verfügung stehende Möglichkeiten eine Anknüpfung an eben diese kindlichen Ressourcen und Prozesse, die noch wieder zur Verfügung standen. Früh verloren gegangene Fähigkeiten und Möglichkeiten lagen plötzlich einfach »auf dem Tisch« und vor Augen, waren zur Hand, wurden von der Seele genutzt, durften und konnten aufgenommen werden – erstaunlicherweise nach oft langer Zeit der Abstinenz. »Verdammt lang her, dass ich en Bild jemalt han«, singt Klaus Nydecken von der Kölsch-Rock-Gruppe BAP, einer, der selbst um den Weg eigener künstlerischer Betätigung weiß und im Interview äußert, dass er diese sogar stärker brauche als seine Musik. Ohne Auftrag, ohne Reglementierung, ohne »Zensur«, spielerisch sich dem Material, den Gedanken, den inneren Bildern, der Lebenssituation, den Träumen, dem Sehnen stellen: »Nur malen!«, und doch dies schon einmal aus sich herausbringen, hervorbringen, was an inneren Bildern und Impulsen da ist. Das erlebte ich mit den Menschen in diesen Situationen als viel und reich.

Und ich bin der tiefen Überzeugung, dass Jesus, als er vor der Ehebrecherin mit dem Finger im Sand malt (!), dorthin schreibt: »Du darfst leben!«.

Vom ersten Augenblick (!) an geschah hier viel mehr als in einem Wortwechsel, als im Sagen und Hören. Wir waren schneller und weiter – Zeit und

Raum – und in viel größerer Bildhaftigkeit, also »Mehrdeutigkeit« (Buber) und Vielschichtigkeit der Kommunikation am jeweiligen Lebensthema. Wir waren im Bild, ohne schon »im Bild« zu sein voneinander und voreinander. Aber die Bereitschaft und die Gegebenheit waren da. So dass Klees Satz »Kunst macht sichtbar!« mir beinahe unheimlich wurde, weil das Unbekannte sichtbar wurde, ohne schon sichtbar zu sein. Denn Blau ist nicht kalt und Rot nicht gleich Liebe! Künstlerische Ansätze in ihrer ganzen Vielfalt – auch der Qualität – bilden eine tragkräftige Brücke und erschließen noch ungeahnte Bereiche. Wir sprachen und hörten und sahen und spürten die Temperatur eines Bildes, rochen sein Parfüm, ahnten die Weltregion. Was nicht zu verwechseln ist mit einer leichtfertigen Haltung des Hinschauens und Äußerns: »Ach, ich weiß schon!« Nichts wusste ich. Nichts konnte ich sehen. Außer Farben und Formen und Gesten, die ich kannte von mir. Oder auch nicht. Was diese jeweilige bildhafte Darstellung für mein Gegenüber meinte, bedeutete, das konnte ich allenfalls ahnen. Mich aber darin auch gut täuschen. Wir waren im Bild. Aber ich noch längst nicht. Vielleicht auch der Klient (noch) nicht. Dennoch war etwas geäußert, war sichtbar, konnte wieder vorgelegt werden, war dokumentiert. Hatte dadurch Dauer und konnte Wochen später neu angegangen werden. Was im klassischen seelsorglichen Gespräch manchmal zu einer Verunsicherung führt – »Was habe ich bloß alles erzählt!« – ist hier später konkret anschaubar. Wenn auch in einer dann anderen Situation, was aber auch seine Bedeutung besitzt. Ich war »in Rufweite«. Wenn mir mein Gegenüber von einer gerade gemachten erstaunlichen Erfahrung oder Einsicht im Malprozess berichten wollte, dann entstand manchmal eine schier betörende Vertrautheit. Dann durfte ich in etwas mit hineinsehen, was gerade entdeckt wurde. Oft blieb es auch still – außer den Malgeräuschen. Und diese Momente waren nicht weniger beredt, ereignete sich doch ganz viel auf dem Blatt. Auch wenn nichts geschah, geschah etwas: Ein Mensch war bei sich, fand Zeit und Raum für sich und dokumentierte sich. Und war nicht allein.

Ich spürte sehr wohl, dass ich auch bei den Kirchenfernsten als »Mann der Kirche« einen Vorschuss an Vertrauen erhielt, eine Übertragung von ihnen verborgenem alten Wissen: Sie waren zum Seelsorger gekommen, nicht zum Therapeuten![479] Zum Seelsorger kamen sie, nicht »zur Kirche«, unterschieden zwischen dem Vertreter der Institution und der Institution selbst. In manchen Kontakten kam diese Unterscheidung später zur Sprache: Menschen waren nicht auf die Idee gekommen, dorthin zu gehen, weil sie dort

[479] Da ich zur selben Zeit in einer Beratungsstelle auch als Psychoanalytischer Kunsttherapeut tätig war, war mir dieser Unterschied stets bewusst!

»eine Erwartung erwarteten«, wie es eine Frau formulierte, »der sie nicht mehr genügen könne und wolle«. Sie hätte die »Weite« angesprochen. Gerade in den Anfangssituationen spürte ich bei Menschen oft ein Moment der Erleichterung, dass ich ihnen persönlich entgegenkam; dass ich – selbstverständlich – nicht fragte, warum sie denn nicht in ihre Kirchengemeinde gegangen waren; dass dieser seelsorgliche Kontakt »so persönlich« möglich war und sich auf die Begegnung »reduzierte«; dass die Kunst eine Brücke war zum Thema ihres Fragens und Suchens. Dass dieses für mich »missionarische Angebot des freien Dialogs«, dem die Farben, die Formen Gestalt und Raum gaben, so einfach zugänglich war. Es war einfach, denn es kam zustande. Es hat nicht eine einzige Situation gegeben, in der der Weg einseitig von Klienten abgebrochen worden wäre. Allerdings wurde dieser Vorschuss auch in jedem Augenblick des Weges gewogen, das spürte ich: Bist du wirklich so oder tust du nur so? In späteren Rückmeldungen erfuhr ich von dieser Ungewissheit, letztlich der Frage nach dem Vertrauen, das wachsen muss. An dieses Vertrauen fühlte ich mich gebunden. Ich erfuhr auch von Gründen, die Menschen abgehalten hatten, auf »die Kirche« wieder oder überhaupt zuzugehen, wo sie an welche Schwellen gestoßen waren. Aber dies zu klären ist diese Arbeit nicht der Ort.

Die Bandbreite der Klienten – mehrheitlich Frauen – war für ein kirchliches Angebot meiner Erfahrung nach denn auch ungewöhnlich: Tierärztin, Hotelmanagerin, Buchhändler, Reitlehrerin, Jurist, Model, Kauffrau, Journalist, Ärzte. Keiner meiner Klienten hielt sich zu einer Kirchengemeinde. Wohl aber habe ich in der Zeit des Projekts mehrere Klienten, Erwachsene und deren Kinder, getauft. Ohne verfolgen zu können, wie der Weg in die weltumspannende Gemeinschaft der Kirche für sie weiterging. Wäre SeelsorgeART fortgesetzt worden, wären hier Fragen anzusetzen gewesen: Ist das Angebot der Kirche als Angebot der Kirche vom Angebot der Seelsorge der Kirche zu differenzieren? Wem ist Kirche noch Kirche und wen erreicht sie nicht (mehr)?

Die Gesprächskontakte erstreckten sich meist über einen längeren Zeitraum, oft über mehrere Monate. Einige reichten über den Rahmen des Projekts hinaus und wurden verantwortlich weiter begleitet. Eindeutig waren die Reaktionen im Gegensatz zur Wort-Seelsorge in anderen Kontexten stärker emotional: Man war da, um etwas zu erfassen, zu begreifen und Schritte einzuleiten. Zielorientierung und Motivation waren hoch: Man wollte etwas für sich. Von mir. Mit mir. Was einerseits angenehm war, andererseits die Intensität des Geschehens noch erhöhte: SeelsorgeART strengte an, die Aufmerksamkeit, Spontaneität und das prozessuale Dabeisein und die eigene und fremde Kreativität. Meine Professionalität wurde mit umfassenderen

Sinnen abgefragt. »Es passiert hier so viel!«, war ein von mir protokollierter Satz einer Klientin, der mir aus dem Herzen sprach.

Aus der Gruppe dieser Klienten kamen wenige zu anderen Angeboten von SeelsorgeART. Umgedreht gab es nach anderen Angeboten oft Fragen, ob »man das auch im Einzelkontakt fortsetzen« könne.

4.2.3 Abende mit Zeit und Raum und Muße

Der Ort

Dieses Angebot fand unregelmäßig abends statt in der modernen Kapelle des Evangelischen Annastiftes in Hannover, die zwischen Klinikgebäuden sehr ruhig und abgeschieden an einem See liegt und auch für Menschen mit einer Behinderung frei zugänglich ist. Diese Kapelle habe ich ausgesucht, weil sie mit öffentlichen Verkehrsmitteln gut erreichbar ist, nicht durch »Bausünden« und Stilmixe verschandelt wurde und für den von außen Kommenden nicht besonders geprägt erscheint. Auch ist sie nicht nur »verlässlich geöffnet«, sondern auch durch transparente Glastüren, die auseinandergleiten, wenn man sich nähert, »offen«. Dies wurde von den zu den Abenden Ankommenden wahrgenommen und eröffnete manchem auch einen nachträglichen Besuch, um den eröffneten Gedanken am Ort nachzusinnen. Ein weiteres Merkmal der Kapelle ist die einladende Helligkeit und die »lichte Höhe und Weite« des Raums, der freie Blick von der Tür auf den schlichten Altar – einen starken Holztisch – und ein Holz-Kruzifix. Versetzt an der Seite stand eine schlichte Truhenorgel. Durch Glasfenster ist der Blick frei nach draußen auf den See und alte Bäume. Bedingt durch die notwendige freie Zugänglichkeit für Rollstuhlfahrer gibt es keine Schwellen, keine Behinderung der Sichtachsen, was seine Wirkung auch auf »Fußgänger« nicht verfehlt. Eine transparent über den Eingang gebaute Empore aus Holz, ein funktionales, warmes Interieur, gute Belüftung, die Fußbodenheizung unter schlichten Terracotta-Fliesen erwiesen sich ebenfalls als positiv für die äußere Gestaltung der Themenabende. Für mich außerdem von großer Bedeutung war die freundliche Aufnahme des Projekts von der Klinikleitung, die mich aus der gemeinsamen Amtsbereichskonferenz kennt, von den Kolleginnen und Kollegen vor Ort sowie von der Hauswirtschaftsleitung. Mir wurde die Kapelle ohne jegliche Bedingungen zur Verfügung gestellt, meine Anliegen wurden aufgenommen und unterstützt, so dass ich in der Gestaltung frei war und mich willkommen wusste. Das wirkte sich auf die Abende aus. Günstig erwiesen sich die Ausstattung des Raumes mit transportablem Gestühl, die Holzarchitektur, die leicht erreichbaren sanitären Anlagen, das Vorhandensein eines modernen Audio-Systems, die schlichten Bänke an den Seitenwänden und eine gute flexible Beleuchtung. Als wichtig nannten Besuchende neben der »Höhe« und »Schwellenlosigkeit« das »Geerdete« dieser Kapelle. Gerade von nicht regelmäßigen Kirchenbesuchenden wurde dies ebenso als einladend und offen bezeichnet wie die Chance, sich im Raum frei zu bewegen. Gerade weil dies so war, erlebte ich eine große Konzentration zwischen Erdung und Höhe, ohne Schwelle, eine respektvolle Zugehensweise auf den Raum, eine Würdigung, die nicht gesetzt war, sondern gewollt wurde.

Das Setting

Zu diesen Abenden wurde jeweils mit individuell gestalteten Plakaten eingeladen, die eher zufällig in einigen Kirchengemeinden, Apotheken, Praxen, Schulen, Freizeitheimen, Geschäften, Ateliers aushingen. Die Plakate hatten in ihrer Gestaltung einen hohen Wiedererkennungswert und unterschieden sich durch anspruchvolle grafische Gestaltung von »typischen Kirchenaushängen«. Zunehmend wurden die Termine dieser Abende auch weitergesagt, so dass sich manche Menschen und Gruppen immer wieder einfanden oder dort wieder trafen. Dennoch war nie vorher abzusehen, wie viele und welche Menschen kommen würden, was anfangs belastend war. Manchmal waren es 15, ein anderes Mal waren etwa 45 Menschen dabei. Und die »Zusammensetzung« ging – auch räumlich – weit auseinander: Man saß in einem Raum, aber eher nicht en bloc, sondern blieb durchaus bei sich. Es fanden sich kleine Gruppen vor Bildern oder Objekten, oder Menschen gingen in individuellen Dialog. Es kam immer wieder zu Gesprächen, aber diese »ereigneten« sich. Es war Raum für Schweigen oder Sprechen, eben Zeit und Raum und Muße für zeitgenössische Kunst und mit dieser.

Kapelle des Annastifts Hannover.

Und es gab keine zeitlichen Vorgaben außer dem pünktlichen Beginn. Es gab keinen gemeinsamen Schluss und kein von mir avisiertes Ziel: Es war Zeit.

Für dieses Projekt gab es keinen Etat (außer für Bürobedarf), also mussten »Positionen zeitgenössischer Kunst« möglichst kostenfrei eingebracht werden können. Da dies auch meinen persönlichen Interessen nahekam und meinem »Bekanntenkreis« ebenfalls, fügte sich manches auch »angenehm leicht«. Ich bin gern zeitgenössischer Kunst auf der Spur. Die Auswahl der Werke geschah subjektiv, weil gerade eine Ausstellung beendet wurde, weil ich Zugang zu einem Werk hatte, weil eine Aussage mir gerade nah oder fern war, weil ich mit Themen selbst unterwegs war oder sie sich mir in den Weg stellten.

Freundliche Unterstützung[480] gaben Museen (Kestnergesellschaft Hannover, Museum für moderne Kunst und Artothek der Stadtbücherei, Niebüll), einzelne Künstlerinnen und Künstler und besonders die Galerie GE (Sammlung Gernot Eichler, Süderlügum). Letztere war nicht allein bei Ausleihen und in Gesprächen eine hochgeschätze Unterstützung sowohl im materiellen, als auch im ideellen Sinn, und Gernot Eichler eröffnete mir vielfältige Einsichten in Zusammenhänge. Dieses zusammen ermöglichte es, im Rahmen der Abende regelmäßig originale Kunstwerke einzubringen und mit ihnen zu kommunizieren.

Die Inhalte

Ziel war es jeweils, »Raum und Zeit« erfahrbar werden zu lassen im geschützten Raum der Kapelle: Raum der Besuchenden im Raum der Kapelle im Raum des Themas im (Klang-) Raum ausgewählter Musik im Raum des jeweiligen Alltags, den wir alle mit einbrachten, im Raum der jeweiligen Lebensgeschichten im Raum der Welt … Nicht weniger!

Die Abende waren intensiv vorbereitet, es gab jeweils eine inhaltliche Gestaltung, eine bestimmte Auswahl von Bildern und Texten, eine Focussierung auf ein Thema. Es gab aber keine festen Ziele, nichts Zu-Erreichendes. Diese Offenheit war keine Leere. Es wurden keine Lesarten oder Deutungen oder Verständnishilfen vorgegeben, weder der Bilder noch der über sie eröffneten Meinungen. Die Abende funktionierten durch den erfüllten Raum, den die anwesenden Räume darstellten, das Raumangebot und die Einbringung der Menschen. Und sie funktionierten, weil für mich der »durchbetete Raum« der

---

[480] Was auch »kostenfrei« meint!

Kapelle und die ausgebreiteten Arme des Kruzifixus am Altar diesen Raum eröffneten und einbargen und die Menschen darin frei blieben, zu sich selbst zu stehen und ihre je eigene Sicht einzubringen, als grundsätzlich Angenommene. Diese Haltung wirkte sich aus auch auf Menschen, die diesen Raum nicht als Gottesdienst-Raum wahrnahmen oder nicht wahrnehmen konnten. Sie haben den Ort schätzen gelernt als »hoch und weit und warm und offen«. Diese Diversität ließ den Sinn dieser Abende nicht scheitern, sondern wurde in Rückmeldungen gerade als einladend erlebt.

Wenn Mission bedeutet »Hingehen zu allen und von der Sache Jesu Christi erzählen und zu überzeugen suchen«, also ohne Gewalt und möglichst mit den Menschen auf Augenhöhe, dann waren dies Abende missionarische Abende. Sie waren dies nicht im Sinne von Gemeindeaufbau, Bekehrung oder »zur Kirche führen«, sondern eher Sendung als Sammlung. Menschen wurden von Text und Musik und Bild an sich und andere gesendet, hatten Raum zur Sammlung, fanden zu sich und darin zu anderen. Dies allenfalls »auf Zeit« in Zeit und Raum. Oder auch länger. Schließlich trafen sich einander unbekannte Menschen wieder, die sich einmal z. B. vor einem Bild begegnet waren. Diese Begegnungen stifteten Sammlung nicht »um zu«, sondern Sammlung, die an inneres vorhandenes Geschenktes anknüpft: ein Bild zum Beispiel.

Alle Abende verband, dass das bildnerische Element wesentlich stärker in den Raum trat, »das Wort ergriff«, sprach, kommunizierte, als das gesprochene Wort. Manchem anwesenden Pastorenkollegen war dies von mir nicht zu vermitteln und geradezu unangenehm, erwartete er doch »ein Wort« wie er das erwartete. Mir waren die Ausdrucksstärken der Kunst ausreichend, manchmal sogar überwältigend. Dass diesem Element der Sinne und der Kunst hier zugetraut wurde, Menschen selbst zu erreichen, das kam dort nicht an. Aber Menschen standen oder saßen vor den Bildern, schweigend, ergriffen, begreifend, tauschten sich aus, fragten nach, zogen sich zurück, notierten etwas, kamen zurück, schauten wieder, zogen andere ins Gespräch, ließen sich durch gesetzte Impulse (Musik, Texte) anregen – oder nicht. Sie sorgten für sich auf der Basis, auf der für sie gesorgt war. Selten endeten diese Abende vor Mitternacht, aber ihre Zeit verging stets schnell.

Die Themen

Einige Themen dieser Abende fanden unter der einheitlichen Überschrift statt: Ein Abend mit Raum und Zeit und Muße für zeitgenössische Kunst, Texte und Kreativität: Engel (»durch welchen grad von nähe fühlst du dich porträtiert, engel?« am 05. 12. 2003), Liebe (»es ist wie es ist sagt die liebe, doch was sagt der verstand?« am 27.02.2004), Sichtweisen auf das Kreuz (»um passion und kreuz« am Karfreitag, 09.04.2004), Zeit (»ach, du liebe zeit« am 02.07.2004), Trauer (»trauer - wege - wagen« am 05.11.2004), Bilder vom Mann (»männer sind auch anders. und wie!?« am 15.07.2005), Grundlagen (»unter gutem grund weiter« am 18.11.2005).[481]

Ein »Engelabend« (»durch welchen grad von nähe fühlst du dich porträtiert, engel?« (05.12.2003)) war der erste Abend dieser Art. Ich hatte für dieses neue Angebot von SeelsorgeART sehr geworben und viele Menschen bewegen können, dies weiterzusagen. So kamen Gruppen und Einzelne, teils mit brennenden Kerzen, teils mit Blumen und Gebasteltem zum Thema Engel zur Kapelle. Alle wurden am Eingang persönlich begrüßt, auf ein Plakat im Vorraum der Kirche hingewiesen, das den künstlerischen Leitfaden für den Abend vorstellte, die eingespielten Musikstücke benannte und an dem Schreib- und Malmaterial bereitlag. Hinter diesem Vorraum öffnete eine Lichtschranke die Tür zum Kirchraum: Hier war Keltische Harfenmusik von Alan Stivell hörbar, der Raum war warm und gestaltet, allerdings nicht in eine Richtung ausgerichtet. Menschen wurden in dieser Atmosphäre leise, standen still, schauten, hielten inne, setzten sich in Bewegung, fanden sich einen Platz, nahmen die Ruhe des Raumes auf. Engelbilder hingen in Reproduktionen an den Wänden – von Paul Klee bis Parfüm-Werbung –, dazu Gedichte und Texte zu »Engel«. Verschiedene Engel-Skulpturen standen im Raum.

Seitlich vor dem Altar befand sich am Boden eine beleuchtete Sandfläche, auf deren Oberfläche sich das Lager eines Menschen abzeichnete, der seinen Kopf auf einen blanken, großen, weiß schimmernden Kiesel gebettet hatte. Spezielle Halogen-Richtstrahler zeichneten darüber zwei schmale parallele Lichtlinien bis in den hohen First des Raumes, der im Dunkel blieb.

Ein leiser Gong bat darum, sich einen Platz auf den Stühlen oder anderswo zu finden, um auf eine transparente Leinwand zwischen diesen Lichtbahnen im Raum über dem Sand schauen zu können. Auf diese wurden nun nach und nach und mit viel Zeit 55 »Engelabbilder« projiziert, die ich zum Thema »durch welchen grad von nähe fühlst du dich porträtiert, engel?« ge-

---

481 Wenn ich Setting und Inhalte nun detailliert beschreibe, geschieht dies in der Hoffnung, dass vom Lesenden eventuell ein Musikstück, ein Bild, ein Text dazugenommen werden kann und zumindest ansatzweise das Szenario dieser Abende, das Ambiente einfühlbar werden mag – was selbstverständlich kaum geht. Meiner Hoffnung geschuldet nehme ich die Details dennoch wichtig und belasse es nicht bei einem »factsheet«. Die Einladungsplakate finden sich im Anhang!

macht hatte. Passend zum Sujet meiner Angeologie, dass einem Diarahmen gleich Engelschemen permanent göttliches Urlicht und Menschenwelt kommunizieren: *erotikä kinesis*. Dass aber Menschen dieser Abbilder selbst mit allen Sinnen nie ganz habhaft werden können, sondern lediglich Schemen erhaschen und wahrnehmen.

Es wurde geschaut – geschwiegen – nachgefragt – »gestoppt« – eine Sicht, eine Idee zur Verfügung gestellt ... »Da sind mir Engel begegnet in dieser Welt!«, »Diesen Eindruck ›des göttlichen Urlichts‹ habe ich einmal erlebt!«, »Darin stelle ich mir gerade vor ...«. Zu einigen Bildern sagte ich etwas über deren Entstehungssituation, manche wurden spontan aus der Gruppe kommentiert, andere still betrachtet, bedacht: Abstrakte Engel. Engel im Rollstuhl. Starke und sanfte, thronende und dienstbare, süße und zupackende Engel. Grobe und filigrane. Alle hatten Raum. Wir hatten Raum – und Zeit. Es war eine entspannte, gelassene und konzentrierte Stimmung im hohen Raum. Assoziationen und leise Gespräche zwischendrin und im Anschluss. Man lehnte sich aneinander, buckelte sich an oder setzte sich ab. Achtete darauf, nicht zu stören und Achtsamkeit zu erhalten.

In Erinnerung blieb mir eine Kauffrau, die sich weit weg an der Kapellenwand einen Platz gefunden hatte. In ihr arbeiteten sichtbar Gefühle, sie rang mit den Tränen. Wir hatten Augenkontakt, sie blieb zunächst ganz bei sich. Ich erfuhr später am Abend von ihr, dass sie gerade von ihrer Mutter, einer »sehr kirchlich gegründeten Frau«, wegen »ihres Lebenswandels und ihrer Einstellungen« enterbt und aus dem Familienkreis ausgestoßen worden war: »In dieser Jahreszeit hat mich das voll erwischt!« Dass sie überhaupt in eine Kirche gegangen sei, hätte sie »wirklich erst hier am Eingang entschieden«. Sie sei »kurz davor gewesen«, aus der Kapelle zu fliehen, aber »die Engel haben mir das Bleiben ermöglicht«, erzählte sie mir. Sie sei so unerwartet an ihre Gefühle rangekommen, die in ihr widerstreiten, auch durch diesen Abend. Das sei »sehr hart, aber es stimmt ja. Ich bin tief erschüttert – und das ist gut. Endlich ist es klar, was immer klar war.« Hier hätte sie »den Raum gehabt, sich dem zu stellen« und »in Ruhe zu bleiben«. – Sie mochte nicht allein nach Hause gehen in dieser Nacht, was sich aber leicht regeln ließ, da andere sie mitnahmen.

Ein junges Paar, das ich lange im Kinderkrankenhaus begleitet hatte, hatte an diesem Abend viel Grund und viel Gelegenheit zu weinen und einander zu trösten. Nach dem Tod ihres Kindes hatte ich ihnen eine kleine Engelskulptur mit nur einem Flügel geschenkt. »Und es gibt so so viele Engel, weißt du! Und zusammen schaffen wir auch das.« Sie umarmten mich am Ende des Abends und gingen zu Fuß nach Hause. Später erfuhr ich, dass ihnen die U-Bahn nach diesem Abend zu hell gewesen wäre.

Der Ehemann einer pensionierten Kollegin aus der Krankenhausseelsorge-Konferenz, ein alter Herr (wie ich erst viel später erfuhr: lange pensionierter Kirchenrat), fiel mir an diesem Abend auf: Er drehte und wendete bei den Projektionen den Kopf, veränderte oft die Sitzposition, um aus verschiedenen Winkeln sehen zu können. Danach stand er lange Zeit in sich versunken vor dem Sand, trat zum Altar, betete offensichtlich, war ganz »bei sich«. Er saß dann lange allein neben dem Altar. – Es waren nur noch wenige Menschen anwesend, als er sich entschloss, die Hand seiner Frau zu suchen und mit ihr auf mich zukam. »Ich mag gar nicht weggehen! Es sind doch so viele Engel in diesem Raum.« Er schaute noch einmal in den Raum. Dann nahm er mich – und das war ihm deutlich fremd und für seine Frau offensichtlich völlig überraschend – ruhig in den Arm und dankte für diesen »kostbaren Abend«. – Diesen Abschied habe ich deshalb in so bleibender Erinnerung, weil mich wenige Wochen später der persönliche Brief meiner Kollegin erreichte, in dem sie mir den Tod ihres Mannes beschrieb. Er habe noch sehr oft von den Engeln gesprochen und zum Schluss geäußert, dass er wohl »nun zu diesen« ginge. – Der Text zur Beerdigung: »dass du deinen Engeln befiehlest …«

Bilder, Musik und Menschen hatten eine sehr konzentrierte, wärmende Atmosphäre an diesem Abend geschaffen, der auch in mir lange nachwirkte. Fremde Menschen waren gemeinsam von Bildern erreicht und angerührt worden, ohne dass sie voneinander Näheres wussten – allenfalls die Auswirkung, die sie spürten.

Oder waren es Engel? In dem Augenblick, in dem ich sie zu haben wähne, sind sie schon wieder weiter, Abbilder des himmlischen Urlichtes bleiben sie im Augenwinkel unseres Herzens, wirken in der Seele nach.

Bilder eines Abends thematisieren die Gottesbeziehung. Durch den Zugang in vor Augen und Sinne gestellte künstlerische Sichtweisen intensivieren sie in den Betrachtenden deren eigene Erfahrungen der Begegnung mit den Botinnen und Boten und den Auswirkungen und Einwirkungen Gottes in ihr Leben. Eine doppelte Vermittlung geschieht: Gott vermittelt sich / wird vermittelt; Botinnen und Boten vermitteln. So dass der Adressat der Gottesbotschaften mehrfach »erreicht« wird – im Bild, das sich ihm vorstellt, das er sich macht, das er erinnert, an das er anknüpft, das er neu erfährt. Eine direkte Erfahrung, deren Vermittlung unvermittelt ankommt.

Eine weitere Abendveranstaltung thematisierte Liebe in ihrer Vielfalt: »es ist wie es ist sagt die liebe, doch was sagt der verstand?« (27. 02. 2004).[482]

In den Begegnungen und Einlassungen an diesem Abend geht es um »Etwas Nähe braucht der Mensch – und hinreichend Distanz!«, um »Raum für mich, in dem ich (noch) Ich sein kann«, um »Liebe, die nicht als Enge zu fürchten sein darf«, um »Zeit- und Raummanagement gerade in der Liebe«. Diese Impulse bilden sich u. a. ab im Setting, in dem jeweils nach längeren Musikabschnitten zu bestimmten Bildern an verschiedenen Stellen im Raum eingeladen wird: Die Entscheidung bleibt frei, sich einzulassen, einzubringen oder nicht. So kommt es durch die Impulse der Bilder zu Positionierungen der Schauenden, zu Nachfragen, zu Klärungen: Ein älteres Ehepaar fragt einen sich als schwul Outenden, »ob es denn wirklich immer noch so schwierig sei«, heute offen zu leben. Was zu einer »offenen Paarbeziehung« gehört, was »sich gehört«, was »Liebe sichtbar macht« und »wie Liebe sieht« wird sehr dicht ausgesprochen und steht im Raum. »Was ist aber auch alles rausgekommen, heute!«, sagt mir eine Frau am Ausgang.

»um passion und kreuz« am Karfreitag (09. 04. 2004) war ein Wagnis, weil der Abend an einem kirchlich stark besetzten Feiertag einlud, um Kreuz und »passion« (englisch) auf besondere Weise zu thematisieren.

Das Setting. Die Bestuhlung der Kapelle war in Kreuzform gestellt, so dass die Sitzflächen jeweils in die entstandenen Quadrate hineinzeigten und hinter den Lehnen ein schmaler Gang frei blieb, vom Eingang zum Altar, in der Raummitte von Wand zu Wand. Auf dem Boden des Ganges zwischen den Stuhlreihen lagen Kartons mit Fragen: u. a. »Was ist wichtig?«, »Was ist schön?«, »Wovor fliehst du?«, »Wem oder was möchtest du nicht begegnen?«,

---

482 Musik: Paddy McAloon, I trawl the megaHertz, Ketil Bjornstad, Grace. Texte: Der Abend beginnt und endet mit dem Gedicht von Erich Fried, dazu weiter: Hohelied 7: Die Mädchen und die Frauen, Eigentexte. Bilder: u. a. Thai Cong, Fotoporträt des Modefotografen seiner alten Eltern mit nacktem Model; Howard Roffmann, Porträtfoto eines schwulen Paares; Gerhard Opitz, Tuchobjekt, 1987 (Orig.); Helene Janke, *Hier träumt H.* (Orig.); Boris Mikhailov, Soziale Kreaturen. Wie aus Körper Kunst wird. (Kestnergesellschaft Hannover); Reiner Diart, Trotz' dem Augenblick. Akt-Fotografien von Menschen mit Behinderung (Mehrere Originale); Ursula Neugebauer, Haarbild (Orig.); Hannelore Pichlbauer, Zeichnung (Orig.); Alex Morrison, Every room I ever lived in drawn by heart.

»Was ist wahr?«, »Wo bist du morgen?«, »Was steht für dich fest?«, »Was ist sicher?« ...

In den sich ergebenden Quadraten, die von der Kreuzmitte betreten werden konnten, befanden sich: 1. Eine Installation[483], 2. Kopien von Bildern zum Thema[484], 3. Verschiedene plastische Kreuz-Objekte, 4. Fotos.[485] Dazu eigene Text-Assemblagen, -impulse zum Thema und Textbilder zu »Kreuz« (s. Anhang) und Original-Bilder von Harald Schiel[486], Herbert Kitzel[487] (dazu Auszüge aus Katalogen zu seinem Lebensweg und Werk[488]) und Hannelore Pichlbauer.

---

483 Auf einem zerrissenen Laken einer Klinik um eine aus einzelnen Treibsel- und Bauhölzern drapierte Kreuzform u. a.: Zwei Kerzen – eine brennend, eine mit schwarzem Docht; Nägel und Hammer auf einer aufgeschlagenen Bibel (bei Psalm 23); Fotos eines in der 20. Schwangerschaftswoche geborenen Jungen (Ein Geschenk der Mutter mit der Widmung: »Für Menschen, damit unser Bangen und Hoffen für sein Leben anderen Mut macht! Ihre xxx«); eine knospige Rose, eine geknickte; eine umgekippte leere Ardbeg-Whiskyflasche und ein zerknüllter handgeschriebener Brief; rostiger Stacheldraht auf weißen Federn; Schwarz-Weiß-Foto der Hand eines Neugeborenen und eines 94-jährigen Mannes; ein zerbrochener Holzstab; Kinderzeichnung eines Regenbogens und des »lieben Gottes«; ein fast durchgelaufenes Stundenglas; eine leere umgestürzte Schale; der »Halleluja-Riemen« von einem Reitsattel; eine Puppe; rostige Ketten; Todes- und Geburtsanzeigen; STERN-Titelseite »Das perfekte Kind« ...

484 Unter anderem Andy Warhol »Cross«, 1981, »Crosses«, »Skull«, 1976; Jürgen Brodwolf »Torsi«; Hede Bühl »Kopf«, 1980; Rune Mields »Totentanz«; Joseph Beuys »Verbundenes Messer«, »Pflockkreuz«, »Munitionskiste mit Kreuz mit Sonne und Berglampe und Fichtenstamm«; Rainer Fetting »Dream«, »CNN«, 1991 (eine Antizipation von 9/11); Horst Egon Kalinowski, Transfiguration 1984; Maurizio Cattelan »La Nona Ora«, 1999; Eduard Micus, »o. T.«; Georg Ettl, Kreuzigung; Arnulf Rainer »Kreuz mit Fußtritten«, 1987, »Kimonokreuz«, 1988/89, »Handschuh-Rätsel-Kreuz«, »Selbstdarstellung«, 1969/75; Gertrude Degenhardt »Dem Tod ein Schnippchen«, 1968; Klaus Kröger »Verdammtes Kreuz«, 1983; Wolfgang Wagner-Kutschker »o. T.« Holz-Wandobjekt; Johannes Schreiter »Karfreitagsfenster«; Franz Bernard »Geschützter Kopf«, »Kreuzform«, 1994; Oskar Kokoschka »In memory of the children of Europe«; Holger Bunk »Vitrine«, 2003; Gerhard Opitz »Ich«; Markus Daum »Kreuz im Fraktionssaal der CDU/CSU-Bundestagsfraktion«; Günter Förgs »Kreuzweg«; Fotos aus dem Katalog der Firma »Sinnobjekte«, Hamburg.

485 Tango-Tanzpaar, »Trauernde Frauen unter dem Kreuz« (Inszenierung einer Friedensgruppe), Kahle Äste, Zerborstene Stallfenster, CIA-Fotos: »Birkenau Extermination Complex, Oswiecim, Poland, 31. May 1944«, AIDS-Schleife, »Kreuze« (Modefotografien aus der VOGUE); »Ausstattung von Landschaftsgärten« (Beeteinfassungen aus Gusseisen und Porzellan aus dem Babelsberger Park); ...

486 Harald Schiel »Zeitkapsel« (1997). In der Zeichenform japanischer Mangas auf herabhängenden Reispapierbahnen (1 m × 5 m) thematisiert Schiel »Gewalt«, die durch die

Austausch gab es u.a. zu diesen Kachelbildern: Die von langen Unterbrechungen des Nachdenkens geprägten Assoziationen erschlossen Facetten der Bilder: die starken Farben – die zerteilte Oberfläche durch die Doppelkreuze der Fugen – die Stadien des Aufrichtens bzw. Niedersinkens des dargestellten Menschen im Bild – »Das verkörperte Kreuz« – Assoziationen zu Orten, die gekachelt sind – »Ist er das selbst? Oder ist das der Mensch in der Welt?« – das Gewalt-Thema: Suizid – die Assoziation zu »Verbundenes Messer« (Beuys) – Unbändige Kraft – wozu? – »passion« (englisch): Wie bezeugen diese Bilder passioniertes, leidenschaftliches Leben? Was ist passioniertes Leben? – »Warum schafft ein Mensch solche Kacheln und geht dann?« – »Ist das schön? Ist das traurig? Ist das ermutigend?« – »Was bedeutet ihm und uns ›Kreuz‹?« – »Gibt es Auswege aus dem Leben? Was sind Wege ins Leben?« –

Die Sorge, dass die Vielzahl der Kreuzdarstellungen »verwässern« und »diffus« machen könne, bestätigte sich nicht. Die Anwesenden trafen Auswahlen bzw. bestimmte Darstellungen fanden bestimmte Adressaten.

Um Zeit und das Umgehen und Vergehen ging es am 02.07.2004 bei »ach du liebe zeit«.[489]

Im Zentrum des Raumes lagen auf dem Boden zwei vier Meter lange hölzerne »Zeiger« in einer weiten Uhr-Anmutung eines Stuhlkreises, dessen

---

Zusammenschau ihrer Gleichzeitigkeit deutlich wird. Durch das Herauslösen einzelner Szenen in den Holzschnitt entsteht ein Moment des Innehaltens – für den Künstler wie für den Betrachtenden –, eine Zeitkapsel: Ein Mensch in einem Bildfeld, ein Militärhubschrauber in einem anderen, »Geräusche« und Bomben im dritten, Todeszeichen. – Eine Teilnehmerin dazu: »Ich höre in dieser Harmlosigkeit von Schwarz-weiß auf Papier und dieser aktuellen Teenie-Sammelleidenschaft für Mangas geradezu die näher kommenden Geräusche der todbringenden Rotoren. Das ist aufschreckend und es stimmt – wohl nicht nur hier!«. –

[487] »Auferstehung« und »Liberandose«. Zwei originale Kachelbilder (je sechs Kacheln auf Holzgrund aufgeklebt), die dieser wenige Wochen vor seinem Suizid fertiggestellt hatte.

[488] Die Beschäftigung mit seinem Lebenswerk und die Begegnung mit seiner Frau Mareile anlässlich einer Ausstellung hatten mir den Impuls zu diesem Abend gegeben. Ein großer, starker Mann, der künstlerisch Zeit seines Lebens am Thema Tod arbeitet; in Burg Giebichenstein (»Totenkarren«, »Fallende Clowns« etc.) und nach der Flucht als Professor an der Staatlichen Akademie Karlsruhe (»Dummies«, »Stürzender«, »Schwarzer Berg«, »Ikarus«, »Cerberus«, »Massaker«, »Passion«, »Kreuzigung«). Vgl. Herbert Kitzel, Gemälde und Arbeiten auf Papier, Werkverzeichnis von Andreas Franzke, Stuttgart 1982; ders., Arbeiten 1951–1978, Katalog Badischer Kunstverein Karlsruhe, 1982.

[489] Siehe Anhang.

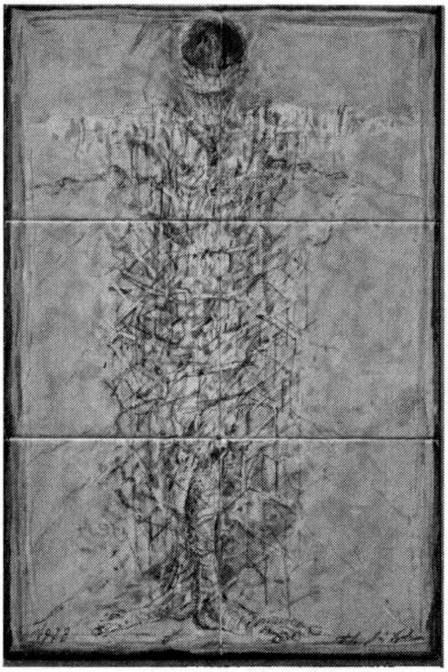

Mann im Gitter

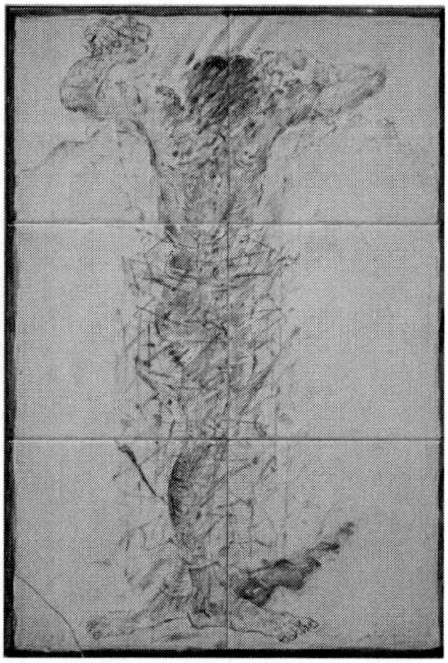

Sich Befreiender, Herbert Kitzel

Sitzflächen je zu einem Viertel des Rundes nach innen und außen zeigten: 12–3, 3–6, 6–9, 9–12.

Auf den Bänken und an den Wänden lagen und hingen: Uhrengläser mit rinnendem Sand, tickende Metronome, eine zertretene Wanduhr, ein verwelkter Strauß Blumen, ein langsam tauender Eisblock auf einem Stativ in einer Schale, viele »Zeit-Lose« (zum Mitnehmen; um das Bild von Christiane Krumwiede »Zeitlose«), Reproduktionen von Bildern zum Thema.[490] Alle zehn

[490] S. Anhang: u. a. Salvatore Dali »Zerfließende Zeit«; Klaus Rinke »Zeitfeld«. Düsseldorfer Volksgarten, 1986/1987: 24 Stück Normalzeituhren und eine Mutteruhr; ders.: »Albert Einstein! Wann hält Baden-Baden an diesem Zug?«, 1989; Christiane Krumwiede »Zeitlose«, 1999; David Hockney »Gregory Walking«, 1983; Tamás Waliczky »The garden«, 1993; Film-Still »Harold Lloyd in: Safety First«, 1923; Bernhardt Brill »Airbag«, 1985; Roman Opalka »1965/1 – unendlich, Detail 1-35327«; Parkuhren-Platz in Leipzig; Walter Schels »Hand of a 96year-old / Hand of a baby (3 minutes old)«, 1988; Giacomo Balla »Dynamism of a Dog on a Leash«, 1912; Felix Gonzalez-Torres »Untitled (Perfect Lovers)«, 1987–1990; Hannelore Paflik-Huber, Kunst und Zeit: »Zeitmodelle in der Gegenwartskunst; Hanne Darboven »ein jahrhundert – abc« (Orig.); dies.: Diverse Zahlen-Arbeiten; etc.

Sekunden, alle sechs Sekunden erklingen durchgängig ein Gong bzw. ein Klangeisen. Dazwischen gab es angeleitete Übungen, um Zeit zu »begreifen«.

Die Vielzahl der Impulse, die in der Zeit des Abends niemand ganz erfassen kann, spiegeln sich in dem, was in den Reaktionen deutlich wird: In der »lieben Zeit« können sich Menschen widmen und erkennen, dass sie darin nicht alles erfassen können. Sie nehmen die Chance wahr, das zu erfassen, dem sich in der Kürze bzw. Dauer der Zeit begegnen lässt. Die Begegnung mit der »zweischneidigen Zeit« gelingt an eben dieser Schnittstelle. Zunehmend gestaltet sich der Abend als »stilles Meditieren« der Anwesenden, als »Zur-Ruhe-Kommen«, als »Bei-sich-Sein«, als »Sichbegegnen« im Gegenüber eines Bildes. Der Kirchraum wird zum Andachtsraum.

Um den Umgang mit, das Umgehen von und das Zugehen auf Trauer geht es bei »trauer – wege – wagen«[491] am 05. 11. 2004. Musik: Enya, »The celts« und »Amarantine«
Einleitung:

»Schalom euch und ihnen allen!
Wer immer ihr seid, was immer ihr glaubt,
woher immer ihr jetzt auch kommt, wohin immer ihr nachher auch geht,
Schalom!
Was immer ihr mitbringt in diese Kirche jetzt,
an Hoffnung und Befürchtung,
an Vorerfahrung und an inneren Bildern,
an Sätzen aus anderen Kirchen, die ihr mittragt bis hierher,
an Erfahrungen aus anderen Zusammenhängen, die euch prägen,
was immer ihr nun hier erwartet.
Schalom – an diesem Abend in dieser Zeit in diesem Raum!
Von Herzen wünsch ich uns Ruhe zu diesem Abend und in diesem Abend,
dass wir ganz hier sein können und offen sind für uns.
Wünsch ich uns Nähe zu uns selbst und dem, was dieser Abend auslöst – oder nicht!
Um Wagnis geht es – Wagnisse mögen Menschen gemeinhin nicht –.
Aber leben ist Wagnis in jedem Schritt!

---

491 Der Titel assoziiert bewusst: Schibilsky, Michael. Trauerwege. Beratung für helfende Berufe, 3. Auflage Düsseldorf 1992.

Um Schritte geht es auf diesem Weg: Was ist ein Schritt, der stimmt,
der gewagt werden darf und will?
Und um Trauer geht es über gegangene und nicht gegangene Schritte,
um eingegangene und nicht eingegangene Wagnisse.
Und: da liegt womöglich noch was vor uns – an Trauer, an Weg,
an Wagnis.
Schalom!

Weniges vorab:

Wer hier ist, sich etwas erwartet, sich auf den Weg macht, der mag etwas finden.

Wer nicht ganz hier ist, nur etwas von anderen erwartet, Publikum bleiben will, der wird eher nichts finden. Gewiss nichts für sich. Das Wort von den zum Jagen untragbaren Hunden – es greift ja wohl!

Ich lade heute Abend ein, sich ganz buchstäblich auf einen Weg zu machen. Ganz konkret: aufzustehen, sich ansprechen und finden zu lassen – von einem Gedanken, von einem Bild, von einer Farbe, von einem Gefühl, von einem Ton. Sich diesem auszusetzen, es zu wagen in diesem dafür offenen Raum, sich dann den nächsten Schritt zu trauen oder auch (noch) nicht.

Sich gern immer wieder auch zu setzen, damit sich Dinge setzen können. Dann aber auch wieder auf den Weg zu treten, um sich im Raum dieser Kirche zu ergehen. Wie wird es ihnen dabei ergehen? Unterwegs? Stets im Kreis? Auf der Stelle?

Das menschlich anmutende Wesen auf dem Plakat / In seiner Transparenz und Zerbrechlichkeit / hebt an zum ersten Schritt. Oder stampft es auf, besteht es auf sich? Geht es voran? Tritt es zurück? Woher weht ihm der Wind und wohin lockt er es? Was eignet diesem Wesen? Was macht es Schritte wagen? Woher? Wohin? Wozu?

Ein fremdes Wesen? Oder Schatten deiner selbst? Schatten an fremder Wand? Abbild deines Standorts? Stillstand/Aufbruch? Rat- und Tatenlosigkeit – oder endlich jetzt erster Schritt? Schaun sie doch einmal hin – aufs Plakat und in sich rein, wenn sie daran vorbeikommen auf ihrem Wege durch diese Kirche. Was hat das bloß mit uns zu tun – oder nicht.

Einen guten Weg durch diesen Abend!

Sechs Mal werde ich durch Anschlagen eines kleinen Gongs um »Einhalt« bitten in der inneren und äußeren Bewegung hier im Raum; den und die, die sich einlassen mögen.«

Zu den Inputs dieses Abends gehören: Körperübungen,[492] die Sammlung von Bildassoziationen[493], die Tonbandeinspielung von Peter Herburgers »Laufen – ein Interview«.
Schlusswort:

> »Schalom – war mein erstes Wort an Sie heute Abend.
> Nun zum Ende hoffe ich für mich und Sie, es hat uns nicht getrogen!
> Ich hoffe es war für die eine oder den anderen ein guter Schritt zu diesem Abend,
> in diesem Abend und: Aus solchem Material können Wege entstehen!
> Also einen guten Weg, Schritt für Schritt, erst einmal nach Hause!
> Bleiben wir auch weiter in Bewegung – Schritt für Schritt – auf uns hin oder zu uns heran.
> Der Kinesiologe da Silva sagt: Leben ist Bewegung.
> Künstler wie K. R. H. Sonderborg stellen Bildzyklen unter dieses Motto.
> Wir alle haben die Chance dazu: Mit jedem Atemzug. Ein Leben lang.
> Dazu wünsch ich uns, das nun mein letztes Wort von hier: Schalom!«

Es ist einer der wortlosesten und meditativsten Abende dieser Reihe.

Dies ändert sich ins Gegenteil beim nächsten Abend, der die Genderthematik aufgreift: »männer sind auch anders. und wie!?« (15. 07. 2005).[494]

Es entbrennt an diesem Abend ein heftiger Diskurs zwischen Männern und Frauen, deren jeweiliger Sicht auf »Mann« und die Mischung aus »Antwort« auf die Bilder und (Selbst-) Reflexion vor den Bildern, die Konfrontation mit eigenen inneren und fremden Positionen. Fragen an und Urteile über Dar-

---

492 »Der Bruder von Herbert Grönemeyer, der Orthopäde, sagt, Menschen könnten nicht mehr – zu sich stehen, weil sie nicht mehr stehen könnten, – auf einem Bein stehen, mit geschlossenen Augen, mit dem Kopf im Nacken …« – Anschließend die Einladung zu »bewusstem Stehen«, »bewussten Schritten«, »bewusstem Boden betreten«.

493 Zu Martin Eder: »Mädchen auf dem Hocker«, zur Installation: E.-F. Heider »ZeitLeisten« (Alte Schuhmacher-Leisten: »(K)Ein Schritt weiter dabeibleiben?« oder: »Erinnern Sie sich?« (Orig.), zu Erich Grün: »Gethsemane«: Fußwaschung – ging hinaus und es war Nacht, »Emmaus«: Gehen und Bleiben – auch in der Nacht (Orig.), Hannelore Pichlbauer: »Schwarzes Quadrat« und, »Sich Erhebende« (Orig.).

494 S. Anhang. – Bilder: »Mann-Bilder« in Reproduktionen von Fetting bis Neo Rauch, Ruff bis Hrdlicka, Breker bis Baselitz, Balkenhol bis Giacometti und die Holzskulptur von Georg Schulz (Orig.) eines Mannes ohne Gesicht und Füße auf einem Buch (2001). Max Neumann »o.T.« (Orig.).

stellungen begegnen eigenen Erfahrungen und wirken wieder zurück, so dass beim Einzelnen und untereinander ein besonders lebendiger Austausch stattfindet zu Rollenklischees und Forderungen, zu behinderten Männern und was einen Mann zum Mann und eine Frau zur Frau macht. Eines erreicht dieser Abend sicher: Bilder haben Bilder erschüttert!

Der Abend »unter gutem grund weiter« (18. 11. 2005) war der letzte in dieser Reihe, da das Projekt SeelsorgeART zu dieser Zeit auslief. Beeindruckend war an diesem Abend der auszuhaltende Widerspruch »Letzter Abend« und »weiter«, den es auszuhalten galt, der thematisiert wurde.[495]
Einleitung:

> »Schalom!
> Schalom Euch und Ihnen allen! ...
> ... GRUNDfragen – Widerspruch in sich selbst?
> Entweder GRUND, dann Halt und Basis und Gewissheit und Trost und ...
> oder Fragen: dann Risse, Zweifel, Gefährdung.
>
> Auf Grund – unter Grund – über Grund
> Schiff – Kämpfer – Taucher
> inzwischen Grund als kostbares d. h. verletzliches Gut.
> In guten Untergrund?
> Auf gutem Untergrund?
> Unter gutem Grund?
> Jedenfalls »weiter« – schneller – weiter – höher! Mehr! Immer mehr!
> Grund genug vorhanden?
>
> Immer mehr was? Woher? Wohin? Wozu? Wovon absehend?
> Wachstum – sagen alle – Wachstum! In mir / zu mir / für mich?
> Dazu: Ja? Immer mehr!
> unter gutem grund weiter.
> Schalom!
> Wir haben Zeit und Raum und Muße – nehmen wir sie uns.
> Stehen Sie auf / bleiben Sie sitzen. Hauptsache: Bleiben Sie bei sich!
> Nur: Bleiben Sie nicht bei sich stehen. Stehen Sie zu sich.«

---

495 Musik: Jason Moran: FACING LEFT (3. Jöga, 4. Wig Wise, 5. Jojimbo), Marilyn Crispell: Storyteller, Liam O'Flynn: The Given Note (Schluss: 4. Farewell to Gowan, 5. Joyce's Tune).

Prägend an diesem Abend war das Bild »Schwarze Landschaft« von Herbert Kitzel (Original als Leihgabe der Sammlung GE: Kitzel 1973, WV 962), das sich in den Raum einbrachte. Dieses Original zog die Aufmerksamkeit der Anwesenden auf sich, die ausgelegten biografischen Informationen über den Künstler wurden aufmerksam gelesen, man versenkte sich geradezu in diesem Bild: das abtrennende »Flatterband« vor dem dunklen »Berg«, dessen Höhlungen leer scheinen; die intensive Farbigkeit »auf den zweiten Blick« des zunächst »nur dunklen« Bergs. »Es bleibt soviel Farbigkeit!« Was liegt in den Höhlen des Berges? Was bleibt nach? Der Suizid dieses »reichen Künstlers« mit diesem Lebenswerk? Was sind meine Lebens-Mittel? Was berge ich? Was trenne ich ab? Was lasse ich im Dunkel?[496]

Fazit dieser Reihe von Abenden war die faszinierende Chance zur Sprachlosigkeit und alternativem Erleben und Erfahren, die Bereitschaft der Anwesenden, dies zu nutzen, sich auf die Themen einzulassen und sich den Aussagekräften von Bildern zu stellen. Zwar wurden anfangs noch zuweilen wie gewohnt Antworten erstrebt, doch immer mehr ließen sich die Anwesenden auf den Prozess des Selbst-Findens und Gefundenwerdens ein. Und dies wurde durchgängig als aufbauend, Sebstbewusstsein bildend und erstrebenswert erlebt. Es kam zu echten Begegnungen mit der Kunst, zum Ergreifen/Ergriffensein von einem Werk vor einem Werk. Nicht als aufbereitete Schauobjekte, sondern als eine Position, der es sich zu stellen lohnte und die ihrerseits die Menschen in ihrer Lebenssituation antrafen. Die Bilder waren weder für den Einladenden noch für die Eingeladenen verfügbar, sollten dies auch nicht sein und bleiben, sondern gestalteten aktiv Prozesse von Selbst- und Fremdwahrnehmung. Sie wirkten. Es entstand im Prozess eine neue Wirklichkeit, in der eine alte Wirklichkeit neue Impulse, Perspektiven, Herausforderungen, Befreiuungen, Öffnungen erhielt. Ohne dass dies vom Einladenden planbar, voraussehbar, machbar gewesen wäre. Hoffen konnte er es und offen dafür sein. Und »es« ereignete sich, wenn die Kunst und die Betrachtenden sich hinlänglich offen einließen. Keiner konnte absehen, wohin dieser Prozess führte.[497]

[496] Weiteres Bildmaterial: Santiago Sierra »Haus im Schlamm« (Originalfotos, Kestnergesellschaft Hannover), 2005; Thomas Helmboldt »Baumhäuser« und »Wurzeln« (Orig.).

[497] Einige Male traf ich zufällig an Folgetagen Besucher dieser Abende in der Kapelle an, die dort saßen und etwas nachsannen. Es gab dann manchmal Gespräche, oft auch nicht – und das war gut so!

4.2.4 Die Männergruppe

Unter dem Motto IGNITE IMAGINE INSPIRE verschickte ich gezielt Einladungen zu einer Gruppe an Männer, die ich aus unterschiedlichen Bereichen meiner Arbeit kennengelernt hatte, mit der Bitte um baldige Rückmeldung. Erfolgte aus einem Bereich eine Absage, ging eine erneute Einladung an einen anderen Mann aus eben diesem, um letztlich eine breite »Mischung von Männern« zu erreichen. So kam eine nach Alter, Bildungsstand und Berufen sehr heterogene Gruppe zustande. Die Männer sollten voneinander möglichst nicht mehr wissen als ihren Vornamen – alle sonstige Begegnung sollte sich in der Gruppe ereignen, ohne dass biografische Vorstellungen, Berichte über Beruf und Familienstand etc. ausgetauscht würden. Dies gelang erstaunlicherweise lange! Jeder kannte mich, ich kannte sie, aber sie kannten einander nicht – außer in den Begegnungen der Treffen.

Einzelner und Gruppe. Der Weg beginnt. Ein Eisblock beginnt zu schmelzen. So treffen sich am Abend eines sich neigenden sonnigen Tages auf der Spitze des Kronsberges in Hannover am Gipfelkreuz erstmals sieben Männer mit mir: ein Kantor, ein körperbehinderter frühpensionierter Bürokaufmann, ein Sportreporter, ein niedergelassener Facharzt, ein Elektroniker, ein HNO-Kliniker, ein pensionierter Kindergartenleiter – wie erbeten »in bequemer Arbeitskleidung«. Die Altersstruktur liegt zwischen »Ende 20« und »Ende 60«. Mitten im dort pulsierenden Leben: Gewerkschafter grillen, Mountain-Biker rasen, Jogger queren, und ich leite eine Meditation an zum Weg vom Aufbruch dieser Männer von Zuhause bis in diesen Kreis, über Eingebundensein in berufliche oder familiäre Forderungen, über Anspannung und Neugier, über Erwartungen und Befürchtungen. Die Meditation schließt mit der Übung (nach Psalm 139), dass die Männer jeweils ihre rechte Handfläche auf den Rücken des rechten Nebenmannes legen und sich so einander spüren.

Die Situation ist eine erhebliche Herausforderung: Quasi öffentlich im Kreis zu stehen, die Augen zu schließen für eine Meditation, sich dieser auszusetzen, dann einander zu berühren, die »Gefahr« des Erkanntwerdens von Passanten, die selbstverständlich neugierig – allerdings von weitem – schauen. Dennoch machen alle mit. In sehr unterschiedlicher »bequemer Arbeitskleidung«, angereist im offenen Porsche-Cabrio, im alten Golf, mit dem Damenfahrrad der Frau, zu Fuß – es gibt viel zu schauen und zu denken für die Männer.

Auch als ich sie auf das Setting festlege: Vorname, kein Austausch von persönlichen Daten, regelmäßige Teilnahme, für die Abende jeweils »open end«, dringende Bitte um Vertraulichkeit, Dauer ein Jahr. Besiegelt wird dies durch eben die Nennung des Vornamens – ergänzt durch Anmerkungen Einzelner: »... und ich freue mich, dass ich dabei sein kann!«, »Schön euch kennenzulernen!«, »Ja, ich bin gespannt!« – und einen Händedruck. Manche erwähnen, dass sie mich kennen, andere nicht.

Die folgende Übung leitet eine Erzählung über einen Seelsorgebesuch bei einer 93-jährigen Frau in der Medizinischen Hochschule Hannover ein. Die Seelsorge war zu ihr gerufen worden, weil sie nach einer Hüftoperation die Krankengymnastik verweigerte. Im Verlauf dieses Gesprächs erzählte sie, dass sie vor Jahrzehnten in der Entwicklungshilfe in den Anden bei Indios gearbeitet hätte, die in Höhlen oberhalb der Baumgrenze ihre Lebensmittel aufbewahrten. Sicher vor Mäusen und Zersetzung. Dort hätte es ein Initiationsritual zum Mannsein gegeben, bei dem Jugendlichen ein Eisblock auf die Schulter gelegt würde, den diese ins Tal hätte tragen müssen bis dieser geschmolzen sei. Sie hätten jeweils in Gruppen gehen müssen, damit alles mit rechten Dingen zuginge.[498] – Aus einer Kühltasche wird ein aus fünfzehn Litern Wasser gefrorener Eiswürfel den Männern auf die Hände gelegt, die diesen schweigend ins Tal tragen sollen – »bis ins Paradies«.

Der Weg beginnt. Unser Weg – und der des Eisblockes in unserer Mitte, der zu schmelzen beginnt. Ein Symbol für das, was ich von und in dieser Gruppe zu IGNITE IMAGINE INSPIRE erhoffe. Also auch in einem weiteren Sinn: Der Block ist schwer und eben eiskalt. Niemand kann ihn lange tragen, so dass die Männer sich sofort nonverbal in einer gemeinsamen Handlung vorfinden und erhebliche Aktivität von ihnen verlangt wird. Wer gibt wann an wen weiter? Wer trägt wie lange? Welches »falsche Zugreifen« führt zu einer Tragepause? Kann man auch zu zweit tragen? Muss der Behinderte tragen – oder darf er? Wie stark bin ich im Vergleich zum offensichtlich älteren Mann? Der Block knackt, Risse bilden sich, das Wasser läuft an ihm herunter. Und an der Kleidung der Männer. Was lasse ich mir anmerken? Strukturen bilden sich, Männer mit dem »Bestimmungsrecht« im Alltag müssen hier »mit«machen ... Nach circa einstündigem Weg kommt die Gruppe im »Paradies« genannten Innenhof eines Kirchenzentrums an. Schweigend und schwer atmend. Zu einer Gruppe geworden durch das Erlebnis eines Weges miteinander. Der Block – nicht einmal zur Hälfte abgeschmolzen – wird an der Quelle im Hof abgelegt.

---

[498] Im Gespräch mit dieser alten Frau hatte ich sehr bald verstanden, dass diese sich ebenfalls mit ihren »Lebensmitteln« auseinandersetzte und kein Interesse mehr an Krankengymnastik hatte. Sie wurde damals am Folgetag entlassen und war verstorben, als ich das Heim ausfindig gemacht hatte, in das sie verlegt worden war.

Wir versammeln uns im Kreis am Blickfang des Hofes, einem Stein von Ulrich Rückriem, einem Bleu-de-Vire-Granit aus der Normandie, den der Künstler zur EXPO 2000 für diesen Ort gefertigt hat.

Die Augen der Männer strahlen. Was sind die Botschaften: »Verrückt, das!«, »Ich fühle mich gut!«, »Stolz«, »Na, wir haben es geschafft!«, »Hätte ich nicht gedacht, dass ich da mitkomme!«, »War ganz schön anstrengend!«, »Ein starkes Erlebnis!«. Ähnlich waren gegen Ende des Abends dann auch tatsächlich die Feedbacks. Ergänzt dann durch »Also, wenn ich das meiner Frau erzähle …« Männer!

Eine kurze Beschreibung des Künstlers und des Weges dieses Steins an diesen Ort, dass sich Rückriem seit langem mit Gesteinsblöcken auseinandersetzt hat, dass er sich zwischen diesen aufhält, seine Kunst aus deren Innern entwickelt. Dass die Spuren seines Handelns stets am Stein erkennbar seien, dass er die Blöcke teilt und wieder zusammenfügt, den Stein würdigen will durch seine Hervorrufung dessen aus dem Steinbruch. Und dass er seine Lebensaufgabe darin gefunden habe, den Stein als Bild zu behauen.

Dann sollen die Männer sich einen Ort am Stein finden, auf den sie ihre Hände legen mögen, um sich in den Stein einzufühlen. Fünfzehn Minuten, mit offenen oder geschlossenen Augen, schweigend.

Zeit, in der diese Männer, die sich gerade sehr intensiv mit den Fähigkeiten und Begrenztheiten ihrer Hände und ihrer Tragfähigkeit auseinandergesetzt hatten, in einen inneren Dialog treten mit dem Stein. Eventuell bedenken, wie sie sich ihnen bis dato fremden Männern gezeigt und mit diesen eine völlig neue, »abwegige« Aufgabe bewältigt haben. In der ihr Mannsein, ihre Manpower und ihre Art in Beziehung stand zu den anderen Männern. In der sie etwas taten, das niemand von ihnen jemals in Arbeit oder Freizeit getan hatte. In der sie Sorge hatten, dass gerade sie eventuell ihren Teil nicht beitragen konnten. In der sie sich aber in der Öffentlichkeit sich selbst, dem Eisblock, einander, der Aufgabe gestellt hatten. In der sie gewiss manches in ihrem Herzen bewegt haben, das sie gern geäußert hätten. In der sie ganz bei sich bleiben mussten – und konnten! In der sie miteinander das Tempo, die Frequenz, die Leistungsdauer, die Art der Tragetechnik etc. nonverbal abstimmen und bestimmen konnten und mussten. In der sie sich keine Blöße gaben. In der sie angekommen waren bei dem Werk eines Mit-Mannes, der auch Hand angelegt hatte an einen erheblich größeren, schwereren, massigeren Block, der die Gruppe erheblich überragte. Einem Block, den sie nun respektvoll umstanden und würdigend anschauten. Und in den sie sich nun »einfühlen« sollten – eine vage Aufgabe. Wie jenes Einfühlen vor über einer Stunde in den Körper des rechten Nebenmannes ja auch.

o. T., Ulrich Rückriem

Keine Rückmeldungen, von daher ist nur zu ahnen, was in diesen Minuten in den Männern vorgehen mag. Hände liegen auf der rauen Kruste des Granits, auf der vertikalen Sägestelle, dem Loch der horizontalen Spaltung, auf der geglätteten Fläche. Hände liegen still, Hände reiben langsam über das Material. Hände stützen den ganzen Körper auf den Granit. Und Hände versuchen die Höhe zu begreifen. Augen sind geschlossen. Augen suchen den

Stein ab nach Spuren. Augen sind ganz im »Hier und Jetzt«. Augen sind »weit weg«.

Die Gruppe verabschiedet sich vom Eisblock, der dort verbleibt – »Ihr seid ja schon alle richtige Männer!«, sagt einer – und vom Granit und ist gebeten, schweigend das Gewesene zu bedenken und langsam wieder auf den Berg zu kommen. Treffpunkt. Gipfelkreuz. Auf dem geraden Weg zum Gipfel sehe ich von dort die Männer einzeln ihres Wegs gehen, verschiedene Wege, langsamen Schrittes, die Hände anschauend, stehen bleibend, sich reckend. Einer sitzt länger am Fuß des Berges und schaut vor sich hin.

Als wir wieder miteinander im Kreis stehen, liegen am Boden Kartons und Stifte. Die Einladung zu einem Bild: »Ich – in den Blöcken meines Lebens«. Die Männer verteilen sich am Hang und beginnen zu malen. Dreißig Minuten.

Die nächste »Kraftprobe« folgt, als sie einander ihre Bilder zeigen. Methode: Jeder kann etwas äußern zu einem Blatt, außer dem, der es gemalt hat.[499]

Die Männer schauen sehr genau hin (hier können sie etwas voneinander, vom Unbekannten rn Vermutungen, stellen ihre Sichtweise zur Verfügung, geben sich viel Mühe in einem für die meisten fremden Terrain, tauschen sich aus. Sympathien werden geäußert zur Malweise, zum Inhalt des Blattes, »Verständnis«. Nicht nur der Maler zeigt sich! Es ist nach diesen wenigen Stunden viel Respekt voreinander hörbar und spürbar: Vor dem Bild. Vor dem Inhalt des Bildes. Vor der Malweise. Vor dem Mann.

Kurz bevor die Sonne untergeht, lese ich den 31. Psalm und wir schauen still zu, bis die Erde sich vom roten Sonnenball weggedreht hat.

Wir verabschieden uns mit Handschlag: Alle haben die Vornamen behalten. Die Männer verlassen einzeln den Berg auf dem Weg zum Fahrrad, Auto …

---

[499] Einige Bilder beschreibe ich: Fünf schwarze Blöcke / Menschen, isoliert voneinander, aber fröhlich gestikulierend, verbunden durch Regenbogenfarben. Dennoch schwer und hart. / Eine Figur zwischen zwei rot straffierten, ungleich großen Blöcken: massiv, aber nicht massig, durchschaubar, klare Farben. Ein deutliches Lächeln. / Schwere Blöcke lehnen vage aneinander, halten einander (noch?). Stemmen ein Universum aus lila Sternen, Sonnen. Über einem zentralen Rund, einer »Powerstation«, der (dadurch?) nichts etwas anhaben kann. / Eine Figur hangelt sich durch die engste Stelle einer eh schon schmalen Klamm. Unter ihm ist der Raum dunkelblau und bodenlos; über ihm ist keine Farbe. Ist dies eine Seitenansicht oder die Draufsicht auf einen Weg? / Ein Insekten-Wesen mit vielen Beinen bewegt sich grazil oben auf/über Blöcke, Schründe, Spalten. Es muss strampeln, tritt auch leicht in Abgründe, aber hat als Gesamtheit die Kraft, sich dort zu behaupten.

Weg und Ziel. Wagen und Zagen. Perspektive.
Treffpunkt für den zweiten Abend ist der letzte Parkplatz der Stadt vor der Autobahn, der auch noch mit öffentlichen Verkehrsmitteln erreichbar ist.

Bitte in der Einladungs-Mail: Festes Schuhwerk. In zwei Pkws fahren wir etwa 40 Minuten ein Stück Autobahn und dann zu einem Parkplatz an einem Waldgebiet.

In Zweiergruppen gehen wir in den Wald, der von hier an einem Berg ansteigt: Ein Mann führt den anderen, der die Augen geschlossen hält. Ich gehe mit Abstand.

Impuls: »Du bist für die Zeit dieses Weges verantwortlich für den Mann, den du führst!« Auszusprechende Verabredung, nachdem sich Paare gefunden haben: »Ja, ich führe dich! Ich übernehme die Verantwortung für diesen Weg!«

Alle schweigen, um die Stille des Waldes nicht zu stören. Die Amseln singen ihr Abendlied. – Der körperbehinderte Mann soll als erstes geführt werden. Langsam gehen die Paare auf verschiedenen Wegen bergan – von Querbergein bis auf möglichst ebenem Terrain. Ein dichter Fichtenforst wird passiert und wir stehen am Fuß des Stoffregen-Aussichtsturms oben am Berg: 110 Stufen hoch. Die Veränderung des Untergrunds vom Waldboden zum laut hallenden Metall der Stufen wird wahrgenommen: »Du, ich will meine Augen nicht öffnen, aber ich habe Angst!«, äußert der behinderte Mann: »Ich habe die Verantwortung übernommen, nun vertrau mir bitte!«, ist die Antwort. – Und ein anderer: »Nicht nur dir ist mulmig, mein Lieber!«

Mit vereinten Kräften schaffen wir es, dass alle oben ankommen.

Die erste Äußerung des behinderten Mannes, als er auf der Plattform die Augen öffnet: »Hätte ich gesehen, wo wir hingehen, wäre ich hier nicht hoch gegangen. Das hätte ich mir niemals zugetraut. Wahnsinn!«

Eine Äußerung des Arztes: »Ich kann mich nicht erinnern, dass ich so was schon mal gemacht habe. Immer Vollgas, sonst. Aber eben im Wald, ich hab' den richtig gehört! Super.«

Der Kindergärtner: »Ich habe fürchterliche Höhenangst. Aber F. hat mich so sicher geführt, dass ich nie einen Zweifel hatte. Und jetzt bin ich tatsächlich hier oben und es ist gut!«

Ein anderer: »Da hinten die Lichter, da ist Norden, Hannover. – So etwas müsste ich mal mit der Familie machen!«

Wir sind über den Baumwipfeln, unter uns der dunkle Wald. Die Männer lehnen auf dem Geländer und jeder hängt seinen Gedanken nach. Oder schicken sie jetzt »gute Gedanken«? Es wird ganz still: »Über allen Wipfeln ist Ruh!«

Mein nächster Impuls: »Wir tanzen jetzt!« – »Nein!«, ist die Antwort aus gleichzeitig mehreren Mündern. Ein Dialog: »Hier sieht dich doch keiner!« – »Aber ich sehe mich, das reicht!« – »Ta-ke-ti-na« – ein Kreistanz, in dem es darum geht, zum Rhythmus der Füße einen Takt und einen Gegentakt mit den Händen zu klatschen. Mit dem Atemrhythmus – auf 1 und 3 – ist dies einfach; gegen den Atemrhythmus – auf ke und na – ist es schwierig bis unlösbar. Auch für die Männer. Obwohl sich alle bemühen. »Es ist doch eigentlich so einfach!«, »So'n Kinderkram – und ich schaffe das nicht!«

Nach einer Weile tragen wir unsere Beobachtungen zusammen. Werden einige diesen Tanz heimlich üben?

Der Rückweg – mit umgedrehten Rollen von Führer und Geführtem. Durch den nun »stockdunklen« Wald, aber die Männer sehen nun doch einiges mehr als vorher, da sich die Augen gewöhnt haben. Alle gehen selbstverständlich davon aus, dass es nun zurückgeht zum Parkplatz. Niemand hat mein kurzes Handy-Gespräch unten am Turm mit Schwester J., einer katholischen Ordensschwester im Schönstätter Mütterheim am Fuß des Berges, von dem wir nun hinuntergehen, bemerkt. Einige hundert Meter vom Parkplatz liegt das Haus entfernt. Ich durfte die Schwester – wie Tage vorher verabredet – wecken!

Als wir auf dem Gelände ankommen, hat Schwester J. in der winzigen alten Kapelle auf dem Gelände alle Kerzen am dortigen Marienaltar angezündet und hält uns die Tür auf: Die Führenden sind irritiert. Als die geführten Männer nun die Augen öffnen, schauen alle auf eine Mutter Gottes, umrahmt von Kerzenlicht. Die Männer sind – alle – sichtbar ergriffen, falten die Hände, bleiben stehen, sinken in die Bank, schütteln den Kopf, haben feuchte Augen, Tränen fließen. Ergriffenheit. Der Gegensatz von Dunkelheit und Licht, von Erwartung und tatsächlichem Anblick, dieses Strahlen. In Worten nicht zu fassen!

Es ist völlig still. Man hört nur das tiefe Atmen, das Schlucken der Männer. Zeit.

Gemalt werden soll dann nach einer Weile ohne hinzusehen mit Bleistift auf Karton das Ewigkeitszeichen, die liegende 8, in einer dauernden Bewegung ... und alle Männer stellen anschließend gleichlautend fest, wie viel Raum sie auf ihrem Karton für die Zeichnung verschenkt haben. Wir betrachten die unterschiedlich platzierten und dimensionierten Zeichen und sprechen über ihre mögliche Bedeutung und Zusammenhänge mit unseren Erfahrungen von gerade eben und dem sonstigen Alltag: »Dabei dachte ich, ich hätte ...!« ist ein häufiger Satzanfang.

Dann sind wir wieder nur im Raum und schweigen. Raum haben / Raum einnehmen / Grenzen einhalten / Vertrauen wagen und einlösen / Führen und geführt werden / Aufsteigen und Lassen / Ausdauer / Überblick / Sich selbst und anderen trauen / Verantwortung ablegen / Natur / Zeittakt / Rhythmus des Lebens finden etc.

Als wir die Lichter löschen, um zu gehen, steht – gegen unsere eigentliche Absprache – Schwester J. draußen und reicht jedem von uns die Hand: »Danke, dass sie diesen Ort unserer Kapelle ausgewählt haben. Gott führt uns! Einen guten Weg – auch weiterhin!«

Kein Wort fällt mehr bis zu den Pkws auf dem Weg durch die schwarze Nacht, in der ich die Gedanken der Männer zu hören meine. Später höre ich, dass auch im anderen Wagen niemand mehr gesprochen hat auf der Rückfahrt. IGNITE IMAGINE INSPIRE, das wurde heute verstanden.

Auf dem ersten Parkplatz hinter der Autobahn gehen wir auseinander. Die »Paare« dieses Abends werden während der gesamten Gruppenzeit eine besondere Beziehung, Zugewandtheit zueinander behalten.

Verletzt sein. Verletzt werden. Und die Nachhaltigkeit.
Am Schaukasten eines Fotografen gegenüber der Kestnergesellschaft in Hannover sind wir verabredet. Wir sehen uns die dort ausgestellten Fotos an und es fallen lästerliche Bemerkungen über die Motive. Dann gehen wir gemeinsam in die Ausstellung der Fotos von Anton Corbijn: »Everybody hurts«, großflächige Fotos von Prominenten des niederländischen Starfotografen im Museum.[500]

Wenn »jeder Mensch ein Künstler ist« (Beuys), dann sollten diese Fotos zwischen Realität und Klischee zu uns sprechen können. Dann können sie

---

500 Anton Corbijn, geb. 1955 in Strijen, Niederlande, »steht international für eine Fotografie, die, zwischen den Grenzen von angewandter und künstlerischer Fotografie sich bewegend, namhafte Musiker, Künstler, Schauspieler, Literaten und Stars unserer Zeit in das Zentrum ihres Blickes stellt. In den Welten des Glamour und Scheins, vornehmlich der Musikszene, zeigt Corbijn die Stars in ihren heldenhaften Posen aber auch als verletzbare Wesen, als Freunde und Individuen. … Immer wieder thematisiert Corbijn die Spannung zwischen Inszenierung und Realität, das Dasein als Star, das in höchstem Grad dem Leben als normalen Menschen fassadeähnlich vorgehalten wird. … Die nach dem bekannten Song von R.E.M. ›everybody hurts‹ benannte Ausstellung … dokumentiert weniger die schillernde, heldenhafte Seite des Starseins und zeigt Corbijns Fotos, die hinter die oft ›hardcore‹ Fassade eines Iggy Pop oder Nick Cave blicken. In den scheinbar zufälligen, entspannten Situationen leben die Künstler ohne ihre klischeebedienenden Starposen. Corbijn zeigt sie im Grenzbereich zwischen einem Image als Star und dem Menschen dahinter in seiner Verletzlichkeit und Einsamkeit.« (zit. aus der Pressemitteilung der Kestnergesellschaft Hannover zur Ausstellung 2003).

uns erzählen, dass auch wir täglich in dieser Spannung leben: in Beruf und Freizeit, in Alltag und Sonntag, zwischen Sein und Schein: als verletzte und verletzende Männer. Dies soll heute thematisiert werden, wenn es sich von den Männern finden lässt.

Die Männer kommen zu allen Abenden aus ihren Alltagen – direkt in eine ganz andere Situation.[501]

Und nun stehen sie im Foyer der Kestnergesellschaft. Um diese Zeit – am langen Abend im Museum – sind wir fast allein in den Räumen und können uns frei bewegen. Die Aufsicht kennt mich und hält sich angenehm zurück. Nach meiner kurzen Einführung in das Gebäude und zu Leben und Werk Corbijns lade ich dazu ein, sich Zeit zu nehmen und sich in den weiten Räumen des ehemaligen städtischen Schwimmbades »Goseriede« zu bewegen, sich einzulassen auf die Fotos und von »seinem« Foto irgendwann finden zu lassen. Unter der Fragestellung der Ausstellung, dass jeder Mann verletzt und verletzlich sei; die fotografierten Künstler und wir: »Was zeigt dir dazu dein Foto!« Anschließend möge jeder sich zu diesem Bild stellen und seine Gedanken und Erlebnisse im Kontakt zu diesem Foto den anderen Männern vorstellen.

45 Minuten Zeit.[502]

---

501 »War heute ein Sch...-Tag! Wieder mal randvoll mit echter Sch...! Bin noch gar nicht richtig da!« (Gerade gelingt es mir noch, den Arzt die Pfeife aus dem Mund nehmen zu lassen, bevor wir ins Museum gehen) / »Wir sind wieder schwanger – weiß ich seit gestern!«, sagt mir leise der Mann, dessen eines Kind wir gemeinsam beerdigt haben. / »Lasst mich lieber erst einmal in Ruhe, o.k.! Komme gerade aus dem Job!« / »Ich habe mich richtig auf diesen Abend gefreut!«

502 Es gibt einige Rückfragen zu einzelnen fotografierten Künstlern, die nicht allen (Altersstruktur der Männer von 28 bis 68!) in gleicher Weise bekannt sind. Vor dem Foto von Johnny Cash, der gerade verstorben war, steht eine rote Rose auf dem Boden.

Anschließend stellt jeder Mann den anderen »sein« Foto vor und stellt sich jeweils dazu: Weshalb diese Wahl? Worin liegt die Faszination? Jeder Mann erklärt den anderen sehr persönlich, sehr nah diese Wahl und bespricht darin seine Sicht des Fotos. Innerlich sehe ich neben den Corbijn-Fotos jeweils »Momentaufnahmen« der Männer, die dort stehen. Deren Wahl mir oft merkwürdig »plausibel« erscheint. Obwohl es doch Fotos eines fremden Mannes von für uns fremden Menschen sind: der Kantor weiß nicht, dass er eine bekannte junge Violinistin ausgewählt hat; der behinderte Mann nicht, dass dieser berühmte Wissenschaftler »seiner Wahl« im Rollstuhl sitzt; dass dieser Mann eine Frau ausgewählt hat, die seiner verstorbenen Frau wie aus dem Gesicht geschnitten ist, merkt er es? – Es fließen also Botschaften zwischen den Fotos und den Männern, zwischen Corbijn und den Männern. Was sagen die Fotos den Männern? Die ausgewählten Fotografien

Worin sehen die Männer die »Verletzung«? Um diese Frage anzusprechen, braucht es einen Schutzraum und so gehen wir anschließend mit Zeit, sich vom Foto seiner Wahl zu verabschieden, zu einem reservierten Raum in der Hanns-Lilje-Stiftung.

Mein Impuls für den folgenden Weg, der schweigend durch das Rotlicht-Viertel erfolgt, vorbei an Türstehern und Prostituierten, am Gehry-Haus: »Everybody hurts – Wo und wann hast du wen als letztes verletzt? Wo und wann bist du als erstes verletzt worden?« Angekommen malen und schreiben die Männer ihre Gedanken zu diesem Impuls.[503]

Die erste Gesprächsrunde über die ersten Bilder kommt zügig in Gang: Ich habe verletzt![504]

In der zweiten Gesprächsrunde gibt es lange keine Antwort: Ich wurde verletzt! Kein Blatt wird vorgelegt. Als sei die Gruppe in den eigenen Gedanken versunken.

---

und die Begründung der Wahl: David Bowie: »schwarz-weiße Schatten auf einem Leben«; Grönemeyer: »dieser Schattenkopf« und Miles Davis: »so intensive Augen«; Helena Kristensen: »unheimlich schön, weiblich und in sich ruhend« und Stephen Hawking: »Was steckt wohl dahinter? Wie's drinnen aussieht ...!«; Björk in Reykjavik: »diese sphärischen hexischen Augen« und Sinead O'Connor: »pures Leben«; Yamamoto: »so in sich ruhend« und Grönemeyer: »vorm Wegkreuz, ein prophetisches Foto: Der Tod seiner Frau und seines Bruders scheint schon da drin zu sein«; Hillary Hahn: »Zauberhafte Gelassenheit«; Bruno Ganz: »welch durchlebtes Gesicht!«

503 Meine Gedanken in dieser Zeit: Können wir einander »schon« solche Gedanken offen erzählen, zumuten? Ist das Fotografieren, das Anschauen der Fotos einfacher? Geht uns das Thema zu persönlich, zu intim an? Geht das andere Männer etwas an? Vor wem verbergen wir unsere Verletztheit? Ich bin unsicher, ob die Gruppe sich darüber austauschen kann oder dies eine Überforderung ist.

504 Das jeweilige Blatt wird nur gezeigt und die dargestellte Situation kurz benannt: Den alten Vater, die nächsten Menschen (Beispiele aus dem Familienalltag) / Verletzen ist normal im »Fluss des Lebens«, »das passiert 60 Mal am Tag«, »Wer Karriere machen will, muss das machen!« / Den eigenen Sohn gestern durch einen Vergleich mit einem Mitschüler. / Durch das »Dichtmachen« in einem Gespräch mit der Ehefrau (»Sich im Nachhinein entschuldigen geht eigentlich nicht!«) / Die Frau durch Unduldsamkeit in PC-Fragen kränken (»Sie fragt eigentlich nur weiter als andere und wirkt dadurch weltfremd!«) / Ein Mann bringt vorsichtig das Thema Sexualität mit der Ehefrau ein (»Ich weiß nicht, ob ihr das akzeptieren könnt?«). Sie sind wieder schwanger. / »Meine Frau kommt mit offener Hand und offenem Herz auf mich zu. Mir ist dies Thema sehr nah! Ich selbst muss immer noch dies und das klären, bevor ich Nähe/Sexualität zulassen kann, auch nach Jahren. – Und oft ist Versöhnung dann nicht mehr möglich, weil ich sie zurückgeschoben habe.«

Dann beginnt einer doch: »Vor unserem letzten Treffen hätte ich euch das nicht erzählen können. Und ich habe das auch noch niemandem sonst erzählt. Nicht einmal meiner Frau. Vielleicht kann man das auch nur Männern erzählen. Meine Verletzung aus der Kindheit tut noch immer bannig weh. Und holt mich gerade jetzt wieder ein, wo unser Bengel mich an das Alter damals erinnert.«[505]

Nach einer Pause bricht ein anderer das Schweigen: »Wisst ihr, wie das ist, wenn die eigenen Eltern sich für einen schämen?« Und er erzählt von sich und von der großen Brille des Mannes auf seinem Foto und seiner Assoziation: »Bloß nicht dahinter gucken lassen! Fassade wahren.« – »Aber wem hilft das?« Er habe erst sehr spät gelernt, sich von solchen Gedanken zu befreien. Und er habe kein Problem mehr, hier darüber zu sprechen. »Aber wenn der eigene Vater von einem wegen der Behinderung fordert, ›mindestens doppelt so gut zu sein wie andere‹ und ›nie zufrieden war‹, das tut nur weh! Das macht einen fertig!«

Als 12-jähriger Sohn hat einen weiteren nach Gesprächen »auf Augenhöhe« mit seinem Vater »dann doch der massive Druck des hierarchisch Höherstehenden« gedemütigt. Sehr klein hat er auf seinem großen Blatt eine winzige Kindfigur gemalt. Sie soll »der Vater« sein: Wunsch, Realität, heutige Sicht und damalige Erfahrung stehen vor ihm und sind heute anschaubar. Es stimmt die Erinnerung und seine jetzige Sicht: Nur wie sind sie zu vermitteln?

Als 5-Jähriger hat ein Mann in Ostpreußen mit seiner Mutter und Oma gelebt. Er erinnert und zeichnet: Bei Gewitter sei er allein aufgewacht und habe sich »unendlich verletzt und verlassen« gefühlt. Die Frauen holten nachts Heu ins Trockene. »Ich begreife heute erstmals nach sechzig Jahren, dass und wie ich damals verletzt wurde! Dieser Blick von Miles Davis auf dem Foto, diese Hände vorm Gesicht, dieses Entsetzen – genau das habe ich erlebt!«

---

[505] Und dann erzählt er stockend von Erniedrigungen, die er als Junge öffentlich von der Frau erfahren hat, zu der ihn seine Mutter tagsüber weggab. Seine Oma zerrt ihn hinter sich her (»In der Badeanstalt war irgendwie eine Wurst in der Badehose.«), nackt an anderen Menschen vorbei nach Hause. »Da war nur Scham, Demütigung, Kastration durch diese Frau!« Von Bloßstellung und Problemen mit Nacktheit redet er dann, von Wirkungen bis in seine Wehrdienst-Zeit, »bis heute«. Als er bitter zu weinen beginnt, legen sich Hände auf seine Schulter. – Er schließt naseputzend mit: »Schon toll, sich so Fotos anzusehen im Museum, in denen man sich entdeckt! Dieses blasse Gesicht, plötzlich stand alles wieder vor mir.«

Der 6-jährige Junge vergisst die Zeit beim Zuschauen im Zirkus, seine Mutter ruft ihn laut von weitem und fährt dann auf dem Fahrrad »immer ein wenig zu schnell für mich« vorweg nach Hause. Er muss schwitzend hinterherlaufen. Die Demütigung ist bis heute fühlbar – und der Hass.

Ein Mann (»Wir sind schwanger!«) will noch etwas »Besonderes« einbringen, »obwohl es schon so viel war heute!«. Er spricht seine Verletzung durch die Abwendung seiner Frau von ihm an. Im Bild hat er dies skizzenhaft in kräftigen Farben im Vordergrund dargestellt, spricht von »zu wenig intensiver Gemeinsamkeit«. Seine Eltern sind im Bild im Hintergrund in sehr kräftigen Farben – in der Farbe seines Körpers im Bild – dargestellt und »auch im Alltag sehr intensiv anwesend«.[506]

Die Gruppe ist von den Berichten emotional sehr betroffen und erschöpft.

In der Schlussrunde wird die Aussage eines Mannes von den anderen bestätigt, dass die Fotos Corbijns in der Gruppe für ein »Auf- und Ausatmen über die eigenen Verletzungen« geführt hätten. »Und das fängt gerade erst an. Mensch, wie lange schleppe ich das schon mit!«, kommentiert einer.

Nach diesem Abend sind wir alle sehr erschöpft durch die Erinnerungs- und die gegenwärtige Arbeit.

Wahrnehmen. Wahrheit. Verlassen und Verlässlichkeit.
An der Straßenbahnhaltestelle in der Nähe des Annastiftes mit der Kapelle am See treffen wir uns unter einer Straßenlaterne.[507] Als alle Männer zusammen sind, soll von ihnen ein Textblatt laut vorgelesen werden:

> »Nach eienr Stidue der Cmabrigde Uinverstiaet ist es sagl, in wlehcer Reiehnfogle die Bchusteban in Woeretrn vokrmomen.
> Und wre shcon sher gut leesn knan, der mrekt's fast gar nihct mher.

[506] Ich arbeite mit ihm und den anderen im Bild: »Kannst du etwas tun? Etwas verändern für dich? Im Bild.« – Es geht um verschiedene Bedeutung von Farben, unterschiedliche Bedeutung von Perspektiven, um Farbdichte und Transparenz im Blatt. Weiß er darum, wie seine Sicht bei seiner Partnerin wahrgenommen wird? Diese »Phalanx in einer Farbe«. Sein Fazit: »Ich bin ich mir plötzlich nicht ganz sicher, wer sich eigentlich abwendet oder abgewendet hat. Ich bin durch eure Sicht der Farben in meinem Bild ganz durcheinander gekommen. Und das Thema: Eltern. Da muss ich dringend ran!«

[507] Eine Viertelstunde vorher hatte ich dort allein einen jungen Mann abgeholt und in die dunkle Kapelle gebracht, wo er seine afrikanischen Stehtrommeln aufbaut und auf uns wartet.

Nun fargt sihc der genigete Leesr dohc, ob das woemgeolihc auhc auf anedre Zuasmemnheagne des Lebnes zuifrttf.
Und wlechce Flogen das hat.«[508]

Als das Blatt herumgereicht wird und alle fast problemlos vorlesen können, herrscht Verblüffung. Derweil gehen wir Richtung Kapelle, die als Raum einzig der Kantor kennt.

Vor der Kapelle erkläre ich, dass ich darin einen Stuhlkreis um eine brennende Kerze aufgestellt habe und dass sich bitte jeder still einen Platz mit Blick nach außen finden möge. Zu Anfang und zu Ende der einen Stunde, die wir dort sitzen, würde jeweils ein Text gelesen. Zwischendrin würden wir etwas hören und jeder möge darauf achten, »was dies mit uns und in uns mache.«

Noch draußen hören die Männer aus Platons 7. Buch des Staates das »Höhlengleichnis« und dazu Leitfragen: Was ist dir Wahrheit? Worauf gründet deine Wirklichkeit? Was ist dir wahr? Welche »Wechselfälle deiner Wahrheit« hast du erlebt?

Durch den Seiteneingang betreten wir die Kapelle und setzen uns in den Stuhlkreis. Das Kerzenlicht »bindet« unsere Augen, so dass zunächst nichts im Raum zu sehen ist. Nach einer Weile wird sanft eine dumpfe Trommel angeschlagen.[509]

Als der Trommler abbricht und lautlos die Kapelle verlässt, bleiben die Männer und unsere Schatten und unsere Gedanken und unser Atem und die innere Bewegung unserer Körper im Raum. In der nun folgenden Stille ist im Kreis heftiges Atmen, Erregung, Unruhe zu spüren. Mancher Schatten an der Wand ist in starker Dynamik. Räuspern. Husten.

Als die Zeituhr vom Hauptgebäude des Stifts die volle Stunde anschlägt verwörtere ich einige meiner Gedanken: Wo ist meine Position, mein Ort? Sitze ich eigentlich hier? Bin ich dort an der Wand? Was bewegt mich? Welche Größe habe ich – in mir, an der Wand? Was ist wahr: die Schatten dort

---

508 Graham Rawlinson, The significance of letter position in word recognition, 1976: Je besser jemand liest, desto weniger bemerkt er die Verfremdung. Wortlänge, Silhoutte, Zusammenhang u. a. dienen dann als Hinweise.

509 Der junge Mann, den mir eine Kollegin aus ihrer Trommelgruppe vermittelt hat, improvisiert im hohen, fast leeren Raum der Kapelle eine halbe Stunde lang Impressionen von Rhythmus, laut und leise, gleichförmig und in heftigen Synkopen, aufdringlich und zurückgenommen: Stimmen einer afrikanischen Trommel im Kapellenraum um eine Gruppe schweigend sitzender Männer.

oder meine alltägliche Realität »mit Blick auf das Helle in mir«? Irritiert mich Platons Sichtweise? Was will der mir? Kann ich meinen Schatten entgehen – und wie? Muss ich das?

Wir wenden die Stühle zur Mitte und schauen in die Kerze: »Die Schatten stehen nun hinter uns. Aber wir wissen, dass sie da sind!«

Mit der Einladung zum Malen der eigenen Gedanken wird eine kleine Seitenbeleuchtung der Kirche eingeschaltet. Jeder Mann ist beim Malen nun ganz bei sich.

Nach 30 Minuten Wolfdietrich Schurre:

»Beste Geschichte meines Lebens. Anderthalb Maschinenseiten vielleicht. Autor vergessen. In einer Zeitung gelesen. Zwei Schwerkranke im selben Zimmer. Einer an der Türe liegend, einer am Fenster. Nur der am Fenster kann hinaussehen. Der andere keinen grösseren Wunsch als das Fensterbett zu erhalten. Der am Fenster leidet darunter. Um den anderen zu entschädigen, erzählt er ihm täglich stundenlang, was draussen zu sehen ist, was draussen passiert. Eines Nachts bekommt er einen Erstickungsanfall. Der an der Tür könnte die Schwester rufen. Unterlässt es, denkt an das Bett. Am Morgen ist der andere tot, erstickt. Sein Fensterbett wird geräumt, der bisher an der Tür lag, erhält es. Sein Wunsch ist in Erfüllung gegangen. Gierig, erwartungsvoll wendet er das Gesicht zum Fenster. Nichts, nur eine Mauer.« (aus einem Schulbuch)

Unser Gespräch beginnt: Zunächst setzt ein sehr abstrakter Diskurs über den Begriff »Wahrheit« ein, dann geht es um die Qualität des Trommlers, seine Takt-Wahl und »das Trommeln an sich«. Schließlich haben einige im Raum und an den Wänden überhaupt keine Schatten gesehen – schon gar nicht eigene. Dann äußert ein Mann, der lange geschwiegen hatte, dass er »an einer ganz anderen Stelle« sei. Ihn habe die Trommel körperlich stark bewegt, sie habe alte Bilder in ihm freigesetzt, sehr alte verschüttete Träume aufgerührt. Ihm sei in dieser Stunde klar geworden, was er mit seinem gemalten Bild dokumentiert: »Ich gehe rückwärts voran!«

Das Gruppengespräch von vorher bricht ab und der Mann erzählt einen alten Traum, in dem er seine Mutter sieht, die an einem Dorfbrunnen steht. Sie ist stark geschminkt und wischt sich die Farbe aus dem Gesicht. Seine Frau und Schwiegermutter, die mit ihm und den Kindern im Auto vorbeifahren, lachen. Er schaut zum Brunnen und achtet nicht auf seine Frau und die Kinder. Das bewege ihn im Augenblick stark.

Dies bringt zwei Männer dazu, von Verlassensängsten in ihren Familien zu erzählen, davon »dass der schöne Schein ganz schnell zusammenkrachen könne«.

Es stellt sich heraus, dass, bis auf einen, alle Männer die Geschichte von Schnurre so rezipiert haben, dass es das Ziel sein müsse, die graue Wand als Realität zu wahren: »Die graue Wand, die muss ich mir oft verdammt krampfhaft hochhalten!« Als ich das Ereignis der Fantasie des verstorbenen Patienten aufrufe und darin einen hohen Wert der Kreativität, der Menschenliebe, der Wertschätzung für den anderen Mitpatienten wider dessen »böse Gedanken«, widersprechen mir die Männer einhellig und vehement: »Das ist irreal!« – »Das ist eine Illusion!« – »Fauler Zauber und Vorspiegelung von Lug und Trug! Die Wand ist die Realität.«

Ein anderer Mann beginnt daraufhin sehr aufgeregt – und ohne für mich erkennbaren Zusammenhang – zu erzählen, dass er die ganze Zeit aufs Kreuz geschaut habe, dass er »derzeit äußerst zufrieden« sei, dass für ihn zur Zeit alles leicht sei: »Ich habe eben meinen Glauben und damit gut. Ich denke nicht so viel über anderes nach!«

Nach einer längeren Pause erzählt einer in sehr langsamer und stockender Rede, dass ihm »die Grundlage seiner sicheren Wahrheiten im Leben über heftige Schicksalsschläge heftig angefragt worden« sei. Ihm sei fester Boden unter den Füßen sehr wertvoll. Und nicht selbstverständlich. Und da gäbe es auch »so was wie Angst, immer noch!«

Einer fragt ganz nüchtern den Unterschied zwischen Wahrheit und Wirklichkeit an.

Alle Voten stehen im »hohen Raum der Kirche« wie Schatten an der Wand. Dort bleiben sie stehen – wie die Schatten von vorhin, die gesehenen und die nicht gesehenen. Was ist geschehen während dieses stillen Sitzens und dem Klang der Trommel?

Vor der Kirche verabschieden wir uns umständlicher und langsamer als sonst. Jeder hat noch irgendeine Frage an jemanden. Mein Gefühl: Wir wollen nicht auseinander gehen!

Ein Mann geht zu Fuß nach Haus, lässt sein Auto stehen. Einen Weg, den er »früher mit seiner jetzigen Frau oft gegangen« ist. Er will noch weiter nachdenken »über all das«.

Lebenswege. Lebenslinien. Was liegt vor?

Das Regenwetter lässt uns beim nächsten Treffen rasch in die Räume der ESG ziehen. Die Gruppe ist nach dem letzten Treffen verhaltener als bei den Treffen vorher. In diesem Treffen möchte ich die von mir als Abwehr erlebte Situation des letzten Treffens direkt anschauen. Eine angeleitete Meditation: »Du stehst auf einem Berg und schaust in die Ebene deines Lebens. Du nimmst wahr und stellst dir eine Linie vor, in der dein Leben bis dato verlaufen ist. Du siehst sie und findest ihr eine Farbe!« Diese gedachte farbige Linie möge vom »inneren Bild« auf das Papier herausgebracht werden.

Vor dem gemeinsamen Anschauen geht ein Mann in Widerstand: Dies sei eine »zu starke Vereinfachung meines Lebens. So kann ich das nicht hinreichend darstellen!« Als er dann das Bild zeigt, gehen die anderen Männer auf das Auf und Ab der Linie zu Anfang, auf eine folgende wellenförmige Strecke, auf den zackigen Aufstieg bis zu einer kurzen Hochebene, auf den steilen Abfall und auf eine Wiederholung des Anfangs auf etwas höherer Ebene ein. Dann der steile Aufstieg bis zu etwa zwei Drittel des rechten Blattrandes. – Aus dem Widerstand wird im Miteinander ein Anschauen der Linie.

Der behinderte Mann hat ein sanftes Magenta als aufsteigende Bogenlinie mit einem kleinen Aufwärts-Push zum Ende sauber »aus einem Guss« aufs Blatt gebracht und ist – mit Recht – stolz auf seine »Linie«.

Einer sitzt vor seinem Blatt, auf dessen unteren Rand er auf zwei Drittel mit viel Farbauftrag in Dunkelmagenta eine Linie gezogen hat. Es wundere ihn selbst. Es sei noch nicht fertig. Es habe sicherlich etwas mit seiner derzeitigen Situation in der Ehe zu tun. Er wolle gern »zu Hause weiter daran malen«.

Ein so leuchtendes Gelb findet sich auf einem anderen Blatt, dass einem, wenn man näher hinsieht, die Augen flirren. Die Linie geht kontinuierlich mit zwei Podesten aufwärts.

Nachdem die Blätter besprochen sind, stelle ich Hermann Glöckners (Dresden) »Winkel in Rot« vor. Das Gespräch kreist merkwürdig um »zwei sich Findende«, »Allein – einsam – zu zweit auf ein Ziel gerichtet«, »hell vor rotem Hintergrund«, »Ich-Du-Paar«.

Das Gespräch bewegt sich auf einer Ebene »über den Bildern«, bei denen die Männer bleiben. Aus meiner Sicht »erdet« sich der Austausch nicht, er wird vermieden. Die Männer zeigen einander ihre Bilder, sich in ihren Bildern, mehr nicht. Doch andererseits ist dies so viel!

Waldweihnacht. Menschen im Dunkel findet das Licht.
Wir treffen uns am Abend des 18. Dezember am Tor des Waldfriedhofs Hannover-Misburg. Das Wetter ist winterlich kalt, eisig und windig. An einigen Stellen liegt Schnee, andere sind vereist. Die Männer sind entsprechend eingemummt. Alle haben, wie verabredet, Kerzenhalter und dafür passende Kerzen in der Tasche. – Ein Mann wurde am Morgen des Vortages operiert, was den Ankommenden mitgeteilt wird.

Auf Befragen kennt niemand »Waldweihnacht«. Kurz werden die »Bedingungen« vorgegeben: Stille auf dem Weg, beieinander bleiben, aufeinander achten, bei sich bleiben. So stapfen wir nach einer kurzen Stille schweigend los in den eisigen Wald. Nach einem durchschwiegenen Weg bleiben wir an einer Lichtung stehen, auf der mich am Vortag eine kleine Fichte gefunden hatte. Mit einer Erinnerung an unser erstes Treffen und unseren damaligen Kreis auf dem Berg, an die Hand auf dem Rücken des Nebenmannes, spreche ich den 139. Psalm, dann vom »Licht der Welt« und dem »Ich bin der Weg« und zünde meine Kerze an. Diese bekommt der neben mir Stehende, der sie an der Fichte anbringt, dann seine Kerze daran anzündet und diese weitergibt … Mitten in der dunklen Nacht, mitten im Wald stehen wir vermummten Männer um einen Baum und schauen in das Licht der Kerzen. Eine Kerze zünden wir noch an für den Kranken. Dann nimmt jeder sein Licht und wir treten still den Rückweg an, das brennende Licht vor uns. Achtsam, dass wir uns nicht die Hand verbrennen, das Licht uns nicht blendet, sondern auf den Weg fällt. Alle bringen ihre Kerze, die unterwegs mehrfach vom Nebenmann wieder angezündet werden muss, brennend zurück zum Ausgangspunkt.

Zum Schluss wieder ein Schweigekreis und ein Impuls: »Was ist Weihnacht? – Licht im Dunkel und ein Weg?« Dann verabschieden wir uns bis ins nächste Jahr.

Männer machen sich Bilder.
Es sind völlig verregnete Tage. Wir treffen uns im Foyer der Kestnergesellschaft. Es gibt nach über acht Wochen Pause in der Gruppe ein herzliches Wiedersehen in großer Vertrautheit und es wird deutlich, dass über den Jahreswechsel die »Anonymität der Gruppe« nicht aufrechterhalten wurde. Einzelne hatten sich verabredet, andere sich »zufällig getroffen«, teils mit Partnerinnen. Die Anfrage wird an mich weitergegeben, ob nicht mit den Ehefrauen eine ähnliche Frauengruppe entstehen könnte …

Wir stehen vor einer Doppelausstellung von Thomas Ruff,[510] »Nudes« und »Maschinen« und Franz Gertsch, »Silvia«.

[510] Thomas Ruff ist – wie Candida Höfer, Thomas Struth, Andreas Gursky – in den 1970er Jahren Schüler von Bernd und Hilla Becher gewesen. Er hinterfragt durch seine Art der Fotografie die objektivierende Haltung der Bechers, die für ihre dokumentierende Bildmethode berühmt wurden. Er durchbricht dagegen den angeblichen Auftrag der Kunst zu Wahrem und Schönem und thematisiert die scheinbar einfache Frage der Wahrnehmung von Menschen und Dingen. Da jedes Bild wie jedes Foto immer eine Konstruktion, ein Auswahlergebnis dessen ist, der vor der Leinwand bzw. hinter der Kamera steht, gibt es für Ruff kein objektives Bild vom Menschen. Zwar gibt die Fotografie Wirklichkeit exakt wieder, dennoch entsteht das Foto auf der Basis subjektiver Vorstellungen der Wirklichkeit

Die Männer schauen einfach. Die älteren entdecken bei den Maschinen-Fotos eigene Erinnerungen »aus der Zeit, als die noch arbeiteten«. Aufkleber, Halleninterieur führen zu lebhaftem Austausch, ebenso die Frage, ob denn diese »schöne ordentliche« Darstellung des damaligen Alltags legitim sei. Dies führt zur Frage, was Wirklichkeit ist. Wir sind ganz nah bei Ruffs Fotos. Und verifizieren diese Beobachtungen in den »Nudes« am Schönheitsideal. Die Reflexion von Bild und Manipulation und innerem Bild und Sichtweisen des Fotografen in Beziehung zu denen des Betrachters. »Ich mache mir ein Bild!« – geht das noch? Oder werden mir Bilder längst gemacht, auch schon vor den Neuerungen der digitalen Technik? Was sehe ich eigentlich noch selbst? Oder ist auch dies schon manipuliert durch Infiltrationen meiner Sehgewohnheiten? Gibt es noch wirkliche Wirklichkeit oder ist alles Bild? »Bin ich noch wirklich oder unterliege ich auch schon dem eigenen Bild von mir?« Gerade als Mann vor diesen »Nudes«, die in ihrer Darstellung und materiellen Existenz eben nach dem Ziel der Fotos, der Manipulation von was und wozu fragen. Eben das aber ist die künstlerische Intention von Ruff, diese Selbstreflexion anzuregen.

Dagegen stehen die fotorealistischen Arbeiten des Schweizer Künstlers Franz Gertsch, drei großformatige Gemälde, »Marina schminkt Luciano« (1975), »Luciano I« (1976) und »Irene und Luciano« (1977). Und neun Holzschnitte im riesigen Format 260 x 230 cm auf unterschiedlichem Farbgrund im Spektrum der Regenbogenfarben aus der Serie »Silvia« (2001/02).

Die handwerkliche Präzision des Künstlers verblüfft hier die Gruppe. Die wie »Fotowände« wirkenden Arbeiten, in denen von weitem jedes Details »stimmt«, die sich beim Herangehen als auf die Leinwand aufgetragene Farben zeigen, die an den richtigen Platz geschoben wurden. Aus der Ferne oder aus der Nähe sehen: Was vermittelt die Realität? Welche Realität? Gerade die »Realisten« in der Gruppe, die wissen, begreifen, erkennen, kommen mit ihren Maßstäben in neue Fragestellungen hinein. Sowohl der Arzt als auch der Notist.

---

und individueller Projektionen, ins Bild und des jeweils gewählten Ausschnitts – bereits vor den Möglichkeiten computergesteuerter Animation und Überarbeitung. Ruff lehnt jeden Authentizitätsanspruch des Mediums Foto ab. So bearbeitet er am Bildschirm pornographische Bilder aus dem Internet und reflektiert darin Wahrnehmungsmuster von virtuellen Bildern aus dem Internet. Andererseits dokumentiert er in seinen Maschinen-Aufnahmen der Geschichte sowie die der Fotografie selbst: Realität, unsere Wahrnehmung derselben und deren Repräsentation. Sehen wir mit den Augen oder vor allem mit dem Gehirn?

Dass dann die ungewöhnlich großflächigen Silvias tatsächlich Holzschnitte sein sollen, verblüfft alle. Dieses Gesicht ist so sanft und nah getroffen, das trotz der vermuteten Nähe des Künstlers zu »Silvia« die Beherrschung der »groben« Holzschnitt-Technik fasziniert. Und: Alle Silvias sind durch ihre Grundierung sehr verschieden, was deutlich wird, als wir »die Schönste im Saal« küren. Es gibt mehrere »Schönste«. Und die Männer teilen einander ihre Vermutungen mit, weshalb die individuelle Wahl so und nicht anders ausgefallen ist.

Beim Rausgehen sagt ein Mann: »Was mache ich mir bloß für Bilder!«

Frieden muss noch werden.
Wir treffen uns am Standbild des »Bogenschützen« vor dem Neuen Rathaus, der seinen Pfeil auf eben dieses richtet.

Manchmal ist es möglich, auch abends kurz in die Halle des Rathauses zu gelangen, um das Modell der 1945 großflächig zerstörten Stadt anzusehen, das, wie sich herausstellt, selbst langjährige Bewohner vorher nicht kannten. Die Ausmaße der Zerstörung sind immer wieder neu erschreckend. So schauen die Männer, wie es damals in ihrem jetzigen Wohngebiet aussah.

Auf dem Weg nach draußen zitiere ich assoziativ Meldungen von »Zerstörung in heutiger Zeit« vor mich hin, was die Gruppe eng zusammen gehen lässt: Amoklauf in den USA, Grubenunglück in China, Dutroux in Belgien, Guantanamo Bay, Kriegstote, Todesurteile, Folter, Hunger- und Drogentote, AIDS, Straßenverkehr …

An einem erhaltenen Teil der alten Stadtmauer, den wir passieren, legen die Männer ihre Hände auf die Steine, um die »Geschichte von Schutz und Zerstörung zu begreifen, um nicht zu vergessen«.

Das Zitieren geht weiter von Meldungen der letzten Zeit: Verkehrstote, Überflutungen in Asien, deutsche Waffenexporte, Landminen …

Bis wir zur Aegidienkirche kommen, die nach der Kriegszerstörung ohne Dach geblieben ist als Mahnmal für die Zerstörung der Stadt und in deren Inneren die Friedensglocke aus Hannovers Partnerstadt Hiroshima hängt, die jeweils am 05. August angeschlagen wird zur Erinnerung an den ersten Atombombenabwurf auf diese Stadt.

Wir erreichen die Beratungsstelle Osterstraße. Fotokopien eines Artikels aus der FRANKFURTER RUNDSCHAU[511] aus: »15 erprobte Alltagstechniken mit hohem Entspannungsfaktor und reichlich Glückspotential«: Tierfilme, Kegeln, Ameisen, Schwimmen, Springbrunnen, Kinder, Flugzeug, Ge-

[511] Ausgabe vom 25. 03. 2004.

hen, Adventskalender, Putzen, Frauenhintern, Nähen, Fußball, Couch, Insel. Dazu eine Grafik zur Höhe des Entspannungsfaktors in Zusammenhang mit Natur (20%), Handarbeit (20%), Wasser (20%), Sport (15%), Geselligkeit (15%), Sicherheit (5%) und Frauen (5%). Nach der Lektüre der kurzen erläuternden Essays und heftigem Kopfschütteln einiger an manchen Stellen, geht es um Konzentration auf das Stichwort »Insel«. »Stell dir vor, Ereignisse der Größenordnung von der wir auf dem Weg gehört haben, treten plötzlich bei uns auf. Du hast einzig die Chance, auf eine Insel zu fliehen: Du darfst zehn Dinge oder Wesen mitnehmen. – Was nimmst du mit und weshalb? Bitte schreibe es auf.«

Die Offenlegung der Texte und die anschließende Aussprache ist äußerst heftig: Was ist akzeptabel, mitgenommen zu werden? Was darf zurückgelassen werden? Ist die Familie selbstverständlich – und was, wenn nicht? Was ist erlaubter Selbsterhaltungswille, was gnadenloser Egoismus? Manchem ist dies die lang ersehnte, aber nicht offen eingestandene Chance zum Neubeginn, für andere bedeutete es den vorweggenommenen Tod. – Die Männer streiten. Weltanschauungen, Überzeugungen, Glaubensfragen, Wertmaßstäbe, Ängste, Sehnsüchte, Kapazitäten und Potenziale treten gegeneinander an. Spätestens jetzt bewährt sich, dass wir Vertraulichkeit vereinbart hatten!

Den Abend schließt mit Luthers Abendsegen. Und dem Hinweis, dass dies nach einem Jahr verabredungsgemäß das vorletzte Treffen gewesen sei. – Dieser Hinweis findet bei niemandem Resonanz und Beachtung.[512]

Abschied.
Vor diesem Treffen bekamen alle Männer einen Brief mit dem Hinweis, dass das Jahr, das wir für diese Gruppe vereinbart hatten, vergangen sei und dass das nächste das abschließende Treffen sei: Thema Abschied! Jeder möge mitbringen, was er in IGNITE IMAGINE IGNITE erfahren hätte. Jeder habe die Möglichkeit für Rückmeldungen an mich und an die Gruppe.

Wir trafen uns um einen separaten runden Tisch in einem Weinlokal. Nachdem das Thema »Fortsetzung« – wovon alle selbstverständlich ausgegangen waren! – wegen der getroffenen Absprachen abgewiesen war, begannen die Rückmeldungen zögerlich. Es kam raus, dass niemand mit dem Ende der Gruppe wirklich gerechnet hatte: »Das konnte doch so weitergehen!«

---

512 Als wir gingen, sah der behinderte Mann, dass der Arzt auf einem Behindertenparkplatz geparkt hatte. Darauf hingewiesen kam zur Antwort: »Da parkt doch um diese Zeit eh keiner mehr!« – »Danke, das sind die Leute, wegen denen ich manchmal stundenlang einen Parkplatz suchen muss!«
Wir leben eben doch nicht auf einer Insel!

»Abschiedlich leben!« – vielleicht ein Thema, das wir vergessen hatten zu besprechen. In Zeiten, in denen wir über fast alles reden können.

Auswertung

»Herr bleibe bei uns, denn es will Abend werden!«, hört der ans Kreuz ins Leben gehobene Christus von Männern auf dem Weg nach Emmaus, die ganz verwirrt waren in ihren Gedanken, ihrem Schauen und Wahrnehmen zwischen Vergangenheitsbewältigung von Todeserschrecken und gegenwärtigen Schritten durch ein Leben, das sie noch nicht für sich erkennen konnten. Die gefangen waren von Sterbensgeschichten und erfahrenem Aufstand für lebendiges Leben, gefesselt zwischen unaufgearbeiteter, noch virulenter, gerade erfahrener Vergangenheit und dem Starren auf einen Weg, dessen Ziel sie nicht ahnten. Die immerhin miteinander nicht allein waren und sich der körperlichen Herausforderung des Gehens, mithin der Wahrnehmung von Schritten voran, Anstrengung, Wind und Wetter stellten. Die offen waren für die Ansprache eines »ganz anderen«, der ihnen der Vertrauteste war, Subjekt ihrer Verwirrtheit, ihrer Rast- und Ortlosigkeit, ihrer Zielfrage und Sinnfrage: »Weg-von-hier, nur weg von hier!« und »Es ist ja … eine wahrhaft ungeheure Reise!«[513]

Das Fehlende im Vorsatz: »zum Glück« habe ich in der Männergruppe so erlebt. Es war »zum Glück« ein gemeinsamer Weg, den wir miteinander gehen konnten. Auf dem wir uns miteinander Geschichten und Erfahrungen der Vergangenheit, Ahnen von zukünftigen Weggabelungen und »neuen Wegen« in unserer Gegenwart stellen konnten. Und den Verwirrungen, die äußere und innere Bilder, die Position anderer und von anderem anrichtete. Getragen war diese Gruppe von einer grundlegenden Annahme und dem großen Bemühen um Aufmerksamkeit für innere Bewegung und Achtsamkeit vor den anderen.

---

513 Franz Kafka, Der Aufbruch: »Ich befahl mein Pferd aus dem Stall zu holen. Der Diener verstand mich nicht. Ich ging selbst in den Stall, sattelte mein Pferd und bestieg es. In der Ferne hörte ich eine Trompete blasen, ich fragte ihn, was das bedeutete. Er wusste nichts und hatte nichts gehört. Beim Tore hielt er mich auf und fragte: ›Wohin reitet der Herr?‹ ›Ich weiß es nicht‹, sagte ich, ›nur weg von hier, nur weg von hier. Immerfort weg von hier, nur so kann ich mein Ziel erreichen.‹ ›Du kennst also dein Ziel‹, fragte er. ›Ja‹, antwortete ich, ›ich sagte es doch: ›Weg-von-hier‹ – das ist mein Ziel.‹ ›Du hast keinen Essvorrat mit‹, sagte er. ›Ich brauche keinen‹, sagte ich, ›die Reise ist so lang, dass ich verhungern muss, wenn ich auf dem Weg nichts bekomme. Kein Essvorrat kann mich retten. Es ist ja zum Glück eine wahrhaft ungeheure Reise.‹« (zit. nach Ralf Sudau, Franz Kafka, Kurze Prosa / Erzählungen, Stuttgart 2007).

Es herrschte eine Basis der Freundlichkeit vor, auf der sich Wege wagen ließen. Dies lag auch daran, dass die Verletzungen und Havarien von jedem der Männer zurücklagen.

Die Emmausgeschichte war für mich für den Weg mit dieser Gruppe weisend. Nicht in meiner falschen Identifikation mit dem Christus, sondern mit und in der Ernstnahme des »Christusimpulses«, den Beuys formuliert, der innerlichen Wegweisung dieses Textes zum Leben, zum »Wärmepol«, dem Beitragen zur sozialen Plastik im Rahmen und in der Formatierung dieser Gruppe. Beuys' Stärke zum Sich-Trauen in der Form der Kunst, im Bild, hat mich ermutigt, Bildern und Plastiken zu trauen, den Wegen der Männer in dieser Gruppe Hinweise zu geben, denen sie folgen oder nicht folgen konnten. Eine Zielvorgabe gibt es auch in der Perikope nicht: Der Weg ist das Ziel. Ein zutiefst der frohen Botschaft von der Menschenfreundlichkeit Gottes verbundener Ansatz, der nicht einen Takt, ein Tempo, eine Option vorgibt, sondern schlicht bei den Menschen bleibt.

Im Neuen Testament bedeutet dies: Christus traut sich die Weg-Gemeinschaft mit diesen Männern zu. Er kennt die Männer aus verschiedenen vorgängigen Bezügen, legt sie aber nicht darauf fest. Er »nähert sich ihnen«. Nähe ereignet sich, wird geschenkt. Sie gehen miteinander einen Weg, dessen Ziel zunächst unklar ist. Er fragt und lässt sie finden. Sie sind erstaunt und erzählen. Ihre Todesgeschichten mischen sich mit erlebten Lebensgeschichten: Sie erzählen, ahnen aber die Bedeutung noch nicht. Als die Nacht droht, die Schatten an den Wänden innen und außen, die Erinnerung an den Tod greifbar wird, die Einsamkeit aufzieht, schauen sie – erstmals! – auf: Bleib! Sie essen und trinken miteinander – und er verschwindet. Er verschwindet, weil sie ihn nicht mehr brauchen. Weil sie ihn haben, in sich tragen, begriffen, ergriffen haben und ihren Weg nun gehen können: Als Sehende und Unterscheider von Vergangenheit und Zukunft in der Gegenwart. Sie sind am Leben!

In dieser Funktion des von außen Kommenden und Zuhörenden habe ich mich gefühlt, des Impulsgebers zum Zutagetreten für alte und neue Geschichten, des Träumers für diese Männer: IGNITE IMAGINE INSPIRE. Als verantwortlich in diesem Bereich und doch nicht in der Gefahr, die erwachsenen Männer abhängig zu machen von meiner Führung: Nicht ich konnte »Anzünden, Vorstellen, Inspirieren«, sondern es sollte sich ereignen. Sie hätten – jeder für sich – aus jeder Situation allein herausgekonnt und sie hätten jederzeit den nächsten Schritt verweigern können. Sie hätten allerdings die Situationen dann auch nicht erlebt, zu denen ich sie eingeladen habe. Sie waren, darin auch den Männern der Perikope ähnlich, gefangen mit ihrem Blick. Sie schauten auf das, was vor ihnen lag und suchten es zu verbinden mit Erfahrungen ihres Lebensalltags, es also zu sehen und neu zu reflektieren. Diese Männer haben zugegriffen und sich einladen lassen und sind sich so nah gekommen. Und sie haben – angefangen im wörtlichen Sinn: Anzünden erlebt (Schwester J., Waldweihnacht), sie haben sich und den anderen Vorstellungen geäußert (Insel, Blöcke, in allen Zeichnungen) und sind inspiriert worden durch die verschiedenartigen Begegnungen mit Künstlern und Kunst. Und ich bin mir sicher, dass diese Eindrücke und Erfahrungen nachhaltig wirken, dass die Männer ihren Weg verändert weitergehen, befreiter zu neuen Einsichten, offener für »Bilder«, was immer dies bedeutet an künstlerischer, ästhetischer, gesellschaftspolitischer, christlicher Herausforderung.

Und es gab viel zu »sehen«: dass ein Arzt erstmals in seiner Stadt, in der er seit Jahrzehnten wohnt, mit öffentlichen Verkehrsmitteln fährt (»Du, wie kauft man hier einen Fahrschein?«); dass ein körperbehinderter Mann auf einen Aussichtsturm steigt, nachts, mit geschlossenen Augen; dass Letzterer Ersterem sagt: »Du stehst falsch!«, das passiert Ärzten nicht oft; dass sich Männer vor anderen an uralte Verletzungen heranwagen und äußern, was sie über Jahre gehegt, verheimlicht und gehütet haben; dass sie den Umgang mit Eiseskälte erleben, hautnah; dass sie »anderen Versuchen der Lebensbewältigung« Zeit und Raum geben; dass sie Hand anlegen an einen Block, der spaltbar und zusammengefügt, mächtig und ästhetisch, Block ist von der Art ihrer Blöcke im Leben; dass sie Schwingungen erreichen, die ihrem Taktgefühl und Herzschlag zuwider laufen; dass sie Angst zulassen als zu ihnen gehörig; dass sie »auf krummen Linien gerade« lesen; dass sie geblendet sind von der Unendlichkeit; dass sie ergriffen sind von der holzschnittartigen Schönheit einer Frau und Pornographie aus der Schmuddelecke im Licht angeschaut werden kann; dass sie sich der Vergangenheit und der Gegenwart ihrer Verantwortung als Mann in dieser Zeit stellen und sie begreifen können; dass die Sonne untergeht, weil die Erde sich dreht; dass sie nicht Mann sind, weil »Mein Haus. Mein Auto. Mein Pferd« gilt, sondern weil sie ein Mit-Mann werden; dass sie sich den Schatten an der Wand stellen können – auch wenn ihnen die grauen Wände noch »sicherer« erscheinen als ihre eigene Fantasie vom Leben; dass sie sich zu Farben und Formen trauen dürfen; dass Kunst und Künstler ihnen etwas Neues, Aufregendes zu sagen haben können; dass jeder Schritt ein Schritt weiter ist auf dem Weg von der Geburt bis zum Tod, also einem ungeheuer kostbaren Weg.

Eine zum Glück ungeheure Reise: kafkaesk ungeheuer, weil niemand weiß und in der Gruppe wusste, was hinter der nächsten Wegbiegung lauert – jeder dieser Männer hat das bereits in aller Tragik erfahren und sich doch neu eingelassen! Die Panik von Gregor Samsa ist uns erspart geblieben, kann uns aber jederzeit ereilen, wenn wir merken, das wir etwas übersehen haben: im Beruf, in der Partnerschaft, im sozialen Miteinander, wo wir unseren Mann stehen sollen. Ungeheuer aber auch in der Gewissheit, dass sie ihren Mann stehen konnten, in den Begegnungen mit für sie merkwürdigen Herausforderungen – nächtlicher Tanz in einhundertstufiger Höhe, die Unendlichkeit auf einem Blatt Papier – und Positionen: Ich finde mich in einem Foto eines fremden Menschen eines fremden Fotografen wieder. Das ist doch irre! Ja, und dieses Irre hat jeder auf seine Weise bewältigt, erlebt. Und jeder wird es integriert haben in seine Vita. Wie auch immer.

Vergangenheit und Zukunft begegnen sich in der Gegenwart. Die Unendlichkeit ist einen Augenblick »auf meiner Höhe«. Christus begegnet mir. »Gott führt uns!«, sagte Schwester J. Die Männer haben dies erleben können. Sie haben dies begriffen. Es wurde ihnen – ganz spontan von außen – zugesagt: Als es Abend war und die Nacht voller Schatten.

Somit war diese Männergruppe nicht mehr und nicht weniger als eine Bibelarbeit zur Emmausgeschichte als sehr konkreter »walking act«. Bis hin zum Wein des Lebens.[514] Inspiriert von meiner Auseinandersetzung mit der Art des »Herumlebens«, dem Unterwegssein mit Künstlern, die sich trauen, ihr Mann-Sein auch sanft, reflexiv, verletzlich zu leben und darin beginnen aufzuholen, was an Arbeit im Genderthema von Männern längst überfällig zu leisten ist.

Ich habe mir um diese Männer viele Gedanken gemacht. In der Vorauswahl zur Einladung. In den Treffen, vor diesen und in der Nacharbeit. In der Sorge, dass alles gut gehen möge: die Vorabsprachen, die Wege querbeet. Dazu halfen ein Maltagebuch und die Protokolle, die nach der Verabschiedung im letzten Treffen auf dem Berg des ersten Treffens allein von mir verbrannt wurden. Für mich habe ich in dieser Arbeit erfahren, dass wir geleitet worden sind. So dass wir unterwegs sein konnten, allein, miteinander, zusammen. Und dass wir ankommen durften, allein, miteinander, zusammen. Dass wir die Zeit und den Raum nutzen konnten, dass er gesegnet war.

»Sie kehrten um und erzählten den anderen« – Das war nicht mein angepeiltes Ziel mit dieser Gruppe. Dennoch weiß ich mittlerweile, dass sich die Impulse aus dieser Zeit im Lebensraum der Männer ausgewirkt haben. Denn

---

[514] Dass der Wirt uns im Weinlokal noch einen Korb frisch gebackenen Brotes brachte, fügte sich »zufällig«.

wir begegnen einander ja gelegentlich weiter: In Gottesdiensten, in denen gerade dieser Mann vorher nicht saß. Im Café mit dem Mann, der mich beim letzten Mal noch wiedererkannte, der nun zunehmend sein Gedächtnis verliert: »Er malt seit der Gruppe!«, erzählte mir seine Frau. Der behinderte Mann versucht seither noch intensiver mit seiner Partnerin aus dem elterlichen Haus auszuziehen und eigenständig zu werden. Zwei Kinder habe ich inzwischen in der Kapelle am See getauft von Männern aus der Gruppe und deren Frauen. Ab und zu erinnert mal ein Satz an die Intensität unseres Miteinanders, aber nicht wehmütig oder nostalgisch: »Das waren wichtige Impulse für mich in der Gruppe!«

Sicher für den einen und anderen noch anderes. Vielleicht hat die Arbeit in dieser Gruppe eher bibelfernen Männern und mir ein wenig übersetzt und bebildert, was biblische Termini bedeuten können. Davon gehe ich aus.

4.2.5 Workshops

Kreative Zugänge zu meiner eigenen Sterblichkeit

Im Gemeindesaal einer Kirchengemeinde lud ich zu mehreren Folge-Workshops ein zum Thema: »Kreative Zugänge zu meiner eigenen Sterblichkeit.« Hintergrund war, dass sich bei einem Sprengelfrauentreffen unter den dort angebotenen Workshops mehr als die Hälfte der Frauen »eigentlich« für dieses Thema entschieden hatten. Dort konnte der dreistündige Workshop allerdings nur einmal spontan wiederholt werden.

Diese Workshops hatten jeweils folgende Struktur: Die Teilnehmenden betreten miteinander den Raum, in dem eine Installation zum Thema um ein Krankenhaus-Laken auf dem Boden und ein Kreuz aus Bauholz und Treibgut quer durch den Raum aufgebaut ist. Dazu: Diverse Gegenstände – Uhr auf »5 vor 12« bis »Begonnene und zerknüllte Abschiedsbriefe; diverse Kunstreproduktionen zum Thema; diverse Koans – »es beliebte zu geschehen« bis »überquere den fluss und bleibe hier«; diverse Texte und Gedichte – »Oma ist eingeschlafen!«, »Julchen ist im Himmel!«.

Eine Stunde ist Zeit zu schauen, wegzugehen, wiederzukommen, sich erreichen zu lassen, anzufassen, zu notieren.

Eine Meditationsübung besteht aus drei Sätzen, mit denen jeweils zu »spielen« ist (Betonung, Adressat, Ort des Aussprechens, Zeitpunkt wechseln!): Ich bin sterblich. Eines Tages bin ich tot. Ich muss sterben. – Ein kurzer Austausch über die verschiedenen Wirkungen jedes dieser Sätze auf die Einzelnen folgt: Welcher Satz kommt mir näher, wirkt bedrohlicher, bleibt mehr in Distanz, wirkt aktueller?

Nach dem Austeilen von Zeichenkartons und diverser Malmaterialien soll in einer Übung das Bild »auf der inneren Leinwand erscheinen«, das in diesem Augenblick aus all den Impulsen und Gedanken aus dem Grau aufsteigt. – Welches Bild dies auch immer ist. Nach einer ausreichenden Malzeit, in der dies Bild »dann bloß noch auf das Blatt gebracht werden braucht«, legen die Teilnehmenden nacheinander ihr Bild vor sich offen hin. Die anderen sagen ihre Eindrücke und Einfälle, Assoziationen zu jedem Bild. Die Malerin selbst kann einen Schlusssatz äußern und damit die Besprechung beenden.

Als Schlussgeschichte wird das Bilderbuch »Selina, Pumpernickel und die Katze Flora«[515] erzählt, in dem gezeigt wird, dass ein kleines Mädchen sich der eigenen Angst stellt und aufhört, vor dieser wegzulaufen. Es endet: »... dann begann für sie die schönste Zeit!«.

Mit diesem Schlusswunsch, dass nun auch für jede die »schönste Zeit beginnen möge«, endet der Workshop.

Nach über zwanzig ausgebuchten Wiederholungen wurde dieses Angebot eingestellt. Es war genug, auch wenn allein das Setting der Workshops jeweils identisch war. Die Bilder und die Äußerungen der Teilnehmerinnen und Teilnehmer blieben sehr verschieden und aufregend. Offen über die eigene Sterblichkeit reden, gestalten und sich austauschen zu können, das kam an.

Sterben und Tod von Kindern

Auf Einladung einer Kindergartenmitarbeiterinnen-Gesamttagung und anschließend verschiedener evangelischer und katholischer Kindergärten bot ich mehrere ein- bis zweitägige Seminare an, die das Thema »Tod« im Kindergarten kreativ behandelten. Ausgehend von meinen Erfahrungen mit Kindern und Angehörigen im Kinderkrankenhaus ging es mir darum, dass die eigenen Ängste und Vorstellungen der Mitarbeitenden von diesen selbst wahrgenommen werden konnten und Ausdruck fanden. Dass deutlich wurde, wer sich diesem Thema in der Kindergruppe stellen kann und wer wann nicht. Dass daraus Wege für die Mitarbeitenden selbst und dann zu den Kindern und deren inneren Bildern antizipiert würden und Material – Bücher, Bilderbücher, Spiele – ausprobiert wurde auf seine Brauchbarkeit für die Kinder und die Mitarbeitenden.

---

515 Susi Bohdal, Selina, Pumpernickel und die Katze Flora, Nord-Süd-Verlag 1981 (vergriffen).

Trauergruppen

Innerhalb von SeelsorgeART gab es das Angebot von zwei bewusst sehr kleinen Gruppen für verwaiste Väter und verwaiste Eltern, in denen gemalt werden konnte. Diese Einladung richtete sich an Väter bzw. Eltern aus der vorherigen Arbeit im Umfeld des Kinderkrankenhauses. Es gab in diesen Gruppen jeweils Gespräche mit Einzelnen zu bestimmten Bildsituationen (siehe »Tim«!) und es gab Einzelgespräche außerhalb der Gruppe. Beide Gruppen waren vorab auf den Zeitraum eines Jahres eingegrenzt.

Aus meiner Erfahrung in der Kinderkrankenhausseelsorge mit eigenen Gruppenangeboten sehe ich die Arbeit in und mit Trauergruppen verwaister Eltern sehr differenziert. Manchen Eltern hilft eine Gruppe, das Unaussprechliche zu verbalisieren, nach außen zu bringen, von anderen Eltern und ihrem Ergehen zu hören. Für diese ist eine Trauergruppe gut! Andere Eltern belastet es zusätzlich, »auch noch das Leid anderer« zu erfahren. Für diese eignet sich die Gruppe nicht. Und: Es gibt keinen »Königsweg der Trauer«.

In der Paargruppe war die Problematik des »Trauer trennt Menschen« so aktuell, dass sich für mehrere Paare an anderer Stelle therapeutische Paarberatungen anschlossen.

Seminare für Zivildienstleistende

In Zusammenarbeit mit dem Beauftragten für den Zivildienst der Landeskirche führten wir zum Thema »Umgang mit Leid, Sterben und Tod« jährlich Seminare für Zivildienstleistende durch, die in Kontexten eingesetzt waren, in denen dies Thema virulent war. Diese Wochen fanden jeweils im Evangelischen Jugendhof auf Spiekeroog statt und waren geprägt von der aktiven Nutzung der umgebenden Landschaft: Strand und Meer, Ebbe und Flut, Kommen und Gehen, Wind und Weite. Die Zivildienstleistenden arbeiteten kreativ mit Sand und Wasser, Treibgut und Wind, reagierten mit ihren inneren Bildern, führten Ergebnisse zurück ins Material, diskutierten und meditierten die Erlebnisse in Gesprächs- und Schweigerunden, unternahmen weite Spaziergänge mit gezielten Denk-Impulsen.

So entstanden z. B. bei Ebbe am Strand große Sandbilder zu »In mir erfahrene Traurigkeit«, vor denen wir anschließend schweigend saßen und zuschauten, wie die Flut nach ihnen griff und sie weggeschwemmt wurden. Da wir diese Übungen bei jedem Wetter durchführten und sie entsprechend den Gezeiten viele Stunden dauerten, kam es zuweilen zu geradezu archaischen Auseinandersetzungen mit Wind und Wellen (»Das kann doch nicht sein, dass das einfach so im Meer versinkt!« – »Ich kann doch jetzt hier nicht weggehen!«), eigener Kapazität (»Ich halte es nicht so lange aus, auf das ganze versinkende Leid zu schauen!«, » Mir war nicht klar, dass mir das noch so nah geht.«, »Mann, und ich dachte, das wäre durch!«, »Wieso kommt mir dies fremde Zeugs von anderen bloß so nah?«), was die Intensität der Erfahrungen derart beeinflusste, dass wir gemeinsam zu dem Ergebnis kamen, dass dies Thema »so« nur hier bearbeitet werden könne, in der Weite des Raumes und der Inselsituation.

Je nach Gruppenzusammensetzung und Intensität war in diesen Wochen der Tages- und Nachtverlauf von Arbeit und Freiraum für alle sehr unterschiedlich. Besonders, wenn es zu Krisensituationen kam. So diskutierte eine Gruppe von vier am selben Krankenhaus eingesetzten Männern eine lange Nacht hindurch darüber, weshalb sie einander unterschiedlich viel Vertrauen entgegen brachten: Dies war deutlich geworden in Übungen, in denen sie einander »auffangen« sollten. Die Bandbreite: Einer traute sich nicht, mit geschlossenen Augen in die Arme der anderen zu fallen. – Ein anderer ließ sich rücklings fallen und erst kurz vor dem Boden auffangen. Und: Beide hatten gute Gründe für dieses Verhalten, wie das Gespräch eröffnete. Hier konnte das zuvor Unsagbare anhand der Übung angesprochen werden.

TROTZ' dem Augenblick

Über eine Teilnehmerin aus den Seminarwochen in Göhrde (s. u.) wurde mir die vollständige Ausstellung von Akt-Fotos von Menschen mit einer Behinderung des Kölner Fotografen Reiner Diart angeboten. Zunächst in Göhrde selbst eingesetzt wurde sie dann innerhalb SeelsorgeART als Ausstellung mit speziellen Workshops dazu angeboten. In mehreren Kirchen bzw. Gemeindehäusern wurden die Fotos ausgestellt und die angebotenen Workshops wahrgenommen, an denen immer Menschen mit und ohne Behinderung teilnahmen. Es ging vor allem um die Öffnung der Wahrnehmung der Menschen vor den Fotos für die Menschen auf den Fotos.

Wir haben in den Workshops miteinander jeweils »unser Lieblingsfoto« gefunden, nach den Kriterien der Wahl gesucht und danach versucht, dieses Bild in seinen wesentlichen Elementen selbst zu skizzieren. Meist ging es darin um ästhetisch-schöne Sichtweisen auf diese »ganz normalen Körper«. Es kam sogar vor, dass die Behinderung auf den Fotos nicht erkannt wurde, weil sie nicht wichtig war, sondern die Ästhetik des Fotos überwog. Letzteres war wieder ein Impuls zum Nachdenken.

»Und was kommt dann?« oder: »Kann das alles gewesen sein?«
Eine bestehende Frauengruppe hatte von meiner Arbeitsweise gehört. Alle waren familiär und beruflich stark eingebunden, so dass für die Arbeit mit mir im gewünschten Umfang einzig eine Nacht blieb.

Nachdem die Erwartungen in Vorgesprächen geklärt waren, ließ ich mich darauf ein, einen Prozess anzuleiten zum Thema: »Kreative Nacht zum Nach- und Vor-Denken, zur Selbst-Besinnung und zu akutem Träumen«. So »flogen« dann eines späten Abends vierzehn Frauen in einem Wasserflugzeug über ein weites Meer und schauten von oben auf ein Eiland, das ihnen merkwürdig fremd und doch vertraut vorkam. So entdeckten sie dort Wege und Höhen, Brüche und Täler, fruchtbares und steiniges Terrain, so suchten sie nach Lebewesen. Sie konnten mit dem Fluggerät ganz nah heranfliegen, so dass sie sogar Dinge hören und riechen konnten. Und sie konnten sich wieder distanzieren, um sich zu fragen, ob sie und wo sie landen wollten. Das Flugzeug landete in hinlänglicher Entfernung auf ruhiger See.

Und vierzehn Frauen malten daraufhin auf DIN-A0-Kartons von 21.00–1.00 Uhr »Mein Leben – eine Insel«: Schweigend, aufschreiend, wütend, lachend, albernd, weinend, prustend, selbstversunken, akribisch. Und sie setzten sich dann miteinander und mit mir über ihre Bilder, deren Formen und Farben und Inhalte auseinander.

Gegen 4 Uhr morgens gingen wir – 14 Frauen und ein Mann – zufrieden auseinander, nach einer »Acht-Stunden-Nacht«, in der Motivation überhaupt kein Thema war. Allerdings war auch deutlich, wie es eine Teilnehmerin beschrieb: »Wir können dies so nur tun, weil wir uns gut kennen und Sie uns nur in den Bildern kennen!« Das aber war niemandes Schaden.

Frauenübernachtung
Nach einer »Kita-Übernachtung« in einer Kirchengemeinde regten Mütter, die die Kinder morgens abholten, an, dies auch einmal für sie selbst anzubieten. Dies nahm die Diakonin auf und fragte mich dafür an.

So kam es zu »AUFTANKEN – AUFATMEN – BESCHENKT SEIN. Biblische Zusagen begreifen. ›Frauenübernachtung‹«.

Um 21.00 Uhr begann es mit einem Glas Champagner im Foyer des Gemeindesaals – und endete gegen 4.00 Uhr morgens mit einer Gute-Nacht-Geschichte. In einem großen Saal wurden die jeweiligen »Kuschelecken« eingerichtet – mit Iso-Matte, Schlafsack, Decken, Fellen, Kuscheltieren, Blumen etc.

Jeweils mit einem kleinen Gong wurde von mir als einzigem Mann in der Runde dann »in den Innenkreis« eingeladen zu Einzel- und Partnerinnen-Übungen aus der Eutonie. Diese hatten zum Ziel, die Frauen bewusster zu machen für ihren Körper, ihre Lebenssituation, die Hindernisse auf dem Weg, den Augenblick jetzt. Und den Frauen etwas zu schenken, das sie gut gebrauchen konnten für das Leben nach dem »Aufwachen« nach dieser Übernachtung. Sie bekamen vorgelesen und erzählt, durften in den Übungen ihre Körper räkeln und strecken und erfahren, konnten sich nach Herzenslust malerisch »austoben«, mochten Träume aus sich freisetzen (ohne diese veröffentlichen zu müssen), bekamen Anregungen zu Lebenssichten von Künstlerinnen, hatten eine Nacht »ganz für sich«, konnten mit Gleichgesinnten Ideen austauschen – in Zweiergesprächen oder in der Runde.

Erst wenn sehr deutliche Anzeichen von Müdigkeit in der Runde festzustellen waren (so die Verabredung), durften sich alle »fürs Schlafen einkuscheln«, es gab eine »Gute-Nacht-Geschichte«[516] und der Mann verließ den Raum.

Hörensagen: Nach dem Ausschlafen gab es – ohne mich – ein gemeinsames Frauenfrühstück und den gemeinsamen Gottesdienstbesuch.

Dieses Angebot wurde in den Folgejahren zweimal wiederholt, mit denselben Teilnehmenden und wenigen Neuen, die sehr neugierig gemacht worden waren. Es ging darin um das Nachdenken der zurückgelegten Wegstrecke und um neue Impulse.

Selbststärkungs-Tage

Unter dem Motto »Auftanken – Bestärken – Bekräftigen« leitete ich verschiedene Tagesseminare für Gruppenleiterinnen von Kitas und Diakoniestationen an, in deren Verlauf festgefahrene Teamstrukturen und aktuelle Teamprobleme kreativ bearbeitet wurden. Diese Seminare zeichneten sich durch besondere Bereitschaft und Fähigkeit zu kreativer Auseinandersetzung aus, weil in diesem Berufsfeld »Begreifen« und »Anpacken«, Malen und Gestalten gängige Formen des Alltagserlebens sind und hier intensiv auch für das eigene Erleben genutzt wurden. Im Bild wurden so Probleme sichtbar, lagen vor, quasi »auf dem Tisch«, und konnten miteinander angeschaut und angegangen werden.

Burn-out-Seminare

Für Leitungsteams (von Kitas, Diakoniestationen) in verschiedenen Regionen bot ich Seminare zu »Burn out« an, deren Ziel es für mich war, im Vollzug des Tages mit kreativen Formen den Wurzeln des Burn-out auf die Spur zu kommen. Meiner These entsprechend, dass nicht »zu viel Arbeit«, sondern

[516] Marianne Chatelain, Mr. Rainbow und der Regen, Stuttgart 1997.

»zu falsche, weil lustlose Arbeit« dieses Phänomen hervorruft. – Der Prozess des »sich Ausstreckens und Aufrichtens« (zu sich stehen, zu seiner Lust-Seite stehen) geschah in eutonischen Übungen und im »Prozess des Bauens eines Bootes aus einem ausgebrannten Stamm, mit dem sich eine Fahrt über Wasser und Untiefen antreten lässt zu Inseln, auf denen Gut-Sein ist«.

Diese »Geschenk-Tage« sprachen sich schnell herum, so dass ich viele Anfragen schließlich ablehnen musste.

Kreativ-Wochen
für Menschen mit Spina-bifida und/oder Hydrocephalus

Von 1993 bis 2004 veranstaltete ich einmal jährlich – zunächst gemeinsam mit dem ASbH (Arbeitsgemeinschaft Spina-bifida und Hydrocephalus, Bundesverband), später ohne diesen – Kreativ-Wochen in der Heimvolkshochschule Bildungszentrum Jagdschloss Göhrde im Wendland für Erwachsene mit Spina-bifida und/oder Hydrocephalus.

Vorgeschichte

Durch alljährlich bundesweit ausgeschriebene »Spina-bifida-Wochen« im Kinderkrankenhaus, in die ich als dortiger Seelsorger mit Gottesdiensten und in Gesprächskreisen eingebunden war, wurde ich aufmerksam auf die Problematik der mit dieser Erkrankung erwachsen Gewordenen, denen ich dort begegnete. Sie traten vor Eltern, die durch die Geburt ihrer Kinder gerade mit diesem Krankheitsbild konfrontiert worden waren und die vor der Frage standen: Welche Perspektive hat mein Kind?[517] Über einige dieser zumeist Rollstuhl-Fahrerinnen, die ich für das Kindergottesdienst-Team gewinnen konnte, bekam ich – mich erschreckende – Einblicke in deren Alltag: Die Selbsthilfe-Gruppen wurden geleitet von Eltern. Thematisiert wurde in Zusammenkünften vor allem das Leben mit der Erkrankung, die über fast allen Lebensbezügen und Themen stand. Auch die erwachsenen »Betroffenen« wohnten zumeist weiter bei den Eltern, zum Teil in erschreckenden Abhängigkeiten und in erheblicher Unselbstständigkeit. Die Kränkung der Eltern durch die Erkrankung dieser Kinder – besonders erlebt in erheblich gestörten Vater-Tochter-Beziehungen – wurde eher nicht problematisiert, sondern kompensiert: »Man tat ja alles für das Kind!«

Die Verletzung der Eltern schaffte sich dafür um so erschreckender auf anderen Wegen Raum:

---

517 Es war noch die Zeit vor der pränatalen Diagnostik!

Ein Student fragt »die Mami« am schlecht abgedeckten Telefonhörer, ob er sich mit mir treffen dürfe.

Eine Studentin hört kurz vor ihrem Examen in der Vorlesung von ihrem Prüfer (der um ihre Erkrankung nicht weiß), dass »Menschen mit dem Krankheitsbild Hydrocephalus bestimmte Intelligenzleistungen nicht erbringen« könnten. Soll sie zu diesem Prüfer gehen?

Eine Postangestellte im Rollstuhl muss ihren Vater fragen, wenn sie sich ein Kleidungsstück kaufen will.

Eine Rollstuhl-Fahrerin mit dem Traumberuf Kindergärtnerin darf das Baby ihrer eigenen Schwester nicht auf den Arm nehmen, weil diese Angst habe, sie könne damit nicht umgehen. Darin wird sie von den Eltern unterstützt.

Eine junge Frau tanzt an den Abenden exzessiv an Gehhilfen zu lauter Rock-Musik. Zu Hause darf sie dies nicht, weil ihre »Eltern nicht wollen, dass sie sich so bewegt. Schon gar nicht in der Öffentlichkeit«. Und so kommt es dazu, dass diese Frau hier jede Nacht »voll aufdreht«.

Seminarwochen

Nach langer Vorbereitung mit einigen erwachsenen Spina-bifida-Betroffenen, lud ich 1993 erstmals in die Heimvolkshochschule nach Göhrde ein. Sämtliche notwendigen Planungsarbeiten für behindertengerechte Unterbringung, nötige krankenpflegerische Betreuung, Anreise, Umfeld des Seminars etc. dafür übernahm ein Betroffener. Ich war lediglich zuständig für die inhaltliche Gestaltung des Seminars. Das erste Treffen war ein langes Wochenende zum Thema: »Behinderung in Ost und West«. Es war ausgeschrieben für die jungen und alten Bundesländer und ein Versuch, ob und wie dieses »neue und andere kreative Angebot« angenommen werden würde.

Im Vorfeld gab es von Anfang an kritische Anfragen von Funktionären der Selbsthilfeorganisation und von besorgten Eltern zu den von mir geplanten Inhalten. Bis dahin, dass ich diese schriftlich vorlegen und von ihnen bestätigen lassen sollte. Dies lehnte ich selbstverständlich ab, hatte ich es doch bei den Teilnehmenden – aus meiner Überzeugung – mit jungen Erwachsenen zu tun, die sich sehr wohl mit Inhalten auseinandersetzen und diese gegebenenfalls ablehnen konnten. Die Inhalte wollte ich gern mit den Teilnehmenden absprechen und nicht über ihre Köpfe bestimmen lassen.

Diese Vorbehalte setzten sich fort, als Eltern, die ihre erwachsenen Kinder nach Göhrde brachten, mich »zur Seite nahmen«, um mich zu fragen, »ob ich denn wüsste, auf was ich mich da einließe«. Zuweilen gefolgt von »Informationen über das Kind«, die 1. zu peinlich waren, um sie anzuhören, geschweige wiederzugeben und die ich 2. überhaupt nicht wissen wollte.

Es war somit ein längerer Anweg, bis wir endlich bei uns waren – 14 junge Erwachsene, Frauen, Männer, im Rollstuhl, Fußgängerinnen – und erstmals im Gruppenraum zusammen saßen. »Draußen« stand jeweils mindestens eine Krankenschwester einsatzbereit, die mit dem Krankheitsbild vertraut war, um eventuell konsultiert zu werden. In späteren Seminaren waren diese Helferinnen auch in der inhaltlichen Arbeit dabei, was nie zu Problemen der Distanz zu den zu Betreuenden führte.

Von Anfang an hatte ich (!) viel zu lernen: Respekt vor einem anderen Lebensansatz, Ernstnahme (nicht Rücksichtnahme) auch in harten inhaltlichen Auseinandersetzungen, Akzeptanz anderer Bewegungsabläufe und körperlicher Notwendigkeiten. Den Zeittakt und die Länge der Arbeitseinheiten bestimmte der Langsamste aus der Gruppe (Erfordernisse aus Hygiene, körperlicher Beweglichkeit etc.). Manche Übungen gingen auf den ersten Blick nicht (manchmal aus meiner, manchmal aus Sicht der Rolli-Fahrerinnen), weil sie eventuell nicht denkbar erschienen. Waren sie erst denkbar, gingen sie auch meist! Es gab erhebliche Einschränkungen für ehrgeizige inhaltliche Planungen wegen meiner bisherigen Denkstruktur, führte aber andererseits zu einer Intensität des gemeinsamen Handelns und Probierens, der inhaltlichen Arbeit, die ich in keiner anderen Gruppe mehr erlebt habe. Ich reiste zuletzt mit einem inhaltlichen Planungsgerüst an, weil alle Konkretion letztlich spontan und in der Situation entschieden werden musste (und konnte). Es war für mich ein Gefühl wie zusehen zu dürfen, wenn junge Fohlen erstmals auf eine weite Blumenwiese hinauslaufen! Und dieses Bild gebrauche ich absichtsvoll, denn in diesen Wochen habe ich erlebt, dass Rollstuhl-Fahrerinnen ganz anders als Fußgängerinnen laufen können, ja, sogar »auf dem Hochseil fahren«. (s. u.)

So waren diese Wochen für die Teilnehmenden und für mich von Beginn an Neuland, das wir miteinander betraten und uns im Lauf der Zeit eroberten.

Nach dem ersten »großartigen Seminar« (Zitat aus der Besprechung im Info-Blatt des Verbandes) folgten alljährlich weitere. Die Themen dieser Seminarwochen bis 2004 waren u. a.: Ich war … Ich bin … Ich werde … / Mich – find' ich gut! / Du bist wertvoll. So wie du bist! / »geborgen – geboren – wachsen – entwachsen – erwachsen – entborgen? / Leben zwischen Sein und Werden / LebensRÄUME – FreiRÄUME / Menschen im Glashaus – eine Chance? Von den Maßen aller Dinge / THE ART OF LIVING.

Arbeitsformen

Es ging in allen Seminaren darum, mit den Teilnehmenden deren Erfahrungen im Lebensalltag zu erinnern, diese in kreativen Formen ans Licht zu bringen, zu reflektieren und eventuell Veränderungen einzuleiten. Das führte dazu, dass hier Menschen auf Ideen kamen, die sie sich zuvor nicht getraut hatten zu denken, zu träumen, geschweige umzusetzen. In ihren Bildern und Installationen stellten sie einander aber nun meist erstmals vor Augen und Sinne, was in ihnen vorhanden war: an Trauer, an Wut, an Sehnsucht, an Verletzung, an Träumen, an Kränkung, an Zielen, an Fähigkeiten, an Potenz …

Ein junger Mann, D. sitzt von Geburt an im Rollstuhl, macht seine Ausbildung und arbeitet in der Universitäts-Bibliothek einer westdeutschen Stadt. Er lebt »behindertengerecht«, wie er es nennt. In den Bahnen, die ihm offen stehen, hat er sein Leben geführt. Bis dahin.
Und nun ist er eingeladen zu einem Bild: »Mich – find' ich gut!« Er hat mit den 14 anderen Männern und Frauen zur Musik von Walgesängen eine Tauchtour mit einem freundlichen Delfin in die Tiefen der warmen See unternommen, ist auf eine riesige Kuppel gestoßen, in der er nach und nach eine Landschaft erkennt, die merkwürdigerweise seine eigenen Körperumrisse hat. Er hat viel Zeit, zu schauen und zu erkennen, was er dort sieht. Dann kehrt er ins flache Wasser zurück, geht an Land. Befindet sich in einem Saal mit 14 Männern und Frauen, davon die Hälfte im Rollstuhl wie er.
Der Boden mit Folie abgedeckt, Tische mit Malmaterialien, Papierbahnen in unterschiedlichen Größen. Der Mann entscheidet sich für das Malen am Boden, lacht aber laut auf und sagt: »Aber das kann ich ja nicht! Find' ich nicht gut! Aber Tauchen konnte ich bis eben auch nicht!« (Großes Gelächter aller im Saal). Ich werde nie die Situation vergessen, in der D. erstmals von uns aus seinem Rollstuhl auf eine große Papierbahn gehoben wurde und seine Hände mit den Farben in Kontakt kamen, die wir ihm in Reichweite hingestellt hatten. Er war einer von vielen im Raum, aber innerhalb kürzester Zeit war er allein in »seinem Raum«, tauchte in ein ihm bis dato unbekanntes Reich. Was da unter lautem Lachen und Weinen, unter Tränen und Auf-den-Boden-Schlagen, unter Kichern und Ausrufen entstand, das war ein Ausbruch! Mit einem Körper, der manche Bewegungen nicht leisten kann, und einem Geist, der gerade entdeckt, dass Bahnen auch verlassen werden können. Farben und Formen knallen geradezu auf den Malgrund, er durchwühlt die Fläche, probiert und

taucht quasi mit dem ganzen Körper in die Farben. Es ist ein Farb-Wust, ein Konglomerat, es sind Farbfladen. Es ist nicht erkennbar, was dort entsteht, nur: Es ereignet sich etwas! Das Material wird zum Transportmittel für Gefühle, die lange unterdrückt, vergraben, aufgestaut waren. Sie haben sich »im Wasser gelöst«, sind »nach dem Tauchgang mit an Land gekommen«, sind ihm »zur Hand« (nur die eine kann er voll nutzen!). »Ich bin doch derselbe gewesen an der Kuppel und in meinem Sehen und Träumen da unten wie jetzt an Land. Nur dass da unten alles leichter war! Mann, aber ich bin das doch!«, wird er später sagen! Und: »Das einfach rauszulassen. Mit den Farben spielen. Das glaubt mir doch keiner: Ich auf dem Boden und Malen! Aber ich hab das eben erlebt. Ich glaube das!« – »Und wir sehen es dir an!«, ergänzt eine andere. Der Reichtum dieser Erfahrung strahlt auf dem Gesicht und dem ganzen farbbedeckten Körper dieses Mannes, als er nach diesen Stunden wieder im Rollstuhl sitzt. Dass sein Satz in der anschließenden Besprechung, »Ich habe wohl was kapiert, oh Mann!«, nicht nur stimmte, sondern zu einem Aufbruch mit Folgen wurde, erwies sich in den Seminaren der folgenden Jahre.

In diesen und dazwischen privat erarbeitete sich D. Techniken und Materialkenntnisse, die ihn auf dem eingeschlagenen Weg weiter voranbrachten. Ein Weg über einen künstlerischen Impuls zu eigenem Tun, durch Begegnungen mit Material und anderen künstlerischen Positionen hin zum Gestalten eigener Erkenntnis- und Lebensbewältigungsschritte.

Mittlerweile sitzt D. immer noch im Rollstuhl, hat erhebliche gesundheitliche Probleme, die ihn immer wieder zurückwerfen, tut sich ungeheuer schwer mit seinem Körper, der nicht so kann und will wie sein Sinn. Und dieser Mann ist verheiratet, hat ein eigenes behindertengerechtes Atelier, besucht Kunstausstellungen, arbeitet regelmäßig künstlerisch, bildet sich weiter – und hat Ausstellungen in der Universität, in Galerien und Freizeitzentren, zu denen ich jedes Mal eingeladen werde.

Und es ist beinahe ein Ritual, wenn wir uns begegnen: »Weißt du noch?«

Im selben Raum befindet sich eine junge Frau, die in der Vorstellungsrunde mitgeteilt hat, dass sie in einigen Monaten heiraten wird. Sie braucht keinen Rollstuhl, so dass man ihr die Spina-bifida-Erkrankung äußerlich nicht ansieht.

Sie hat sich nach dem Tauchgang etwas in einer Ecke abgesetzt und arbeitet als einzige mit dem Rücken zur Raummitte. Sie birgt etwas in ihrem Bild.

In der Besprechung schauen wir auf ihr Blatt, von dem sie sagt, dass es ihre Vorfreude ausdrücke. Die Hand ist voller Menschen gemalt, die Arme voller Wasserströme und Pflanzen, im Kopf ein Springbrunnen und grünende Bäume, im Schulterbereich eine Autobahn, die einmündet in einen dicken Regenbogen im Brustbereich, im Bauch zehn große bunte Schmetterlinge. Selbst in den gehandicapten Beinen noch Vögel auf einer Leitung, Fische im Wasser, ein Gleis durch fruchttragende Büsche.
All das sehen wir mit ihr an. Dann breitet sich ein Schweigen im Raum aus. Ein Teilnehmer äußert vorsichtig, dass das Haus da in dem gelben Bereich weder Fenster noch Türen habe, der Schornstein rauche auch nicht. Das sehe etwas nach Wüste aus, zumal die Bäume ja auch etwas karg dastünden.
Auf meine Frage nach einem weiteren längeren Schweigen, ob wir damit fertig seien mit dem Bild, bekomme ich keine Antwort. Ein Blick der jungen Frau und ein leichtes Kopfnicken.
So schauen wir das nächste Bild an. Das bedeutet jeweils einen erheblichen Umzug im Raum, da alle Rollstühle so arrangiert werden müssen, damit alle auf das Bild schauen können.
Die junge Frau bleibt bei ihrem Bild sitzen.
Nach der Besprechung bittet sie uns noch einmal zu sich und ihrem Bild. »Ihr habt das alle gesehen, nicht? Ich habe es echt eben erst wahrgenommen, ob ihr das glaubt oder nicht!« Dann spricht sie aus, beschreibt, was sie im Bild vor sich hat: Dass vor den Schmetterlingen im Bauch eine große Schranke mit einem STOP-Schild vor ihrem Bauch steht. Dass dieser Bauch zugemauert ist mit Felsblöcken, die einige grüne Ranken nur schlecht kaschieren. Dass darunter eine leere Wüste sei. – »Und das merke ich kurz vor meiner Hochzeit. Ich habe solche Angst!«

Auf ihren Wunsch hin sprechen wir am Abend in einer kleinen Gruppe über ihre Sorge um ihre Fähigkeit zu körperlicher Liebe, Angst vor Sexualität. Dass ihre bisherige Moralvorstellung lediglich ein Weglaufen vor dem Eingeständnis ihrer Angst gewesen sei. Es ist gut, dass in diesem Kreis verheiratete Frauen sind, die, selbst »betroffen«, ihr antworten können. – In der Schlussrunde der Woche wird sie mitteilen, dass sie ihr Bild von ihrem künftigen Mann an die Küchenwand kleben lassen will: »Da sitzen wir meistens und da können wir wohl am besten reden!«

Ein sehr schwergewichtiger Rollstuhl-Fahrer geht mich verbal harsch an, als ich mich – angelehnt an eine Zeichnung von Quint Buchholz und der Erzählung von einem gerade erlebten Zirkusbesuch mit dem faszinie-

> renden Auftritt eines Hochseilartisten – zu der Frage versteige: »Kann ein Rollstuhlfahrer auf dem Hochseil fahren?« Er ist erbost, droht sogar mit Abreise, »wenn man hier so fertiggemacht werden soll«.
> So gehen wir in die Nacht.
> Am nächsten Tag meidet mich dieser Mann, bleibt aber am Ort. Er lässt mir mitteilen, dass er nachdenken wolle und nicht an den Sitzungen des Tages teilnehmen möchte. Er rollt mit einer begleitenden Krankenschwester spazieren.
> Am Abend kommt er strahlend auf mich zu und erklärt mir: »Du, ich kann auf dem Hochseil fahren!«

Die Stunden mit der Krankenschwester hatten die beiden einander näher gebracht und er hatte sich getraut, ihr seine Gefühle zu sagen. »Mich – find' ich gut!«

> Ein in Partnerschaft lebender Mann im Rollstuhl hat durch die Behinderung nur eingeschränkte Möglichkeiten, Arme und Hände zu bewegen. Aber er hat große Kraft für die wenigen kleinen Linien, die er aufs Papier bringt. Diese Eingeschränktheit der Bewegung hat sich ausgewirkt auf sein Denken: Er traut sich wenig! Seine Frau umsorgt ihn rührend und ermutigt ihn, aber er hat »keine Lust: Ich gucke lieber zu!«.
> Die große Veränderung passiert, als ich ihm sehr deutlich sage, dass dieses Seminar keine Zuschauer braucht und ihn frage, welches der angebotenen Materialien er denn nutzen wolle: Ich sei ab sofort sein Assistent!

Die in den Jahren unserer Zusammenarbeit entstandenen Bilder dieses Mannes stehen mir in ihrer Ausdrucksstärke und Kraft, in ihrer Farbintensität und Minimalität, in ihrer herausfordernden Kleinheit und gleichzeitiger Stärke lebendig vor Augen. Schier autobiografische »Bäume« und »Katzenwesen« und »Spiralen«, auf breitem sicherem Stamm, eingerollt und ruhend, geerdet und in den Raum ragend, abgebrochen und doch in eine Richtung weisend, präzise gesetzt, gewollt. Wenige Linien dauerten zuweilen Stunden, die ihn so völlig erschöpften, dass er sich ausruhen musste. Aber er kam dann langsam wieder angerollt und machte weiter!

In den Jahren entdeckte die Ehefrau besser greifbare Farbblöcke für ihren Mann. Dieser genoss die Rückmeldungen aus den Gruppenbesprechungen und war auf seine Weise intensiv dabei.

Die Fotos »Trotz' dem Augenblick« des Fotografen Rainer Diart in Zusammenarbeit mit Dea Heibel und anderen, Aktfotos von Menschen mit einer Behinderung, konfrontierten die Gruppe mit einem für Behinderte wesentlichen Tabuthema: Nacktheit – Schönheit – Sexualität. »Was darf sein? – Muss das denn sein?« Das Anschauen und Bestaunen des schönen Körpers auf den Fotos und die Bereitschaft, den eigenen Körper als schön, als liebenswert, als Geschenk zu denken, war für diese erwachsenen Frauen und Männer »neu«. Alle hatten in entsprechenden »Einrichtungen« ganz andere als zärtliche und liebevolle und erotische Erfahrungen mit ihrem Körper machen müssen, der Objekt von medizinischen Maßnahmen und Kontrollen und Begutachtungen war. Scham und Verbergen des als »defekt« erlebten Körpers, Angst vor dem Zeigen der »Blöße« herrschten vor.

Konsequenzen der Teilnehmenden

Einige Konsequenzen für das Leben dieser Frauen und Männer, die mir berichtet wurden und die ich zuweilen an Weggabelungen als Gesprächspartner begleitet habe, mache ich an Impulsen oder Einsichten aus diesen Seminaren fest.

So haben einige Teilnehmende ihre Wohn- und Lebenssituation hinterfragt und Veränderungen vorgenommen. Die Kämpfe mit Eltern, Behörden und Arbeitgebern (und Ärzten) dauern zwar an, werden aber aktiver geführt, weil manche Bilder von der Selbstständigkeit behinderter Menschen anderen Menschen, die ja nur helfen wollen, schwer zu vermitteln sind und diese (!) überfordern.

Andere haben sich schnell entmutigen lassen oder sind lieber in den Bahnen geblieben, die sie »zwar schrecklich finden, aber halt kennen«.

Das Körper- und Kleidungsbewusstsein mancher und die Bereitschaft, auf andere Menschen zuzugehen, nicht nur »behindertengerecht« zu leben, hat sich verstärkt.

Eine Teilnehmende hat sich zur Vorsitzenden einer Regionalgruppe für ihr Krankheitsbild wählen lassen. Dies führte zu erheblichen Verwerfungen mit Eltern von Kindern mit dieser Behinderung und zu einem Rückgang des Spendenaufkommens.

Beziehungen haben sich gebildet, gefestigt, sind zerbrochen, neue wurden eingegangen: ganz normal! Ein Paar durfte ich selbst trauen. Dabei verringerte eine schlichte chemische Campingtoilette in der Sakristei der Dorfkirche die Angst der Braut wegen ihres Anus praeter, die sie aussprechen konnte, entscheidend: »Und wenn ich dann ganz schnell eine Toilette brauche?« So konnte die Trauung selbst im Mittelpunkt stehen. – Bei der anschließenden Hochzeitsfeier war u. a. eine »Rock-'n'-Roll-Performance« auf zwei Rädern zu bestaunen und ein faszinierender Ausdruckstanz eines Rollstuhlfahrer-Fußgänger-Tanzpaares.

Einige Teilnehmende haben sich therapeutische Hilfe geholt, um ihre in Göhrde erkannten Ziele nicht aus dem Auge zu verlieren. Erschreckend ist in diesem Kontext für mich die regionale Chancenungleichheit auf niedrigem Niveau zwischen den alten und neuen Bundesländern, in denen sich Behinderte mancherorts immer noch vor körperlichen Übergriffen schützen müssen. Dass dies ein Abgleiten in depressive Krisen fördert, ist nicht verwunderlich: »Ich traue mich einfach nicht raus. Aus Angst vor den Glatzen!«, schrieb mir 2008 eine junge Frau aus Brandenburg.

Ich bekam zwischenzeitlich aus dem Kreis der Teilnehmenden Fotos von Rollstuhlfahrerinnen und Rollstuhlfahrern im Hochgebirge und in Hochseil-Gärten, von der mittlerweile examinierten Frau mit Hydrocephalus und akademischem Abschluss »hoch zu Ross«, von »Winterbiwaks in selbstgebauten Schneehöhlen für Menschen mit Handicap«, von Turniererfolgen beim Rollstuhltanz, von Fernreisen nach Australien, Neuseeland, Südafrika, von Kanutouren auf Wildwasser, von einer Frau mit einer Muskelerkrankung am Sicherungsseil in einer Gletscherwand, die Erlebnistourismus-Touren organisiert. Nicht als Ziel für alle, sondern als Ziel derer, die dies umsetzen.

Erleben durfte ich auch, dass man mit einem Rollstuhl abheben kann, dass man mit einem Rollstuhl springen kann.

Im letzten Berichtsentwurf für die Bundeszeitung der Selbsthilfeorganisation schrieb eine Teilnehmende (zit. in Auszügen):

> »Einige werden vielleicht sagen: ›So ein Quatsch! Da haben erwachsene Menschen im Sand gespielt, sich Wollknäule zugeworfen, mit Farben rumgemacht und sich irgendwelche Phantasiegeschichten angehört.‹ Es ist in der tat schwer, für uns als Teilnehmer, Außenstehenden unser Erleben zu schildern. Mir hat diese Woche gut getan. Schnell entstand eine Atmosphäre der Vertrautheit zwischen den Teilnehmern, obwohl sich viele vorher noch nicht kannten. Erschreckend war für mich, dass alle Teilnehmer ähnliche Kränkungssituationen durchlebt hatten – egal ob mit ausschließlich Hydrocephalus oder Spina-bifida – und diese sie bis zum heutigen Tage verfolgen. Mit diesen Kränkungen – in der Regel waren sie auf den schwächsten Punkt den wir haben gerichtet, nämlich unsere Behinderung – leben zu lernen und uns in Zukunft davor besser schützen zu können, war ein wesentlicher Inhalt dieses Seminars. So haben wir versucht, in Rollenspielen alte Kränkungssituationen neu zu

Erlebnistour für Menschen mit Behinderung

durchleben und über alternative Reaktionsmöglichkeiten nachzudenken. Vielleicht werden jetzt einige sagen: ›Warum denn überhaupt in alten schmerzhaften Erinnerungen herumwühlen?‹ Dass diese Erinnerungen für die meisten Teilnehmer schmerzhaft waren, ist wohl klar, aber wie sollte man sich sonst diese Situation so bewusst machen, dass man irgendwann einmal anders darauf reagieren könnte? Ich denke, dass es für die Betroffenen wichtig ist, sich mit diesen Dingen auseinander zu setzen. Niemand, weder Eltern, Lehrer, Ärzte, Passanten etc. haben das Recht unser Leben als minderwertig – uns selber als dumm oder nicht leistungsfähig abzustempeln. Wir sind genauso Individuen mit Stärken und Schwächen, die jeden einzelnen von uns unverwechselbar machen. Eine Norm die gegen diese Tatsache spricht kann es nicht geben – denn kein Mensch ist wie der andere. Zum Glück! Das wäre auch verdammt langweilig!«

Nein, nicht jeder Bürger ohne eine schwere Erkrankung läuft einen Marathon in einer Zeit »unter 2 Stunden 15«. Und nicht jeder Behinderte muss in die Steilwand. Aber was »behindertengerecht« ist, möge bitte jeder und jede Einzelne selbst träumen, wagen und bestimmen. Das habe ich gelernt.

Konsequenzen für die Seelsorge

In dieser Gruppe habe ich gelernt, dass der weite Raum, von dem der Psalm spricht, alles übersteigt, was ich je an Weite zu denken, zu erfassen, zu begreifen, zu vergegenwärtigen in der Lage war und bin: Ich wusste nichts. Und deshalb darf ich alles träumen und ahnen und beleuchten und anschauen und mitgehen und malen und gestalten und hoffen, wenn ich nur den festen Boden unter den Füßen nicht verliere, also in echtem Kontakt und Austausch bin mit meinen eigenen Ängsten und Zweifeln und Sehnsüchten. Dieser Boden kann auch unter den Rädern eines Rollstuhls erfahren werden.

»Das Land der Verheißung«, »ein Land, das ich dir zeigen werde«, »Nimm dein Bett und wandle!«, »Ich habe dich erlöst!« – das habe ich in diesen Seminaren aufgehört, regional oder global oder international oder religiös zu denken. Es ist in der Hand und in der Seele der Menschen, die aufbrechen, das zu entdecken, was ihnen »verheißen« ist. Was ihnen längst geschenkt, zugeeignet, zugestanden ist, was ihnen als Verheißung zusteht. Auf welchen Wegen und unter welchen Bedingungen auch immer: Auf gesunden Füßen, im Rollstuhl, mit irreparablem Handicap, liegend, rollend, gehend, rennend – »Wo kämen wir hin, wenn eine guckte, wohin wir kämen, wenn wir gingen!«. Oder eben rollten.

Die Begeisterung von Menschen, denen ich behilflich sein konnte, den für sie neuen Wegen ein wenig mehr zu vertrauen durch das Mittel künstlerisch-kreativer Formen und Vergewisserung durch Antizipation darin und der Begegnung mit ahnender Schau zeitgenössischer Kunst, der »im Spiel der Künste« alles möglich ist, prägt seither mein Bewusstsein von Möglichkeiten der Seelsorge, die unerschöpflich sind.

Aus diesem Arbeitsfeld mit Menschen mit einer Behinderung bin ich hinausgegangen, weil sich mir daraus radikale Fragestellungen ergeben, z. B. zu pränataler Diagnostik, zur Gleichheit vor dem Grundgesetz, zu Versicherungen für Behinderte, zu Einrichtungen für Behinderte, zu Behindertenpolitik und Verbandsinteressen, zur Kategorisierung »behindert«, zu meinen eigenen Behinderungen etc., denen ich mich nicht politisch hinreichend verantwortlich zu stellen in der Lage war und bin. Als gangbarer Weg bleibt mir, für die wenigen Menschen, mit denen ich unterwegs sein durfte, weiterhin Ansprechpartner zu bleiben und erreichbar zu sein.

Dies geschieht nach wie vor, indem wir uns an Kunstereignissen treffen: Bei der SKULPTUR MÜNSTER, in der AFRICA-Ausstellung im Düsseldorfer museumKunstpalast, zur Ausstellung »Trotz' dem Augenblick« in einer Kirche etc. Es ist für viele der »Ehemaligen« mittlerweile ganz selbstverständlich, dass sie Positionen der Kunst in Anspruch nehmen für ihre Selbstreflexion. Bis hin zur Antizipation meines stetigen Einwands auf die Frage: »Was soll das wohl bedeuten?« mit »Was siehst du?«. Und dann kann es geschehen, dass die ursprünglich von Timm Ulrichs geschaffene »eingegrabene Kirche« in Münster zu einem Gespräch über »verschüttete Möglichkeiten« und »dem doch aber noch immer freien Blick auf das Lebenszeichen: Kreuz« führt mit einer Frau, die vor ihrer 35. Kopfoperation wegen ihres Hydrocephalus steht. Dass ein Mann im Rollstuhl vor einem riesigen AIDS-Flies aus Kronkorken für die AIDS-Toten des Kontinents Afrika lächelnd äußert: »Hallo, soll ich jetzt mitweinen? Oder soll ich anfangen Korken zu sammeln für ein Jammer-Netz für Behinderte in Europa? Du, ich darf so denken. Ich bin schließlich behindert!«

Dass in vielen Museen mittlerweile Fahrstühle und Rampen selbstverständlich sind, ist gut und deutet auf die Wahrnehmungsweite der Kunst für Menschen hin. Wie viele »Rampen« zur Überbrückung unterschiedlicher Denk- und Handlungsebenen andernorts noch fehlen, erlebt jeder, der mit einem Rollstuhlfahrer durch eine belebte Innenstadt oder gar ein einsames Dorf geht, der nach der ärztlichen Versorgung der Menschen mit einer Behinderung fragt, der die noch immer praktizierte Gettoisierung von uns »Normalen« vor den Menschen mit einer Behinderung wahrnimmt, der gemeinsamen Schulunterricht einfordert, der den Diskurs über pränatale Diagnostik und Beratung führt.

4.3 Eine Bilanz

Die Arbeit in den drei Jahren des Praxisprojekts SeelsorgeART habe ich als erfüllend erlebt in der persönlichen Zusammenfügung meiner biografischen, seelsorglichen, therapeutischen und theologischen Identität. Dies habe ich zu spüren bekommen und durch mich die Menschen, mit denen ich unterwegs sein konnte. So konnte ich gut mit ihnen gehen!

In den beschriebenen Projekten war geradezu greifbar, wie Menschen dürsten nach offenen Wegen, die nicht auf fest- und vorgeschriebenen und damit eingeschränkten Settings basieren. Dass die wahrhaft ernsten Fragen nur spielerisch zu lösen sind, ist für mich nicht mehr ein Bonmot, sondern eine ernste Wahrheit. Dieses ernsthafte Spiel habe ich mit Menschen betrieben und wir sind zu auch mich erstaunenden Ergebnissen gekommen. Diese habe ich jeweils an den Fundstellen benannt. Gemeinsam ist ihnen ihre Entstehung aus der Begegnung der Menschen mit ihren Sinnen, die Seelsorge-

ART aus der seelsorglichen Engführung in »Gespräch – Analyse – Protokoll« (eine nicht nur verfälschende Zusammenfassung und Vereinfachung!) herausgeführt hat. Genauer: Die Impulse in SeelsorgeART aufbrechen ließen zu offeneren Lösungen. Die Begegnung mit Lösungen und Perspektiven, Material und Perspektive, Linie, Punkt und Fläche, wesentlich anderen und weitergreifenden »Sprachformen« der Kunst über die »Sprache der Worte« hinaus, hat Menschen aus sich heraus auf Ideen gebracht. Dies bedeutet für mich, dass solche Ideen und Fantasien im Menschen vorhanden sind, quasi als Gottesgeschenk. Und dass es eine große Chance der Seelsorge ist, dieses Gottesgeschenk ernst und wahrzunehmen. Es dringt geradezu in eine direkte Verbindung zur qualitativen Ewigkeit, der wir uns nicht in den Weg stellen dürfen, indem wir die Wege durch Techniken und Vorgaben einengen. Und wir sollen erkennen, wo die »herrliche Freiheit der Kinder Gottes« uns Angst macht, weil sie unsere Möglichkeiten übersteigt, derer wir Herr sind. Weil sie uns in Gefahr setzt, den Herausforderungen in der seelsorglichen Situation selbst nicht zu genügen.

Darum sehe ich es als große Entlastung in SeelsorgeART an, dass ich keine Lösung, Deutung, Zielführung vorzunehmen hatte, sondern mit Menschen unterwegs war, denen ich einzig Mut machte, sich mit mir auf kreative Angebote und diverse Materialien einzulassen. Ich musste nicht den »Stein der Weisen« beschreiben, sondern durfte mit anderen den Stein angreifen und hinspüren, was er mit mir, mit ihnen, mit uns macht. Religiös tendiert dies in die Richtung einer Ernstnahme des Schöpfergottes, dessen Schöpfung Menschen nicht nur bewahren, sondern auch ernst nehmen und mitgestalten dürfen. Also diese nicht quasi museal traktieren, sondern im Leben angehen können.

Dieser Ansatz hat meiner eigenen und der Lebendigkeit der Menschen aufgeholfen. Wobei die »Not« des fehlenden Raumes sich als Hilfe erwies, Räume zu entdecken und Weite zu gestalten. Wir hatten die Chance, an Orten willkommen geheißen zu werden und zu sein, die wir und die uns anders nicht entdeckt hätten und die nicht zugänglich gewesen wären. Beuys' Engführung in der Filzrolle, Sonderborgs Ortswechsel und Selbstfindung, Rückriems Arbeit innerhalb der Volumina und Begegnung mit dem Schroffen waren darin erinnerliche Impulse. Impulse, die durch den Weg in der und durch die Materialität der Kunst – von Originalen zeitgenössischer Künstler über Arbeiten von Teilnehmenden bis zu Naturhaftem – sofort und direkt in die Weite der Möglichkeiten führte. Nicht in die Enge. Nicht in die Angst.

Dies hat für mich SeelsorgeART eindrucksvoll dokumentiert.

Und es hat mich erinnert an meine eigenen Ressourcen und die Beweggründe meiner seinerzeitigen Berufswahl des Seelsorgers, nicht des theologischen Wortfechters, der in diesem »Sport« den Menschen und dessen wie die eigene konkret ersehnte Gottesnähe leicht aus dem Bewusstsein verliert.

Auf die Zusammenhänge von Sozialisation, deren Auswirkungen auf die Berufswahl und in Berufswege hinein gehe ich im folgenden Kapitel ein.

5 Der eigene Weg in die Kunst

5.1 Sozialisation und berufliche Ausrichtung

Wie bin ich dazu gekommen, mich mit der Kunst, ihren Farben, Formen, Methoden auseinanderzusetzen und diese letztlich in meine seelsorgliche Arbeit zu integrieren?[518]

Kindheit. Aufgewachsen bin ich in Zeiten, in denen wir als Kinder noch die Farben der Natur wahrnehmen konnten: zum Beispiel die Farbe von uns Kindern selbst gefangenen Molche im WECK-Glas bestaunt wurde, bevor diese – eher pflichtgemäß als gern – zurückgesetzt wurden in den Wiesenteich. Aber in dessen Wasser war noch mehr Spannendes zu bestaunen, z. B. die geheimnisvolle Masse des Froschlaichs in seiner Undurchdringlichkeit und das Wunder des Wachstums darin von schwarzen Punkten zu Quappen zu Füßlern zu Fröschen. Dort war später das Konzert dieser erwachsenen Tiere zu belauschen und waren die Bälge ihres Stimmvolumens zu betrachten. Das Farbenschauspiel von Huflattich und Löwenzahn, Wiesenschaumkraut und »Schokoladenblume« daneben, die Haar-Kränze der Mädchen aus Gänseblümchen und das Wahrnehmen der Halbwertzeit »frisch gepflückter gelber Sträuße« des Löwenzahns in der Vase der Mutter zu Hause waren zu verkraften. Die unterschiedlichen Grüntöne der Weidenbäume und der Wiesen, der jungen und alten Blätter.

Lehm und Matsch für unsere Burgen und Autobahnen fand sich in diversen Gräben, dessen Konsistenz uns sehr vertraut wurde! Der Randbewuchs war bestes Rohmaterial für Weidenflöten, geschnitzte Totemstöcke und »Zierflitzebögen und Pfeile« für den Indianer-Stamm der Straße, den

518 Auf diese Frage stieß ich in meiner kunsttherapeutischen Lehranalyse und erarbeitete sie kreativ. Eine Dokumentierung würde den Rahmen dieser Arbeit sprengen.

wir mit schmächtiger, breit bemalter Brust verkörperten. Schießen selbst war damals Anfang der 1950er Jahre wieder bzw. noch verpönt! »Pflasterkunst« entstand auf der frisch geteerten Fahrbahn, weil uns dort kaum ein Auto den Malgrund streitig machte. Naturmaterialien wurden integriert, eine Kreuzung wurde zu einer Assemblage. Ein selbst gemaltes Bild auf dem Zeichenblock hatte in der Familie und Verwandtschaft noch einen hohen Stellenwert.

Die Umgebung war uns Spiel- und Erlebnisraum, in der wir uns ausprobieren konnten, in der kreatives Spielen und Lernen stattfand. Farben, Fühlen, Fertigkeiten, Material kennenlernen – ganz selbstverständlich! Zumal in meiner Familie eigenes kreatives Tun verbreitet war: meinem Vater waren Kalligraphie und Intarsienarbeiten keine Fremdwörter, selbst gefertigte Gartenillumination und Stelen, Mauerwerke aus Feldsteinen waren – dem finanziellen Hintergrund und der Lust am eigenen Tun geschuldet – meist aus eigener Hand. Es wurde gemalt und geschnitzt, Wandbehänge entstanden nach eigenen Entwürfen, es wurde gewebt, genäht, gestaltet.

Und es wurde gezeichnet! Lange vor dem ersten Schultag bekam ich erste eigene Zeichenutensilien und Anleitungen zu Malmaterialien, lernte verschiedene Federn zu unterscheiden, einzusetzen und zu schätzen, wurde eingeführt in den Gebrauch und in die Pflege von Stiften und Pinseln, in Punktierung, Linienführung und Schwünge. Letztere führten kurze Zeit später in Schreibübungen über: »Auf Schrift« gab es noch eine Schulnote, darum sollte sie geübt werden. Kugelschreiber waren verpönt, weil diese »die Schrift verdarben«. – Poesie wurde bald somit per Feder oder mit dem ersten eigenen Füllfederhalter abgeschrieben und auf diese Weise zur Kenntnis genommen, gar gelernt. Und der Text wurde selbstverständlich, möglichst passend zum Inhalt, kunstvoll verziert in farbigem Skriptol und Tuschen.

Als Begleitung und zum Ausgleich, um Assoziationen und Situationen festzuhalten, Reiseskizzen und Momente persönlicher zu notieren als per Foto blieb der Zeichenblock ständiger Begleiter. Mal-Techniken wurden gebraucht und darum erlernt. In dieser Zeit entstanden erste größere Bilder, Serien und erste kleinere Ausstellungen wurden beschickt. Der Schritt der Aussetzung des eigenen kreativen Schaffens in die Öffentlichkeit wurde gewagt. Eine wesentliche Materialentdeckung waren dann die vielfältigen Gestaltungsmöglichkeiten mit Acryl, noch dazu preiswert, weniger »umständlich« und doch verwendbar als Öl und geruchsfrei. Neben dem Studium der Theologie blieb mir die künstlerische Arbeit und die Rezeption von Kunst und der Kontakt zu Kunstschaffenden und ihrer Sicht auf Wirklichkeit wichtig. Der Aufenthalt in Galerien und Museen und Ateliers war normal.

Musik. Eine musikalische Ausbildung wurde mir ermöglicht und führte nach Jahren des Übens in eine Organistentätigkeit in der Kirchengemeinde Lehrte-Ahlten und in die Wiederbelebung des Posaunenchors. Chorleitung kam hinzu. Musikalisch orientierte ich mich in der Freizeit zum Jazz, zu *Play Classic* für Cembalo bzw. Orgel, Bass und Percussion. Anfangs eher dem New-Orleans-Stil des Jazz verbunden, faszinierte später zunehmend die freie Improvisation des Free Jazz – bis hin zu Aki Takase, Alexander von Schlippenbach, Reto Weber, Albert Mangelsdorff, Fred Hersch etc.

Seelsorgliche Arbeit in der Psychiatrie und im Krankenhaus. Erstmals in der Praktischen Arbeit für das Zweite theologische Examen kam ich im damaligen Psychiatrischen Landeskrankenhaus Wunstorf in Kontakt mit der Arbeit des Kunstprofessors Neuenhausen mit Patientinnen und Patienten an Stein- und Tonskulpturen. Ich schaute zu und bestaunte, und es bewegte mich, wie sich dort z. B. Suizid-Patienten öffnen konnten, die ich im seelsorglichen Gespräch, das ich im Rahmen meiner Examensarbeit führte, »so ganz anders« erlebte: Es dauerte wesentlich länger, bevor Schleier gelüftet wurden. Die Hintergründe und Beweggründe blieben, so gut sie zuweilen auch ausgeführt werden konnten,[519] Worte. Abstrakt. Sachlich. Nüchtern. Erschreckend nüchtern angesichts der zum Teil deutlich werdenden Beweggründe. Über diese Seelsorge schrieb ich damals meine Examensarbeit. Die Bilder der Skulpturen, die in der Kunstwerkstatt mit Neuenhausen entstanden, brachten Ängste und innere Bilder in Form, stellten vor und dar, zeigten, schrien heraus, formten, waren befrachtet und aufgeladen mit all dem, was heraus sollte, weg, in den Tod als einzigen Ausweg, der aber ja nicht gelungen war. Erstmals nicht – oder zum wiederholten Male nicht. Welche Fratzen, Schimären, den Tiergestalten an romanischen Kirchgebäuden nicht unähnlich, entstanden da. Wurden freigesetzt. Standen auf dem Rasen: Alle, die wollten, konnten es sehen. Es war heraus! – Diese Bildnisse behielt ich, denn sie waren verhaftet in meinem Inneren.[520]

Kunsttherapie. Sehr stolz war ich dann als Krankenhaus-Seelsorger, dass meine für die Ausbildung zum Psychoanalytischen Kunsttherapeuten vorzu-

---

519 Ich denke an das »Suizid-Tagebuch« eines stationär aufgenommenen promovierten Juristen, den ich während meiner Arbeit im Psychiatrischen Landeskrankenhaus kennenlernte. Nach einer längeren Phase des Vertrautwerdens zwischen uns erläuterte er mir eloquent jeden seiner tatsächlichen oder in dem jeweiligen Augenblick »eigentlich zu tätigenden« Suizidversuche, die er akribisch ins Tagebuch eingetragen hatte.

520 Viele dieser Arbeiten stehen noch heute im dortigen Patientengarten, wie ich sehen konnte, als ich mit einer dort arbeitenden Kunsttherapeutin eine Veranstaltung anhand von Skulpturen dortiger Patienten zu Mobbing vorbereitete.

legende Kunst-Mappe angenommen wurde. Meiner Intention zu dieser Ausbildung war die Erfahrung vorausgegangen, dass meine Worte in der Krankenhausseelsorge vieles erreichen. Dass ich meine Kommunikationsfähigkeit in Selbst- und Fremdwahrnehmung, im Achten auf Zwischentöne in Gesprächen und Begegnungen, in der Frage »Warum sagt dieser Mensch gerade mir dies jetzt?« durch Klinische Seelsorgeausbildung, Selbsterfahrungs- und Balintgruppen, Meditationskurse und themenzentrierte Interaktion etc. schulen konnte, dass mir aber dennoch Bereiche der Farbigkeit und der ästhetischen Vielfalt durch dieses allein wortgestützte Arbeiten fremd blieben. Und ich ihnen.

Das eine hatte mit dem mir wichtigen privaten Malen und Gestalten, dem Denken und Träumen und Ausführen der Bilder noch nichts zu tun: Hier wurden sie lediglich besprochen, verwörtert und nach meinem Empfinden dadurch oft mehr als verfremdet. Man versuchte – nach besten und professionellsten Kräften –, Bilder zu verstehen und mit Worten zu erfassen. Doch mir wurde hier und später in der Arbeit mit Kindern und deren Angehörigen deutlich, dass Wasser auch mit dem engmaschigsten und strukturiertesten Netz nicht zu schöpfen ist: Zwar schwappen einige Wassertropfen in die Schale, eine Spur von Nässe, aber nicht das frische, klare, reine oder trübe, brakige, abgestandene Wasser. Die »Mehrdeutigkeit des Wortes« (Martin Buber) wurde in diesen Kursen an- und ausgesprochen, Frage-, Hör- und Kommunikationskriterien wurden definiert, aber es blieb auf der Wortebene: Die Mehrdeutfähigkeit der unterschiedlichen Sinne kam nicht in den Blick, in den Sinn, ans Ohr. Und angefragt, wurden diese Sinneszugänge auch versperrt! »Wie begreife ich *»apfel-blüht«* anhand von Worten? Wie beschreibe ich »Krapplack«, »Cadmiumblau«? Wie erkläre ich in Worten die Not um das »neue Rot namens Magenta«? Und welchem »Mann des Wortes« ist diese grundsätzliche Frage nach dem »Blau« oder »Gelb« im »Rot« eine wirkliche Herausforderung? Wer von ihnen kann die Frage nach der »Angst vor Rot, Gelb und Blau« des Barnett Newman nachempfinden? Wer das »Ich nicht!« des Imi Knoebel als Antwort begreifen, der sich nicht mit den »Grundfarben seines Lebens« auseinandergesetzt hat? Oder gar die weitere Dimension »rod – kelb – plau« erahnen.[521]

---

521 Sowohl die Newman-Ausstellung »Wer hat Angst vor Rot, Gelb und Blau?« in 2007 als auch die Ausstellung des Imi Knoebel fanden in der Berliner Neuen Nationalgalerie im Mies-van-der-Rohe-Bau Raum. In meinem Kontext interessant: Knoebel kam an die damals überfüllte Düsseldorfer Kunstakademie, nachdem er das Foto des in der Aachener Fluxus-Aufführung verletzten Beuys gesehen hatte: Impuls: »Dem Manne muss geholfen werden!«

Wurde hier das eine ausgedrückt, mit Worten um- und beschreiben, reflektiert, dort das andere, Gefühle, Träume, Ängste, Zweifel? Es war nicht dasselbe, worin ich mich hier und dort fand. Hier wie dort erreichte es Menschen. Und doch war eine andere »Materialität« im Raum.

In der Medizinischen Hochschule begleitete ich als Seelsorger einen 16-jährigen Jungen, der dringend einer Herztransplantation bedurfte und auf ein Organ wartete. Diesem erstaunlichen jungen Mann, der Lyrik las, Gedichte schrieb und Briefe mit handgemalten Briefköpfen verzierte, war etwas geschehen: Er hatte sich in ein Mädchen verliebt. Und das Mädchen in ihn! Nun war es ihm eine große Not, über die wir lange miteinander sprachen und reflektierten, ob er diese Liebe, die ihm »ins alte Herz gefallen war«, auch mit dem neuen Herzen wahrnehmen könne. Die Definition des transplantierenden Arztes – in meiner Gegenwart geäußert –, dass das »Organ: Herz lediglich ein Muskel sei, wesentlich undifferenzierter als manch anderer im Körper. Er müsse sich da keinen Kopf machen«, half ihm nicht weiter. Er beschloss, noch mit dem alten Herzen seine Liebe in möglichst vielfältiger Weise in Lyrik, in Worten, in Bildern zu fassen und zu fixieren, um sie nach der Transplantation in die-

---

Ohne Prüfung erkannte Beuys das große Talent – und wies ihm in der Akademie den Raum 19 (neben seinem Raum 20) zu. Diesen »bespielte« Knoebel in bewusster Wahl »armen Materials« und impliziter kritischer Haltung vor der Künstlichkeit und Wegwerfmentalität einer Kultur (s. ein Werktitel: »Schwarzes Quadrat auf Küchenbuffet«. Eine gleichzeitige Hommage an und die Destruktion von Malewitsch-Hype!).

Dass er aktuell in 2009 den gesamten Bau der Neuen Nationalgalerie als »eine Skulptur« dieses Ansatzes seiner Kunst einrichtet, ist eine große Leistung. Und interessant im beinahe zeitlichen Nebeneinander zu dem anderen großen Installateur von Raum Anish Kapoor, der in der Berliner Deutschen Guggenheim (30.11.08–01.02.09) sein Cortenstahl-»Memory« einrichtete, mit dem er »Außensicht«, »Verstellung von Sehgewohnheit«, »unsichtbare Innensicht«, »Dimensionalität« thematisierte, Menschen zu Prozessionen in ihren Wahrnehmungswegen zwang und dies beschreibt als »Diagramm, das nie vollendet werden kann« (s. Video: Interview mit dem Künstler zur Ausstellung). Der in seinen Plastiken, Installationen und Kunst im öffentlichen Raum häufig die »Leere« untersucht, die Phänomenologie des Raums erprobt und sich einer unmittelbar narrativen oder ästhetischen Interpretation widersetzt. – Ein unmittelbar zugänglicher Ansatz auch für den »Raum Mensch«: Wahrnehmungswege, Sehgewohnheiten, Dimensionen, Innensicht, Außensicht, Lebenswahrnehmung – eine Prozession. (vgl. Germano Celant, Inside and Outside the Vortex. In: Deutsche Guggenheim Magazine. Hg. von Deutsche Bank, Frankfurt. Winter 2008, S. 8–13. Vgl. darin (S. 11) die Abbildung von Anish Kapoor: Ascension, 2003, mit Beuys: Thermisch-plastischem Urmeter (1984)).

sen Darstellungen wieder zu erkennen – oder nicht. Er war von früh an tätig – solange er konnte! In diesem Zusammenhang spielte die Frage nach dem »richtigen Rot-Ton« angesichts des »neuen Rots Magenta« eine wichtige Rolle: Es war ihm eine wahre Herzensangelegenheit, welche Farbe das Herz hatte, das er malte. Wärme, Nähe, Freundlichkeit sollte es ausdrücken. Das neue Herz – das neue Rot. Merkwürdig.
In den Wochen nach der erfolgreichen Transplantation blieben wir in regelmäßigem Kontakt. Er begann wieder zu schreiben und er bekam Briefe. Nach einiger Zeit gestand er mir, dass auch das neue Herz die Liebe zu diesem Mädchen empfand.

In der Kunsttherapie erfuhr ich – lernte und erweiterte privat – von Mal-Tagebüchern, Arbeiten im Sandfeld, Ausdrucksmalen und Heilungsritualen, übte mich in Aktzeichnen und »Gefundenwerden durch zu Malendes in der Landschaft«, hatte die Chance zu einer Analyse bei einer kunsttherapeutischen Lehranalytikerin. In meinem Inneren begann sich zusammenzufügen, was aus meiner Sicht zusammen gehörte: die Weite und Breite und Tiefe sinnlicher Wahrnehmung und Gestaltung in der Begleitung von Menschen auch durch vielfältige Formen kreativer Gestaltungsformen der Kunst.

Zugleich bot sich mir selbst die nun erweiterte Chance zur Freisetzung meiner eigenen inneren Bilder und darin zur Kommunikation an diesen Offenlegungen. Auch in Worten, aber auch im gemeinsamen Schauen auf Bilder, Hören auf Klänge von Farben, Nuancen, Schattierungen, Versionen desselben Objekts aus anderem Blickwinkel etc. Dies war ein Schritt großer Befreiung aus der beruflichen Alltagspraxis der Verkopfung und Verwörterung, in der es geradezu Pflicht war und ist, über alles Worte machen zu können, was auch schrecklich sein kann, für mehrere Seiten. [522]

Erst recht spürte ich diese dazugewonnenen Möglichkeiten, diese Erweiterung und völlig andere Herangehensweise dann in der Arbeit als Kinderkrankenhausseelsorger. In dieser beobachtete ich einerseits, dass für Kinder Malen immer noch ein wesentlicher Akt ihrer Selbstäußerung ist, gerade in inneren Notsituationen. Andererseits war die zunehmende Verarmung dieser Möglichkeit durch die wachsende Zahl von Spiele-Konsolen und Computern greifbar: Spielen und Kreativität fanden zunehmend in vorgegebenem, struk-

---

[522] Der Vorschlag eines »Mannes der Kirche«, dass, nachdem in den Kirchen jahrhundertelang unendlich viel geredet worden sei, nun einmal einige Jahrhunderte geschwiegen werden möge, wird vermutlich keine Perspektive haben, meint doch »Kirche des Wortes« vielen »Kirche der Wörter«. Es wäre sicher auch eine zu einfache Lösung.

turiertem – also beschnittenem – Rahmen statt, blieb somit »im Rahmen«! Was fürchterlich erlebt werden muss, wenn Ereignisse aus eben diesem Rahmen herausfallen, aber dafür dann keine Umsetzbarkeiten mehr zur Verfügung stehen.[523] Wurde in meiner Kindheit »Malen nach Zahlen« geradezu geschmäht und als Synonym für die »Diktatur der Begrenzungslinie« und der »verordneten Einfallslosigkeit« diskreditiert, feierte dies hier verschärft Urständ.[524]

Denn es war deutlich, dass sich das Setting in der Therapie und in der Seelsorge unterscheidet durch die Begrenzung, durch den Prozess des Zustandekommens, durch die Bezahlung, durch die Person des Therapeuten oder Seelsorgers, durch die strukturelle Einbindung etc. SeelsorgeART musste neben der Freiheit des Seelsorgers unbedingt auch die Freiheit der Kunst verkörpern.

Das Medium Bild war im seelsorglichen Gespräch im Kinderkrankenhaus unerlässlich. In keiner Praktischen Theologie, keinem KSA-Kurs, keiner Selbsterfahrungsgruppe aber hatte ich es gelernt, hiermit auf Kinder (und Erwachsene) zuzugehen. Und doch war dies ein einerseits wesentlicher Kommunikationsfaktor, andererseits wusste ich nun aus der Therapieausbildung, welchen Schaden Bilder auch anrichten können, wenn Deutung, falsche Fragen, Beurteilung, Übersehen von Inhalten, Vereinnahmung, Mangel an hinlänglich Zeit und Raum etc. als Kriterien und Alarmzeichen übersehen werden.

> Nach der Zustimmung der Mutter durfte ich ein 5-jähriges Mädchen besuchen, von dessen infauster Diagnostik um einen gutartigen Tumor im Kopf ich auf der Station erfuhr. »Aber sprechen Sie mit ihr auf keinen Fall über Tod und so was, das halte ich nicht aus!«, (!) gab mir die Mutter mit auf den Weg. Bei meinem ersten Besuch bei dem Kind am folgenden Tag hatte ich einen kleinen Malblock und Stifte bei mir. Das Mädchen interessierte sich schnell mehr dafür als für meine Vorstellung und begann

523 Mit Entsetzen sah ich vor Jahren die Werbung für »Mensch-ärgere-dich-nicht« als Computerspiel für einen Spieler. Welche Not, nicht erleben zu können, einen Mitspieler direkt vorm Haus rauswerfen zu dürfen! Wo bleibt nun der Ausgleich für einen der schönsten aggressiven Akte?

524 Bewusst habe ich im Krankenhaus selbst nicht (kunst-)therapeutisch gearbeitet, um meinen Status als »freier« Seelsorger dort nicht selbst zu beschränken. Zumal im Haus Kunsttherapeutinnen tätig waren, die in die Therapiepläne der medizinischen Leitung einbezogen waren! Dies wollte ich als Seelsorger für das Krankenhaus bewusst nicht sein!

Farben aufs Papier zu bringen: Geradezu »Klassisches« für Kinder in dieser Lebenssituation, die immer wesentlich mehr Wesentliches »wissen« als Erwachsene meinen! Wer schont da eigentlich wen? Sie malte einen großen Baum mit vielen Nestern darin, in denen schwarze Vögel saßen mit scharfen Schnäbeln. Und wir schauten miteinander, wie der Baum und die Nester wuchsen, und irgendwann ließen wir beide diese Vögel fliegen, denn das wollten diese. Und sie sollten das auch, und das Kind wusste auch genau, wohin die fliegen und da war alles warm und ganz bunt und es gab viele Kinder und keine Schmerzen mehr!

»... auf keinen Fall über den Tod!« Wir waren nach wenigen Minuten »am Thema« und sprachen doch mit keinem Wort »über Tod und so was«! Und das Kind war längst soweit und dabei, sich mit dem Tod auf seine Weise – wie denn sonst! – auseinanderzusetzen, besser: in Kontakt zu setzen! »Auseinander« in seinem Bild, um darauf schauen zu können und mit mir als dann regelmäßig Besuchendem zu sprechen. Ob ich mich einließ darauf, war der Test! Und als ich es tat, ich also »bestanden« hatte, konnten wir wunderschöne Landschaften miteinander durchqueren, Meere durchfahren, Flüge veranstalten – mit oder ohne »Transporteure«! Einige Tage später war die Mutter gerade noch im Raum, als ich pünktlich wie am Vortag verabredet erschien. Sie sah mich an, dann ihr Kind und begann spontan zu weinen. Das Kind sah dies mit großen Augen und sagte: »Oh, endlich weinst Du mal, Mami. Und ich dachte schon, Du hättest mich gar nicht mehr lieb!«

Daraufhin konnte ich dann auch – zeitversetzt zum Kind, das schon früher im Wissen um die eigene Situation für sich gesorgt hatte – mit der Mutter über deren Angst vor dem Tod ihres Kindes sprechen.

In dieser Zeit habe ich Kinder nicht nur im Leben begleitet. Denn trotz der erwachsenen Sehnsucht, dass »das Kind nicht stirbt« – also Wachsen und Werden, geboren werden und groß werden, kindliche Fröhlichkeit und Unbefangenheit, unendliche Zeit, bevor »man reinkommen muss«, nicht aus dem Leben weichen dürfen –, habe ich einige Hundert kleine große, wundervolle Menschen im Sterben begleiten müssen und können. Nie habe ich eine schönere, weil gesegnetere, nie eine schwerere Arbeit tun dürfen und müssen als diese.

Wohin mit den inneren Bildern dieses schier unaussprechlichen Geschehens? Jenen »Kurzfilmen mit den Namen von Kindern« im Hinterkopf und im Herzen, die man nicht vergessen kann und will? Zunächst habe ich ihre Namen in meiner schönsten Kalligraphie aufgeschrieben, habe mir einige Einmaligkeiten im gemeinsamen Weg, im Sterben, in der Trauerfeier allein für mich erkennbar notiert. Nach einhundert Namen habe ich damit aufgehört.

Schließlich habe ich, animiert durch ein schon früher begonnenes Mal-Tagebuch – »jeden Tag ein Bild« – »die Situation des Todes dieses Kindes« gemalt: konkret, gegenständlich, in »Lebens-Linien«; oder abstrakt, skizzenhaft; Gesichter, Farbflächen, Schemen, Assoziationen; Markierungspunkte eigener Gefühle, Unaussprechlichkeiten; *Post-its* für die Seele. Auffällig war für mich in der Supervision der sehr unterschiedliche Materialbedarf und -aufwand für diese Bilder. Dass zuweilen von mir viele Ebenen, z. B. Wachskreiden, ineinander und übereinander und durcheinander gedrängt, gedrückt, gespachtelt werden mussten, um für mich Transparenz des Geschehens und Erlebens zu schaffen. Dass ein anderes Mal eine Linie reichte. Mir wurde deutlich, welche Materialität der Tod von Kindern einfordert bei allen Menschen, die in ihrem Umfeld leben.

> Einmal wurde eine solche »Seite« ein Bändchen in einer Agende III, die ich seither nicht mehr benutzt habe, aber gut bewahre: Auf einem winzigen Friedhof neben einem hohen Bahndamm im Eichsfeld beerdigten wir ein kleines Mädchen. Ein ganz besonderes und besonders schönes Kind! Ein Kind, das ohne Nase geboren worden war und lange Wochen zwischen Tod und Leben auf der Intensivstation gelegen hatte. Die Eltern kamen täglich! Das Kind war wunderschön und wir alle schauten es gern an! Nicht als »Sensation«, dafür sind alle Kinder auf den Intensivstationen dieser Welt zu »sensationell«, sondern wegen der Ebenmäßigkeit und Ruhe und Friedlichkeit, die dieses Gesicht ausstrahlte. Es fehlte ihm nichts! Außer dass dieses Kind sterbenskrank war und starb. – Mit mehreren Autos waren Krankenschwestern, Ärztinnen und Frauen aus der Hauswirtschaft einen weiten Weg zu diesem Friedhof gefahren. Es war Winter und es war kalt. Die Worte schienen in der Luft zu gefrieren. Wir standen nah zusammen um die Eltern und Großeltern um das Grab mit dem winzigen Sarg und den Blumen.
> An das Folgende erinnere ich mich wie in einem Film: Ich hatte die Agende aufgeschlagen und wollte aus Jesaja 55 ab Vers 6 lesen, kam aber nur bis zum Ende dieses Verses. Denn dann fuhr ein langer Güterzug schräg über uns auf dem hohen Bahndamm ratternd an uns vorbei, Wagen um Wagen, Achse um Achse. Lange. Wir warteten still ab. Minuten später begann ich noch einmal zu lesen. Im Augenblick des Beginns von Vers 9 fielen erste dicke Schneeflocken aus dem trüben Himmel, so dass

> wir alle gemeinsam nach oben schauten. Ich las weiter und es entwickelte sich ein dichtes Flockentreiben großer, nasser Flocken, die das Blatt und uns, die Blumen und den Sarg bedeckten. Lautlos und sacht. – Ja, ich habe den Segen zum Schluss auch noch in Worte gefasst, aber berührt waren wir alle in diesem Augenblick schon von etwas »ganz anderem«. Zum Glück gibt es genug Zeitzeugen für diesen Augenblick. Die Agende mit dem Lesezeichen an dieser Stelle ist Teil meines »Tagebuches« geworden, sie sagt mir alles über diesen Moment.

Malewitsch. In dieser Zeit habe ich begonnen, mich umzuschauen nach Orten, an denen ich meinen Gefühlen freien Lauf lassen konnte, ohne meine Familie täglich damit zu konfrontieren, Orte an denen ich meine ohnmächtige Wut herauslassen konnte. Orte, die nicht die regelmäßigen Supervisionen sein konnten. Ich suchte nach Äußerungen von Menschen zur Frage, weshalb Menschen sterben, was »Ende« bedeutet, warum so kleine Kinder ihr Leben so komprimiert leben müssen: Geburt, Kindheit, Jugend, Erwachsensein, Kranksein, Alter, Sterben und Tod – oft in nur wenigen Minuten. Denn diese kurzen Leben waren doch ganze Leben! Anders war es für mich nicht zu glauben. Ich suchte nach Menschen, die um die Materialität dieses Geschehens ahnten. Ich suchte nach Ausdrücken, mit denen ich meine Erlebnisse und Erfahrungen in dieser Arbeit konfrontieren konnte. Die regelmäßige Supervision war äußerst wichtig und hilfreich, sich einschleifenden Abläufen nachzugehen, die Arbeit zu reflektieren und zu verbessern, Routine zu vermeiden und wach zu bleiben vor Vereinnahmungen. Aber ich suchte Ausdrucksformen, die meinen grundlegenderen Fragen nach dem »Sinn des Todes von Kindern« und deren Leid standhielten. Darüber hinaus Gegenüber für meine vielfältigen Fragen, Emotionen und als Herausforderungen empfundenen Gesten im Alltäglichen, denen Worte nicht ausreichend standhalten konnten.

In der Amsterdamer Ausstellung DE GROOTE UTOPIE über die Russische Avantgarde (1992) fand ich erstmals bewusst Hinweise auf diese Antworten – in der Erarbeitung durch Künstler. Ich traf erstmals bewusst auf *ein* Original des »Schwarzen Quadrats auf weißem Grund« von Kasimir Malewitsch, das er 1915 in Petrograd in der Letzten Futuristischen Ausstellung 0,10 zeigte. Es zog mich so in seinen Bann, dass ich in den Folgejahren möglichst alle Versionen dieses Bildes aufsuchte: in Moskau, Berlin, Hamburg. Malewitsch hatte etwas von dieser Qualität/Materialität, die ich täglich in der Arbeit vor mir und in mir spürte, die ich mir täglich abarbeitete und darin vorstellte und doch nicht bewältigte. Die Dimension seines Denkens war für mich faszinierend: Der Raum jenseits der Nullform des Schwarzen Quadrats, die imaginäre Passage zwischen der gegenständlichen Sinneswelt und der übersinnlichen Welt gegenstandsloser Empfindungen darzustellen als weißen, grenzenlosen Raum der Unendlichkeit, als »befreites Nichts« einzig mit »weißem Rauschen« rhythmischer Bewegungen bis hin zu völliger Ruhe. Die Rotation desselben Quadrats und die Durchdringung zweier verlängerter Quadrate zum Schwarzen Kreis[525] und Schwarzen Kreuz und der Farbauftrag dieses Kunstfürsten, das waren herausfordernde Stellungnahmen zwischen Allmachtsfantasie und rauschhaften Freiheitsgefühlen – vor der Wahrheit des Sterbens von Kindern. Ist diese »Null-Form« Malewitschs die Konzeptualisierung einer (meta)physischen Leerstelle oder ist sie die Verkörperung eines erfüllten Nichts? Dokumentiert er totale Entleerung und Entäußerung, die Absenz, tabula rasa, das Produkt einer negativen Projektion oder die Präsenz der Wirkkraft, die expressiv, ekstatisch, metamorphotisch ausstrahlt – wohin? Es ging in seiner Arbeit um die Quadratur des Nichts, wie in meiner Arbeit: Die absolute Leere der Gottes- und Menschenferne, in die Eltern hineinfallen. Es geht um das Nadelöhr, durch das Menschen gehen müssen, hier nicht, um ins Himmelreich zu gelangen, sondern um im Leben zu bleiben. Dadurch dass Malewitsch sein Schwarzes Quadrat just im »Herrgottswinkel« positionierte, es später als »das Antlitz Gottes« oder »das Außerräumliche« titulierte, setzt er es exakt in die dialektische Reibung zwischen Absolutem und dem Besonderen, zwischen der Null und der Eins. In diesem Werk und in der Brüchigkeit seiner Materialität[526] bin ich konfrontiert mit den Herausforderungen meiner Arbeit und ihrer Materialität und bin vor Fragen gestellt. Hier habe ich vor Augen, was mir kein Wort erklären kann.

Kinder und die Farben Schwarz. Wollte ich diese Fragen »bewältigen«? Aber wie kann ich dann mit den Antworten leben? Was soll ich mit der »bewältigten Herausforderung« tun – einfach weiter so leben? Was mit den gemalten Bildern anfangen – in die Schubladen des »Ist-nun-einmal-alles-wie-es-ist« ablegen? Was mit den Eltern, die den Nullpunkt ihres Lebens vor sich haben – zwischen Null und Eins stehen, auf welcher Seite? Was soll ich tun mit den Namen der Verstorbenen – für die Statistik notieren, Sekretär des Todes werden – bis zum nächsten Tod des nächsten Kindes? Wohin mit meinen inneren Bildern des Sterbens, die so unterschiedlich sind wie die Kinder – Su-

---

[525] Der bei mir Assoziationen zum leeren Grab zeitigte.

[526] I. e. die Übermalung eines noch frischen alten Bildes führt im Schwarzen Quadrat früh zu Rissen und Craquelé-Mustern, die Malewitsch zu übermalen sucht, was aber nicht gelingt. Das alte Bild scheint durch diese Ritzen durch.

pervision, Verdrängung, »mit ihnen in Kontakt bleiben«, Worte? Und wohin die geballten Fäuste in der Tasche?

»Den Tod von Kindern, eigenen oder fremden, kann man nicht bewältigen. Er begleitet lebenslang!«, hatte ich in der einfühlsamen Supervision von Otto Stange gelernt, dem niederländischen Pionier der Kinderkrankenhausseelsorge[527], aber dieses Wissen half mir nicht: Ich wusste und merkte das, aber was sollte ich damit tun? Sie vor Gott bringen? Aber in dessen Geborgenheit hatte ich diese Kinder doch gemeinsam mit deren Eltern gelegt, dahin waren sie doch eingegangen: »In Gottes neue Welt«![528] Es war doch sein Wille, der geschehen war. Er war diesen Kindern doch nahe, auch jetzt. Auch beim Sterben im Gartenteich des Opas; am Grillfeuer des Feuerwehrführers; im Auto, das in Brand geriet; wenige Minuten nach der Geburt nach knapp der Hälfte der normalen Schwangerschaft; in all den Unfällen und Gewalttaten. Darin war ich mir doch gewiss und hatte den Eltern und Angehörigen doch dabei in die Augen gesehen, wenn ich das sagte.

Und in dieser Gewissheit lebte auch ganz gewiss das »Kind in mir, das ich bin« und dem ich in der Arbeit im Kinderkrankenhaus ganz neu begegnete nach der längeren Zeit des Erwachsen-geworden-Seins. Nicht nur ein fröhliches Begegnen, wenn man erkennt, welche »Farben und Flausen« verblasst waren.

> Mehr als ein Bonmot, das einen ernsten Hintergrund hat: »Wenn ein Kind ein anderes Kind an der Hand von dessen Mama sieht, schön findet und mag, geht es zu ihm hin, streichelt es und macht »Ei!«. – Wenn ein erwachsener Mann auf der Straße eine Frau an der Hand deren Mannes sieht, sie schön findet und mag … Was ist nur über die Zeit des Erwachsenwerdens anders geworden?

Und nun ist da einer, der das Ende der Malerei und die höchste Form der Ästhetik in die Ecke eines vollgestellten Ausstellungsraums einfügt. Auch das noch! Der es nicht genug sein lässt und einfach weiter Bilder malt, plastische Arbeiten konstruiert, seine Leben gestaltet. Ein schwarzes Quadrat auf weißem Grund setzt er – und das ist alles. Weil er gemerkt hat, dass mehr nicht geht, mehr nicht sein kann, dass dies alles ist. – Das hat mich erreicht. War

---

527 S. Otto Stange, Zu den Kindern gehen, München 1992.

528 Regine Schindler, Pele und das neue Leben. Eine Geschichte von Tod und Leben, Lahr 1981.

dies nicht von der Qualität, dass sich für verwaiste Eltern die Erde aufhört zu drehen? Wie froh stimmte es mich dann, dass auf den Originalen des Schwarzen Quadrats das Schwarz noch Schründe und Risse, Verdickungen und transparente Stellen hatte: keine Hermetik zum Glück, noch Raum, noch Spiel-Raum im »Ende«. Durch die Zeit aufgedeckt, aber auch durch die Art des Malers, Pinsel und Farbe zu setzen, offen geworden. Und dass keine Ecke wirklich rechtwinklig war, die Seitenabstände ungleichmäßig waren, das hatte etwas Tröstliches. Oder? Strahlend stand ich vor der Avantgarde dieses Weisen: Schwarz ist Schwarz. Und Schwarz ist nicht Schwarz. Und das ist greifbar, sichtbar, vor allen Sinnen. Und sein Quadrat ist nicht ein Quadrat, sondern es sind multiple Quadrate. Das war die These, die sich mir in den Weg stellte und die ich in meinem Inneren formulierte. Und die ich verfolgte, akribisch, beseelt geradezu.[529]

Die Kunst wurde mir – in diesem Strang des Findenwollens für mich tragfähiger Antworten, die nicht Worthülsen waren, von denen es viele zu hören gab – in dieser Zeit ein wichtiges, wesentliches Gegenüber, um mir selbst in dieser Arbeit dort standhalten zu können. Ich suchte sie, wo sie sich finden ließ! Worte begann ich in dieser Zeit wie automatisch abzutasten auf den Klang ihrer Konsistenz, auf ihre Substanz, auf ihre Materialität, auch Worte auf Kanzeln. Und ich erlebte, dass ich über manche Themen nicht mehr bereit war zu sprechen, weil ich Angst hatte vor der Glattheit der antwortenden Worte, vor der Leichtigkeit, mit denen z. B. Bibelworte zitiert wurden.

---

[529] Mit der Zeit lernte ich, dass dieses mit mir viele andere begriffen hatten und Künstler in ihrem Lebenswerk daran arbeiteten, ja dass die Gegenwart von Schwarz in der Malerei meist von Umbrüchen in der Grundsätzlichkeit zusammenhängt. Nach dem 2. Weltkrieg waren es besonders die US-Amerikaner Ad Reinhardt, Frank Stella, Mark Rothko, Barnett Newman, Franz Kline und Robert Motherwell, die in ausgedehnten Serien den Diskurs zu Schwarz in abstrakte Bilder fassten. Später waren es Richard Serra »Finkl Forge I« (1996); Arnulf Rainer »Rost (Restsegment)« (1986), »Dunkle Ecke« (1990); Blinky Palermo »Prototypen« (1970); Samuel Beckett »Quadrat I + II« (1981). Bis hin zum Werk der »Weißbilder« von Raimund Girke. In der Hamburger Ausstellung um Gregor Schneiders »Cube« (2007) wurden weitere Anknüpfungen an 1913 vorgestellt: Polke, Trockel, Gonzalez-Torres, Merz, André, McCollum, Beckett, Nauman, Ruthenbeck, der andere Weiß-Maler neben Girke: Ryman; Walther etc. – Dass diese Auseinandersetzung bis heute weitergeht und keineswegs auf abstrakte Bilder beschränkt ist, zeigte die Ausstellung »back to black« (Titel nach einem Song von Amy Winehouse) in der Hannoverschen Kestnergesellschaft 2008 mit teils sehr großformatigen Arbeiten von Pablo Alonso, Janis Avotins u. a. – Vgl. auch Thomas Zaunschirm (Hg.), Die Farben Schwarz, Graz 1999.

Und ich war nicht bereit, mir von Erwachsenen sagen zu lassen, dass »ein wenig Brennspiritus« die Holzkohle einfach schneller anzündet; dass es doch nur eine kurze Strecke sei, die die Frau das Kind unangeschnallt auf dem Beifahrersitz auf dem Schoß hatte; dass doch ein »wirklich ganz leichter Klaps hinter die Ohren« nicht zu diesen massiven Schädigungen am Gehirn geführt haben könne; dass Kinder zu schonen seien vor der Teilnahme an Beerdigungen ihrer Geschwister; dass das kleine Mädchen das doch überhaupt nicht erfasst haben könnte, was da mit ihr gemacht wurde; dass es »Gott gefallen habe, dieses Kind in sein ewiges Reich zu sich zu holen«; dass kein Unglück dieser Welt ohne Gottes Wissen geschehe; dass man »eine solche Arbeit«, wie ich sie tue, nicht zu lange machen soll.

Es waren soviel Worte, die ich nicht mehr hören, geschweige diskutieren wollte: Nicht Worte oder Ratschläge oder Sprüche oder Klugheiten! Die meisten Bücher und Theorien zum Arbeitsfeld und seinen Themen hatte ich selbstverständlich gelesen, auf- und zur Kenntnis genommen, reflektiert, eingebracht in mein Tun und Lassen, um dieses möglichst gut und verantwortlich zu tun. Ich stand aber mitten in einer Praxis, auf die kaum eine Theorie adäquat antworten konnte. Ich stand mit einer Flut innerer und äußerer Bilder da, auf die Worte – auch Bibelworte – nicht einfach so passten.

Wie bewältigt man den Tod eines Kindes, gar von vielen Kindern und die verzweifelte Trauer liebevoller Eltern, Angehöriger, Krankenschwestern und Ärztinnen, die diese Liebe gegeben haben und all ihre Hoffnung aufs Spiel gesetzt und geglaubt – und das Kind verloren haben?

»Sterbebegleitung – Sterbebeistand«. Ja, natürlich, Aufgabe des Pastoren. »Brevier am Krankenbett«. Nur: Wie hält »man« denn da stand? Indem man aus dem Buch ordentlich vorträgt und die Stimme nicht versagt? Und wenn nicht nur die Stimme ausfällt?

»Das Kind« – Wachsen und Werden, unbeschwerte Fröhlichkeit, Morgen – gestorben? Begraben. Ratschlag einer Großmutter am Grab des Enkels an die Tochter: »Seht man zu, dass ihr schnell wieder ›was Lüttjes‹ kriegt«, was zu lautem »Nein!«-Schreien der Kindsmutter führte!

Mit dem Kind stirbt doch nicht nur *das* Kind, sondern stets auch ein Teil von meiner Hoffnung auf Morgen. »Null« – »Eins« – »Minus-Eins«? Malewitsch materialisiert in diesen Quadraten, letztlich dann im Weißen Quadrat auf weißem Grund (1918) die natura naturans, die aus sich selbst ihre vielfältigen Erscheinungsformen hervorbringt. Dies erlebt er als durchaus angsteinflößend. Er erlebt das Gefühl einer kosmischen Vereinsamung und der »Erhabenheit im Raum. Ich bin ja ganz alleine darin … Und niemand, auch wenn er sich noch so viel Mühe gibt, ist mir nahe … Ich habe mich im

Raum gesehen, verborgen in farbigen Punkten und Streifen, und dort, in ihrer Mitte, trete ich in den abgrundtiefen Raum ein.«[530]

Dieses Gefühl der Einsamkeit sucht er durch Omnipotenzgedanken zu kompensieren:

»Und ich beschloss, mich zum Vorsitzenden des Raumes zu erklären. Es erleichtert mich, reißt mich heraus und lässt mich freier atmen.«[531]

Allerdings: Ein solcher Beschluss vertreibt weder hohe noch niedrige Gefühle! Darum tritt er in den Malprozess ein. 1919 verkündet er:

»Ich habe den blauen Lampenschirm des Himmels heruntergerissen und bin jenseits in die weiße Tiefe, die freie Unendlichkeit« gelangt.[532]

Die weiße Leinwand, auf der die Farbflächen schweben, soll diese Empfindung der unendlichen Tiefe verdeutlichen.

»Doch eine Fläche als Malfläche, auf der weißen Leinwand aufgehängt, schenkt unserem Bewusstsein unmittelbar ein starkes Raumgefühl. Ich fühle mich in eine bodenlose Wüste versetzt, wo man um sich herum die schöpferischen Punkte des Weltalls empfindet.«[533]

Imaginäre Bilder (und Skulpturen) von Malewitsch und seinen Nachfolgern, die sehr präzise imaginär, aber nicht irrational sind.

Und ich habe es nicht gelernt und nicht lernen wollen, das Sterben meiner Hoffnung auf Morgen in Worte zu fassen. Und ich habe es nicht gelernt, wann Leben nur ist. Anders: Worte brachten mich nicht wesentlich voran auf der Suche nach dem Raum und der Zeit und der Muße. Denn so habe ich den Dialog der Welten des auferstandenen Christus und der verzweifelnden Männer auf jener Straße aus Jerusalem nach Emmaus nicht verstanden, nicht das Abweisen der Ratschläge der »Freunde« durch den geschundenen Hiob. Die Begegnung z. B. mit dem »Schwarzen Quadrat« erlebte ich da als ein Geschenk, das für mich bereitlag – und ich hatte es gefunden. Und wie das schon als Kind war: Ich suchte an der Fundstelle weiter. Nach Künstlern, die »mich« verstanden und die mir etwas sagen konnten, die Strategien für sich herausgefunden hatten, etwas Unbegreifliches begreiflich zu bekommen, um schier fassungslos davor zu stehen: einen Ort, eine Position, ein Bild, etwas aus sich

530 Kasimir Malewitsch: Brief an Michael Mattjuschin, 10. 11. 1917, in: Ewgenij Kowtun: SANGESI. Die russische Avantgarde, Zürich 1993, S. 136.

531 Ebenda.

532 Malewitsch, Suprematismus, 1919, in: Zwischen Revolutionskunst und Sozialistischem Realismus, Dokumente und Kommentare, hg. von Hubertus Gaßner, Eckhart Gillen, Köln 1979, S. 81.

533 Malewitsch, Brief an Matjuschin, Juni 1916, in: SANGESI, S. 130.

Freigesetztes. Ich outete mich vor mir selbst als »seelischen Haptiker«[534] und ging auf diesem Weg weiter. Neben Malewitsch stieß ich auf Robert Motherwell und dessen diverse »No.« der »Elegy to the Spanish Republic«. Es sind ursprünglich politische Positionen, die er darstellt. Für mich aber sind sie von Material und Farbe und Bedeutung dieses Zusammenhangs wichtige Gegenüber. Ich fand Reproduktionen von Bildern zu »Three Poems«, 1988, »Gesture II«, 1978 – und saß viel später (2004) selbstversunken nach langem Harren nachts in allem Trubel in der Berliner Moma-Ausstellung auf dem Boden endlich etliche Stunden vor dem Original »Elegy No. 54«.[535]

»Ästhetik ist die Grundlage der Kunst: Fehlt einem Werk der ästhetische Gehalt, so kann man es von der Definition her nicht als künstlerisch bezeichnen ... Die Aufgabe des Künstlers besteht darin, einen Gegenstand zu schaffen, der Empfindungen auslöst; ihr Gehalt wird von der Qualität dieses Gegenstandes bestimmt.« (Robert Motherwell)[536]

Posthum mag ich ihm versichern, dass er Empfindungen bei mir ausgelöst hat! Und großen Dank. Dass er diesen großen Mut aufgebracht hat, in der »Elegy« diese großen Formen so auf die große Leinwand zu setzen, dieses ovale Schwarz neben die breiten Senkrechten geradezu zu klotzen, als sollte alle Farbe Schwarz dort zusammenkommen. Und dass er Raum gelassen hat, Raum gesehen hat, Raum erkämpft hat für Helles dazwischen, ja auch für Rot. Natürlich auch für Rot, blutrot – »with blood«. Ohne das geht es nicht ab, das Politische noch immer nicht – und das »natürliche« Sterben nicht. Ich weiß! Und dieser Künstler, der dies schafft, der weiß das auch. Und das ist gut, weil da ein Gegenüber steht, eine Kraft in der Fläche, die weit mehr ist als flächig, die es fasst und trifft. »Elegy« ist ein Werk, das stimmt, wahrhaftig ist. Elegie, aber nicht trostlos! Es ist eine große Arbeit gewesen, dies so zu dokumentieren, was auf dieser Leinwand stattgefunden hat und weitergeht, ein großes Werk. Wenn ich ganz nah herantreten darf, dann kann ich es sehen: diese Arbeit, dieses Material so zu fassen.

Und Herbert Kitzel, dessen Ausweg aus dem Leben ich nicht verstehen konnte, vor dessen Bildern ich oft innehalte: »Die schwarze Landschaft« – Straße mit Flatterbändern der Abgrenzung, Höhlen hineingearbeitet für Le-

---

[534] Der nicht »Thomas« heißt!

[535] Möge der amerikanische Reporter, der mich in dieser Nacht einige Male ansprach und durch den ich einfach hindurchsah, verzeihen: Ich war ganz woanders. Weit entfernt davon, ihm irgendeine Auskunft geben zu wollen.

[536] Robert Motherwell, (1915–1991), 1970; zit. nach Katalog »Robert Motherwell«, Bönen 2004.

bens-Mittel. Leere Höhlen. Ist ihm niemand so nah gewesen, dass in ihm diese Farbenvielfalt, die sein Schwarz ausstrahlt, bestätigt wurde? Oder waren für ihn 50 Jahre und deren Grenzgänge, Neuanfänge und kleine Fluchten (DDR, Giebichenstein – BRD, Karlsruher Kunstakademie), Äußerungen seiner inneren Bilder und sich diesen gegenüberzustellen eine zu schwere Last? Auch an der Seite seiner Frau, der Freunde, der Schülerinnen und Schüler. Letztes Schnippchen: Suizid im italienischen Sportwagen. War es das?[537]

Das Lebenswerk von Beuys, bis heute umstritten und längst nicht bewältigt, gar begriffen, aber integriert in großen Ausstellungen: Der große Name Beuys dann damit auch. Neben X, Y und Z. Wie hatte er doch warum aus guten Gründen 1965 dem toten Hasen die Bilder erklärt? Mag man dies heute nicht verstehen? Die Menschen standen draußen, gingen dann durch die Ausstellung. Begriffen sie, was es diesen Mann kostete, am Leben zu bleiben und beharrlich einzutreten dafür, dass Menschen vor den Scheiben verstehen möchten, wie sehr ihre Künstlerschaft dringend gebraucht wird in einer Welt, der bereits die Kältepole schmelzen?

Der weite und lange Weg Sonderborgs, der sich von nichts und niemandem im Leben mehr vereinnahmen lassen wollte und musste.

Rückriem – so zarte, sanfte Botschaften trotz seines Materials und seiner Sprache. Warum fühlt er sich in den steinernen Blöcken so geborgen? Was geschieht ihm »im Stein«?

Der nordische Künstler Kain Tapper, der alle Farben Schwarz in seiner Holzwandplastik »Weiße Sonne«[538] mit hineinarbeitet, dass ihr Gewicht unendlich schwer und leicht scheint; seine massig wirkenden »Sarkophage«, »Welle«, die realiter hohl sind.[539]

Ken Denning[540], der die Linien einer Landschaft mit seinen Farbaufträgen ertastet und nachgeht und darauf zeigt, damit man erkennt, was über die visuelle Erfahrnis hinausgeht.

Sie erreichen mich, geben mir Hinweise auf mich, auf Stellen und Orte zum Hinschauen, zum Innewerden, zur Auseinandersetzung mit widerstreitenden Gefühlen, zum Halten. Hinweise, die in mich eindringen. Nicht dass

---

[537] S. Herbert Kitzel, Katalog: Gemälde und Arbeiten auf Papier, Stuttgart 1982/WV Nr. 962.

[538] Im Sonderjyllands Kunstmuseumt, Tondern/DK; s. Katalog 2003/2004.

[539] Was unglaublich ist, was mir immer wieder Diskussionsrunden mit dorthin geführten Interessierten vorstellt.

[540] Z. B. in Kat. Ken Denning, Faeno, Esbjerg 2005; siehe auch dessen Landschaftsbilder Faroerne etc.

ich fertige Antworten erhalten hätte aus diesen Positionen, aus Bildern. Im Gegenteil bekam ich Impulse, die mich weiter gehen ließen, auch auf Wege der Kunst, und die mein Fragen ermutigten in deren Lösungsmöglichkeiten und -versuche und die meinen Sinnen zunehmend Sicherheit boten im Schauen wie im Hinterfragen wie im Probieren und Wagen. Bereichert und mit neuen Impulsen zur Wahrnehmung – für mich selbst zunächst erringbar und anderen vielleicht vermittelbar. Damit das Eingehen, das Reagieren auf fremde Antworten derer, die in ihren Gedanken- und Bilderwelten anders suchen und fragen und probieren und arbeiten – nach Auschwitz, nach dem Tode Gottes, nach dem Schwarzen Quadrat, nach diversen Theorien und Zu- und Ausgängen der kirchlichen Seelsorge von Schleiermacher bis Stollberg, von Thurneyssen bis Faber – van der Schoot, nach 09/11, nach dem Ende der Malerei, nach Saatchi …

Es geht nicht um »noch eine Theorie« für Seelsorge, sondern es geht mir um eine Ver-Ortung einer Praxis, die es gibt, seit es den Versuch gibt, sich mit Formen und Farben Lebensfragen zu stellen: in den Höhlen von Lascoux und Altamira, in den Begegnungen mit originaler Kunst bis heute. Diese nahe kommen zu lassen, sie aufzunehmen und den Raum bewegen zu lassen, in dem ich mit anderen Menschen und der gesamten Schöpfung lebe, darum geht es mir in der Erfahrung der Kunst. Darum geht es mir, wenn ich Menschen in der Seelsorge diesen Erfahrungen der Kunst »aussetze«, ihnen Brücken baue zur SeelsorgeART.

Und ich möchte meinen eigenen Weg in die Kunst gehen als Ausdruck meiner Sinnenvielfalt, die mit dem *logos* als Wort nicht am Ende ist: Es müsste sie geben, die SeelsorgeART. Weil es sie schon gibt. Mit Thomas Erne gefragt: »Braucht die Kirche Kunst? – Braucht die Kunst Kirche?«[541] Seelsorge kann die Sinnenvielfalt der Künste gut gebrauchen.

5.2 Ausdrucksformen meiner Sinne

Seit der seelsorglichen Arbeit im Kinderkrankenhaus habe ich vornehmlich im Materialmix von Acryl, Sand und Erden auf Leinwand; mit Tusche, Wachs, Tinte und Kreide auf Karton und in Skulpturen aus Treibgut, U-Boot-Stahl und Eisen gearbeitet. In dieser künstlerischen Auseinandersetzung bezogen sich mein Alltag aus Arbeit und Privatleben aufeinander, wobei umfassendere Ar-

---

[541] S. Kunst und Kirche 1/2007: Thesen beim Symposion zu Ehren von Christian Rietschel in Dresden 2008

beiten allenfalls in Urlaubszeiten möglich waren, da diese Raum und Zeit und Muße brauchen, die in Normalzeiten hierfür nicht gegeben ist.

5.2.1 Mal-Tagebücher

Als eine die Seelsorge und das Private kontinuierlich begleitende Form der künstlerischen Auseinandersetzung führte und führe ich über Jahre – mit bewussten längeren Pausen – ein »Mal-Tagebuch«, in dem lediglich das Format festliegt und die selbst gewählte Auflage, jeden Tag ein Bild zu Papier zu bringen, unabhängig von Lust und Laune, Anspannung und Ideenfluss, Müdigkeit. Was zunächst als Weg der Kunst einladend erschien, mündete später auch in eine Pflichtübung, der es sich zu stellen galt, die aber darin den Tag läuterte und darin mich. In Zeiten innerer Leere sollte auch diese skizziert werden und auf dem Blatt ins Gegenüber treten. Ebenso wie dann, wenn eine Idee, ein Gedanke geradezu heraus wollte und ins Blatt drängte. Jedes dieser Blätter bedeutete eine erhebliche Entlastung – sowohl im Prozess des Malens, weil sich darin die Auseinandersetzung mit einem Tagesgeschehen Raum schaffte, als auch im fertigen Blatt, weil dies freisetzte, was sonst an Bildern sich im Inneren hätte festsetzen können. So setzte sich weniger fest, legte sich weniger innen ab, so wurden die Träume weniger belastet, so drängte sich Erfahrung ins Blatt und entlastete. Mein Schlaf besserte sich.

Diese Entlastung erlebe ich besonders dann, wenn ich das Tagebuch unterbreche, um nicht in eine Monotonie zu geraten: Es fehlt! – Eine weitere Wirkung dieser Dokumentation ist, dass ich auch im Nachhinein meinen Weg durch die Zeit in den gebundenen Blöcken anschauen und nachverfolgen kann, umfassender als im geschriebenen Tagebuch.

5.2.2 Skizzen und Abbilder

Diese Ausdrücke beziehen sich auf Erfahrungen und Erlebnisse, sind Antwort auf Begegnungen mit Menschen im privaten wie im beruflichen Kontext. Es sind letztlich Porträts dieser Begegnungen. Material ist hier weiche Wachskreide, die sich eignet, um sie in Malkartons hineinzureiben, Graphit als Stift, Späne oder Puder, Acryl-Sand/Asche/Erde-Lack-Assemblagen auf Leinwand.

Die »Angeli«, hier in einem Ensemble von sechzehn Blättern, sind ein konkreter persönlicher Reflex auf in der Seelsorge erlebte Situationen. Schnelle Skizzen als »Spickzettel« für die Erinnerung, der in dem Augenblick unnötig ist, in dem er ins Sein kommt. Kohle und Kreide das Material in kleinem Format, das einen Augenblick rasch fixiert, der im selben Moment vergangen ist und präsent bleibt. Das Blatt als Platzhalter, als Forderung an die

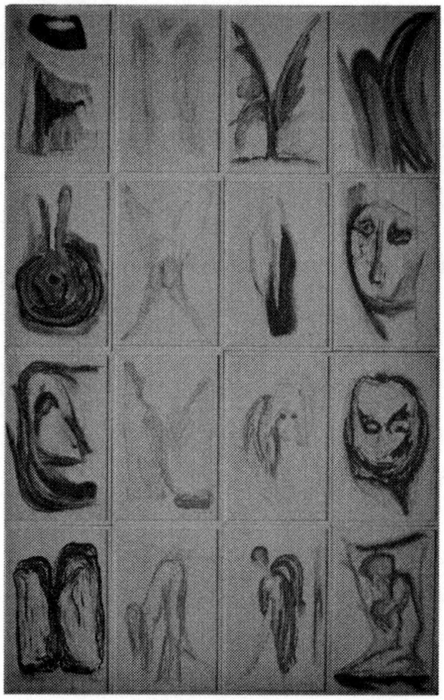

Angeli, E.-F. Heider

Zeit, diesen einen Moment als Wertzuschätzenden, weil Porträtierten zu nehmen. Für mich steht hinter und in jedem Blatt die gesamte Situation. Sie hat an sich ihren Wert auch ohne das Bild. Das Bild ist für mich. Und für den, der es anschauen mag, in Beziehung treten will. Er braucht die Geschichte, die meine Geschichte mit Menschen ist, nicht zu kennen, um meinen Ausdruck dieses Zeitabschnitts zu betrachten. Es mag ihn ansprechen oder nicht. Es mag ihn zum Einhalten bewegen oder nicht. Seinen Wert hat es im Akt des Malens, in seiner Konsistenz, in seiner Gegenwart bis jetzt.

Zu der Umsetzung meiner inneren Bilder in eigene Acryl-Sand-Bilder auf Leinwand kam es nach einem längeren Prozess der Arbeit mit Klienten im Sandfeld.[542] Diese geschieht bei mir nach einer Einführung ins Material zunächst still. Ich bitte den Klienten, mit geschlossenen Augen zu arbeiten, wenn ihm dies angenehm ist. Derweil sitze ich daneben und beobachte den Prozess, in dem die Hände sich in die zunächst ebene Sandfläche einfinden, beginnen, mit dem Material in Kontakt zu kommen und es zu gestalten. In einer zweiten Phase kommt es zum Austausch über das vermutete Werk im

---

542 Ein 80 × 80 cm großer Holzkasten mit 8 cm hohem Rand und Glasboden, in dem sich Sand befindet; je nach Wunsch und Ziel der Arbeit in trockenem oder feuchtem Zustand.

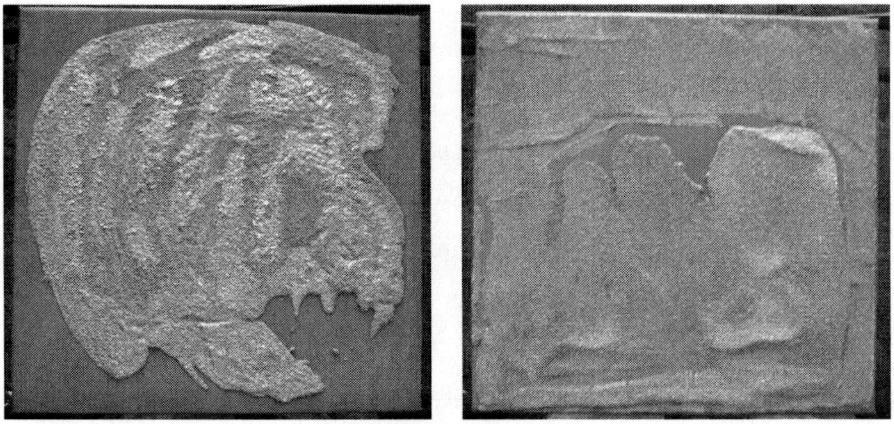

o. T., 2004, E.-F. Heider

Sandfeld und das nun anzuschauende. Über das Wollen und Können, »Anspruchsniveau und Leistungsbereitschaft«, inneres Bild und Ergebnis im Prozess können Linien in andere Alltagssituationen gezogen werden, wenn dies gewollt wird.

Die beiden Bilder habe ich auf vorbereiteter Leinwand und mit Kleister versetztem Sylter Sand bei geschlossenen Augen in Anlehnung an das eben beschriebene Prozedere gefertigt und anschließend sehend koloriert, um mir darin die Oberfläche vertraut zu machen. Ich habe darin die Erfahrung nachvollzogen, dass die Entstehung eines Bildes mehrere Schritte impliziert, die nicht unbedingt in geordneter Reihenfolge ablaufen: Imagination, Idee, Art der praktischen Umsetzung, Wahl des Materials, Reaktion auf das Material, inneres Bild, Einsatz von Fähigkeiten, Gelingen und Scheitern eines Bildentwurfs etc.

Im gleichen Format habe ich reagiert auf ein Weg-Geschehen mit einer Frau, die im Prozess der seelsorglichen Begleitung zu dem Schluss kam, dass sie in jeder ihrer drei bisherigen Ehen an den gleichen »Klippen« gescheitert sei. »Drei gleiche Welten?« stellt mir diesen Gedanken vor Augen und ist meine Reaktion auf diesen Gedanken. Es sind Bilder für mich, die parallel zur Arbeit entstanden und den seelsorglichen Prozess für mich begreifbar vor Augen stellen und nachbereiten und die mir im Material Impulse geben für den weiteren Weg, meinen Ort und mein Wahrnehmen, also wieder in den seelsorglichen Prozess zurückfließen. Die Frau malte einige Wochen nach meinen Bildern ohne meinen Impuls drei Frauen in drei Farben auf drei Blättern. Es gelang ihr nicht, diese Figuren gleich zu gestalten!

Zwei »Torsi« sind mein Ausdruck einer Situation in einer Paarbeziehung.

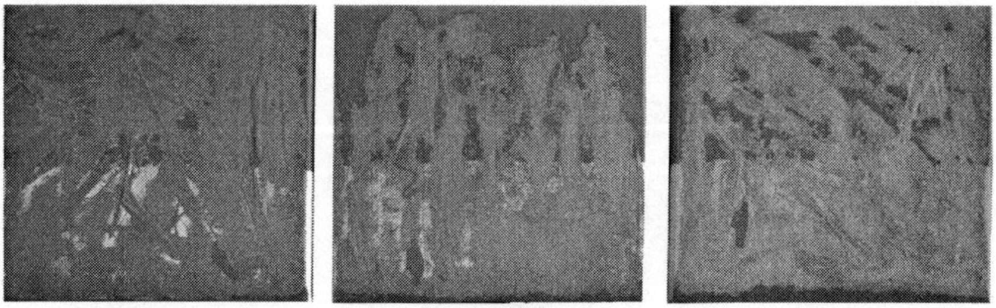

Drei gleiche Welten?, 2005, E.-F. Heider

Beide Leinwände habe ich parallel und gleichzeitig durcharbeitet und für mich im Malprozess Klärungen erfahren. Beide Bilder haben mir im Prozess und in der differenten Aufbringung des pastosen Acryl, in »weiblicher« und »männlicher« Gründung geholfen, zu begreifen, was sich in der Paarbeziehung tat: Das Aufeinandertreffen und schwierige Auseinander-Setzen von »farblich Gleichen«. Trotz einer großen Farbauswahl während des Malprozesses griff ich für beide Bilder zu denselben Farben. Die nachträgliche »Grundierung«, hier eher eine Einrahmung/Umrahmung/Eingießung, geschah in Öl. Durch die Auseinandersetzung in der Leinwand wurde ich im Malprozess, durch das entstandene Bild, in der seelsorglichen Begleitung des Paares aufmerksamer für Verdichtungen, Brüche, Schwerpunkte und konnte die verschiedenen Einsichtsebenen miteinander in Kontakt ziehen. Aus verschiedenen Bilddialogen drangen Botschaften zu mir.

5.2.3 DIE PLASTISCHEN ARBEITEN

Ebenfalls Begegnungen, allerdings in einem zeit- und raumgreifenderem Maß, sind meine plastischen Arbeiten. Dazu bedurfte es zunächst einer inneren Auseinandersetzung mit einem Thema (z. B. dem Sterben eines Kindes im Krankenhaus, das – wie jedes andere Kind auch – ein für mich besonderes war[543]), dem Gefundenwerden von einem Material, der Idee und dem Im-

[543] Ich denke an die Beerdigung eines kleinen Jungen zwei Tage vor einem Heiligabend unter großer Anteilnahme der Krankenschwestern und Ärzte nach dessen langer Liegezeit im Kinderkrankenhaus. Die Eltern hatten sich als Predigttext Psalm 91, 11–12 gewünscht. Ich lieh mir (nach vorheriger Absprache) vor der Predigt von der Mutter die Stoffspieluhr mit Engelfiguren aus, die immer im Bett des Jungen gelegen hatte, die sie in der Zeit nach dem Tod stets bei sich hatte, die sie mit ins Grab geben wollte. Sie hatte mich gebeten, das Lied am Ende noch einmal abzuspielen und ihr die Uhr danach zurückzugeben. So hörten wir alle die uns auch aus F.s Bett vertraute Melodie »Guten Abend, gut Nacht!« Als ich zur

Torso I und II, 2006, E.-F. Heider

puls und einem genügenden ZeitRaum. Die Voraussetzungen von Seelsorge-ART für Klienten gelten ebenso für den Seelsorger.

Neben »Schwarze Figur« entstand so auch das »Hot heart of stone«, dessen Hintergrund in eine Mutter-Sohn-Problematik ragt (Stichworte dazu: »Im Rahmen bleiben – aus diesem fallen!«, am Elternhaus gefundenes, später vergoldetes Herz aus Schiefer, weibliche Torso-Assoziationen, verflüssigtes/geschmolzenes Eisen als aufgebrochener Rahmen etc.).

Dass mich das Engelthema seit langem begleitet, wird deutlich an einem nassen, schwammartigen dunkelbraunen Stück, das ich am winterlichen

---

Mutter ging, stand sie auf, umarmte mich und sagte weinend, aber lächelnd »Wenn Gott will, wirst du wieder geweckt, F.!«. – Problematisch wurde die Situation Tage später, als ich von der Mutter erfuhr, dass ihr Mann ständig das Lied »Angel« (Kelly-Family) höre und er auf einer Brücke von einem Engel angesprochen worden sei, er möge nach Hause gehen. – Oder war gerade dies der Engel, der diesem Mann zur Seite stand, um ihn wieder (s. Tom Attig) für das Leben zu wecken? – Im nächsten Urlaub begann ich für mich die nebenstehende Figur aus dem ursprünglich viel größeren und lange trocknenden Stamm herauszulösen. Ein Stück Mooreiche, das ich Monate zuvor aus dem Meer geborgen hatte und behutsam trocknete. Nun entbarg sich die innere Form, die sich fest und stark zeigte. Das weggearbeitete Material war dagegen spröde und brüchig. In vier Wintern draußen am Meer stehend veränderte sich diese Form auch durch schweres Wetter kaum. Seit 2006 steht »Schwarze Figur« drinnen. (Höhe inkl. Plinte ca. 176 cm).

Schwarze Figur, 1996–2006, E.-F. Heider

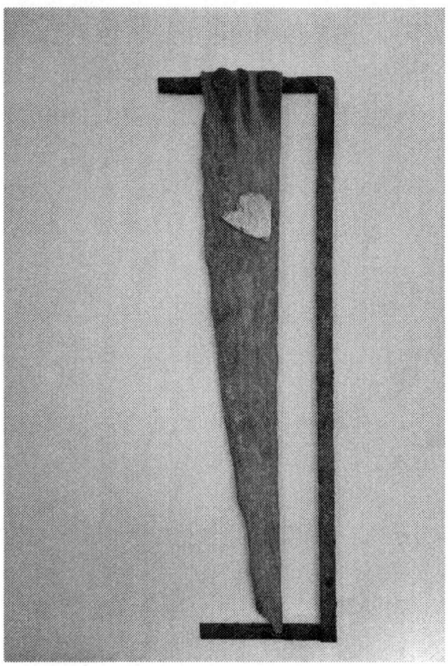

Hot heart of stone, 2003, E.-F. Heider

Flügel und Detail, 1999–2003, E.-F. Heider

Strand von Sylt sah und erst langsam als »totes moderiges Holz« identifizierte. Nach einer mehrmonatigen Trocknungszeit, die es Risse bilden ließ, wagte ich die aktive Spaltung des Stückes in zwei Teile. Unter der Gefahr, dass es zerfallen könnte, da die Porösität der Masse weiter zugenommen hatte. In den Innenflächen wurden nun wellenartige Oberflächen sichtbar, die sich durch die Kontraktion des Holzes im Trocknungsprozess ergeben hatten. Ich beschloss, die Stücke mit klarem Bootslack zu fixieren und trug mit der Zeit über 50 Schichten sehr dünn auf. Ist schon bis hierher mein Dialog mit dem Material deutlich, so wurde dieser seitens der Holzstücke noch wesentlich intensiver: Durch die Lackschichten drangen im Holz gelagerte Salze an die Oberfläche, die der Skulptur eine Autonomie geben, auf die ich keinen Einfluss habe, die ich achte und respektiere. Die »Flügel« gestalten sich fort. Ich habe sie offen legen dürfen. Dass ich diese Skulptur nicht nur in meiner Nähe habe, um ihren weiteren Werdegang verfolgen zu können, sondern auch in SeelsorgeART einbringe, mag nach diesem Weg verstehbar sein. Wir lassen einander und sind am Werden gegenseitig interessiert, ein lebendiger Prozess. Sie wurden von mir wahrgenommen und »schwingen sich aus sich selbst auf«, und ein Ende ist nicht absehbar.

In die Reihe dieser Findungen gehören auch die »Charaktere«. Auf langen Wegen am Flutrand finde ich sie in kleineren Dimensionen, nehme sie kurz in Augenschein und eventuell mit ins Atelier. Dort stehen oder liegen sie lange zum Trocknen, zur weiteren Begegnung, zur Charakterbildung. Es entwickelt sich ein Dialog zwischen ihnen und mir. Ich finde die Stücke direkt

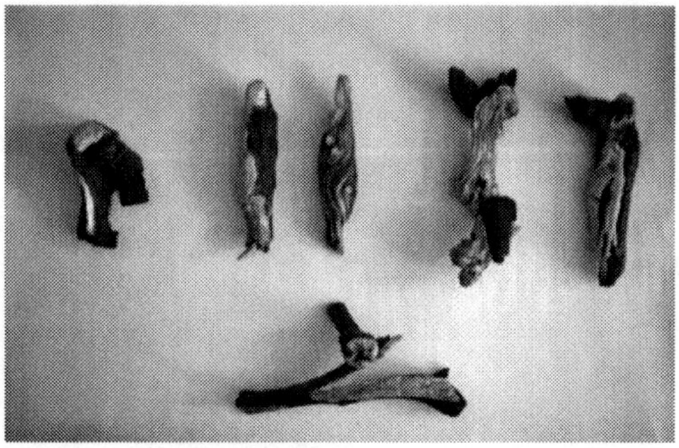

Charaktere I, E.-F. Heider

am Wasserrand oder entnehme sie[544] aus »Treibsellagerstätten« an der nordfriesischen Westküste. Sie »sprechen mich an«, entweder direkt oder sie regen in mir eine Dynamik an, die zu etwas Erlebtem führt, das ich in Kontakt mit dem Material wieder anklingen lasse und das mich in diesem Geschehen neu findet. In der Bearbeitung habe ich die Chance, mich auseinanderzusetzen, etwas zu bearbeiten – auch: es zu gestalten, ihm eine Form zu geben – und damit leben zu können. Die »Geschichte dahinter« kenne ich, sie liegt vor mir, ich erinnere, wiederhole, bearbeite, greife an, lasse mich berühren. Ein weiterer Schritt ist, vor diesen Skulpturen mit anderen Menschen in Kommunikation zu treten, die ihrerseits auf sie, auf ihr Material und meine Einwirkung reagieren. Und manchmal ist das Argument eines anderen, dies Objekt besitzen zu wollen, stärker als das meinige, es behalten zu sollen.

Ein Holz, an dem ich um das Maß gerungen habe, kommt ebenfalls aus dem Meer, hatte ursprünglich die Größe eines Surfbrettes und ist ein Pappelbrett. Lange habe ich mit Abstand davor gesessen, weil ich die 3,50 m Höhe und ca. 80 cm Breite als unhandlich empfand. Bis ich im Material einen Riss entdeckte, der mir Zugang zum Brett verschaffte. Als ich dann durch eine diagonale Abtrennung nah an das Objekt herankam, war der Prozess zwischen dem Holz und mir in Gang gesetzt. Es entstand eine Figur »schulterhoch«, deren Schulter durch die Hängung direkt auf meiner Schulterhöhe liegt. Im Weiß sehe ich ein schmunzelndes leichtes Wehen um den Corpus.

Porträts sind für mich Versuche, Einsichten in Menschen und Augenblicke zu bewahren, aus Egoismus oder Menschenfreundlichkeit. Viele Porträts

[544] Mit Brief und Siegel des »Amtes für die ländlichen Räume des Landes Schleswig-Holstein« für künstlerische Zwecke!

Charaktere II, E.-F. Heider

schulterhoch, E.-F. Heider

aus meiner Seelsorge nenne ich Engel. Gewiss auch, um die Transparenz des erlebten Geschehens um Tod und Sterben um das »Aufgehobensein bei Gott« zu determinieren und das Helle darin einzufordern. Auch, um die Porträts in Verbindung und Bewegung zu halten in der *kinesis erotikä* zwischen Gott und Mensch. In ein anderes Material bin ich mit den »Köpfen« gegangen, die ich auf U-Boot-Stahl aufgezeichnet habe, die dann ein Schmied herausschweißte und die von mehreren Männern mit langen Zangen in sehr heißes Essenfeuer gehalten wurden. Als sich die Fläche verflüssigte, wurden sie herausgerissen und abgekühlt. Es sind für mich Momentaufnahmen von Begegnungen. Gerinnen eines Augenblicks. Und darin schon vorbei. Und doch materialiter sehr gegenwärtig, schwerwiegend –und verletzend-verletzlich, denn die Eisen – je ca. 100 cm hoch, 15 mm stark – sollten zu zweit und nicht ohne Handschuhe getragen werden. Durch langes Stehen im Salzwind am Meer sind sie in stetiger Veränderung begriffen. Der gefestigte Augenblick verändert sich noch weiter, quasi permanent durch die Veränderung durch Zeit, Einsicht, Blickwinkel. Fest ist nicht fest, flüssig nicht verschwommen. Die Köpfe zeigen es mir, wenn ich mich ihnen aussetze, sie meditiere, vor sie oder hinter sie trete. Selbst darin unterschieden durch das Auftreffen des Salzwindes: Vorderseite und Rückseite. Wir begegnen uns immer wieder neu, die Köpfe und ich.

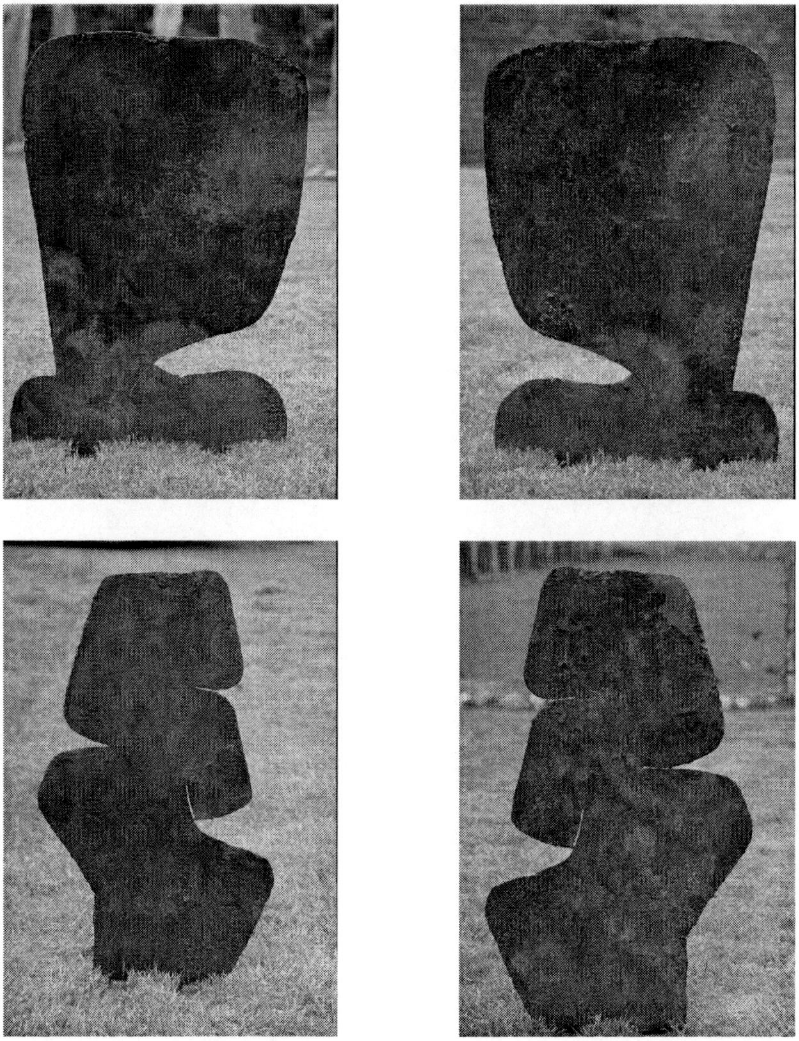

Als letztes nenne ich die »Freunde« und »Gefährten«, die mich finden, wenn ich unterwegs bin und die mich hernach verlässlich weiterbegleiten. Das können größere Objekte sein[545], aber zumeist sind es leichtere. Wie die

545 Wie eine weitgehend hohle Astgabel vom Stamm und zwei abgehenden massiven Ästen einer 250-jährigen Eiche (Urteil des Försters), die in der Nähe des Jagdschlosses Göhrde gefällt wurde und der ich auf einem Spaziergang lange gegenüberstand. Auf meine Bitte bekam ich den löchrigen Block, das Holz trocknete lange und wurde über Monate zu einer »schwebenden Flamme« geformt, die Dank ausgeklügelter Statik auf zwei

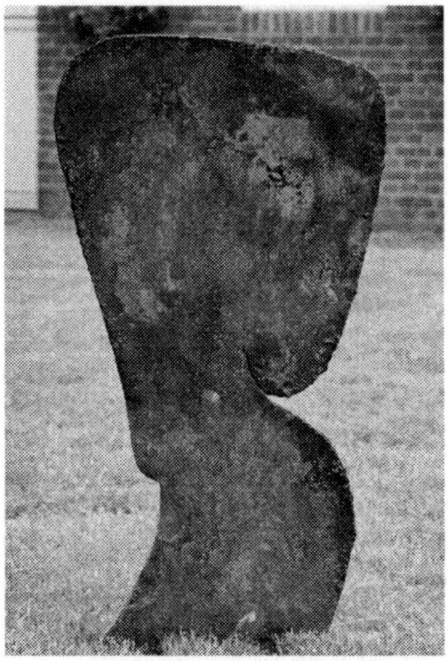

Drei Köpfe, E.-F. Heider

Figur »Alter Chinese«, der mir mittlerweile seit Jahren am Schreibtisch über die Schulter sieht und stets beredt schweigt. Das eben macht seine Weisheit aus, die er über Jahre im Wachsen und auf dem Meer erlangt hat: Dass er ruhig wahrnimmt, präsent ist, auf den Umraum standhaft reagiert und nicht sogleich seinen Standpunkt wechselt. Je nach Lichteinfall gibt er sich von seiner heiteren oder ernsten Seite. Er weiß viel mehr vom Leben als ich, ist er doch einem Menschen wie mir als Schweigender so wichtig. Und sei es als kontinuierlicher Ruhepol. Wobei er einem Stein in seiner differenzierten Formfindung weit voraus ist.

Dies sind einige Belege der für mich großen Wichtigkeit einer kreativen Auseinandersetzung mit dem Material, das mich findet, um meine inneren Bilder in und aus seelsorglichen Prozessen selbst zu fassen und mich ihrem Begreifen zu nähern. Dabei gestalte ich nicht Ideen zu einem Bild, einer Plastik, sondern mache mich mit meinen Sinnen auf den Weg ins Blatt, in die

---

schmalen Edelstahlsäulen über einem massiven Eisenpodest am Boden zu schweben scheint. Die Eiche hat an Leichtigkeit gewonnen, ist monumental geblieben und völlig anders positioniert noch immer als Material Eiche erkennbar – und sie hat mir ihre Geschichte erzählt: Unter dicken weichen Schichten, die ich entfernte, kam ein verholztes Geschwür zutage, das den Baum wohl hat sterben lassen. – Die Arbeit ist hier nicht abgebildet, weil die Vergoldung dieser Teile nicht abgeschlossen ist. In dem Material und im Gestaltungsprozess habe ich Gedanken zu den Menschen und Inhalten der Workshops in Göhrde bearbeitet und nachvollzogen.

Alter Chinese, E.-F. Heider

Leinwand, ins Material und versuche, hinlänglich achtsam zu sein für das, was mir begegnet. Dies hat stets mit mir zu tun und ist doch oft ein fremder Impuls, ein fremder Klang, eine fremde Stimme, auf die ich mich einlassen kann oder nicht. Es ist immer eine Bereicherung, weil es mich sowohl im Prozess als auch im nachträglichen Wahrnehmen hineinnimmt in eine Bewegung, die sich auf mich oder auf andere beziehen kann. Es geschieht etwas, das eine Position hat und einnimmt im Zusammenhang des kreativen Prozesses zwischen mir und dem Entstehenden oder Entstandenen. Dessen positiver Wirkung bin ich mir über die Jahre dieses Weges so sicher, dass ich auch andere zu diesem Weg-Geschehen im kreativen Tun einladen mag.

Im letzten Teil dieser Arbeit beschreibe ich - aus den vorgelegten persönlichen Auseinandersetzungen um die Weite und den Raum, die Form und die Farbe, die Perspektiven und die Kontinuität der Materialität der Ausdrucksformen und -möglichkeiten künstlerischer Bildhaftigkeit - Konsequenzen hieraus für die Seelsorge: Mögliche Konsequenzen für Menschen vor einem Bild, die bloß verbale Interaktion übersteigen und Seele heilen am Beispiel des umfassenden Weg-Geschehens für die Männer bei Emmaus, Weitungen der Gottesbeziehung durch die Kunst und in ihr, Öffnung von mehr Raum für die Seelsorgenden und die sich Anvertrauenden in der Gewissheit der Gottesbeziehung, die zu erfahren ist.

6 Konsequenzen für die Seelsorge

6.1 Was geschieht den Seelen der Menschen vor dem Bild?

Es ist zunächst weder neu noch originell, dass »ein Bild mehr sagt als 1000 Worte«![546] Es bedeutet einerseits: es kann jeden Betrachtenden vollends verwirren, weil niemand in der Lage ist, mehr als 1000 Worte auch nur annähernd gleichzeitig zu erfassen oder sich gegen diesen Schwall zu schützen. Schon gar eine verletzte oder unruhige Seele kann, muss überschwemmt werden von zu viel zu leistenden Sinnesherausforderungen. – Das kann andererseits bedeuten, dass im Bild völlig andere Botschaften »zu Wort kommen« als dies je ein Wort oder auch 1000 Worte ausdrücken könnten.

Kein noch so wortgewandter Kunsthistoriker, Denker oder Poet vermag auch nur annähernd das Farbenspiel und den Faltenwurf des Engelsgewandes im Isenheimer Altar des Matthias Grünewald in Colmar[547] zu beschreiben. Geschweige dessen Ausstrahlung im Gesamtwerk.

Dies gilt ebenso für die Wirkungen zeitgenössicher Kunst – einer Damien-Hirst-Bronze »Saint Bartholomew, Exquisite Pain«, 2006, wie eines Großfotos von Gregory Crewdson[548] oder Jeff Wall[549]. Allenfalls ist jemand in der Lage

---

546 Vgl. Susanne K. Langer, Philosophie auf neuem Wege, Frankfurt a. M. 1965.

547 Matthias Grünewald, Erscheinung des Herrn, »Isenheimer Altar«, um 1513/1515, Museum Unterlinden Colmar.

548 Vgl. Kat. Gregory Crewdson. 1985–2005, Stephan Berg (Hg.), Hannover 2005: s. besonders »Twilight« (1998–2002), »Dream House« (2002) und »Beneath the Roses« (2003–2005). Crewdson, Sohn eines Psychiaters, inszeniert, teils mit Hollywood-Filmschauspielern (Tilda Swinton), Alltagssituationen, in denen das Unheimliche uns als Vertrautes entgegenkommt.

549 S. Jeff Wall, Photographs 1978–2004, 30.04.–25.09.2005, Schaulager Basel: die Wirkung seiner inszenierten Fotografie in Leuchtkästen.

kongenial ein eigenes Kunstwerk daneben zu errichten – aus einem Wortgebäude z. B.[550], das aber allenfalls angeregt, inspiriert und ausgelöst wurde durch das Bild eines Altars, eines Bildes, einer Skulptur.

Die Materialität und Botschaft originaler Kunst spricht eine ganz andere Dimension des ästhetischen Erfahrens und der Grammatik der Gefühle und umfassender alle Sinne des Menschen an und wirkt auf sie. Sie erschließt Bereiche, die Worten verschlossen sind. Inwieweit dies messbar ist oder psychophysikalisch nachweisbar, entzieht sich meinem Wissen. Allerdings beziehe ich mich aber auf meine Erfahrungen in den Jahren meiner seelsorglichen Arbeit in menschlichen Extremsituationen (s. o.) mit und vor und an Positionen der Kunst – in der vorliegenden Arbeit exemplarisch bezogen auf das, was in den Lebenswerken von Beuys, Sonderborg und Rückriem deutlich ist an seelsorglichen Wirkungen der Kunst. Ich habe daraus die Gewissheit gewonnen, dass Kunst dem Seelsorge Suchenden weitere, neue Räume erschließt. Ohne sie hätte er diese nicht betreten und nicht erfahren können, dass Kunst »mehr als 1000 Worte!« in einer Weise zu und mit Menschen kommuniziert und Bereiche öffnet, die die Möglichkeiten der Seelsorge verändern und weiten.

Diese Erkenntnis gründet auch auf Erfahrungen anderer:

> Was dem Auge dar sich stellet,
> Sicher glauben wir's zu schaun;
> Was dem Ohr sich zugesellet,
> Gibt uns nicht ein gleich Vertraun;
> Darum deine lieben Worte
> Haben oft mir wohlgetan;
> Doch ein Blick am rechten Orte,
> Übrig lässt er keinen Wahn.
>
> (Johann Wolfgang von Goethe, Aug' um Ohr)

> Nicht das Auge sieht, sondern der Mensch; nicht das Ohr hört, sondern die Seele.
>
> (Russisches Sprichwort)

---

[550] Z. B. Cees Noteboom / Max Neumann; z. B. Jazz-Improvisationen / K. R. H. Sonderborg; z. B. Lyrik zu Farben (s. Ein Rot, ein Grün, ein Grau vorbeigesendet. Farben in der deutschen Lyrik von der Romantik bis zur Gegenwart, München 1994. – Hierzu fallen mir auch Kinderbücher ein, die früh Assoziationen und Querverbindungen für die Sinne einbringen: z. B. Farben: Jutta Bauer, Die Königin der Farben, Weinheim und Basel 1998; z. B. Gefühle: Helme Heine, Der Boxer und die Prinzessin, München 1997.

Nicht das Auge sieht,
nicht das Ohr hört,
nicht die Hand handelt,
nicht das Gehirn denkt und lernt –
sondern der ganze Mensch ist es, der jeweils das entsprechende Organ
sieht – hört – handelt – denkt – lernt.

(Hugo Kükelhaus)[551]

Lernen mit allen Sinnen ist darum auch notwendig ganzheitliches
Lernen,
das sich nicht auf die fachspezifische Perspektive beschränken kann,
sondern prinzipiell immer fachübergreifend
auf die inhaltliche Komplexität der Gegenstände zielt.

(Adelheid Staudte)[552]

Der Theoretiker der Objektbeziehung, Winnicott, spricht die Psychotherapie betreffend über das Spiel vor Bildern: »Psychotherapie geschieht dort, wo zwei Bereiche des Spielens sich überschneiden; der des Patienten und der des Therapeuten. Psychotherapie hat mit zwei Menschen zu tun, die miteinander spielen. Hieraus folgt, dass die Arbeit des Therapeuten dort, wo Spiel nicht möglich ist, dearauf gerichtet ist, den Patienten aus einem Zustand, in dem er nicht spielen kann, in einen Zustand zu bringen, in dem er zu spielen imstande ist.«[553]

Diesen inneren Raum des eigenen und kulturellen Erfahrungsschatzes innerer Bilder nennt Winnicott »intermediärer Raum«, Übungsraum oder potenziellen Raum.[554] Es ist eine Voraussetzung für die Verarbeitung von Erfahrungen, dass wir über diesen Raum verfügen, der in die Lage versetzt, z. B. innerseelische Konflikte auszuhalten und an Lösungen zu arbeiten, die erst dann in der äußeren Realität probiert werden können. Dieser innere Spielraum ist die Voraussetzung dafür, sich als Impulsgeber des eigenen Geschehens zu erleben, und nicht unverarbeitete Konflikte in oft selbstschädigender Weise in der Realität ausagieren zu müssen. Bleiben solche Erfahrungen un-

551 Hugo Kükelhaus, Sehen und Hören in Tätigkeit, 1978, S. 30; ders. andernorts: »Leben ist ein fortwährendes Üben!«

552 In: Gerhard Schneider (Hg.), Ästhetische Erziehung in der Grundschule, Weinheim-Basel 1988, S. 62.

553 Winnicott, D.W., Vom Spiel zur Kreativität, Stuttgart 1979, S. 49.

554 A. a. O., S. 58.

verarbeitet[555], ist Menschen die Fähigkeit verloren gegangen, aus dem Erlebten eine bildhafte Geschichte zu entwickeln: Menschen leiden unter Bildlosigkeit. In seiner Theorie des Spiels stellt Winnicott[556] die Voraussetzung dar, in der zwischen Mutter und Kind die Fähigkeit zum Spielen entsteht: Die Mutter bietet an, was das Kind zu finden bereit ist. Es macht Erfahrungen seiner Kompetenz, seine Erfahrungswelt bringt innerliche Erfahrungen und äußere Realität in Übereinstimmung, so befriedigt entsteht ein intermediärer Spielplatz, der beide, Mutter und Kind, verbindet – und trennt. Das Kind entwickelt hier nämlich die »Fähigkeit, in Gegenwart eines anderen allein zu sein«, wesentliche Voraussetzung für späteres selbstständiges Handeln. Ein wichtiger Aspekt in dieser Phase liegt nach Winnicott auf dem Aspekt des Wagnisses und des Mutes, auszuprobieren und sich zu zeigen. Dies führt zur Fähigkeit wirklicher Interaktion, zum Mut, neue Erfahrungen in der Begegnung mit anderen (und anderem!) zu machen, ohne die Erwartung, dass dieser sich so verhält, wie es den eigenen inneren Bildern und Bedürfnissen entspricht. Das Gegenüber z. B. von Bildern kann in einer geglückten Prägung in dieser Phase dazu führen, dass diese nicht nur intellektuell wahrgenommen werden, sondern sich Menschen auf das Spiel mit ihnen einlassen können. Bilder regen die Imagination an, werden zu einem Vehikel, mit dessen Unterstützung Neues erschlossen und an Bekanntes angeschlossen werden kann. Dies macht es möglich, Ängste zu reduzieren, auch tiefe Empfindungen auszudrücken und schier Unsagbares zu formulieren, wofür es sonst äußerst schwer ist, Worte zu finden.[557]

»Durch Bilder kann ein imaginativer Bezugsrahmen hergestellt werden, um Zusammenhänge zwischen einzelnen sonst nicht verstehbaren Fakten zu finden.«[558]

So lassen sie sich als Brücke zwischen Imagination und Kommunikation gebrauchen und dienen als Hilfe bei der (Wieder-)Herstellung neuer innerer Ordnung, machen neu handlungsfähig durch mehr Spielraum, können wie Übergangsobjekte nachhaltig wirken. Sie können im Bild dargestellt und als Teil eines funktionierenden Selbstkonzepts bewusst werden.

Ich habe erlebt, dass Menschen vor Bildern z. B. in eine tiefe Erfahrung

[555] Gelingt das eigene »Containment« also nicht.

[556] A. a. O., S. 58–59.

[557] Dies gilt für den Klienten/Patienten wie für den Therapeuten/Seelsorger, die ich hier parallel setze.

[558] Vgl. zum letzten Abschnitt: M. B. Buchholz, Psychotherapie als Profession, Gießen 1999, S. 245.

von Ruhe eintraten, die sie selbst vorher nicht kannten, und die ich in längerer seelsorglicher Arbeit mit ihnen nicht erreicht habe, für die sie über Worte nicht ansprechbar (!) waren. Diese neue Erfahrung ermöglichte es ihnen nun, ganzheitlicher und umfassender in und mit ihrem eigenen Wahrnehmungspotenzial und in Anknüpfung an Erfahrungen auf Herausforderungen in ihrem Leben zu reagieren, denen Worte nicht gewachsen waren, dass sie wirklich alle Sinne nutzen konnten für ein ganzheitliches Reagieren auf eine Not. Dies mag verklärend klingen, ist jedoch eine psychotherapeutische Erkenntnis, die sich für mich im Projekt SeelsorgeART oft bestätigt hat: Wahrnehmung, die sich im Frei-Raum zwischen Betrachtendem und Bild manifestiert hat, ist dadurch auch offener für andere Lebens-Räume und deren Herausforderungen. Anschließend ist dies dann auch benennbar. Anderes ist wie ein inneres »tiefes« Wissen, eine sichere Ahnung, eine Gewissheit, die trägt, ohne dass sie anders ausgedrückt werden könnte (oder müsste) als in einer Linie, einer Farbfläche, in Ton oder Sand, einer »Geschichte im Bild«, einer Farbmelodie.

> Ein Beispiel ist die Begegnung eines Schmiedes mit einem »Kopf«-Bild von Klaus Kröger.[559] Die Gewaltproblematik in seiner Ehe hatte uns lange im seelsorglichen Kontakt beschäftigt, ohne dass wir wirklich herangekommen wären an die auslösenden Gefühle seiner Aggressivität. Nun stand ich mit diesem kräftigen Mann in einer Galerie nahe vor dem Bild und er äußert: »Das ist mir zu nah!« Ich ermuntere ihn, den für ihn richtigen Abstand zu finden. Er tritt etwa vier Meter zurück. Ich äußere meine Verwunderung, dass eine Leinwand und Öl und ein abstrakter Kopf ihm »zu nah« sein können. Und ich frage ihn, was er denn sonst tue, wenn ihm etwas oder jemand »zu nah« käme. – Der Mann schweigt lange, blickt zu Boden und hat Tränen in den Augen, als er auf seine großen Hände schaut und dann auf mich. Es ist zwischen uns nicht ausgesprochen, aber es ist uns beiden deutlich, dass wir wissen: Dann schlägt er zu!

[559] »Bilder müssen brutal sein«, sagt Klaus Kröger. »Sie müssen den Betrachter anschreien.« Er gehört – 1920 in Berlin geboren, Studium am Baukreis in Hamburg, 1964 documenta III-Teilnehmer – jener Künstlergeneration an, »die nach dem Zweiten Weltkrieg die Sprache verloren hatte. Die Bildsprache. …« (zit. nach Hamburger Abendblatt, 30.05.2005, Klaus Kröger: Bilder, aus denen es blutet). »Malerei ist ein notwendiges Übel«, sagt er. »Sie ist Waffenersatz.« (zit. nach Roswitha Siewert, Kunst des Vergeblichen, in: Klaus Kröger, Cato Jans, Hamburg 1993, o. S.). Seine Malerei »führt … an den Rand der Kunstlosigkeit – der Künstler wird Grenzgänger« (Hanna Hohl, in: Katalog »Ich Klaus Kröger«, Kunstverein Springhornhof, Neuenkirchen 1983).

5.98, Klaus Kröger

Ich bin der Überzeugung, dass diese Kommunikation zwischen Werk und Betrachtendem abhängig ist vom Werkcharakter und dem Umgang mit dem Material durch den Künstler: Die Materialität wirkt! Von einem Galeristen weiß ich um das oberflächlich grobe Umgehen Krögers mit seinen Bildern, was ja auch in seinem gesamten Werk und seinen Inhalten – auch im Material – ablesbar ist.[560] Nicht nur in Schuhsohlenabdrücken, die sich auf mancher Leinwand finden, sondern auch in seiner Farbenwahl und seinen Sujets. Dieses Werk dieses Künstlers war für diesen Schmied in diesem Material mit diesem Abstand in diesem Augenblick in dieser Konstellation in dieser Seelenlage mit diesem Seelsorger wie ein Schlüssel, der ihm erlaubte, den Raum seiner ehelichen Gewalttätigkeit nicht weiter schützen und verschließen zu müssen vor sich selbst, sich selbst nicht länger verschließen zu müs-

[560] S. a. Susann Stuckert, Rede zur Eröffnung der Ausstellung: Klaus Kröger »Kleinere Formate«, 05. 04. 2005, Kunstladen 101: »In Künstlerkreisen nannte man ihn Teer-Kröger«, »Radikalität des Verneinens«, »Kein Bild mehr – Nein« und dieses Nein ausdrücken, »Schonungslosigkeit«, »asketische Aggressivität, »Aggressive Selbstbehauptung, »zugleich die Zartheit dieses individuellen Verneinens«, »Präsenz der Bilder.«

sen – was zwischenzeitlich bei ihm zu erheblichen somatischen Folgen geführt hatte –, sondern ihn betreten zu können, um ihn zu verlassen. Für letzteres war ersteres erforderlich!

An dieses Erleben von uns beiden vor dem Bild konnten wir anknüpfen. Da im Bild Krögers hatte dieser Mann ein Gegenüber gefunden, das ihn »stellte«, nicht bloß-stellte, beschämte, verurteilte, sondern ihn zu einer Reaktion zwang, um standhalten zu können: Einige Schritte zurück! Er hatte damit selbst eine Position gefunden, in der er noch reagieren konnte, kommunizieren, wieder kommunizieren. Auf das, was von dem Bild ausging in seine Richtung. Die Leinwand des Malgrundes war bereits zerstört, gerissen. Etwas, das dieser Mann, der zum ersten Mal in einer Kunstausstellung war, nicht erwartet hatte: So etwas »Kaputtes«! Das war nicht »schön«, was er sah, aber »unheimlich stark«. Nicht als Jugendlichenjargon, sondern als Werk des Künstlers Kröger, der sich auf diese Art mit diesem Thema auseinandergesetzt hat und dies als seine Position in den Raum stellt, präsentiert: stark! Die Farben waren nicht fein säuberlich auf den Untergrund aufgetragen, sondern hingeworfen, aufgepackt, löchrig alles, uneben. Vielfältig changierend. Mit großem Eigenleben und gewaltiger Dynamik. Leinwandflicken sind einfach aufgeklebt. Löcher. Risse. Überspachtelungen. Das alles war bei dem Schmied angekommen, hatte ihn erreicht, das war Sprache des Bildes in Richtung Schmied. Ohne dass ich wüsste, was diese »Sprache« genau wäre: Es geschah! – Der Mann war erreicht worden von etwas, für das er in diesem Augenblick offen war, das ihn zu sich befreite. Er war traurig, aber nicht, weil etwas herausgekommen war. Er war endlich traurig, konnte es endlich sein, konnte endlich davon ausgehen! Wir sahen uns anschließend weitere Bilder an, von denen keines eine annähernde Wirkung hatte. Und diese Wirkung war nicht verschwunden, als wir weggingen. Auch nicht, als wir unser Gespräch später fortsetzten.

Mir kamen damals Sätze in den Sinn: »Es beliebte zu geschehen!« (Koan); »Gehe hin und sündige hinfort nicht mehr!« (Johannes 8); »Ich bin der Weg, die Wahrheit, das Leben!« (Johannes 14,6) – und gleichzeitig wusste ich, dass etwas geschehen war, das dieses Benennen in Worten erweiterte zu einem ganzheitlichen Ergriffensein von einem bis dato Unbekannten, das sich ereignet hatte im Freiraum vor dem Bild. Etwas, das allein im Wort weniger wurde.

Als seine Frau mich später anrief und begeistert erzählte, wie sehr ihrem Mann »diese Ausstellung gefallen« habe und »ihn da wohl irgendwas erwischt haben müsse«, weil er sich »erfreulich verändert« habe und »was ich da denn gemacht hätte«, deutete dies für mich das Geschehene an. Allein: Ich hatte nichts getan, außer neben dem Mann zu bleiben und die Wirkung des Bildes in ihm zu begleiten.

Es wird (wohl) nicht für jeden Menschen die Chance geben, »sein Bild« für sein Problem im richtigen Zeitpunkt und in der richtigen Konstellation zu finden und gar zur Verfügung zu haben. Was auch für jede andere Form der Seelsorge gilt: Allen gleich gültig wird zu allen gleichgültig! Andererseits spricht ein Bild, sprechen Form und Farbe, spricht Klarheit in der Durcharbeitung einer Leinwand oder eines Steins, spricht Auseinandersetzung und Faszination für eine Sache im Bild, spricht das ganzheitliche Engagement des Kunstschaffenden, seine Demut vor dem Material und seine Auseinandersetzung mit diesem, spricht eine Idee, die ihn findet und sich zu seiner macht, spricht das Angreifen und das Vertrauen, dass Kunst entsteht, spricht das Eingehen des Künstlers in sein Werk und sein Heraustreten aus diesem, indem er es sein und frei lässt, spricht die unendliche Hoffnung des Künstlers im Entstehungsprozess, spricht die Aussetzung und Anwesenheit des Künstlers im Hier und Jetzt, seine Leib-, Geistes- und Hoffnungsgegenwart, spricht der Segen, der auf Mensch und Werk ruht – aus jedem originalen Kunstwerk. Und derer sind viele.

Das Kunstwerk ist Ausdruck all dessen und steht doch allein für sich im Raum, den der Betrachtende betritt mit all dem, was er seinerseits mitbringt in diesen Raum. Es steht nicht weniger und nicht mehr auf dem Spiel als das Spiel der Begegnung dieser Räume im Raum. Wie eine Aufforderung zum Tanz: Annehmbar oder abzulehnen! Sich einzulassen oder wegzuschauen, äußerlich oder innerlich. Erst wenn ich den Schritt auf die freie Fläche wage und mich von der Musik erfassen lasse, beginnt es in mir, mit mir zu tanzen, bewegt es mich. »Passanten der Kunst« gibt es viele, die im Vorbeigehen schauen, in den Einkaufswagen tun und meinen zu besitzen, auch in der Kirche, auch in der Seelsorge der Kirche. Desto mehr, je weiter ästhetische und andere am Werk, seinem Entstehen, der Person und Situation des Künstlers, der Durcharbeitung der Fläche oder des Materials zurücktreten hinter ganz andere durchaus unästhetische Interessen, die wegweisen[561] von der Kunst und ihrer Originalität. Hinweisen zum Beispiel zu einer guten Kapitalanlage oder zu einem Transportmittel eigenen Wollens.

Royston Maldoom, der Choreograph hinter dem Projekt »Rhythm is it« und vielen weiteren Tanzprojekten mit Straßenkindern etc., spricht von der Erfahrungssicherheit, die er vermittelt, wenn er Kinder ermuntert, sich zu be-

[561] Mit kurzem »e«.

wegen.[562] Wenn er in den Raum tritt und sich und seine Art zumutet, also die Durchdringung eines Mannes von Kindheit an vom Geist der Bewegung und der Selbstwahrnehmung in der Dynamik der Bewegung und der Perspektive im Tanz und durch ihn. Die Kinder, die zuvor nie etwas mit Tanz oder Choreographie zu tun hatten, trauen ihm! Diese Gewissheit ist der Teil, den der Künstler im Werk sich und den Betrachtenden schuldet und den er darin in die entstehende Beziehung einbringt. Es ist eine Gewissheit im an die Öffentlichkeit gedrungenen Werk vorhanden, die Menschen »angeht«! Anfeindungen von Künstlern und ihren Werken in dieser Öffentlichkeit, wie sie bis heute bis zu Werkzerstörungen und -vernichtungen geschehen.

2005 »teert und federt« der »Pornojäger Humer« (Zitat: BILD-Zeitung) die weiblich definierte »Hommage an Mozart« von Markus Lüpertz in Salzburg und bestätigt durch seine Äußerungen und die seines Gehilfen die starke Wirkung dieser Skulptur auf ihn. Diese Reaktion ist für den Seelsorger, der mit diesen Wirkungen arbeitet, hoch interessant, weil diese im – hier virtuellen – Klienten Bereiche seines Fühlens, Denkens, seiner Sozialisation, seiner Glaubensüberzeugungen etc. belegen, die ihn derart forcieren, dass sie ihn zu diesen Ersatzhandlungen greifen machen. Ich bezweifle, dass eine Verurteilung der »Tat« diesen Aspekten gerecht wird. Ich bezweifle ebenfalls, dass dieser Mann in eine Klinik gehört – ohne dass ich nähere Umstände kenne. Bei aller bedauernswerten Beschädigung der Kunst, die in diesem Fall für Lüpertz reparabel war: Eigentlich könnte dieser Augenblick für den Mann Humer ein *kairos* sein!

Denn diese Verhaltensweisen zeugen von diesem »Angehen« durch die Werkaussage, die sehr persönlich empfunden werden kann: positiv wie als persönliche Verletzung. Diese Reaktion werden Künstler zu durchstehen haben. Sie sind – geschehen sie nicht aus ganz anderen Hintergründen von politisch-ideologischem Extremismus (z. B. Zerstörung von Tempel-Bildern durch die Taliban) – letztlich Wirkungen auf das Werk. Diese könnten im Begreifen, im Durchleben, in der Konfrontation, in der Begleitung durch das Werk, in der Sensibilisierung für Ausssagen der Kunst nutzbar gemacht werden.

Darum liegt in den exemplarisch dargestellten Werken von Beuys, Sonderborg und Rückriem für mich deren große Demut und die raumgebende

---

562 Siehe hierzu auch das zum Film gewordene Lebenswerk des »Pferdeflüsterers« Monty Roberts, der nach seiner eigenen überharten Erziehung erzieherisch mit schwererziehbaren Jungen und Pferden arbeitet: »Es sind selten die Tiere Schuld an einer gestörten Beziehung zum Menschen!« (Zitat Roberts in einem TV-Interview).

Kraft offen, ihre kontingente Selbstreflexion und ihr beharrliches Weg-finden-Wollen. Diese haben sie eingebracht in ihr Leben und mit ihrem ganzen Leben als Potenzial und Respekt, Leidenschaft und Ausgesetztsein, Bereitschaft, sich Herausforderungen zu stellen und als Vertrauen, immer noch Glauben, immer noch Hoffen, immer noch Lieben. Und all dies haben sie physisch und psychisch und seelisch durcharbeitet ins Werk gesetzt. Besser: Es hat sich durch sie ins Werk gesetzt. Denn – siehe die Dokumentation zu Willi Baumeisters »Das Unbekannte in der Kunst« – kein Künstler weiß am Beginn eines Werkes, wo er anlangt. Beuys wusste es nicht, als er »Kreuze« und Grabsteine formte, Rückriem nicht bei der einträglichen Arbeit an Grabsteinen und Porträts, Sonderborg nicht bei seinen ersten Skizzen im Hamburger Hafen. Und dieses »Unbekannte« – wie immer das bezeichnet werden soll – wirkt im Werk weit über ihr Leben hinaus, auch wenn wie bei Beuys die Person im Mittelpunkt der Auseinandersetzung nun fehlt.

Dass ich im Kunstmuseum Celle im Jahre 2008[563] Besuchende erlebe, die sich belustigen über das, was ihnen da an Beuys-Werken vorgestellt wird, erlebe ich als massive Abwehr vor seiner ansprüchlichen Kunst. Ansprüchlich, weil sie Menschen konfrontiert und einlädt, mit sich und ihrem Lebens »wärmer« zu werden: z. B. mit ihrem eigenen Verhalten zum TV-Konsum. Hier vor dem Video auf dem Bildschirm (!) schmähte ein Ehepaar – für mich »eine Spur zu laut« (Abwehr? Schutz? d. V.) – den »Spinner«, der da »mit der Blutwurst den Filzbildschirm traktiert: Und so was soll Kunst sein!«. Die Antwort des Partners: »Ist eben Kunst!« Damit war es abgetan. Nein, niemand muss merken. Jeder darf sich abtun. Aber diese Begegnung hätte »einträglicher« ablaufen können für das Paar. Und Beuys war und ist ein deutlicher und vernehmbarer Künstler, aber kein aufdrängender, Besitz ergreifender Künstler. Aber er positioniert sich und setzt sich aus – in jeder feinen Nuance seines Schaffens – bis heute. Denen, die sich erreichen lassen.

Wenn auch für mich bzw. weil auch für mich bis heute eine schier greifbare Unsicherheit vor diesem Mann bestehen bleibt – in der Ausstellung »60 Jahre – 60 Werke« in Berlin 2009 mit »Infiltration homogen für Konzertflügel, 1966«, in der Ausstellung »Kunst und Kalter Krieg« in Nürnberg 2009 mit u. a. »La rivolutione siamo NOI!«. Mit eben diesem so bedruckten Schal wärmte sich mancher Hals nach der Ausstellung im Hamburger Bahnhof, gesponsort u. a. von der Philipp-Morris-AG. Beuys selbst hätte womöglich einen

---

[563] In der Ausstellung: ICH-Kunst, DU-Kunst, WIR-Kunst: Beuys/Ulrichs, 15.11.2007–30.03.2008.

japanischen Whisky[564] hinzugenommen, sicher die Förderung akzeptiert – aber dieses Ambiente um diese Kunst und seinen Ansatz zu einer mitmenschlicheren Welt ist schon ein Innehalten wert. In einer Zeit, in der alles mit allem verbindbar ist – Benetton-Modefotos mit dem Foto eines final AIDS-Kranken z. B. –, warum dann nicht auch dies: Philipp Morris und Joseph Beuys. Solange Beuys ungeschnitten in den Videos seine Botschaft verkünden kann! Die Grenze überschritten scheint mir andernorts inhaltlich dort, wo Beuys-Werke lediglich als »Originalmasse aus der Vergangenheit« mit Absperrbodenstreifen und Bewachung aufgehäuft werden, zu »leblosen Kadavern« werden. Da hat es mich in der Ausstellung mehr betrübt als in der Aufstellung des letzten Werkes »Palazzo Grande«.[565] Dem Werk und sich selbst wird man auf diese Weise nicht gerecht: Weil nichts geschehen kann! Es sei denn, »etwas verfängt«, und man kommt wieder, um nachzusehen.

In der Vernissage einer Ausstellung mit Werken Raimund Girkes sprach dessen Bruder, Professor der Philosophie, die Fähigkeit im Werk seines Bruders an, »das Weiß aus der Farbe Schwarz und das Schwarz aus der Farbe Weiß zu entwickeln und darin Tiefe zu erzeugen«. Tage später traf ich eine Kunstlehrerin in der Ausstellung wieder, die sich in die Bilder vertiefte. »Das mit dem Schwarz und Weiß, das will ich doch im Bild begreifen! Da steckt doch viel mehr dahinter als Farbe: Weg vom puren Schwarz-Weiß-Denken!«[566]

Es sei denn, man bliebe stehen und stellte sich und hielte stand und ließe Kommunikation beginnen und setzte sich aus und würde als »eigenartig« von übrigen Besuchenden apostrophiert und könnte reagieren auf das Werk – innerlich wie äußerlich. Allein: Käme man sodann nicht schnell in den

---

564 Der Werbespot für Nikka-Whisky bringt Beuys (»Ich habe mich vergewissert, der Whisky war wirklich gut.« (Joseph Beuys in Stüttgen, Werbung für ein unsichtbares Produkt, in: Zeitstau. Im Kraftfeld des Erweiterten Kunstbegriffs von Joseph Beuys. Wangen 1988, S. 71; zit. nach Reinhard Ermen, Joseph Beuys, Hamburg 2007, S. 118)) 1985 für die Aktion 7000 Eichen in Kassel nicht nur 400 000 DM ein, sondern trägt durch einen Hinweis am Schluss die Botschaft von diesem Projekt selbst und für die Idee einer ökologischen Aufforstung mit Hilfe des Erweiterten Kunstbegriffs in die Welt, der gerade die Soziale Plastik realisiert.

565 In diesem Zusammenhang mögen dann auch die rechtlichen Schritte von Eva Beuys zum Schutz des Werkes ihres Mannes wider die Stiftung Schloß Moyland und aktuelle Düsseldorfer Ausstellungsprojekte bewertet werden. Denn freie autonome Kunst, gerade wenn sie sich der Erwärmung der Sozialen Plastik widmet, darf nicht aus dem Kontext genommen und kaltgestellt werden.

566 Vgl. Dietmar Elger, Raimund Girke, Malerei, Ostfildern 1995.

Verdacht, ebenso »verrückt« zu sein wie z. B. »der Mann mit dem Hut und der Fischerweste«? Wer mag sich diesen Verdacht schon leisten!

Beuys konnte nach dem für ihn ganz persönlich – intimst geradezu – verheerenden Krieg weiter leben und darauf hoffen, dass Wärme wieder einzieht und sich ausbreitet und sein gesamtes Leben für diese soziale Plastik aufs Spiel setzen und ins Spiel bringen. Sonderborg konnte mit dieser Hypothek – geschlagen durch seine körperliche Beeinträchtigung und seelisch ruhelos und gehetzt durch das KZ – seinen Lebensweg beschreiten und hingelangen zu »Spuren – Leben ist Bewegung« und darauf sein Lebenswerk als Künstler gründen. Rückriem arbeitet sich »im Steinbruch« von der Seele, dass solche Kunst aus dem Inneren der Steine steigt, die sacht und sanft Menschen berührt, die vor sie treten.

Allen eignet die Bereitschaft, sich in der Zeit auszusetzen in langen Performances, langen Wegen, langen Zeiten des Finden-Wollens. Allen eignet die Bereitschaft zur Spurensuche – im Prozess der Kunst, in exzessivem Unterwegssein, in Reisen zu sich selbst. Allen eignet die Fähigkeit zu vollkommen neuer Lebensausrichtung nach massiven Einschnitten in der Biografie – Verletzung durch/in einem Krieg, Verletzung durch eine gnadenlose Ideologie, Wahrnahme, dass Nachmachen nichts Eigenes sein kann. Allen eignet der einsame Weg – bekopfschüttelt sogar posthum, ruhelos und selbstreflexiv bis vor den Fotokarton, »merkwürdiger Professor«, »Raubauz«. Allen Dreien eignet das unbedingte Zutrauen zu ihrem Werk, das sie – im Wissen und sehenden Auges – aussetzen einer kalten Umwelt, einer saturierten Konsumentenschar, sich schmückenden Sammlerschaft. – Weiß mancher, was da an Werkaussage in seinem Privatmuseum hängt oder steht? Das Werk schweigt beredt. Es birgt in sich und ist bereit, dies zu kommunizieren, wenn jemand wahrnehmen will. Aber warum sollte es sich aufdrängen. Es ist doch für sich im Sein. Freigegeben vom Künstler. Warum sollte es sich schämen, wenn es benutzt wird – für die Predigt in einem »Kunst-Gottesdienst«, um des Predigers Kulturwissen zu illustrieren oder auf seine Thesen-Leisten malträtiert zu werden! Bleibt das Werk sauber kuratiert, ordentlich gehängt, gut ausgeleuchtet, also mit der Chance, zu sich stehen zu können, dann ist es doch gut. Es gibt gute Kunst auch mitten in schlechtem Geschmack und im Versuch, sich mit ihr zu schmücken. Andererseits darf es auch sein, dass allzu peinliche Umarmungstendenzen gerade im Feld Kirche und Kunst verhindert werden: Beuys war kein Anthroposoph. Er saugte lediglich das kreative Potenzial der Anthroposophie ein und ging auf seine Weise weiter damit um. Im »SPIEGEL«-Interview vom 10. Mai 1984 wird dieser Satz zur Überschrift: »Die Mysterien finden im Hauptbahnhof statt«, und er ergänzt im Nachsatz:

»nicht im Goetheanum«.[567] Aber er war auch kein Kirchenmann! Sonderborg kommt allein durch seine lebenslange Pilgerschaft nicht in den Verdacht, »kirchentauglich« zu sein. Städte wie Kirchengemeinden, die sich mit Rückriem-Steinen schmücken, übertönen nicht selten »ziemlich laut« den Denk-Mal-Charakter aus dem Stein.

Und der Betrachtende, der hinlänglich offen ist, sich diesem allen zu stellen (und mehr), wird vor dem Werk stehen bleiben und ihm begegnen und in einen Prozess der Kommunikation eintreten. Sie wird nicht letztlich wissen, was diese Installation oder jenes Bild oder dieser Stein für den Künstler meint, weil das zum Glück niemand weiß! (Stichwort: »Unbekanntes«) Er wird aber wahrnehmen, dass Potenzial, Demut, Respekt, Kraft, Leidenschaft, Ausgesetztsein, Herausforderungen, Vertrauen, Antwortversuch, Glaube, Hoffnung, Liebe in der Welt sind – durcharbeitet im Werk in dessen Ausdruck! Dass sie im Werk dieses Künstlers sind, weil dieser sie wahrnimmt. Dass der Künstler dies in je seiner Weltsituation in Zeit und Raum und Muße (oder Unruhe) für sich wahrgenommen und umgesetzt hat. Dass er standgehalten hat, was und wem darin auch immer. Dass er es konnte. Und dass der Betrachtende merken darf, dass auch er in der Welt ist. Dass er mit dem Werk, vor dem Werk, vor sich, vor seinen Herausforderungen – denen des Werkes und denen seines Lebens – standhalten kann. Das ihn durch die Existenz des Werkes allein und durch die ermutigende Botschaft ermutigt oder erschüttert[568] – zum Leben. Diese Erfahrung von Künstlern, diese hier bezeichnete existenzielle Anbindung von Leben und Werk, von Suchen und Findenwollen (-müssen) darf dem Seelsorger keine fremde Sicht sein, wenn er sich in die Weg-Gemeinschaft mit Menschen begibt. Er schuldet sie sich und den Menschen, mit denen er aufbricht. Seelsorge ist keine Technik, die man in Kursen lernt. Es ist keine Arbeitsweise von Pastoren und Laien unter mehreren anderen. Seelsorge ist eine Lebenshaltung, die ausgeht von einer Gottesbeziehung, die es Menschen möglich aufscheinen lässt, sich mit Menschen in krisenhaften Situationen ihres Lebens auf einen Weg zu begeben. In der Gewissheit, dass sie nicht »zuschanden werden« und ins Leere rennen. Dazu gehören ganz selbstverständlich Techniken und Wissen, Ausbildung und Supervision. Und die Bereitschaft, auf diesem Weg Gott zu begegnen. In Engeln.

---

[567] Zit. nach Reinhard Ermen, Joseph Beuys, Hamburg 2007, S. 37.

[568] Durch eine erbarmungslose Offenlegung z. B.: Jörg Immendorff dokumentiert in »Café Deutschland«, 1978, das Fehlen einer »horizontalen Reaktion« von Künstlern beider Staaten auf deutschem Boden auf den Skandal der Mauer, außer in einer einzigen parallelen Pinsel-Malaktion von ihm und Penck im Vordergrund – Braun auf weißem Karton!

In Situationen, die einen zu Boden werfen wollen, weil sie schier unaushaltbar, undenkbar erscheinen. Den Menschen als solche erscheinen. Aber es ist doch ein Gott, der will, dass wir leben. Seelsorge setzt aus meiner Sicht diesen Glaubenseinsatz ein, fordert die Gottheit Gottes heraus, indem sie neben den Trauernden stehen bleibt, neben den Verzweifelnden standhält, mit den Stummen Gebete vor Gott bringt. In dem sie in SeelsorgeART alle bislang erdenklichen – und noch zu entdeckenden – Wege nutzt, in Beziehung zu bleiben zu sich, zum Mitmenschen, zur Kraft, die uns zum Leben befreit.

Kunstwerke sind stets Spuren, die von gelebtem Leben zeugen und eine ästhetisch geformte Qualität vorstellen. Sie sind Formungen, Einriebe, Durchdringungen von Leben in die Materialität der Kunst, wie sie ein Mensch durchdrungen hat, wie sie ihn durchdrungen haben. In dem Künstler geeignet erschienener Weise, aufdeckend oder verfremdet, verfremdend oder entlarvend, behutsam oder ins Licht stellend, kaschiert oder sich finden lassend, bunt und laut oder karg, opulent oder minimalistisch. In seiner ganz eigenen Art, wie ihm die Kraft und der Mut, der Zweifel und die Gewissheit des Gestaltens, des Wollens, des Könnens, des Wissens vermittelt wurden bzw. sich ihm vermittelt haben. In einer ästhetischen Qualität »vermittelnd« (Brock) allemal, was eine Wahrheit ist. Gewiss neben anderen, aber eine! Kunstwerke sind Bilder gestalteter (stets Selbst- und Fremd-) Wahrnehmung und Anregung aus einem umfassenden Kontext heraus und Wirkungsimpuls in einen umfassenden Kontext hinein: spiegelnd, affirmativ, anregend, aufregend, herausrufend und aufrüttelnd, dimensionierend, Rahmen gebend oder diesen sprengend, lösend, forcierend. Auch desillusionierend, verstörend, befremdlich. Aber in der Welt – jetzt. Aus den Ressourcen der Vergangenheit und vor den Fragen der Zukunft, denen sie sich Zeit ihres Existierens stellen, also quasi zeitlos. Sie sind gerichtet und haben stets eine Absicht. Kunstwerke belegen Wahrheit. Es gibt sie plötzlich. Und sie wirken. An sich und sich auswirkend, für sich einnehmend in der Begegnung mit Menschen. Noch einmal: Kunstwerke sind Spuren gelebten Lebens und sie wirken.

So eröffnete der Zusammenblick auf Caspar David Friedrichs »Mönch am Meer« (aus dem dortigen Bestand) mit der farb- und dimensionsnahen Sicht von Mark Rothko in dessen Werk »o. T. 1969« in der Ausstellung der Hamburger Kunsthalle 2008[569] ganz aktuelle Perspektiven für Zukunftsvisionen

---

569 In einem Gespräch des Verfassers mit einem der dortigen Kuratoren dieser Ausstellung ergab sich das Wortspiel »Alter Rothko – Junger Friedrich oder umgedreht«! Und der Hinweis, dass manche Besucher ihm dort »sehr hungrig« erschienen seien, er sich »geradezu zu einer Predigt der Kunst herausgefordert gefühlt« habe, die »er nicht leisten könne.«

von Rothko[570] und Friedrich angesichts der aktuellen Herausforderungen an eine Welt nach den Auswüchsen neoliberaler Wirtschafts- und globaler Umweltpolitik, jeder für sich und noch wieder in der Zusammensicht. Das »Ich« des Künstlers, des Mönchs, des Betrachtenden vor der verstörenden Perspektive des in der Romantik wie üblich entgrenzten Meeres, dieses Farbkontrasts. Wer bin ich als Schauender? Wer als vor dieser Herausforderung Stehender? Was fordert das Bild an Erforschung meiner eigenen Subjektivität? Wie kann ich reagieren? Gegenüber dem »Erpressungsmittel: Globalisierung« (Oskar Negt in einem frei gehaltenen Vortrag 2005), gegenüber der Raumerfahrung des meine Sinne übersteigenden Anforderungsbildes: Noch weniger Lohn, noch mehr Abbau sozialer Bindungen, sozialer Rechte, sozialer Sicherheiten und die Zersetzung und Auflösung von Kernsubstanzen und -kompetenzen, Persönlichkeitssubstanzen – genannt Flexibilität. Was ist der Horizont meines Lebens, die Perspektive? Wohin wandere ich auf dem Weg von Geburt zum Tod, in den realen Etappen eines Lebensalltags? Das haben Rothko und Friedrich selbstverständlich nicht ins Bild gesetzt. Vielmehr lösen ihre Bilder solcherlei Fragen in mir aus, regen sie in mir an und befördern ihre Relevanz. Ich kann mich am Bild begreifen.

Kunst ist also für mich nicht das, was an Wänden hängt – wo auch immer. Nicht das, was auf Plätzen und an Orten steht – wo auch immer. Nicht das, was zum Objekt gemacht wird – von wem auch immer. Kunst ist das, was mir entgegentritt, zum Gegenüber wird. Kunst ereignet sich auf Augenhöhe und Seelentiefe. Kunst ist vermittelnde Ästhetik im Prozess zweier oder mehrerer Gleichgewichte. Kunst wirkt in ihrem Dasein im Jetzt für mein Morgen. Kunst verkörpert eine Dynamis. Kunst ist immer daran, Neues zu erspüren, was in der Luft liegt und zu suchen, zu lernen, zu wagen, es auszudrücken in der ihr eigenen Kunst. Materialiter ist sie somit, anders als das Wort, stets zu-

[570] Kennzeichnet Rothkos Bilder doch die ins Bild gefasste Entschleunigung auch in der gedrängten Ausstellung in Hamburg. Fernab jeder Nutzung Rothkos z. B. kirchlicherseits als Meditations- oder Beruhigungsbildner – oder gar als Farbtupfer! Das Verharren vor seinen meist großformatigen Bildern wirkt merklich ein auf die Betrachtenden – langsam und nachwirkend. Anders als die irrisierenden Farbflächen z. B. bei Graubner in dessen »Farbpolstern« spielen hier die meist diffus belassenen Ränder eine wesentliche Rolle, erscheinen diese doch als Freiflächen, als Resonanzraum für sich ausweitende bzw. zusammenziehende Farbflächen. Auch sind in ihnen Spuren der Arbeitsprozesse des Künstlers zu ersehen, die zum »inneren eigentlichen Werk« im Blatt geführt haben. Damit ist alles Großspurige, Aufgeblähte dieser Farbflächen Rothkos abgewehrt: im beredten Schweigen steht das erarbeitete Bild vor Augen dessen, der nun etwas damit beginnen kann: in seiner Zeit!

kunftsorientiert und per se Avantgarde. Sie langweilt nicht einfältig, sondern ist wach. Sie ist damit für Menschen eine Chance, der Wärmeplastik, der neuen Welt Gottes – oder wie immer Sprache es nennen muss – näher zu kommen. Sie legt sich fest und ist dennoch nicht starr. Sie verkörpert mithin eine Kinesis, eine Kraft zu leben, leben zu wollen, weiterleben zu müssen, erleben zu können. Kunst erfindet sich aus einer besonderen Sensorik und sie ermöglicht ein alternatives Sensorium. Kann man Stärke malen?

Ein zeitgeschichtliches Dokument hierfür ist die Arbeit von Beuys aus 1974, in der er die New Yorker Twin Towers des World Trade Centers mit »Kosmos« und »Dämon« beschreibt. »Die ganze Welt« und »Die Fratze des Zerstörenden« nebeneinander. Beuys hatte eine Ahnung, als er diese Türme namentlich in dieser »Wortverdrehung« in die Nähe der christlichen Märtyrer erhob, sie schützend mit einer Fett- und Wärmehülle umgab. Und sie durch die Wortverdrehung in »Kosmos« und dessen Kumpan in seiner doppeldeutigen Benennung – heilige Heilerfigur/Zerstörerischer – darstellte. Den Menschen ahnte er in seiner Doppelnatur, der seelische Wärme und eiskalt zerstörend sein kann. Eine Vision von »9/11« stellt Beuys 1974 vor die Welt. Die aber erschöpft sich über seinen Hut und anderes und vertut eine Chance der Wahrnehmung.

Und ich sehe die Bilder von Rainer Fetting[571] mit demselben Sujet in einer zeitlich näheren Sicht, »Düsenmaschinen und Feuer und die Twin Towers« (siehe »CNN«, 1991), und in denselben Farben in derselben Zeit »Stürzende aus dem Twin Towers« (siehe »Dream«, 1991)[572].

Worte können so viel. Sie können beschreiben was ist, können Trost aussprechen, eine Sache benennen, Aussagen treffen. Aber Worte können niemals Zukunft antizipieren wie Bilder von Künstlern, die sich in Zeit und Raum bereitfinden, gleichsam sensorisch in die Zukunft weisendes Neues zu erspüren. Wie sollten sie denn auch? »Innere Bilder«, ja; aber »innere Worte«? Darum ist der Zugang der Seelsorge hier so nötig wie möglich, um sinnvoll Begegnungen mit Mensch und Gott zu wagen.

Die Chance des Mose, einen Zipfel von Nähe zu Gott in der Felskluft auszuhalten, sehe ich in Bildern von Hannelore Pichlbauer dargestellt, entstanden in völlig anderem Kontext. Eine hier weibliche Figur zwischen den Blö-

---

571 Rainer Fetting, 1949 in Wilhelmshaven geboren, Studium der Kunst in Berlin, war 1978 Stipendiat des DAAD in New York und lebt seit Anfang der 1980er Jahre dort und in Berlin.

572 S. »4 × Fetting«. Kataloge der Museen in Schleswig-Holstein 22, 1995; Dream S. 17, CNN S. 52.

o. T., 1982, Hannelore Pichlbauer

cken des Lebens eingezwängt, zu Boden sinkend, am Boden, zugrunde gerichtet, aber »unter gutem Grund weiter« vorhanden, existent, da, wach, sich wieder aufrichtend zu ihrer Größe. Es kann also alles geschehen und doch leben wir! Ist das nicht die Botschaft dieser Gottesbegegnung, in der uns Hören und Sehen vergeht, der Sturm um die Sinne pfeift, in dem uns aber Gott selbst begegnet!

Diese andere Materialität und die Ausgerichtetheit des Kunstschaffenden auf weitere Sinnesebenen, die mich als Seelsorger, Kunstschaffender, Therapeut anregt, wird deutlich in deren Worten und ihrer Denkstruktur, in Fragen und Argumentationsweisen. Konkret z. B. in der Art der Antworten, die Neo Rauch im ZEIT-Gespräch gibt,[573] wird begreiflich, was »Männer des Wortes« und »Männer der Kunst« unterscheidet:

> »Die ZEIT: Herr Rauch, ... woran arbeiten Sie gerade?
> Neo Rauch: Das ist ... schwer zu sagen. Was das wird, was ich da unterm Pinsel habe, entscheidet sich oft erst auf den letzten Metern, denn ich arbeite ja ganz bewusst nicht konzeptionell – ich reagiere auf Zuströmungen.
> DZ: Ist es eine Arbeit, oder sind es mehrere?
> NR: Es ist immer eine Familie von Bildern, die aneinander emporranken. Über die Monate entsteht so ein familiärer Stallgeruch im Atelier, das bringt Selbstbefruchtung mit sich, das Zirkulieren von Material von Bild zu Bild. Was es nun ist, kristallisiert sich erst später heraus. Es sind Bilder, die ... auf Kiel gelegt wurden, fünf, sechs größere Formate, die noch nicht genug abstrahlen, als dass ich sagen könnte: Darum handelt es sich.
> DZ: Können Sie die Atmosphäre dieser Bilderfamilie beschreiben?
> NR: Es ist jedenfalls nicht zu der entspannten Frühjahrskollektion gekommen, die ich in Aussicht gestellt habe. Es hat sich wieder ein Moll-Ton eingeschlichen. Sehr erstaunen kann das ja nicht angesichts der Geister, die ums Haus tanzen. Vielleicht werde ich noch ein bisschen das Fenster aufreißen und an hellen Sonnentagen, wenn die Dämonen schlafen, ein paar Elfen und Feen hereinlassen, damit die Bilder etwas mehr Heilkraftkapazität entwickeln. Darum geht es ja eigentlich: dass etwas von der Leinwand abstrahlt, das etwas Halt vermitteln kann in dieser Welt. Das Desaster nicht in einer Weise aufzubereiten, die mich selbst noch desaströser hinterlässt. Um also auf die Frage zu antworten: Ich arbeite gerade daran, das Gute und die Zuversicht in diese Bildmaterialien hineinzumassieren.
> DZ: Was ist das für eine Massage?

573 Uwe Tellkamp / Neo Rauch: Ihre Bilder will ich schreiben! Ein Gespräch über Inspiration, über die Frage, wann ein Text oder das Bild selbst die Regie übernimmt ..., Die Zeit Nr. 19, 30.04.2009, S. 51.

NR: Es wird wohl wieder darauf hinauslaufen, dass es aus der Malerei selbst kommt. Aus diesem ganz elementaren Befasstsein mit den Dingen, die wir auch bei Karl Hofer finden (man sitzt unter dessen Bild: ›Selbstbildnis mit Dämonen‹ in der Villa Griesebach in Berlin!), der uns hier so freundlich umgibt – ein Beispiel dafür, wie das Desaströse, das Dämonische, das Miserable umgeschmiedet wird. Er kann es ruhigstellen, er kann die Dämonen bannen. Er kann Schönheit destillieren. Und daran arbeite ich, dass mir das auch endlich einmal gelingen möge.
Uwe Tellkamp: Ich kann Sie beruhigen: Das ist Ihnen längst gelungen. Manche Ihrer Bilder hätte ich sehr gerne geschrieben. [...]
NR: ... Das Papier muss zurückstrahlen, ... darum geht es immer. Ich vertraue dem Papier und der Leinwand etwas an, es strahlt zurück und zwingt mich wiederum zur Reaktion.
DZ: Reiner Kunze hat einmal, als ihm Reich-Ranitzki schrieb, er brauche jetzt neue Gedichte, die Zeit sei nun wirklich reif, geantwortet: Der Apfel ist reif, wenn die Kerne schön schwarz sind, und das weiß der Baum zuerst.
NR: Ja. Wenn die Kerne schön schwarz sind, dann antwortet die Leinwand. Interessant ist der Moment, wenn sie die Regie übernimmt. ... Man sagt gemeinhin: Es malt sich dann. Es entsteht ein Sog vom Bild her, bis dahin gibt es vielleicht einen gehörigen Anteil Kalkül, aber dann fordert das Bild zunehmend. [...]
Karl Hofer, unter dem wir hier sitzen, gehört zu den Krafttankstationen, die ich immer wieder aufsuche, um Kraft und Ruhe zu inhalieren. In Leipzig hat man es unweigerlich mit Beckmann zu tun. Und dann sind es die älteren Kollegen – Tintoretto, Velázquez, Tizian –, die einem schon mal den Pinsel aus der Hand schlagen können, wenn da etwas gegen den geheimen Kodex unternommen wurde, für den es keine Worte gibt. [...] Wörter, kurze Texte können Bilder evozieren. ... Ich nehme mir dort die Nahrung, wo ich sie finde. Und die ist in gefährlichen Randbezirken nicht unbedingt minder nahrhaft.«

So einig sich der Literat und der Künstler in der Vielfalt der möglichen Inspirationsquellen sind, so angenehm wahrzunehmen das Verständnis füreinander ist, so klar kommt die unterschiedliche Perspektive von Tellkamp, Reich-Ranitzky, Kunze auf der einen – und von Rauch auf der anderen heraus: Die einen suchen, fordern das zu Beschreibende.

Für Rauch ist dies »schwer zu sagen«, er ist noch viel stärker im Prozess der langsamen Kommunikation mit Material und dem, was sich ereignen will.

Er bleibt unterwegs, offen, zugewendet einem sich öffnenden Prozess. Es entsteht für ihn etwas vom Bild her, »von der Leinwand«; etwas, das die Regie übernimmt, ein Sog, Zuströmungen. Auch vom »Stallgeruch anderer Bilder« im Raum spricht er, von einer eventuellen Zirkulation von Bild zu Bild, etwas von der Leinwand Abstrahlendem – und von den Vorvätern der Kunst in seiner Stadt nimmt er Notiz und äußert Respekt. Alles wirkt ein, wächst ins Denken, Handeln, Tun und Lassen, womöglich ins Bild. Etwas, für das es keine Worte gibt, auf das er reagiert – zu gegebener Zeit. Und er äußert eine Verantwortung für »Moll« im Bild und für eine »Heilkraftkapazität«, die er auf unkonventionellem Weg hereinholen will. Er sorgt in diesem Prozess für sich und seine Tatkraft, für »Krafttankstationen«, die er mit Namen nennt und also kennt! Es geht um zukünftige Bilder, in die von ihm – als Wunsch – »das Gute und Zuversicht einmassiert« werden sollen, um Bilder, die er noch nicht kennt. Es geht um einen Prozess für die Zukunft. Dafür wagt er sich auch in »gefährliche Randbezirke«, um hinlänglich Nahrung zu bekommen und Inspiration. Sein Schluss: »Solange das nicht kommt, muss man suchen und probieren. Das sind lange Durststrecken. Das ist es, woran wir arbeiten.«

Was geschieht den Seelen vor dem Bild? Sie werden ernst genommen, weil ihnen im Bild ihre eigene Materialität begegnet, weil ein Bild beseelte Materie verkörpert. Stein, Leinwand, Installation aus Künstlerhand sind nie seelenlos. Dies ist erfahrbar, erlebbar in der Einlassung und gelangt in den betrachtenden Menschen. Rauch spricht hier von »Heilkraftkapazität«. Ich denke, dass die Gottesbeziehung, die gegründet ist in der Ebenbildlichkeit des Menschen, hier verortet ist, wo ein Mensch sich so vorfindet: wahrgenommen, wahrnehmend, erschauert, wert. Wo ihn ein Ausdruck der Kunst beseelt bzw. die Kunst seiner Seele begegnet. Da erreicht ihn ein Zipfel, ein Hauch dessen, der beseelt: Heil, Kraft, Kapazität nach Rauch. »Sorge um die Seele« braucht hier einzig die Offenheit zur Begegnung mit dem Gegenüberstehenden, Vorliegenden, Mitgehenden, um eine Gründung, eine Basis zu haben, von der sie ausgehen kann, um alles mitgehen zu können.

In der Bibel finde ich ein solches Bild einer »Durststrecke«, das sich unterwegs in eine »Heilkraftkapazität« wandelt, weil in verzweifelte Menschen »das Gute und Zuversicht einmassiert« werden, was in geradezu körperlicher ästhetischer Nähe des gemeinsamen Weges geschieht und ganz deutlich auf den Segen, die »Krafttankstation« baut, weil es sie kennt. Diese aber verstellt ist. Für mich ist dieses Bild das Urbild gelingender Seelsorge und in seinen Aspekten hinweisend und Mut machend für meine eigenen Anstrengungen und Konzepte.

6.2 LUKAS 24, 13–35 – URBILD GELINGENDER SEELSORGE

In einer der ältesten Auferstehungstraditionen des Neuen Testaments wird in großer erzählerischer Dichte und Stringenz vom Eintreten des »Göttlichen in die Menschenwelt« berichtet.[574] Dies geschieht in Schritten, die ich als konstitutiv für Seelsorge und deren Prozesscharakter und als Basis auch für SeelsorgeART erachte.

Es geht um ein Weg-Geschehen, in dessen Fortgang es bei Menschen zu einer tiefen Einsicht in ein Geschehen kommt, das so unfassbar war, dass sie nicht mehr wussten, was sie hatten und tun sollten, in dem sie »nur noch weg« wollten. Dies wird begleitet von einer Person, die in sinnlich-ästhetischer Qualität, in ewiger Qualität, diesen Prozess zum Gelingen kommen lässt, indem es zu einer Erkenntnis leitenden Erfahrung und zu einem ästhetisch praktikablen Aus-Weg kommt: Ohne zu deuten, ohne zu coachen oder zu beraten, aber in einer hohen Geistesgegenwart, Nähe und Distanz, die diese Szene für mich zum Urbild gelingender Seelsorge macht. Inklusive des mir wichtigen Leitsatzes: »Ich kann niemanden verstehen!«

Diese Schritte nenne ich: Wahrnehmen, Mitgehen, Zuhören können, Verstehen, Weitergehen, Bleiben, Loslassen, Aufstehen.

WAHRNEHMEN. Merken, dass Menschen mit mir unterwegs sind. Wahrscheinlich sind sie unterwegs mit ganz anderen Voraussetzungen, Fragen, Nöten, Herausforderungen, die sich von meinen womöglich grundlegend/grundnehmend unterscheiden. Miteinander auf demselben Weg unterschiedlich unterwegs sein, das geht! Bereitschaft, sich (dennoch) auf Weggemeinschaft einzulassen, Interesse am ganz anderen haben, Offenheit gegenüber Fremdem. Fähigkeit, eigene und fremde Erfahrungen nebeneinander stehen lassen zu können, Grundmuster der Wahrnehmung und Gesprächsführung kennen und können. Durch die »Brille des anderen« schauen mögen, eine Ahnung haben, wie die eigene Brille gereinigt wird. Keine anderen Verpflichtungen haben als im Jetzt mitzugehen. »Was kommt, kommt!« – und der Glaube, dann genügend Kraft zu bekommen!

MITGEHEN. Um die Einsamkeit von Menschen bei sich selbst wissen und damit gelebt zu haben! Darin die Wohltat von gewollter Einsamkeit und gewollter Begleitung kennen. Eine Ahnung haben von der Länge der möglichen Wegstrecke und ihren Steigungen und Abfällen, die bereits außerhalb des Weg-Geschehens vorhanden sind. Auf diesen Weg ruhig

574 Vgl. H. D. Betz, Ursprung und Wesen des christlichen Glaubens nach der Emmauslegende. In: ZThK 66 (1969), S. 7–21.

schauen können und die eigenen Kräfte einteilen. »Zeit und Raum und Muße« haben.

ZUHÖREN KÖNNEN. Mit sich selbst in Kontakt sein und sich selbst spüren, im Stillstand und unterwegs. Bereit und fähig sein, auf sich selbst und auf andere und anderes zu hören und beides voneinander unterscheiden zu können. Gute freie Ohren, sicheren Schritt, geeignete Füße und Beine, freie Seelenkapazitäten haben. Eigene Bedürfnisse und fremde Herausforderungen unterscheiden und entscheiden können. »Ich höre nur, was ich selbst kenne!«

VERSTEHEN. Sich selbst verstehen, weshalb man in diesem Moment an diesem Ort ist und sich auf den Weg einlässt. Wie man dort hingekommen ist? Was man mitbringt? Wo man steht? Hinspüren, was der andere sagt und was nicht. Auf sich selbst sehen und von sich absehen können. Nicht in ihm Eigenes bearbeiten, sondern dafür selbst Gelegenheit geschaffen zu haben. Einige Lebensumstände selbst durchlebt haben, ohne den Anspruch, den anderen daraus nun auch »verstehen« zu können. Wie sollte ich?

WEITERGEHEN. Mit mir selbst weiter unterwegs bleiben wollen und können und darin auch mit anderen. Neugier an sich und anderen stets neu gewinnen, ohne neugierig zu sein: Aufmerksam! Dabei die eigenen und fremden Kräfte annähernd realistisch einschätzen lernen. Auf Unerwartetes gefasst sein und einige hilfreiche Werkzeuge bereithalten. Zu eigenem Fremdem (»Blinden Flecken«) annähernd in Kontakt sein, um diese nicht mit fremden zu vermischen.

BLEIBEN. Nähe zu sich selbst behalten und diese angstfrei / mit Angst eingehen und aushalten. Bei Menschen bleiben, standhalten, ohne sich aufzudrängen. Da sein. Treue.

LOSLASSEN. Abschied nehmen können – auch von eigenen lieb gewordenen Vorstellungen, Überzeugungen und Menschen, diese wahr- und ernst und wichtig nehmen, sie würdigen und gestalten, »feiern«. In der Hoffnung, dass Morgen sein wird.

AUFSTEHEN. Dies setzt Liegen voraus, am Boden sein, am Grund! Und irgendwann oder zu einem bestimmten Zeitpunkt: Aufstehen wollen und die Gewissheit haben oder einfordern, dies zu können. Eine Ahnung haben von der Richtung, in die ein neuer Weg führen kann. Woher weiß ich, dass es die »richtige Richtung« ist? Dafür Wegzeichen bemerken und Kriterien achten, Neues anbrechen lassen können und fähig sein, das Wagnis, das in jedem neuen Weg steckt, einzugehen: Zu sich selbst zu stehen und sich damit in Bewegung zu setzen in eine gewollte Richtung, von der man sich etwas verspricht.

In diesen Schritten liegt für mich der Impuls darin, dass die Männer, die diesen Weg gehen, ihre Entwicklung als Freie zu Freien dokumentieren: Sie sind am Anfang des Weges am Ende. Befinden sich zwischen Orten, zwischen Welten, haben den sicheren Kontakt zu dem Ort, der sie tragen könnte, verloren: Ihr Lebensziel und -sinn ist gestorben. Jerusalem steht als Name dafür, Emmaus für »das andere«, Nicht-Jerusalem, nicht mehr. Es ist eine Flucht, eine panische Flucht, da sie nicht in der Lage sind zu schauen und zu reflektieren. Darin sind sie immer noch Gefangene des Ortes, den sie in sich forttragen.

Mehr: Der, von dem die Bibelleser wissen, dass er für den Weg der beiden lösend sein wird, wird von ihnen nicht gesehen, geschweige denn erkannt. Ihr Erkennen ist durch die Belegung ihrer Augen und Sinne durch alte Bilder gehindert, ja, verhindert.

Dies ist für die Seelsorge ein geradezu wörtlich zu begreifendes Faktum: Menschen stehen vor einer Erkenntnismöglichkeit und können nicht erkennen. Sie sind in greifbarer Nähe und doch nicht in der Lage, ihre Sinne auszustrecken. Weil der Zeitpunkt noch nicht gekommen ist, sie noch nicht weit genug »am Boden« sind (»Es geht ja irgendwie doch immer noch!« bis hin zum »Lichtlein«, das irgendwoher »kommen wird«, von außen und irgendwann, also nicht aus dem eigenen Tun oder Lassen; allein in der vagen Hoffnung: noch zu Lebzeiten – Trost oder Vertröstung?), so dass die Chance zum Abstoßen vom Grund[575] nicht wahrgenommen wird. Es fehlt an einer geeigneten Wahrnehmung, die verschiedene Gründe haben kann, z. B.: Man ist zu nah dran, verwickelt in ein Geschehen, verstrickt in dessen umgebende Elemente, die Augen sind gefangen.[576] Befreiende Distanz fehlt.

> Mir ist dieses Scheitern meiner seelsorglichen Versuche mit einem Ehepaar vor Augen, deren Kind seit einer perinatalen Hirnschädigung angewiesen ist auf den Einsatz von Apparate-Medizin in sehr erheblichem Umfang: Das Leben des Kindes findet zeit seines Lebens in einem Raum der Intensivstation statt. »Ausflüge« sind für kurze Zeitspannen möglich unter Mitnahme mittlerweile transportabler Geräte. Das Kind ist zu keiner Bewegung, keiner Mimik, keiner Kommunikation fähig. Die Eltern sehen dies massiv anders und kommunizieren auf das Kind zu. Sie wechseln sich in der Betreuung ab. Der Versuch eines Urlaubs der Eltern aus die-

[575] »Zum Grund gehen!« lernen Rettungsschwimmer beim Strudeltauchen: am Grund des Strudels aus diesem seitlich herausschwimmen und parallel dazu auftauchen rettet Leben.

[576] Wie beim Gehen durch eine Netzkonstruktion des Tomás Saraceno in den Giardini der Biennale Venedig 2009. s. KUNSTFORUM Nr. 198, 2009.

sem jahrelangen 24-Stunden-Dienst scheiterte kurzfristig. – Das Leben des von den Eltern so betreuten einzigen Kindes überlagert alles: Partnerschaft, Ehe, Freundschaften, Beruf. Mit großen, offenen Augen schaute mich der Vater stets an, kam mir über die Jahre immer höflich entgegen, aber eine Änderung des Weges war nicht möglich. Ich erreichte ihn nicht[577], konnte seinen Weg nicht mitgehen.

Eine andere Praxissituation, in der ich mich »zwischen Orten« empfand, war unvergesslich meine erste Anfrage als Seelsorger im Kinderkrankenhaus:

> Nachts wurde ich als Vertreter einer erkrankten Kollegin von einer Station gerufen, auf der ein Ehepaar, das gerade ein Kind geboren hatte, einen »unabhängigen Seelsorger« wünschte. Der leitende Oberarzt stellte mich den Eltern vor und erläuterte die Situation des Kindes, dann verließ er den Raum: Das wenige Stunden zuvor geborene Kind war weit vor dem errechneten Geburtstermin mit einer nicht vorab diagnostizierten Trisomie 21 zur Welt gekommen, die Eltern waren von Schwestern und Ärzteteam unmittelbar unter der Geburt mit der Diagnose konfrontiert worden und sie hatten sich geweigert, unter diesen Umständen das Kind zu sehen und es in die Arme zu nehmen: »Wir haben Angst, dass wir es mögen könnten! Es ist in keiner Weise kombatibel mit unserem Lebensstil! Und wir sind beide nicht gläubig!« Das waren die Sätze, die sich in meine Erinnerung eingemeißelt haben. »Was wollen Sie dann von mir? Einen Segen ja wohl nicht?«, eröffnete ich ein langes Schweigen. Auf die Frage bekam ich verbal nur eine Antwort: »Können Sie bitte einfach bei uns sein!?« Dazu nickte ich. Eigentlich war dies mein gesamter Input in dieses Gespräch, in dem mir einzig wichtig war, nicht meine Sichtweise zu platzieren, sondern, wie gewünscht, das Hinschauen der Eltern zu begleiten. Es entspann sich ein langwieriges »Gedanken-in-den-Raum-Stellen« des Managers mit der als Model tätigen Ehefrau. Sie trugen Sätze, Wörter, Bilder zusammen und stellten sie einander vor. Es war sehr emotional und erstaunlich ruhig, sachlich. Mich berührte die Ernsthaftigkeit dieses Prozesses, für den sich die beiden Raum geschaffen hatten; mich bedrückte die Sachlichkeit, die beiden aber offenbar eigen war. Sie sahen mich in ihrem Sprechen und Schweigen immer wieder lange an, nahmen meine Anwesenheit wohl wahr, blieben aber ganz bei sich. Nach Stunden gingen wir, alle erschöpft, auseinander. Die Eltern bedankten sich für

[577] Für mich quasi ein Abbild der Situation, in der ich die Eltern mit dem Kind erlebte.

mein Kommen und mein Dabeisein. »Sie haben unsern Zweifel mit getragen!«, sagte der Ehemann. – Ich erfuhr dann, dass die Eltern das Kind in eine andere Klinik bringen ließen, und sah Mutter und Kind gut ein Jahr später zufällig von weitem in der Medizinischen Hochschule. Einen weiteren Kontakt hat es nicht wieder gegeben.

Niemand kann erkennen, was er aus Erkenntnislosigkeit, besser: Unfähigkeit zu einer Erkenntnis, nicht wahrgenommen hat. Niemand kann das eigene Erkennen, wenn es denn eines ist, einem anderen zu dessen Erkenntnis machen, ihm zur Verfügung stellen. Und niemand kann in einer Situation, in der er nie war, eine z. B. kirchlich-dogmatische Erkenntnisthese aufrichten. Deshalb fasziniert mich der Weg dieser Lukas-Perikope!

»Wir können über alles reden!« In dieser Geschichte so wesentlich gesehen, dass es drei Mal genannt wird: die beiden Männer reden. Sie sprechen »Jerusalem« aus, stutzen nur kurz, dass der Begleiter davon anscheinend nichts weiß, »der Einzige?«. Dann aber laufen die letzten Monate wie ein Film vor den Augen der beiden ab und sie verwörtern und beschreiben diesen »Film« anschaulich. Todesgeschichten, Trauergeschichten, Erfahrungen. Und sie sprechen ihre Hoffnung aus, die nun so gründlich enttäuscht scheint.

Jesus setzt einen Wortimpuls, der aber untergeht in der Mächtigkeit dieser Bilder. Dennoch gilt weiter (oder gerade deshalb?): Diese seine ästhetische Distanz befreit erst zu einer Intensivierung bzw. hier Fortführung des Engagements aller im Raum dieses realen Weg-Geschehens. Richard Sennett beschreibt[578], dass der Verfall von »Öffentlichkeit« zusammengeht mit dem Verlust des Bewusstseins der ästhetischen Distanz zu sich selbst und mehr anderen gegenüber. An die Stelle der Diskussion um Inhalte einer Handlung tritt die Frage nach der Motivation der Argumentierenden. Und ist der Meinungsvertreter »o.k.«, dann ist es auch der Inhalt dessen, was er sagt und fordert. Dieser »Vorrang des Motivs vor dem Handeln«[579] zerstört letztlich die Sphäre des Öffentlichen. Geht es um Inhalte oder um das Ganze der Person? Und wird dann der öffentliche Auftritt nicht zunehmend Blendwerk, Demagogie? Ästhetische Distanz und ethisch verantwortete Nähe bedingen sich aber gerade. Das geschieht hier zwischen Jerusalem und Emmaus.

Dann bricht die Zeit an, die für Menschen in Trauer, in Leid, in Hoffnungslosigkeit die ärgste ist: Die Zeit der Schatten, der Dunkelheit, der Nacht.

---

578 In: Verfall und Ende des öffentlichen Lebens. Die Tyrannei der Intimität, Frankfurt 1983.

579 A. a. O., S. 297.

Die Zeit, in der sich »das Dunkel« um sie legt, ihren Raum einschränkt, ihren Blickradius schmälert, die Perspektivlosigkeit in Szene setzt. Wo es eng wird: Angst! Die Jünger laden Jesus als Gast. Hat er sich als so treuer Mitwanderer erwiesen, dass man sich ihm verpflichtet fühlt? Hat er gezeigt, dass er standhält? Ist er für tauglich befunden worden, auch in der anbrechenden Nacht Hilfe zu sein? Wem will man Gutes tun – Jesus oder sich?

»Bleibe bei uns, denn es will Abend werden!« Ein mehrdeutiges Wollen und Aussprechen. Auf das Jesus dennoch eingeht. Weil er die Abende in Gethsemane, am Kreuz kennt, seine erlebte Dunkelheit.

Er bleibt. Bis er aus der Rolle des Weggefährten aussteigt und als Hausherr, als der, der das Brot bricht und ihnen gibt, vor sie tritt. Jetzt erst sehen sie, was die Leser dieser Stelle früh wissen: Jesus war an ihrer Seite! Er begleitete ganz unaufgeregt und sich der Fähigkeit seiner Jünger sicher, selbst merken zu können, diese auf ihrem Weg. Dem Weg, der nicht in Emmaus, sondern in ihnen selbst sein Ziel erreichen und damit *nicht* enden sollte: Sie können merken, was eine sinnlich-ästhetische Erfahrung, ein Sehen, Ein-Sehen, ausrichten kann gegenüber einer Vielzahl von Worten. Jesus geht mit, bleibt, hält stand und Schritt, hört zu. Bis zum ihnen eingeprägten Bild der Abendmahlsgemeinschaft, bereits der Wohltat des Erlebens von »Nicht-allein-Sein« in einer Situation des Dunkels, in der die Erinnerung an Farben, an die erlebte Gemeinschaft, an das Tragende lebendig ist und bleibt.

Im Augenblick dieses Erkennens ist der Begleiter nicht mehr nötig, kann er sich zurückziehen, soll er es, um nicht den nun möglichen eigenen Impuls zu verhindern: »Brannte nicht unser Herz?« Dass eine Kirche des Wortes hier nun zurückführt auf die Schriftauslegung des Wortes, ist nachvollziehbar. Die Wende des Erkennens, zum Erkennen hin, brachte aber in diesem Wegstück das Erkennen des Bildes des einladenden Christus.

Dieses lässt die Jünger nach durchstandener Nacht aufbrechen in entgegengesetzter Richtung ihrer Flucht, ihrer Wahrnehmung, ihrer Definition des Ortes Jerusalem: Das Kreuzgeschehen hat sich nicht geändert. Die Erfahrungen sind dieselben. Die Trauer bleibt. Aber die Blickrichtung hat sich geändert: ins Gegenteil. Der Aufstand für ein Leben in der Nachfolge des lebendigen Christus wird gewagt. Sie haben wieder eine Perspektive, rennen nicht blind davon. Ihre inneren Bilder sind wieder wach.

Für mich wichtig ist darin der Aspekt und die Lehre, dass nicht Jesus ihnen dies »ans Herz gelegt« hat, ihnen aufgetragen oder sie mit Worten beeinflusst. Sie selbst mussten und sollten und durften erkennen und haben erkannt. Es ist ihre Er-rungen-schaft, die sie in der Erkenntnis aufbrechen lässt, um anders mit dem Kreuz umzugehen als sie bisher ahnten. Sie haben ihre Enge/Angst verlassen können, weil sie diese Angst/Enge wahrgenommen, durchschritten und hinter sich gelassen haben. Sie kennen sie, müssen sie nicht verleugnen. Aber sie können sie zulassen, sein lassen. Als etwas, das anderen noch zu durchschreiten bevorsteht. Aber mit der Einsicht, dass es schon einmal gelungen ist: Auferstehung ist ein für alle Mal im Leben!

Kein Seelsorger kann diese Einsicht, dieses Erkennen »zusagen«. Beziehungsweise er kann es schon, verhindert damit aber genau das, was es eigentlich erreichen soll: die Auseinandersetzung des Menschen mit den eigenen »Todes- und Lebensgeschichten«, mit deren Vermischen im Prozess der Auseinandersetzung mit ihnen, mit der Trauerarbeit. Auch hier lässt sich aus der Emmausgeschichte lernen, wie zurückgenommen und damit freilassend die Weg-Gemeinschaft Jesu sich darstellt. Kein Seelsorger hätte das Recht, Menschen diese Geschichten zu nehmen oder sie ihnen »auszureden«, sie zu deuten. Denn sie gehören den Menschen als wichtiges Eigentum und als Grundlage, von der sie ausgehen (!) können sollen, um ihren Weg zu gehen. Um selbst wieder eine Perspektive zu gewinnen. Selbst der Wunsch, Menschen diese Geschichten bzw. den Weg mit ihnen – den Geschichten und den Menschen – zu ersparen, diente letztlich dem Vermeiden des Mitgehens auf dem Weg, also einzig dem Seelsorger. Und nicht den Menschen mit ihm. Es bedeutete den Abbruch des Prozesses und damit den Anfang vom Scheitern. Kein Seelsorger hätte das Recht, Menschen das Glück dieses Augenblicks des Erkennens zu nehmen in »vorschneller Antizipation«.[580]

Im Bild: Die Menschen haben das Recht auf ihre eigenen inneren und äußeren Bilder. Dazu gehört auch die Angst vor dem leeren Blatt. Und der Glücksmoment, einen Punkt, einen Anfang selbst zu erkennen.

Vor Händen, Augen und Seele greifbar wird dies in der konkreten Situation eines Menschen vor Leinwand, weichem Ton, Zeichenkarton. In der Materialität der Kunst.

580 Die manchmal einer geradezu eifersüchtigen Betriebsamkeit gleicht, die »sich selbst das Glück bescheren möchte«. Und mancher kann selbst bei dieser Art Selbstbescherung noch über sich selbst staunen!

6.3 Die Materialität der Kunst – in der Seelsorge

Kunst lebt im und vom Freiraum. Und Menschen leben auf im Freiraum. Seelsorge braucht Raum und Zeit und Muße, um Menschen aufleben zu lassen, um Perspektive zu haben für den Weg mit Menschen. Und SeelsorgeART ist mit dem Freiraum der Kunst gleich mehrfach befasst: In der Freiheit der Künstler, in der Freiheit der Entstehung der Werke (siehe Rauch!), in ihrem eigenen Freiraum, diesen zu begegnen, darin diesen Freiraum für Menschen, die zu ihr kommen, zu sichern. Hiervon lebt sie und hiermit konfrontiert sie Menschen, denen sie diese Freiheit zumutet, weil sie diese Freiheit der Kinder Gottes als evangeliumsgemäß empfindet. Diese Freiheit ist zu erringen mit Menschen in Krisen durch die Materialität der Kunst. Sie ist einzig vorhanden, weil und solange sie lebendig lebbar ist im hinlänglichen Raum und in hinlänglicher Weite.

Damit ist die grundsätzliche Frage nach Anspruch und Wirklichkeit aufgeworfen angesichts von Pastorinnen und Pastoren, die auf Befragen[581] Seelsorge zwar als höchsten Wert ihres pastoralen Tuns ankreuzen, diesem Selbstanspruch aber faktisch in der Realität ihres Alltags kaum mehr genügen können, was in den weiteren Antworten erschreckend deutlich wird: Anrufbeantworter müssen laufen, Regionen schließen sich zu »Seelsorgeeinheiten« zusammen, funktionalen Seelsorgediensten droht der Rotstift. Die Frage nach der Seelsorge der Kirche stellt sich ganz allgemein: Jederzeit erreichbar, ständige Rufbereitschaft, Präsenz vor Ort für Menschen – ein heeres Ziel.

Der Weg aber eines Menschen an der Seite eines Menschen an der Seite eines Werkes eines Menschen in einer Jetzt-Zeit mit Raum und Muße kann vom Ursprung des Evangeliums von Jesus Christus her, also der Befreiung von Menschen zum Leben, kein elitäres Unterfangen sein. Kein Weg, der Menschen Weg-Gemeinschaft in krisenhaften Situationen ihres Lebens gibt, ist – nach Emmaus – zu kürzen oder zu versäumen von einer Kirche, die sich darauf gründet, dass und wie ihr Herr Todesgeschichten und Lebensperspektiven von Menschen, deren innere Bilder und deren Angst vor den nächtlichen Schatten an der Wand ernst nimmt und mit ihnen auf Augenhöhe Schritt hält. Wie er die Größe und Kraft hat, sich im geeigneten Augenblick (!) zu entziehen, um Menschen nicht zu binden, sondern freizugeben: Ins Leben. Dies aber kann kein Zeittakt, kein Raster, keine Matrix bestimmen.

---

581 Siehe die Ergebnisse der Hannoverschen Pfarrerumfrage 2004 in: Texte des Sozialwissenschaftlichen Instituts der EKD, Auswertung!

Auch nicht in Zeiten, in denen kirchliche Seelsorge – einer Not durch mangelndes Steueraufkommen geschuldeten – Kürzungsplänen der Organisation Kirche einerseits und einem Ruf nach einer »Kirche der Freiheit« andererseits gegenübersteht, kann es kein originär christlicheres Gebot geben als die Liebe zu den verzweifelten Menschen, die Leben verloren haben, die Perspektive verloren haben, die den Weg verloren haben, die sich verloren haben. Die nicht auch noch seelsorgliche Weg-Gemeinschaft einbüßen sollen.

Darum ist SeelsorgeART, die sich in dieser vorliegenden Arbeit auf die oben dargestellten Lebenswerke bezieht (und tatsächlich stets aktuelle Kunst als Seelsorge einbeziehen kann, um »am Puls der Zeit«, auf der Höhe der Zeit am Werk gegenwärtiger Künstler arbeiten zu können), eine grundsätzliche Frage der Freiheit des Seelsorgers zur Kunst und zum Menschen, der ihn anfragt. Aus der Perspektive der Kunst stellt sich die Frage an die Freiheit der Seelsorge deutlicher und die je eigene gangbare Weg-Gemeinschaft mit Menschen in Krisensituationen zu kreativen RAUMerWEITErungen klarer. Ist sie doch vom ARTSeelsorger errungen durch die Kunst und vor der Kunst und stets neu zu erringen. Und kennt sie die Bereitschaft der Kunst, sich ihren Zielen – vor allem der Freiheit des Schaffens und der Themen und der Ziele – kompromisslos auszusetzen, weil sie sich sonst ihren eigenen Maßstäben und Werten entzieht, also aufhört glaubwürdig zu sein und ihren Inhalt zu verkörpern. Tut sie dies, hat sie sich und ihren Sinn und ihre Verantwortung verloren, kündigt sie die Nachfolge auf.

Die Erweiterung des Kunstbegriffs und der Seelsorge in SeelsorgeART meint immer auch die Erweiterung des menschlichen Erlebens und Einbringens der ganzen Person in die ganze existenzielle und sinnliche Breite und Weite und Höhe der Begegnung. Sie setzt sich selbst aus: dem Werk, dem Menschen vor dem Werk und den Klienten.

SeelsorgeART ist also ein einsamer Weg. Auch ein Weg, der in die Einsamkeit führt. Vielleicht sogar aus der dann scheinbaren Sicherheit einer Organisation heraus, die eine hinlängliche »Krafttankstation« für die umfassende Begleitung eines Menschen in einer krisenhaften Situation nicht mehr ist oder meint sein zu können. Seelsorge in einer Kirche, die sich aus organisations-politischen, wirtschaftlichen und betriebswirtschaftlichen Gründen auf einen Minimalkonsens von Seelsorge zubewegt, der mit Brecht bedeutet: »Die im Dunklen sieht man nicht!«, hätte ihren Ort verloren.

Die Erfahrungen im Projekt SeelsorgeART belegen dagegen den Anspruch von Menschen an die Seelsorge der Kirche, sich in den Positionen zeitgenössischer Kunst ihren Herausforderungen im Lebensalltag zu stellen. Dies kann nur sein in dem Raum und in der Weite, die ein Kunstwerk und ein

Mensch in einer je und je unterschiedlichen Situation benötigen. Es bedarf dieser Voraussetzung, um angesichts der Herausforderungen der Zeit Menschen verantwortlich an der Seite bleiben zu können. Und dieses Setting ist der Situation der anfragenden Menschen (und der Seelsorger) würdig und angemessen. SeelsorgeART braucht neben Raum und Zeit die Fähigkeit, Kompetenz und Bereitschaft des Seelsorgers, sich sowohl auf die Seelsorge einzulassen als auch auf Kunst, der er sich mit den sich ihm Anvertrauenden stellt. Dafür soll er selbst in der Kunst unterwegs sein – sowohl praktisch als auch in deren Voraussetzungen in Theorie und Geschichte und in aktuellen Arbeiten.

Klassische Therapieformen in der Medizin, Psychologie und Psychiatrie haben zu ihrer Erweiterung und Bereicherung gerade auch in Zeiten schrumpfender Etats längst z. B. klinische Musik-, Tanz- und Kunsttherapien in ihr Angebot für Menschen aufgenommen, gar noch weiter ergänzt durch Osteopathie, Physio-, Ergo-, Craniosakral-, Chiro-, Hippo-, Dolphin-Therapie. Sie haben diese Erfordernisse der Erweiterung der Anamnese der Sinneswahrnehmungen und der Sinnesäußerungen von Menschen gerade in Situationen der Krise erkannt, die durch ihre eigene Praxis nicht adäquat bearbeitet werden konnten. Und sie haben entsprechend reagiert. Dies geschah durchaus kritisch, auf Qualität und Professionalität ausgerichtet und am Ergebnis dieser Prozesse orientiert. Was u. a. auch den qualitativen Anspruch an Ausbildung, Ausstattung, Supervision etc. erfreulich hoch hielt. Diese erweiternden Therapieformen sind zumeist[582] längst weltweit anerkannt und auch von Schulmedizinern wegen ihrer Alltagstauglichkeit zum Wohle der Patientinnen respektiert. Allerdings sieht sich gerade die klinische Seelsorge jetzt vielerorts aus finanziellen Gründen vor der Frage, inwieweit sie von den Krankenhäusern (zumindest mit-) finanziert werden soll. So dass die Frage der Erweiterung des seelsorglichen Ansatzes in seiner Kliniktauglichkeit gerade von ganz anderer Stelle angefragt würde. Denn hier entscheidet sich noch vorher die Frage der »Freiheit des fremden Gastes: Seelsorge« im Krankenhaus. Geht der Seelsorger dort in der Visite des Chefarztes[583] mit, wird er dessen Therapieziele mit anzustreben haben, ihm Rechenschaft geben müssen über sein Tun und Lassen und aufhören, z.B. auch für ihn Seelsorger sein zu können. Das ist ein zu hoher Preis für die Freiheit der Seelsorge, die ein-

582 Wenn auch aus ganz anderen Gründen noch nicht immer kassenärztlich gleichwertig finanziert!

583 Der Fachterminus unterrangiger Ärzte hierfür ist »Schleppe.«

mal aus gut überlegten und menschenfreundlichen Gründen aufgehört hat »Krankenseelsorge« zu sein.

Dieser Schritt der Erweiterung der Angebote steht der klassischen Seelsorge noch bevor in Zeiten, in der über deren Kürzung geredet wird und die Nachfrage nach ihr steigt. Denn sie »hält noch Wort«, nur! Versteht sie sich doch nach wie vor und ureigentlich als Angebot des Gesprächs und sind ihre tastenden z. B. Malversuche oft erschreckend dilettantisch und darin sogar gefährlich, weil sie die Kraft und die Materialität und die Dynamik und die Wirkmächtigkeit der Kunst nicht einschätzen und dimensionieren können. Gefährlich für sie selbst, weil sie wähnen, »etwas mit der Kunst zu machen«, und für die Klienten, weil deren empfangene Impulse nicht adäquat und professionell begleitet werden können. Wie gesagt: »Ein Bild sagt mehr als 1000 Worte!« Das sehe ich nach dem Projekt SeelsorgeART als Chance für die Seelsorge der Kirche, so sie denn nach inhaltlichen und erfolgreichen Kriterien fragt. Es geht nicht um »was mit Kunst machen«, sondern um Professionalität und die Erweiterung der Bandbreite der Sinne in der Seelsorge. Darin kann Seelsorge von der Wirkung der Kunst lernen.

Seelsorge, die sich der Materialität und dem Werk von Künstlern stellt und deren Werk einbezieht als deren eigene Kraft, als wesentliches Dazwischen zwischen Welt und Kunst, Kunst und Mensch, Mensch und Mensch, Künstler und Betrachter, gelebter Geschichte hier und gelebter Geschichte dort, Festgefahrensein und Entfaltung, Zweifel und Mut, Erlahmen und Schaffenskraft, Verzweiflung und Tatkraft etc. greift die Wärme (oder das Kühlende) der Kunst auf, um sie dem Betrachtenden nicht vorzuenthalten. Sie stellt antizipierte in ein Werk gesetzte Glaubensfülle des Künstlers (was nicht selten nichts mit in der Kirche vertrauten Glaubensformen zu tun hat) dem Menschen vor alle seine Sinne und ermöglicht ihm, mit seinem ganzen Sein (glaubend, zweifelnd, zögernd, offen, fasziniert, angewidert etc.) zu reagieren, in eine Beziehung zu gehen. In Zeiten der Sprachlosigkeit auf welcher Seite auch immer kann dies Leben schenken. Aus dieser Erfahrung des Verstummens von Menschen in bestimmten Extremsituationen bin ich zu der Frage gekommen: Was geht denn dann? Es ist so: Nur wer hinsieht, sieht die Not!

Ein Beispiel:

> Auf der Neonatologischen Intensivstation sitzt eine Mutter täglich und nächtlich viele Stunden am Bett ihres in der 20. Schwangerschaftswoche geborenen und getauften Jungen. Ihr Mann kann einige Zeit bleiben, dann führt ihn seine Arbeit weit weg. – Die Frau sitzt allein da. Wir spre-

chen über ihre Gedanken und Gefühle, sie weiß, dass ich da bin. Nach einer Weile kann die Frau nicht mehr lesen, kann nichts mehr aufnehmen, ist eh randvoll von all dem Erlebten. Und ich verstehe, dass sie nicht mehr sprechen will. – Eines Nachts gebe ich ihr ein schön eingebundenes Skizzenbuch und drei Farbstifte und erzähle ihr kurz von meinem Mal-Tagebuch, das ich führe. Sie nimmt mein Geschenk an und malt das Buch voll, täglich ein Blatt. Und anschließend viele weitere Bücher. Dies sagt sie mir, als ihr Mann »seine beiden« Monate später aus der Klinik abholt: »Das Malen in all der Unwirklichkeit war wie ein tägliches Elexier für mich, ein Lebenselexier!«
Ihr Mann hatte derweil ein Kloster gebaut, sie hatte begonnen, ihr Leben ins Bild zu bringen und der Junge nahm zu an Alter, Gesundheit und Weisheit.

6.4 Voraussetzungen des Seelsorgers

Neben der Ausbildung und der Entwicklung eines eigenen, in Leben und Person des Einzelnen geerdeten Seelsorge-Konzepts setzt dieser seelsorgliche Weg als erstes ART voraus! Das meint u. a.: Als Seelsorger selbst eine vollzugliche Nähe zu haben zu Malen und Kneten und Arrangieren und Formen und Meißeln und Raspeln und Tun und eine professionelle Qualifikation. Als Spiel-Raum des Erwachsenen für seine Sinne, denen er gelernt hat zu begegnen. Dies setzt eine grundlegende Lebenshaltung und die Bereitschaft voraus, sich zur Kunst zu stellen und in der Kunst zu bewegen. Im Wissen und in Erfahrungen im Umgang mit Techniken und Materialien. Im Wissen um die Angst vor dem leeren Blatt. Durch eigene Kenntnis des Ringens um ein Werk. Durch Erfahrungen tiefer Zweifel vor einem Werk hindurch. In der Lust an Farben und Formen – und durch das Leiden an Farben und Formen. Im Ringen um Lösungen für einen Weg. In der Liebe zum Malen und Gestalten. In Verzweiflung vor dem »nächsten Schritt«. Mit der Erfahrung von Material an Händen, Haut und Haar und Seele. In Demut vor Vorvätern und Vormüttern in der Kunstgeschichte und in grenzenloser Neugier auf noch Unentdecktes in der Farbe und in der Form und im Material. In der ständigen Auseinandersetzung mit Ansätzen von Künstlerinnen und Künstlern zu Herausforderungen der Zeit. Es geht also um Selbsterfahrung und um Wissen um den Kunstsinn, um Erfahrung mit künstlerischen Techniken und Bereitschaft, sich einzulassen auf die Auseinandersetzung mit der Materialität der Kunst.

Dies korrespondiert mit einer Definition der Seelsorge als Bereitschaft, sich für eine Zeit in eine Weg-Gemeinschaft mit Menschen zu begeben, die dies wünschen, um sie in ihrem Kranksein, in ihrer Krise im Leben, in ihrem Fragen nach Sinn zu begleiten aus der Kraft heraus, die die Gewissheit schenkt, dass darauf der Segen des Gottes ruht, der will, dass seine Menschen die herrliche Freiheit als seine Kinder erleben. Einer Seelsorge, die eindeutig Partei ergreift für die Menschen und mit ihnen Gott angeht und nach seiner Zusage fragt.

Dieser Weg setzt grundlegend auch das Aufgeben der Überheblichkeit voraus, die Kunst selbst als Material eigenen Redens, Predigens, Seelsorgens missbraucht. Es setzt die Würdigung und die Akzeptanz der Position der Kunst voraus, die an sich Seelsorge ist und sein kann. Die nicht des deutenden, auf den Punkt bringenden, »letzten« Wortes des »richtigen Seelsorgers« bedarf.

In der schwierigen Geschichte von Kirche und Kunst, von Auftraggeber und Abhängigkeiten, von Ankäufen und Verletzungen, die nicht an Gerhard Richters Domfenster und dem fehlenden Begreifenkönnen eines Bischofs in Köln zu Ende sind, von Herrschaft und Dienstbarkeit, von Versuchen, »Kunst in Kirche« zu bringen (Wozu will wer das?), hat es selten Begegnungen von Künstlern und Seelsorgern gegeben, die nicht zu unguten, weil Bewegungen einengenden Umarmungen[584] führten, sondern zum voreinander Stehenbleiben und einander auf gleicher Augenhöhe Begegnen. Wo »dem Seelsorger die Kunst« und »dem Künstler die Seelsorge« erzählt und begriffen wurde: im Gegenüber und im offenen Diskurs. Im gegenseitigen Respekt vor den Fähigkeiten und der Potenz und der Kundigkeit des anderen. Keiner braucht den anderen: Die Kunst kann ohne bestallte Seelsorger gut das ihre tun – und tut es auch. Die klassische Seelsorge kann gut ohne Kunst leben, weiter die Be-

[584] Dass diese »Umarmungen« nicht nur aus einer Richtung kommen, zeigt die Antwort von Daniel Richter auf den Vorhalt, dass er, Meese und Rauch die »Chefs der Nullerjahre« in einem »abgehangenen Mainstream« seien: »Mit der Kunst ist das heute wie mit dem Underground und Popmusik: Wo sie funktioniert, wird sie umarmt. Wenn du nicht mitmachst, müsstest du den ganzen Akt der Verweigerung zelebrieren, das wäre mir peinlich. Lieber sage ich: Toll, dass man sich nun auch auf kritische Positionen wie Kippenberger oder Oehlen bezieht, auch wenn man sie damit zahnlos macht«. (»Verweigerung wäre mir peinlich«. Daniel Richter im Interview mit Andreas Fanizaden: taz-kultur, 13./14.06.2009, S. 21.) Ähnliches wird der Jazzvibrafonist Roy Ayers bezüglich seiner häufig von anderen Musikern gecoverten Musik gefragt. Er bezeichnet dieses sich »in andere Formen von Musik einzubetten« für sich als Existenz erhaltend. (s. »Groove ist der Schlüssel zu meiner Musik«. Roy Ayers im Interview mit Jenni Zylka. taz-Kultur. 17.07.2009. S. 15).

deutung der Worte achten, protokollieren und deren Hintergründe reflektieren – und sie tut es.

SeelsorgeART eröffnet andere Bereiche in der Sinnenwelt, nimmt weder der klassischen Seelsorge, noch der Kunst etwas weg, sondern arbeitet als Grenzgänger. Sie erschließt für Menschen andere wesentliche Bereiche ihres Lebens durch das Hineinnehmen weiterer Sinne. Das kann viel in Bewegung bringen:

> So habe ich einmal viele Tage bei dem Lüneburger Kunstweber Heinz-Friedrich Meyer in dessen Webstube im Kloster Lüne verbracht, um seinen Raum des Arbeitens, Lebens, Denkens, seine Mitarbeiterinnen, seine Fragestellungen, sein Material, sein Scheitern, seinen Lebenshintergrund, seine Skizzen und Entwürfe, seine Fragen und Antworten, seine Müdigkeit und Erwartungen, seine Einwebungen und seine Rahmen etc. zu spüren. Weit in die Nächte hinein habe ich ihm zugehört und konnte zumeist schweigen. – Viel später, nachdem ich ihn in Ausstellungen besucht, seine Techniken und Hängungen mit ihm diskutiert hatte, besuchte er mich in meiner »Werkstatt« im Kinderkrankenhaus. Dieser alte Mann setzte sich mitten rein in eine Intensivstation und tat gar nichts! Äußerlich. Er schwieg und nahm nur auf, was auf ihn einwirkte. Er weinte bittere Tränen in seinen Bart, fragte einiges nach, schwieg dann wieder und war sehr freundlich zu den um ihn Arbeitenden. Er bat mich nach Stunden, ihn nach Hause zu fahren, weil er nicht mehr in der Lage sei, jetzt noch irgendetwas anderes wahrzunehmen. Schon dies nahm ich als wertvollen Hinweis zur »Routine«, die sich nach Jahren der Arbeit einschleicht! – Tage später sprach er mit Krankenschwestern und Ärztinnen, ließ sich Abläufe und Notwendigkeiten im Stationsalltag erklären, begann Skizzen zu fertigen. – Dann saßen wir beide erstmals mehrere Stunden im Aufbahrungsraum der Klinik, in dem Eltern letzten Abschied nehmen von ihren gestorbenen Kindern, die Mütter sie u. U. erstmals in die Arme nehmen können, in dem geschrien und verflucht, gebetet und angeklagt, beschuldigt und liebkost, umgezogen und fotografiert wird, wo Fuß- und Handabdrücke etwas Bleibendes suchen. In diesem Raum fiel zwischen uns kein einziges Wort. – Nach Wochen schickte er uns einen Entwurf für einen Wandteppich aus mit Naturfarben handgefärbter Wolle und Seide. Mit Schwestern, Ärzten, Verwaltungsdirektor kamen wir zusammen, hatten nur kleine Änderungswünsche. Der Teppich wurde gewebt, bezahlt von Eltern, die für die Ausstattung dieses Raumes gespendet hatten, – und er soll dort hängen, »solange es eine Seelsorge

in diesem Krankenhaus gibt«[585] (so im Übergabevertrag an das Krankenhaus).

Was Heinz-Friedrich Meyer in diesen Wandteppich eingewebt hat, das war nicht allein Wolle und Seide. Und all das sprach und spricht aus diesem Kunstwerk. Die Eltern und die Geschwisterkinder reagierten im Aufbahrungsraum natürlich zunächst auf das verstorbene Kind auf der Bahre. Eine Situation, die »das Schrecklichste ist, was Menschen geschehen kann« (Otto Stange). Wenn aber irgendwann der Blick sich heben konnte – der helle Faden im Teppich beginnt exakt auf Höhe der Bahre! – dann schauten Angehörige auf diesen Teppich und reagierten auf ihn. Sprachen aus, was sie sahen.

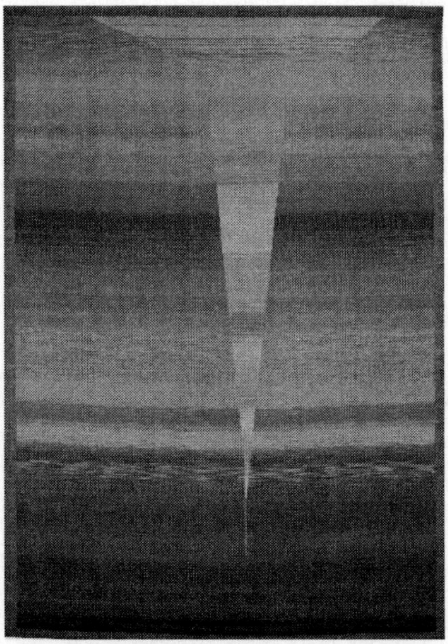

Wandteppich im Kinderkrankenhaus auf der Bult in Hannover,
Heinz-Friedrich Meyer

[585] Tief traurig machte es mich bei einem Besuch vor Ort nach dem Sommer 2009, dass dieser Teppich seit der Umgestaltung des Aufbahrungsraumes nun im Gang zwischen Cafeteria, Speisesaal und Werkhof aufgehängt wurde. Er selbst hat und behält seine Würde. Ist er doch erfüllt mit allem, was sich an Sinnesäußerungen im Raum vor ihm über Jahre ereignet hat. Der jetzige Ort aber erscheint mir würdelos. Das Verstehen von Kunst und das Sich-einlassen auf die Würde von »Orten« und Werken ist in der Kirche nicht jedermanns und jederfraus Sache!

Empfingen Botschaften aus dem Prozess des Werdens und Webens, des Entstehens von einer Antwort der Kunst, des Künstlers. Menschen in dieser Situation, Eltern wie Geschwisterkinder, beschrieben Stellen im Teppich, die ihnen vertraut vorkamen: Das Erdige, das Morgende, die Dämmerung, den Glanz auf dem Boden; sie sahen einen Strahl und auseinandertretende Dunkelheit, Sonnenaufgang oder weite Ebene, die sich doch öffnet. Oder einzig ein Farbspektrum, an das sie anknüpfen konnten. »Anknüpfen«, vielleicht ist dieser Teppich ein Anknüpfungspunkt für die Sinne, damit die schier unaushaltbare Stille in diesem Raum nicht gar so laut schreit. Ein Gewebe, das geknüpft wurde von Menschen, die einen Faden finden mussten in ihrem Erleben der Situation der schrecklichen Möglichkeit, dass ein Kind sterben kann, das eventuell noch gar nicht gelebt hat. Ein Geflecht, an dem gearbeitet wurde, um standhalten zu können vor diesem Skandal und nicht nur zu schreien nach dem so fernen Gott, der sich gerade nicht zeigt.

Ganz unterschiedliche Sichtweisen und Stellen im Kunstwerk nahmen hier Menschen in Kontakt. Und es war dem Beistehenden tröstlich wahrzunehmen, wie die Geschichte des Todes sich verwob mit dem eingewebten Geist/Sinn im Teppich, den Erlebnissen im Andenken des Teppichs auf der Intensivstation, der Meditation des Aufbahrungsraumes, den Gesprächen mit den am Kind arbeitenden Schwestern und Ärztinnen, der Durchdringung all dieser Sinneswahrnehmungen durch den Künstler. Und die Umsetzung aus diesem Prozess in sein Material der Kunst. Nicht dass dieses Material hätte ablenken können oder sollen von irgendetwas im Raum, wie sollte es. Die Wahrheit des Todes war im Raum! Aber es war nicht nur ein Raum des Todes, der Kälte, der Erstarrung. Es war auch ein Raum mit dem Raum des Teppichs von Heinz-Friedrich Meyer, der seine Formen und Farben und seine Ausstrahlung dort einbrachte für die Lebenden im Angesicht des Todes ihres Liebsten. Und dies veränderte diesen Augenblick, weil es diesen Raum veränderte: Es behauptete mutig die Existenz von Farbe, vielen Farben. Es sprach ein breiter werdendes Helles auf Höhe der Bahre aus und dokumentierte dies auf seine Weise. Es verleugnete nichts zur Erde Gehörendes, aber setzte es in Kontrast, in Gegen-Satz zu Hellem, Warmen. Ohne trösten oder beschwichtigen zu wollen, setzte es sich aus.

Jedes Mal wenn ich diesen Raum betrat, um die verstorbenen Kinder mit Krankenschwestern für den Besuch der Angehörigen aufzubahren, war es gut, einen Blick auf diesen Teppich zu werfen. Jedes Mal wirkte er anders. Immer war er da und hielt stand. Nicht weil wir ihn dort hingehängt hatten, sondern weil er Position bezog und aushielt. Das Gewebte tat der Seele wohl! Manchmal blieben wir einige Zeit dort sitzen, wenn wir die Kinder wieder in die Eiseskälte gelegt hatten, um uns zu wärmen durch das Einlassen auf diesen Teppich. »... ein paar Elfen und Feen hereinlassen ... etwas mehr Heilkraftkapazität ...«, formuliert Neo Rauch.

Ein Wandteppich, der wärmt! Weil er mit Wärme aufgeladen ist. Weil Wärme in ihn eingewebt wurde. Menschliches Miteinander mit der Chance, zu einer Wärmeplastik zu werden. Weil die Idee einfach Welt verändernd ist und wirksam. Wenn sie erkannt und angewendet wird. Verrückte Forderungen für eine Seelsorge! Verrückende Perspektive für eine Seelsorge auf der Höhe der Zeit und der Wahrnehmungsfähigkeit angesichts einer zunehmenden Überflutung durch Wahrnehmungsimpulse und einer Not an Vermittlung von Wärme, Nähe, Wertschätzung, Echtheit, Schönheit, Hoffnung, Perspektive, Farbe.

Hier ergibt sich durch SeelsorgeART die Chance für die Kirche zur kritischen Reflexion von Wahrnehmung mit Klienten anhand von ästhetisch ausgewiesenen Kunstwerken als quasi präventiv wirkende Sehschule durch freie Kunst, Bekräftigung und Stärkung von Sichtweisen auf qualitativ hochstehende Kunst, Überwindung von Schwellen zu eben dieser.

SeelsorgeART setzt das voraus: Als Seelsorger bereit zu sein, mit Menschen in die Kunst zu gehen und darin weiterzugehen, bis sie sich erreicht haben. Im Kontakt mit der eigenen Seele, ein tägliches Üben; im Wissen, dass Gott will, dass Menschen bewahrt sind im Leben und im Sterben. Meine Erfahrungen machen mir deutlich, welche realen seelsorglichen Wirkungen diese Materialität der Kunst hat, die dieses Einlassen nicht nur lohnen, sondern richtig sein lassen.

6.5 SeelsorgeART – mehr Raum und Weite. Zukunft.

»Ou topos – Suche nach einem Ort den es geben müsste«[586] heißt das Buch des CDU-Politikers Heiner Geißler[587], dessen Lebensweg u. a. die Stationen des Generalsekretärs der Partei und des eingeschriebenen Attac-Mitglieds

---

586 Aus der Fachliteratur von Janoschs »Oh wie schön ist Panama« (Verlag Beltz und Gelberg, s. 44. Auflage 2007) allerdings weiß ich, worum es für den Tiger und den Bären im Wald im Gegensatz zu Geißlers Ansatz in Wahrheit geht: ums Pilze »finden«!

587 »Freiheit statt Sozialismus«, forderte er als Generalsekretär der CDU und war Buhmann der Linken. Heute will er »Solidarität statt Kapitalismus« und ist Mitglied bei der globalisierungskritischen Organisation »Attac«.

verbucht. Anders: Es gibt auch in konservativen Positionen die Möglichkeit zu überraschenden Wendungen, wenn Einsichten reifen und umsetzbar erscheinen und die Frage nach einer Konkretisierung von Utopia zur Lösung ansteht. Es gibt kein Argument, für Menschen Sinnvolles ins Dereinst zu verbannen, wenn es auf Erden hinlänglich Grund gibt, es zu wünschen, zu glauben, zu hoffen.

Warum nicht auch in einer Kirche, die sich gründet auf das nach wie vor evolutionärste Fundament für gedeihliches Miteinander im Tod und im Leben und der Seelsorge für Menschen in diesem Geist. Die Verheißung von Raum und Weite des Lebens gilt jeden Tag und jeden Morgen neu. Seelsorge ist Menschenwerk und bietet also die Chance, dass Segen weitergegeben werden soll. Segen, der nicht nur verheißen, sondern auch in jedes Menschenleben eingewoben ist. Segen, den ich in meiner Arbeit mit Formen der Seelsorge-ART erlebt habe, die in der Konstellation meiner Profession in der Seelsorge, in kunsttherapeutischer Ausbildung und im Interesse an der Kunst zusammentrafen. Zum Glück für alle Menschen, die die Seelsorge der Kirche in dieser Ausprägung in Anspruch nehmen mochten und denen ich das Geschenk dieser Vielfalt der Sinneswahrnehmungen als Geschenk des Lebens bezeugen konnte. Segen, der durch mich verwies auf den Ursprung des Segens. Von dem es im Lied heißt, dass wir nicht sparen müssen, weil er reichlich gibt. Das ist eine Glaubensgewissheit, die unmittelbar an die Segensmacht Gottes bindet und verweist. Und diese eher und wesentlicher glaubt als alle wohlfeilen Relativierungen des Auftrags zu segnen, die betriebsbedingt begründet werden. Dieses Segnen aufzugeben hieße aufzugeben, Kirche Jesu Christi zu sein.

Anhand der vorliegenden Arbeit hoffe ich aufgewiesen zu haben, wie diese Sinnenvielfalt – hier lediglich im Ausschnitt der dargestellten Kunst an wenigen Beispielen – die Wahrnehmungschancen für Erkenntnisse und Erträumnisse der Seele weitet und ihnen Raum gibt. Je nach den geschenkten und einsetzbaren Segnungen der Mitarbeitenden einer Kirche, die in der Vielfalt ihrer Menschen eine gesegnete und segnende sein kann und soll. Oder besser: Die mit der Vielfalt der anvertrauten Gaben dieser Menschen Möglichkeiten hat, zu RAUM und WEITE einzuladen.

Gleichzeitig stehe ich am Ende dieser Arbeit vor einem Paradox. Das Wesentliche der Kunst, ihr Raumgeben und ihre Impulse, ihre Anregung der Sinnenvielfalt habe ich versucht in Sprache zu fassen, zu verwörtern, also nach meiner eigenen Überzeugung eng zu führen. Gleichzeitig betone ich an vielen Stellen, wie unmöglich dies sei. So bin ich folglich in dieser Inkonsequenz, der ich allenfalls in der Begegnung mit dem geneigten Leser oder der Leserin vor einem Bild oder Objekt entfliehen könnte, angewiesen darauf, dass sie sich einlassen nicht nur auf die Worte dieser Arbeit, sondern auch auf deren Bilder, die abgedruckt sind oder hinter den Zeilen aufstehen. Dass sie ein Bild nicht nur als benannt nehmen oder ein Musikstück lesen, sondern sich ihm aussetzen.

In mir steigt mit zunehmenden Dienstjahren in dieser Kirche als deren Teil die »Vision« auf – vielleicht noch ein Vor-Ort vom entfernteren Ou-Topos –, dass in dieser Kirche der Freiheit die Ausgrenzungen von als hilfreich erwiesenen und nachweisbaren Zugangswegen zur menschlichen Seele nicht mehr aufrechterhalten werden müssen. Dass Bereiche der Seelsorge (Krankenhaus, Psychiatrie, Jugendarbeit, Seniorinnen und Senioren) sich z. B. für künstlerische Zugehensweisen öffnen, um unnötige Engführungen zu vermeiden. Das mag das Hinschauen auf eigene Ängste derer befördern, die meinen, hier Grenzen der »seelsorglichen Tradition« bewachen zu müssen. Auch die Ängste, nun selbst malen zu müssen, wo man doch schon in der Grundschule erfahren hat, dass man dies nur bedingt könne. Diese Menschen der Kirche müssen sich allerdings der Frage stellen, welche Grenzen es sind, die sie »bewachen«. Und ob sie – aus welcher Bevollmächtigung auch immer sie dort wachen – dies nicht aus einer lutherischen Tradition tun: »Du hast in weiten Raum gestellt meine Füße« (Psalm 31,9), das ist für Luther Trost. Es ist hohe Zeit, die Perspektive für ein befruchtendes Miteinander von Kunst und Seelsorge zu weiten im Interesse der Menschen, die Trost mehr suchen als Worte. Und dabei schwebt mir nicht vor Augen, dass nach den diversen »Wellen der Modernität« in der Kirche nun auch einmal Kunst »dran« sei. Die Akzeptanz und Ernstnahme und das Interesse für diesen Ansatz der Seelsorge würde vollends ausreichen. Kunstbeflissenheit ist wohl eher eine Karikatur dieser Ernstnahme! Der Weg durch die Materialität der Kunst in den Frei-Raum der Seele soll kein Ende haben – meine Arbeit in diesem Feld, die ich versucht habe, hier ansatzweise darzustellen, hat Sinn gemacht, weil sie Menschen erreicht hat, denen ich Weggefährte sein konnte. Schon gar nicht soll dieser Weg scheitern an der Bangigkeit von Menschen in der Kirche vor der Materialität eigener innerer und fremder »abstrakter« Bilder von autonomer Kunst im Raum der SeelsorgeART der Kirche. Es ist doch bloß Farbe. Oder Lehm, Eisen oder Holz, Stein oder irgendwas. Wie soll der Umgang mit diesen Werken der Schöpfung, für deren Erhaltung wir eintreten, beten und hoffen, ängstigen »Im Grunde ist das Sich-Einlassen eine Forderung an den Umgang mit aller Kunst!«[588] Dies ist ein Weg für SeelsorgeART, der ankommt,

---

588 Max Imdahl in: Jahrbuch der Ruhr-Universität Bochum, 1982, S. 93.

wenn er gegangen wird. Auf dem Menschen weiterkommen. Zu sich, zu einem Gott, der sie einlädt in seine Gemeinschaft. Mit dem verstorbenen Jörg Immendorff, der es drastischer formuliert: »Kapieren Sie es endlich, Kunst bedeutet Menschwerdung, weiter nix!«[589] Und damit ganz viel. Lässt es doch in einer Welt die Gottwerdung aufscheinen, der diese im Götzendienen um neoliberale Maximen höchst bedürftig ist.

Anders: Ich habe im Projekt SeelsorgeART und in meiner Arbeit darüber hinaus erfahren, dass die Seelsorge den Menschen gut daran tut, die ästhetischen und weitenden Räume der Kunst in all ihrer subjektiven Diskursivität, Brüchigkeit und Kontingenz, Verfremdung und Klärung, sich selbst und den Menschen mit auf dem Weg in diesem Leben nicht vorzuenthalten, sondern sich selbst diese zuzumuten, sich der eigenen Befangenheit, Angst und Sehnsucht nach dem Reichtum des Einsetzens aller Sinne zu stellen und sich so selbst einzubringen auf dem Weg zu RAUMerWEITErungen mit sich anvertrauenden Menschen. Menschwerdung ist nicht wenig – »Kapieren Sie es endlich!« – und drängt nach Fragen, auf welchen Gott sich eine Kirche ausrichtet. Der Kampf auf kleinem Gelände um betriebswirtschaftliche Perspektiven in einer in dieser Hinsicht enger werdenden Situation wird aller Voraussicht nach verloren. Dies führt zu depressiven Strukturen, die für eine Organisation gefährlich, ja, existenzgefährdend sind. Ohne utopischen Schub, ohne das Wissen um deren Kraft werden solche Organisationen reduziert auf die Kleingläubigkeit von Interessenvertretungen. Die Einsicht aber in eine Utopie ist das wohl wirksamste Antidepressivum.

Meine Arbeit im Projekt SeelsorgeART hat meine Vermutung bekräftigt, dass die Seelsorge der Kirche weiterhin gefragt ist und allemal Zukunft hat. Besonders auch für Personengruppen, Kreise, die langläufig nicht als Kerngemeinde bezeichnet werden. Selbstverständlich aber sind auch die in die befreiende Gemeinschaft Jesu Christi geladen, die diese sie wertschätzende Einladung aus welchen Gründen auch immer eher »an den Hecken und Zäunen« erreicht. Sie sind die Schwestern und Brüder jener Jünger, die keine Perspektive mehr entdecken können. Die Seelsorge holt die sie anfragenden Menschen dort an ihren Themen und Problemen ab, wo sie gerade sind, und begibt sich mit ihnen auf einen Weg, der sie zu Orten begleitet, die Lösungen versprechen. Seelsorge bringt Menschen vor Gott. Seelsorge tritt mit ihnen vor Gott. Diesem Gott danken wir die Vielfalt unserer Sinne und es ist für mich nicht nachvollziehbar, auf deren Möglichkeiten zu verzichten. Gerade

---

589 Zit. n. ZEITmagazin 24/2007, S. 44.

dann, wenn es auf kreative und ahnungsvolle und hoffende Antworten auf die Herausforderungen des Alltags ankommt.

Denn als Geschöpfen Gottes ist uns auch als Seelsorgerinnen und Seelsorgern der Reichtum all unserer Sinne geschenkt und verantwortlich überlassen worden. Denn allein so ist der sich und dieser seiner Sinnenvielfalt gewisse Seelsorger in der Lage, sich in diese Weg-Gemeinschaft zu stellen und sich seiner selbst, seiner Gaben und seiner Verantwortung bewusst zu sein, zu Menschen zu gehen, mit ihnen zu gehen, sie gehen zu lassen und wieder bei sich zu sein. Dies führt ihn direkt in den Kontakt mit dem Bewusstsein seiner Gottebenbildlichkeit, seiner Körperlichkeit, seinen Stärken und Schwächen, seiner Schönheit und Glaubensstärke, seinen Zweifeln und seiner Sehnsucht. Er entdeckt den eigenen weiten Lebensraum, sich in seinem Körperraum, den Raum der Kirche als möglichen Ort ästhetischer Begegnung von Gott und Mensch, als Freiraum und als Raum der Geborgenheit, beides. Und er tritt daraus bestärkt hervor.

Diesem Seelsorger stellt sich die ästhetische Frage nicht als »Anhängsel« von Wichtigerem oder Wesentlicherem, als Ausmalung von theologischen Wortwahrheiten, sondern grundgebend als Glaubensfrage schlechthin. Genauer: Als antwortendes Verhalten auf die göttliche Zusage: »Du darfst leben!« begleitet Seelsorge Menschen. Dieses Leben in allen seinen Aspekten, seinen Rätseln und Zweifeln, Brüchen und Krisen, den Wegen in das Material und durch die Materialität der Schöpfung steht somit unter der Verheißung des »Du darfst!«. Dass sich die Kirche und besonders die Seelsorge davon entfernt hat, sich diesem Geschenk mit allen Sinnen zu stellen, sich mit allen Sinnen dessen zu freuen und diese Freude aus dem Evangelium geradezu zu verkörpern, ist nicht irreversibel, wie das SeelsorgeART erwiesen hat. Diese Weitung ist notwendig und sie ist tröstlich.

Durch das Zugehen auf in diesem Kontext wertvolle Erfahrungen mit dieser Sinnenkraft und -vielfalt in der Welt der Künste, hier vornehmlich der darstellenden Kunst, soll sich die Seelsorge erinnern lassen an die schlichte Wahrheit: »Ein Bild sagt mehr als tausend Worte!« und sich selbst und die sich ihr anvertrauenden Menschen mitnehmen in die Entdeckung von deren Kräften und Schätzen und Möglichkeiten, die die schlichte Ebene des Wortes bei weitem übersteigt, zuweilen die Zugänglichkeit zu diesen Schätzen erst oder wieder ermöglicht. Diese Grenzüberschreitung, die in der Pädagogik, in Sozialwissernschaften, in psychotherapeutischen Bereichen längst vollzogen ist – man lernt voneinander und eröffnet sich damit Chancen – wird in der Seelsorge aus mir unerfindlichen Gründen vermieden. Man beharrt auf der Einlinigkeit, Wort für Wort. Bewahrung der Schöpfung geschieht aber sicher nicht in deren Beschreibung, Deutung und Verwörterung, sondern in der Kontaktaufnahme mit ihrem Material, in der Bereitschaft und Entwicklung der Fähigkeiten, sich diesem konkret zu stellen, in der Liebe zu ihrer Vielfalt. Wie es die Künste zeigen – in der vorliegenden Arbeit beispielhaft an Leben und Werk von Beuys, Sonderborg, Rückriem und meiner eigenen künstlerischen Arbeit. Sie leben den Kontakt zum Material, zum Gegenüber zu Form, Farbe, Stein, Ton, Bronze, die Liebe zum Entdecken der Figur aus dem Stein, der Form aus der Fläche, der Geste aus dem Einerlei. Sie stehen und gehen auf dem Boden, kennen dessen Konsistenz und Tragfähigkeit, sie bergen sich ein in Stein und Filz und erfahren so, was »Geborgenheit« und »Wärme« und »Schutz« meinen, wie es sich anfühlt, wie sie sich darin fühlen, erleben es. Sie trotzen den Festlegungen und Deutungen und gehen eigene Wege der Erfahrung. Ihre Selbsterfahrung, Selbstgewissheit, Selbstsicherheit, durchlebte Enge und Angst ist damit von einer ganz anderen Materialität, Existenzialität, Nähe zur Erde (und zum Himmel?) als diejenige derer, die sich spätestens als Erwachsene auf die Verwörterung dieser Inhalte reduzieren. Ohne Not – es sei denn, »das letzte Wort behalten«, also eine Machtfrage stünde mit zur Disposition. Dies aber wäre menschenverachtend! Die einen leben »innerhalb des Volumens« der Schöpfung, die anderen stehen davor und verwörtern, deuten, beurteilen, was sie meinen, dass die Schöpfung sei. Letzteres scheint mir keine Wertschätzung der Prozesse der Kunst zu sein noch eine der Materialität der Schöpfung, sondern eine distanzierte Überheblichkeit und Selbstversagung vor der WEITE und dem RAUM der geschenkten Möglichkeiten, eine Selbst- und Fremdbeschränkung vor gangbaren Wegen, ein Vorenthalten der ästhetischen Potenz der Fleischwerdung dieses Wortes vor sich selbst und den anderen. Das aber spüren Menschen, die nach Raum und Weite und Muße suchen und echte Begegnungen wünschen, die einzig in eben diesem Raum, der Weite und der Muße stattfinden können. Menschen, denen nichts vom »äußersten Rand des Meeres« erzählt werden muss, weil sie eben da leben und sie in einer Not sind, in der tröstliche Worte bleiben, was sie sind: Worte. Die Frage eines älteren Krankenpflegers bei meiner Vorstellung auf seiner Station als Seelsorger zu Beginn meiner Arbeit in der Krankenhausseelsorge ist mir stets gegenwärtigt geblieben: »Wollen Sie hier Heftchen und Wörtchen verteilen oder werden sie Zeit haben für die Menschen und bei ihnen sein?« Er hatte wohl Erfahrungen gemacht vor dieser Frage. Die Kunst verkörpert in allen ihr zur Verfügung stehenden »Sprachen« eine Kraft, die Seelsorge erinnern kann an die Vielfalt der Schöpfung, von der sie gern redet. Kunst zielt auf das tiefe Wissen im Können um eben jene Mannigfaltigkeit, in der sie lebt und handelt. Sie kennt die materielle Armut. Sie kennt die Armut des Materials. Sie kennt die innere Leere. Und sie kennt die Gnade des Leben-Dürfens. Sie kennt die Kämpfe und das Zagen. Sie lebt von der Bereitschaft des Suchens und sich von Wegen finden zu lassen. Sie atmet Gewissheit und hat immer noch Hoffnung, sonst stirbt sie. Seelsorge soll ihr tiefes Wissen nicht in der ihr begegnenden Not ohne Not für ihr Können geradezu tragisch reduzieren. Wo z. B. die Stummen und Verstummten keine Sprache mehr haben, die Kinder, die Trauernden, die Verletzten, die Abgestellten, da kommt der Weg des Verwörtens bald an sein Ende. Nicht aber der Weg mit Menschen, wie die vorliegende Arbeit ansatzweise darstellt.

Malen, gestalten, bauen, entwerfen, Perspektive wahrnehmen, Visionen wagen, probieren und Ungeahntes erleben, die Geschwister also des Träumens, Sehnens, Hoffens, Glaubens, Liebens sind geradezu subversive Elemente der Kunst, sind konkrete Utopie, die auch für eine sich aus der Sinnenvielfalt selbst reduzierende Seelsorge den Kontakt wieder neu herstellen kann zum offenen Prozess der Buntheit, Lebendigkeit, Echtheit einer Ästhetik, die vor Augen steht als im Spiel Gottes als Schöpfung entstanden: als tröstliche Wahrheit, dass Seelsorge im Spiel zu bleiben hat! Die darstellende Kunst wie ebenso die anderen Künste feiern in sich und durch sich diese Begegnungen, trauen also dem Spiel mit dem Material der Schöpfung, also auch den Menschen, mehr zu als ein Hören auf ein an sie gerichtetes Wort, führen letztlich über die Materialität ihrer Kunst in die Nähe Gottes, bereiten der Gottesbeziehung den Boden, trauen dem Spiel der und mit und in der Schöpfung. Wie z. B. Beuys, Sonderborg, Rückriem. Sie überschreiten damit Grenzen und überwinden Mauern, was die Bibel dem Glauben zuspricht!

»Der *Seelsorger* folgt dabei seiner Vision, er glaubt ihr zu folgen, und sein unter diesem Zielstern begonnenes Werk entwickelt während es entsteht, eigenständige Kräfte immer wachsender Intensität je weiter das Werk fortschreitet. Innerhalb des Vorganges der seelsorglichen Handlung gibt es demnach einen Kreuzungspunkt, in dem die Wirklichkeitslinie der Vision mit den Kräften der Formbildung sich derartig schneidet, dass eine sich entwickelnde Umkehrung der zwei Intensitätten merkbar wird. Proportional mindert sich die Wirkung der Vision zu der nun in Gang gebrachten, anschwellenden Wirkung der Formkräfte … Die Formkräfte bewegen die materiellen Stoffe bis zur Konkretisierung, das heißt, sie bringen sie von ihrem gleichsam chatischen Vor-Zustand in den Zustand der seelsorglichen Ordnung.« – In diesem Zitat, ursprünglich Baumeisters, habe ich lediglich das Wort »Künstler« durch »Seelsorger« ersetzt. Gewiss zu einfach, aber darin beschreibt sich das aus meiner Arbeit in SeelsorgeART zusammenzufassende Fazit: Seelsorge ist – wie die Kunst – eine konkrete, kreative Praxis bezogen auf reales Noch-

Unsichtbares. Sie braucht den Raum und die Zeit und die Muße – wie im Spiel, wie in der Kunst –, sich auch den herausfordernsten Lebensfragen für Menschen wie z. B. dem Tod von Kindern oder der Erneuerung einer Vision für das eigene Leben antizipatorisch wahrnehmend zu stellen und mit allen Sinnen eine Realität anzugehen, die noch oder gerade wieder schier undenkbar ist. Damit kann Seelsorge auch der eigenen Organisation Impulse geben, sollte diese sich mehr auf betriebswirtschaftliche denn auf Glaubensfragen beziehen. Auch Kunst orientiert sich zuweilen »am Markt«. Andere Kunst aber an der Freude und der Arbeit, an der Fantasie und dem Leiden an einer Situation, an der Herausforderung im Material und im Spiel, an der Kraft der Sinne und der Kreativität, also dem eigenen Wachsen in einer Situation. Ein Weg auch für die Seelsorge der Kirche.

Mit Beuys, wieder abgewandelt: »Je höher die Kreativität der *Seelsorger* ist, um so höher ist das Vermögen der Kirche, um so höher ist die Fähigkeit, die Dinge so zu regeln, dass sie in höchstmöglichem Maß produktiv und effektiv werden im Sinne aller.« Und derselbe: »Seelsorge muss erst entstehen, denn es gibt sie nicht!« Denn auch die Seelsorge steht unter der Verheißung der gottgeschenkten Sinnenvielfalt. »Sich-Einlassen«, »Kapieren« – das ist Kunst, das ist Seelsorge, das ist Gottvertrauen! Ohne dies wäre keines der Lebenswerke der in dieser Arbeit bezeichneten Künstlerinnen und Künstler jemals entstanden, mit keinem Schritt! Menschen zu Einsichten führen und zu Aussichten, das kann in Kögen (siehe den Anfang dieser Arbeit!), in Küstenregionen, in Gesellschaften, in Kirchen, in der Seelsorge und anderswo geschehen. Es kann RAUMerWEITErungen bewirken und erreichen, dass drei Jahre lang Menschen auf guten Wegen vorankommen, die ohne das Projekt SeelsorgeART diese Weg-Gemeinschaft nicht gehabt hätten. Es muss dies nicht geben, es kann alles so bleiben. Doch noch schenkt und erhält uns Gott die Vernunft und alle Sinne und sei damit hoch gepreist. Auch in und durch eine Seelsorge, die sich selbst diese eigene mögliche Mannigfaltigkeit der Antworten auf Herausforderungen an sie finden lässt. Seelsorge darf merken! Die Herausforderungen sind da. Seelsorge ist Wissen, Können, Erlerntes. Zuallererst aber eine Glaubensfrage! Sie steht vor der Entscheidung, ob sie den »Frei-Raum«, die »Lichtung«, die ästhetische Herausforderung wahrnimmt und betritt. Ob sie sich dem »Herumleben« (Sonderborg), den »Lebenslegenden« (Beuys), dem »Stein« (Rückriem) mit den Menschen stellt. Ob sie sich selbst unter der Führung (Emmaus), dem Einfall dessen weiß, der das Leben und die Sinnesvielfalt schenkt. Ob sie sich also hinauswagt bzw. hineintritt in die Gottesbeziehung, in den geschenkten Lebens-Frei-Raum vor Gott. Oder ob sie sich selbst beschränkt und sich selbst schuldig bleibt.

Nachbemerkung – Worin ich weiter lebe

Ich stehe vor dem Werk »Waterkering«[590] des Leipziger Künstlers Julius Popp an der Hafenfront der niederländischen Stadt Nijmegen, einer über Computer gesteuerten und gezeitengemäß hintereinander geschalteten Serie nebeneinander liegender Wasserfälle auf Höhe einer potenziellen hohen Flutwelle. Popp stellt damit Menschen vor Augen, »macht sichtbar« (Klee), welche Auswirkungen die Klimaerwärmung und der Anstieg des Meeresspiegels auf die Küstenregionen dieser Welt haben werden. Menschen joggen und radeln hier vorbei, Autos parken direkt an den Wasserkaskaden.

Nachts ist das fallende Wasser beleuchtet, so dass es nicht zu übersehen ist, »eigentlich«. – Der Theologe könnte in Anlehnung an die Lazarus-Geschichte sagen: »Wenn die Menschen nicht auf die Wissenschaftler und Klimaexperten hören, die ständig davon reden, dann werden sie auch darauf nicht hören!« Das mag sein. Aber wenn wir uns vor dieses Werk von Popp stellen und

bitrecurrence 1, Nijmegen, Julius Popp

[590] Siehe in Nijmegen/Niederlande; ersatzweise unter Youtube / Julius Popp / Waterkering.

bitrecurrence 2, Nijmegen, Julius Popp

die Sinne darauf richten! Und damit an den äußersten Rand des Meeres gehen oder fliehen und endlich still werden und inne und hören auf die Klänge und schauen auf Perspektiven und riechen das Salz. WEITEr in der Materialität der Kunst.

Literaturverzeichnis

Adorno, Theodor W.: Ästhetische Theorie. Frankfurt 1970.

Adrani/Konnertz/Thomas, Götz, Winfried, Karin: Joseph Beuys. Köln 1994.

Altschöffel, Heinz (Hg.): »Bilder von Menschen«. Schweinfurt 1989.

American arttherapy Association (Hg.): White, Kinnard / Allen, Richard. Art Counseling in Educational Settings. North Carolina University, 1969; Allen, John / Clark, Mary. Directed Art Counseling, NCU 1984.

American Association for Counseling and Development (Hg.): Counseling as an Art: The Creative Arts in Counseling, 3. Auflage 2005.

Ammann, Jean-Christoph: Bewegung im Kopf. Vom Umgang mir der Kunst. Regensburg 1993.

Ammann, Jean-Christoph: In: Kunstforum 131/1995.

Ammann, Jean-Christoph: In: Die Zukunft der Bildung. Hg. von Nelson Killius, Jürgen Kluge, Linda Reisch. Frankfurt 2002.

Atelierbesuch: Erinnerungen an Jörg Immendorff: In: ZEITmagazin Leben. Nr. 24/2007. 06.06.2007. S. 44.

Ayers, Roy im Interview mit Jenni Zylka: »Groove ist der Schlüssel zu meiner Musik«. Zit. nach taz-Kultur. 17.07.2009. S. 15.

Bachelard, Gaston: La poétique de l´espace. Paris 1957 (aus dem Französischen übers. v. Kurt Leonhard: Poetik des Raumes). Frankfurt 1987.

Baer-Bogenschütz, Dorothee: Irritierend vielseitig. In: KUNSTZEITUNG 158 / Oktober 2009, S. 018 zur aktuellen Ausstellung von Kirkeby im museum kunst palast, Düsseldorf.

Baier, Franz Xaver: Der Raum. 2. Auflage Köln 2002.

Bally, Gustav: Vom Spielraum der Freiheit. Die Bedeutung des Spiels bei Tier und Mensch. Stuttgart und Basel 1966.

Bartels, Klaus: Cyborgs, Servonen, Avatare. Über semiotische Prothetik. Köln 2005.

Bauer, Jutta: Die Königin der Farben. Weinheim und Basel 1998.

Baumeister, Willi: Darmstädter Gespräch. Das Menschenbild unserer Zeit. Darmstadt 1950.

Baumeister, Willi: Das Unbekannte in der Kunst. Köln 1960.

Baumeister, Willi: Zit. nach: Verteidigung der modernen Kunst gegen Sedlmayr und Hausenstein. In: Künstler-Kritisches Lexikon der Gegenwartskunst. Ausgabe 1. München 1988.

Batten, Mark: Direct Carving in Stone. London / New York 1966. S. 112. Zit. nach Ted Castle, 1980. In: Texte über Ulrich Rückriem. 1987. S. 228. (im Folgenden: »Texte 1987«!)

Beck, Rainer / Volp, Rainer / Schmirber, Gisela (Hg.): Die Kunst und die Kirchen. Der Streit um die Bilder heute. München 1984.

Beck, Ulrich: Eigenes Leben. Ausflüge in die unbekannte Gesellschaft, in der wir leben. München 1997.

Benjamin, Walter: Das Kunstwerk im Zeitalter seiner technischen Reproduzierbarkeit (1963). Frankfurt 1977.

Betz, H. D.: Ursprung und Wesen des christlichen Glaubens nach der Emmauslegende. In: Zeitschrift für Theologie und Kirche 66 (1969).

Beuys, Joseph im Gespräch mit Horst Schwebel: In: Schwebel, H.: Glaubwürdig. Fünf Gespräche über heutige Kunst und Religion. Mit Joseph Beuys u. a. München 1979.

Beuys, Joseph im Gespräch mit Jörg Immendorff und Michael Schürmann: »Akademien sind Auffangbecken für die Krankheiten unserer Zeit«. In: Spuren. Zeitschrift für Kunst und Gesellschaft. Hamburg 5/1978.

Beuys, Joseph im Gespräch mit Friedhelm Mennekes: In: Franz Josef van der Grinten. Fiedhelm Mennekes: Menschenbild-Christusbild. Auseinandersetzung mit einem Thema der Gegenwartskunst. Stuttgart 1984.

Beuys, Joseph im Gespräch mit Achille Bonito Oliva: In: Zweite, Armin (Hg.). Beuys zu Ehren. Städtische Galerie im Lenbachhaus. München 1986.

Beuys, Joseph im Interview mit Birgit Lahann: »Ich bin ein ganz scharfer Hase«. In: STERN Nr. 19. 30.04.1981.

Beuys, Joseph: In: Kat. Museum Boymans-van Beuningen. Rotterdam 1979/1980.

Beuys, Joseph: Postkarten. Sammlung Neuhaus. Museum für Post und Kommunikation. Frankfurt a. M. 1998.

Beuys, Joseph: The secret block. Hg. von Heiner Bastian. München 1988.

Beuys, Joseph: In: Werner Krüger / Wolfgang Pehnt. Documanta-Dokumente. Künstler im Gespräch. Köln 1984.

Beuys, Joseph im Gespräch mit Mennekes 1984: In: Mennekes, Friedhelm. Joseph Beuys. Christus denken. Stuttgart 1996.

Beuys Weeds-Beuys Creeds: In: Joseph Beuys. An Exhibition Based on the Ulbricht Collection. The Seibu Museum of Art. Tokio 1984.

Beuys, Joseph: In: Stüttgen, Johannes. Werbung für ein unsichtbares Produkt. In: Zeitstau. Im Kraftfeld des Erweiterten Kunstbegriffs von Joseph Beuys. Wangen 1988.

Bezzola, Tobia. Steiner, Rudolf: In: Katalog Joseph Beuys. Szeemann, Harald (Hg.). Kunsthaus Zürich. Zürich 1993. Beuysnobiscum.

Bloch, Ernst: Geist der Utopie (1923). 3. Auflage Frankfurt 1980.

Blume, Eugen: Beuys. Die Revolution sind wir. Ausst.-Kat. der Nationalgalerie im Hamburger Bahnhof-Museum für Gegenwart. Berlin 03.10.2008–25.01.2009.

Bodemann-Ritter, Clara (Hg.): Jeder Mensch ist ein Künstler. Gespräche auf der documenta 5/1972. 4. Auflage Frankfurt 1992.

Bohdal, Susi: Selina, Pumpernickel und die Katze Flora. Nord-Süd-Verlag, Zürich 1981.

Breuste, Almut und Hans-Jürgen (Hg.): Kat. Rosebuschverlassenschaften. Rosebusch Verlassenschaften e.V. Hannover 2006.

Brock, Bazon: Ästhetik gegen erzwungene Unmittelbarkeit. Die Gottsucherbande. Schriften 1978–1986. Hg. von Nicola von Velsen. Köln 1986.

Brock, Bazon: Gesammelte Schriften III. 1991–2002. Ästhetik des Unterlassens. Köln 2002.

Brockhaus, Christoph: Der Zeichner Franz Bernhard. Heidelberg 1985.

Buber, Martin: Das Problem des Menschen. Heidelberg 1982.

Buber, Martin: Ich und Du. Heidelberg 1979.

Buchholz, Michael B.: Psychotherapie als Profession. Gießen 1999.

Buchloh, Benjamin H. D.: Joseph Beuys. Die Götzendämmerung. 1980. In: Brennpunkt Düsseldorf 1962–1987. Katalog Kunstmuseum Düsseldorf 1987.

Burgbacher-Krupka, Ingrid: Prophete rechts, Prophete links. Joseph Beuys. Nürnberg 1977.

Castle, Ted: Ulrich Rückriem: Das monumentale Ritual. In: Texte 1987. S. 217 ff.

Celant, Germano: Inside and Outside the Vortex. In: Deutsche Guggenheim Magazine. Hg. von Deutsche Bank. Frankfurt. Winter 2008. S. 8–13.

Chatelain, Marianne: Mr. Rainbow und der Regen. Stuttgart 1997.

Danto, Arthur C.: Das Fortleben der Kunst. München 2000.

Danto, Arthur C.: Die Verklärung des Gewöhnlichen. Eine Philosophie der Kunst. Frankfurt 1984.

Deutsche Bischofskonferenz: Kunst und Kultur in der theologischen Aus- und Fortbildung. Bonn 1993.

Egner, Helga (Hg.): Lebensräume – Spielräume – Schutzräume. Düsseldorf 1999.

Ehrhardt, Heinrich: Ulrich Rückriem. Arbeiten. Stuttgart 1994.

Ein Gespräch. Joseph Beuys, Jannis Kounellis, Anselm Kiefer, Enzo Cucchi. Hg. von Jacqueline Burckhardt. Zürich 1986.

Eliade, Mircea: Schamanismus und archaische Ekstasetechnik. Zürich 1957.

Engholm, Björn: Rede zu KRHS. Galerieverein Leonberg. 1999.

Ermen, Reinhard: Joseph Beuys, Hamburg 2007.

Erne, Thomas: Die Wiederentdeckung des Raumes. In: Zeitschrift »Arbeitsstelle Gottesdienst« der GAGF. 2/2007.

Erne, Thomas: Braucht die Kirche Kunst? Braucht die Kunst Kirche? Symposion zu Ehren von Christian Ritschel in Dresden 2008. Zit. nach Kunst und Kirche 1/2007.

Evangelisches Magazin chrismon: Nr. 4/2006: Begegnungen Käßmann – Williges.

Faust, Wolfgang Max: Dies alles gibt es also. Alltag, Kunst, Aids. Stuttgart 1993.

Fink, Eugen: Spiel als Weltsymbol. Stuttgart 1960.

Fischer, Lili: Schamanen. In: Kunstforum International, Bd. 25, 1/1978. S. 54 ff.

Fischer, Lili / Jappe, Georg: Polare Gestade. Köln: Wienand Verlag 2001.

Freud, Siegmund: Erinnern – Wiederholen – Durcharbeiten. In: Gesammelte Werke 1914. Bd. X.

Fritz, Nicole: Bewohnte Mythen – Joseph Beuys und der Aberglaube. Diss. Tübingen 2002.

Fröchtling, Andrea: Und dann habe ich auch noch den Kopf verloren …! Menschen mit Demenz in Theologie, Seelsorge und Gottesdienst wahrnehmen, Leipzig 2008.

Geertz, Clifford: Dichte Beschreibung. Beiträge zum Verstehen kultureller Systeme. Frankfurt 2003.

Geissler, Heiner: Ou topos – Suche nach einem Ort den es geben müsste. Köln 2009.

»Geschwärzte Grundbucheintragung: Viele Akten vernichtet«. Verf. Unbek. In: Der Spiegel« Nr. 41. 30. 11. 1990.

Gespräch mit Beuys: Wien Friedrichshof. Hg. v. Theo Altenburg und Oswald Oberhuber, Wien 1983. Klagenfurt 1988.

GEW-Zeitung (Gewerkschaft Erziehung und Wissenschaft): Ästhetische Bildung. Nr. 12, 2004.

Gewerkschaft Erziehung und Wissenschaft, Bezirksverband Lüneburg: Wider das Vergehen von Hören und Sehen. Konzepte gegen einen eingeengten Lernbegriff. Dokumentation der 61. Pädagogischen Woche. Cuxhaven-Duhnen. 07.–11. 11. 2005.

Gieseke, Frank / Markert, Albert: Flieger, Filz und Vaterland. Eine erweiterte Beuys-Biographie. Berlin 1996.

Giordano, Ralph: Die Zweite Schuld oder Von der Last Deutscher zu sein. Hamburg 1987.

Giordano, Ralph: Wenn Hitler den Krieg gewonnen hätte. Hamburg 1989.

Glockzin-Beuer, Sigrid / Schwebel, Horst (Hg.): Kirchen – Raum – Pädagogik. Münster 2002.

Glozer, Laszlo: Katalog Westkunst. Köln 1981.

Glozer, Laszlo: Zum Tode von Joseph Beuys. In: Wolkenkratzer Nr. 11, 3. Jahrgang 1. 1986.

Gohr, Siegfried. Nach innen ist auch nach außen. Die Bildvorstellung von Per Kirkeby. In: Museum Ludwig. Köln 1982.

Gräb, Paul: Kunst und Kirche. Das Verhältnis einer Konkurrenz? In: Möller, Inken, 1991, S. 28–29.

Gräb, Wilhelm: Gegenwartskunst im Raum der Kirche – Versuch einer Bilanz. In: Artheon Nr. 18 (2003), S. 4–11.

Gräb, Wilhelm: Kunst und Kirche: Das Verhältnis einer Konkurrenz? In: Anstöße, I. Möller, 1991, S. 28–29 (29).

Gräb, Wilhelm / Weyel, Birgit (Hg.): Handbuch Praktische Theologie. Gütersloh 2007.

Graevenitz, Antje von: Erlösungskunst oder Befreiungspolitik. In: G. Förg: Unsere Wagner. Joseph Beuys. Frankfurt 1984.

Grözinger, Albrecht: Praktische Theologie und Ästhetik. Ein Beitrag zur Grundlegung der Praktischen Theologie. München 1987.

Ders.: Gibt es eine theologische Ästhetik? In: Müller, Wolfgang / Heumann, Jürgen (hg.): Kunst-Positionen. Kunst als Thema gegenwärtiger evangelischer und katholischer Theologie, Stuttgart 1998, S. 35–43.

Haftmann, Werner. K. R. H. Sonderborg: In: Ausst.-Kat. Sonderborg. Kölnischer Kunstverein. Köln 1965.

Haftmann, Werner. K. R. H. Sonderborg: In: Kat. Ulmer Museen. Ulm 1977.

Han Shan: 150 Gedichte vom Kalten Berg (aus dem Chinesischen übersetzt von Stephan Schumacher). Düsseldorf/Köln 1974.

Harlan/Rappmann/Schata: Soziale Plastik. Materialien zu Joseph Beuys, 3. Auflage Achberg 1984.

Hauskeller, Michael: Was ist Kunst? Positionen der Ästhetik von Platon bis Danto. München (1998), 8. Auflage 2008.

Heere, Heribert: Ad Reinhardt und die Tradition der Moderne. Frankfurt 1990.

Hefting, Paul: Themen und Variationen. Ein Interview mit Ulrich Rückriem. Texte 1987. S. 125–135.

Heidegger, Martin: Der Ursprung des Kunstwerks. Stuttgart 1978.

Heidegger, Martin: Vorträge und Aufsätze. Teil II. Neske 1954.

Heidemann, Ingeborg: Der Begriff des Spiels und das ästhetische Weltbild in der Philosophie der Gegenwart. Berlin 1968.

Heine, Helme: Der Boxer und die Prinzessin. München 1997.

Hermelink, Jan: Sind Sie zufrieden? Die Domestizierung des Pfarrerberufs durch die kirchliche Organisation. In: Ders. / Grotefeld, S. (Hg.). Religion und Ethik als Organisationen – eine Quadratur des Kreises? Zürich 2008.

Herrmann, Jörg / Mertin, Andreas / Valtink, Eveline (Hg.): Die Gegenwart der Kunst. Religion und ästhetische Erfahrung heute. München 1998.

Herzogenrath, Wulf: Ulrich Rückriem. In: Texte 1987. S. 457–461.

Herzogenrath,Wulf / Kreul, Andreas (Hg.): Kunsthalle Bremen: Klänge des Inneren Auges. Mark Tobey. Morris Graves. John Cage, München 2002.

Hiddemann, Frank: Site-specific Art im Kirchenraum. Eine Praxistheorie. Berlin 2007.

Hoeps, Reinhard (Hg.): Religion aus Malerei? Kunst der Gegenwart als theologische Aufgabe. Paderborn 2005.

Hoffmann, Klaus (Hg.): Gemeinde und Kulturarbeit. In ders.: (Hg.) Kirche, Kunst und Kultur, Teil 1, Hannover 1989.

Hofmann, Werner: Grundlagen der modernen Kunst, Stuttgart 1978.

Hohl, Hanna: In: »Ich Klaus Kröger«. Kunstverein Springhornhof. Neuenkirchen 1983.

Horst, Hans Markus: Kreuz und Christus. Die religiöse Botschaft im Werk von Joseph Beuys, Stuttgart 1998.

Houellebecq, Michel: Die Möglichkeit einer Insel. Übersetzt von Uli Wittmann. Reinbek/Hamburg 2005.

Hrdlicka, Alfred: »Hrdlicka über sich selbst.« In: Katalog Kestner-Gesellschaft zur Ausstellung vom 15. 03. bis 05. 05. 1974. Hannover 1974.

Hrdlicka, Alfred: »Schaustellungen« – Bekenntnisse in Wort und Bild. München 1984.

Huber, Herbert: Ethik als ästhetisches Phänomen. Vortrag beim Symposion »Ethik und Ästhetik – Eine Herausforderung für Schule und Bildung« an der Ludwig-Maximilian-Universität, München, am 30. 05. 2008.

Huizinga, Johann: Vom Ursprung der Kultur des Spiels. Hamburg 1956.

Imdahl, Max: Ikonik. Bilder und ihre Anschauung. In: Boehm, Gottfried (Hg.). Was ist ein Bild? München 1994, S. 300–324.

Immendorff, Jörg: Zit. nach ZEITmagazin 24/2007. S. 44.

Itten, Johannes: Kunst der Farbe. Ravensburg 1969.

Jahrbuch der Ruhr-Universität Bochum 1982.
Janosch: Oh wie schön ist Panama. Verlag Beltz und Gelberg. 44. Auflage Weinheim 2007.
Jappe, Georg: Beuys packen. Dokumente 1968–1996. Regensburg 1996.
Jappe, Georg: Nicht einige wenige sind berufen, sondern alle! Interview mit Joseph Beuys über ästhetische Bildung. In: Kunstnachrichten. Luzern. 9. Jahrgang, Heft 06/1972.
Jappe, Georg: (1978) »Dieselbe Kraft, die im Stein drin war.« Interview mit Ulrich Rückriem aus Anlaß der Biennale. In: Kunstforum International, Bd. 26. März/April 1978, S. 32–41.
Jauß, Hans Robert: Ästhetische Erfahrung und literarische Hermeneutik. Frankfurt 1982.
Jochims, Raimer: Kunst und Identität. Ostfildern-Ruit 1996.
Johannes, Silke: Zeichnung als Zeichnung – Nichtsdestotrotz. In: Heynen, Julian (Hg.), Zeichnungen 1950–1990. Eindhoven 1996. S. 26–33.
Joswig, Benita: altäre. Theologie und Kunst im urbanen Raum – ein Tischprojekt, Gütersloh 2003.
Junger Westen: Eine Anthologie in Bildern. Recklinghausen 1958.

Käßmann, Margot (Hg.): In der Welt habt ihr Angst. Hannover 2004.
Kamo no Chomei: Aufzeichnungen aus meiner Hütte. Frankfurt/Leipzig 1997.
Kandinsky, Wassily: Punkt und Linie zu Fläche. (1926) Bern 1973.
Kandinsky, Wassily: Über das Geistige in der Kunst. (1912) Bern 4. Aufl.1952.
Kaptain, Katrin: Ulrich Rückriem. Frühe Werke und das dezentrale Mahnmal in Düren. Düren 2002.
Karle, Isolde: Wozu Pfarrerinnen und Pfarrer, wenn doch alle Priester sind? Zur Professionalität des Pfarrerberufs. Deutsches Pfarrerblatt 1/2009.
Kat. Aufbruch: Ruhrtriennale 2009–2011, Kultur Ruhr GmbH, Gelsenkirchen 2009.
Kat. Baumeister, Willi: 1945–1955, Württembergischer Kunstverein, Stuttgart 1979.
Kat. Beuys: Die Revolution sind wir, Göttingen 2008.
Kat. Die Sammlung Staeck: Joseph Beuys. Mit dummen Fragen fängt die Revolution an. Heidelberg 1996.
Kat. Donald Judd: Farbe. Bonn 2000.
Kat. Fritz Winter: Formwerdend. Malerei und Zeichnung. Richard-Haizmann-Museum Niebüll/Fritz-Winter-Haus Ahlen 2001.
Kat. Gregory Crewdson: 1985–2005. Stephan Berg (Hg.). Kunstverein Hannover. Hannover 2005.
Kat. Herbert Kitzel: Arbeiten 1951 bis 1978. Badischer Kunstverein Karlsruhe. Karlsruhe 1982.
Kat. Herbert Kitzel: Gemälde und Arbeiten auf Papier. Werkverzeichnis. Andreas Franzke (Hg.). Stuttgart 1982.
Kat. Herbert Kitzel: Keramik. Werkverzeichnis. Irmela Franzke (Hg.). Berlin 1988.
Kat. Japan und der Westen – Die gefüllte Leere: Wolfsburg 2007.
Kat. Joseph Beuys: Sammlung Lutz Schirmer. Kunstverein St. Gallen. Köln 1971.
Kat. Joseph Beuys: Arbeiten aus Münchener Sammlungen. Städt. Galerie im Lenbach-Haus, München 1981.

Kat. Kain Tapper: Flensburger Kunstverein. Sonderjyllands Kunstmuseum. Tondern 2003/2004.

Kat. Kain Tapper: Tango. Porto Brandao 1998.

Kat. Ken Denning: Faeno. Esbjerg 2005.

Kat. Raimund Girke: Dietmar Elger (Hg.). Bonn 1995.

Kat. Rainer Fetting: 4 × Fetting. (Brunsbüttel, Meldorf, Niebüll, Tondern/DK). Kataloge der Museen in Schleswig-Holstein 22. Brunsbüttel 1995.

Kat. Robert Motherwell: Bönen 2004.

Katalog Imi Knoebel: Darmstadt 1992.

Katalog Informel: Symposion Informel 1982. Die Malerei der Informellen heute. Moderne Galerie des Saarlandmuseums. Saarbrücken 1983.

Katalog K. R. H. Sonderborg: aktiv-abstrakt. Neue Malerei in Deutschland. Städtische Galerie München Lenbachpalais. München 1957.

Katalog K. R. H. Sonderborg: Arbeiten auf Papier. Staatsgalerie Stuttgart. Stuttgart 1985.

Katalog K. R. H. Sonderborg: Galerie Stangl. München 1966.

Katalog K. R. H. Sonderborg: Kölnischer Kunstverein. Köln 1965.

Katalog K. R. H. Sonderborg: Maler ohne Atelier. Achim Sommer (Hg.). Emden 2003.

Katalog K. R. H. Sonderborg: Manfred de la Motte (Hg.). Galerie Nothelfer. Berlin 1991.

Katalog K. R. H. Sonderborg: Phänotypen. Stuttgart 1993.

Katalog K. R. H. Sonderborg: Poetter, Jochen (Hg.). Staatliche Kunsthalle Baden-Baden. Baden-Baden 1993.

Katalog K. R. H. Sonderborg: Spor/Spuren. Niebüll 1998.

Katalog K. R. H. Sonderborg: Württembergischer Kunstverein. Stuttgart 1993.

Katalog K. R. H. Sonderborg: XPO Galerie. Hamburg 1985.

Katalog Klaus Kröger: Galerie Cato Jans. Hamburg 1993.

Katalog Klaus Kröger: Springhornhof Neuenkirchen. Neuenkirchen 1990.

Katalog Klaus Kröger: Springhornhof Neuenkirchen. Neuenkirchen 1998.

Katalog Ruhrtriennale: Aufbruch, Suche nach dem Wort. 15.08.–11.10.2009. Kultur Ruhr GmbH (Hg.). Gelsenkirchen 2009.

Kerbs, Dietmar: Das Ritual und das Spiel. In: ders. (Hg.). Die hedonistische Linke. Neuwied/Berlin 1970.

Kersting, Hannelore: Zwischen Subjektivismus und Anonymität, in: Städtisches Museum Abteiberg Mönchengladbach: Per Kirkeby. Skulptur und Druckgraphik. Mönchengladbach 1986.

Kirchenamt der EKD (Hg.): EKD-Texte. Predigten: Landesbischöfin Dr. Margot Käßmann. 18.02.2007.

Kirchenamt der EKD (Hg.): Ergebnisse der Hannoverschen Pfarrerumfrage 2004. Auswertung. In: Texte des Sozialwissenschaftlichen Instituts der EKD.

Kirchenamt der EKD (Hg.): Gestaltung und Kritik zum Verhältnis von Protestantismus und Kultur im neuen Jahrhundert. EKD-Text Nr. 64. Hannover 1999.

Kirchenamt der EKD (Hg.): Räume der Begegnung. Religion und Kultur in evangelischer Perspektive. Eine Denkschrift der Evangelischen Kirche in Deutschland und der Vereinigung evangelischer Freikirchen. Gütersloh 2002.

Kirkeby, Per: Die Ausstellung. In: Kunstmuseum Luzern. 5 dänische Künstler. Luzern 1976.

Kirkeby, Per: Im Umkreis von der Grundtvigs-Kirche. In: Städt. Museum Abteiberg Mönchengladbach: Per Kirkeby. Skulptur und Druckgraphik. Mönchengladbach 1986.

Kirkeby, Per: Rodin. Bern, Berlin 1985.

Kirkeby, Per: Skulpturen. Göppingen 1995.

Kirkeby, Per: Ziegelskulpturen. In: Kat. »von hier aus«. Düsseldorf 1984.

Kirschenmann, Johannes / Schulz, Frank: Bilder erleben und verstehen. Einführung in die Kunstrezeption. Leipzig 1999.

Klessmann, Michael: Seelsorge. Begleitung, Begegnung, Lebensdeutung im Horizont des christlichen Glaubens. Ein Lehrbuch. Neukirchen 2008.

Kobbart, Max J.: Kunstwerk, Künstler und Betrachter. Darmstadt 1986.

Kobbart, Max J.: Kunstpsychologie. Darmstadt 1986.

Koepplin, Dieter: In: Kat. Joseph Beuys. The secret block. Kunstmuseum Basel. Basel 1977.

Kröger, Klaus. Zit. nach Hamburger Abendblatt: »Klaus Kröger: Bilder, aus denen es blutet«. 30.05.2005.

Kröger, Klaus: Zit. nach Roswitha Siewert: Kunst des Vergeblichen. In: »Klaus Kröger«. Cato-Jans. Hamburg 1993. o. S.

Kroeger, Matthias: Im religiösen Umbruch der Welt: Der fällige Ruck in den Köpfen der Kirche. Über Grundriss und Bausteine des religiösen Wandels in den Herzen der Kirche. Stuttgart 2004.

Kükelhaus, Hugo: Sehen und Hören in Tätigkeit. Neuauflage. Zug 2000.

Kuni, Verena: Der Künstler als »Magier« und »Alchemist«. Dissertation Marburg 2004/ Elektronische Publikation 2006.

Kunisch, Norbert: Erläuterungen zur Modernen Kunst. Düsseldorf 1992.

Kunst heute 3: Otto Hahn. Sonderborg. Stuttgart 1964: Kunst und Methode.

KUNSTZEITUNG: Regensburg. Diverse Ausgaben in Anm. zitiert.

Kuspit, Donald: Beuys: Fat, Felt and Alchemy. In: Art in America, XIII 1980.

Kutzner, Hans-Jürgen: Liturgie als Performance? Berlin 2007.

Labarthe, André S:. Tuer un rat, Paris 1974 (übers. v. Werner Meyer). Zit. nach Kat. Sonderborg. Stuttgart 1986.

Langer, Susanne K.: Philosophie auf neuen Wegen. Frankfurt 1965.

Lehnerer, Thomas: Kunst-Selbstzweck und Totalität. Über die Autonomie der Kunst gegenüber der Religion. In: Kunst und Kirche 50 (1987). S. 39–41

Lehnerer, Thomas: Methode der Kunst. Würzburg 1994.

Lesch, Walter (Hg.): Theologie und ästhetische Erfahrung. Beiträge zur Begegnung von Kunst und Religion. Darmstadt 1994.

Lissitzky, El.: Maler, Architekt, Typograph, Fotograf. Erinnerungen, Briefe, Schriften. Übergeben von Sophie Lissitzky-Küppers. Dresden 1976.

Loccumer Brevier: Loccum 1990.

Lück, Wolfgang: Das Bild in der Kirche des Wortes. Eine Einführung in die Bilderwelt evangelischer Kirchen. Münster 2001.

Lyotard, Jean-Francois: Das Erhabene und die Avantgarde. In: Ders. Das Inhumane. Wien 1989.

Mädler, Inken: Transfigurationen. Materielle Kultur in praktisch-theologischer Perspektive. Gütersloh 2006.

Malewitsch, Kasimir: Brief an Michael Mattjuschin. 10.11.1917. In: Ewgenij Kowtun: SANGESI. Die russische Avantgarde. Zürich 1993.

Malewitsch, Kasimir: Suprematismus. 1919. In: Zwischen Revolutionskunst und sozialistischem Realismus. Dokumente und Kommentare. Hg. von Hubertus Gaßner und Eckhart Gillen. Köln 1979.

Mangold, Klaus / Schüchler, Görge: Musisch-ästhetische Bildung als Motor der Schulentwicklung? In: Wider das Vergehen von Hören und Sehen. Konzepte gegen einen eingeengten Lernbegriff, Dokumentation der 61. Pädagogischen Woche (07.–11.11.2005) – Cuxhaven-Duhnen, GEW Bezirksverband Lüneburg.

May, Rollo: The Art of Counseling, 1965.

Mc Evilley, Thomas: Was hat der Hase gesagt? In: Süddeutsche Zeitung 20./21.02.1988.

McKinsey bildet! Kongressprotokoll: Frühkindliche Bildung. Berlin 2006.

Mennekes, Friedhelm: Neue Kunst in alten Kirchen. Über Konzeption und Erfahrungen in der Kunst-Station Sankt Peter Köln. In: Ders., Künstlerisches Sehen und Spiritualität. Zürich/Düsseldorf 1995, S. 188–215.

Mennekes, Friedhelm: Zwischen Zweifel und Entzücken: Kirche und Kunst heute. Zur Präsentation des Geistigen in der Kunst des Zwnzigsten Jahrhunderts. In: Doppelstein, J. (Hg.), Lost Paradise Lost. Kunst und sakraler Raum. Kat. der Ausstellung in Hannover (14.07.–12.11.2000), S. 294–309.

Mertin, Andreas: Der Heidelberger Fensterstreit. Ein bürgerliches Trauerspiel in fünf Akten. In: Ders. Schwebel (Hg.), Kirche und moderne Kunst. Eine aktuelle Dokumentation, Frankfurt 1988.

Mertin, Andreas: Der allgemeine und der besondere Ikonoklasmus. Bilderstreit als Paradigma christlicher Kunsterfahrung. In: Mertin, A. / Schwebel, H. (Hg.). Kirche und moderne Kunst. Eine aktuelle Dokumentation. Frankfurt 1988. S. 146–168.

Mertin, Andreas: »Complete this Sculpture«. Gemeinsamkeiten und Differenzen zweier Erfahrungsräume. In: Herrmann / Mertin / Valtink (Hg.). Die Gegenwart der Kunst. Religion und ästhetische Erfahrung heute. München 1998. S. 24–43.

Meschede, Friedrich: In: Ulrich Rückriem, Skulpturen und Zeichnungen, Katalog Westfälisches Museum für Kunst und Kunstgeschichte, München 1985.

Meyer, Werner: K. R. H. Sonderborg. Der Weg – der Ort. In: Kat. K. R. H. Sonderborg. Arbeiten auf Papier, schwarz/weiß. Staatsgalerie Stuttgart. Stuttgart 1986.

Mitscherlich, Margret: Das Ende der Vorbilder. Vom Nutzen und Nachteil der Idealisierung. München 1980.

Möller, Inken (Hg.): Anstöße – Theologie im Schnittpunkt von Kunst, Kultur und Kommunikation. Darmstadt 1991.

Moltmann, Jürgen: Was ist heute Theologie? Freiburg/Basel/Wien 1988.

monopol. Magazin für Kunst und Leben. Nr. 10/2008.

Morgenthaler, Christoph: Seelsorge. Gütersloh 2009.

Müller, Katrin Bettina: »So viele Küsse, so viele Seufzer«. In: taz. 01.07.2009, S. 16.

Munsterberg, Hugo: Zen-Kunst, Köln 1978.

Nietzsche, Friedrich: Götzen-Dämmerung. Nr. 8: Zur Psychologie des Künstlers. Stuttgart 1864.

Nooteboom, Cees und Neumann: Max: Zelfportret van een ander/SELBSTBILDNIS EINES ANDEREN. Verlag Kleinheinrich. Münster 1993.

Othmer, Regine (Hg.): Andere Orte – Überall. Hannover 1995.

Pannenberg, Wolfhart: Anthropologie aus theologischer Perspektive. Göttingen 1983. Petzold, Hilarion / Orth, Ilse (Hg.). Die neuen Kreativitätstherapien. Handbuch der Kunsttherapie (Bd. I und II), Sonderausgabe für Kunsttherapeuten der DGKT, Paderborn 1990.

PHOENIX. 23.12.2007: Das Musikwunder von Caracas.

Piller, Micky: Als Künstler kannst du die Welt nicht verändern. Ein Interview mit Ulrich Rückriem. In: Texte 1987. S. 106ff.

Platschek, Hans: K. R. H. Sonderborg. Eine Vorgeschichte. In: K. R. H. Sonderborg. XPO Galerie. Hamburg 1985.

Pohl-Patalong, Uta: Von der Ortskirche zu den kirchlichen Orten. Ein Zukunftsmodell. Göttingen 2004.

Pohl-Patalong, Uta: Seelsorge. In: Gräb, Wilhelm / Weyel, Birgit (Hg.). Handbuch Praktische Theologie. Gütersloh 2007. S. 675–686.

Psychotherapie heute compact: Nr. 16, 2007.

Radisch, Iris: Der Gott der fließenden Zeit. Eine Begegnung mit der polnischen Autorin, Nomadologin und Weltreisenden Olga Tokarczuk. In: DIE ZEIT. Nr. 25, 10.06.2009. S. 47.

Raetz, Markus / Hörls, Ottmar: In: Kunstforum Nr.196. 04.05.2009.

Raschzok, Klaus: Christuserfahrung und künstlerische Existenz. Praktisch-theologische Studien zum christomorphen Künstlerselbstbildnis, Frankfurt 1999.

Raschzok, Klaus: Spiritualität und bildende Kunst der Gegenwart. In: Herbst, Michael (Hg.). Spirituelle Aufbrüche. Perspektiven evangelischer Glaubenspraxis. Festschrift für Manfred Seitz zum 75. Geburtstag, Göttingen 2003.

Raschzok, Klaus: »... an keine Stätte noch Zeit aus Not gebunden« (Martin Luther). Zur Frage des heiligen Raumes nach lutherischem Verständnis. In: Sigrid Glockzien-Bever, Horst Schwebel (Hg.). Kirchen- Raum – Pädagogik, Münster 2002.

Raschzok, Klaus: Anmutungen und Atmosphären. Plädoyer für die bleibende Präsenz von Kunst im liturgischen Raum. In: Gräb, Wilhelm / Weyel, Birgit (Hg.): Praktische Theologie und protestantische Kultur 9, Güterloh 2002, S. 300–313.

Raschzok. Klaus: Das Bild als Erlebnisraum für die Gottesbegegnung. In: Kirche + Kunst 70, 1992, S. 42–48.

Ratzinger, Josef: Uns Deutschen fehlt es an Dynamik des Glaubens. In: Die Welt, 30.05.1988.

Rauschenberg, J. / Kölbel, A. (Hg.): Entgegen. Ostfildern-Ruit 1997.

Rawlinson, Graham: The significance of letter position in word recognition. Oxford 1976.

Reinhard Ermen: Joseph Beuys. Hamburg 2007.

Restorff, Jörg und Schmid, Karlheinz: »Soll der Vatikan 2011 an der Biennale teilnehmen?«. Ein Streit. Die Kunstzeitung. Hg. von Lindinger und Schmid. Regensburg. Nr. 154. Juni 2009.

Richter, Daniel: Im Interview mit Andreas Fanizaden: »Verweigerung wäre mir peinlich«. Zit. nach taz-kultur. 13./14. 06. 2009. S. 21.

Richter, Klemens: Kirchenräume und Kirchenträume. Die Bedeutung des Kirchenraums für eine lebendige Gemeinde. Freiburg 1999.

Riedl, Peter Anselm: Franz Bernhard. Die öffentlichen Arbeiten. Stuttgart 1996.

Rodin, Auguste: Die Kunst. Zürich 1979.

Rombold, Günter: Kunst – Negation von Religion? In: Kunst und Kirche. 50. Jg. 1987. S. 41.

Ruthe, Ingeborg: Tatort Bildfläche. In: Berliner Zeitung. 05. 04. 2003.

Safranski, Rüdiger: Schiller oder Die Erfindung des Deutschen Idealismus. Bonn 2004.

Sager, P. Beuys: Die heilige Kuh vom Niederrhein. In: ZEITmagazin vom 14. 04. 1978.

Sammlung Staeck, Die: Joseph Beuys. Mit dummen Fragen fängt die Revolution an. Kunstverein Heidelberg. Heidelberg 1996.

Schellmann, Jörg (Hg.): Joseph Beuys. Die Multiples. Werkverzeichnis der Auflagenobjekte und Druckgrafiken 1965–1986. 7. Auflage Berlin / New York 1972.

Schibilsky, Michael: Trauerwege. Beratung für helfende Berufe. 3. Auflage Düsseldorf 1992.

Schiller, Friedrich: Über die ästhetische Erziehung des Menschen in einer Reihe von Briefen. Stuttgart 2004.

Schiller, Friedrich: Werke. 4 Bände. Band 4. 14. Brief: Über die ästhetische Erziehung des Menschen. Frankfurt 1966.

Schindler, Regine: Pele und das neue Leben. Eine Geschichte von Tod und Leben. Lahr 1981.

Schlingensief, Christoph: In: STERN 15/2009, 31. 05. 2009.

Schmied, Wieland: In: Kunstzeitung Nr. 149. Januar 2009.

Schmalenbach, Werner (Hg.): In: K. R. H. Sonderborg, K. O. Götz Werner. Kestnergesellschaft Hannover. Hannover 1956.

Schmidtchen, Stefan / Erb, Anneliese: Analyse des Kinderspiels. Ein Überblick über neuere psychologische Untersuchungen. Köln 1976.

Schnabel, Ulrich: Stille um mich herum. Wo die Deutschen ihr Seelenheil suchen. In: Die Zeit. Nr. 16, 12. 04. 2006.

Schneckenberger, Manfred: Franz Bernhard. Skulptur und Zeichnung. Stuttgart 1985.

Schneede, Uwe M.: Die Geschichte der Kunst im 20. Jahrhundert. München 2001.

Schneede, Uwe M.: Joseph Beuys. Die Aktionen. Kommentiertes Werkverzeichnis mit fotografischen Dokumentationen. Ostfildern-Ruit 1994.

Schneider, Gerhard (Hg.): Ästhetische Erziehung in der Grundschule. Weinheim-Basel 1988. Schultz, Joachim (Hg.): Ein Rot, ein Grün, ein Grau vorbeigesendet. Farben in der deutschen Lyrik von der Romantik bis zur Gegenwart. München 1994.

Schürmann, Eva: Sehen als Praxis. Ethisch-ästhetische Studien zum Verhältnis von Sicht und Einsicht. Frankfurt 2008.

Schwebel, Horst: Autonome Kunst im Raum der Kirche. Hamburg 1968.

Schwebel, Horst: Öflinger Thesen zur Verteidigung der autonomen Kunst in der Kirche. In: Unbequeme Kunst – Unbequeme Autonomie. Erster Bericht zum »Modell Öflingen«. Hg. von Paul Gräb. Wehr-Öflingen 1984, S. 7–16.

Schwebel, Horst / Schwebel, Gerlinde: Jeder Mensch ein Künstler? Streit um die Erweiterung des Kunstbegriffs. In: Kunst und Kirche 2/1985, S. 94–97.

Schwebel, Horst: Die Kunstausstellung im Kontext Kirche. In: Kunst und Kirche 1/1987, S. 36–38.

Schwebel, Horst / Mertin, Andreas (Hg.): Bilder und ihre Macht. Zum Verhältnis von Kunst und christlicher Religion. Stuttgart 1989.

Schwebel, Horst: Die Kunst und das Christentum. Geschichte eines Konflikts. München 2002.

Sennett, Richard: Verfall und Ende de öffentlichen Lebens. Die Tyrannei der Intimität. Frankfurt 1983.

Sharp, Willoughby: An Interview with Joseph Beuys. In: Artforum (NY), Band 8, 4.12/1969. Auch in: Texte 1987, S. 44 ff.

»Sisterna, El«: www. el-sisterna-film.com. Regie: Paul Smaczny und Maria Stodtmeier. In: Rundfunk-Berlin-Brandenburg: 07. 04. 2009.

Sonderborg, K. R. H.: In: Ausst.-Kat. aktiv-abstrakt. Neue Malerei in Deutschland. Städtische Galerie im Lenbachpalais. München 1957.

Sonderborg, K. R. H.: In: Informel. Symposion Informel. 08.–12. 10. 1982. Die Malerei der Informellen heute. Moderne Kunst des Saarlandmuseums. Saarbrücken 1983.

Sonderborg, K. R. H.: In: Deutsches Informel. Symposion Informel. Hg. von Georg-W. Költzsch, 2. Auflage Berlin 1986.

Stachelhaus, Heiner: Joseph Beuys. 5. Auflage Düsseldorf 1988.

Stange, Otto: Zu den Kindern gehen. München 1992.

Steiner, Rudolf: Wie erringt man Erkenntnisse der höheren Welten? Dornach 1961.

Storck, Gerhard (Hg.): Artist's proof. Künstlerisch erprobt. Köln 1998.

Stock, A.: Theologische Museumsgedanken. In: J. Rauschenberger / A. Kölbl (Hg.), Entgegen. ReligionGedächtnisKörper in der Gegenwartskunst. Ostfildern-Ruit 1997, S. 27–29.

Strauß, Botho: Beginnlosigkeit. München/Wien 1992.

Stuckert, Susann: Rede zur Eröffnung der Ausstellung. In: Klaus Kröger: Kleinere Formate. 05. 04. 2005.

Sudau, Ralf (Hg.): Franz Kafka. Kurze Prosa / Erzählungen. Stuttgart 2007.

Suzuki, Daisetz T.: Der westliche und der östliche Weg. Frankfurt 1986.

Suzuki, Daisetz T.: Die große Befreiung. Einführung in den Zen-Buddhismus. 14. Auflage München/Wien 1990.

Tasset, Jean-Marie: Das doppelte ICH des Max Neumann (aus dem Französischen übersetzt von Uli Aumüller). Aus Katalog: Max Neumann – Peintures et dessin, L 'espal, Le Mans, 2005.

Tellkamp, Uwe / Rauch, Neo: Ihre Bilder will ich schreiben! Ein Gespräch über Inspiration, über die Frage, wann ein Text oder das Bild selbst die Regie übernimmt. ... Die Zeit Nr. 19. 30.04. 2009, S. 51.

Theurich, Werner: Karriere mit System. In: Der Spiegel. 22.08. 2008.

Thielicke, Helmut: Theologische Ethik. Band III, 3. Ethik der Gesellschaft, des Rechtes, der Sexualität und der Kunst. Tübingen 1964.

Thoreau, Henry David: Walden oder Hüttenleben im Walde (aus dem Englischen übersetzt von Fritz Güttinger). Zürich 1972.

Tillich, Paul: Die religiöse Substanz der Kultur. Schriften zur Theologie der Kultur. In: Gesammelte Werke. Band 4. Stuttgart 1967.

Tillich, Paul: Systematische Theologie. Band I. Stuttgart 1955.

Tisdall, Caroline: Joseph Beuys. New York 1979.

Tisdall, Caroline: Joseph Beuys. Coyote. München 1976.

Tokarzcuk, Olga: Unrast (aus dem Polnischen übersetzt von Esther Kinsky). Frankfurt 2009.

Ulrich, Wolfgang: Tiefer hängen. Über den Umgang mit der Kunst, Berlin 2003.

Unterdörfer, Michaela (Hg.): I Believe in Dürer. Nürnberg 2000.

Van der Loo, Otto (Hg.): Engagement und Distanz. Aspekte einer Sammlung (Bd. I), Texte zur Kunst. München 1982.

Verspohl, F. J.: Stichwort: Beuys. In: Allgemeines Künstler Lexikon, Band 10. München 1995.

Vielhaber, Christiane: Die Kraft der Einfachheit. Über Franz Bernhard. In: Künstler. Kritisches Lexikon der Gegenwartskunst. München 1990.

Vischer, Theodora: Joseph Beuys. Thermisch-plastisches Urmeter – ein Spätwerk. In: Joseph-Beuys-Tagung Basel 1991. Hg. von V. Harlan u. a. Basel 1991.

Vischer, Theodora: Der Kunstbegriff von Joseph Beuys. In: Beuys und die Romantik. Köln 1983.

Volp, Rainer: Bildende Kunst und religiöse Erfahrung. In: Bloth, Peter C. u. a. (Hg.). Handbuch der Praktischen Theologie. Band 2. Gütersloh 1981.

Volp, Rainer: Kunst als Sprache der Religion. Bemerkungen zu einem belasteten Verhältnis, in: Kunst und Kirche 4/1988, S. 233–237.

Waberer, Keto von: Das Nomadische spielt eine Rolle von Anfang an. Interview mit Joseph Beuys. In: Katalog Eine Innere Mongolei. Kunstsammlungen Weimar 1993, o. S.

Wall, Jeff: Photographs 1978–2004. Kat. Schaulager Basel 2005.

Wall, Tobias: Das unmögliche Museum. Dissertation Ludwigsburg 2003.

Weiser, Nicolas T.: Offenes Zueinander. Regensburg 2002.

Welti, Alfred: Den Stein von innen her begreifen. In: Art. Hamburg, 03. 03. 1983, S. 72–81.

Wettengl, Kurt (Hg.). Das Gedächtnis der Kunst. Geschichte und Erinnerung in der Kunst der Gegenwart. Frankfurt 1984.

Willms, Wilhelm: »Die Nähe eines Menschen«. Zit. nach: Loccumer Brevier. Hg. vom Loccumer Arbeitskreis für Meditation in Verbindung mit der Evangelischen Akademie Loccum. 1990.

Winnicott, Donald Wood: Vom Spiel zur Kreativität. Stuttgart 1971.

Württembergischer Kunstverein (Hg.). Willi Baumeister 1945–1955. Stuttgart 1979.

Zaunschirm, Thomas (Hg.): Die Farben Schwarz. Graz/Wien 1999.

Zentrum für Medien Kunst Kultur im Amt für Gemeindedienst der Ev.-luth. Landeskirche Hannovers der Ev. Kirche (Hg.). Kirchenräume – Kunsträume. Hintergründe. Erfahrungsberichte, Praxisanleitungen für den Umgang mit zeitgenössischer Kunst in Kirchen. Ein Handbuch. Münster 2002.

Ziemer, Jürgen: Seelsorgelehre. Eine Einführung für Studium und Praxis. Göttingen 2000.

Zink, Markus (Hg.): Kreuz und Quer. Gegenwartskunst für Kirchen. Marburg: Institut für Kirchenbau und Kirchliche Kunst der Gegenwart. 1998.

Zumdick, Wolfgang: Das Geheimnis des Tauchbads. Zur Geschichte der abendländischen Metaphysik von Platon bis Beuys. Stuttgart 1999.

Zumdick, Wolfgang: Über das Denken bei Joseph Beuys und Rudolf Steiner. Basel 1995.

Abbildungsverzeichnis

25 Ders., Schwarze Figur, 1996–2006, Foto: Jobst von Stuckrad-Barre.
26 Ders., Hot heart of stone, 2003, Foto: Jobst von Stuckrad-Barre.
27 Ders., Flügel und Detail, 1999–2003, Foto: Jobst von Stuckrad-Barre.
28 Ders., Charaktere I, 2000–2004, Foto: Jobst von Stuckrad-Barre.
29 Ders., Charaktere II, 2000–2004, Foto: Jobst von Stuckrad-Barre.
30 Ders., schulterhoch, 2001, Foto: Jobst von Stuckrad-Barre.
31 Ders., Drei Köpfe, 2006, Foto: Jobst von Stuckrad-Barre.
32 Ders., Alter Chinese, 1999, Foto: Jobst von Stuckrad-Barre.
33 Klaus Kröger, 5.98, © VG Bild-Kunst Bonn 2010, Foto: Jobst von Stuckrad-Barre.
34 Hannelore Pichlbauer, o. T., 1982, © Hannelore Pichlbauer, Karlsruhe. Foto: Jobst von Stuckrad-Barre.
35 Heinz Friedrich Meyer, o. T., 1990, Wandteppich im Kinderkrankenhaus auf der Bult in Hannover, Foto: Ulrich Ahrensmeyer / Ev.-luth. Landeskirche Hannovers.
36 Julius Popp, bitrecurrence 1, Nijmegen, Niederlande, © und Foto: Julius Popp, Leipzig.
37 Julius Popp, bitrecurrence 2, Nijmegen, Niederlande, © und Foto: Julius Popp, Leipzig.

Anhang

Zu Kapitel 4.2.3:

Plakate:

1. »durch welchen grad von nähe fühlst du dich porträtiert, engel?«

2. »es ist wie es ist sagt die liebe, doch was sagt der verstand?«

3. »um passion und kreuz«

4. »ach du liebe Zeit«

ach
du
liebe
zeit

ein abend mit raum und zeit und muße
um ZEIT und den umgang mit ZEIT

zu schauen und begreifen: zeitgenössische kunst
zu bedenken und sich besinnen: erfahrungen
zu hören: zeitgenössische musik und
zu wagen: sich inneren bildern zu stellen

seelsorgeART
-ernst-friedrich heider-

kapelle des annastifts, hannover – kleefeld
anna-von-borries-straße
am 02.juli 2004, 20.00 uhr

© und V.i.S.d.P. seelsorgeART, bodenstedtstr. 6, 30173 hannover, fon 0511 - 2600510

5. »trauer – wege – wagen«

6. »männer sind auch anders. und wie!?«

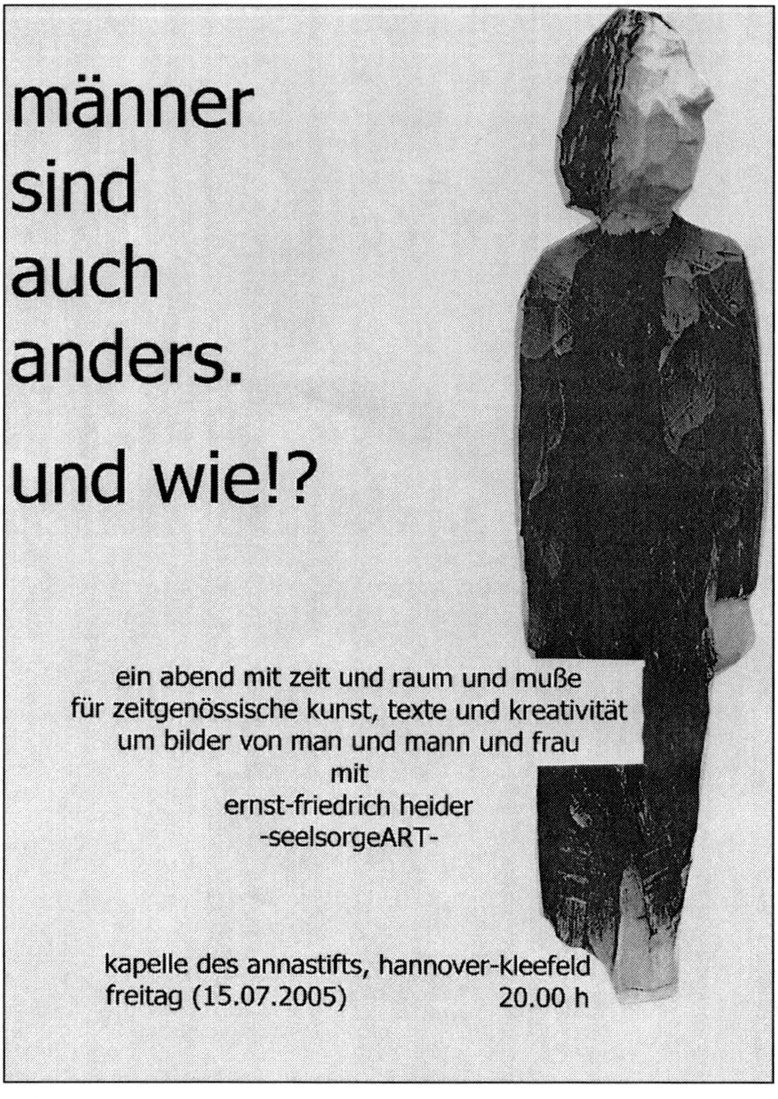

7. »unter gutem grund weit

Danke

Annerose Hüttenmüller – übersetzte und inspirierte, baute Brücken und ermutigte.

Elisabeth Wellendorf – half mir begreifen, dass und wie Kunst konkret wirkt.

Prof. Dr. Klaus Raschzok – enthusiasmierend-ernstnehmendes, kompetent-kritisches Gegenüber mit so viel Kraft, so viel Freundlichkeit, so viel Verve und Ermutigung. Stadtkirchenverband Hannover – ermöglichte befristet das Projekt SeelsorgeART.

Arend de Vries, Margot Käßmann – halfen mir zum Freiraum des Studiensemesters zum Schreiben in Neuendettelsau.

Augustana-Hochschule der Bayrischen Landeskirche – spielerisch-ernsthaft, annehmend-fordernd, solidarisch-fragend, gelöst-lösend, gewährte täglich-nächtlich fruchtbare Arbeitsatmosphäre (Anna, Christian, »Bib«, Küchentrakt und alle!).

Prof. Dr. Anne M. Steinmeier, Halle-Wittenberg und Prof. Dr. Peter Poscharsky, Erlangen – ließen sich in kritischen Gutachten zur Dissertation auf SeelsorgeART ein.

Gernot Eichler – schenkte über Jahre kostbare, bedingungslose Einblicke in den Reichtum seines Kunstsinns und Schaffens und öffnete seine Sammlung.

Jobst von Stuckrad-Barre – begleitet(e) treu durch manchen Blues nicht nur im Jazzkeller; auch mit Fototechnik.

Meinem verstorbenen Vater – wohl nicht zu spät habe ich begriffen, dass verrückende / verrückte Sichtweisen als tragfähig erwiesen werden mögen, wenn die Kostbarkeit des neuen Aspekts wahrgenommen werden kann und wahrgenommen wird.

Meiner Tochter Rebecca – für wirklich stetige sichere Erreichbarkeit, wenn Word mal – wann auch immer – nicht hielt, was ich mir versprach und für alle Geduld.

Allen Weggefährtinnen und Weggefährten für kürzere oder lange Gemeinschaft unterwegs.